El siglo del ESPIRITU SANTO

Con cariño para José Ignacio

Dios está con nosotros!!!

El siglo del Espíritu Santo
Vinson Synan

Publicado por Editorial Peniel
Boedo 25 C1206AAA Buenos Aires - Argentina
Tel/Fax: 4981-6178 / 6034
e-mail: info@peniel.com

www.editorialpeniel.com

Diseño de cubierta e interior: arte@peniel.com

Publicado originalmente con el título: *The Century of the Holy Spirit*
by Thomas Nelson, Inc.
501 Nelson Place
Nashville, Tn 37214-1000
Copyright © 2001 by Vinson Synan
Chapter 15 and Appendix copyright © 2001 by David B. Barrett

Copyright © 2006 Editorial Peniel.

Ninguna parte de esta publicación puede ser reproducida en ninguna forma sin el permiso escrito de Editorial Peniel.

Impreso en Colombia
Printed in Colombia

Synan, Vinson
Siglo del espítiru santo. - 1a ed. - Buenos Aires : Peniel, 2005.
Traducido por: Virginia López G.
ISBN-10: 987-557-092-3 ISBN-13: 978-987-557-092-4
1. Espíritu Santo I. López G., Virginia, trad. II. Título, CDD 231
560 p. ; 23x16 cm.

El siglo del
ESPIRITU SANTO

Cien años de renuevo pentecostal y carismático

Vinson Synan

Buenos Aires - Miami - San José - Santiago

www.editorialpeniel.com

A mi bella esposa, Carol Lee,
con quien he compartido cuarenta maravillosos
años del siglo del Espíritu Santo.

Índice

Prefacio 7

1. El siglo pentecostal: Un panorama general
VINSON SYNAN 11

2. Raíces pentecostales
VINSON SYNAN 25

3. El avivamiento de la calle Azusa:
Comienzos del movimiento pentecostal en los Estados Unidos
ROBERT OWENS 53

4. Más allá de las fronteras:
La expansión mundial del pentecostalismo
GARY B. MCGEE 87

5. Las iglesias pentecostales de la santidad
VINSON SYNAN 119

6. Las iglesias pentecostales de la "obra consumada"
VINSON SYNAN 154

7. La renovación carismática entra en las iglesias históricas
VINSON SYNAN 181

8. Los "carismáticos":
Renovación en las principales denominaciones protestantes
VINSON SYNAN 215

9. La renovación católica carismática
PETER HOCKEN 253

10. Mujeres llenas del Espíritu
SUSAN C. HYATT 281

11. Pentecostalismo afroamericano en el siglo XX
DAVID DANIELS III 319

12. Pentecostalismo hispano en los Estados Unidos
y en América Latina
Pablo Deiros y Everett A Wilson..347

13. Sanadores y teleevangelistas después de la
Segunda Guerra Mundial
David E. Harrell Jr. 387

14. Corrientes de renovación al fin del siglo
Vinson Synan..415

15. La renovación del Espíritu Santo en todo el mundo
David B. Barrett...455

Apéndice:
Cronología de la renovación en el Espíritu Santo
David B. Barrett...499

Notas..537

• Prefacio •

En medio de la fiebre del milenio que atrapó al mundo en el 1999 y en el 2000, pocos se dieron cuenta de que el nuevo milenio, en realidad, comenzaría el 1 de enero del 2001. Para los cristianos este aniversario es especial, porque marca dos mil años de historia cristiana. Pero para millones de cristianos pentecostales y carismáticos, este aniversario también marca un ciclo de cien años de renovación pentecostal y carismática.

El título de este libro, *El siglo del Espíritu Santo*, resume lo que, en general, es reconocido como el movimiento religioso más importante de todo el siglo XX. A partir de un puñado de estudiantes en Topeka, Kansas, el día de Año Nuevo de 1901, los cristianos de todo el mundo han experimentado una renovación de los dones del Espíritu Santo que empequeñece cualquier otro acontecimiento que se haya producido desde los días de la iglesia primitiva. Este movimiento, que actualmente constituye la segunda familia más grande de cristianos en todo el mundo (después de la Iglesia Católica) se encuentra prácticamente en todos los países y grupos étnicos del planeta. Para el fin del siglo, más de quinientos millones de personas participaban de este avivamiento que continúa su crecimiento masivo en el nuevo milenio.

Muchos lectores querrán conocer las diferencias entre pentecostales y carismáticos, que son los protagonistas de este libro. Los pentecostales fueron las personas que iniciaron y popularizaron la idea del bautismo en el Espíritu Santo con la evidencia necesaria de hablar en lenguas. En los primeros días del siglo fueron expulsados de las principales denominaciones y se vieron obligados a fundar sus propias iglesias. Algunos estudiosos hoy los llaman "pentecostales clásicos". La palabra "carismáticos" se utilizó por primera vez para denotar a los "neopentecostales" de las principales iglesias protestantes y católicas, que también hablaban en lenguas, pero no las consideraban parte necesaria de la experiencia pentecostal.

Quisiera agradecer a Philip P. Stoner, Jim Weaver, Lee Hollaway y Julia Hoover, de Thomas Nelson, por animarme para que este libro se hiciera realidad. Su ayuda me ha sido invaluable. Como siempre, mi esposa Carol Lee ha estado a mi lado, ayudándome a tipear, editar, y empujándome a terminar el libro a tiempo. También agradezco especialmente a docenas de amigos que han aportado fotografías para este libro. Entre ellas, Wayne Warner, Mike Andaloro y Harold Hunter. Mark y Virginia Taylor me ayudaron inmensamente en el área de la música carismática contemporánea. También tengo una deuda de gratitud para con los profesores y el personal de la Facultad de Teología de la Universidad Regent, de la cual soy decano. Ellos me han permitido tomar tiempo de mi trabajo para completar esta tarea.

También debo especial reconocimiento y gratitud a los excelentes escritores que añadieron varios capítulos al libro. Dos de ellos, Robert Owens y Susan Hyatt, fueron mis alumnos en la Universidad Regent. Ed Harrell, Gary McGee, David Daniels III, Peter Hocken, Everett Wilson y David Barrett son amigos y colegas míos desde hace muchos años. Conozco a Pablo Deiros, de la Argentina, por sus anteriores escritos y su erudición. Todos ellos han hecho una gran contribución a la literatura sobre el pentecostalismo mundial.

Lo que más lamento es que la falta de espacio me haya impedido incluir más información sobre movimientos pentecostales y carismáticos fuera de los Estados Unidos. El tema merece –y espera– una gran enciclopedia que pueda hacer justicia a la vastedad de personas y movimientos que han ayudado a cambiar el rostro del cristianismo en el mundo durante el último siglo.

Espero que este libro sirva para el lector común, así como para todo profesor y alumno que decida utilizarlo como libro de texto. He intentado hacerlo de lectura fácil al mismo tiempo que académico. Agradezco a Thomas Nelson por insistir en publicar un libro que tiene tantas fotografías y artículos extra. Esto tiene como fin ayudar al lector a captar mejor la perspectiva de la historia.

He vivido durante las dos terceras partes del siglo, y he sido testigo y participado en muchos de los hechos que aquí se relatan. Ha sido un peregrinaje emocionante para mí, como pastor, predicador, maestro e historiador pentecostal. En mi juventud conocí personalmente a algunos de los viejos pioneros pentecostales y de la santidad que fueron líderes activos de fines de la década de 1890. En estos últimos años he trabajado estrechamente con cientos de importantes líderes pentecostales y carismáticos de todo el mundo. Espero poder pasar la antorcha de estos gigantes espirituales a una nueva generación que también les contará la historia a sus hijos y nietos.

Vinson Synan
Universidad Regent
Virginia Beach, Virginia, EE.UU.
1º de marzo de 2001

• 1 •

El siglo pentecostal:
Un panorama general

Vinson Synan

El 1º de enero de 1901 una joven llamada Agnes Ozman fue bautizada en el Espíritu Santo en un pequeño instituto bíblico de Topeka, Kansas. Era alumna del ex-pastor metodista y maestro de la santidad Charles Fox Parham, y recibió una sorprendente manifestación del don de lenguas que la convirtió, de hecho, en la primera pentecostal del siglo XX.

"Le impuse las manos y oré" recordó luego Parham sobre lo sucedido. Apenas había terminado unas cuantas frases cuando la gloria cayó sobre ella; un halo pareció rodear su rostro y su cabeza, y comenzó a hablar en chino. No pudo volver a hablar en inglés hasta tres días después.

Según J. Roswell Flower, secretario fundador de las Asambleas de Dios, la experiencia de Ozman fue un "toque que se sintió en todo el mundo". Mientras Topeka y el resto de los Estados Unidos celebraban el comienzo del nuevo siglo, pocas personas hubieran imaginado que este humilde hecho desataría el movimiento pentecostal carismático mundial, uno de los avivamientos y movimientos misioneros más importantes de la historia de la iglesia.

El número de pentecostales, que solamente eran un puñado de personas en 1901, creció de manera estable hasta convertirse en la familia de protestantes más grande del mundo para comienzos del siglo XXI. Con más de doscientos millones de miembros de "denominaciones pentecostales", este grupo sobrepasó a las iglesias ortodoxas para convertirse en la segunda familia denominacional cristiana, solo superada por la Iglesia Católica.

Además de los pentecostales de estas denominaciones clásicas, hay millones de carismáticos en iglesias de las denominaciones históricas e iglesias no denominacionales, tanto católicas como protestantes. El número total llega ahora a más de quinientos millones de personas. Este crecimiento ha hecho que algunos historiadores hablen del siglo XX como "el siglo pentecostal".

Raíces en la santidad

Aunque el movimiento pentecostal se inició en los Estados Unidos, gran parte de su teología básica está arraigada en los movimientos perfeccionistas y carismáticos británicos. Por lo menos tres de ellos: el Movimiento Metodista de la Santidad, el Movimiento Católico Apostólico de Edward Irving, y el Movimiento de la "Vida Superior" de Keswick, en Gran Bretaña, prepararon el camino para lo que pareció ser un derramamiento espontáneo del Espíritu Santo en los Estados Unidos. Quizá el precursor inmediato más importante del pentecostalismo fue el "Movimiento de la Santidad", que surgió en el corazón del metodismo durante el siglo XVIII.

John Wesley, un sacerdote anglicano, experimentó su conversión evangélica en una reunión en la calle Aldersgate, en 1738, cuando –según sus propias palabras–: "Mi corazón sintió una extraña calidez". A esto lo llamó su "nuevo nacimiento".

Los pentecostales heredaron también de Wesley la idea de una "segunda bendición" posterior a la salvación, un momento de crisis. Wesley dio diversos nombres a esta experiencia: "entera santificación", "amor perfecto", "perfección cristiana" o "pureza del corazón". El colega de Wesley, John Fletcher, fue el primero en llamarla "bautismo en el Espíritu Santo", una experiencia que dotaba de poder espiritual a quien la recibía, así como una limpieza interior.

En el siglo XIX Edward Irving y sus amigos londinenses sugirieron la posibilidad de una restauración de los dones del Espíritu Santo en la iglesia moderna. Este pastor presbiteriano popular dirigió los primeros intentos de "renovación carismática" en su Iglesia Presbiteriana de Regents Square, en 1831, y luego formó la Iglesia Católica y Apostólica. Aunque en esta iglesia hubo manifestaciones de lenguas y profecías, Irving no logró la restauración de un cristianismo como el del Nuevo Testamento.

Otro predecesor del pentecostalismo fue el Movimiento de la "Vida Superior" de Keswick, que floreció en Inglaterra después de 1875. Dirigidos inicialmente por maestros de la santidad estadounidenses, como Hannah Whitall Smith y William E. Boardman, los maestros de Keswick pronto cambiaron la meta y el contenido de la "segunda bendición" del énfasis wesleyano en la "pureza de corazón", a "ser dotados de poder espiritual para el servicio". D. L. Moody fue un destacado evangelista relacionado con el movimiento de Keswick.

Iglesia Presbiteriana de Regents Square

Así, para 1901, cuando se produjo el despertar pentecostal en los Estados Unidos, ya había pasado, por lo menos, un siglo de movimientos que hacían énfasis en una segunda bendición llamada el bautismo en el Espíritu Santo. En los Estados Unidos, maestros de Keswick como A. B. Simpson y A. J. Gordon también agregaron el énfasis sobre la sanidad divina.

Las primeras iglesias pentecostales del mundo se originaron en el movimiento de la santidad antes de 1901: la Iglesia Santa Unida (*United Holy Church*, 1886), liderada por W. H. Fulford; la Iglesia de la Santidad Bautizada por Fuego (*Fire-Baptized Holiness Church*, 1895), liderada por B. H. Irwin y J. H. King; la Iglesia de Dios en Cleveland, Tennessee (1896), liderada por A. J. Tomlinson; la Iglesia de Dios en Cristo (1897), liderada por C. H. Mason; y la Iglesia Pentecostal de la Santidad (1898), liderada por A. B. Crumpler. Después de volverse pentecostales, estas iglesias, que se habían formado como denominaciones con énfasis en la santidad y la "segunda bendición", retuvieron sus enseñanzas perfeccionistas. Simplemente añadieron el bautismo en el Espíritu Santo con el don de lenguas como evidencia inicial de una "tercera bendición". No sería exagerado decir que el pentecostalismo del siglo XX, por lo menos en los Estados Unidos, nació en una cuna de santidad.

El siglo del Espíritu Santo

Los orígenes del pentecostalismo

Los primeros pentecostales, en el sentido moderno de la palabra, se remontan al Instituto Bíblico de Parham en Topeka, Kansas, en 1901. A pesar de la controversia sobre los orígenes y los tiempos del énfasis de Parham en el don de lenguas, todos los historiadores están de acuerdo en que el movimiento comenzó a principios de 1901, justo cuando el mundo entraba en el siglo XX. Como resultado de este "Pentecostés" de Topeka, Parham formuló la doctrina de que el don de lenguas era la "evidencia bíblica" del bautismo en el Espíritu Santo.

Parham enseñaba que el don de lenguas eran idiomas humanos impartidos con el propósito de servir a la evangelización mundial, por lo cual sostenía que los misioneros no necesitaban aprender idiomas extranjeros, ya que podrían hablar en lenguas milagrosamente en todas partes del mundo. Armado con esta nueva teología, Parham fundó un movimiento eclesiástico llamado "Fe Apostólica" y comenzó una gira veloz por el oeste medio de los EE.UU. para promover esta nueva experiencia. Los orígenes de este movimiento se explican con mayor detalle en el capítulo 2, "Raíces Pentecostales".

Pero recién en 1906 el pentecostalismo llamó la atención mundial, gracias al avivamiento de Azusa en Los Ángeles, dirigido por el pastor William Joseph Seymour. Seymour se enteró del bautismo en el Espíritu Santo con el don de lenguas en 1905, en una escuela bíblica dirigida por Parham en Houston, Texas.

En 1906 Seymour fue invitado a pastorear una iglesia negra de la Santidad en Los Ángeles. Las históricas reuniones de Azusa comenzaron en abril de 1906, en el edificio donde antes se reunía la Iglesia Metodista Episcopal Africana, en la calle Azusa 312, en el centro de Los Ángeles.

Charles Parham y sus alumnos. Charles Fox Parham es reconocido como el padre teológico del moderno movimiento pentecostal

Lo que sucedió como consecuencia del avivamiento de Azusa ha fascinado a los historiadores eclesiásticos durante años, y aun no ha podido ser totalmente comprendido ni explicado. En la Misión de la Fe Apostólica de la calle Azusa se llevaban a cabo tres cultos

El siglo pentecostal: Un panorama general

por día, siete días por semana, durante tres años y medio. Miles de personas con inquietudes espirituales recibieron el bautismo del Espíritu Santo con el don de lenguas.

Apostolic Faith (Fe apostólica), el periódico que Seymour enviaba gratuitamente a unos cincuenta mil lectores, comunicó la noticia del avivamiento. Desde Azusa el pentecostalismo se extendió rápidamente por todo el mundo y pasó a ser una importante fuerza dentro del cristianismo. El capítulo 3 brinda un relato detallado del avivamiento de Azusa.

William J. Seymour dirigió el avivamiento de Azusa en 1906, que extendió el pentecostalismo por todo el mundo. Las reuniones en el templo de la calle Azusa eran notables por su armonía interracial.

William Joseph Seymour y sus colaboradores de la misión de Azusa

El movimiento de Azusa parece haber sido la confluencia de la religión estadounidense blanca que hacía énfasis en la santidad, y los estilos de adoración derivados de la tradición cristiana afroamericana que se habían desarrollado desde la época de la esclavitud en el Sur. La expresiva adoración y alabanza de Azusa, con gritos y danzas, ya era común entre los blancos de los Apalaches y los negros del Sur.

La mezcla del don de lenguas y otros carismas con estilos de música y adoración sureños negros y blancos, creó una nueva forma, propia, de pentecostalismo. Esta nueva expresión de la vida cristiana llegaría a ser extremadamente atractiva para los desposeídos en los Estados Unidos y otros países.

Los aspectos interraciales de Azusa fueron una excepción notable frente al racismo y la segregación imperantes en esa época. El fenómeno de que blancos y negros adoraran juntos bajo el liderazgo de un pastor negro, parecía increíble para muchos observadores.

El lugar de Seymour como figura religiosa importante en el siglo XX parece asegurado. En su clásico libro de 1972 *A Religious History of the American People* (Historia religiosa del pueblo estadounidense), Sydney Ahlstrom, notable historiador eclesiástico de la Universidad de Yale, coloca a Seymour a la cabeza de los líderes religiosos negros estadounidenses, al decir que la piedad negra de Seymour "ejerció su más grande influencia en la historia religiosa estadounidense". Seymour y Parham bien podrían ser llamados "cofundadores" del pentecostalismo mundial. El rol y el desarrollo de la dimensión afroamericana del pentecostalismo son el tema del capítulo 11.

Pioneros pentecostales

La primera oleada de peregrinos de Azusa viajaron por todos los Estados Unidos y extendieron el fuego pentecostal, principalmente, en las iglesias, obras misioneras y campamentos de la santidad.

Muchos pioneros pentecostales estadounidenses que recibieron el don de lenguas en Azusa en 1906, regresaron a sus lugares de origen para extender el movimiento entre su propia gente. Uno de los primeros fue Gastón Barnabas Cashwell, de Carolina del Norte.

Bajo su ministerio Cashwell hizo entrar en el nuevo movimiento a muchas denominaciones de la santidad; por ejemplo, la Iglesia de Dios de Cleveland, Tennessee; la Iglesia Pentecostal de la Santidad, la Iglesia de la Santidad Bautizada por Fuego y la Iglesia Bautista Pentecostal del Libre Albedrío (*Pentecostal Free-Will Baptist Church*).

Charles Harrison Mason viajó a Azusa en 1906 y regresó a Memphis, Tennessee, para extender el fuego pentecostal en la Iglesia de Dios en Cristo (IDC). Mason y los miembros de la iglesia que él fundó eran afroamericanos a los que solo una generación separaba de la época de la esclavitud. Tanto los padres de Seymour como los de Mason habían nacido como esclavos en el Sur.

Aunque se dividió por el asunto del don de lenguas en 1907, la IDC tuvo un crecimiento tan explosivo que hoy es, por mucho, la mayor denominación pentecostal en Norteamérica, con casi seis millones de miembros en más de quince mil iglesias locales.

Otro que peregrinó a Azusa fue William H. Durham, de Chicago. Después de recibir el don de lenguas en Azusa en 1907, regresó a Chicago, donde llevó al movimiento pentecostal a miles de canadienses y estadounidenses del Oeste Medio. Su teología de la santificación progresiva, gradual, de la "obra consumada", que anunció en 1910, llevó a la formación de las Asambleas de Dios (AD) en 1914.

E. N. Bell y Joseph Flower dirigieron las AD. Dado que muchos pastores blancos habían integrado la iglesia de Mason, cuando la abandonaron para unirse a las AD, su partida fue considerada, en parte, como una separación racial. A su tiempo, las AD llegarían a convertirse en la denominación pentecostal más grande en el mundo: en el año 2000, contaban con más de dos millones de miembros en los Estados Unidos y aproximadamente cuarenta y cuatro millones de adherentes en ciento cincuenta países.

En 1916 una gran controversia dentro de las Asambleas de Dios provocó el surgimiento del Movimiento Pentecostal No Trinitario, es decir, unitario, que enseña que Jesús es la única Persona de la divinidad y que las expresiones "Padre", "Hijo" y "Espíritu Santo" son solo "títulos" creados por la Iglesia Católica.

Los líderes de este movimiento, Frank Ewart y Glenn Cook, enseñaban que el único bautismo por inmersión válido es el que se realiza "en el nombre de Jesús" y que hablar en lenguas era necesario para ser salvo. Entre las iglesias que surgieron de este movimiento se encuentran las Asambleas Pentecostales del Mundo y la Iglesia Pentecostal Unida. Los capítulos 5 y 6 examinan el origen y crecimiento de las iglesias pentecostales con énfasis en la santidad, y las iglesias de la "obra consumada".

Misioneros sin regreso

Ádemás de los ministros que recibieron la experiencia pentecostal en Azusa, miles de otros recibieron indirectamente la influencia del avivamiento en Los Ángeles. Entre ellos se encontraba Thomas Ball Barratt, de Noruega, un pastor metodista que se hizo conocido como el apóstol pentecostal al norte y el oeste de Europa.

Después de ser bautizado en el Espíritu Santo y recibir la experiencia de hablar en lenguas, estando en Nueva York, en 1906, Barratt regresó a Oslo, donde, en diciembre de ese año dirigió los primeros cultos pentecostales que se hicieron en Europa. De Noruega Barratt viajó a Suecia, Inglaterra, Francia y Alemania, donde inició otros movimientos pentecostales nacionales. Bajo la influencia de Barratt, otros líderes como Lewi Pethrus en Suecia, Jonathan Paul en Alemania y Alexander Boddy en Inglaterra, entraron al movimiento.

Desde Chicago, gracias a la influencia de William Durham, el movimiento se extendió rápidamente a Canadá, Italia y Sudamérica.

Movimientos pentecostales florecientes fueron fundados después de 1908 en los Estados Unidos, Brasil, Argentina e Italia, por medio de dos italianos que habían emigrado a Chicago, Luigi Francescon y Giacomo Lombardi.

En South Bend, Indiana, cerca de Chicago, dos inmigrantes bautistas suecos, Daniel Berg y Gunnar Vingren, recibieron la experiencia pentecostal. Creyeron que habían sido llamados proféticamente a Brasil, y en 1910 se embarcaron en un viaje misionero que dio como resultado la fundación de las Asambleas de Dios en ese país. Las Asambleas, en Brasil, se desarrollaron hasta llegar a ser el movimiento pentecostal más grande del mundo y, junto con otros pentecostales brasileños, contaban con aproximadamente treinta millones de miembros en 2000.

También de Chicago era Willis C. Hoover, el misionero metodista a Chile que, en 1909, lideró un avivamiento pentecostal en la Iglesia Metodista chilena. Después de ser excomulgado de esa iglesia, Hoover, junto con treinta y siete de sus seguidores, organizó la Iglesia Metodista Pentecostal, que ahora tiene un millón y medio de seguidores en Chile.

El pentecostalismo africano debe sus orígenes a la obra de John Graham Lake (1870-1935), que comenzó su ministerio como predicador metodista, pero luego prosperó en los negocios como ejecutivo de seguros. En 1898 su esposa fue milagrosamente sanada de tuberculosis bajo el ministerio de Alexander Dowie, fundador de una comunidad religiosa llamada Ciudad Zion (*Zion City*) cerca de Chicago.

En 1907 Lake fue bautizado en el Espíritu Santo y habló en lenguas. De Zion salieron unos quinientos predicadores y maestros que entraron en las filas del movimiento pentecostal. Después de su experiencia pentecostal, Lake abandonó el negocio de los seguros para responder a un viejo llamado: ministrar en Sudáfrica. En abril de 1908 dirigió un gran grupo de misioneros a Johannesburgo, desde donde comenzó a extender el mensaje pentecostal a toda la nación.

Lake logró fundar dos grandes e influyentes iglesias en África del Sur. La rama blanca adoptó el nombre de Misión de la Fe Apostólica (*Apostolic Faith Mission*) en 1910, nombre que tomó de la famosa misión de la calle Azusa (David du Plessis, que fue conocido mundialmente como "el Sr. Pentecostés" provenía de esa iglesia). La rama negra, finalmente, llegó a conformar la

Iglesia Cristiana Zion (*Zion Christian Church*), que tenía seis millones de miembros para el año 2000.

Poco después que Lake regresara a los Estados Unidos, en 1912, el movimiento llegó al mundo eslavo por medio del ministerio del pastor bautista ruso Ivan Voronaev, quien recibió la experiencia pentecostal en 1919, en la ciudad de Nueva York. A través de profecías le llegó la indicación de llevar a su familia con él a Odessa, Ucrania, en 1922. Allí estableció la primera iglesia pentecostal de la Unión Soviética. Voronaev fue arrestado, apresado y martirizado en una prisión comunista en 1943. Las iglesias que fundó sobrevivieron a una persecución extrema y se convirtieron en una importante fuerza religiosa en la Rusia y la ex Unión Soviética.

El pentecostalismo llegó a Corea de la mano de Mary Rumsey, una misionera estadounidense que había sido bautizada en el Espíritu Santo en Azusa, en 1907. En ese momento Rumsey creyó haber sido llamada a llevar el mensaje pentecostal a Japón y Corea. Pero recién en 1928 desembarcó en Corea. Para cuando estalló la Segunda Guerra Mundial había plantado ocho iglesias pentecostales allí, antes de ser obligada a dejar el país por los japoneses.

En 1952 esas ocho iglesias fueron entregadas a las Asambleas de Dios, cuyos misioneros abrieron inmediatamente un instituto bíblico en Seúl. Uno de los primeros alumnos que se inscribió en ese instituto fue un joven convertido llamado Paul Yonggi Cho. Después de graduarse en el instituto bíblico, Cho inició una iglesia coreana que se convirtió en la Iglesia Yoido del Evangelio Completo. Actualmente la iglesia afirma tener setecientos treinta mil miembros, la congregación cristiana más grande del mundo. El capítulo 4: "Más allá de las fronteras: La expansión mundial del pentecostalismo" está dedicado a la actividad misionera de los pentecostales.

Neopentecostales, carismáticos y la Tercera Ola

Esta primera oleada de misioneros pentecostales pioneros produjo lo que ha llegado a ser conocido como el movimiento pentecostal clásico, con más de catorce mil denominaciones pentecostales en todo el mundo. Esta fase fue seguida por los esfuerzos denominacionales pentecostales que produjeron obras misioneras e iglesias nacionales de rápido crecimiento. El crecimiento más explosivo en estos grupos se produjo entre los hispanos, tanto en los Estados Unidos como en América Latina. Parte del mayor crecimiento también se dio entre los afroamericanos, así como en las naciones africanas.

Una fase posterior fue la penetración del pentecostalismo en las iglesias protestantes históricas y católicas, como movimientos de "renovación carismática" con la meta de renovar las iglesias históricas. Es de hacer notar que estas nuevas "olas" también se originaron principalmente en los Estados Unidos. Entre ellas se encuentra el movimiento protestante neopentecostal, que se inició en 1960 en Van Nuys, bajo el ministerio de Dennis Bennett, párroco de la Iglesia Episcopal St. Mark's[1]. En una década, este movimiento se había extendido a las ciento cincuenta familias protestantes más importantes del mundo, que alcanzaron a un total de cincuenta y cinco millones de personas para 1990.

Los líderes en las iglesias protestantes históricas fueron: Tommy Tyson y Ross Whetstone (metodistas); Brick Bradford, Rodman Williams y Brad Long (presbiterianos); Pat Robertson, Howard Conatser, Ken Pagard y Gary Clark (bautistas); Everett Terry Fullam y Charles Fulton (anglicanos); Gerald Derstine y Nelson Litwiller (menonitas); y Vernon Stoop (Iglesia Unida de Cristo). Los capítulos 7 y 8 tratan en detalle el movimiento de renovación en las principales iglesias protestantes e históricas.

El movimiento de renovación católica carismática tuvo sus comienzos en 1967, entre alumnos y profesores de la Universidad Duquesne. Después de extenderse rápidamente en 1967 entre los alumnos de Notre Dame y la Universidad de Michigan, el movimiento se propagó a todo el mundo.

Sus primeros líderes fueron Kevin Ranaghan, Ralph Martin, Steve Clark y Nancy Kellar. Kilian McDonnell y el cardenal Leon Joseph Suenens aportaron un cuidadoso liderazgo teológico.

En los treinta y dos años transcurridos desde sus comienzos, el movimiento católico no solo ha ganado la aprobación de la iglesia, sino ha tocado las vidas de más de cien millones de católicos en ciento veinte países. El capítulo 9 relata los hechos y las personas más trascendentes en este movimiento de renovación católica.

Además de todo esto, se encuentra la nueva categoría que algunos llamaron "la Tercera Ola" del Espíritu Santo. Se originó en el Seminario Teológico Fuller en 1981, bajo el ministerio estudiantil de John Wimber, fundador de la Asociación de Iglesias de la Viña. Esta "ola" estaba conformada por evangélicos tradicionales que experimentaban señales y prodigios, pero se negaban a ser clasificados como pentecostales o carismáticos. Las Iglesias de la Viña son el movimiento más visible dentro de esta categoría. Para el año 2000, los creyentes que integran la "Tercera Ola", también llamados "neocarismáticos" llegaban a los doscientos noventa y cinco millones en todo el mundo.

Cardenal Leon Joseph Suenens, primado católico de Bélgica, brindó dirección pastoral a la renovación carismática católica, y fue el nexo entre los carismáticos y el Papa Paulo VI

En todos estos movimientos, las mujeres tuvieron roles protagónicos como maestras, evangelistas, misioneras y pastoras desde los primeros días del siglo. Muchas se convirtieron en eficaces y aun famosas ministros que atrajeron multitudes, como Agnes Ozman, Maria Woodworth-Etter, Aimee Semple McPherson, Kathryn Kuhlman y, en tiempos más recientes, Marilyn Hickey y Joyce Meyer. Debido a la libertad espiritual que se gozaba en los círculos de la santidad y pentecostales, ellas pudieron romper estereotipos antiquísimos que habían impedido que las mujeres se desarrollaran en el ministerio durante siglos. El prominente rol de las mujeres se trata en el capítulo 10.

El área del mundo en que el pentecostalismo se extendió más rápidamente desde sus primeras épocas fue en América Latina. Con tempranos comienzos en Chile y Brasil, los pentecostales crecieron a pasos agigantados después de la Segunda Guerra Mundial. Para fines del siglo, en varios países latinoamericanos los pentecostales constituían el noventa por ciento de todos los no católicos. En algunos países, los índices de crecimiento de los pentecostales indican que, en unas pocas décadas más, podrían tener una mayoría absoluta en la población. Esto es particularmente cierto en países como Guatemala y Chile.

Este rápido crecimiento también se ha dado entre los hispanos de los Estados Unidos y Puerto Rico, así como en los países de América Central. El capítulo 12 presenta el crecimiento fenomenal del pentecostalismo en las poblaciones hispanas de Norte y Sudamérica.

El siglo del Espíritu Santo

Evangelistas y sanadores

A lo largo de este siglo los pentecostales produjeron muchos evangelistas que fueron conocidos por sus multitudinarias cruzadas de sanidad. Entre ellos, Maria Woodworth-Etter, Aimee Semple McPherson (fundadora de la Iglesia Internacional del Evangelio Cuadrangular en 1927), Oral Roberts, Kathryn Kuhlman, Reinhard Bonnke y Benny Hinn. A partir de la década del cincuenta, con Oral Roberts, surgió la figura del "teleevangelista", que llevó la sanidad, el don de lenguas, las profecías y otros dones espirituales a los hogares de todos los Estados Unidos.

Algunos de los más exitosos son Pat Robertson, con su cadena *Christian Broadcast Network* (CBN) y Paul Crouch, con su *Trinity Broadcasting Network* (TBN). Dos notables evangelistas televisivos, Jimmy Swaggart y Jim Baker, cayeron en mal testimonio en los escándalos de la década del ochenta. El capítulo 13 presenta un apasionante resumen de los más importantes sanadores y teleevangelistas.

A pesar de estas caídas la noticia de la renovación continuó siendo transmitida por la mayor parte de la prensa religiosa y secular. Al mismo tiempo, se publicaban millones de libros y se vendían millones de casetes en conferencias y cruzadas internacionales. Algunas de las nuevas publicaciones periódicas surgidas dentro del movimiento son la revista *Logos*, de Dan Malachuk, y *Charisma* y *Ministries Today*, revistas de Stephen Strang.

Las cruzadas masivas de sanidad de Oral Roberts ayudaron a extender el pentecostalismo en las iglesias históricas

A fines de los setenta, un nuevo movimiento de maestros de la "palabra de fe" atrajo la atención en todos los Estados Unidos. Entre ellos se encontraban Kenneth Hagin Sr., Kenneth Copeland y Fred Price. En la década del noventa, millones de personas seguían las enseñanzas de Copeland y Price, mientras otros se inscribían en el Instituto Bíblico Rhema de Hagin, en Broken Arrow, Oklahoma, y muchas otras escuelas llenas del Espíritu.

Al otro lado del océano, las cruzadas del evangelista pentecostal Reinhard Bonnke atraían multitudes de hasta un millón de personas en ciudades de toda África. Lo mismo ha sucedido con otros evangelistas en la India.

También, durante el siglo XX, se abrieron grandes instituciones educativas. El evangelista sanador Oral Roberts fundó una universidad con su nombre en Tulsa, Oklahoma, en 1965, y Pat Robertson fundó la Universidad Regent en Virginia Beach, Virginia, en 1978. Además, literalmente cientos de universidades, casas de estudios e institutos bíblicos pentecostales se plantaron en todo el mundo.

En cierto sentido, el movimiento carismático de los Estados Unidos alcanzó un pico en 1977 cuando cincuenta mil personas de todas las denominaciones se reunieron en el estadio Arrowhead de Kansas City, Missouri, para la conferencia carismática dirigida por Kevin Ranaghan. Los organizadores de esta conferencia debieron enfrentar la gran controversia de esta era, que implicaba las enseñanzas sobre "discipulado" de cinco líderes carismáticos de Fort Lauderdale, Florida: Derek Prince, Bob Mumford, Charles Simpson, Don Basham y Ern Baxter.

El "movimiento del discipulado", que enseñaba que todo cristiano debía estar bajo la "cobertura" y la autoridad de un "líder espiritual" se desmembró después que estos cinco líderes se separaron en 1986. Otros congresos, en Nueva Orleáns (1987), Indianápolis (1990), Orlando (1995) y St. Louis (2000) mantuvieron la unidad de las muchas corrientes de pentecostales y carismáticos.

Tiempos de refrigerio

Para 1990 los pentecostales y sus hermanos carismáticos de las iglesias católicas y protestantes principales volvieron su atención hacia la evangelización mundial. Durante la década siguiente, los pentecostales y carismáticos se revitalizaron con nuevas olas de avivamiento que incluían manifestaciones espirituales pentecostales como la "risa santa", "caer bajo el poder del Espíritu" (la "unción") y otras manifestaciones "exóticas". El líder de esta nueva ola fue el evangelista pentecostal sudafricano Rodney Howard-Browne.

A partir de 1993 muchas de estas manifestaciones aparecieron en la Iglesia de la Viña del Aeropuerto de Toronto, pastoreada por John Arnott. Aunque la iglesia de Arnott fue desvinculada de la organización de las Iglesias de la Viña, la fuerza de este avivamiento continuó durante toda la década.

Otra ola comenzó en 1995, cuando un avivamiento notable comenzó en la iglesia de las Asambleas de Dios de Brownsville, en Pensacola, Florida. Dirigidas por el pastor John Kilpatrick y el evangelista Steve Hill, las reuniones de Brownsville atrajeron a más de dos millones de personas, y en ellas hubo más de doscientas mil conversiones registradas.

Los fuegos del avivamiento también recorren América Latina, particularmente Argentina y Brasil, bajo el liderazgo de Claudio Freidzon y Carlos Annacondia. El capítulo 14, "Corrientes de renovación al fin del siglo", brinda información actualizada sobre el creciente movimiento de renovación.

Todos estos movimientos, tanto pentecostales como carismáticos, han producido una fuerza fundamental en el cristianismo en todo el mundo, con índices de crecimiento explosivos nunca antes vistos en tiempos modernos, como lo detalla minuciosamente David B. Barrett en el capítulo 15, "La renovación del Espíritu Santo en todo el mundo".

Estos "tiempos de refrigerio" demuestran que, al final del siglo pentecostal, el movimiento estaba lejos de estar muerto y entró al nuevo milenio con su poder intacto. Aunque la renovación y el avivamiento siempre han sido parte del cristianismo (ver Apéndice: "Cronología de la renovación en el Espíritu Santo", preparado por David B. Barrett), el siglo XX ha sido, realmente, "el siglo del Espíritu Santo".

· 2 ·

Raices pentecostales

Vinson Synan

A lo largo de los dos mil años de historia cristiana, ha habido muchas renovaciones, avivamientos y reformas. Sin estos despertares ocasionales, la iglesia podría haberse perdido en la corrupción y el ritualismo vacío hasta llegar a carecer de significado. Algunas de estas renovaciones brindaron a sus entusiastas seguidores una experiencia espiritual o ritual que iba más allá de los sacramentos usuales de la iglesia. Por ejemplo, entre los montanistas del segundo siglo, la proclamación extática de una "nueva profecía" les dio un sentido de emoción y celo apocalíptico. Entre los jansenistas de Francia en el siglo XVII, los reformadores católicos hablaban en lenguas y profetizaban, e introdujeron un nuevo sacramento llamado "*consolamentum*".

En el siglo XVIII John Wesley ofreció a sus seguidores metodistas una "segunda bendición" que llamó "entera santificación", una experiencia de crisis instantánea que también describió con las frases "amor perfecto" o "perfección cristiana". Los wesleyanos radicales que dejaron el metodismo en el siglo XIX para pasarse al "movimiento de la santidad" solían llamar a esta segunda bendición "el bautismo en el Espíritu Santo". A partir del

El siglo del Espíritu Santo

movimiento de la santidad, a principios del siglo XX, apareció un nuevo y entusiasta movimiento que hacía énfasis en las señales, los prodigios y los dones del Espíritu.

Sus seguidores se llamaron a sí mismos "pentecostales", dado que se inspiraban en el Día de Pentecostés y el derramamiento del Espíritu Santo en el Aposento Alto. Durante décadas su crecimiento fue lento, ya que debieron luchar contra el rechazo y la persecución. Pero después de la Segunda Guerra Mundial su crecimiento mundial ya no pudo ser ignorado. El mundo comenzó a notar un nuevo y vigoroso movimiento que se extendía como un reguero de pólvora por toda la Tierra.

En 1958 Henry P. Van Dusen, en ese entonces presidente del Seminario Teológico de la Unión, de Nueva York, asombró al mundo religioso con un artículo profético en la revista *Life* titulado "*The Third Force in Christendom*" (La tercera fuerza en el cristianismo). Con sorprendente penetración, anunció que ya existía una tercera fuerza principal en el mundo cristiano, junto con el catolicismo y el protestantismo tradicionales. El pentecostalismo, proclamaba Van Dusen, estaba destinado a cambiar el rostro del cristianismo en el siglo XX.[1]

La enseñanza de John Wesley sobre la "segunda bendición" lo convirtió en el padre teológico de todos los movimientos de la santidad y pentecostales

Lo que Van Dusen no sabía es que lo que ahora llamamos "pentecostalismo clásico" estaba a punto de estallar en los otros dos campos. Solo dos años después el primer protestante "neopentecostal" testificó públicamente de su experiencia, mientras que menos de una década después, el movimiento ya había entrado en la Iglesia Católica. Cuatro años antes de esto, en 1954, un evangelista pentecostal estadounidense casi desconocido, llamado Tommy Hicks, había viajado, sin invitación, de California a Buenos Aires, (Argentina) buscando una oportunidad para predicar, seguro de que Dios lo había enviado. Sin publicidad ni apoyo económico externo, Tommy Hicks realizó la cruzada evangelística más importante de la historia de la iglesia hasta ese momento. La asistencia a sus reuniones superó a cualquier otro evangelista anterior, entre ellos Finney, Moody y Billy Graham. En 52 días, desde mayo hasta julio de 1954, Hicks predicó a un total de aproximadamente dos millones de personas, y más de doscientas mil asistieron al culto final en un gigantesco estadio de fútbol.[2]

A medida que se corría la voz sobre el acelerado crecimiento del movimiento pentecostal en los Estados Unidos, Brasil, Chile, Escandinavia, Corea y África, los líderes eclesiásticos protestantes y católicos comenzaron a anoticiarse del fenómeno pentecostal. "¿Qué significa esto?" se convirtió en la pregunta de estudiosos, pastores, obispos y laicos por igual. Para 1964 Charles Sydnor Jr., al enterarse de que la Iglesia de Dios (de Cleveland) había superado a los presbiterianos como tercera denominación en Georgia –en número de iglesias locales– declaró que "es cada vez más evidente que el movimiento pentecostal del que somos testigos (...) es una auténtica reforma y un auténtico avivamiento de gran significación histórica, como lo fueron otros grandes movimientos de siglos pasados."[3]

Era obvio que un movimiento de singular importancia se estaba convirtiendo en un enorme desafío para el cristianismo tradicional. ¿De dónde venían estos pentecostales? ¿Qué creían? ¿Cuáles eran sus prácticas? ¿No eran, acaso, los que solían rodar por el suelo y eran tratados con lástima y desprecio apenas unos años antes? ¿Quién era responsable de originar esta poderosísima fuerza?

La segunda bendición de John Wesley

En el año 1764, al repasar todo este asunto, escribí el resumen de lo que había observado en las siguientes breves proposiciones:

1. La perfección existe; porque una y otra vez es mencionada en las Sagradas Escrituras.
2. No es tan temprana como la justificación; porque las personas justificadas deben ir *"adelante a la perfección"* (Hebreos 6:1).
3. No es tan tardía como la muerte; porque san Pablo habla de hombres vivos que eran perfectos (Filipenses 3:15).
4. No es absoluta. La perfección absoluta no pertenece al hombre ni a los ángeles, sino solo a Dios.
5. No hace infalible al hombre. Nadie es infalible mientras permanezca en el cuerpo.
6. ¿Es sin pecado? No vale la pena discutir por una palabra. Es "salvación de pecado".
7. Es un *"perfecto amor"* (1 Juan 4:18). Esta es su esencia; sus propiedades o frutos inseparables, son regocijarse constantemente, orar sin cesar y dar gracias en todo (1 Tesalonicenses 5:16, etc.).
8. Es perfectible. Está tan lejos de descansar en un punto indivisible, de no poder acrecentarse, que la persona que es perfeccionada en amor puede crecer en gracia mucho más rápidamente que antes.

> 9. Es posible perderla; de lo cual tenemos numerosos ejemplos. Pero no nos convencimos totalmente de esto sino hasta hace cinco o seis años.
> 10. Es constantemente tanto precedida como seguida de un trabajo gradual.
> 11. ¿Pero es en sí misma instantánea, o no? Para examinar esto, vayamos paso por paso.
>
> Un cambio instantáneo ha tenido lugar en algunos creyentes; nadie puede negarlo.
> A partir de ese cambio, disfrutan de un perfecto amor; sienten esto, y solo esto: "se regocijan siempre, oran sin cesar, y dan gracias en todo". Ahora bien, esto es lo que llamo perfección; por tanto, estos son testigos de la perfección que predico.
> "Pero en algunos, este cambio no fue instantáneo." Ellos no percibieron el instante en que se produjo. Suele ser difícil percibir el momento en que muere un hombre; pero hay un instante en el que cesa la vida. Si el pecado cesa en algún momento, debe haber un último momento de su existencia, y un primer momento de nuestra liberación de él.
>
> JOHN WESLEY
> *A Plain Account of Christian Perfection*

Al investigarlo un poco más de cerca, se dieron cuenta de que estos pentecostales hacían énfasis en una conversión radical, una vida santa de separación del mundo después de la conversión, y el "bautismo en el Espíritu Santo" con la evidencia de hablar en lenguas. Después de esta experiencia, todos los dones del Espíritu se encontrarían en la vida normal de la iglesia. Hacían un especial énfasis en la sanidad divina, así como en la segunda venida de Cristo para arrebatar a su iglesia, que podía suceder en cualquier momento. También era característica la gozosa y expresiva adoración, que una persona que la experimentara por primera vez podría calificar de emocional y ruidosa. Tal adoración incluía manos levantadas, cantos a voz en cuello, mensajes en lenguas, interpretación de lenguas, profecías, oraciones por los enfermos y, ocasionalmente, la expulsión de demonios.

La ferviente predicación de la Biblia ofrecía salvación, santidad, sanidad y bendiciones materiales del Señor a quienes recibían oración ante el altar. La enseñanza más notable era que los dones del Espíritu o "carismas" eran para la iglesia del siglo XX tanto como lo habían sido para la del primer siglo.

Los dones del Espíritu en la historia

Muchos líderes eclesiásticos se apresuraron a comenzar un curso acelerado sobre la historia de los dones del Espíritu Santo en la iglesia. Libros como *Hablan en otras lenguas*, de John Sherrill, y *Tongue Speaking* (Hablar en lenguas), de Morton Kelsey, brindaban respuestas a los que las buscaban. Lo que encontraron fue que la iglesia del Nuevo Testamento realmente era carismática, según los relatos del Libro de los Hechos. También era obvio que la iglesia primitiva retuvo los dones originales y el poder pentecostal en el largo período de luchas y persecución antes de que el cristianismo triunfara en el Occidente con Constantino. Pero después de lograr aceptación y poder, la iglesia comenzó a experimentar cada vez menos el poder milagroso de los tiempos primeros, y se volvió cada vez más hacia formas ritualistas y sacramentales de la fe.

El movimiento de renovación montanista entre los años 185 y 212 de nuestra era, fue un intento de restaurar los carismas a la iglesia. A pesar de algunos primeros éxitos en que los dones de lenguas y profecía fueron restaurados entre los seguidores de Montano, el movimiento, finalmente, fue condenado por la iglesia. La causa principal de este rechazo no fue la presencia de los carismas, sino la afirmación de Montano en el sentido de que las profecías eran iguales a la Biblia.

Muchos eruditos creen actualmente que la iglesia reaccionó en forma exagerada ante el montanismo, asegurando que los carismas más sensacionales, aunque habían sido experimentados por la iglesia apostólica, habían cesado después de cerrarse el canon bíblico aceptado. Esta opinión fue expresada por San Agustín, y los eruditos se hicieron eco de ella en los siglos posteriores. Sobre la cuestión del don de lenguas como evidencia de recibir el Espíritu Santo, Agustín dijo:

> Al comienzo de la iglesia, el Espíritu Santo cayó sobre los creyentes, y ellos hablaron con lenguas que no habían aprendido, a medida que el Espíritu les daba palabra. Era una señal adecuada para ese tiempo: todas las lenguas del mundo eran una adecuada significación del Espíritu Santo, porque el evangelio de Dios debía abrirse camino en todas las lenguas de todas partes del mundo. La señal fue dada, y luego pasó. Ya no esperamos que aquellos sobre quienes se

impone la mano para que reciban el Espíritu Santo hablen en lenguas. Cuando impusimos las manos sobre estos "infantes", los miembros de la iglesia nacidos de nuevo, ninguno de ustedes, creo, se fijó si hablaría en lenguas o, al notar que no lo hacía, tuvo la perversidad de argumentar que no había recibido el Espíritu Santo porque, de haberlo recibido, hubiera hablado en lenguas como sucedió al principio.[4]

En cuanto a todos los demás dones extraordinarios del Espíritu Santo, la "teoría de la cesación" de Agustín tuvo gran influencia en las generaciones de teólogos subsiguientes. Como él dijo:

"¿Por qué, se pregunta, no ocurren ahora milagros, como ocurrían en tiempos anteriores? Podría yo responder que eran necesarios entonces, antes que el mundo llegara a creer, para ganar la fe del mundo".[5]

Una respuesta a la teoría cesacionista de Agustín fue la repentina aparición de sanidades sobrenaturales en cultos públicos en su iglesia.

La reacción exagerada ante el montanismo, que llevó a creer que los carismas habían terminado con la era apostólica, continuó hasta los tiempos modernos. Aunque la Iglesia Católica Romana dejó las puertas abiertas a los milagros en la vida de algunos santos –algunos de los cuales, se dice, hablaban en lenguas y produjeron milagros de sanidad– la iglesia cada vez tendió más a enseñar que los milagros de la era apostólica habían terminado con la iglesia primitiva. Con la institucionalización de la iglesia pasaron al frente los carismas menos espectaculares de gobierno, administración y enseñanza. La principal excepción a la aceptación de este cesacionismo paralizante fueron las iglesias ortodoxas del Oriente. Aunque la manifestación espontánea de los carismas también disminuyó en esas iglesias, ellas nunca adoptaron la teoría de que los dones habían cesado. La teología cesacionista fue una creación de la iglesia occidental.

La opinión de que los carismas habían cesado después de los días de los apóstoles tuvo su expresión clásica en Juan Crisóstomo, en el cuarto siglo, con sus homilías sobre 1 Corintios 12. Confesando su ignorancia sobre el asunto, escribió:

Raíces pentecostales

> "Todo este lugar es muy oscuro; pero la oscuridad es producida por nuestra ignorancia de los hechos a los que se refiere y su cesación, tal como entonces solían ocurrir, pero ya no suceden. ¿Y por qué no suceden ahora? Porque, veamos ahora, la causa, también, de la oscuridad nos ha provocado otra pregunta: ¿por qué entonces sucedían, y ahora no? [...]. Bien, ¿qué sucedía entonces? Quien era bautizado, directamente hablaba en lenguas, y no solo lenguas, sino que muchos también profetizaban, y algunos hacían muchas obras maravillosas. [...] pero lo más abundante de todo era el don de lenguas entre ellos".[6]

La cesación de los carismas, entonces, se volvió parte de la teología clásica de la iglesia occidental. Agustín y Crisóstomo fueron citados por incontables teólogos y comentaristas en los siglos posteriores.

Dones tales como la glosolalia –hablar en lenguas– se volvieron tan raros que la iglesia generalmente olvidó su adecuada función en la comunidad cristiana. A medida que pasaban los siglos, hablar en un idioma no aprendido por el hablante llegó a ser considerado evidencia de posesión demoníaca, más que del Espíritu Santo. De hecho, para el año 1000 el *Rituale Romanorum* definía la glosolalia como evidencia *prima facie* de posesión denomíaca. Hubiera sido de esperar que los reformadores como Lutero y Calvino restauraran los carismas a la iglesia como herencia común de todos los creyentes, pero esto no sucedió.

Una de las acusaciones de las autoridades católicas contra los reformadores, era que el protestantismo carecía de milagros que autenticaran sus comienzos. Para los teólogos católicos, los carismas milagrosos eran vistos como señal de la aprobación divina al comienzo de la iglesia. Los católicos exigían señales y prodigios de Martín Lutero y Calvino para probar su autenticidad como verdaderas iglesias ortodoxas. Siguiendo la guía de San Agustín y Crisóstomo, Lutero respondió con la siguiente visión de las señales, prodigios y dones del Espíritu Santo:

> "El Espíritu Santo es enviado de dos formas. En la iglesia primitiva, fue enviado de forma visible y manifiesta. Así, descendió sobre Cristo en el Jordán en forma de paloma (Mateo 3:16), y sobre los apóstoles y otros creyentes en forma de

fuego (Hechos 2:3). Este fue el primer envío del Espíritu Santo; fue necesario en la iglesia primitiva, que debía ser establecida con señales visibles a causa de los inconversos, como Pablo testifica. En 1 Corintios 14:22 leemos: *"Las lenguas son por señal, no a los creyentes, sino a los incrédulos"*. Pero más tarde, cuando la iglesia había sido reunida y confirmada por estas señales, ya no fue necesario que el Espíritu Santo continuara siendo enviado de forma visible".[7]

Entonces, a lo largo de los siglos, el cristianismo en sus ramas católica y protestante, adoptó el punto de vista de que los dones sobrenaturales espectaculares, del Espíritu Santo, habían terminado con la iglesia primitiva y que, con el cierre del canon inspirado de las Sagradas Escrituras, ya no volverían a ser necesarios. La tradición mística católica continuó admitiendo que algunos santos que poseían "santidad heroica" ejercitaran algunos de los dones, pero tal santidad estaba reservada (para la opinión de la mayoría) a los clérigos y religiosos (obispos, sacerdotes, monjes y monjas) no a las masas de cristianos comunes.

Esta visión fue la que la iglesia sostuvo tradicionalmente hasta el siglo XIX. Entonces se produjeron ciertos sucesos históricos y teológicos que causaron el comienzo de un cambio drástico de punto de vista en varios lugares, principalmente en Inglaterra y los Estados Unidos.

La reaparición de los dones

Como ha señalado Ernest Sandeen, el hecho que hizo que los cristianos consideraran de una nueva forma la profecía y los dones del Espíritu Santo, fue la Revolución Francesa. A medida que la revolución avanzaba en la década de 1780, los radicales impusieron un "reino del terror" que les recordó a muchos las escenas de la tribulación en el Apocalipsis. Las convulsiones que tenían lugar en Francia parecían ser señales de que el fin de los tiempos se acercaba. Pasajes que alguna vez fueran confusos cobraban una enorme importancia, en vista de los acontecimientos contemporáneos.

En Daniel 7 el profeta habla de cuatro animales que salen del mar: un león, un oso, un leopardo y una fiera bestia con diez cuernos. Entre los diez cuernos de esta última crecía un *"pequeño cuerno"* que arrancaba tres de ellos. Este *"pequeño cuerno"* era un gobernante que "*a los santos del Altísimo quebrantará, y pensará en cambiar los tiempos y la ley; y serán entregados en su mano hasta tiempo, y tiempos, y medio tiempo*" (v. 25). Una bestia similar se describe en Apocalipsis 13:5, cuyo tiempo duraría cuarenta y dos meses.

A medida que la Revolución Francesa se desarrollaba, los estudiosos de la Biblia estaban seguros de que estos pasajes se estaban cumpliendo literalmente. La introducción de un nuevo calendario "revolucionario" y la instalación de una prostituta en la catedral de Notre Dame recientemente coronada como "diosa de la razón", parecía subrayar el hecho apocalíptico de 1798, cuando las tropas francesas a las órdenes del general Berthier marcharon sobre Roma, declararon una nueva república y enviaron al Papa al exilio. Esto fue interpretado como la "herida mortal" que marcaría el fin del poder político y espiritual del papado en el mundo.

En Londres, Edward King, un estudioso de la profecía bíblica, escribió:

> "¿No ha llegado a su fin *el poder papal* en Roma, que alguna vez fue tan terrible y tan dominante? Pero hagamos una pequeña pausa. ¿No se predijo, en otras partes de las Santas Profecías, *su fin*, al cabo de 1260 años? ¿Y no lo predijo Daniel al cabo de *un tiempo, y tiempos, y medio tiempo*? Lo cual, sumado, da como resultado el mismo período. Y ahora, veamos, escuchemos y comprendamos. Este es el año 1798; y justo hace 1260 años, en el mismo comienzo del año 538, Belisario puso fin al imperio y dominio de los godos sobre Roma".[8]

Para los estudiosos protestantes esta interpretación significaba que estaban viviendo en los últimos tiempos. La segunda venida de Cristo estaba cerca: el milenio estaba a punto de comenzar; el Espíritu Santo pronto sería derramado sobre toda carne como señal adicional de que el fin estaba próximo. La larga noche de la espera casi había terminado. En cualquier momento los carismas se manifestarían nuevamente sobre la Tierra, como en el Día de Pentecostés.

El efecto de estos importantes descubrimientos fue el renacer del milenarismo en Gran Bretaña, un nuevo interés por el retorno de los judíos a Palestina y un renovado interés en la inminente segunda venida de Cristo. Además, le siguió un profundo énfasis en el estudio de las profecías bíblicas con el fin de discernir "las señales de los tiempos".

Los líderes de esta nueva oleada de interés en lo profético fueron los teólogos británicos Lewis Way, John Nelson Darby –fundador de los Hermanos Libres– y Edward Irving. En los Estados Unidos el movimiento tuvo sus mayores defensores en el erudito luterano J. A. Seiss, y la "teología de Princeton" de Charles Hodge y Benjamin Warfield, ambos presbiterianos. La búsqueda de un renovado derramamiento de los carismas fue mucho más pronunciada en Inglaterra que en los Estados Unidos.

En tiempos posteriores estos "fundamentalistas" de Princeton y otros adoptaron otras posturas en las que defendían la inerrancia de las Escrituras y la segunda venida de Cristo, que podía producirse en cualquier momento para "arrebatar a su esposa", mientras sus colegas ingleses continuaban concentrándose en buscar la renovación de los carismas en la iglesia.[9]

Edward Irving

Para 1830 algunos predicadores comenzaron a investigar todos los informes sobre milagros que se produjeran en cualquier lugar de las Islas Británicas. Un líder en esta tarea fue Edward Irving, pastor de la prestigiosa Iglesia Presbiteriana de Regents Square, en Londres. Cuando se corrió la voz de que se habían producido sanidades milagrosas y glosolalia en Escocia, entre un pequeño grupo de creyentes, Irving corrió a la pequeña ciudad escocesa de Port Glasgow para investigar. En esta pequeña ciudad se sorprendió al escuchar a un ama de casa llamada Mary Campbell hablar en lenguas.

Dos de sus amigos, los hermanos gemelos James y George McDonald, no solo hablaban en lenguas, sino interpretaban sus mensajes al inglés. El 20 de abril de 1830 James predicó el primer mensaje en lenguas con interpretación que haya quedado registrado en los tiempos modernos. El mensaje era "Mirad, Él viene; Jesús viene; un Jesús que llora". De hecho, se dice que todas las interpretaciones consiguientes en Inglaterra se centraron sobre el tema de que el Señor venía pronto, y era necesario prepararse para el encuentro con Él.

A partir de este momento Irving enseñó que el don de lenguas era "la señal fundamental", la "raíz y el tallo" del que partían todos los demás dones del Espíritu Santo. Para Irving el don de lenguas era "la señal externa y visible de la interna e invisible gracia que el bautismo en el Espíritu Santo confiere".[10]

Irving era uno de los predicadores más populares de su época. Su iglesia elegante congregaba a multitudes de dos mil personas para escuchar los elocuentes sermones que, con frecuencia, reflejaban sus puntos de vista sobre la renovación de los dones apostólicos, especialmente, los dones de la sanidad y el hablar en lenguas. En octubre de 1831 la tan ansiada restauración comenzó cuando una mujer habló en voz alta, en lenguas, en un culto público en la iglesia de Irving, lo que causó un pequeño revuelo en la ciudad. Pero Londres no estaba preparada en lo más mínimo para aceptar este fenómeno como la esperada renovación pentecostal. El siguiente relato de un testigo ocular demuestra la reacción negativa ante este hecho sensacional que interrumpió el culto matutino del domingo:

Edward Irving (1792-1834), un popular pastor presbiteriano de Londres, dirigió la restauración de los dones de lenguas y profecía en 1831

> Fui a la iglesia [...] y, como de costumbre, me sentí gratificado y consolado por la disertación y las oraciones del Sr. Irving; pero inesperadamente me interrumpió la voz bien conocida de una de las hermanas que, descubriendo que no podía contenerse, y respetando las reglas de la iglesia (de que las mujeres no deben hablar en el santuario) corrió a la sacristía, y dio voz a sus palabras; mientras otra, según entendí, por igual impulso, corrió por el pasillo lateral y salió de la iglesia por la puerta principal. Los repetidos, lastimosos e ininteligibles sonidos, escuchados por toda la congregación, produjeron la mayor confusión; el acto de levantarse, el esfuerzo por escuchar, ver y comprender, de todas y cada una de las, quizás, 1500 ó 2000 personas, creó un alboroto que es fácil de imaginar. El Sr. Irving nos rogó que prestáramos atención y, cuando se restauró el orden, explicó lo sucedido que, según dijo, no era nuevo, excepto en la congregación, donde había estado, durante un tiempo, considerando si era adecuado introducirlo; pero, aunque satisfecho por la bondad de tal medida, temía dispersar al rebaño; sin embargo, como ahora era traído por la voluntad de Dios, sentía que era su deber someterse.[11]

> ### Edward Irving habla sobre el tema del don de lenguas
>
> Este don de lenguas es el acto supremo. Ninguno de los profetas antiguos lo tenía, ni Cristo; pertenece a la dispensación del Espíritu Santo que procede del Cristo resucitado; es la proclamación de que el hombre está entronizado en el cielo, que el hombre es el lugar donde Dios habita, que toda la creación, para conocer a Dios, debe prestar oído a la lengua del hombre, y conocer la brújula de la razón. No somos nosotros los que hablamos, sino Cristo habla. No es en nosotros como hombres que Dios habla, sino en nosotros como miembros de Cristo, como Iglesia y cuerpo de Cristo, que Dios habla. La honra no es para nosotros, sino para Cristo; no para la divinidad de Cristo, que siempre es la misma, sino para la humanidad de Cristo, que ha sido elevada del estado de muerte al estado de ser templo de Dios, el lugar santísimo de Dios, la *shekinah* de Dios, el oráculo de Dios, para siempre.
>
> EDWARD IRVING
Collected Works

La mujer que habló en lenguas era Mary Campbell, de Port Glasgow, a quien Irving consideraba una "profetisa". Otros lo veían de manera diferente. Thomas Carlyle, en su *Reminiscences* (Reminiscencias) hablaba ácidamente del "débil y torpe rebaño" de Irving y lamentaba el "alboroto" que se había producido a causa del don de lenguas. Hasta llegó a sugerir que se arrojara un cubo de agua sobre la "loca histérica" que había hablado en lenguas. Pero, para Irving, Campbell era una mujer santa que convertiría a su iglesia presbiteriana en una congregación aun mayor que la iglesia de Corinto.[12]

Aunque las manifestaciones de lenguas continuaron unos meses más en la iglesia de Regents Square, Irving nunca recibió ese don, para gran desdicha suya. A su tiempo el presbiterio de Londres hizo lugar a las acusaciones contra Irving, lo juzgó y lo condenó por permitir hablar a las mujeres en la iglesia, y por herejías concernientes a ciertas enseñanzas suyas sobre la persona de Cristo. Muchos creyeron que las acusaciones habían sido exageradas, y que el juicio era injusto. Sea como fuere, después que Irving dejó la Iglesia Presbiteriana él y sus amigos organizaron un nuevo grupo llamado "Iglesia Católica y Apostólica", que no solo enseñaba que todos los carismas habían sido restaurados, sino también que el oficio apostólico había sido restaurado para los últimos tiempos.[13]

Aunque Irving había fundado la iglesia, no se le otorgó el rango de apóstol, principalmente, porque nunca habló en lenguas. De hecho, fue removido del liderazgo de la iglesia y murió tres años después en Escocia, en la miseria. Los apóstoles de su iglesia decidieron que su orden era única y que no habría sucesores. Se han conservado una gran cantidad de profecías, así como una colección monumental de liturgias que se utilizaban en los cultos. Cuando el último apóstol murió, en 1900, no quedaron apóstoles para sucederlo; por consiguiente, la iglesia prácticamente desapareció durante el siglo XX.

C. H. Spurgeon y William Arthur

La desagradable experiencia de Irving no menguó el entusiasmo ni la expectativa de un nuevo Pentecostés entre otros devotos del nuevo movimiento profético. Los evangélicos británicos continuaron predicando y escribiendo sobre el esperado derramamiento carismático que, según creían, podría producirse en cualquier momento. El gran predicador bautista londinense Charles H. Spurgeon nos presenta un ejemplo de la forma típica de tratar este tema en un sermón de 1857 titulado "El poder del Espíritu Santo":

> Otra gran obra del Espíritu Santo, que no se ha cumplido, es la aparición de la gloria de los últimos días. En unos pocos años más –no sé cuándo, no sé cómo– el Espíritu Santo será derramado de manera muy diferente a la actual. Hay diversidad de operaciones; y durante los últimos años se ha dado el caso en que las operaciones diversificadas han consistido en muy poco derramamiento del Espíritu Santo. Los ministros han continuado con su opaca rutina, predicando, predicando, predicando, y se ha hecho muy poco bien. Espero que una nueva era haya amanecido sobre nosotros y que haya un mejor derramamiento del Espíritu aun ahora. Porque la hora viene, y quizá sea ahora, en que el Espíritu Santo será derramado nuevamente en una forma tan maravillosa, que muchos correrán de aquí para allá y el conocimiento aumentará; el conocimiento del Señor cubrirá la Tierra como las aguas cubren la superficie del mar; cuando su reino vendrá, y su voluntad será hecha en la Tierra como en el cielo. [...]. Mis ojos

brillan con la idea de que muy posiblemente viviré para ver el derramamiento del Espíritu Santo; cuando *"profetizarán vuestros hijos y vuestras hijas; vuestros ancianos soñarán sueños, y vuestros jóvenes verán visiones"*.[14]

Un año antes, un predicador metodista británico, William Arthur, publicó su influyente libro *The Tongue of Fire* (La lengua de fuego). Este libro, que ha sido reimpreso durante más de un siglo, desecha el punto de vista tradicional sobre la cesación y el retiro de los carismas; dice:

> Lo que sea necesario para la santidad del individuo, para la vida espiritual y los dones ministradores de la Iglesia, o para la conversión del mundo, es tanto herencia del pueblo de Dios en los últimos días como en los primeros. [...]. Nos sentimos satisfechos porque quien espera el don de sanidad y el don de lenguas, o cualquier otra manifestación milagrosa del Espíritu Santo [...] tiene diez veces más fundamento bíblico en el cual basar su expectativa, que el que tienen aquellos que no esperan una fortaleza santificadora sobrenatural para el creyente.[15]

Arthur cierra su memorable libro con el siguiente desafío para todas las iglesias:

> Y ahora, adorable Espíritu, procedente del Padre y del Hijo, desciende sobre todas las iglesias, renueva el Pentecostés en esta nuestra era, y bautiza a tu pueblo en general; ¡oh, bautízalos otra vez con lenguas de fuego! ¡Corona este siglo XIX con un avivamiento de "religión pura y sin mancha" mayor que la del último siglo, mayor que la del primero, mayor que cualquier otra demostración del Espíritu que haya sido dada a los hombres![16]

Maestros de la santidad en los Estados Unidos

El lenguaje de Pentecostés que Arthur popularizó se hizo aun más fuerte en los Estados Unidos durante la década siguiente. Durante más de un siglo antes de la Guerra Civil, la mayoría de quienes habían recibido la "segunda bendición" posterior a la conversión llamaron a esta experiencia "santificación". Los maestros metodistas, siguiendo la terminología de John Wesley y su colega John Fletcher, habían hablado de "santificación" y "bautismo en el Espíritu Santo" como dos lados de una misma moneda. Pero después de la guerra hubo una creciente tendencia a hablar de la segunda obra de la gracia como "el bautismo con el Espíritu Santo".

Esta experiencia posterior a la conversión, que comenzó a recibir un nuevo énfasis en la década de 1830, finalmente obtuvo la atención generalizada, como lo evidenció el primer campamento nacional de la santidad realizado en 1867 en Vineland, Nueva Jersey. La reunión de Vineland estaba destinada a cambiar el rostro de la religión en los Estados Unidos. Aunque abogaba por un regreso a la vida en santidad, el llamado estaba expresado en términos pentecostales. Quienes se acercaban, eran invitados a "realizar juntos un bautismo pentecostal del Espíritu Santo" y "hacer súplicas comunes para que el Espíritu Santo descienda sobre nosotros, la iglesia, la nación y el mundo".[17] Este lenguaje pentecostal era resultado del sutil cambio que se había ido produciendo entre los defensores de la santidad en los últimos años.

Phoebe Worrall Palmer (1807-1874), maestra y predicadora metodista que lideró un avivamiento de la santidad desde 1839 hasta 1874 en los Estados Unidos, Canadá e Inglaterra

En 1839 Asa Mahan, presidente del Oberlin College, publicó un libro titulado *Scripture Doctrine of Christian Perfection* (Doctrina bíblica de la perfección cristiana), una defensa de la teología wesleyana de la santificación total, en la que se presentaba la teología de la segunda bendición con términos fuertemente cristológicos, con escaso o nulo énfasis en el Espíritu Santo.[18]

Para 1870 Mahan había publicado una revisión del mismo libro con el título *The Baptism of the Holy Ghost* (El bautismo del Espíritu Santo), en la cual se notaba claramente un profundo cambio en terminología y exégesis. En el primero consideraba "la bendición" como una experiencia ética de ser limpios del pecado interior con referencias a Ezequiel 36:25; Mateo 5:48; Juan 17:20-23 y 1 Tesalonicenses 5:23-24. En el segundo, los pasajes más importantes eran tomados del Libro de los Hechos (2:4; 19:2, etc.) y de pasajes del Antiguo Testamento como Joel 2:28 y Zacarías 13:1. El libro estaba lleno de lenguaje pentecostal. Las experiencias de "segunda bendición" de los Wesley, Madame Guyon, Finney y Mahan mismo eran llamadas "bautismo en el Espíritu Santo". El efecto de este bautismo era "ser dotados de poder de lo alto" así como una limpieza interior.[19]

Phoebe Worrall Palmer
(1807 – 1874)

Phoebe Palmer nació en la ciudad de Nueva York el 18 de diciembre de 1807. Fue criada estrictamente como metodista y se casó con Walter C. Palmer, médico homeópata. Ambos compartían un profundo interés por sus raíces religiosas metodistas. Ella enseñó aquí la experiencia de la "segunda bendición" wesleyana que, decía, podía ser recibida en un instante por fe, inclusive sin que la acompañara ningún sentimiento.

Los Palmer habían sido ganados para el movimiento de la santidad por la hermana de Phoebe, Sarah A. Lankford, que había comenzado a realizar "reuniones para la promoción de la santidad" todos los martes, en su salón, en el año 1835. Para 1839 la señora Palmer no solo había experimentado la santificación, sino se había convertido en la líder de las reuniones. A medida que las "reuniones de los martes" crecían en popularidad, cientos de predicadores y laicos de diversas denominaciones se agolpaban en su hogar para conocer el "atajo" para lograr la perfección y el éxtasis que a los primeros santos les había llevado la vida entera adquirir. Al poner "todo en el altar", enseñaba ella, uno podía ser instantáneamente santificado por medio del bautismo del Espíritu Santo.

Las personas que buscaban esta bendición debían testificar que la habían recibido "por fe", aunque no experimentaran emoción alguna en el momento. Entre quienes llegaron y encontraron la santidad con los Palmer, había importantes pastores y obispos metodistas. Palmer tuvo como amigos y seguidores a no menos de cuatro obispos de la Iglesia Metodista: Edmund S. Janes, Leonidas L. Hamline, Jesse T. Peck y Matthew Simpson. Durante los siguientes treinta años los Palmer fueron los líderes nacionales del movimiento, y atravesaron los Estados Unidos y Canadá varias veces, hablando en campañas e iglesias importantes sobre los temas de la santidad y el amor perfecto.

El año 1839 también marcó el comienzo del primer periódico estadounidense dedicado exclusivamente a la doctrina de la santidad, *The Guide to Christian Perfection* (Guía a la perfección cristiana), luego conocido como *The Guide to Holiness* (Guía a la santidad). Fundado en Boston por Timothy Merritt, este periódico mensual tenía testimonios de Phoebe Palmer y su esposo. En 1865 *The Guide* fue adquirido por los Palmer y se convirtió en un periódico muy influyente en el protestantismo estadounidense, particularmente entre los metodistas. En su momento de mayor circulación, se editaban treinta mil ejemplares.

Antes de que Phoebe muriera, en 1874, los Palmer se sumaron a la tendencia hacia el lenguaje pentecostal para referirse a la segunda bendición. Su insistencia en una experiencia crítica instantánea de lo que llegó a llamar "el bautismo del Espíritu", fue un importante avance en el desarrollo del movimiento pentecostal a partir de 1901. En su funeral, en 1874, T. De Witt Talmadge llamó a Phoebe Palmer "la Cristóbal Colón del mundo espiritual".

VINSON SYNAN
The Holiness-Pentecostal Tradition

Como ha señalado Donald Dayton: "Para el comienzo del siglo, todo, desde las campañas hasta los coros, es llamado 'pentecostal' en *The Guide*. Los sermones son publicados bajo el encabezado de 'Púlpito pentecostal'; los informes femeniles, bajo el título de 'Mujeres pentecostales'; las experiencias personales como 'Testimonios pentecostales', etc." De hecho, en 1897, *The Guide* cambia su subtítulo "Misceláneas del Avivamiento" por "Vida Pentecostal" en la tapa. Esto fue hecho, según el editor, en respuesta a "las señales de los tiempos, que indican interrogantes, investigación y una ardiente búsqueda de los dones y las gracias, y el poder del Espíritu Santo". Además, agregó: "La idea pentecostal está invadiendo los pensamientos y aspiraciones cristianas más que nunca antes".[20]

La palabra "pentecostal", entonces, tomó el aspecto de un código sinónimo del movimiento de santidad, así como la palabra "carismático" ha llegado a ser comúnmente utilizada para referirse a todos los pentecostales. Por tanto, la palabra se hizo necesaria en el título de la mayoría de los libros sobre la santidad publicados en las décadas de 1890 y 1900. Un ejemplo típico es el libro de Martin Wells Knapp, *Lightning Bolts from Pentecostal Skies or the Devices of the Devil Unmasked!* (Rayos de cielos pentecostales, o las artimañas del diablo desenmascaradas)[21], escrito en 1898. La popularidad de los términos "pentecostal" y "bautismo con el Espíritu Santo" pronto invadió gran parte del mundo evangélico. Melvin Dieter lo ha resumido así:

> Pentecostés como prueba pasada del poder de Dios, Pentecostés como pauta presente de la renovación de las iglesias, y Pentecostés como el portento del cumplimiento de todas las cosas en la restauración del reino de Dios entre los hombres, se convirtió en la atmósfera prevaleciente del movimiento de la santidad.[22]

A la luz de tal énfasis, no es de sorprender que en las filas del movimiento de la santidad apareciera la promoción de una "tercera bendición". Para fines de la década de 1890 algunos líderes de la santidad comenzaron a promover un "bautismo con el Espíritu Santo y fuego" diferente y posterior a las experiencias de conversión y santificación. A esto se lo llamó, despectivamente, "tercerbendicionismo". El rápido crecimiento de este movimiento que comenzó antes del año 1900 daba testimonio del hambre de muchos cristianos evangélicos y de la santidad por una experiencia más "pentecostal" que la que habían recibido bajo las enseñanzas clásicas de la santidad.

El "tercerbendicionismo" fue un portento de cosas por venir en el movimiento de la santidad que produjo, finalmente, el movimiento pentecostal. No deja de ser importante que la primera persona que habló en lenguas en el siglo XX, Agnes Ozman, fuera parte de este movimiento. Tal amplio uso de la terminología pentecostal tuvo como resultado que los cristianos que estaban en busca de experiencias se acercaran al pentecostalismo moderno.

Los maestros de Keswick

El énfasis pentecostal que se produjo en el movimiento de la santidad después de 1867 también encontró su expresión en las diversas derivaciones del movimiento en Inglaterra y en los Estados Unidos. Esto puede verse claramente en el desarrollo de las famosas conferencias sobre la "vida superior" en Keswick, Inglaterra, y las conferencias de Northfield en Massachussets, conducidas por D. L. Moody.

Las convenciones veraniegas de Keswick comenzaron en 1875 como paralelo británico del floreciente movimiento de la santidad estadounidense. Las conferencias de Keswick fueron luego dominadas por Robert Pearsall Smith, un evangelista estadounidense cuya esposa, Hannah Whitall Smith, también se hizo conocida como oradora y escritora. Smith llevó la terminología pentecostal que estaba ganando aceptación entre los creyentes en la santidad, a un punto de cambio doctrinal. Este nuevo énfasis de Keswick desplazó el concepto de la segunda bendición como "erradicación" de la naturaleza pecaminosa, en favor de un "bautismo en el Espíritu Santo", que significaba "ser dotado de poder para el servicio".

La experiencia anhelada por los ardientes buscadores de Keswick no estaba planteada tanto en términos de limpieza, como de unción del Espíritu Santo. Además, la vida llena del Espíritu no era un "estado de perfección", sino una "condición sostenida". Este enfoque causó una división entre los maestros de Keswick y los maestros más tradicionales de la santidad en los Estados Unidos:

Estas enseñanzas: negar la erradicación del pecado interior y hacer énfasis en el premilenarismo, la sanidad por fe y los dones del Espíritu; abrieron una amplia brecha en la filas de la santidad. El conflicto se extendió a los Estados Unidos cuando Dwight L. Moody, R. A. Torrey, primer presidente del Instituto Bíblico Moody, en Chicago; Adoniram J. Gordon, padre del Gordon College en Boston; A. B. Simpson, fundador de la Alianza Cristiana y Misionera, y el evangelista J. Wilbur Chapman, comenzaron a propagar en este país la versión Keswick de la segunda bendición.[23]

En la obra de R. A. Torrey tenemos un extraordinario ejemplo de las enseñanzas de Keswick:

> El bautismo con el Espíritu Santo es una obra del Espíritu Santo diferente y posterior a su obra regeneradora, en la que imparte poder para el servicio. [Tal experiencia fue] no solamente para los apóstoles, no solamente para los de la era apostólica, sino *"para todos los que están lejos; para todos los que el Señor nuestro Dios llamare"*. [...]. Es para cada creyente de cada época de la historia de esta iglesia.[24]

Aunque Torrey y Smith extendieron la forma Keswick de interpretar el "bautismo con el Espíritu Santo" de Costa a Costa, el propulsor más influyente de esta experiencia en los Estados Unidos fue Dwight L. Moody, el evangelista más famoso de su época. Aunque ya era un poderoso predicador, Moody fue motivado a la búsqueda de una experiencia más profunda por dos damas de su iglesia de Chicago que oraban constantemente para que fuera "bautizado en el Espíritu Santo" para un servicio aun mayor. Al principio Moody se resistía a las experiencias espirituales nuevas, pero finalmente pidió a las dos señoras, ambas miembros de la Iglesia Metodista Libre, que oraran por él. Moody dijo que en una reunión dramática de oración en 1871 había sido repentinamente bautizado con el Espíritu Santo. Durante su experiencia, dijo Moody, cayó "al suelo", y se quedó "bañando su alma en lo divino", mientras el salón "parecía arder de Dios".[25]

Después de su bautismo en el Espíritu, Moody comenzó a realizar conferencias anuales de "vida superior" en Northfield, Massachussets, donde miles de personas llegaban para recibir su

"Pentecostés personal". En años posteriores Moody se dedicó a la educación, y fundó el Instituto Bíblico Moody en Chicago, en 1889, donde se continuó enseñando el bautismo para la vida superior, inclusive después de su muerte en 1899.

La muerte de Moody marcó un hito importante en la historia de la tradición que hace énfasis en una obra del Espíritu Santo posterior a la conversión. Para esa época, el énfasis en una experiencia pentecostal personal ya no era considerada una enseñanza extraña, en los límites del cristianismo evangélico, sino que era ampliamente aceptada en la corriente general de la vida religiosa de los Estados Unidos e Inglaterra como una experiencia que podía obtenerse en los tiempos modernos.

Dwight Lyman Moody (1837-1899) fue un gran evangelista y propulsor de la experiencia Keswick de bautismo en el Espíritu Santo

Gran parte de la efervescencia espiritual del siglo precedente se había centrado en la cuestión de la "segunda bendición" como la planteaban John Wesley y sus herederos en el movimiento de la santidad y la vida superior. La mayoría de los metodistas y los seguidores de la santidad que lloraban ante el altar, buscaban una experiencia de santificación, de purificación de su corazón, que fuera producida en un instante por medio de un "bautismo en el Espíritu Santo". Pero para fines del siglo, Moody y otros comenzaron a cambiar la definición y el contenido de la tan ansiada experiencia posterior. Sea como fuere que se la definiera, la "segunda bendición" era, generalmente, considerada un encuentro divino en el que la persona lograba la victoria sobre el pecado y era dotada de poder pentecostal en el mismo instante.

El bautismo en el Espíritu Santo de Dwight L. Moody

Moody ansiaba continuamente una profundización de su vida y experiencia espiritual. Había sido usado por Dios en gran manera, pero sentía que había cosas aun mayores para él. El año 1871 fue crítico para su vida. Se dio cuenta, cada vez más, de cuán poco dotado estaba, en cuanto a sus capacidades personales, para el trabajo, y cuánto necesitaba que el Espíritu Santo le diera su poder para habilitarlo para el servicio. Sus conversaciones con dos damas que se sentaban en el primer banco de su iglesia no hicieron más que profundizar este descubrimiento. Podía ver por las expresiones de sus rostros que estaban orando. Al final del culto, le decían:

> – Hemos orado todo el tiempo por usted.
> – ¿Por qué no oran por la gente? –les preguntaba Moody.
> – Porque usted necesita el poder del Espíritu –le respondieron.
> Recordando el hecho, Moody comentaba:
> – ¡Necesito el poder!' En ese momento, yo pensaba que tenía el poder. Tenía la congregación más numerosa de Chicago, y había muchas conversiones. Estaba satisfecho, en cierto modo. Pero esas dos mujeres de Dios continuaban orando por mí, y sus sinceras palabras sobre la unción para un servicio especial me hicieron reflexionar. Les pedí que fueran a hablar conmigo, y ellas derramaron sus corazones en oración para que yo recibiera la llenura del Espíritu Santo. Entonces, sentí una gran hambre en mi alma. No sabía qué era. Comencé a clamar como nunca antes. Realmente sentía que no quería vivir si no tenía ese poder para el servicio.
> – Mientras Moody estaba en este estado mental y espiritual –relata su hijo– Chicago se convertía en cenizas. El gran incendio destruyó completamente Farwell Hall y la iglesia de la calle Illinois. El domingo por la noche, después de la reunión, mientras Moody iba hacia su casa, vio el fulgor de las llamas y supo que significaba la ruina para Chicago. Aproximadamente a la una en punto, Farwell Hall se quemó, y pronto su iglesia también cayó. Todo se desmoronó.
> Moody fue al este, a Nueva York, para recaudar fondos para los damnificados por el incendio de Chicago, pero su corazón y su alma clamaban por poder de lo alto. "Mi corazón no estaba en el trabajo de pedir", dijo. "No podía pedir. Todo el tiempo clamaba para que Dios me llenara con su Espíritu. Pues bien, un día, en la ciudad de Nueva York –¡oh, qué día!– no puedo describirlo; rara vez hablo de ello; es casi una experiencia demasiado sagrada como para mencionarla. Pablo tuvo una experiencia tal, de la que jamás habló durante catorce años. Solo puedo decir que Dios se me reveló, y experimenté de tal manera su amor que tuve que pedirle que detuviera su mano. Volví a predicar. Los sermones no habían cambiado. No presenté ninguna verdad nueva, pero cientos de personas se convirtieron. Ahora no volvería adonde estaba antes de esa bendita experiencia aunque me dieran todo el mundo; para mí, sería como polvillo en la balanza".
>
> JAMES GILCHRIST LAWSON
Deeper Experiences of Famous Christians

Campamentos de la santidad

Una característica importante de la espiritualidad en el siglo XIX fue el surgimiento del movimiento de los campamentos de la santidad, que se originó en las fronteras. Comenzó en 1801 en el condado de Logan, en Kentucky, espontáneamente, entre los presbiterianos y metodistas en el ambiente rural de la Iglesia Presbiteriana Cane Ridge. Lo que comenzó como un culto de comunión explotó en lo que algunos llamaron una "fiesta de fe". Casi veinticinco mil personas llegaron por tren, a pie y a caballo para ser testigos y experimentar por sí mismos los "ejercicios", como se los llamaba. Al convertirse, miles de personas solían experimentar manifestaciones como "caer bajo el poder de Dios", "sacudidas", "risa santa" y "danza santa".

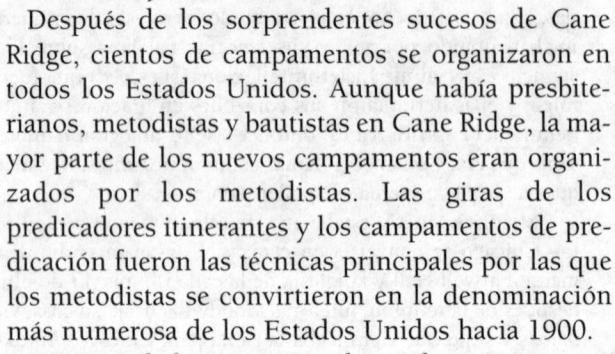

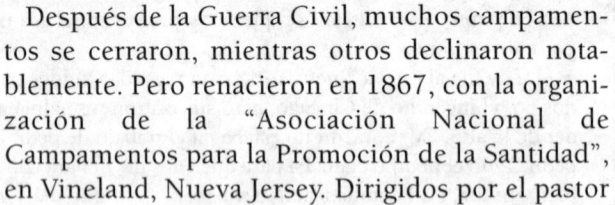

Después de los sorprendentes sucesos de Cane Ridge, cientos de campamentos se organizaron en todos los Estados Unidos. Aunque había presbiterianos, metodistas y bautistas en Cane Ridge, la mayor parte de los nuevos campamentos eran organizados por los metodistas. Las giras de los predicadores itinerantes y los campamentos de predicación fueron las técnicas principales por las que los metodistas se convirtieron en la denominación más numerosa de los Estados Unidos hacia 1900.

El primer campamento de la santidad de los Estados Unidos (1800-1801) se realizó en Cane Ridge, Kentucky, donde miles de personas experimentaron manifestaciones del Espíritu Santo

Después de la Guerra Civil, muchos campamentos se cerraron, mientras otros declinaron notablemente. Pero renacieron en 1867, con la organización de la "Asociación Nacional de Campamentos para la Promoción de la Santidad", en Vineland, Nueva Jersey. Dirigidos por el pastor metodista neoyorquino John Inskip, los campamentos de la santidad se multiplicaron por todo el país, y algunos llegaron a atraer a veinticinco mil personas en la década de 1870. Aunque estas reuniones eran conducidas por metodistas, miles de personas de todas las denominaciones se arrodillaban sobre el "banco del penitente" para buscar y recibir la codiciada experiencia de la santificación.

Gritos desgarradores y sonrisas celestiales

Relato de un testigo ocular de las señales y los prodigios que ocurrían en los primeros campamentos de la santidad:

A lo largo de su vida Barton Stone fue testigo de muchos "ejercicios" corporales en las reuniones evangelísticas de la frontera. En su autobiografía de 1847, explicó las formas que adoptaba el éxtasis religioso. He aquí un extracto resumido de ellas:

Caídas. El ejercicio de las caídas era muy común entre todas las clases, santos y pecadores de todas las edades y educaciones, desde el filósofo hasta el payaso. El sujeto de tal ejercicio, generalmente, con un grito desgarrador, caía como un tronco al suelo, de tierra o de barro, y quedaba allí como muerto.

En una reunión, dos jovencitas alegres, hermanas, cayeron, con un grito de angustia, y quedaron durante más de una hora tendidas, aparentemente, sin vida. Finalmente comenzaron a exhibir señales de vida, ya que lloraban profusamente pidiendo misericordia, y luego cayeron nuevamente en ese estado casi mortuorio, con una expresión de terrible tristeza en sus rostros. Después de un tiempo la tristeza del rostro de una de ellas fue seguida por una sonrisa celestial, y la joven clamó: "¡Precioso Jesús!". Se levantó, y habló del amor de Dios.

Sacudidas. Algunas veces el que experimenaba sacudidas era afectado en un miembro del cuerpo solamente, y algunas veces, en todo el cuerpo. Cuando solamente la cabeza era afectada, se sacudía violentamente de atrás hacia delante, o de un costado a otro, tan rápidamente, que no se distinguían los rasgos del rostro. Cuando todo el sistema era afectado, he visto a la persona estar de pie en un lugar y sacudirse hacia atrás y hacia delante en rápida sucesión, con su cabeza casi tocando el suelo atrás y adelante.

Danzas. El ejercicio de las danzas generalmente comenzaba con las sacudidas, que luego cesaban. Una sonrisa celestial brillaba en el rostro del sujeto, y la persona toda parecía un ángel. Algunas veces el movimiento era rápido, otras veces, lento. Así continuaban moviéndose hacia delante y hacia atrás en el mismo sendero, hasta que su naturaleza parecía exhausta, y caían al suelo, a veces de tierra.

Ladridos. El ejercicio del ladrido –como lo llamaban despectivamente sus opositores– era simplemente una sacudida. La persona afectada por las sacudidas solía emitir un gruñido, o ladrido –por así llamarlo– a causa del repentino movimiento.

Risas. Era una risa fuerte, profunda, pero que no contagiaba a nadie. El sujeto aparecía extasiado y solemne, y su risa provocaba solemnidad en santos y pecadores. Es realmente indescriptible.

Corridas. El ejercicio de las corridas era, simplemente, que las personas que sentían alguna de estas agitaciones corporales, por miedo, intentaban correr y huir de ellas. Pero sucedía con frecuencia que no lograban llegar muy lejos antes de caer o agitarse tanto que no podían avanzar.

Cantos. El ejercicio del canto es más indescriptible que cualquier otra cosa que yo haya visto. El sujeto, en un estado mental de gran felicidad, cantaba de la manera más melodiosa, no de la boca o la nariz, sino enteramente de pecho, ya que los sonidos de allí partían. Tal música silenciaba todo, y atraía la atención de todos. Era totalmente celestial. Nadie podía cansarse de escucharla.

Barton Stone
Christian History

Para la década de 1880 el movimiento comenzó a dividir a los metodistas por asuntos concernientes al creciente legalismo, la independencia y la misma idea de una experiencia de santificación instantánea posterior a la salvación. Para 1894 los metodistas del sur no solo habían rechazado al movimiento de la segunda bendición, sino habían adoptado medidas para controlar a los evangelistas y pastores que lo promovían.

Como consecuencia de esto, más de veinte denominaciones "de la santidad" fueron iniciadas por ex metodistas que, en la década de 1890, fundaron iglesias como la Iglesia Pentecostal del Nazareno, la Iglesia Pentecostal de la Santidad y la Iglesia de la Santidad Bautizada por Fuego. En 1901 el movimiento pentecostal fue iniciado por seguidores de la santidad, cuyas iglesias se fundaron como consecuencia del movimiento de campamentos iniciado entre los metodistas.

Todas estas iglesias enseñaban la experiencia wesleyana de la santificación como "segunda bendición", por medio de lo que también era llamado "bautismo del Espíritu Santo". Los dos aspectos de la experiencia eran ser limpiados (santificación) y dotados de poder (bautismo en el Espíritu Santo). Se los consideraba dos caras de una misma moneda, que conformaban una sola experiencia, la "segunda bendición".

El "bautismo de fuego"

El primer líder de avivamiento en cambiar esta fórmula fue Benjamin Hardin Irwin, fundador de la "Iglesia de la Santidad Bautizada por Fuego". Irwin era un abogado de Tecumseh, Nebraska. En 1879 tuvo una experiencia de conversión en una iglesia bautista local, en la cual pronto llegó a ser predicador y luego pastor. En 1891 tuvo contacto con la doctrina de la santidad a través de la Asociación de la Santidad de Iowa.

Después de cambiar su afiliación de los bautistas a los metodistas wesleyanos, se convirtió en predicador itinerante de la santidad. En 1895 experimentó lo que llamó "bautismo de fuego". Después de esta nueva experiencia su ministerio cambió, ya que comenzó a predicar la teología de la "tercera bendición", con la cual hacía referencia al bautismo en el Espíritu Santo. Irwin sostenía que tal experiencia era diferente y posterior tanto a la salvación como a la santificación, que continuaba considerando como segunda bendición. Muchos, en el movimiento de la santidad, condenaron esta nueva enseñanza tachándola de herejía, y se dedicaron a perseguir a quienes tenían esta creencia, así como antes ellos mismos habían sido perseguidos por los metodistas.

Irwin pronto comenzó a predicar por todo el país en los campamentos y a establecer asociaciones de la Iglesia de la Santidad Bautizada por Fuego, dondequiera que iba. Comenzó por Iowa, viajó por todo el Sur, y rápidamente construyó una organización impresionante que cubría todos los Estados Unidos y se extendió a Canadá. La nueva asociación pronto adoptó todas las características de una denominación que enseñaba, no solo la tercera bendición, sino todas las doctrinas de la santidad, además de adherir a las leyes del Antiguo Testamento en lo respectivo a la alimentación. Irwin comenzó a enseñar que, a más del bautismo de fuego, había otros bautismos espirituales, que llamó "dinamita", "lidita" y "oxidita", nombres de los cuales se puede deducir su explosiva naturaleza emocional.[26]

El movimiento del "bautismo por fuego" se hizo famoso por las manifestaciones físicas extremas que acompañaban a los diversos bautismos. Se dice que hubo personas que hablaron en lenguas en una reunión evangelística de este movimiento en la escuela Schearer, en el oeste de Carolina del Norte, en 1896. Otras señales y manifestaciones se hicieron visibles a medida que el nuevo movimiento crecía tan rápidamente y en tantos lugares, que parecía que llegaría a atraer a la mayor parte de los partidarios de la santidad a sus filas. Pero en 1900, su dinámico líder confesó públicamente haber caído en un terrible pecado, y fue removido del liderazgo. Este rudo golpe sacudió a la denominación naciente y detuvo su crecimiento fenomenal.[27]

El movimiento del bautismo por fuego de Irwin fue un puente importante hacia el pentecostalismo, ya que hacía énfasis en la acción única del Espíritu Santo para dotar de poder al creyente, además de su obra limpiadora en la santificación. Esta atención al Espíritu Santo entre los evangélicos, fue tan intensa al cambio de siglo, que C. I. Scofield, editor de la famosa Biblia Scofield, declaró que se habían escrito más libros sobre el Espíritu Santo en la década de 1890 que en toda la historia cristiana anterior.

Los católicos y el Espíritu Santo

Una tendencia paralela hacia un mayor énfasis en el Espíritu Santo también se dio entre los católicos a fines del siglo XIX.[28] Las semillas de este énfasis fueron plantadas anteriormente en ese siglo por dos teólogos alemanes, Johann Adam Moehler y Matthias Scheeben. La obra más importante de Moehler fue su libro, escrito en 1825, titulado *Unidad en la iglesia*, que presentaba a la iglesia como un cuerpo carismático constituido y vivificado por el Espíritu Santo.

La obra de Scheeben, que es posterior –entre las décadas de 1870 y 1880– hacía énfasis en la singular acción del Espíritu Santo en la formación de la vida cristiana. El efecto de la obra de Moehler y Scheeben fue poner de relieve una "teología de los carismas" que produjo una "revalorización" de los dones del Espíritu Santo, que habían sufrido una declinación tanto entre católicos como protestantes durante los amargos debates de la Reforma.

Aun más sorprendente es la historia de Elena Guerra. Como líder de un grupo de monjas dedicadas a la educación cristiana de jovencitas, Elena se entristecía mucho al ver la falta de atención y devoción por el Espíritu Santo de parte de los católicos. En su niñez se había sentido inspirada a rezar una novena –un ciclo especial de oraciones que dura nueve días– al Espíritu Santo entre las fiestas de Ascensión y Pentecostés, para conmemorar los días que los apóstoles esperaron el derramamiento del Espíritu Santo en el aposento alto. A pesar de los consejos de sus amigos, Elena escribió al Papa León XIII; le sugirió que la idea de una novena especial al Espíritu Santo se convirtiera en una observancia universal de la iglesia.

Para gran asombro de sus amigos, el papa no solo leyó su carta, sino que, en 1897, emitió una encíclica titulada *Sobre el Espíritu Santo*. En este documento disponía la realización de tal novena y también guiaba a la iglesia hacia una nueva apreciación del Espíritu Santo y los dones del Espíritu. Millones de católicos, desde los teólogos hasta los fieles más humildes, volvieron su atención al Espíritu Santo en una forma que no se había visto en la iglesia durante siglos.

Así, cuando el siglo llegaba a su fin, tanto los líderes católicos como los protestantes convocaban a un nuevo Pentecostés, con una restauración de las señales y los prodigios que habían caracterizado a la iglesia primitiva. En cierto sentido, todo el siglo XIX fue como una novena por Pentecostés: la iglesia aguardando en el aposento alto, demorándose hasta recibir el poder, orando y esperando un derramamiento del Espíritu Santo con una renovación de los dones del Espíritu para el nuevo siglo que estaba por comenzar.

• 3 •

El avivamiento de la calle Azusa:
Comienzos del movimiento pentecostal en los Estados Unidos

Robert Owens

En la mañana del 19 de abril de 1906, los lectores de *Los Ángeles Times* quedaron pasmados al leer los titulares de tapa sobre el terremoto de San Francisco. A las 5:18 del día anterior, el terremoto más fuerte de la historia de los Estados Unidos –8,3 en la escala Richter– había destruido quinientas catorce manzanas en el corazón de la ciudad. Más de setecientas personas murieron por el temblor y los incendios subsiguientes. El 18 de abril, un día antes, los lectores de ese mismo periódico habían visto un curioso artículo en la tapa sobre un terremoto espiritual que había golpeado Los Ángeles desde una pequeña misión de la calle Azusa la noche anterior. Los titulares decían:

> Extraña Babel de lenguas
> Nueva secta de fanáticos
> Extraña escena anoche en la calle Azusa
> "Hermana" farfulla sonidos sin palabras[1]

Así se enteró el mundo del avivamiento de la calle Azusa, que sacudiría al mundo espiritual, así como el terremoto de San

Francisco sacudió el norte de California. Los lectores no podían imaginar que los coletazos de lo sucedido en Los Ángeles en esa pequeña iglesia negra de la santidad continuarían sacudiendo al mundo con fuerza cada vez mayor durante todo el siglo. Pocos días antes un puñado de lavanderas y domésticas afroamericanas había seguido al predicador negro William J. Seymour en la iniciación de los cultos en un viejo templo abandonado de la Iglesia Metodista Episcopal Africana en la calle Azusa. Seymour había llegado unas semanas antes con un mensaje sorprendente sobre algo llamado "bautismo en el Espíritu Santo", con la "evidencia bíblica" de hablar en lenguas a medida que el Espíritu daba palabra. Lo que sucedió allí, en Azusa, iba a cambiar el curso de la historia del cristianismo para siempre.

Joseph Smale

Como en todo gran movimiento de avivamiento religioso, lo que parecía ser nuevo y espontáneo era, en realidad, resultado de mucha oración y preparación. Había personas, dentro del movimiento de la santidad, que miraban en diferentes direcciones buscando el próximo mover de Dios. Una persona que ejemplificaba esta continua búsqueda por un andar con Dios más profundo era Joseph Smale, pastor de la Primera Iglesia Bautista de Los Ángeles. Smale había nacido en Inglaterra y había estudiado para el ministerio en el Spurgeon's College de Londres.

Cuando la noticia del gran avivamiento de Gales en 1904 llegó a Los Ángeles, Smale tomó licencia del púlpito y viajó a Gales para observar y participar directamente. Mientras estaba allí, hasta llegó a ayudar a Evan Roberts en los cultos.

Al regresar de Gales Smale era un hombre cambiado. Buscaba un avivamiento similar al que había visto en Gales, y comenzó un período de profunda oración. Después de este tiempo de preparación, el pastor bautista recientemente inspirado, inició reuniones de oración hogareñas entre los miembros más comprometidos de su congregación. Estas reuniones hogareñas pronto motivaron al pastor a iniciar una serie de reuniones de avivamiento en la iglesia.

Los cultos se prolongaron, finalmente, en dieciséis semanas de intercesión continua por un avivamiento. Las reuniones se caracterizaban por la espontaneidad y la libertad en la adoración. El pastor permitía que el Espíritu Santo dirigiera los cultos. Con frecuencia otros comenzaban las reuniones antes que Smale llegara. Se permitía a personas de cualquier denominación que predicaran y testificaran.

Después de cuatro meses de intensos cultos de avivamiento, los ancianos de la Primera Iglesia decidieron llamar al orden a su pastor. No les agradaba la forma liberal en que se conducían las reuniones, el hecho de que se permitiera, no solo predicar, sino también comenzar y aún conducir algunas reuniones a personas no bautistas. En general, estaban cansados de las innovaciones, y querían regresar a las viejas formas. El pastor Smale decidió renunciar. Se retiró con los miembros de su congregación que tenían la misma idea de buscar el avivamiento, y fundó la Primera Iglesia del Nuevo Testamento, donde continuaron las reuniones por las noches. La opinión de la gente de la santidad con respecto a esta división se resume sucintamente en las palabras de Frank Bartleman:

– ¡Qué terrible que una iglesia tomara esa posición, echar a Dios![2]

Así estaban las cosas en el movimiento de la santidad de Los Ángeles en 1905. Era un escenario lleno de fervor y alboroto, bendición y dedicación, en el que las personas estaban dispuestas a apartarse de lo que habían seguido toda la vida en busca de un nuevo derramamiento del Espíritu de Dios, un segundo Pentecostés. Se cortaban los viejos lazos, y otros nuevos surgían mientras el pueblo de Dios buscaba una nueva unción. Como siempre, este movimiento era más pronunciado entre los pobres y los oprimidos. Las clases bajas y sus líderes parecían dispuestos a sacrificar su tiempo, sus puestos y su reputación en su anhelo por el poder de Dios.[3]

El avivamiento de Gales

Así como el movimiento de la santidad preparó el escenario para el nacimiento del pentecostalismo moderno, el avivamiento de Gales en 1904 demostró claramente la necesidad mundial de tal renovación. Este avivamiento primero incendió a toda Gales, luego a Londres y finalmente al resto de Inglaterra, hasta que personas de todo el mundo comenzaron a llegar para ver si este era el nuevo Pentecostés.

A diferencia de gran parte de los avivamientos independientes en América, el avivamiento de 1904 en Gales se dio dentro de las iglesias. También fue un avivamiento de laicos, un avivamiento de los pobres y desposeídos. Este gran avivamiento fue liderado por un ex minero y novel estudiante de teología llamado Evan Roberts (1878-1951). Este poderoso mover de Dios fue caracterizado por una total libertad en el Espíritu. Los observadores reaccionaban de maneras diversas. Algunos creían que Dios se movía en su pueblo, y otros no veían nada más que histeria y confusión.

Lo que algunos observadores consideraban que era el antiguo *hywl* galés, para otros era hablar en lenguas. Durante este derramamiento pudieron verse muchas otras manifestaciones de energía en éxtasis; entre ellas, prolongados cantos, predicaciones, testimonios, oraciones unidas, cultos interrumpidos con frecuencia por los adoradores, una decidida dependencia de la guía inspirada del Espíritu Santo y el énfasis en Él. Evan Roberts mismo decía haber visto muchas visiones sobrenaturales que aceptaba como completamente auténticas y basadas sobre profecías bíblicas. Obtenía gran parte de su inspiración y motivación de esas visiones.

A pocas semanas del comienzo del avivamiento, ya había muchas personas que decían haber sido bautizadas con el Espíritu Santo. Estas experiencias iban acompañadas de gritos, risas, danzas, caídas, copiosas lágrimas, hablar en lenguas desconocidas y un inusual renacimiento de un viejo idioma, ya que muchos jóvenes que no sabían nada del antiguo galés, en momentos de éxtasis espiritual hablaban fluidamente en esa antigua lengua.[4] El avivamiento se extendió pronto más allá de las reuniones dirigidas por Roberts, aunque él fue universalmente proclamado como líder del movimiento de principio a fin.

Los periódicos hicieron correr la voz del creciente avivamiento por todas partes, y personas de otras partes de Gran Bretaña, así como de todo el mundo empezaron a buscar a Roberts y sus reuniones.[5] Las reuniones de avivamiento comenzaron a tomar un color cada vez más cosmopolita, a medida que ciudadanos de diversos países iban a buscar el poder de Dios. Con frecuencia, durante las reuniones, Roberts caía "bajo el poder del Espíritu Santo" y permanecía durante horas tendido en el suelo.

Los efectos del gran avivamiento de Gales fueron tangibles y duraderos. El poder del Espíritu Santo que se manifestó en diversas señales y, especialmente, en las conversiones, y el crecimiento de las iglesias, se combinó con la asistencia de muchos que luego tendrían roles importantes en el avivamiento pentecostal, para convertir a este avivamiento galés de 1904 en un precursor del movimiento pentecostal.

Charles Fox Parham

El hombre que es reconocido generalmente como quien primero formuló la doctrina pentecostal y el fundador teológico del movimiento, fue Charles Fox Parham (1873-1929).[6] Su doctrina del don de lenguas como "evidencia bíblica" del bautismo en el Espíritu Santo, llevaría directamente al avivamiento de la calle Azusa en 1906 y la creación del movimiento pentecostal mundial.

Parham nació en Muscatine, Iowa, el 4 de junio de 1873. Durante su juventud fue un enfermo crónico que estaba postrado en cama durante meses. En uno de estos períodos creyó recibir un llamado al ministerio y comenzó a leer y estudiar la Biblia en profundidad. Cuando tenía trece años su madre murió, lo cual lo afectó profundamente. Durante este período de crisis nació de nuevo bajo el ministerio de un hermano llamado Lippard, de la *Congregational House Church*.

Parham, convencido de su "llamado" previo a la conversión, entró en una escuela metodista, el Southwestern College de Winfield, de Kansas, en 1889. Había llegado a la conclusión que podía servir a Dios como médico tanto como hubiera podido hacerlo como predicador del evangelio. Al comenzar sus estudios de medicina, inmediatamente lo azotó la enfermedad. En esa ocasión se trató de un ataque traumático de fiebre reumática. Mientras estaba en cama comenzó a estudiar los pasajes bíblicos relativos a las sanidades de Jesús. Estos estudios lo llevaron a la convicción de que Jesús también iba a sanarlo. Llegó a creer que el diablo había intentado impedir que entrara al ministerio desviándolo hacia la medicina, y que Dios lo había castigado por apartarse de su voluntad enviándole esa fiebre reumática.

Charles Fox Parham (1873-1929), que formuló la teología pentecostal, fue mentor de William J. Seymour de Azusa

Cuando renunció a su intención de seguir la carrera de medicina y regresó a su intención original de entrar al ministerio, el joven predicador se recuperó de la enfermedad, pero no del todo. Tenía los tobillos paralizados y apenas podía caminar, por lo que debió usar muletas cuando regresó a sus estudios. Después de esto recibió una revelación de que la educación formal sería un obstáculo para su ministerio, así que abandonó sus estudios inmediatamente. Fue en este tiempo que Dios milagrosamente lo sanó por completo de los efectos restantes de la fiebre.[7]

Es a Parham a quien se atribuye haber planteado por primera vez el argumento teológico de que el don de lenguas siempre es la evidencia inicial de que una persona ha recibido el bautismo del Espíritu Santo. También fue el primero en enseñar que este bautismo, incluyendo el don de lenguas consiguiente, debería ser considerado como parte de la experiencia de todo cristiano, algo para ser utilizado en la vida y la adoración normal, no solo algo que aparecería en momentos de gran fervor religioso. Además, Parham enseñaba que era necesario ser bautizado con el Espíritu Santo como única forma para escapar de la Gran Tribulación[8] de los últimos tiempos, y que hablar en lenguas era la única seguridad de ello. Estas enseñanzas de Parham sentaron las bases teológicas y de experiencia para el posterior avivamiento de Azusa y la práctica pentecostal moderna.

Después de dejar la Iglesia Metodista Linwood para convertirse en predicador de la santidad independiente, Parham comenzó a trabajar como maestro y evangelista itinerante. Con el tiempo fundó varias misiones de sanidad y enseñanza, todas las cuales operaban basadas en la fe. Ninguna tuvo demasiado éxito. Para 1898 se estableció en Topeka, Kansas, donde inició el Instituto Bíblico y Hogar de Sanidad Bethel. En diciembre de 1900 pidió a sus estudiantes que buscaran en las Escrituras para tratar de discernir una señal especial del bautismo en el Espíritu Santo. Mientras estaba fuera tres días, predicando en la ciudad de Kansas, sus alumnos, después de orar, ayunar y estudiar la Biblia, llegaron a la conclusión unánime de que hablar en otras lenguas constituía la única prueba bíblica inicial del bautismo con el Espíritu Santo.

Cuando Parham regresó y se enteró de la respuesta de sus alumnos a la pregunta que les había dejado, convocó a una vigilia de Año Nuevo para el 31 de diciembre de ese año. Durante este culto una de sus estudiantes, Agnes N. Ozman, pidió a Parham que le impusiera las manos y orara para que ella recibiera el bautismo con el Espíritu Santo, acompañado por la evidencia de hablar en otras lenguas. Al escribir sobre este hecho, tiempo después, Parham dijo:

Le impuse las manos y oré. Apenas acababa de decir algunas frases cuando la gloria cayó sobre ella; un halo pareció rodear su cabeza y su rostro, y comenzó a hablar en chino, y no pudo hablar en inglés durante tres días. Cuando trataba de escribir en inglés, para contarnos sobre su experiencia, escribía en chino, de lo cual tenemos copias que se publicaron en los periódicos de esa época.[10]

Durante esas reuniones, se dijo después, los estudiantes hablaron en veintiún idiomas conocidos, entre ellos, sueco, ruso, búlgaro, japonés, noruego, francés, húngaro, italiano y castellano. Según Parham, ninguno de sus alumnos había estudiado jamás ninguno de estos idiomas, y todos fueron confirmados como auténticos por hablantes nativos de dichas lenguas.[11] Parham comenzó inmediatamente a enseñar que los misioneros cristianos ya no necesitarían estudiar idiomas. Solo necesitarían recibir el bautismo con el Espíritu Santo para, milagrosamente, poder hablar cualquier idioma que fuera necesario. Esta fue una enseñanza que sostuvo obcecadamente durante el resto de su vida, a pesar de las crecientes evidencias de que los sucesos posteriores no confirmaban su postura.

Armado con una doctrina y una experiencia, Parham cerró su obra de fe en Topeka y comenzó una gira de campañas de avivamiento que duró más de cuatro años. Tuvo poco éxito al comienzo, pero continuó, aun cuando la mayor parte de sus seguidores lo abandonaron. Finalmente, en Galena, Kansas, el fuego que había estado tratando de encender, prendió. Estimulado por los relatos de sanidades milagrosas y otros prodigios, el avivamiento atrajo nuevos seguidores y grandes multitudes. En 1905 Parham una vez más estableció un instituto bíblico sostenido por fe, pero esta vez, en Houston, Texas. Aunque la escuela de Houston solo tenía unos veinticinco estudiantes, uno de ellos, William J. Seymour estaba destinado a ser el iniciador del avivamiento en la calle Azusa.[12]

El bautismo en el Espíritu Santo de Agnes Ozman, con la esperada evidencia de hablar en lenguas "inició el movimiento pentecostal del siglo XX", según J. Roswell Flower

Charles Fox Parham fue, realmente, un pionero en muchos aspectos. Fue él quien creó los tres nombres comunes que se han aplicado tradicionalmente al pentecostalismo moderno:

"movimiento pentecostal", "movimiento de la lluvia tardía" y "movimiento de la fe apostólica". Los tres se encuentran en el título de su primer relato publicado de los sucesos de Año Nuevo en Topeka: "La lluvia tardía: Historia del origen del movimiento de la fe apostólica original o movimiento pentecostal".[13] Fundó el primer periódico pentecostal, que luego se convertiría en modelo de todos los demás: *Apostolic Faith* (Fe apostólica), en 1899. Parham también acreditó para el ministerio a Seymour y muchos otros que después tendrían lugares prominentes en el avivamiento que pronto iba a comenzar.

Los Ángeles en 1906

Para 1905 las oleadas de la sacudida espiritual que había hecho temblar a Topeka y Houston comenzaron a sentirse en Los Ángeles. Estas olas reflejaban la efervescencia espiritual en las comunidades de la santidad, las crecientes revelaciones del movimiento de la fe apostólica de Charles Parham y los continuos informes sobre el gran avivamiento de Gales que traían personas como Frank Bartleman y Joseph Smale. Miembros de las muchas misiones de la santidad en California comenzaron a orar seriamente por un derramamiento del poder de Dios.

El 16 de noviembre de 1905 las palabras del predicador y profeta de la santidad Frank Bartleman fueron publicadas en *Way of Faith* (Camino de fe), un pequeño periódico de la santidad: "En la mente de Dios, Los Ángeles parece ser el lugar, y éste el momento para la restauración de la iglesia". Bartleman no tenía idea de que este largamente anhelado avivamiento no se originaría en las iglesias históricas blancas, sino en la comunidad afroamericana de Los Ángeles.[14]

La población negra de Los Ángeles tiene una historia previa a la conquista americana en 1848. Cuando los Estados Unidos asumieron el control de la ciudad, había ya una zona conocida como "Calle de los Negros", una calle larga y angosta que comunicaba la calle Los Ángeles con la plaza principal.[15] Esta área era el lugar donde habitaban negros mexicanos que estaban bien representados en el comercio y la vida social de la ciudad. Esta tranquila área residencial fue ocupada progresivamente por bares, burdeles y lugares de juego cuando llegaron los estadounidenses con sus prejuicios.

En 1885 los miembros afroamericanos de la Iglesia Metodista de Fort Street (Convención del Norte) se separaron para fundar la Segunda Iglesia Bautista. Esta iglesia, para principios de la década de 1900 se había unido al movimiento fundamentalista.[16] En la primavera de 1906 una miembro de la Segunda Iglesia Bautista, Julia Hutchins, comenzó a enseñar la doctrina –del movimiento de la santidad– de la santificación como una obra de la gracia posterior a la salvación, después de vivir ella misma una dramática experiencia de la segunda bendición. Sus enseñanzas fueron ávidamente recibidas por los de su congregación que esperaban un toque de Dios. Cuando el grupo de seguidores de la santidad continuó creciendo y extendiéndose en la congregación, el pastor pidió a la hermana Hutchins que dejara la iglesia.

Al principio este pequeño grupo de nueve familias se sumó a las reuniones en carpas de la *Household of God* (Familia de Dios), de W. F. Manley. Pero aún estaban insatisfechos, buscando la oportunidad para enseñar y predicar la santidad con mayor libertad. Tratando de buscar esta independencia religiosa, pronto establecieron una misión de la santidad en la calle Santa Fe. Pero la independencia no era, evidentemente, lo que ellos esperaban, y dos meses después se unieron a la Asociación de la Santidad del Sur de California. Siguiendo los prejuicios de la época, pensaron que se necesitaba un hombre que se convirtiera en su pastor en forma permanente. Por sugerencia de Neely Terry, se envió una invitación al anciano William J. Seymour, a quien ella había conocido cuando estuvo de visita en Houston.

William Joseph Seymour

Nacido en Louisiana de padres ex esclavos, Seymour era un afroamericano fornido y de baja estatura, ciego de un ojo y con un espíritu humilde y manso. Comenzó su recorrido espiritual cuando, siendo niño, hizo profesión de fe en una reunión metodista. Siendo un joven adulto se mudó a Indianápolis, donde comenzó a asistir a una iglesia metodista. Más tarde se puso en contacto con la Iglesia de Dios de Anderson, Indiana, donde fue ordenado para el ministerio. Seymour pasó unos años predicando en varias iglesias de esa denominación.

Estos propulsores de la santidad, conocidos como "santos de la luz vespertina" fueron los primeros en poner a Seymour en contacto con las enseñanzas más radicales con respecto a la santidad. En 1905, después de mudarse a Houston, Texas, buscando a algunos parientes perdidos, fue invitado por la señora Lucy Farrow a pastorear su misión independiente de la santidad cerca de Houston. Seymour se ganó una buena reputación entre los cristianos de la zona. Arthur Osterberg, que llegó a ser líder de la misión de la calle Azusa, lo describió como un hombre "manso y de palabras sencillas, no era un orador. Hablaba en el idioma común de la clase inculta. Podía predicar durante cuarenta y cinco minutos sin gran emocionalismo. No tronaba ni agitaba los brazos, ni soñarlo".[17]

Seymour aceptó la invitación de Hutchins como "un llamado divino" para ir a Los Ángeles. Estaba encendido por las enseñanzas nuevas de Parham sobre el don de lenguas como evidencia, que había absorbido durante su breve experiencia educacional en el instituto bíblico de aquél en Houston. Suponiendo, por su breve conocimiento con la señorita Terry, que la gente de Los Ángeles esperaba ansiosamente ese mensaje, Seymour partió con la bendición y el apoyo económico de Parham a extender el mensaje, aunque aún no había recibido él mismo el bautismo en el Espíritu Santo.

Para su primer sermón dominical Seymour eligió como texto Hechos 2:4, y predicó osadamente que si una persona no hablaba en lenguas, no había recibido verdaderamente el bautismo con el Espíritu Santo. Siguiendo las enseñanzas comúnmente aceptadas en el movimiento de la santidad, la hermana Hutchins y los demás miembros de la misión de Santa Fe creían que la santificación y el bautismo con el Espíritu Santo eran la misma experiencia, una experiencia que la mayoría de ellos decía haber tenido. Esta nueva enseñanza de Seymour requería que renunciaran a su profunda convicción en una experiencia personal y buscaran algo más.

La enseñanza sobre el don de lenguas inquietó tanto a la hermana Hutchins que, cuando Seymour regresó para el culto vespertino, encontró las puertas cerradas con candado. Así, un año después de haber sido expulsados de su iglesia por lo que su pastor consideraba enseñanzas desequilibradas, estos cristianos expulsaban a otro cristiano por la misma razón.

Tomando muy en serio su responsabilidad como fundadora y pastora interina de la misión de la santidad de la calle Santa Fe, la hermana Hutchins decidió pasar por alto el hecho de que muchos de sus seguidores aceptaban lo que Seymour predicaba. Por lo tanto, un pequeño grupo de familias dejó la misión de la santidad de la calle Santa Fe con el pastor rechazado, lanzando así a Seymour en un curso independiente que tendría repercusiones de largo alcance.[18]

Las reuniones en la calle Bonnie Brae

Despedido de su iglesia y casi sin un centavo, Seymour era un hombre que tenía un mensaje ardiendo como fuego en sus huesos. Sintiéndose compelido a continuar a pesar del revés de la misión de la calle Santa Fe, Seymour comenzó por enseñar a sus seguidores en la casa de Owen Lee, "el irlandés", donde se alojó en un principio. Lee era un irlandés-americano miembro de una de las misiones de la santidad Peniel. Cuando las reuniones ya no pudieron realizarse en la casa de Lee, Seymour aceptó la invitación de unos parientes de Neely Terry, Richard y Ruth Asberry, para realizar reuniones de oración y cultos de adoración en su hogar, en la calle Bonnie Brae Norte 214. Cuando invitaron a Seymour a su casa, los Asberry eran bautistas. En ese momento, no aceptaban personalmente las enseñanzas de Seymour, pero se habían enterado de lo que le había sucedido y sentían pena por este desdichado pastor.

Al comienzo, a estas reuniones en la casa de los Asberry solo asistían "lavanderas negras", algunas con sus esposos. Seymour aun tenía un gran impedimento para su mensaje: no había recibido el bautismo con el Espíritu Santo, no había hablado en lenguas y le resultaba muy difícil guiar a otros a tal experiencia.

Pronto comenzó a correrse la voz de las reuniones, a pesar de la falta de aceptación. Los Lee se lo hicieron saber a otros miembros de la Misión Peniel a la que asistían. Los McGowan, que habían escuchado predicar a Seymour el único mensaje que pudo dar en la misión de la calle Santa Fe, llevaron la noticia a su congregación, la Iglesia de la Santidad de la calle Hawthorne, pastoreada por William Pendleton. Arthur G. Osterberg, pastor de la Iglesia del Evangelio Completo (independiente) también se enteró de las reuniones por el bien aceptado sistema de comunicaciones de la "viña" en Los Ángeles, al igual que Frank Bartleman, el predicador de la santidad que siempre estaba buscando el próximo "mover de Dios". Para fines de 1906, estos creyentes blancos se habían sumado al pequeño grupo de afroamericanos en la casa de la calle Bonnie Brae, y buscaban activamente el bautismo con el Espíritu Santo evidenciado por hablar en otras lenguas.

Pero, aunque el número de feligreses iba en aumento, el éxito aun eludía a Seymour y los que buscaban la bendición. Casi desesperado, Seymour se comunicó con Parham para contarle lo que sucedía en Los Ángeles, y le pidió su ayuda. A fines de marzo de 1906, en respuesta al ruego de Seymour, Parham envió a Lucy Farrow y J. A. Warren desde Houston para asistir al hermano Seymour. Aunque Warren era un obrero incansable, aún no había recibido el bautismo del Espíritu Santo, pero la hermana Farrow sí y ella conmovía las reuniones con sus testimonios.

En esta casa de la calle Bonnie Brae 214 cayó por primera vez el Pentecostés sobre Los Ángeles el 9 de abril de 1906, cuando varias personas hablaron en lenguas

El 9 de abril de 1906 por la noche, cuando estaba a punto de salir para la casa de los Asberry, Seymour se detuvo a orar con el señor Lee por una sanidad. Owen Lee, que había hablado de temas espirituales con su huésped, le relató una visión que había tenido la noche anterior, en que los doce apóstoles se le acercaban y le decían cómo hablar en lenguas. Entonces le pidió a Seymour que orara con él para recibir el bautismo con el Espíritu Santo. Oraron juntos, y Lee comenzó a hablar en lenguas al recibir el bautismo. Esta fue la primera ocasión en que alguien recibió el bautismo con el Espíritu Santo cuando el hermano Seymour oró por él.

Seymour corrió a la casa de los Asberry y relató lo que acababa de suceder con Lee. Esta noticia hizo que la fe de los presentes creciera más que nunca antes, y entonces, repentinamente, "Seymour y otros siete cayeron al suelo en un éxtasis religioso, hablando en otras lenguas".[19] Cuando esto sucedió, la joven hija de los Asberry, Willella, salió corriendo de la casa, aterrada. Su entusiasmo y su temor rápidamente hicieron correr la voz de lo que sucedía en la casa a toda esa zona.

Cuando la gente del vecindario se reunió a la entrada de la casa para ver lo que acontecía, los que participaban de la reunión de oración salieron al porche y comenzaron a predicar el mensaje de Pentecostés. Una de las siete personas que recibió el bautismo esa noche fue Jennie Moore, que tiempo después se convertiría en esposa de Seymour. Ella comenzó a tocar una música hermosa en un viejo piano, y a cantar en un idioma que la gente reconoció como hebreo. Hasta ese momento Jennie nunca había tocado el piano, y aunque nunca tomó lecciones, pudo tocar el instrumento durante el resto de su vida.

El fenómeno del don de lenguas y el dinámico mensaje fueron tan emocionantes que a la noche siguiente se reunió aun más gente en la calle, delante de la entrada de la casa, para escuchar al hermano Seymour predicar sobre un púlpito improvisado en el porche.

Las historias de lo que sucedió ese 9 de abril ya se han convertido en leyenda entre los pentecostales y, como toda leyenda, tienden a agrandarse a medida que se transmiten. El obvio paralelo con la experiencia pentecostal de los apóstoles en el Libro de Hechos parece ser pasado por alto por los historiadores seculares.[20]

En ausencia de un testimonio contemporáneo en sentido contrario, un examen detallado de los testimonios que han sobrevivido de los testigos oculares deja algo bien en claro: algo de extraordinaria magnitud sucedió en esa sencilla casa de cuatro ambientes en la calle Bonnie Brae la noche del 9 de abril de 1906. Un testigo ocular relata lo ocurrido de esta forma:

> Gritaron durante tres días y tres noches. Era la época de Pascua. La gente venía de todas partes. Para la mañana siguiente no había forma de acercarse a la casa. A medida que llegaban, las personas caían bajo el poder de Dios; y toda la ciudad se conmovió. Gritaron hasta que los fundamentos de la casa cedieron, pero nadie se lastimó.[21]

Como lo evidencia la asistencia de personas de muchas denominaciones y numerosas iglesias independientes a las reuniones inmediatamente posteriores a los sucesos del 9 de abril, el ámbito religioso de la ciudad realmente se conmovió. El mundo secular pareció no enterarse durante nueve días, o al menos, los registros son escasos, hasta que los primeros artículos en un periódico se publicaron el 18 de abril de 1906. Como lo corroboran numerosos testimonios posteriores a los hechos del 9 de abril, las reuniones en la casa de la calle Bonnie Brae realmente duraron las 24 horas del día durante tres días. Hay relatos de personas que caían bajo el poder de Dios y recibían el bautismo con el Espíritu Santo con la evidencia de hablar en lenguas mientras escuchaban a Seymour predicar desde la acera de enfrente.

La cantidad de gente era tan grande que se hacía imposible acercarse a la casa, y la presión de las personas que trataban de entrar era tan fuerte que los cimientos cedieron, y el porche delantero se precipitó sobre el jardín. Milagrosamente, nadie salió herido. Una semana después fue necesario encontrar un lugar más grande para el culto prácticamente continuo de oración, adoración y alabanza que había hecho irrupción el 9 de abril de 1906.

La misión de la calle Azusa

Una búsqueda rápida en la zona reveló un edificio abandonado de planta baja y primer piso en una calle corta, de solo dos cuadras, en el distrito industrial del centro, que era parte del gueto afroamericano original. Este edificio había alojado a la Iglesia Metodista Episcopal Africana Stevens (AME), pero la iglesia había seguido la migración de su congregación y se había establecido más hacia el sur, en una zona mejor de la ciudad, cambiando además su nombre por el de Primera Iglesia Metodista Episcopal Africana.

Desde este humilde edificio de la Misión de la Calle Azusa en Los Ángeles, el pentecostalismo se extendió a todo el mundo

Desde que la iglesia se mudó, el edificio había sido utilizado como depósito de mercaderías, comercio mayorista, depósito de leña, corral de ganado, venta de lápidas y últimamente lo habían utilizado como establo con salones para renta en el primer piso. Era un edificio de techo plano, pequeño, rectangular, de aproximadamente 800 m^2 de superficie, de paredes gastadas de tablillas blanqueadas con cal. La única señal de que alguna vez había sido una casa de Dios era una ventana de estilo gótico, la única, sobre la entrada principal.

En 1906 el edificio estaba en avanzado estado de destrucción. Las puertas, ventanas estaban rotas y toda la superficie estaba llena de escombros. Arthur Osterberg, además de ser pastor de la Iglesia del Evangelio Completo, era jefe de provisión de paja y controlador de horarios de la McNeil Construction Company. Contrató a dos hombres de su compañía y les pagó él mismo para que cambiaran las ventanas y las puertas del edificio. El dueño de la compañía, J. V. McNeil, devoto católico, donó leña y otras provisiones.[22]

> ## La misión de la calle Azusa
> ### Una descripción hecha en 1906
>
> El centro de esta obra es una antigua Iglesia Metodista de madera, con cartel de venta, parcialmente quemada, recubierta por un techo chato y separada en dos plantas por un piso. Sus paredes no están cubiertas de yeso; simplemente blanqueadas con cal sobre las tablas de madera. Arriba hay un salón largo, con sillas y tres planchas de madera de secoyas de California, apoyadas sobre sillas sin respaldo. Este es el "aposento alto" pentecostal donde las almas santificadas buscan la plenitud pentecostal, y salen hablando en nuevas lenguas y comentando las antiguas referencias al "vino nuevo". Hay cuartos más pequeños donde se impone las manos a los enfermos y ellos "se recuperan" como antes. Abajo hay un salón de 12 x 20, lleno de las partes sueltas de las sillas, bancos y asientos sin respaldo, donde los curiosos y los anhelantes se sientan durante horas escuchando extraños sonidos y canciones y exhortaciones del cielo. En el centro del gran salón hay una caja cubierta con algodón, por la que un comprador de muebles viejos no daría más de quince centavos. Este es el púlpito desde el cual se proclama lo que el líder, el hermano Seymour, llama el antiguo arrepentimiento, el antiguo perdón, la antigua santificación, el antiguo poder sobre los demonios y las enfermedades, y el antiguo "bautismo con el Espíritu Santo y fuego".
>
> Las reuniones comienzan a las 10:00 en punto todas las mañanas y se extienden hasta cerca de medianoche. Hay tres llamados al altar por día. El altar es una plancha de madera sobre dos sillas en el centro del salón, y aquí el Espíritu Santo cae sobre hombres y mujeres y niños como en el antiguo Pentecostés, tan pronto como tienen la experiencia clara de un corazón purificado. Los predicadores orgullosos y los laicos de gran cerebro, llenos e inflados de toda clase de teorías y creencias, han venido aquí, entre tantos lugares, se han humillado y han descendido, no "en el polvo", sino sobre la alfombra de paja y han arrojado por la borda sus nociones y han llorado al ser conscientes de su vacío ante Dios, y han rogado ser "dotados de poder de lo alto" y todo creyente sincero ha recibido la maravillosa entrada del Espíritu Santo que lo llena, lo emociona, lo derrite y da energía a su marco físico y a sus facultades y el Espíritu ha dado testimonio de su presencia usando los órganos vocales para hablar una "nueva lengua".
>
> Artículo publicado en Way of Faith
el 11 de octubre de 1906,
probablemente escrito por FRANK BARTLEMAN

Seymour y algunos más limpiaron el centro de la planta baja de basura, esparcieron aserrín en el suelo y colocaron planchas de madera planas sobre algunos barriles de clavos, vacíos, para que sirvieran de asientos a unas treinta o cuarenta personas. El hermano Seymour hizo algo inusual en la disposición de los asientos. En la mayoría de las iglesias, en esa época, el púlpito estaba ubicado en un extremo del edificio, generalmente, cerca de un altar, con los bancos dispuestos desde el altar hacia atrás en dos filas. Seymour, en cambio, colocó la plataforma en medio de los bancos, con el púlpito en el centro de la plataforma y pequeños altares para oración alrededor de ella. Dos cajones vacíos de madera (que siempre son llamados "cajas de zapatos") servían como púlpito.

El primer piso fue vaciado de materiales de la construcción y otra basura y sirvió como un gran "aposento alto" donde las personas esperaban "hasta ser investidos de poder de lo alto". También servía de dormitorio para Seymour y los demás colaboradores de tiempo completo.

La primera noticia secular sobre el avivamiento apareció, como hemos mencionado, el 18 de abril de 1906. *Los Ángeles Daily Times* envió un reportero al culto vespertino del 17 de abril, y éste presentó artículos muy críticos sobre las reuniones y las personas que asistían a ellas. La drástica nueva dirección en la doctrina y práctica de la santidad que se convirtió en el movimiento pentecostal, explotó en la escena secular cuando el periódico informó que una "extraña Babel de lenguas" brotaba de los barrios más pobres de la ciudad. El autor del artículo indicaba su opinión sobre los cultos desde el comienzo del texto, al decir que las personas que asistían a las reuniones estaban "emitiendo extraños sonidos y expresando un credo que parecería incomprensible para cualquier mortal en su sano juicio". Y continuaba diciendo:

> Las reuniones se realizan en una choza a punto de derrumbarse en la calle Azusa, cerca de San Pedro, y los devotos de esta extraña doctrina practican los más fanáticos ritos, predican las teorías más alocadas y llegan a un extremo de loco frenesí en su peculiar celo.
> La congregación se compone de personas de color y unos pocos blancos, que vuelven odiosas las noches para el vecindario con sus aullidos de adoradores, y pasan horas sacudiéndose de adelante para atrás en una actitud de oración

y súplica que crispa los nervios. Dicen tener "el don de lenguas" y ser capaces de comprender la Babel.[23]

Aunque los primeros artículos de la prensa secular sobre el avivamiento de la calle Azusa fueron enteramente negativos, sirvieron como propaganda gratuita e hicieron correr la voz del avivamiento por todas partes. Para fines de 1906 se publicaban tratados y artículos que circulaban hasta en Londres. Mientras las reuniones aun se realizaban en Bonnie Brae y después que pasaron a la calle Azusa, la policía intentó detenerlas porque bloqueaban las calles, causaban ruido y eran, en general, una molestia. Muchos testigos oculares dicen haber visto un fulgor que partía del edificio y era visible a varias calles de distancia. Otros decían haber escuchado sonidos que partían del pequeño edificio de madera que eran como explosiones que sacudían todo el vecindario.

Debido a esta clase de fenómenos, los bomberos fueron llamados en varias ocasiones, en las que se informaba de una explosión o un incendio en el edificio de la misión. La Oficina de Asistencia al Menor trató de clausurar las reuniones porque había niños sin supervisión de adultos alrededor del edificio a cualquier hora del día o de la noche. El Departamento de Salubridad intentó detenerlas aduciendo que el edificio, siempre atestado de gente, era antihigiénico y peligroso para la salud pública.

La comunidad religiosa reaccionó temprano y con vehemencia, tanto a favor como en contra de lo que sucedía, lo cual, en un sentido u otro, reafirmaba la inusual naturaleza de los hechos. Glenn A. Cook, predicador callejero de la santidad en Los Ángeles en 1906, dijo que, originalmente, asistió a las reuniones de Azusa "pensando que podría corregir la doctrina de esta gente". Y continuó: "Yo no era el único que lo intentaba, ya que muchos otros predicadores y obreros del evangelio comenzaron a reunirse para discutir con el hermano Seymour".

Dado que las personas que asistían a las reuniones de oración en el hogar de los Asberry, primero y luego en la misión, venían de muchas iglesias diferentes, rápidamente se corrió la voz entre la gente religiosa de Los Ángeles. El primer domingo después de ser bautizada con el Espíritu Santo –el domingo de Pascua de 1906– Jennie Moore fue a su iglesia, la Primera Iglesia del Nuevo Testamento, del pastor Smale, donde, después del sermón, se puso de pie y habló en lenguas. Esto no fue bien recibido, y Jennie pronto se pasó a la misión de Azusa.

Luego, poco después que las reuniones se mudaron a la calle Azusa, Jennie Moore y Ruth Asberry fueron a la Misión Peniel, donde Jennie habló en lenguas mientras Ruth explicaba: "Esto es lo que profetizó Joel". Toda la congregación las siguió a la misión de Azusa. La mayoría de las iglesias, obras misioneras y carpas de la zona fueron afectadas inmediatamente. Algunas perdieron tantos miembros –que se pasaron a la misión de Azusa– que cerraron sus puertas y se sumaron al avivamiento.

Este fue un hecho perturbador para muchos obreros religiosos, que poco después comenzaron a advertir a sus congregaciones que se mantuvieran alejadas de la misión de Azusa. Algunos llamaban a la policía e intentaban cancelar las reuniones. Los dos líderes de la santidad más prominentes de Los Ángeles actuaron de forma muy diferente. El pastor Smale, al principio apoyó la obra y se sumó al avivamiento. Pero luego se retractó, denunció a la misión de Azusa y cerró las puertas de su iglesia a los que hablaban en lenguas.

Phineas Bresee, de la Iglesia Pentecostal del Nazareno, se opuso firmemente al movimiento del "don de lenguas". Aparentemente, sin haber visitado ni investigado nunca la misión de Azusa por sí mismo, declaró que era un avivamiento falso y le dijo a su gente que se mantuviera lejos. Bresee, finalmente, cambió el nombre de su denominación y le quitó la palabra "pentecostal" en 1919, para que nadie confundiera su movimiento con los seguidores de Seymour, que hablaban en lenguas.[24]

La mayor parte del movimiento institucional de la santidad, que había orado tanto para que llegara un nuevo Pentecostés, se opuso vehementemente a este avivamiento. La líder de la Iglesia Unión Pentecostal, obispo Alma White, acusó al avivamiento de Azusa de adorar al diablo, y promover y practicar la brujería más la inmoralidad sexual. Estas acusaciones fueron publicadas en un libro con el revelador título de *Demons Tongues* (Lenguas de demonios). Muchos de los periódicos de la santidad advirtieron rápidamente a la gente que esto podía ser una copia satánica de lo que buscaban y pronto comenzaron a decir que el "movimiento de las lenguas" era del diablo. Un líder de la santidad llegó a llamarlo "el último vómito de Satanás".

A pesar de las críticas, personas de todo origen –cultas, analfabetas, ricas, pobres, afroamericanas, hispanoamericanas, asiáticas, blancas, hombres, mujeres, nativos, inmigrantes recién llegados, visitantes de otros países– oraban, cantaban y se unían ante el altar. En las palabras de Frank Bartleman, "la línea que separaba los colores ha sido borrada por la Sangre".[25] Las primeras fotografías muestran claramente a afroamericanos, blancos, hombres y mujeres, todos en roles de liderazgo. La relajación de las barreras raciales y sexuales que imperaban en esa época representaba una amenaza para muchos que estaban decididos a mantener el *statu quo*. Esta característica del avivamiento de Azusa también contribuyó a provocar la persecución de los primeros pentecostales, así como la negación generalizada de la validez del avivamiento.

Motivados por su recién hallada libertad y por la persecución que habían provocado, los creyentes pentecostales, dotados de nuevas fuerzas, trataron de borrar todo lo que consideraban simples construcciones humanas, como las jerarquías denominacionales convencionales. Los pentecostales querían remplazar esas estructuras con un gobierno divinamente inspirado, basado en el modelo de la Biblia. Siguiendo la tradición de la mayoría de los movimientos de renovación o avivamiento, los primeros pentecostales no se consideraban una entidad separada. Se consideraban un movimiento "dentro" de la iglesia cristiana, que Dios había creado para dar vida nueva a un cuerpo demasiado estructurado y carente de espíritu.

Los líderes nunca promovieron la formación de denominaciones pentecostales separadas. Se referían a sí mismos y a su movimiento como "no denominacionalistas". En general, intentaron permanecer bajo sus denominaciones anteriores y extender la nueva teología pentecostal. Los pentecostales llamaban a esto "dar a conocer la verdad"; sus hermanos tradicionales preferían llamarlo "infiltración".

Estas tendencias antiestructuralistas también surgían en las pautas de adoración establecidas por la misión de Azusa. Consecuentes con su creencia de que el Espíritu Santo guiaba a todos los creyentes, no solo a los líderes, todos eran libres para hablar, aun durante los cultos, con lo cual se borraban las líneas de separación entre clérigos y congregación. También enseñaban que el Espíritu Santo y el evangelio no debían ser confinados a las cuatro paredes de un templo. Por tanto, aprovechaban todas las oportunidades posibles para testificar, en su trabajo o en la calle y, al hacerlo, borraban las líneas entre espacios sagrados y profanos.

Además, su creencia de que el Espíritu Santo debía ser libre para dirigir los cultos como Él lo deseara; esto hacía que los cantos, las predicaciones, las enseñanzas y los testimonios se mezclaran sin orden establecido durante las reuniones, con lo que se borraban las líneas de separación entre liturgia eclesiástica y lo que, para algunos, era anarquía espiritual.

El fenómeno antiestructuralista por excelencia en el avivamiento de la calle Azusa fue, por supuesto, la marca distintiva de la experiencia: el hablar en lenguas. Era esta una experiencia que realmente dejaba a un lado las limitaciones de las convenciones humanas y daba rienda suelta al Espíritu Santo. En el habla extática, la acción del agente humano quedaba completamente negada y la estructura básica del idioma mismo quedaba de lado. En las diversas manifestaciones extáticas del avivamiento, desde las caídas hasta las sanidades milagrosas, la transparencia de la línea entre lo común y lo extraordinario es la característica que las unifica. En última instancia, fue esta desaparición de los límites, esta mezcla de razas y sexos, esta "rutinización" de lo sagrado lo que convirtió a tantas personas religiosas en enemigas inveteradas y produjo los años de persecución y aislamiento que los descendientes de Azusa deberían soportar.

Estas tendencias antiestructuralistas continuaron surgiendo de diversas formas, todas las cuales produjeron profunda animosidad entre los primeros pentecostales y otros cristianos. Esta animosidad, a su vez, llevó a que muchos de los primeros pentecostales fueran rechazados por sus denominaciones originales.

Otra perspectiva desde la cual puede analizarse este avivamiento que se inició en abril de 1906 y sacudió al mundo, es la de la economía. Desde el principio la gran mayoría de los líderes y los seguidores del mensaje pentecostal provinieron de las clases trabajadoras más bajas. Una de las principales acusaciones dirigidas a los adherentes del Pentecostés moderno, era que eran analfabetos, incultos, y tal falta de refinamiento era considerada una prueba de su necedad e ingenuidad.

Noticias

Los Ángeles Times, así como la mayoría de los periódicos de la ciudad, demostrando los prejuicios religiosos y raciales de la época, cayeron en un frenesí informativo sobre las reuniones de la calle Azusa. Al describir a Seymour y sus seguidores, el *Times* decía:

Un predicador de color, ciego de un ojo, es el mayordomo de la compañía. Con su ojo de vidrio fijo sobre algún pobre incrédulo, lo desafía, a gritos, a responder. Se acumulan los anatemas sobre aquél que ose negar las palabras del predicador. Aferrada en su gran puño, el hermano de color sostiene una Biblia en miniatura de la que lee a intervalos una o dos palabras, nunca más. Después de una hora de exhortación, los hermanos presentes son invitados a unirse a una "reunión de oración y testimonio". Entonces es que se desata el pandemónium, y los límites de la razón son pasados por alto por los que son "llenos del Espíritu", sea lo que fuera que eso signifique. "Tú-u-u-u-u-u... veeeennnn bajo la saaaaaannnnn-grrrreeee" grita una anciana madre de color, en un frenesí de celo religioso. Sacudiendo los brazos salvajemente a su alrededor, continúa con la arenga (sic) más extraña que jamás se haya escuchado. Pocas de las palabras que dice son inteligibles, y en su mayor parte su testimonio contiene la más estrafalaria mezcla de sílabas, que toda la asamblea escucha maravillada.[26]

Sin embargo, muchos testigos oculares relataban algo diferente. "Sentía una sensación que me compelía. No hubiera podido irme, aunque lo hubiera deseado". Así fue como un testigo ocular, A. C. Valdez, relató lo que sintió en su primera visita a la misión. Y continúa diciendo que, al entrar en el edificio, un viento helado los tocó a él y su madre, y se pusieron a temblar, aunque en Los Ángeles era verano. Al mirar a su alrededor, Valdez notó que todos estaban temblando, y sintió como si Dios lo rodeara.

Había hasta nueve cultos por día, desde temprano por la mañana hasta tarde por la noche. Durante semanas las reuniones simplemente se continuaban una con la otra, se extendían a lo largo de las veinticuatro horas del día. El edificio estaba siempre abierto, y las reuniones comenzaban solas, sin necesidad de un líder.

La adoración pentecostal en Azusa

En una reunión, considerada "típica" por un miembro de la congregación, al inicio del culto, el líder comenzó con la siguiente declaración de instrucción y advertencia:

> No tenemos ningún programa planeado, ni tenemos temor de anarquía o espíritus retorcidos. Dios el Espíritu Santo es capaz de controlar y proteger a su obra. Si alguna manifestación extraña se produce, confíe en el Espíritu Santo, continúe en oración, y verá la palabra de sabiduría, la represión, la exhortación que cerrará la puerta al enemigo y demostrará la victoria. Dios puede usar a cualquier miembro del cuerpo, y suele dar abundante honor a los más débiles.[27]

Las reuniones solían comenzar con oración, alabanza y testimonios, salpicados de mensajes en lenguas y cantos *a capella* en inglés y otros idiomas desconocidos. La calidad celestial de las armonías logradas por los cantantes, ninguno de los cuales era profesional ni había ensayado anteriormente, era motivo de comentarios tanto de parte de quienes apoyaban el movimiento como de sus detractores. Un entusiasta observador dijo:

> Lo que conmovía todo mi ser, especialmente, eran las melodías encantadoras del llamado "coro celestial" o himnos cantados bajo la evidente dirección del Espíritu Santo, tanto en la letra como en la melodía. No era algo que pudiera repetirse a voluntad, sino era dado sobrenaturalmente para cada ocasión en especial, y constituía una de las más indiscutibles evidencias de la presencia del poder de Dios. Quizá nada impresionaba tanto a la gente como el canto, que inspiraba inmediatamente una sensación de asombro o de indescriptible maravilla, especialmente si los oyentes tenían una actitud de devoción.[28]

Cuando alguien recibía unción para un mensaje, se ponía de pie y predicaba. Si actuaba en la carne, pronto recibía convicción de pecado y debía sentarse nuevamente. El poder de Dios fluía por el salón en diferentes momentos: derribaba a las personas al suelo, de a una, de a dos y algunas veces, de a cientos. Con frecuencia, multitudes enteras corrían al altar en busca de Dios.[29]

Después de los testimonios personales de la gente del lugar que estaba presente, solían leerse las cartas de personas que se habían enterado del avivamiento y se sentían inspiradas para pedir el bautismo con el Espíritu Santo. Miles de cartas dan testimonio de que muchas personas, de todo el mundo, llegaron a recibir el bautismo con el Espíritu Santo con solo enterarse del derramamiento en Azusa y pedir a Dios que las tocara donde estaban. La lectura de estas cartas generalmente era motivo de intensa alabanza, ya que los visitantes de diversos lugares del mundo sumaban sus testimonios personales que confirmaban la expansión del avivamiento. Otro tema común de los testimonios era cómo las personas eran atraídas hacia el avivamiento. Algunos decían haberse enterado de él por visiones; otros, por sueños; otros, por circunstancias inusuales que los llevaban allí sin saber de antemano lo que sucedía.

En cuanto a los testimonios de sanidades en los inicios del movimiento pentecostal, Martin E. Marty, el famoso historiador de la religión, dijo: "Los testimonios de sanidades son tan abrumadores, y se repiten con tal frecuencia, en tantos contextos, que uno no puede menos que sentirse maravillado".[30]

Un ejemplo típico es el de una jovencita que fue bautizada con el Espíritu Santo una noche y, al día siguiente entró a la reunión donde vio a una mujer que estaba paralizada desde hacía treinta y dos años. La jovencita se acercó a ella y le dijo: "Jesús quiere sanarte". Los dedos y los pies de esta mujer se enderezaron inmediatamente y salió caminando.

El avivamiento de Azusa en Los Ángeles Times

El 18 de abril de 1906 apareció el primer artículo periodístico sobre las reuniones de la calle Azusa en *Los Ángeles Times*. Era una noticia de primera plana. Según Bartleman, esta "vergonzosa" cobertura de la prensa "solo hizo que viniera mucha más gente".

Las palabras utilizadas para describir la reunión –extraños, fanáticos, irreverentes, locos, salvajes– indican el total desprecio de la prensa secular por los primeros pentecostales. Fue esta clase de prensa la que Bartleman, como observador y participante simpatizante, trató de superar. Por su parte, los pentecostales afirmaban que los reporteros se convertían cuando escuchaban a los adoradores hablar sus idiomas nativos en Azusa.

En el siguiente artículo el reportero juzga correctamente que "la más reciente secta religiosa ha comenzado en Los Ángeles". La profecía mencionada al final del artículo sobre la "terrible destrucción" se cumplió inmediatamente. Al día siguiente California fue devastada por el terremoto más destructivo de su historia. Pero, aunque Los Ángeles sintió la sacudida, su ciudad hermana, San Francisco, fue casi destruida. El día siguiente a la aparición de este artículo –19 de abril de 1906– los titulares de *Los Ángeles Times* proclamaban que "el corazón [de San Francisco] ha sido arrancado". Los primeros pentecostales solían comparar ese terremoto con el "terremoto espiritual" de la calle Azusa.

Extraña Babel de lenguas
Nueva secta de fanáticos
Singular escena anoche en la calle Azusa
"Hermana" farfulla sonidos sin palabras

Emitiendo extraños sonidos y expresando un credo que parecería incomprensible para cualquier mortal en su sano juicio, la más reciente secta religiosa ha comenzado en Los Ángeles. Las reuniones se realizan en una choza a punto de derrumbarse en la calle Azusa, cerca de San Pedro, y los devotos de esta extraña doctrina practican los más fanáticos ritos, predican las teorías más alocadas y llegan a un extremo de loco frenesí en su peculiar celo.

La congregación se compone de personas de color y unos pocos blancos, que vuelven odiosas las noches para el vecindario con sus aullidos de adoradores y pasan horas sacudiéndose de adelante para atrás en una actitud de oración y súplica que crispa los nervios. Dicen tener "el don de lenguas" y ser capaces de comprender la babel.

Ningún grupo de fanáticos ha hecho jamás tan asombrosa afirmación, ni siquiera en Los Ángeles, hogar de incontables credos. Las doctrinas sagradas, mencionadas con reverencia por el creyente ortodoxo, son tratadas de manera familiar, si no irreverente, por estos nuevos religionistas.

Ojo de vidrio desafía
Un predicador de color, ciego de un ojo, es el mayordomo de la compañía. Con su ojo de vidrio fijo sobre algún pobre incrédulo, lo desafía a gritos, a responder. Se acumulan los anatemas sobre aquél que ose negar las palabras del predicador.

Aferrada en su gran puño, el hermano de color sostiene una Biblia en miniatura de la que lee a intervalos una o dos palabras, nunca más. Después de una hora de exhortación, los hermanos presentes son invitados a unirse a una "reunión de oración y testimonio". Entonces es que se desata el pandemónium, y los límites de la razón son pasados por alto por los que son "llenos del Espíritu", sea lo que fuere que eso signifique.

"Tú-u-u-u-u-u... veeeennnn bajo la saaaaaannnnn-grrrreeee" grita una anciana madre de color, en un frenesí de celo religioso. Sacudiendo los brazos salvajemente a su alrededor, continúa con la arenga (sic) más extraña que jamás se haya escuchado. Pocas de las palabras que dice son inteligibles y en su mayor parte su testimonio contiene la más estrafalaria mezcla de sílabas, que toda la asamblea escucha maravillada.

Suéltense las lenguas
Una de las reuniones más desquiciadas tuvo lugar anoche, con una extraordinaria excitación de parte de la multitud reunida, que continuó "adorando" hasta casi medianoche. El anciano exhortador instaba a las hermanas a permitir que "se soltaran las lenguas" y las mujeres se entregaban a un desorden de fervor religioso. Como consecuencia de esto, una dama rolliza, abrumada por la emoción, estuvo a punto de desmayarse.

> Sin dejarse amedrentar por la temible actitud del adorador de color, otra mujeres [sic] negra saltó al suelo y comenzó a gesticular salvajemente, para terminar farfullando oraciones sin palabras que no eran nada menos que chocantes.
>
> "Está hablando en lenguas desconocidas", anunció el líder, maravillado, en un susurro. "Continúe, hermana". La hermana continuó hasta que fue necesario ayudarla a llegar a un asiento a causa de su fatiga física.
>
> ***Oro entre ellos***
> Entre los "creyentes" hay un hombre que dice ser un rabino "jodío"[sic]. Dice que su apellido es *Gold* (oro) y afirma haber sido líder de las sinagogas más importantes de los Estados Unidos. Declaró ante la abigarrada compañía anoche que es bien conocido por los judíos de Los Ángeles y San Francisco y se refirió a prominentes ciudadanos por su nombre. Gold dice haber sido sanado milagrosamente y haberse convertido a la nueva secta. Otro orador tuvo una visión en la que vio al pueblo de Los Ángeles encaminándose en masa, como un río torrentoso, hacia la perdición. Profetizó una terrible destrucción de esta ciudad, a menos que sus ciudadanos lleguen a creer en las doctrinas de la nueva fe.
>
> *Los Ángeles Times*, 18 de abril de 1906

No había himnarios ni programas y no se levantaban ofrendas. Un cartel colocado en la pared sobre una caja abierta para las ofrendas decía: "Arréglelo con el Señor". No había temas de predicación ni sermones preestablecidos; todo quedaba librado al espontáneo mover de Dios. El púlpito, como hemos dicho, estaba compuesto por dos "cajas de zapatos" grandes, de madera. El hermano Seymour solía sentarse detrás de ellas, ensimismado en oración, con la cabeza metida dentro de la caja de arriba.

Cuando Seymour predicaba, hacía énfasis en la necesidad de renunciar al pecado y recibir a Jesús como Salvador personal. No ponía el acento en el don de lenguas ni en ninguna otra manifestación. Muchas veces les decía a las personas que, si le hablaban a alguien del avivamiento, debían hablarle de Jesús, que Él era el Señor, y debían contarle de las muchas personas que habían sido salvadas. También alentaba a todos a experimentar el poder de Dios, apartarse del mundo, dejar las rígidas tradiciones y legalismos del cristianismo formal y, en cambio, buscar la salvación, la santificación y el bautismo con el Espíritu Santo. Otros dos mensajes muy repetidos por los diferentes predicadores de Azusa eran los relativos a la sanidad divina y el retorno de Jesús antes del milenio.[31]

Miembros de muchas denominaciones e iglesias independientes asistían a las reuniones. Algunos de ellos eran muy cultos y refinados. Pastores, evangelistas y misioneros extranjeros se acercaban para participar y recibir bendiciones. Son numerosos los testimonios personales de personas extranjeras que recibieron convicción de pecado y buscaron la salvación después de escuchar a alguien desconocido exhortarlos en su propio idioma.

Los cultos de oración en el santuario eran, generalmente, breves, aunque, en el primer piso, se oraba de continuo. La gente oraba en grupo por las necesidades planteadas. El culto de adoración consistía en cantos, gritos y oraciones de alabanza. Los cultos eran muy dinámicos y no se perdía el tiempo. Un visitante dijo que "por todas partes había oración y adoración. El área del altar estaba llena de gente que buscaba a Dios; algunos arrodillados, otros tendidos en el suelo, otros hablando en lenguas. Cada uno estaba haciendo algo, todos, aparentemente, perdidos en Dios".[32]

Cientos de relatos personales y de testigos oculares certifican que muchos que fueron a burlarse de las reuniones quedaron tendidos en el suelo, donde parecían luchar contra un oponente, a veces, durante horas. Estas personas, generalmente, se incorporaban convencidas de pecado y buscando a Dios. Un reportero extranjero había sido enviado por su periódico para registrar la atmósfera "circense" en forma cómica. Asistió a una reunión vespertina y se sentó detrás de todo. En medio de la reunión una joven comenzó a testificar sobre cómo Dios la había bautizado con el Espíritu Santo y repentinamente rompió a hablar en lenguas.

Después de la reunión el reportero la buscó y le preguntó dónde había aprendido el idioma de su país. La joven respondió que no tenía idea de lo que había dicho, y que el único idioma que sabía hablar era el inglés. El reportero le dijo, entonces, que ella había hecho un relato preciso de su vida de pecado, todo en la lengua de su tierra natal.

Inmediatamente este reportero renunció a su pecado y recibió a Jesús como su Salvador. Después de esto regresó a su periódico y dijo que no podía escribir el artículo falso y ridiculizante que le habían pedido que produjera. Se ofreció a escribir un artículo verídico sobre lo que le había sucedido en la misión... pero las autoridades del periódico lo despidieron en el acto.

Estos pocos ejemplos de la clase de cosas que sucedían en las reuniones en la calle Azusa, según los registros escritos disponibles, pueden servir como resumen de lo que allí sucedía repetidamente. Cientos y miles de personas asistían a las reuniones cada vez, y muchas más se agolpaban en la calle, escuchaban por las ventanas.

La marea del avivamiento

La atracción masiva del avivamiento tuvo dos picos, de 1906 a 1909 y de 1911 a 1912. El primer pico se continuó a partir del derramamiento inicial en la calle Bonnie Brae. Después de explotar en el escenario religioso de Los Ángeles y llamar la atención del mundo entero, a partir de 1909 el avivamiento de Azusa entró en un período en que no se caracterizó por una cantidad espectacular de asistentes ni sucesos extraordinarios.

Según Frank Bartleman, esta fase inicial finalmente se terminó debido al aumento del sectarismo, la formalidad y el ritualismo. Cosas como ponerle un nombre al edificio, colocar un "trono" para el hermano Seymour, e imponer un orden más estricto en las reuniones, hicieron que se multiplicaran las divisiones y que las manifestaciones extáticas fueran cada vez más raras.[33]

Otro factor al que se atribuye que el avivamiento llegara a su fin después de 1909 fue el rechazo casi unánime de la mayor parte de la comunidad cristiana, que no lo aceptó como genuino. Los avivamientos anteriores, como el Primero y el Segundo Gran Avivamiento, fueron ampliamente aceptados y saludados inicialmente con gran fervor por el público en general. Este rechazo se basó en varias razones. Primero, el antagonismo surgía del hecho de que los pentecostales se consideraban una aristocracia espiritual. Actuaban como si hubieran recibido revelaciones especiales sobre el bautismo con el Espíritu Santo, los dones del Espíritu y la forma correcta de adorar.

La segunda causa de este fracaso fue una de las características distintivas del avivamiento de la calle Azusa: la cualidad igualitaria de las reuniones. Esta característica ofendía a muchos y contribuyó a poner fin a la fase inicial del avivamiento. La naturaleza diversa de los grupos étnicos, razas y culturas que se unían en el avivamiento de la calle Azusa, que se consideraba señal de la presencia de Dios, se convirtió en una fuente de divisiones. A medida que surgían otros asuntos relativos a teología y práctica, las diferencias subyacentes de las personas y otros factores sociales, como raza, clase y conexiones religiosas anteriores, comenzaron a determinar la profundidad y duración de las divisiones y los cismas consiguientes.

Estos conflictos raciales y de otros orígenes llevaron al hermano Seymour a sentir, finalmente, que su "sueño de un movimiento pentecostal interracial que sirviera como testimonio positivo para un país donde se practicaba la segregación racial" se esfumaba con rapidez.[34]

El golpe más fuerte al pico inicial del avivamiento quizá haya estado relacionado con el asunto racial. Dos mujeres blancas, Clara Lum y Florence Crawford, que habían ayudado a publicar el periódico de la misión de Azusa, *Apostolic Faith* (que para 1909 tenía una circulación de más de cincuenta mil ejemplares), tomaron las listas de distribución, con la aprobación de Seymour, pero sin el permiso de la junta de ancianos. Después reubicaron la publicación en el lugar donde se estableció la señora Crawford, en Portland, Oregon. Al perder sus listas de distribución, la misión de Azusa, en la práctica, quedó aislada de su base mundial de apoyo y pronto perdió sus recursos más su influencia.[35]

Durante este tiempo el hermano Seymour se dedicó a construir el ministerio apostólico de la Misión de la Fe Apostólica del Pacífico, que había registrado legalmente en diciembre de 1906. Seymour viajó mucho y extendió el mensaje de Pentecostés de una punta a otra del país. Fue honrado por la Iglesia de Dios en Cristo como apóstol y predicó con frecuencia en sus reuniones. Durante los muchos períodos en que estaba ausente, su esposa, Jennie Evans Moore Seymour, dirigía la misión de Azusa, que en esa época era una pequeña iglesia afroamericana. El hermano Seymour y la joven –que había adquirido milagrosamente la capacidad de tocar el piano en la reunión de oración en casa de los Asberry, en la calle Bonnie Brae, el 9 de abril de 1906– se casaron el 13 de mayo de 1908.

Clara Lum y Florence Crawford se opusieron firmemente a este matrimonio, ya que pensaban que, debido a la cercanía de la Segunda Venida, no había tiempo para que Seymour se casara. Otros sospechaban que Clara Lum, que era blanca, tenía esperanzas de que Seymour se casara con ella.

También durante este período, los problemas raciales del movimiento pentecostal se acentuaron. El hermano Seymour, aunque era honrado y buscado por las iglesias pentecostales afroamericanas, que crecían con rapidez, muchas veces era ignorado por los blancos. El clima racial hostil y la tensión racial de la época fueron los motivos por los cuales muchos blancos abandonaron el avivamiento de la calle Azusa y al hermano Seymour, y crearon o se sumaron a denominaciones y grupos de su raza, surgidos de divisiones.

Durante este período hubo una falta total de cobertura periodística. Ni la prensa religiosa ni la secular informaban sobre evidencias de hechos milagrosos en la misión de la calle Azusa. Entre los dos períodos de esplendor, la misión fue simplemente una pequeña congregación local afroamericana presidida por el hermano Seymour, sin nada que la distinguiera de los cientos de otras pequeñas iglesias pentecostales afroamericanas de la zona de Los Ángeles. A pocos días del comienzo del segundo período de esplendor, en 1911, las reuniones en Azusa solo contaban con la asistencia de una docena de personas, todas afroamericanas.

William Durham y los nuevos días gloriosos de la misión en la calle Azusa

El segundo período de esplendor comenzó en febrero de 1911, cuando William F. Durham (1873-1912), de Chicago, llegó a la misión de la calle Azusa para predicar en una campaña. Durham era originario de Kentucky y en sus comienzos había sido bautista –a partir de 1891–. Pero, según su propio testimonio, no se convirtió hasta 1898, cuando tuvo una visión del Cristo crucificado mientras viajaba por Minnesota. Después de esta experiencia que le cambió la vida, inmediatamente dedicó el resto de su vida al ministerio de tiempo completo.

En 1901 fundó la Misión de la Avenida North en Chicago y fue su primer pastor. Esta misión de la santidad estaba ubicada en una zona de inmigrantes. Como pastor, predicaba salvación, santificación y sanidad. También enseñaba que las estructuras denominacionales eran "el mayor obstáculo para el progreso de la real causa de Jesucristo".[36]

Cuando se enteró del avivamiento de la calle Azusa, Durham fue positivo y alentador en sus comentarios al respecto; aunque, poco tiempo después, comenzó a cuestionar la postura teológica de que hablar en lenguas fuera la evidencia inicial siempre presente del bautismo con el Espíritu Santo. Pero cuando personas que él conocía comenzaron a hablar en lenguas, estudió más en profundidad la idea y llegó a la conclusión de que todas las experiencias que había visto, incluyendo la suya propia, "estaban muy por debajo de la pauta fijada por Dios en el Libro de los Hechos". Finalmente visitó la misión de Azusa en 1907. Más tarde diría que tuvo conciencia de la presencia de Dios desde que entró allí. El pastor de Chicago buscó y recibió el bautismo con el Espíritu Santo evidenciado por el hablar en lenguas, el 2 de marzo de 1907.

Cuando Durham fue bautizado con el Espíritu Santo, Seymour profetizó que dondequiera que Durham predicara, habría un derramamiento del Espíritu Santo. Al regresar a su iglesia en Chicago Durham trabajó incansablemente para propagar el mensaje pentecostal. Fue tanta la gente que asistía a sus reuniones en la misión de la Av. North, que pronto el edificio no bastó para albergarlos a todos. Gente de todo el oeste medio de los Estados Unidos iba a recibir el bautismo con el Espíritu Santo. Muchos ministros iban a escuchar a Durham hablar y luego llevaban el mensaje pentecostal a sus propias iglesias.

En las reuniones de Durham también había muchos testimonios de sanidad. Aimee Semple, antes de casarse con su segundo esposo, Harold McPherson, confesó tiempo después que había sido sanada instantáneamente de un tobillo roto en una de las reuniones de Durham en Chicago.

Durham y la controversia sobre la "obra consumada"

En 1911 Durham transfirió la mayor parte de su trabajo a Los Ángeles. Tenía problemas con los líderes de la misión de la Av. North y quería centrar su ministerio en el lugar donde se había originado el pentecostalismo moderno. Originalmente comenzó esta nueva fase de su ministerio en la Misión del Aposento Alto en Los Ángeles, pero pronto lo rechazaron por su nueva enseñanza teológica sobre la "obra consumada". Esta enseñanza repudiaba la doctrina del movimiento de la santidad que consideraba a la santificación como una segunda obra de la gracia y declaraba, en cambio, que todo lo que un creyente podía necesitar jamás estaba incluido en la obra de Cristo en la cruz.

Durham sostenía que cuando Cristo dijo: *"Consumado es"*, todo fue cumplido: salvación, santificación, sanidad y el bautismo con el Espíritu Santo. Enseñaba que lo único que un creyente necesitaba para acceder a todo esto era aceptarlo como real.

Esta nueva enseñanza dotó de nueva energía al avivamiento y según Frank Bartleman, "el fuego comenzó a caer sobre la vieja Azusa como en el principio". Algunos dijeron que Durham era un "portento en el púlpito" que inducía a sus seguidores a manifestaciones de gritos que sus críticos llamaban "las sacudidas Durham". El templo volvió a abarrotarse de gente, y muchos quedaban escuchando afuera, por las ventanas, a este predicador revolucionario y su nueva enseñanza. Muchas otras misiones e iglesias suspendían sus cultos para ir a escuchar a Durham. El evangelista de Chicago hacía énfasis en la fe como único requisito y sus cultos se caracterizaban por los relatos de portentosos milagros y muchas de las mismas manifestaciones del Espíritu que habían acompañado al primer pico de actividad en la misión de la calle Azusa.

Estas reuniones habían comenzado y progresado mientras el hermano Seymour predicaba en el este. Cuando se extendió la noticia de este segundo período de esplendor, vino acompañada por la controversia sobre la teología de la "obra consumada". Cuando el hermano Seymour se enteró, se apresuró a regresar para combatir lo que consideraba una herejía. Seymour regresó en 1912 e inmediatamente echó a Durham de la misión de Azusa. Cuando Durham se fue para iniciar una misión en otra parte de la ciudad, mucha gente lo siguió, y así terminó el segundo pico del avivamiento.[37]

Los peregrinos a Azusa se extienden por todos los Estados Unidos

La cantidad de iglesias y misiones iniciadas directamente como consecuencia del avivamiento en la zona de Los Ángeles hasta 1912, mientras la misión de Azusa aun funcionaba, es impresionante. Cada una de las siguientes iglesias pentecostales fue fundada y dirigida por personas que habían recibido el bautismo con el Espíritu Santo en la misión de Azusa y luego continuó trabajando en otros lugares de la ciudad.

Uno de los miembros originales de la junta del hermano Seymour, James Alexander, fundó dos misiones de la Fe Apostólica: Una en la calle 7ma. y Setous, la otra en la calle 51ma. Otra Asamblea Pentecostal en Los Ángeles fue fundada por W. F. Manley. Poco después, una misión hispana de la Fe Apostólica floreció bajo la dirección de G. Valenzuela. Otros dos lugares de adoración fueron fundados y dirigidos por William Saxby: la Misión de Rescate de la Fe Apostólica, en la calle 1ra., y la Misión Pentecostal de la calle Carr. Una misión pentecostal italiana fue fundada y dirigida por John Perron. La Misión del Aposento Alto fue establecida por Elmer Fisher. Dos hombres, Frank Bartleman y John Pendleton fueron los pastores fundadores de la misión de la calle Octava y Maple. La Misión Pentecostal de la Av. Florence fue dirigida por W. L. Sargent. A. G. Osterberg estuvo a cargo de la Asamblea del Evangelio Completo, y William Durham, de Chicago, fundó y predicó en la misión de la Calle 7ma.

Varios líderes de denominaciones ya existentes también acudieron a la misión de la calle Azusa, recibieron el bautismo con el Espíritu Santo y regresaron a sus lugares de origen para llevar a sus iglesias, total o parcialmente, a las filas pentecostales. El primero de ellos, Charles H. Mason, fundador de la Iglesia de Dios en Cristo, asistió a Azusa durante bastante tiempo en 1907. Al regresar a su cuartel general en Memphis, él y el mensaje de Pentecostés fueron rechazados por la mayor parte de la iglesia. Esto llevó a una división en la iglesia en 1907, cuando Mason y sus seguidores reorganizaron la Iglesia de Dios en Cristo como una denominación pentecostal. Dado que era el único de los primeros conversos que provenía de una iglesia registrada legalmente, el obispo Mason tuvo un rol fundamental en la extensión del movimiento y su mensaje.

Con su práctica de ordenar obispos de toda raza, actuó como conducto para que el fuego del avivamiento de Azusa llegara a todas partes de los Estados Unidos. Entre los años 1909 y 1914 había tantas congregaciones blancas de la Iglesia de Dios en Cristo como afroamericanas. Actualmente la Iglesia de Dios en Cristo es la denominación pentecostal más grande y la de mayor crecimiento en los Estados Unidos.

Gastón B. Cashwell (1862-1916), un predicador de la Iglesia Pentecostal de la Santidad, de Carolina del Norte, leyó los artículos de Frank Bartleman en la revista *Way of Faith* publicada por J. M. Pike en Columbia, Carolina del Sur. Viajó a Los Ángeles en

1907 y al principio, sintió repulsión por los ruidos y las demostraciones emocionales de la misión de Azusa, por lo cual en un primer momento, rechazó el movimiento, fundamentalmente porque era dirigido por un afroamericano. Pero luego recibió convicción de pecado, se arrepintió y recibió el bautismo con el Espíritu Santo cuando varios jovencitos afroamericanos oraron por él.

Al regresar a su lugar de origen en Dunn, Carolina del Norte, Cashwell inició una serie de reuniones en enero de 1907 que devinieron en un avivamiento pentecostal de proporciones épicas en el Este. Hoy es conocido como el "apóstol de Pentecostés en el Sur". Fue por medio de esta ramificación del avivamiento de Azusa en Carolina del Norte que la Iglesia de la Santidad Bautizada por Fuego, la Iglesia Pentecostal de la Santidad y una gran parte de la Iglesia Bautista del Libre Albedrío –que luego se organizó como Iglesia Bautista Pentecostal del Libre Albedrío– fueron ganadas para las filas del movimiento pentecostal.

Líderes de varios institutos bíblicos de la santidad aceptaron las doctrinas de Seymour y el avivamiento de Azusa propagadas por el ministerio de G. B. Cashwell. N. J. Holmes, del Instituto Bíblico Altamont, de Greenville, Carolina del Sur, junto con todo el alumnado del instituto y sus profesores, adoptaron las enseñanzas pentecostales. A partir de 1907, el instituto –luego conocido como Instituto Bíblico Holmes– se convirtió en un centro de estudio, ministerio y evangelismo pentecostal.

Otras denominaciones que se sumaron a las filas pentecostales o se formaron como consecuencia de la predicación de G. B. Cashwell después de Azusa, fueron la Iglesia de Dios de Cleveland, la Iglesia de Dios –Asamblea de la Montaña– y la Asociación Pentecostal del Valle del Mississippi. Varias congregaciones metodistas, bautistas y presbiterianas aceptaron el mensaje de Azusa, abandonaron sus denominaciones y se unieron a las denominaciones pentecostales en formación.

El movimiento de Pentecostés después de la visita de Cashwell a Azusa se repitió en todos los Estados Unidos. Florence Crawford, ex miembro de la junta de la misión de Azusa que había sido milagrosamente sanada de meningitis espinal, estableció una obra floreciente en Portland, Oregon. Marie Brown llevó la llama pentecostal a la ciudad de Nueva York donde, junto con su esposo Robert, fundaron y pastorearon el *Glad Tidings Tabernacle* (Tabernáculo de las Alegres Nuevas).

William Durham regresó a su misión de la santidad en Chicago y comenzó una serie de reuniones que se convirtieron en un punto estratégico en el Oeste Medio. Roswell Flower también influyó en esa región por medio de una exitosa misión pentecostal que estableció en Indianápolis, Indiana. De la misma forma, Canadá no tardó en arder con el fuego pentecostal de la mano del ministerio itinerante de A. H. Argue.

El nuevo movimiento no quedó confinado a los Estados Unidos. Tanto los misioneros que llegaban a Azusa como los que de allí salían expandieron rápidamente el mensaje pentecostal por todo el mundo. No es de extrañarse que quienes mejor recibieran el mensaje fueran de la misma clase de gente que había aceptado el mensaje en los Estados Unidos: obreros, campesinos... en general, personas de clase socioeconómica baja. Una vez más, como en los Estados Unidos, fue entre quienes previamente habían adoptado el mensaje de la santidad que el pentecostalismo se afirmó más fácilmente y logró la mayor cantidad de conversiones.

• 4 •

Más allá de las fronteras:
La expansión mundial del pentecostalismo

Gary B. McGee

El cristianismo experimentó su más vigoroso progreso en todo el mundo, hasta la fecha, en el siglo XIX. Los misioneros europeos y estadounidenses predicaban, plantaban iglesias, enseñaban en escuelas, traducían la Biblia y dirigían ministerios de beneficencia para los necesitados. Pero, a pesar de enviar a miles de misioneros y gastar millones de dólares, el número de conversiones parece magro en relación con la inversión realizada: solo 3,6 millones en el campo extranjero para 1900. Aun así, cuando el "gran siglo" de las misiones cristianas –expresión acuñada por el historiador Kenneth Scott Latourette– llegó a su fin, en la Conferencia Misionera Mundial realizada en Edimburgo, Escocia, en 1910, la confianza en el futuro no conocía límites.

Los delegados anticipaban que esta conferencia sería el despertar de un nuevo amanecer en la obra misionera. Jonathan Goforth, misionero a la China, esperaba un "nuevo Pentecostés". Pero cuando solo algunos predicadores –entre ellos, Goforth– hicieron énfasis en el poder del Espíritu Santo, sus esperanzas se desmoronaron. Después de ver los milagros en su propio ministerio, él sabía que solo el poder de Dios el Espíritu Santo podía dar un cierre a la Gran Comisión. Pero, por el contrario, la mayor parte de los oradores se dedicaban a hablar de cooperación y unidad, preparación misionera y comunicaciones. "¿Alguna vez hubo una oportunidad tan incomparable para los líderes cristianos?", se preguntó. "¡Oh! Fue solo un sueño", dijo luego, entristecido, para agregar finalmente: "Hermanos, el Espíritu de Dios aun está con nosotros. El Pentecostés aun está a nuestro alcance".[1]

Aunque Edimburgo fue un hito, en muchos sentidos positivos Goforth llegó a la conclusión de que los líderes de iglesias y misiones habían dado prioridad a relaciones y mecánicas por encima de la dinámica espiritual que había impulsado al evangelismo cristiano de los primeros tiempos. Las historias de milagros y "guerra espiritual" en lugares lejanos habían capturado la imaginación de los fieles, pero eran solo excepciones en el curso normal del trabajo misionero. Por ejemplo, el "Elías misionero" metodista, W. J. Davies, ordenó que cayera lluvia en un enfrentamiento con médicos brujos en Sudáfrica durante una sequía, con un resultado exitoso. En más de una ocasión los enemigos de Ludwig Nommensen, en Sumatra, envenenaron su comida. Pero todos sus intentos fallaron y algunos observadores recordaron Marcos 16:18: *"Y si bebieren cosa mortífera, no les hará daño"*. En China, el venerable Pastor Hsi adoptó el nombre de "Shengmo" –vencedor de serpientes– debido a sus numerosos enfrentamientos con espíritus malignos.

A lo largo del siglo innumerables cristianos oraron ardientemente, tanto en sus países de origen como en el campo misionero, por un derramamiento del Espíritu. ¿De qué otra manera podría cumplirse la misión de la iglesia? Algunos pensaron que el avivamiento de Gales y sus "hijos" –India, Corea– podrían haber señalado el comienzo del gran avivamiento de los últimos tiempos, salvo que habían terminado para cuando Goforth se registró para esta conferencia. Ahora, con las nubes ya sobre su cabeza, se preguntaban cuándo las lloviznas se convertirían en los aguaceros prometidos.

Aunque Edimburgo concluyó con una triunfante sensación de unidad y logro, pronto surgieron grietas en los fundamentos de la empresa misionera. Surgieron cuestionamientos sobre las afirmaciones básicas del cristianismo, como la salvación solo a través de la obra redentora de Jesucristo, la condición de la humanidad perdida y la autoridad de la Biblia.

Por una parte, estos desacuerdos fracturaron la comunión y las actividades cooperativas de los misioneros; y su eco llegó a hacerse sentir hasta en su punto de origen. En los Estados Unidos la controversia entre fundamentalistas y modernistas ardió en todas las iglesias tradicionales y sus resultados influyeron, en parte, en la disminución de la cantidad de misioneros que luego enviaron. Por otra parte, los misioneros que creían en las doctrinas de la santidad y la "vida superior" de Keswick, junto con los conservadores de las "misiones de fe" y agencias denominacionales, mantuvieron su testimonio evangélico.

Entre este panorama cambiante, apareció un nuevo modelo de misión, con una creencia casi sin precedentes de que la predicación del evangelio iría acompañado por demostraciones sobrenaturales de poder. Para los de afuera, era como si toda la cautela en la búsqueda de los dones carismáticos hubiera sido echada por la borda. Los delegados de la conferencia de Edimburgo no podían imaginar la real magnitud del avivamiento pentecostal iniciado unos pocos años antes, si es que tenían conocimiento de él.

"*Señales y prodigios*" (Hechos 5:12) eran cosa del pasado para la mayoría de los líderes misioneros y habían cesado en el primer siglo en la práctica, si no por decisión soberana de Dios. Como un movimiento radicalmente innovador del Espíritu Santo, el pentecostalismo permaneció leal a las verdades históricas de la fe, pero dio vuelta el reloj de arena cesacionista, demostrando que los milagros no habían terminado con el último de los apóstoles. Los pentecostales continuaron recapturando la dimensión apostólica de la iglesia primitiva, especialmente con su énfasis en el hablar en lenguas y la oración por los enfermos. No es de extrañarse que esto escandalizara a otros cristianos que temían los potenciales extremos de tal piedad experiencial.

Los periódicos pentecostales solían publicar miles de relatos de conversiones, sanidades y liberaciones de adicciones químicas, además de exorcismos. Los creyentes también hablaban de ser guiados por visiones y sueños como lo había predicho el profeta Joel en el Antiguo Testamento (2:28). De hecho, los pentecostales consideraban sus propias iniciativas en evangelismo como una restauración del cristianismo del Nuevo Testamento para los "*últimos días*": ¡Hechos 29!

A todo el mundo

En noviembre de 1906, cuatro años antes del cónclave de Edimburgo, mientras se hospedaba en un hostal misionero de la ciudad de Nueva York, el pastor metodista inglés Thomas B. Barratt esperaba ansiosamente noticias sobre los acontecimientos en la Misión de la Fe Apostólica en la calle Azusa, en Los Ángeles. Barratt deseaba ser bautizado en el Espíritu Santo, por lo que pidió a algunos amigos que le impusieran las manos en oración, después de lo cual, un brillo inusual, como una "lengua de fuego" se posó sobre su cabeza. Barratt recordó luego que fue lleno de luz, experimentó un nuevo poder espiritual, recibió la carga de la evangelización mundial, predicó y oró en lenguajes dados por Dios.[2]

Su testimonio revela la característica principal del pentecostalismo: la urgencia por evangelizar al mundo antes del inminente regreso de Jesucristo. Los pentecostales declaraban que el Espíritu Santo iba a equipar a una nueva raza de misioneros dispensándoles idiomas humanos que no habían aprendido para poder saltar los años de estudio formal y así poder predicar inmediatamente al llegar a destino. Aunque finalmente prevaleció otra forma de entender el don de lenguas, este plan revolucionario encendió una explosión de energía espiritual. Este capítulo estudia la expansión del pentecostalismo desde sus centros de avivamiento primitivos y examina cómo los creyentes llenos del Espíritu Santo llevaron la Buena Nueva *"más allá"* (2 Corintios 10:16).

Thomas Ball Barratt y Alexander Boddy

Menos de seis meses después de iniciado el avivamiento de la calle Azusa, la noticia de lo que Dios hacía se había esparcido por todas partes. Muchos ya habían peregrinado a la pequeña misión en Los Ángeles, o al menos habían escuchado hablar del avivamiento. Otros habían leído acerca de él en la prensa religiosa.

Thomas Ball Barratt estaba entre los que se maravillaron al leer los informes sobre lo sucedido en la misión de la Fe Apostólica. Barratt, ministro metodista inglés, estaba de gira por los Estados Unidos en 1907: trataba de reunir fondos para su trabajo misionero en Noruega, cuando se enteró del avivamiento. Inmediatamente comenzó a buscar su propio "Pentecostés" –el bautismo en el Espíritu Santo– para lo cual, algunas veces, llegó a orar más de doce horas seguidas.

> "Queridos amigos de Los Ángeles", pudo anunciar, finalmente, Barratt: "Gloria a Dios. Lenguas de fuego han descendido, y el glorioso poder de Dios se ha mostrado". Nunca olvidaría la noche en que sucedió, y quería que otros lo supieran. "Fui lleno de luz y de un poder tal que comencé a gritar lo más fuerte posible en un idioma extranjero". Y no se detuvo hasta las cuatro de la madrugada del día siguiente.
>
> Después de recibir el bautismo, Barratt estaba ansioso por regresar a Noruega para poder contar la experiencia con su congregación y con todo aquel que quisiera escucharlo. Aunque algunos se opusieron a la nueva enseñanza, muchos no. En Europa, como en América, el mensaje pentecostal corrió como reguero de pólvora.
>
> Mientras Barratt aún estaba en Nueva York, escribió a su congregación en Noruega para contarles su experiencia, con lo cual provocó una gran expectativa. Cuando regresó, el terreno estaba listo. En Noruega, comenzó a realizar reuniones en Christiana –actual Oslo–, que pronto estuvieron atestadas de ansiosos buscadores del Espíritu Santo... así como de curiosos y escépticos que solo querían ver qué pasaba allí. Barratt describió tales escenas con las siguientes palabras: "Muchos han estado en trance y tuvieron visiones celestiales. Algunos han visto a Jesús en nuestras reuniones y un librepensador vio las lenguas de fuego sobre mi cabeza otra vez, lo cual lo convenció del poder de Dios".
>
> Continuaba diciendo que el fuego se propagaba rápidamente, gracias a quienes habían asistido a las reuniones y lo habían llevado con ellos y gracias a la prensa religiosa, que cubría los eventos.
>
> Uno de los visitantes más ilustres fue Alexander Boddy, un vicario anglicano. Él también se dejó llevar por la corriente del avivamiento. En 1907 Boddy invitó a Barratt a predicar en su iglesia, All Saints, en Sunderland, Inglaterra, y allí también brotó el avivamiento. All Saints se convirtió en el centro del avivamiento en Gran Bretaña. Otro visitante, Lewi Pethrus, regresó a Estocolmo y se convirtió en el padre del movimiento pentecostal sueco.
>
> No solo muchos visitaban estos puntos centrales de avivamiento, como Christiana y Sunderland, sino muchos más leían sobre él en los periódicos religiosos. Un periódico inglés afirmaba: "Toneladas de publicaciones gratuitas han sido enviadas desde Sunderland a todas partes del mundo". El periódico de Boddy, *Confidence* (Confianza), se convirtió en vocero del movimiento en Inglaterra. Barratt y Boddy se dedicaron al movimiento en ciernes en el norte de Europa, y fueron sus líderes, de hecho. A partir de estos centros, el avivamiento se extendió por toda Europa; los misioneros llevaron el mensaje pentecostal a Suiza, Alemania, los Países Bajos, Finlandia y mucho más allá.
>
> Ed Gitre
Pentecostal Evangel

La diáspora de evangelistas y misioneros pentecostales dio fruto no solo en Europa y América, sino en otras partes del mundo también. Barratt fue solo uno de los muchos pioneros, pero no estuvo solo en su esfuerzo. En diciembre de 1906, mientras partía de la ciudad de Nueva York hacia Noruega, un grupo de misioneros de Azusa abordaban otro barco en el mismo puerto para ir a África. Una de ellos, Lucy Farrow, estadounidense de ascendencia africana, había sido bautizada en el Espíritu Santo en 1905 por el ministerio de Charles F. Parham. Luego pasó varios meses ayudando a su amigo William J. Seymour en Azusa. Farrow y sus colegas esperaban que las "señales" los siguieran dondequiera que fueran a predicar (ver Marcos 16:17).

Para 1910 muy pocos sabían exactamente cuántos misioneros pentecostales trabajaban en tierras extranjeras –aproximadamente eran doscientos– o cuán lejos había llegado el movimiento. Lo que los pentecostales sí sabían era que el Espíritu Santo los había impulsado a proclamar a Cristo a las naciones. El líder pentecostal A. J. Tomlinson dijo en 1913: "Mi corazón está en llamas [...] por este mundo perdido". "He perdido el sueño", escribió, "porque las almas caen en el infierno a un ritmo de tres mil seiscientas por hora; ochenta y seis mil cuatrocientas por día. ¿Cómo puede alguien dormir?".[3]

Reflexionando sobre la solución, J. Roswell Flower escribió en el editorial de *Pentecost*: "El bautismo del Espíritu Santo no consiste simplemente en hablar en lenguas. [...]. Llena nuestras almas del amor de Dios por la humanidad perdida y nos predispone mucho más para dejar nuestro hogar, nuestros amigos y todo, para trabajar en su viña, aunque sea muy lejos, entre los paganos". "Cuando el Espíritu Santo entra en nuestro corazón" –agregó– "el espíritu misionero viene con Él; son inseparables".[4] A su tiempo, las misiones pentecostales pasaron de la marginalidad a ocupar puestos centrales en el mundo de las misiones cristianas.

Norteamérica

El pentecostalismo clásico creció a partir de muchos puntos de renovación, entre ellos, el Instituto Bíblico Bethel de Charles Parham en Topeka, Kansas, donde comenzó el primer avivamiento del siglo, el 1 de enero de 1901. El siguiente fue entre los suecos-americanos de la frontera de Dakota del Norte y Minnesota, en 1904. Fue uno de los muchos de la zona que aparentemente no estaban relacionados con Topeka, y se produjo en una misión sueca en Moorhead, Minnesota, pastoreada por John Thompson.[5]

Dos y tres años después otros importantes avivamientos se produjeron en otros lugares de Norteamérica, principalmente en la Misión de la Fe Apostólica en la calle Azusa; diversas iglesias en Chicago, Illinois; un depósito de tabaco abandonado en Dunn, Carolina del Norte; y la Misión Hebden en Toronto, Canadá.

A ellas pueden agregarse muchos otros nudos importantes de los cuales partieron creyentes para ministrar en el país o en otros países, entre ellos: Spokane, en Washington, Memphis y Cleveland, en Tennessee; Alliance, en Ohio; y Nyack y Rochester, en Nueva York. Aun el casi desconocido campamento de Pleasant Grove, en Florida, tuvo un impacto que fue mucho más allá del edificio del tabernáculo.

Después de ser bautizados en el Espíritu Santo, Edmund y Rebecca Barr –originarios de Bahamas– regresaron a su país para predicar el mensaje pentecostal. Los pentecostales se calzaban sus "zapatos de viaje" cuando recibían el bautismo. Juan L. Lugo, portorriqueño, salió de Hawaii y comenzó una carrera como evangelista que lo llevó a California, Puerto Rico y la ciudad de Nueva York.

El pentecostalismo se convirtió en una colección siempre creciente de historias sobre personas comunes que buscaban la llenura del Espíritu, escuchaban el llamado a las misiones y se atrevían a todo para obedecer la orden celestial. Un ejemplo fue Marian Keller. Después de la muerte de su primer esposo, enfermo de malaria, en Tanganika –hoy Tanzania– sobrevivió a la enfermedad, solo para descubrir que les habían robado todas las provisiones. Sin embargo, continuó hasta que las autoridades coloniales alemanas la arrestaron al desatarse la Primera Guerra Mundial. Después de ser liberada viajó a Canadá (su tierra natal) y luego regresó a Tanganika. Con la ayuda de su segundo esposo, Otto Keller, continuó sentando los fundamentos para el pentecostalismo en ese país y la vecina Kenia.

Los misioneros como los Keller se mantenían en contacto con otros pentecostales a través de una enmarañada red de contactos formales e informales consistentes en cartas, periódicos, predicadores itinerantes, uniones y organizaciones misioneras y denominaciones.

Después del avivamiento de Topeka, el Movimiento de la Fe Apostólica –como se conoció originalmente al pentecostalismo–

avanzó hacia la sección sur-central de los Estados Unidos y hacia el norte, hasta Zion, en Illinois. Quizá debido a las duras críticas y otros factores descorazonadores, el avivamiento de Topeka no produjo inmediatamente misioneros a otros países. A pesar de ello, la conciencia sobre el derramamiento de la "lluvia tardía" del Espíritu aumentó a medida que Parham y sus colaboradores viajaban como "misioneros domésticos" y evangelizaban a partir de una nueva base de operaciones en Houston, Texas. Para mediados de 1906 la Fe Apostólica se había convertido en un movimiento importante, que nucleaba a entre ocho y diez mil personas, la mayor parte de las cuales vivía en el oeste medio.[6]

A principios de ese año William Seymour, un estudiante afroamericano del instituto bíblico de Parham, en Houston, se había trasladado a Los Ángeles y tenía un rol fundamental en el surgimiento de lo que llegó a conocerse como "el avivamiento de la calle Azusa". Su conformación intercultural e interracial inspiró particularmente a los pentecostales negros de Norteamérica, así como a los pueblos oprimidos en otros países que vivían bajo una explotación política y económica. Se consideraban los "siervos" y "siervas" a los que el Espíritu conferiría dones y dignidad (ver Joel 2:29).

La noticia de lo que ocurría en Azusa se propagó de diversas formas. Los que visitaban la misión y recibían el bautismo en el Espíritu regresaban a sus comunidades de origen o a otros lugares, para dar a conocer sus experiencias. Las publicaciones encendían el interés con relatos de la "lluvia tardía", el "fuego" que descendía y el aceite de la unción del Espíritu Santo. El periódico de Azusa, *Apostolic Faith*, sostenía que "personas de toda esta tierra se han enterado de que el aceite del Espíritu está siendo derramado en Los Ángeles y vienen por ese aceite, recorriendo miles de millas. Y son llenados con el aceite santo, el bautismo con el Espíritu Santo y dondequiera que van, lo derraman".[7]

Después de comprar un ejemplar de esta publicación y gozarse con su contenido, Bernt Berntsen empacó sus cosas, subió a un barco con destino a San Francisco y de allí fue a Los Ángeles para recibir su bautismo pentecostal. Entonces regresó a su obra misionera en la China.

A medida que el movimiento crecía, se formaron nuevas agencias misioneras norteamericanas que representaban a las diversas agrupaciones pentecostales: Asambleas de Dios, Iglesia de Dios –de Cleveland–, Iglesia Pentecostal de la Santidad Internacional, y las Asambleas Pentecostales de Canadá. La Sociedad de Evangelización del Instituto Bíblico de Pittsburg y la conspicua Unión Misionera Pentecostal Nacional e Internacional, fueron típicas de muchas organizaciones más pequeñas.

Europa occidental

Las enseñanzas de la santidad y la amplia influencia del avivamiento de Gales abrieron el camino para el pentecostalismo en Europa occidental. Líderes como Barratt se habían sentido profundamente impresionados por las noticias. Al llegar a su obra en Oslo llevó a su congregación al avivamiento pentecostal, cuyos resultados rivalizarían con los de los centros norteamericanos en cuanto a su impacto mundial. Barratt mismo viajó por India, Palestina y otros lugares promoviendo el pentecostalismo.

La gran publicidad pronto atrajo multitudes. Un visitante de Sudáfrica comentó: "Tuvimos el privilegio de visitar Gales cuando el avivamiento estaba en su apogeo pero, sin duda, nunca vimos algo como lo que vimos en Christiana. No hay dudas de que el Espíritu Santo de Dios estaba obrando allí en una forma muy maravillosa".[8]

Quienes se sintieron atraídos hacia las reuniones fueron, entre otros, Alexander A. Boddy, rector anglicano de la iglesia All Saints, de Monkwearmouth, cerca de Sunderland, Inglaterra; Jonathan Paul, líder de la santidad en Alemania, y el pastor bautista Lewi Pethrus, de Suecia.

Cuando Boddy regresó a Sunderland, el avivamiento lo siguió. Fue allí que Smith Wigglesworth, destinado a convertirse en un evangelista internacional casi legendario, recibió el bautismo en el Espíritu Santo. Desde Ámsterdam, en los Países Bajos, llegó Gerrit R. Polman, discípulo de John Alexander Dowie en los Estados Unidos, que sentó las bases para el movimiento en su país. Boddy comenzó a auspiciar las Convenciones Pentecostales Anuales de Whitsuntide, que tanto hicieron por la extensión del movimiento en el Reino Unido y más allá. También publicó *Confidence*, una publicación mensual con el fin de relacionar a los pentecostales, comentar diversos asuntos y brindar enseñanza. Años después, otro inglés, Douglas R. Scott, llevó el mensaje pentecostal a Francia.

Por inspiración de Barratt, Alexander Boddy y Cecil H. Polhill –miembro de los famosos "Siete de Cambridge", de fama de atleta y pasado misionero– instituyeron la Unión Misionera Pentecostal en 1909, la primera agencia misionera pentecostal permanente. William F. P. Burton y James Salter fundaron la Misión Evangelística al Congo en Preston, Inglaterra; y Polman, la Sociedad Misionera Pentecostal Holandesa, de la cual varios misioneros partieron hacia las Indias Orientales –actual Indonesia– y China.

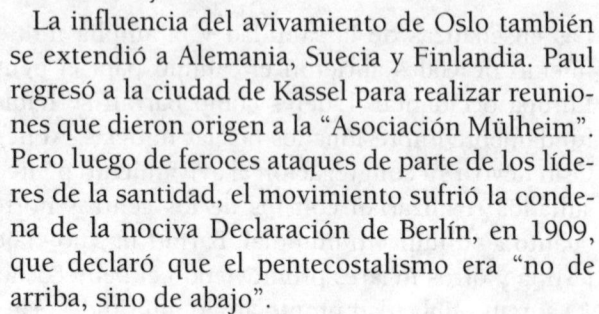

La influencia del avivamiento de Oslo también se extendió a Alemania, Suecia y Finlandia. Paul regresó a la ciudad de Kassel para realizar reuniones que dieron origen a la "Asociación Mülheim". Pero luego de feroces ataques de parte de los líderes de la santidad, el movimiento sufrió la condena de la nociva Declaración de Berlín, en 1909, que declaró que el pentecostalismo era "no de arriba, sino de abajo".

Los pentecostales alemanes enviaron misioneros, en parte por medio de la Misión Velbert. Aunque fue expulsado de la asociación bautista de Suecia, Pethrus llevó al movimiento pentecostal en su país a convertirse en una gran fuerza cristiana y supervisó sus misiones extranjeras. Su Iglesia Filadelfia, en Estocolmo, se convirtió en la más grande de su tipo en Europa. En los años siguientes a los sucesos de Oslo, los misioneros escandinavos e ingleses dieron la vuelta al mundo.

Alexander Boddy era pastor de la Iglesia Anglicana All Saints en Sunderland, Inglaterra. Bajo la influencia de Thomas Barratt, él y su esposa, Mary, lideraron un avivamiento pentecostal en toda Inglaterra antes de la Primera Guerra Mundial. Su revista, Confidence, ayudó a extender el movimiento pentecostal por el oeste y el norte de Europa.

Europa oriental y Rusia

El primer atisbo de actividad en Europa oriental y Rusia data de 1907, cuando Eleanor Patrick, una mujer inglesa que había trabajado con pentecostales en Frankfurt, Alemania, informó que se había abierto una obra misionera en Riga, Letonia. Luego apareció una nota en *Apostolic Faith* que contaba que seis jovencitas campesinas en la vecina Estonia habían manifestado el "don de lenguas". Alguien que pudo interpretarlo, anunció el significado de lo que ellas habían dicho: "Jesús viene pronto. ¡Prepárate!" Esta clase de exhortación profética se oyó en incontables congregaciones pentecostales durante las primeras décadas del movimiento.

En el norte, mujeres como E. Patrick y la noble alemana Frau von Brasch fueron pioneras en evangelismo. Realizaron esta tarea con A. M. Niblock y William Fletler, entre otros. E. Patrick luego pasó a Saratova, en el sur de Rusia, donde estableció una iglesia para los "alemanes del Volga", una población de inmigrantes con muchos menonitas. Poco tiempo después y a pesar del intenso escrutinio de la policía, la obra creció y se extendió a poblaciones cercanas.

El pentecostalismo tuvo un gran impulso en Bulgaria, Ucrania y Rusia, gracias a los esfuerzos de Ivan Voronaev. Nacido en Rusia central, había trabajado en un regimiento cosaco del ejército del zar antes de convertirse en pastor bautista. Pero debido a la persecución de la Iglesia Ortodoxa Rusa, se mudó con su familia, via Siberia y Manchuria, a San Francisco. Después se vinculó con la Sociedad de Misiones Domésticas de los Bautistas Americanos y pastoreó una congregación bautista rusa. Luego fue a pastorear otra iglesia en la ciudad de Nueva York.

Lewi Pethrus (1884-1974), pastor de la Iglesia Pentecostal Filadelfia en Estocolmo, Suecia, que durante muchos años fue la iglesia libre más grande de Europa y, hasta 1965, la iglesia pentecostal más grande del mundo.

Voronaev enfrentó una crisis cuando su hija Vera recibió el bautismo en el Espíritu en el *Glad Tidings Tabernacle* (Tabernáculo de las Alegres Nuevas), de Robert y Marie Brown, una dínamo pentecostal en el noreste. Los ancianos bautistas de su iglesia se preguntaban cómo reaccionaría Voronaev. Los miembros de la secta molokon, en Rusia, habían convertido el hablar en lenguas y profetizar en algo muy sospechoso para los bautistas, que a partir de entonces desconfiaban de cualquiera que dijera tener dones sobrenaturales.

Sucedió que la búsqueda espiritual personal de Voronaev hizo que también se acercara al Tabernáculo, donde tuvo la misma experiencia que su hija. Después de que su congregación se dividiera por el asunto del don de lenguas, Voronaev fundó la Primera Asamblea Pentecostal Rusa con parte de los miembros de la iglesia anterior.

Meses después decidió partir hacia la recientemente creada Unión Soviética. El llamado le llegó por medio de una profecía o interpretación de lenguas, medios muy comunes de recibir orientación divina para los primeros pentecostales. Anna Koltovich declaró: "Voronaev, Voronaev, viaja a Rusia". Aunque renuente al principio, Voronaev recibió confirmación de este llamado en oración. En 1920 la familia reunió sus posesiones y zarpó hacia el puerto de Odessa, en el Mar Negro, convencida de que la propaganda comunista de la constitución democrática y la libertad religiosa era cierta. Al llegar al Mar Negro, el barco se detuvo en Varna, Bulgaria, donde la familia permaneció un tiempo. Voronaev utilizó esta oportunidad para predicar y plantar iglesias, y así introdujo el pentecostalismo en ese país.

Lewi Pethrus de Suecia

En 1907, Lewi Pethrus, pastor de una pequeña iglesia bautista rural en Suecia, se enteró del avivamiento pentecostal que había explotado en Noruega bajo el liderazgo del pastor metodista Thomas Ball Barratt. Ese mismo año Pethrus visitó a Barratt en Christiana, fue bautizado en el Espíritu Santo y habló en lenguas. Al regresar a Suecia inició un avivamiento pentecostal nacional, que fue mucho más allá de las iglesias bautistas. En 1911, se convirtió en pastor de la Iglesia Bautista Filadelfia, en Estocolmo, que pronto llegó a ser el epicentro del pentecostalismo sueco.

En 1913 la Convención Bautista Sueca expulsó a Pethrus y a toda su congregación de la denominación. Poco después, la Iglesia Filadelfia creció hasta convertirse en la iglesia libre más grande de Suecia. Pethrus insistió en que las iglesias pentecostales de Suecia fueran totalmente autónomas, aunque ejerció un control apostólico sobre el movimiento hasta su muerte, en 1974.

Durante los sesenta y tres años que fue su pastor, la Iglesia Filadelfia ayudó a plantar más de quinientas iglesias en Suecia y envió a cientos de misioneros por todo el mundo. También fundó un periódico diario llamado *Dagen*, y así como una red radial mundial llamada Radio I. B. R. A. Durante la depresión su iglesia se hizo famosa por los programas de ayuda y alimentación que atrajeron a multitudes de pobres y desposeídos a sus cultos. El templo, construido en 1932, tenía capacidad para cuatro mil personas.

Pethrus también fue muy influyente en la escena pentecostal mundial, y líder en diversas conferencias mundiales pentecostales desde 1957 hasta 1974.

Cuando la familia llegó a Odessa las cosas se pusieron más difíciles. La policía secreta los arrestó y confiscó sus posesiones. Semanas después fueron liberados, enfermos y muertos de hambre. Para peor, Rusia europea y Ucrania eran azotadas por la guerra civil y la hambruna. Voronaev descubrió que lo que se decía de los derechos humanos en la Unión Soviética era, en su mayor parte, falso. Pero el gobierno ateo toleraba las "sectas" como medio para socavar la influencia de la Iglesia Ortodoxa. Sin embargo, finalmente la corriente se volvió también en contra de las iglesias bautistas, pentecostales y otras iglesias protestantes.

Cuando las iglesias bautistas rechazaron su mensaje, Voronaev viajó por todas partes. En el norte llegó hasta Leningrado –actual San Petersburgo– evangelizando y organizando iglesias pentecostales. La congregación de Voronaev en Odessa llegó a tener mil miembros. Cuando se reunió el primer congreso pentecostal, en 1927, los pastores lo eligieron presidente de la recientemente formada Unión de Cristianos de la Fe Evangélica. Durante este tiempo la Misión a Rusia y Europa Oriental (REEM), una agencia pentecostal con sede en Chicago, le envió ayuda económica. También aportó personal misionero y obreros entrenados para su instituto bíblico de la ciudad libre de Danzig –actual Gdansk, Polonia–. Para cuando estalló la Segunda Guerra Mundial la Misión contaba con unos ochenta mil creyentes en toda la región.

Después de la declaración del decreto antirreligioso en 1929, la policía secreta fue a casa de Voronaev por la noche y lo arrestó. Uno de sus hijos recordaba: "Lo miramos como si fuera la última vez y tratamos de grabar cada una de sus facciones en nuestra memoria. Su cabeza estaba inclinada hacia delante. Su rostro pálido tenía una expresión de extremo cansancio. Las comisuras de los labios estaban levemente crispadas. Su cabello comenzaba a encanecer. Había envejecido mucho durante esos últimos días".[10]

Acusado de ser una herramienta de los "estadounidenses imperialistas" por recibir dinero de la agencia misionera de Chicago y de trabajar en contra del régimen soviético, Voronaev fue enviado a un campo de trabajos forzados en Siberia. Tiempo después se informó que, aparentemente, había sido muerto por disparos durante un intento de fuga y su cuerpo había sido despedazado por los perros de guardia. Aunque el gobierno cerró muchas iglesias y encarceló a muchos líderes como Voronaev, pastores bautistas, pentecostales y otros continuaron testificando de su fe en los campos de trabajos forzados.

Ivan Voronaev (1886-1943) nació en Rusia central, donde, en su juventud, fue cosaco del zar antes de convertirse, en 1908. Fue pastor de dos iglesias bautistas antes de emigrar a los Estados Unidos huyendo de la persecución, en 1911. En breve tiempo fundó iglesias bautistas de habla rusa en San Francisco, Los Ángeles y Nueva York. Llegó a ser conocido como "el apóstol pentecostal a las naciones eslavas" y fue martirizado en una prisión comunista.

Otro misionero, Nicolai J. Poysti, llevó el mensaje pentecostal a Siberia y Manchuria. Nacido en Finlandia, escuchó el "llamado macedónico" en 1918, mientras la guerra civil desgarraba su propio país y la vecina Rusia. "Maravillado, frente a Dios" –se preguntaba–: "¿Tengo que ir a este país que está abriéndose paso en el mío para destruirlo?" Entonces, escuchó decir al Señor: "Vé y diles que yo los amo".[11]

Durante años su ministerio estuvo marcado por el peligro, casi en cada recodo del camino. Por ejemplo, cierta vez, mientras navegaba con su esposa e hija en un vapor por el río Volga, el barco quedó atrapado en medio del fuego cruzado entre los rojos bolcheviques y los guardias blancos. En un barco cercano observaba la escena el cruel León Trotsky, comandante de las fuerzas rojas quien, después de muchos ruegos, finalmente dio permiso para que el barco de Poysti saliera de la zona de batalla. Quizá esta haya sido la única buena obra que hizo. Poysti vivió hasta mucho después que Trotsky fuera asesinado y vio a los rusos acercarse a Cristo a pesar de los planes antirreligiosos del régimen comunista. Su pasión por la obra misionera impulsó a otros finlandeses a la acción, algunos de los cuales fueron luego a China, Manchuria, Tailandia y Borneo.

En el sudeste de Europa la correspondencia entre amigos ayudó a introducir el pentecostalismo en Rumania. En 1922 alguien de los Estados Unidos envió a Gheorghe Bradin un librito de Aimee Semple McPherson, en el que hablaba del poder de Dios para sanar y también le explicó sobre el bautismo en el Espíritu Santo. Al leerlo Bradin oró por la sanidad de su esposa. "Nuestro gozo fue grande" –recordó luego–. "Esta sanidad se produjo [...] por la fe en Jesucristo y en sus heridas".[12] El pentecostalismo floreció en Rumania a pesar de los largos años de cruel persecución.

Australia

Dado que John Alexander Dowie había comenzado su ministerio de predicación y sanidad en Australia antes de mudarse a los Estados Unidos, sus seguidores allí y en Nueva Zelanda recibieron cálidamente el mensaje pentecostal. La red mundial de su Iglesia Apostólica Católica, desde Zion hasta Ámsterdam, Sudáfrica, Australia y Nueva Zelanda, ofrecía una comunidad de personas abiertas a milagros y dones carismáticos. Las convenciones anuales de

Keswick y las cruzadas evangelísticas de R. A. Torrey y Wilbur Chapman también contribuyeron.

Un avivamiento en el norte de Melbourne, liderado por Janet Lancaster, ex metodista y madre de nueve hijos, fue la punta de lanza del movimiento. Como muchos otros pentecostales, Janet se interesó primero por la sanidad divina y recibió la sanidad ella misma. En octubre de 1906 leyó un panfleto de Inglaterra titulado "Regreso a Pentecostés" y se convenció del bautismo en el Espíritu Santo con la evidencia de hablar en lenguas. Dos años después Lancaster testificó haber recibido este bautismo y descubrió que otros, en su país, también lo habían recibido. Entonces ella y sus amigos comenzaron a realizar reuniones en el "Salón de las Buenas Nuevas".

Circulaban historias acerca de personas que eran bautizadas en el Espíritu Santo, sanidades milagrosas y hasta gente que era resucitada de los muertos. "Durante seis semanas, día y noche, se produjo un avivamiento tan glorioso que no volvimos a casa", recordaba Janet. "Enviamos a pedir nuestros muebles, y personas dispuestas adaptaron varios cuartos para vivir allí".[13] En el Salón de las Buenas Nuevas se realizaron, tiempo después, campañas con Smith Wigglesworth y Aimee Semple McPherson, que dieron gran ímpetu al movimiento. Para 1928 había misioneros australianos entre los aborígenes y también en la India, China y Sudáfrica.

Misioneros

Además de Europa, América, Australia y Nueva Zelanda, los pentecostales fueron a los campos tradicionales de labor misionera: África, India, China, Japón, Corea y el Oriente Medio. A diferencia de algunos de sus hermanos protestantes que consideraban que América Latina ya había sido evangelizada, los pentecostales y otros evangélicos se arriesgaron a sufrir la persecución de los católicos para predicar el evangelio. Pero no supieron reconocer cuánto el catolicismo había preparado el camino para el pentecostalismo.

¿Quiénes eran los misioneros, y qué resultados tuvieron sus esfuerzos? Hubo por lo menos, cuatro categorías de personas que se aventuraron a otros países. El primer grupo estaba conformado con personas que habían sido llamadas pero, debido a su convicción sobre la urgencia de los tiempos y la confianza de que habían recibido toda la capacitación lingüística necesaria con el bautismo en el Espíritu, no se ocuparon por conseguir recursos. Pagaban el viaje con sus ahorros o las ofrendas que les entregaban otros creyentes.

Tampoco se ocuparon de estudiar la historia y la cultura de los diferentes grupos que deseaban convertir. La acreditación ministerial, el reconocimiento legal y la teoría misionológica eran secundarios en relación con la guía individual del Espíritu Santo. En numerosos casos su impacto, en general, fue de escasa duración y francamente decepcionante. Cuando las duras realidades hicieron fracasar sus mayores esfuerzos, el desaliento los ganó. Sus intentos por evangelizar cayeron en saco roto debido a que no conocían la cultura y el idioma, no contaban con ayuda económica confiable para cubrir sus gastos personales o alquilar salones para las reuniones y carecían de una estrategia a largo plazo para lograr éxito en su nuevo ambiente. Muchos de ellos regresaron a su país destrozados.

En la segunda categoría los más resistentes sobrevivieron aprendiendo el idioma, adaptándose a los diversos contextos culturales y a los desafíos que debían enfrentar. Aun cuando descubrieron que el hablar en lenguas era orar en el Espíritu, en lugar de recibir un idioma humano sin haberlo aprendido, aceptaron la transición en este significado, dado que tenían la experiencia de las lenguas que había llenado de celo a los discípulos en el día de Pentecostés. Escribían cartas a amigos e iglesias para recibir oración y apoyo económico, y trabajaron para entrenar a los nuevos conversos de manera que llegaran a ocupar puestos de liderazgo en las iglesias que iban formándose.

Martin L. Ryan es un excelente ejemplo. Después de leer una carta que hablaba del avivamiento de Azusa, se hizo pentecostal. Desde Spokane, Washington, fue con veinte miembros de su congregación al puerto de Seattle, y de allí a Japón y Hong Kong, en septiembre de 1907; fueron los primeros misioneros estadounidenses de la costa del Pacífico para Asia. Suponiendo que nunca volverían a su país, dado que solo faltaban unos días, semanas o meses para que el Señor regresara, esperaban reunirse con sus familias en el cielo.

Una integrante de este grupo, Cora Fritsch, escribió a su familia: "¡Oh, mis queridos, vivan cerca de Jesús, y algún día feliz podré verlos a todos otra vez! ¡Oh, querido papá, mi mayor deseo y oración es que vuelvas a encontrarte con tu querida Cora en el cielo!" Cora Fritsch murió tiempo después en China, sin haber regresado nunca a los Estados Unidos. Ryan y sus compañeros perseveraron a pesar del *shock* cultural y las críticas del sistema misionero.

La tercera categoría estaba compuesta por veteranos misioneros que aportaban experiencia y un mayor nivel de estabilidad. La mayoría trabajó en la India, con diversas agencias. Por ejemplo, el misionero presbiteriano Max Wood Moorhead trabajó con la Asociación Cristiana de Jóvenes en Ceilán –actual Sri Lanka– y Susan Easton, metodista, con la Sociedad Misionera Estadounidense de la Unión Femenil para Tierras Paganas, en Calcuta. Varios misioneros de la Alianza Cristiana y Misionera que servían en China recibieron el bautismo pentecostal, entre ellos, William W. Simpson y Grace Agar.

Finalmente, la cuarta categoría era la de los graduados de institutos bíblicos. Se trataba de un camino más breve que una universidad o un seminario, y ofrecía una intensa atmósfera espiritual, un plan de estudios bíblico y una entrada más rápida al ministerio. Lo que estas instituciones carecían en cuanto a instrucción misionológica y transcultural, lo compensaban produciendo hombres y mujeres comprometidos que se arriesgaban a enfrentar los problemas de vivir en otra cultura. Institutos como los Hogares de Entrenamiento de la Unión Misionera Pentecostal –Londres–, el Faro del Evangelismo Cuadrangular Internacional, de Aimee Semple McPherson –Los Ángeles– y el Instituto Bíblico y Misionero Holmes –Greenville, Carolina del Sur– produjeron graduados que sirvieron con éxito. También había graduados universitarios y seminaristas en este grupo.

Los misioneros pioneros tenían firmes convicciones sobre la organización, la cooperación, la sanidad por fe y la política eclesiástica. En cuanto a la organización y los emprendimientos cooperativos –"trabajo en equipo"– su feroz independencia, algunas veces daba lugar a un elitismo espiritual. A pesar de la noción idealizada de la unidad que sostenían los creyentes llenos del Espíritu, su tendencia a seguir la guía individual del Espíritu Santo con frecuencia impedía que se concretaran oportunidades para trabajar en proyectos conjuntos.

No obstante, hubo algunos proyectos en colaboración, como lo evidencia la creación de la Misión al Interior de Liberia y la relación entre la Misión a Rusia y Europa Oriental y las Asambleas de Dios.

Propulsores de la sanidad por fe con frecuencia se negaban a llevar medicinas o a aceptar ser vacunados. No es de extrañarse que la teoría fuera una cosa y la práctica, otra. Recordando una historia de vida casi increíble, Grace Agar decía: "Sabiendo que iba a ir a la frontera con el Tibet y que no habría médicos allí si me enfermaba, decidí tomar al Señor por Médico. Él me ha guardado en buena salud y fortaleza durante los últimos treinta y ocho años. Me ha protegido de todo mal, de accidentes en el hielo, en calles resbaladizas, de ladrones, bestias salvajes y epidemias de las que son tan comunes en China".[15] Otros no tuvieron tanto éxito. Durante los primeros veinticinco años de misiones pentecostales en Liberia, todos los años morían uno o más misioneros.

En general los primeros misioneros estructuraron sus iglesias de acuerdo con las pautas de la iglesia congregacional, aunque cada vez más fueron los que comenzaron a mezclar pautas congregacionales y presbiterianas. En algunos lugares implementaron formas de gobierno episcopal. En general los misioneros dominaban las actividades de las iglesias y los aspirantes a líderes, especialmente en los primeros años. Irónicamente, estos pentecostales que animaban a sus conversos a buscar los dones del Espíritu, los limitaban en el ejercicio de los dones de liderazgo (ver Romanos 12:8).

Esta restricción y la importación de modos occidentales de gobierno de la iglesia, provocaron el surgimiento de iglesias nativas independientes que mantenían características de la espiritualidad pentecostal. Cuando los misioneros entregaron las riendas del liderazgo, después de mitad del siglo, florecieron las iglesias misioneras nacionales.

La movilidad de las obras misioneras pentecostales seguía el pragmatismo. Comenzando por la convicción de que hablar en lenguas significaba haber incorporado un idioma extranjero, los misioneros usaban todos los medios disponibles para evangelizar a los no creyentes. Los pentecostales suecos crearon Radio I. B. R. A., una red radial internacional. El orfanato de Lillian Trasher en Egipto se hizo famoso por cuidar a miles de niños, muchos de los cuales fueron bautizados como cristianos en medio de un contexto musulmán. Los misioneros estadounidenses en Alto Volta –actual Burkina Faso– en la región francesa de África occidental, tradujeron la Biblia al idioma mossi, y enseñaban a leer y escribir. Cuando las condiciones económicas duras los obligaron a buscar trabajo en otro país, los pentecostales llevaron sus Biblias, himnarios y materiales de Escuela Dominical en idioma mossi con ellos, e iniciaron nuevas iglesias.

Sur de Asia

En la India británica los movimientos con fenómenos carismáticos precedieron al desarrollo del pentecostalismo en el siglo XX, en Europa y América, al menos, por veinte años. Las noticias de los avivamientos en los Estados Unidos y el norte de Irlanda que comenzaron en 1857 inspiraron a los creyentes indios a orar por un derramamiento del Espíritu Santo. Ya influenciados por la escatología premilenarista y el concepto igualitario del ministerio de los Hermanos Libres, importantes movimientos de avivamiento se produjeron en los estados del sur de Tamil Nadu y Kerala.

Los registros mencionan dones de profecía y lenguas, visiones y sueños, las actividades de misioneras mujeres e inclusive las rupturas de castas.[16] El anhelo de líderes y estilos de adoración propios los hacía aun más atractivos. A su tiempo la comunidad misionera juzgó que estos cristianos indios habían estado al borde de caer en el paganismo con su equivocado entusiasmo espiritual.

Para el cambio de siglo la levadura de las enseñanzas de la santidad wesleyana y la "vida superior" de Keswick se había elevado en las comunidades protestantes de esa región del continente. Los informes sobre el avivamiento en Gales provocaron sucesos similares en las obras misioneras, en 1905. Los primeros movimientos se produjeron en reuniones presbiterianas galesas de los pueblos tribales en las colinas de Khassia. También había crecido la expectativa en la mundialmente famosa Misión Mukti de Pandita Ramabai.

En uno de los eventos más celebrados de este despertar, la guardiana de un dormitorio de jovencitas corrió en medio de la noche a la habitación de Minnie F. Abrams, ex misionera metodista y administradora de la misión en ese momento, para contarle que una de las niñas había sido bautizada en el Espíritu Santo y "fuego" (ver Mateo 3:11). Le dijo que había visto el fuego, y corrió "a buscar un cubo de agua, y estaba a punto de derramarlo sobre la niña, cuando vio que no se estaba incendiando".[17]

Minnie Abrams (1859-1912) fue a Bombay, India, como misionera metodista en 1887. Allí estableció una escuela para niñas huérfanas en colaboración con el famoso líder cristiano indio Pandita Ramabai. Tiempo después Abrams colaboró en los principios del movimiento pentecostal, tanto en la India como en Chile.

Este "bautismo de fuego", que para ellos significaba la purificación de la santificación, motivó a que las otras jovencitas confesaran sus pecados y se arrepintieran. A medida que se extendía el avivamiento, comenzaron a circular historias sobre confesiones de pecado, "tormentas de oración" –oraciones fervientes que duraban horas– que dejaban de lado los tradicionales órdenes de adoración occidentales, señales en los cielos y visiones y sueños.

Los atónitos misioneros conversaban sobre las "lenguas de fuego" que habían visto sobre las cabezas de los creyentes, profecías y aun milagrosas provisiones de comida. Abrams escribió su famoso *Baptism of the Holy Ghost and Fire* (Bautismo del Espíritu Santo y fuego) para instar a los cristianos a orar para que la plenitud del Espíritu Santo los purificara y les diera poder para la obra misionera.

Aunque los fenómenos carismáticos se habían producido desde los comienzos, el don de lenguas llegó más tarde, como consecuencia de los ruegos de Abrams y su "banda de oración", compuesta por mujeres evangelistas que organizaban reuniones en una estación misionera anglicana. Cuando las alumnas que asistían a ellas regresaban a sus internados, se producían avivamientos, y varias de ellas hablaban en lenguas.

El caso más notable fue el ocurrido en Bombay –actual Mumbai–. R. S. Heywood escuchó a una jovencita llamada Sarah que hablaba en lenguas y, pensando que podría ser lo mismo que había sucedido en el día de Pentecostés, consiguió alguien que pudiera interpretar sus palabras. El intérprete anunció, entonces, que Sarah estaba intercediendo por la conversión de Libia.

El movimiento se extendió a medida que cada vez más indios testificaban haber recibido el bautismo en el Espíritu. En un ejemplar de principios de diciembre de 1906 del *Indian Witness* (Testimonio indio), periódico metodista, el editor comentaba que "ninguna fase del actual movimiento de avivamiento en Asia ha recibido tan severas críticas como las notorias manifestaciones físicas inusuales que han seguido con frecuencia a su irrupción en diversas localidades".

Para algunos podrían parecer "extrañas e increíbles", pero "debemos recordar experiencias similares de personajes bíblicos, visiones y trances en lenguas extrañas, y que la promesa de Joel incluye a 'toda carne'".[18] Poco después de ese mismo mes, e inspirados por la lectura de *Apostolic Faith*, Abrams y otros de la Misión Mukti hablaron en lenguas.

La manifestación del don de lenguas en la India captó la atención de los editores de *Apostolic Faith* en Los Ángeles. El pentecostalismo se había originado allí sin influencia de los sucesos de Norteamérica, con lo cual, para los fieles, se comprobaba la dimensión mundial del derramamiento del Espíritu Santo.[19] Alfred G. y Lillian Garr, los primeros misioneros que salieron de Azusa, llegaron a Calcuta a comienzos de 1907. Al finalizar una conferencia misionera en la ciudad, Alfred Garr repasó cómo la "lluvia tardía" había caído en América.

A esto le siguió un derramamiento en el que los presentes recibieron el bautismo pentecostal. Desde Calcuta esta siguiente fase del movimiento avanzó por el país y entró en Sri Lanka. Un artículo de 1908 señalaba que más de mil personas habían hablado en lenguas, entre ellas, sesenta misioneros de quince sociedades misioneras.[20]

Como en otros campos misioneros, las mujeres hicieron sustanciales contribuciones en predicación, acción social y reflexión teológica y misionológica. A decir verdad, las mujeres fueron mayoría entre los misioneros pentecostales durante décadas; disfrutaron de privilegios y responsabilidades que con frecuencia se les negaban en su propio país. M. Abrams y la misionera de la Alianza Kate Knight se hicieron famosas. Un turista de Inglaterra, el hermano libre G. H. Lang, se molestó tanto por la insistencia de K. Knight sobre el hablar en lenguas con el bautismo en el Espíritu y la audacia de que una mujer predicara, que escribió todo un libro para refutar sus creencias y las del movimiento pentecostal.[21]

El historiador Dana L. Robert sugiere que las "mujeres [norteamericanas] no solo guiaron el surgimiento del movimiento a partir de la santidad, sino fundaron sus primeras instituciones de capacitación misionera, actuaron como primeras misioneras, vincularon la sanidad con el compromiso misionero y, en Minnie Abrams, construyeron su primera misionología convincente y duradera".[22] Esta última lo hizo a través de su *Baptism of the Holy Ghost and FIRE* (*Bautismo del Espíritu Santo y fuego*) que revisó luego para incluir la restauración del don de lenguas.

Asia oriental

En enero de 1901, cuando el avivamiento irrumpió en el Instituto Bíblico Bethel, en Topeka, Kansas, Charles Parham dijo de Agnes N. Ozman, la primera persona que habló allí en lenguas: "Un halo parecía rodearla, y comenzó a hablar en idioma chino".[23] No solo eso, sino "cuando trataba de escribir en inglés para contarnos su experiencia, escribía en idioma chino". Por ello, en el primer día del pentecostalismo moderno, la meta de evangelizar a la nación más poblada del mundo parecía asequible ahora que, según este punto de vista, el problema del idioma había sido solucionado.

Los primeros misioneros pentecostales a la China, T. J. McIntosh y su esposa, arribaron en Hong Kong en agosto de 1907 e inmediatamente fueron al enclave cercano portugués de Macao. Como resultado de su predicación un puñado de misioneros y creyentes chinos se hicieron pentecostales. McIntosh, que venía del avivamiento de Dunn en Carolina del Norte, decía haber recibido un llamado divino para ir a Macao. Pero pronto partió hacia Palestina, en la primera de sus dos giras mundiales. Dos grupos más de misioneros llegaron a Hong Kong en octubre: los Garr, que desde enero ministraban en India, y el equipo de Martin Ryan, de Spokane.

Al principio Garr realizaba sus reuniones en el complejo misionero de la Junta Americana de Comisionados para las Misiones Foráneas (ABCFM, sigla en inglés), con la asistencia de su esposa y dos mujeres de Spokane. Un diácono de la iglesia, Mok Lai Chi, hacía de intérprete y poco después recibió la experiencia pentecostal. Pronto se produjo una división dentro de la congregación, y los líderes de la ABCFM rechazaron el don de lenguas. Entonces, se formó una nueva iglesia con Mok como pastor. Tomó la iniciativa en el evangelismo y comenzó a publicar el primer periódico pentecostal de China: *Pentecostal Truths* (Verdades pentecostales).

Sus actividades son un recordatorio de que el crecimiento en el movimiento de base se produjo, en gran medida, gracias a los esfuerzos de los cristianos nativos. Junto con el desarrollo del pentecostalismo clásico, apareció luego un grupo sectario autóctono: la "Verdadera Iglesia de Jesús", cuyas creencias consistían en una mezcla de doctrinas pentecostales unitarias y del Séptimo Día.

Tierra adentro, el avivamiento pentecostal estalló entre los misioneros de la Alianza en Wuchow en 1907: "El Espíritu Santo cayó en una tranquila reunión, un sábado por la noche y sin que hubiera habido ninguna exhortación especial ni pedido en oración en este sentido, varios 'comenzaron a hablar en otras lenguas'. Fue una experiencia enteramente nueva, pero muy bendecida para muchos, tanto extranjeros como nativos, viejos y jóvenes". Además, "parece que el Espíritu Santo cae sobre los hijos de Dios simultáneamente en todas partes del mundo; con frecuencia, sin intervención de un líder humano".[24] Una personalidad notable que estaba presente, Robert A. Jaffray, afirmó que el bautismo en el Espíritu había transformado su ministerio.

Otro misionero de la Alianza entró en escena un año después: Victor G. Plymire, graduado del Instituto de Capacitación Misionera de A. B. Simpson en Nueva York. Mientras estaba de licencia recibió el bautismo en el Espíritu Santo, se sumó a una denominación pentecostal y regresó a su trabajo en el Tibet, considerado por algunos entusiastas misioneros *"lo último de la tierra"* (Hechos 1:8). A pesar de las privaciones y del costo personal –enterró a su primera esposa y a su hijo– Plymire finalmente bautizó a su primer convertido después de dieciséis años de evangelización.

Camino a Hong Kong, desde los Estados Unidos, Ryan y su grupo se detuvieron brevemente en Japón. Él luego regresó desde Hong Kong para trabajar permanentemente allí. Con lo que probablemente haya sido el primer plan de obra misionera hecho por un pentecostal, Ryan evangelizó a los estudiantes, sabiendo que miles de jóvenes de países vecinos iban a estudiar en las universidades japonesas y, al regresar, podrían ser testigos de Cristo en sus países. Allí imprimió su revista *Apostolic Light* (Luz apostólica) y la hizo traducir al coreano. Dado que Ryan salió de Japón en 1909, no se conoce hasta hoy el alcance logrado por su obra.

La vida presentaba pruebas a la fortaleza de estos misioneros que iban por fe, cuando atacaban las enfermedades y los fondos no llegaban según lo esperado. El joven evangelista irlandés Robert Semple murió de malaria en Hong Kong; dejó a su esposa Aimee [Semple McPherson] sola al cuidado de su beba. Otros también enfrentaron diversas tragedias. Durante su primera estadía, el bebé de los Garr murió al nacer, y su hija de dos años más una criada murieron de una epidemia. En otra visita a Hong Kong, Lillian Garr dio a luz a un bebé prematuro que solo pesó 1,5 kg. Dado que el pequeño Alfred no podía conservar la leche en el estómago, su muerte parecía cercana. Desesperado, su padre oró:

"Querido Dios, esto es lo único que me queda. Por favor, sana a mi hijo, haz que acepte algún alimento".

Entonces escuchó al Señor decirle que el bebé viviría si le daba leche condensada Eagle Brand. Sin saber dónde encontrarla, Garr comenzó a buscar en diversas tiendas. Finalmente encontró a un comerciante chino que le dijo que había recibido un cargamento de leche que no había pedido. Cuando Garr lo vio, descubrió que tenía leche condensada Eagle Brand. El bebé digirió la leche sin problemas y pudo crecer sano y fuerte, y el incidente llegó a ser ampliamente conocido como una milagrosa respuesta a la oración... ¡con marca y todo, nada menos!

Aunque los pentecostales preferían escuchar historias en que la fe triunfaba sobre las dificultades, las tensiones que sufrían las familias misioneras algunas veces también producían resultados negativos. Cuando Rowena Ryan se divorció de su esposo, se quejó de que ella y los cinco niños habían vivido "en ese país pagano, Japón [...] sin comida, sin ni un hogar decente y, como último recurso [...] aprendió el idioma y finalmente consiguió un puesto como maestra [...] de niños".[25]

La entrada del pentecostalismo en Corea comenzó en 1908, gracias al trabajo de dos mujeres de California. "Las hermanas Daniels y Brand" visitaron a Cora Fritsch en Japón y anunciaron su intención de evangelizar "el reino ermitaño" durante unos meses mientras iban camino a Hong Kong y Jerusalén.[26] Años después, en 1928, cuando el país ya había sido anexado por el imperio japonés, el evangelista metodista Yong Do Lee inició un ministerio marcado por sanidades y el don de lenguas. Mary Rumsey, que había recibido el bautismo en el Espíritu Santo en Azusa, llegó desde los Estados Unidos ese mismo año y estableció una obra que se convirtió en cabeza de playa para el pentecostalismo.

Los pentecostales suecos fueron al interior de Mongolia, entre otros lugares. Comenzaron su trabajo en 1922 y estudiaron la cultura y el idioma de los pueblos nómades de esta región asiática. Uno de los más conocidos, Folke Boberg, se había preparado para el ministerio en el Instituto Bíblico Misionero de la Alianza Escandinava en Jönköping, y en el Instituto Bíblico Moody de Chicago. Los resultados de su labor lexicográfica dieron fruto en el aclamado diccionario inglés-mongol en tres tomos, publicado por la Editorial Filadelfia de Estocolmo.

África

El pentecostalismo tuvo su mayor crecimiento en el hemisferio sur, principalmente en África y América Latina. Las primeras misioneras pentecostales a Sudáfrica, Mary Johnson e Ida Andersson, salieron de Moorhead, Minnesota, en noviembre de 1904, después del avivamiento entre los suecos-americanos que las inspiró a la obra misionera. Cuando su barco atracó en Durban, se pusieron en contacto con cristianos suecos y noruegos. Durante los años que pasaron en Natal, estuvieron siempre en estrecha comunicación con los misioneros suecos de la Unión de la Santidad.

Los siguientes avances en África apuntaron a Liberia y la Angola portuguesa, con un equipo de Azusa que incluía a varios afroamericanos. A Liberia fueron G. W. Batman y señora, Julia W. Hutchins y Lucy Farrow. Los veteranos misioneros metodistas Samuel y Ardella Mead viajaron con Robert Shideler y su esposa a Angola. Los Mead habían sido parte de los "cuarenta pioneros" del obispo William Taylor a ese país, en 1885.

Mientras esperaban en la ciudad de Nueva York que su barco zarpara, en diciembre de 1906, el grupo conoció a F. N. Cook. En una carta al periódico *Apostolic Faith*, Cook decía que tres años antes había sido llamado a África. Cuando se encontró inesperadamente con estos "santos de Los Ángeles", Batman y Farrow le impusieron las manos en oración y Cook "recibió su Pentecostés y habló en un dialecto africano. Así que él ahora es uno más del grupo de la Fe Apostólica destinado a la costa oeste de África".[27] Los primeros pentecostales solo necesitaban el respaldo del Espíritu Santo para lanzarse al campo misionero.

John Graham Lake (1870-1935), conocido como el "apóstol de Pentecostés a Sudáfrica" trabajó allí solo cuatro años (1898-1912), tiempo durante el cual estableció las dos iglesias pentecostales más grandes del país: la Misión de la Fe Apostólica, de mayoría blanca, y la Iglesia Cristiana Zion, de mayoría negra.

En 1908 dos figuras clave viajaron a Sudáfrica, donde sus actividades tuvieron un inusual éxito: John G. Lake y Thomas Hezmalhalch. Lake, un rico industrial, había sido anciano de la Iglesia Apostólica Católica de John Alexander Dowie en la ciudad Zion, y luego testificó haber recibido el bautismo en el Espíritu cuando Charles Parham realizó cultos en una carpa en esa ciudad, a fines de 1906. Tiempo más tarde, recordaba: "Me deshice de mi patrimonio y distribuí los fondos de la manera que creí que mejor servía a los intereses del reino de Dios, y pasé a depender totalmente de Dios para mi propio sostén y el de mi familia. Me entregué por completo a predicar a Jesús".[28] Dado que Dowie había creado una ciudad Zion integrada y tenía un punto de vista avanzado sobre la reconciliación racial, Lake probablemente simpatizaba con la dinámica interracial que encontró cuando fue a Azusa.

Los misioneros novatos, que salieron de Indianápolis, Indiana, consistían en el matrimonio Lake con sus siete hijos y cuatro adultos, entre ellos, Hezmalhalch. Según contaba Lake, se produjo un milagro monetario tras otro hasta que pasaron la aduana en Sudáfrica. Los fundamentos para un avivamiento pentecostal ya habían sido sentados, en parte, gracias a la obra de Pieter le Roux, un misionero reformado holandés que se había sumado a la organización de Dowie. Para cuando llegó un representante de Zion, el movimiento había progresado considerablemente. Como resultado de un avivamiento en Wakkerstroom, el número total de "sionistas" llegaba a los cinco mil. Aunque Dowie hacía énfasis en la sanidad divina, el mensaje pentecostal de los recién llegados llamó la atención de le Roux.

Lake comenzó su ministerio en una zona de población negra de Johannesburgo, en una iglesia sionista negra en Doornfontein; su predicación atrajo también a muchos blancos. En el Tabernáculo de la calle Bree, de mayoría blanca, los miembros objetaron la presencia del conocido predicador negro Elias Letwaba. Para defenderlo Lake lo abrazó, lo besó y lo llamó "mi hermano". El notable ministerio de sanidad y evangelismo de Letwaba fomentó en gran medida el crecimiento del pentecostalismo entre la población negra. Su legado incluye la fundación del Instituto Bíblico Patmos, la primera escuela de capacitación ministerial de la Misión de la Fe Apostólica para su pueblo.

Lamentablemente, el pentecostalismo se dividió por asuntos raciales, una separación que se hizo aun más amarga debido a las políticas de *apartheid* posteriormente implementadas por el gobierno. No obstante, aunque la actitud de Lake acerca de la segregación racial tiene puntos aun sin aclarar, su obra influyó en el desarrollo de la Misión de la Fe Apostólica y la Iglesia Apostólica Zion –como se la conoció originalmente– de mayoría negra.

John G. Lake

John G. Lake fue ordenado al ministerio metodista a la edad de veintiún años, pero prefirió dedicarse a los negocios en lugar de aceptar el nombramiento que le ofrecieron. Se convirtió en un exitoso hombre de negocios, fundó un periódico y luego pasó al campo de los negocios inmobiliarios, para terminar en el ámbito de los seguros. Aunque le ofrecieron cincuenta mil dólares por año garantizados, para ser gerente de una compañía de seguros, sintió que Dios lo impulsaba a dedicar todas sus energías para predicar el evangelio.

Esa apertura espiritual en la vida de Lake se produjo luego de varias sanidades extraordinarias en su familia, que culminaron con la sanidad instantánea de su esposa, que sufría de tuberculosis, bajo el ministerio de John Alexander Dowie, en 1898. Después de estas sanidades Lake se relacionó con el ministerio de Dowie, y llegó a ser anciano de la Iglesia Apostólica Católica Zion (*Zion Catholic Apostolic Church*). Luego, después de apartarse de Dowie, comenzó a trabajar en el ministerio de noche, mientras, durante el día, continuaba con sus actividades empresariales. Lake oró a Dios pidiendo el bautismo del Espíritu Santo y, después de nueve meses de buscarlo, sintió el poder de Dios venir sobre él en respuesta a sus oraciones.

Poco después de recibir el bautismo en el Espíritu Santo, en 1907, Lake sintió que Dios le indicaba que fuera a África. Dejó su trabajo y distribuyó sus fondos, y partió hacia África con fe en que Dios proveería para las necesidades de su familia. Lake, su esposa, sus siete hijos y otros cuatro adultos llegaron a Sudáfrica en 1908. El grupo de misioneros descubrió que Dios había ido delante de ellos preparándoles el camino. Una mujer los recibió al desembarcar y les brindó alojamiento, porque el Señor le había dicho que proveyera para sus siervos. Lamentablemente, estas milagrosas provisiones no continuaron. La gente pensaba que estos misioneros eran ricos estadounidenses y así, mientras Lake y su grupo dejaban todos sus recursos en la obra, con frecuencia se quedaban sin comida para ellos mismos.

La señora de Lake murió en diciembre de 1908, mientras su esposo estaba en una gira evangelística. Se ha dicho que murió de exceso de trabajo y una alimentación deficiente. Su muerte fue un terrible golpe para Lake y, aunque continuó ministrando en Sudáfrica cuatro años más, con frecuencia lo atacaba la soledad, que fue el motivo por el que regresó a los Estados Unidos. Después de regresar a ese país se casó con Florence Switzer en 1913 y se estableció en Spokane, Washington, un año más tarde.

Se calcula que durante los siguientes cinco o seis años, miles de sanidades se produjeron a través del ministerio de Lake. Se mudó a Portland, Oregon, en mayo de 1920 e inició una obra similar a la que había tenido en Spokane. Su salud deteriorada no le permitió completar su visión de una cadena de instituciones de sanidad en todo el país y murió de un ataque al corazón en 1935.

Jim Zeigler
Dictionary of Pentecostal and Charismatic Movements

Los primeros misioneros canadienses, Charles y Emma Chawner, habían sido bautizados en el Espíritu en la Misión Hebden, en Toronto. Viajaron a la tierra zulú, en Sudáfrica, en 1908. Su hijo Austin y su esposa luego entraron a Mozambique, que estaba bajo gobierno portugués, para llevar el evangelio. El joven Chawner se había instruido en el Instituto de Capacitación Bíblica Bethel, de Newark, Nueva Jersey. Esta institución tenía dos importantes conexiones; una con la iglesia que la auspiciaba, la Asamblea Pentecostal Bethel, independiente; y la otra con su junta de misiones: La Misión Pentecostal al Centro y Sur de África.

Minnie T. Draper fue la primera presidenta de la junta. Había sido miembro de la Alianza Cristiana y Misionera y ayudó a A. B. Simpson en su ministerio de sanidad. La agencia contaba con una oficina en Sudáfrica que dirigía sus actividades allí, así como las de Swazilandia y Mozambique. También enviaba misioneros a China, India, Venezuela y México. Los miembros de la junta eran millonarios que sabían cómo hacer trabajar el dinero invirtiendo los fondos de la misión en el mercado de valores. En los momentos en que la junta llegaba a un punto muerto en una decisión fundamental, llamaban a Cora O. Lockwood, una mujer mayor de la congregación de Newark que tenía poco dinero, pero era respetada por su profunda espiritualidad. Aunque no era miembro de la junta, ella oraba para discernir la voluntad de Dios y daba el voto decisivo.

En África occidental los misioneros pentecostales del Reino Unido entraron por primera vez a la Costa de Oro –actual Ghana– y Nigeria a principios de la década del treinta. El pentecostalismo clásico se expandió tanto en las colonias británicas como en las francesas. Pero también se produjeron movimientos autóctonos con fenómenos similares a los pentecostales. William Wadé Harris, criado en un hogar metodista de Liberia, dirigió un movimiento masivo hacia el cristianismo en la Costa de Marfil y la Costa de Oro. Harris se consideraba un "Elías negro" para "los últimos días" y miles de personas se convirtieron bajo su ministerio. Hablar en lenguas, sanidades y milagros eran parte de su visión espiritual.

América Latina

La evangelización mundial tenía gran peso en las mentes de los fieles de Chicago. La misión de la Av. North, dirigida por William H.

Durham, en particular, comisionó destacados misioneros. Un inmigrante italiano, el presbiteriano Luigi Francescon, recibió el bautismo en el Espíritu allí, en 1907. Poco después Durham profetizó que Dios deseaba que Francescon evangelizara a la comunidad italiana. Con su amigo Pietro Ottolini estableció la Asamblea Cristiana, la primera iglesia pentecostal ítaloamericana en Norteamérica.

Un colaborador, Giacomo Lombardi, fue a Italia y organizó congregaciones que se convirtieron en el núcleo del movimiento pentecostal italiano. Francescon viajó a la Argentina en 1909 para predicar a los italianos que vivían allí. Pero su mayor éxito fue resultado de una visita a San Pablo, Brasil. La gran Congregación Cristiana de Brasil debe su origen al ministerio de Francescon.

En el mismo año en que Francescon fue a la Argentina, el pentecostalismo comenzó al otro lado de los Andes, en Chile. En Valparaíso, el Dr. Willis Hoover pastoreaba la Primera Iglesia Metodista. Hoover adjudicó el comienzo del avivamiento a una conversación en una clase de adultos de la Escuela Dominical, el interés sobre la enseñanza de la santificación del movimiento de la santidad, e inusuales testimonios del poder de Dios en las vidas de los miembros de la iglesia. Durante un estudio del Libro de los Hechos un miembro le preguntó: "¿Qué impide que nuestra iglesia sea como la iglesia primitiva?" "Nada lo impide", dijo, "excepto algo en nuestro interior".[29] Junto con otros cristianos de todo el mundo, entonces, comenzaron a orar por el derramamiento del Espíritu Santo.

Daniel Berg (1884-1963) y Gunnar Vingren llegaron como inmigrantes de Suecia a los Estados Unidos en 1902. Eran bautistas, pero poco después de llegar entraron en contacto con los pentecostales de la zona de Chicago. Luego de una profecía de que irían a un lugar desconocido llamado "Pará", ambos viajaron a Brasil en 1910. En 1912 fundaron las Asambleas de Dios del Brasil, que llegaron a convertirse en uno de los movimientos pentecostales más grandes del mundo.

En 1907 Hoover y su esposa Mary recibieron un ejemplar de la primera edición de *Baptism of the Holy Ghost and Fire*, de M. Abrams. Minnie y Mary habían sido compañeras de estudios y se graduaron en la primera promoción de la Escuela de Capacitación para Misiones Urbanas, Domésticas y Extranjeras de Chicago. Aunque el libro no mencionaba el don de lenguas, Abrams lo había escrito para relatar las primeras etapas del avivamiento en la India y el bautismo de fuego: "Solo nos queda un breve tiempo para reunir, de entre esos miles de millones de personas no evangelizadas, la porción del Señor. Si no hacemos esta obra, nos reclamará su sangre. [...]. Es hora de que busquemos la plenitud del Espíritu Santo, el fuego que nos da poder para predicar el evangelio y las señales que le siguen".[30]

La noticia del don de lenguas les llegó a los Hoover a través de una escala que hizo Fredrik Franson un año después. Al poco tiempo comenzó el avivamiento pentecostal entre los metodistas de Valparaíso. Un dirigente misionero de la ciudad de Nueva York describía los relatos sobre ese avivamiento diciendo que tenía "mucho comparable con la historia del avivamiento metodista en sus primeros tiempos".[31] No obstante, los controvertidos sucesos provocaron el rechazo de las autoridades denominacionales. A pesar de las relaciones cortadas, el avivamiento creó el movimiento "metodista pentecostal", de rápido crecimiento.

Por lejos, el crecimiento más espectacular del pentecostalismo en todo el mundo se ha dado en Brasil. Las inversiones de Francescon y los suecos-americanos Daniel Berg y Adolf Gunnar Vingren pagaron ricos dividendos. Criado en un hogar bautista, Berg inmigró a los Estados Unidos en 1902 debido a la depresión económica que afectaba su tierra natal, y recibió el bautismo pentecostal en una visita posterior a su país. Vingren llegó un año después, trabajó como obrero para ahorrar dinero para sus estudios, y luego se inscribió en el Departamento Sueco de la Facultad de Teología de la Universidad de Chicago para prepararse para el ministerio.

Se conocieron en una conferencia pentecostal auspiciada por la Primera Iglesia Bautista Sueca de Chicago, y luego asistieron a reuniones en la misión de la Av. North. Vingren, después, fue a pastorear una iglesia bautista sueca en South Bend, Indiana.

Un sábado de 1910, en un culto vespertino, Adolf Uldine, un miembro de la iglesia de South Bend, profetizó que Dios deseaba que Vingren fuera a "Pará" a predicar la Buena Nueva. Poco después le dio la misma profecía a Berg. Sin saber dónde estaba ubicado ese lugar, ambos fueron a la Biblioteca Pública de Chicago para consultar un atlas mundial. Así descubrieron que se trataba del Estado de Pará, en la costa noreste de Brasil. Poco después salieron hacia la capital, Belem, puerto principal de la cuenca del Amazonas.

El pastor de una iglesia bautista los recibió amistosamente y los invitó a hospedarse en su casa. Pero la atmósfera cambió cuando

Berg y Vingren comenzaron a predicar sobre el bautismo en el Espíritu Santo. Como consecuencia de ello, debieron dejar la casa y, junto con dieciocho miembros de la congregación, iniciaron una nueva iglesia.

Como otros pentecostales misioneros, que salían al campo "por fe", oraban para recibir la provisión del Señor, pero esto no significaba que estuvieran inactivos. Como buen "fabricante de tiendas", Berg consiguió trabajo en una fundición de acero, mientras su compañero manejaba las responsabilidades ministeriales. Su salario servía para sostenerlos a ambos y pagar las lecciones de portugués. Cuando el movimiento creció, lo registraron oficialmente como "Asambleas de Dios". En los años siguientes, cientos de misioneros suecos y estadounidenses fueron a Brasil para ayudar en lo que se convirtió en la comunidad protestante más grande del país.

Conclusión

Los líderes de la conferencia de Edimburgo esperaban que la Gran Comisión se cumpliera por medio de la acción unida. Sin dudas, la reunión fue un punto de inflexión en la historia de la iglesia. Pero mientras los delegados deliberaban, un nuevo y radical movimiento ya se movilizaba para la acción. Con la renovación como guía, el movimiento pentecostal apuntaba a una dimensión largamente olvidada del ministerio del Espíritu Santo. Por medio de una visión claramente carismática del bautismo en el Espíritu Santo y una convicción inquebrantable sobre la disponibilidad actual de los dones espirituales, el pentecostalismo, en sus variadas formas, ha cambiado el paisaje del cristianismo y ha introducido una praxis misionera auténticamente trinitaria.

La falta de la educación y el apoyo financiero de que gozaban los misioneros de las iglesias históricas, y el rechazo de sus contrapartes evangélicos y de la santidad, no impidieron que los pentecostales aceptaran con entusiasmo la tarea que se les ponía por delante. El poder equilibrante del derramamiento del Espíritu Santo significaba que todos podían ser llamados a predicar. En contraste con la rígida y racional piedad de gran parte del cristianismo evangélico a principios del siglo XX, la dinámica experiencial de la fe pentecostal captó el interés de los pueblos en los campos misioneros, cuya visión del mundo era más similar a la de los tiempos antiguos que a la de la civilización occidental post-iluminismo.

A medida que el Señor retrasaba su regreso, los pentecostales se dieron cuenta de que para construir la iglesia de Cristo se necesitaba algo más que señales y prodigios. Por consiguiente, sus métodos llegaron a parecerse mucho más a los de otros misioneros evangélicos, pero con un énfasis singular en la actividad del Espíritu. Además, muchos se esforzaron por implementar principios eclesiológicos locales, aunque con un giro definitivamente euroamericano.

"Navego ahora hacia las regiones de más allá, donde Jesús quiere usarme y la gloria de Dios [recorre] mi cuerpo una y otra vez", reflexionaba Cora Fritsch mientras el "Minnesota" se alejaba de Puget Sound hacia el Oriente. "Lo mejor de todo es que siento el brillo del rostro de mi Salvador sobre mí y la seguridad de que Dios se complace de mí".[32] Por debajo de su juvenil exuberancia, había un fundamento de un profundo compromiso. Realmente ella sabía que el bautismo pentecostal la había dotado para anunciar la Buena Nueva.

Con la misma inspiración y seguridad, un siglo después, pentecostales y carismáticos de Singapur, Corea, Filipinas, India, El Salvador, Brasil, Nigeria y otros países arriesgaron todo para ir *"hasta lo último de la tierra"*, para proclamar *"este evangelio del reino [...] para testimonio a todas las naciones"* (Mateo 24:14). Ésta es la historia de las misiones pentecostales en la expansión global del cristianismo en nuestra época.

· 5 ·

Las iglesias pentecostales de la santidad

Vinson Synan

A lo largo de los años los pentecostales han sido llamados con diversos nombres. Aunque muchas de las primeras iglesias pentecostales en los Estados Unidos fueron conocidas como iglesias "de la santidad", los primeros grupos estrictamente pentecostales usaban variaciones del nombre "Fe Apostólica". Este fue el nombre elegido por Charles Parham para su pequeño grupo en Topeka, Kansas, donde cayó el Pentecostés en 1901. Cuando el afroamericano William J. Seymour, seguidor y amigo de Parham, abrió su famosa misión en la calle Azusa de Los Ángeles, en 1906, también usó el nombre de Fe Apostólica.

En los años siguientes otros nombres se utilizaron también. Algunos, los más comunes, fueron los de "evangelio completo", "pentecostal" y "lluvia tardía". Algunas veces la gente común se refería a ellos, despectivamente: "los santos que ruedan por el suelo", un nombre rechazado por todos los adherentes al movimiento. Muchas de las nuevas denominaciones usaban la palabra "pentecostal" en sus nombres, mientras otras adoptaron nombres más neutrales doctrinalmente, como las Asambleas de Dios, la

Iglesia de Dios, la Iglesia del Evangelio Cuadrangular y la Iglesia de Dios en Cristo.

Durante muchas décadas los pentecostales fueron los descastados de la sociedad religiosa. Una razón de este rechazo fue que la mayoría de las iglesias pentecostales fueron plantadas entre las clases más pobres y desposeídas. David Barrett señala que "ningún movimiento del siglo XX fue más acosado, perseguido, atormentado y martirizado" por su fe que el de los pentecostales.

A pesar de ser expulsados de las iglesias históricas, los pentecostales crecieron, principalmente en los años posteriores a la Segunda Guerra Mundial. Tierra fértil para el crecimiento fueron los negros y los blancos pobres de las regiones del sur y el oeste medio de los Estados Unidos. Muchos pentecostales respondían a los estereotipos de las familias de Oklahoma que huían de las tormentas de polvo que afectaron la región central de los EE.UU. en la década del treinta, en busca de nuevas oportunidades en California. De hecho, los protagonistas de la novela *Las uvas de la ira*, de John Steinbeck, son una familia de una iglesia pentecostal de la santidad que emprende al viaje de Oklahoma a California.

A pesar de su pobreza económica, los pentecostales pronto comenzaron a enviar misioneros por todo el mundo y, con el tiempo, llegaron a crecer más rápido que la mayoría de las demás denominaciones cristianas. Aunque crecieron con especial rapidez en los países del Tercer Mundo, también se afianzaron sorprendentemente en Europa y en Norteamérica.

Después de la Segunda Guerra Mundial los pentecostales comenzaron a prosperar y elevarse hasta la clase media. Con esta nueva prosperidad llegó una mayor aceptación social. Los fenomenales índices de crecimiento de las iglesias pentecostales, además, obligaron a las principales denominaciones históricas a mirar con nuevos ojos sus congregaciones y sus doctrinas.

Existen actualmente más de cien denominaciones pentecostales en los Estados Unidos y miles de pequeñas confraternidades e iglesias independientes. Para simplificar, podríamos decir que por cada congregación que es parte de una denominación organizada, hay una congregación independiente. Por lo tanto, la cantidad de iglesias independientes, no afiliadas a ninguna denominación, en los Estados Unidos, es similar a la de las iglesias que pertenecen a las denominaciones principales, como las Asambleas de Dios.

Las iglesias pentecostales wesleyanas

Las primeras iglesias pentecostales estadounidenses comenzaron con raíces muy profundas en el movimiento wesleyano de la santidad, que se extendió por todo el país durante el siglo XIX. Durante décadas los maestros y predicadores de la santidad habían enseñado que había dos "bendiciones" que podían recibir los creyentes. La primera, la justificación por fe, también era llamada "nuevo nacimiento". La crisis de la conversión era un concepto y una experiencia común para la mayoría de los creyentes evangélicos en los Estados Unidos.

Pero los wesleyanos sostenían que existía una "segunda bendición" que, en palabras de Wesley, era llamada "entera santificación", una experiencia instantánea que daba al creyente victoria sobre el pecado y un amor perfecto hacia Dios y hacia el hombre. La mayor parte de la primera generación de pentecostales provenía de esta corriente de la santidad que tenía sus raíces en el metodismo.

Cuando comenzó el movimiento pentecostal, estos "pentecostales de la santidad" simplemente agregaron el bautismo en el Espíritu Santo con el don de hablar en lenguas como "evidencia inicial" de una "tercera bendición" que daba poder para testificar a quienes ya habían sido santificados. Con la experiencia de las nuevas lenguas, la santificación era considerada una "limpieza" como requisito previo para que el creyente buscara la "tercera bendición" del bautismo en el Espíritu Santo. Una de las primeras profecías declaraba firmemente que "mi Espíritu no habitará en un templo impuro".

Se alentaba a los creyentes a abandonar toda raíz de amargura y pecado original para que nada les impidiera recibir el Espíritu. De hecho, se dice que Seymour no admitía que los creyentes accedieran al aposento alto para buscar el bautismo, hasta estar seguros de que su experiencia de santificación había sido certificada en la planta baja.

El testimonio histórico de Azusa era: "Soy salvo, santificado y lleno con el Espíritu Santo". Además de las tres obras de la gracia, estos primeros pentecostales hacían énfasis en la sanidad divina instantánea "como en la expiación" y en la segunda venida premilenarista de Cristo, para arrebatar a su iglesia al final de los tiempos. Esto era conocido como "el quíntuple evangelio" de Parham, Seymour, Azusa y las primeras denominaciones pentecostales.

Estas iglesias también adoptaban estrictos "códigos de santidad", que prohibían a sus miembros consumir tabaco o alcohol y asistir a teatros u otros lugares de "diversión mundana". También estaban prohibidos los deportes profesionales, los "adornos exteriores" como lápiz de labios o el cabello corto (en las mujeres) y la vestimenta indecorosa.

A medida que pasaba el tiempo hubo controversias dentro del movimiento que produjeron diferentes posturas y cambios en el esquema doctrinal de las tres bendiciones, que había sido la enseñanza generalizada en el movimiento durante una década.

Por lo tanto, la primera familia de las iglesias pentecostales estadounidenses podría ser clasificada como adherente al pentecostalismo wesleyano, debido a la teología perfeccionista básica arminiana heredada del movimiento de la santidad. Algunas de las denominaciones más importantes en los Estados Unidos son:

La Iglesia de Dios en Cristo

Desde sus primeros tiempos esta iglesia ha sido una de las denominaciones pentecostales más grandes y de mayor crecimiento en los Estados Unidos. Es, principalmente, una iglesia compuesta por afroamericanos, y ha tenido un rol central en el desarrollo del movimiento a lo largo del siglo.

Sus estatutos datan de 1897, y fue la primera denominación pentecostal estadounidense en registrarse legalmente. Según sus informes, tiene una membresía de más de cinco millones de personas, el doble de las Asambleas de Dios en los Estados Unidos. Aunque estos datos pueden ser cuestionables, la Iglesia de Dios en Cristo es, sin duda, una de las más antiguas y más numerosas de todo el movimiento pentecostal en el mundo, y también una de las de mayor crecimiento.

C. H. Mason y C. P. Jones

Las raíces de la Iglesia de Dios en Cristo se encuentran en el movimiento de la santidad en los estados del sur de los EE. UU. a fines del siglo XIX. Estas raíces también se encuentran en la cultura y la historia de los negros estadounidenses. La historia de esta iglesia en sus primeros años es, también, la biografía de dos de sus más prominentes líderes: C. P. Jones y C. H. Mason.

Charles Harrison Mason, nacido en 1866 en Bartlett, Tennessee, era hijo de ex esclavos. Se crió en la Iglesia Bautista Misionera y en su juventud sintió el llamado a predicar. En 1893 ingresó al Instituto Bautista de Arkansas para estudiar para el ministerio, pero pronto se retiró, apenado por las enseñanzas liberales que allí se impartían. Solo tres meses después de iniciar sus estudios, los abandonó, convencido de que "no hay salvación en las escuelas ni las universidades".

En 1895, mientras estaba de visita en Jackson, Mississippi, conoció a Charles Prices Jones, otro joven predicador bautista que influiría poderosamente en su vida y que en esa época era pastor de la Iglesia Bautista Mt. Helms de Jackson, Mississippi.[1]

Más adelante ese mismo año, Jones y Mason viajaron a Lexington, Mississippi, donde predicaron la doctrina wesleyana de la santificación entera como una segunda obra de la gracia. Luego de iniciar campañas de la santidad en las iglesias bautistas locales, los dos ardientes predicadores fueron expulsados de la denominación, y se les prohibió predicar en las iglesias bautistas de la zona. Acto seguido iniciaron una campaña evangelística histórica en una desmotadora de algodón en Lexington, en febrero de 1896 y así se formó la primera congregación local.[2]

Obispo Charles Harrison Mason (1866-1961), cofundador de la Iglesia de Dios en Cristo, vivió para ver a su iglesia convertirse en la denominación pentecostal más grande de los Estados Unidos.

El nombre para el nuevo grupo le llegó a Mason en marzo de 1897, mientras caminaba por las calles de Little Rock, Arkansas. La Iglesia de Dios en Cristo parecía ser un nombre bíblico para la nueva iglesia de la santidad en Lexington. Las enseñanzas del nuevo grupo eran las típicas doctrinas perfeccionistas del movimiento de la santidad de fines de siglo. Quienes recibían la experiencia de la santificación, por tanto, eran santos, y eran llamados "santos". Estos seguidores de la santidad no fumaban ni bebían alcohol, vestían decorosamente, trabajaban duramente y pagaban sus cuentas. Alababan al Señor fervientemente con cantos y danzas espirituales. Entre ellos, el cosechador más pobre podía convertirse en predicador del evangelio o quizá obispo de una iglesia.

123

El siglo del Espíritu Santo

Charles H. Mason, 1866 – 1961
En busca de la fe cristiana de los esclavos

Charles Mason creció escuchando sobre la apasionada fe de los esclavos de boca de sus padres, quienes habían sido liberados muy poco tiempo antes que él naciera. Ya desde niño, contaba un familiar suyo, lo cautivaba "por sobre todas las cosas, una religión como aquella de la que había oído hablar y había visto en los antiguos esclavos", y oraba constantemente por ello.

A los catorce años, un año después que su padre muriera de plaga en una choza junto a un pantano en Arkansas, Mason yacía, agonizando de tuberculosis. Pero un domingo por la mañana, relata su esposa en su biografía, "se levantó de la cama y salió por sus propios medios. Allí, bajo el cielo de la mañana, oró y alabó a Dios por su sanidad y renovó su compromiso para con Dios".

En 1891 Charles fue ordenado como ministro bautista. Antes de comenzar a predicar se casó con Alice Saxton, que se oponía de tal manera a sus planes de predicar que finalmente se divorció de él dos años más tarde. Aproximadamente al mismo tiempo Mason comenzó a inquietarse por la tendencia cada vez más liberal del Instituto Bautista de Arkansas, y finalmente, desertó. "Empaqué mis libros, me levanté y me despedí de ellos para seguir a Jesús, con la Biblia como mi sagrada guía", recordó luego.

Cada vez más interesado en las enseñanzas de la santidad sobre la "segunda bendición", se unió a Charles P. Jones para formar la "Iglesia de Dios en Cristo" (IDC), un nombre que, según dijo, Dios le dio mientras caminaba por una callecita de Little Rock, Arkansas. Una década más tarde, Mason sintió "una oleada de gloria" mientras visitaba el avivamiento de la calle Azusa, y comenzó a hablar en lenguas. Cuando regresó a Memphis para relatar su experiencia, Jones "le retiró la diestra de comunión". Pero Mason se llevó una gran parte de los miembros de la IDC y, luego de una prolongada batalla legal, también el nombre de la denominación.

Aunque, en cierto momento, la IDC tenía tantos ministros blancos como negros, era la única iglesia pentecostal en los Estados Unidos autorizada por el gobierno para ordenar ministros. Mason continuó buscando la "esencia espiritual" y la "tradición de oración" de la experiencia religiosa de los esclavos. En 1914 muchos de los ministros blancos de la IDC se separaron de ella para formar las Asambleas de Dios (AD), pero Mason continuó trabajando a ambos lados de la barrera racial, predicando en conferencias y reuniones de las AD. "La iglesia es como el ojo", solía decir, "Tiene un poco de blanco y un poco de negro y sin ambos no se puede ver".

Hoy la IDC tiene casi seis millones de miembros en los Estados Unidos, más del doble de las Asambleas de Dios.

Tomado de *Christian History*

En 1897 la Iglesia de Dios en Cristo se constituyó legalmente en la cercana Memphis, Tennessee, con lo que fue la primera iglesia pentecostal estadounidense en obtener tal reconocimiento.

Después de esto Memphis se convirtió en la sede de la iglesia y de convocatorias anuales que se convirtieron en enormes reuniones para los fieles.[3]

La iglesia se desarrolló pacíficamente durante varios años bajo sus dos líderes. Aunque Jones era el líder de la iglesia, Mason era la figura más importante. Eran un equipo excelente y armonioso. Mason era conocido por su carácter piadoso y su capacidad para predicar, y Jones era famoso por sus himnos, que se hicieron conocidos en todo el país. Dos de los más conocidos son "*Deeper, deeper*" (Más profundo) y "*Come Unto Me*" (Ven a mí).

El Pentecostés llega a Memphis

La armonía entre Mason y Jones se rompió, sin embargo, cuando en 1906 llegó a Memphis la noticia de la nueva experiencia pentecostal en Los Ángeles, en una pequeña misión de la calle Azusa. El pastor de la misión era un negro, William J. Seymour, que predicaba que todos los santos, aunque santificados, no habían recibido el bautismo en el Espíritu Santo si no hablaban en lenguas como evidencia inicial. Se decía que todos los dones del Espíritu eran restaurados a la iglesia en Azusa y que los blancos iban para que los negros les enseñaran, y para adorar con ellos, aparentemente, en igualdad de condiciones.[4]

La noticia de lo que sucedía en Azusa provocó respuestas diversas en la Iglesia de Dios en Cristo, que para este entonces se había extendido ampliamente en Tennessee, Mississippi y Arkansas. Jones tomó con cierta frialdad la nueva enseñanza, mientras que Mason estaba ansioso por viajar a Los Ángeles para investigar este avivamiento. Durante años Mason había afirmado que Dios lo había dotado de características sobrenaturales manifestadas en sueños y visiones. Finalmente convenció a dos líderes de que lo acompañaran en su peregrinaje a la calle Azusa. En marzo de 1907, Mason junto con J. A. Jeter y D. J. Young, viajó a Los Ángeles.

Lo que vieron en Azusa fue portentoso y convincente. Según Frank Bartleman, "la línea que separaba los colores [ha] sido borrada por la Sangre". Personas de toda raza y denominación adoraban juntas en una unidad e igualdad sorprendentes. El don de lenguas era acompañado por otros dones como el de interpretación, sanidad, palabras de ciencia y de sabiduría y exorcismos de demonios. Poco después Mason recibió el bautismo, habló en lenguas y regresó a Memphis ansioso por hacer conocer su nueva experiencia al resto de la iglesia.

Al llegar se sorprendió al saber que otro peregrino a Azusa, Glenn A. Cook, que era blanco, ya había visitado la iglesia y predicado la nueva doctrina pentecostal. Muchos de los santos habían aceptado el mensaje y hablaban en lenguas, a medida que el Espíritu les daba palabra. Pero no todos aceptaron el mensaje llevado por Cook; principalmente, C. P. Jones quien, en 1907, actuaba como sobreveedor general y anciano presidente de la denominación.

Lo que siguió fue una lucha de poder por el futuro de la denominación, ya que el grupo pentecostal, liderado por Mason, rivalizaba con Jones por el liderazgo de la iglesia. Para agosto de 1907 el asunto fue discutido en la asamblea general que se reunió en Jackson, Mississippi. Después de una prolongada discusión de tres días con sus noches, la asamblea les quitó la diestra de compañerismo a C. H. Mason y a todos los que promulgaban la doctrina de hablar en lenguas "como evidencia inicial". Cuando Mason salió de la asamblea, aproximadamente la mitad de los ministros y los laicos se fueron con él.

En septiembre de 1907 el grupo pentecostal convocó otra reunión en Memphis, donde la Iglesia de Dios en Cristo se convirtió en miembro pleno del movimiento pentecostal. En 1909, después de dos años de lucha, el tribunal permitió que el grupo partidario de Mason retuviera el nombre de Iglesia de Dios en Cristo y se agregó a la declaración de fe un artículo que distinguía el bautismo del Espíritu Santo de la experiencia de la santificación: "el bautismo pleno en el Espíritu Santo es evidenciado por el hablar en otras lenguas".

Aunque así el don de lenguas fue recibido y aceptado en la iglesia, otras manifestaciones también eran vistas como evidencia de la presencia interior del Espíritu Santo, como la sanidad, la profecía, los gritos y el "danzar en el Espíritu".

Mientras tanto Jones y sus seguidores no partidarios de la experiencia pentecostal se separaron para formar un nuevo grupo, que llamaron *Church of Christ (Holiness) U.S.A.* (Iglesia de Cristo (de la Santidad) en los EE.UU.)[5]

Crecimiento y divisiones

Desde su base en Memphis la Iglesia de Dios en Cristo se extendió rápidamente por todos los Estados Unidos. Su base principal estaba en el Sur, donde el avivamiento pentecostal encendió muchos vecindarios negros como un incendio forestal. Mason solía organizar iglesias predicando en las calles. Mientras el movimiento pentecostal se extendía entre los blancos en el Sur, Mason ocasionalmente visitaba estas iglesias, y era reconocido como el líder extraordinario entre los pentecostales negros. En 1921, se reunió nuevamente con William J. Seymour en Nueva Jersey, donde los dos apóstoles negros pentecostales hablaron sobre los viejos tiempos de Azusa. Aunque no estaban en la misma denominación, fueron amigos durante toda su vida.

A medida que su iglesia crecía, Mason demostraba su genio para la organización. Cada diócesis era dirigida por un obispo, que generalmente era vitalicio. Las jurisdicciones comenzaron a dividirse y subdividirse a medida que la iglesia se extendía a todos los estados de la Unión, después de la Segunda Guerra Mundial. La iglesia fue y continuó siendo episcopal en su gobierno y los obispos gozaban de gran poder. Desde 1910 a 1916 Mason inició cuatro grandes departamentos que ayudaron al crecimiento de la denominación: el departamento femenil, la Escuela Dominical, los Jóvenes Trabajadores Voluntarios y el Departamento de Misiones Nacionales y Foráneas.

Las enseñanzas básicas de la iglesia también se definieron en los primeros años. Básicamente se trataba de una iglesia de la santidad, y continuó enseñando la experiencia y la vida de santidad como meta máxima de la vida cristiana. A esto se agregaba el bautismo pentecostal con el Espíritu Santo, que llevaba a la vida de la iglesia y de los creyentes todos los dones del Espíritu. Cuando hizo erupción la controversia unitaria en el mundo pentecostal, después de 1913, la Iglesia de Dios en Cristo continuó siendo estrictamente trinitaria. Además de los sacramentos del bautismo por inmersión y la Cena del Señor, se agregó la ordenanza del lavamiento de pies.

Una importante enseñanza de la iglesia en sus primeros tiempos era el pacifismo, es decir, que los cristianos no debían participar de la guerra. Debido a su inquebrantable posición sobre este tema, Mason fue encarcelado en 1918 en Lexington, Mississippi, debido a que prohibía a sus seguidores que sirvieran en las Fuerzas Armadas de la nación. Mientras estaba preso una tormenta hizo volar el techo del tribunal, por lo que los magistrados lo liberaron al día siguiente.

Durante toda su vida Mason fue perseguido por sus ideas pacifistas, hasta tal punto que el FBI tenía un expediente con todas sus actividades. Pero, como la mayoría de las iglesias pentecostales de los Estados Unidos, la Iglesia de Dios en Cristo suavizó su postura durante la Segunda Guerra Mundial, debido a los evidentes males del nazismo y el fascismo.[6]

Un "acuerdo de caballeros"

Mason no aceptaba la separación de los cristianos por motivos raciales. Aunque nunca luchó abiertamente contra el sistema Jim Crow de segregación racial, sentía profundamente la separación racial que se produjo entre los pentecostales después de los "días de gloria" de Azusa. De hecho, durante muchos años la iglesia de Mason fue la denominación más integrada de los Estados Unidos. En el período más racista de la historia estadounidense (1890-1924) los pentecostales se destacaban como una brillante excepción a la segregación reinante en esa época.

De hecho, cientos de predicadores pentecostales blancos fueron ordenados por Mason y recibieron credenciales ministeriales de la Iglesia de Dios en Cristo antes de la Primera Guerra Mundial. Una razón por la que se produjo esta situación fue que la IDC fue la única denominación pentecostal registrada legalmente en el país durante muchos años. Para poder oficiar matrimonios, evitar ser convocado a las Fuerzas Armadas u obtener permisos especiales para clérigos en los ferrocarriles, un ministro debía demostrar que era ordenado por una organización religiosa reconocida. La iglesia de Mason tenía el certificado de inscripción codiciado, por lo cual era muy atractiva para muchos ministros blancos que querían unirse a ella. Pero además de esto, la poderosa predicación de Mason, su personalidad carismática y su amor fraternal, a pesar de la segregación, atraían a miles de blancos.

A medida que el tiempo pasaba algunos de los pastores blancos comenzaron a organizar conferencias bíblicas separadas, manteniendo intacta, al mismo tiempo, su relación con Mason. Finalmente llegaron a un "acuerdo de caballeros" por el cual los blancos podían emitir credenciales en nombre de Mason y de la Iglesia de Dios en Cristo, con la única condición de que no se otorgaran credenciales a nadie que no fuera digno.

Antes de que comenzara la Primera Guerra Mundial un grupo de ministros pentecostales blancos, insatisfechos con este arreglo, comenzaron a organizar una nueva denominación que también pudiera inscribirse legalmente y otorgara los mismos beneficios a los ministros del nuevo grupo. La mayoría de los fundadores de las Asambleas de Dios (AD) que se reunieron en Hot Springs, Arkansas, en abril de 1914 habían sido acreditados por la Iglesia de Dios en Cristo. Aunque Mason y su grupo fueron nominalmente invitados a asistir al cónclave en Hot Springs, no se enviaron cartas de invitación a ministros negros.

Sin embargo, Mason asistió a la reunión y fue invitado a predicar la noche del jueves. Su coro cantó un canto especial, después de lo cual el venerable obispo predicó un sermón sobre las maravillas de Dios que pueden verse en una humilde batata. A pesar de la presencia de Mason, las AD organizaron una denominación primordialmente blanca, que pronto se convirtió en la iglesia pentecostal más grande del país. Así, la organización de las Asambleas de Dios fue, en parte, una separación racial de la iglesia de Mason.[7]

Después de 1914 los líderes de las denominaciones pentecostales blancas consideraron a la Iglesia de Dios en Cristo como el movimiento pentecostal negro para los Estados Unidos. Los negros que se convertían en iglesias blancas eran invitados a unirse a la Iglesia de Dios en Cristo, dada la segregación que se practicaba en esa época.[8]

Parte del mayor crecimiento de esta iglesia se produjo en los años posteriores a la Primera y la Segunda Guerra Mundial, cuando los blancos emigraron en masa a las grandes ciudades industriales del norte. Millones de negros del sur se dirigieron a Nueva York, Detroit, Filadelfia, Chicago, Boston, Los Ángeles y otros centros urbanos, para huir de la pobreza que azotaba gran parte de las zonas rurales del sur.

Estos inmigrantes llevaron consigo sus iglesias a las ciudades donde se establecieron. Muchos de ellos eran miembros de la Iglesia de Dios en Cristo. Solían instalarse en locales comerciales alquilados, o compraban los elegantes templos que vendían los blancos que habían huido del centro de la ciudad para instalarse en los suburbios.

Estas iglesias pentecostales demostraron ser las más efectivas para servir a la gran masa humana que se agolpaba en los guetos urbanos. En algunas ciudades casi en cada manzana había una Iglesia de Dios en Cristo; en muchos casos, eran humildes y nada ostentosas, pero constituían una fuerza redentora poderosa en el vecindario.

La historia de una de estas iglesias de inmigrantes fue maravillosamente reflejada en el libro de James Baldwin, *Go Tell It on the Mountains* (Ve y dile a las montañas), un relato autobiográfico de su niñez en una iglesia pentecostal que se reunía en un local de Harlem. Debido a esta inmigración masiva y a la incuestionable atracción de los pentecostales por los negros desposeídos, tanto en el ámbito rural como el urbano, la Iglesia de Dios en Cristo experimentó un crecimiento fenomenal en la mitad del siglo.[9]

Cuando Mason murió, en 1961, su iglesia había entrado en todos los Estados de la Unión y sumaba unos cuatrocientos mil miembros en los Estados Unidos (John Wesley, al morir en 1791, contaba con cien mil seguidores metodistas). Antes de morir Mason había construido el impresionante Templo Mason en Memphis, donde los fieles se congregaban cada año en masivas convocatorias que constituían las reuniones anuales más concurridas de la ciudad. Este templo, con capacidad para casi diez mil personas, no podía albergar a todas las personas que asistían a las convocatorias, unas cuarenta mil.

Al morir Mason, a los noventa y cinco años, la iglesia obtuvo el permiso para sepultarlo en el vestíbulo del templo. Fue la única persona que recibió tal honor en toda la historia de la ciudad.[10]

Después de la muerte de Mason se produjo una lucha de poder sobre quién heredaría el manto del apóstol fallecido. El ganador, temporariamente, fue O. T. Jones Sr., que fue el principal obispo desde 1962 hasta 1968. Pero finalmente, fue el yerno de Mason, J. O. Patterson, quien heredó el legado de éste. Fue elegido para dirigir la iglesia en noviembre de 1968 y recibió el título de obispo presidente. Patterson guió a la iglesia en un período de gran crecimiento y desarrollo. Sus sucesores, los obispos L. H. Ford, Chandler Owens y Gilbert E. Patterson continuaron el legado de Mason. A pesar de una división producida en 1969, en la cual catorce iglesias de la Iglesia de Dios en Cristo se separaron para formar la Iglesia de Dios en Cristo Internacional (*Church of God in Christ, International*, que ahora afirma contar con doscientos mil miembros), la iglesia ha continuado creciendo rápidamente.[11]

En 1964 se realizó un censo de la iglesia en los Estados Unidos, que estableció su membresía en cuatrocientos veinticinco mil personas en cuatro mil cien congregaciones. El siguiente censo no se realizó sino hasta 1982. Como resultado del cual el Anuario de Iglesias de los Estados Unidos y Canadá informó que la membresía de esta iglesia en los Estados Unidos era de 3.709.861 personas en 9.982 congregaciones. Para el año 2000, la cifra era de 5.499.875 miembros en 15.300 congregaciones. Es uno de los registros de crecimiento más explosivo de una iglesia en la historia del país. Estas cifras indican que la Iglesia de Dios en Cristo es la segunda congregación negra más importante de los Estados Unidos, después de la Convención Nacional Bautista.

Aunque la Iglesia de Dios en Cristo no tuvo un rol destacado en los movimientos a favor de los derechos civiles de los afroamericanos de los años cincuenta y sesenta, muchos miembros y ministros de esta denominación apoyaron a Martin Luther King Jr. en su cruzada no violenta por la igualdad de derechos. De hecho, fue en el Templo Mason de Memphis que King predicó su famoso sermón "He estado en la montaña", el último que predicó, la noche antes de ser asesinado. Además, el lugar donde murió fue el Motel Lorraine, propiedad de un importante laico de la Iglesia de Dios en Cristo de Memphis.

En los últimos años es notable la falta de éxito del movimiento carismático entre los negros de las iglesias históricas. Pero el movimiento pentecostal ha crecido de gran manera en la Iglesia de Dios en Cristo, de mayoría negra. En las últimas décadas del siglo XX la Iglesia de Dios en Cristo continuó siendo un refugio para las masas.

Una nota final para esta historia: la *Church of Christ (Holiness) U.S.A.*, fundada por C. P. Jones en 1907, como rechazo a la experiencia pentecostal, continúa en pie hasta hoy. Una comparación de los registros de ambas iglesias desde entonces da claras evidencias del poder de Pentecostés para hacer crecer una iglesia. En el año 2000 la iglesia de Jones contaba con no más de veinticinco mil miembros en ciento cuarenta y seis congregaciones, mientras la Iglesia de Dios en Cristo suma más de cinco millones de miembros en más de quince mil congregaciones. La única diferencia entre ambas fue la liberación del poder del Espíritu Santo en la Iglesia de Dios en Cristo con las señales y los prodigios que le siguen.

La historia de Mason y su Iglesia de Dios en Cristo es, realmente, una de las historias de los mayores éxitos de crecimiento de la iglesia en los Estados Unidos en la actualidad.

La Iglesia Pentecostal de la Santidad

Esta Iglesia se organizó como denominación de la santidad en 1898, varios años antes que comenzara el movimiento pentecostal en los Estados Unidos. Sus raíces se encuentran en el movimiento de la Asociación Nacional de la Santidad, que comenzó en Vineland, Nueva Jersey, en 1867, apenas terminada la Guerra Civil. La iglesia actual es una mezcla de tres organizaciones que fueron productos de ese movimiento.

Fundada por Abner Blackmon Crumpler, un predicador metodista de la santidad de Carolina del Norte, la iglesia fue organizada en 1896 como Asociación de la Santidad de Carolina del Norte. El nombre fue cambiado por Iglesia Pentecostal de la Santidad, cuando se formó la primera congregación en Greensboro, Carolina del Norte, en 1898.

El otro grupo principal que se integró con la denominación actual fue la Iglesia de la Santidad Bautizada por Fuego (*Fire-Baptized Holiness Church*), fundada en Iowa en 1895 por el ex predicador bautista Benjamin H. Irwin. Esta iglesia enseñaba una tercera bendición posterior a la santificación, llamada bautismo en el Espíritu Santo y fuego. Para 1898 este grupo se había organizado como denominación nacional con iglesias en ocho estados de los EE.UU. y dos provincias de Canadá.

El movimiento de los bautizados por fuego casi desapareció después que Irwin cayó en pecado y abandonó la iglesia. Anteriormente había enseñado sobre varios otros bautismos, como los de "dinamita", "lidita" y "oxidita".[12]

El avivamiento de Azusa

La conferencia anual de 1906 de la Iglesia Pentecostal de la Santidad de Carolina del Norte fue notable por la ausencia de Gaston Barnabas Cashwell, uno de los evangelistas y pastores más destacados de la denominación desde que dejó el metodismo para unirse a la nueva iglesia en 1903. Abner Blackmon Crumpler, el líder de la conferencia, leyó una carta de Cashwell que interesó muchísimo a los delegados. En ella, pedía perdón a cualquier persona a la que hubiera ofendido y anunciaba que iba a Los Ángeles "a buscar el bautismo del Espíritu Santo".[13]

Hacía varios meses que el avivamiento de Azusa causaba gran interés en el Sur, debido a los entusiastas relatos en primera persona de Frank Bartleman en *Way of Faith* (Camino de fe), una revista regional de la santidad. Cashwell fue el único ministro suficientemente osado como para pasar a la acción. Decidió hacer el largo viaje hasta Los Ángeles para averiguar por sí mismo si este era verdaderamente el nuevo Pentecostés por el que habían estado orando y esperando durante años. Confiando en que Dios supliría sus necesidades, compró un boleto de ida en tren a Los Ángeles, llevando puesto su único traje.

Al llegar a Los Ángeles fue directamente a la misión de Azusa. Pero lo que vio lo desalentó. El pastor, William J. Seymour, era un hombre negro, como la mayoría de los miembros de la congregación. Cuando algunos de ellos le impusieron las manos para que recibiera el bautismo, Cashwell salió abruptamente del lugar, confundido y decepcionado.

Pero esa noche Dios trabajó sobre sus prejuicios raciales y le dio amor por los negros y un renovado deseo de ser bautizado en el Espíritu Santo. A la siguiente noche, a pedido de Cashwell, Seymour y varios jóvenes negros le impusieron nuevamente las manos a este caballero sureño, que fue bautizado en el Espíritu y, según su propio relato, comenzó a hablar en perfecto alemán. Antes de que Cashwell regresara a Carolina del Norte Seymour y los demás de la misión de Azusa levantaron una ofrenda y le regalaron un nuevo traje, y suficiente dinero como para el viaje de regreso.

La llama se extiende

Al llegar a su ciudad natal de Dunn, en Carolina del Norte, en diciembre de 1906, Cashwell comenzó a predicar inmediatamente el Pentecostés en la iglesia local de la santidad. El interés era tan grande que, en la primera semana de enero de 1907, rentó un ex depósito de tabaco de tres plantas cerca de las vías del ferrocarril, en Dunn, para realizar una cruzada pentecostal que duró un mes y que se convirtió en el equivalente de Azusa en el Este.

La mayoría de los ministros de los tres movimientos de la santidad más importantes de la zona corrieron a participar de las reuniones, ansiosos por recibir su propio "Pentecostés personal". Entre esas iglesias se encontraban congregaciones de la Iglesia Pentecostal de la Santidad, la Iglesia de la Santidad Bautizada por Fuego y la Iglesia Bautista del Libre Albedrío de la zona. De la noche a la mañana la mayoría de estas iglesias y sus ministros, se entregaron por completo al movimiento pentecostal.

Un mes después el sobreveedor general de la Iglesia de la Santidad Bautizada por Fuego, Joseph H. King, invitó a Cashwell a predicar en su iglesia de Toccoa, Georgia. Aunque King había escuchado hablar del nuevo bautismo acompañado por glosolalia, no estaba plenamente convencido de su validez. Pero al escuchar un mensaje de Cashwell se arrodilló frente al altar y recibió el bautismo en una callada pero poderosa, manifestación del don de lenguas.[14]

Gaston Barnabas Cashwell (1862-1916), conocido como "el apóstol de Pentecostés en el sur" por haber extendido el pentecostalismo en el sur de los Estados Unidos después de 1906.

En los seis meses siguientes Cashwell realizó una gira veloz de los estados del Sur predicando, con lo cual se afirmó como "el apóstol de Pentecostés en el Sur". En un viaje a Birmingham, Alabama, a mediados de 1907, llevó el mensaje de Pentecostés a A. J. Tomlinson, sobreveedor general de la Iglesia de Dios en Cleveland, Tennessee, y a H. G. Rodgers y M. M. Pinson, que después fundaron las Asambleas de Dios.[15]

Oficialmente Pentecostal

Aunque la experiencia pentecostal arrasaba en su iglesia, Crumpler fue uno de los pocos que se negó a aceptar la teoría de la "evidencia inicial". Aunque aceptaba la validez del don de lenguas, no creía que todos tuvieran que hablar en lenguas para experimentar un genuino bautismo en el Espíritu Santo. Durante varios meses Crumpler y el grupo pentecostal liderado por Cashwell y sus convertidos tuvieron un conflicto en relación con este asunto.

El problema se definió en la conferencia anual en Dunn, Carolina del Norte, en noviembre de 1908. Casi el noventa por ciento de los laicos y ministros habían experimentado el don de lenguas para este entonces. El primer día de la convención los delegados reeligieron a Crumpler como presidente, pero la batalla sobre la "evidencia inicial" había llegado a su punto decisivo. Al día siguiente Crumpler abandonó para siempre la convención y la denominación que había fundado. Los pentecostales habían ganado.

La convención agregó inmediatamente un artículo pentecostal a su confesión de fe; indicaba que aceptaba el don de lenguas como evidencia inicial. Hasta donde se sabe, fue la primera iglesia que adoptó una declaración pentecostal en la doctrina oficial de la denominación.

Los delegados también eligieron *Bridegroom's Messenger* (El mensajero del Esposo), una revista publicada por Cashwell, como periódico oficial de la iglesia. En 1909 se tomó una nueva decisión fundamental, al agregar nuevamente la palabra "Pentecostal" al nombre de la denominación, que se había quitado en 1903 con la intención de identificar más a la iglesia con el movimiento de la santidad.

Otro punto fundamental en la aceptación del pentecostalismo fue el instituto bíblico de Greensboro, en Carolina del Sur, fundado por Nickles John Holmes en 1898 como Escuela de la Santidad. En 1907 Holmes y la mayor parte de los docentes del instituto recibieron el bautismo pentecostal y hablaron en lenguas bajo la influencia de Cashwell. Para 1909 Holmes había aceptado el pentecostalismo y por consiguiente, su instituto se convirtió en un centro teológico y educacional del movimiento desde el principio. Ya relacionado oficialmente con la Iglesia Pentecostal de la Santidad, el Instituto Bíblico Holmes es, en la actualidad, la institución educativa pentecostal más antigua del mundo en funcionamiento.[16]

Gaston Barnabas Cashwell, 1862-1916
Apóstol sureño del Pentecostés

Cuando la Iglesia Pentecostal de la Santidad se reunió en su conferencia anual en Lumberton, Carolina del Norte, en noviembre de 1906, uno de sus miembros más prominentes, G. B. Cashwell, estaba ausente. Pero había dejado una carta: "Me doy cuenta de que mi vida no llega a la medida de la santidad que predicamos; pero me he arrepentido en mi hogar de Dunn, Carolina del Norte y he sido restaurado. No puedo estar con ustedes en este momento, ya que salgo para Los Ángeles, California, donde buscaré el bautismo del Espíritu Santo".

Pero cuando este predicador rubio de la santidad, de más de ciento veinte kilos de peso y edad mediana llegó a la misión de la calle Azusa, se sintió muy incómodo. Gran parte de las prácticas que allí vio le parecieron expresiones de "fanatismo" y cuando un joven negro le impuso las manos para que recibiera el bautismo en el Espíritu Santo, sintió repulsión. Pero poco después "sufrió una crucifixión" y "murió" a su prejuicio. Regresó a la iglesia y pidió a los líderes negros que le impusieran las manos y oraran por él. Inmediatamente comenzó a hablar en lenguas.

Cashwell regresó a Dunn al mes siguiente y comenzó a predicar a sus hermanos de la santidad sobre el bautismo en el Espíritu y el don de hablar en lenguas. Aunque su superior en la Iglesia Pentecostal de la Santidad se oponía a sus enseñanzas, Cashwell continuó predicando por toda la región. Pronto se hizo conocido como "el apóstol de Pentecostés en el sur".

Solo dos años después Cashwell dejó la Iglesia Pentecostal de la Santidad, aparentemente molesto por no haber sido elegido su presidente. En esos dos años había llevado al movimiento pentecostal a cuatro grandes denominaciones de la santidad: la Iglesia Pentecostal de la Santidad, la Iglesia de la Santidad Bautizada por Fuego, la Iglesia de Dios (de Cleveland, Tennessee) y la Iglesia Bautista Pentecostal del Libre Albedrío.

Tomado de *Christian History*

Fusiones

Para fines de 1908 gran parte del movimiento de la santidad en el Sur había entrado en el pentecostalismo. En los siguientes meses surgió el sentimiento de que quienes "compartían la preciosa fe" debían unirse para promover el mensaje pentecostal más eficazmente. Esto llevó a la fusión de la Iglesia Pentecostal de la Santidad con la Iglesia de la Santidad Bautizada por Fuego en el pueblo de Falcon, Carolina del Norte, en 1911. El mismo sentir ecuménico llevó a fusión de las iglesias asociadas al instituto en 1915. Estas congregaciones estaban ubicadas, principalmente, en Carolina del Sur, y tenían sus raíces en la iglesia presbiteriana.

La teología de la iglesia

La Iglesia Pentecostal de la Santidad tiene sus raíces en las enseñanzas originales del avivamiento de Azusa. Ya era una iglesia de la santidad antes de 1906, por lo que enseñaba la teología wesleyana de la santificación como segunda bendición instantánea. Después de Azusa, esta iglesia simplemente agregó el bautismo en el Espíritu Santo con la evidencia del don de lenguas como tercera bendición. Esto concordaba con las enseñanzas de Irwin y la rama de la iglesia "bautizada por fuego".

Desde 1908 la Iglesia Pentecostal de la Santidad enseña lo que se conoce como cinco doctrinas cardinales: 1) justificación por fe; 2) santificación entera; 3) el bautismo en el Espíritu Santo evidenciado por el hablar en lenguas; 4) la expiación de Cristo provee sanidad divina y 5) la inminente segunda venida de Cristo premilenial.

Los libros que influyeron en la formación de esta teología fueron *The Spirit and the Bride* (El Espíritu y la Esposa), de G. F. Taylor, en 1907, y *From Passover to Pentecost*[17] (De la Pascua a Pentecostés), de J. H. King, en 1911.

Con el correr de los años esta iglesia se ha ganado la reputación de defender lo que sus líderes consideran que es el mensaje pentecostal original. En la controversia sobre la "obra consumada" que se produjo después de 1910 con relación a la santificación, la iglesia defendió firmemente la segunda obra de la entera santificación contra las enseñanzas de William Durham. Quienes aceptaron las enseñanzas de Durham formaron las Asambleas de Dios en 1914.[18]

El único cisma que se produjo en la historia de la iglesia fue en 1920, con la división sobre la sanidad divina y el uso de la medicina. Algunos pastores de Georgia defendían el derecho de los cristianos a utilizar la medicina y los médicos, mientras que la mayoría de los líderes de la iglesia enseñaban que había que confiar en Dios para la sanidad, sin recurrir a la medicina. Quienes abogaban por el uso de la medicina se retiraron de la denominación para formar la Iglesia Congregacional de la Santidad (*Congregational Holiness Church*) en 1921.[19]

Dolores de crecimiento

En los años posteriores a la Segunda Guerra Mundial, la Iglesia Pentecostal de la Santidad, junto con otras denominaciones pentecostales estadounidenses, experimentó un crecimiento colosal. Gran parte se produjo durante las cruzadas de la era de la "sanidad divina" de fines de los cuarenta y principio de los cincuenta. El líder de este movimiento fue Oral Roberts, un evangelista pentecostal de la santidad de Oklahoma. Al principio Roberts era inmensamente popular entre los líderes y laicos pentecostales, pero su ministerio comenzó a ser cada vez más controvertido a partir de 1953.

Durante una década la iglesia estuvo dividida en facciones pro-Roberts y anti-Roberts y algunos de los ministros opuestos pedían una separación en la iglesia. Finalmente prevalecieron mentes más calmas y la amenaza de división pasó. Con el tiempo, líderes como R. O. Corvin y el obispo Oscar Moore trabajaron con Roberts en su asociación evangelística y su nueva universidad.

Para mediados de los sesenta Roberts había ganado el apoyo de la mayor parte de su denominación; por ejemplo, del obispo Joseph A. Synan, quien, a pesar de haberse opuesto a Roberts en un comienzo, participó de la dedicación de la Universidad Oral Roberts en 1967. A pesar de esta aceptación, Roberts se unió a la iglesia metodista en 1968, para gran desconcierto y decepción de sus muchos amigos en las denominaciones pentecostales.[20]

La historia de Roberts ilustra un hecho significativo con respecto a esta denominación: la Iglesia Pentecostal de la Santidad es tan famosa por los ministros que la han abandonado como por los que han permanecido en ella. Además de Roberts, líderes como Charles Stanley, ex presidente de la Convención Bautista del Sur y C. M. Ward, ex predicador radial de las Asambleas de Dios, nacieron y fueron formados espiritualmente en la Iglesia Pentecostal de la Santidad. Otros líderes en similar situación son T. L. Lowery, de la Iglesia de Dios y Dan Sheaffer, de las Asambleas de Dios.

Ecumenismo pentecostal

Durante muchas décadas hubo escaso contacto entre las denominaciones pentecostales estadounidenses, con excepción de los ministros que pasaban de una a otra. Pero había casos de proselitismo y "robo de ovejas" que causaban incomodidad entre los diversos grupos. Esto comenzó a cambiar durante los oscuros días de la Segunda Guerra Mundial, cuando se dieron los primeros pasos para que los pentecostales comenzaran a confraternizar unos con otros.

Los primeros contactos fueron hechos en 1943, en los salones de la recientemente formada Asociación Nacional de Evangélicos. Varias denominaciones pentecostales fueron miembros fundadores de este grupo reunido a causa de la situación de emergencia producida por la guerra. La Iglesia Pentecostal de la Santidad fue uno de estos grupos.

Para 1948 varios grupos pentecostales formaron la Confraternidad Pentecostal de Norteamérica (*Pentecostal Fellowship of North America*, PFNA) en Des Moines, Iowa. Antes de esta organización se realizó una reunión masiva en Washington, D.C., donde se formularon planes para una constitución. Las figuras líderes de este encuentro fueron el obispo Synan, que ayudó a formular la constitución y Oral Roberts, quien predicó en la última reunión pública. Desde esos primeros días la Iglesia Pentecostal de la Santidad ha asumido un rol de liderazgo en las reuniones de la PFNA, así como en las Conferencias Mundiales Pentecostales que se realizan cada tres años desde 1947.[21]

La iglesia en el año 2000

En la década del sesenta la Iglesia Pentecostal de la Santidad comenzó a extenderse fuera de los Estados Unidos uniéndose a iglesias pentecostales hermanas en el Tercer Mundo, además de los tradicionales esfuerzos misioneros. En 1967 se asoció con la Iglesia Metodista Pentecostal de Chile, una de las iglesias pentecostales nacionales más grandes del mundo. En esa época la congregación metodista pentecostal de Jotabeche era la más grande del mundo, con más de sesenta mil miembros.

Hoy esta congregación es la segunda más grande, a pesar de que cuenta ahora con trescientos cincuenta mil miembros. En 2000 la Iglesia Metodista Pentecostal de Chile afirmaba tener no menos de un millón y medio de miembros más adherentes.

Una asociación similar se produjo con la Iglesia Metodista Wesleyana de Brasil, en 1985. Denominación pentecostal con raíces en la iglesia metodista brasileña, la iglesia wesleyana sumaba aproximadamente cien mil miembros y adherentes en 2000.[22]

Con doscientos mil miembros adultos bautizados en los Estados Unidos, en más de mil ochocientas iglesias locales; obras misioneras y asociadas en noventa y un países La Iglesia Pentecostal de la Santidad Internacional y sus asociadas sumaban dos millones y medio de miembros en todo el mundo en el año 2000. Desde 1974 la sede mundial de la iglesia se encuentra en la ciudad de Oklahoma, un importante centro de esta denominación.[23]

Los líderes de esta iglesia consideran que el siglo XXI será el momento de mayor crecimiento y evangelización en su historia. En 1985 se lanzó un programa llamado "Objetivo 2000". La meta de este programa es que la iglesia gane para Cristo una cantidad de personas igual a la décima parte del uno por ciento de la población mundial para el fin del siglo. Para lograr esta meta se están estableciendo nuevas iglesias en las ciudades más importantes de los Estados Unidos y de otros países, cada año.[24]

Durante muchas décadas la Iglesia Pentecostal de la Santidad fue una iglesia de acento sureño y era, más que nada, una denominación rural que ministraba en el sur y el oeste medio de los Estados Unidos. Ahora desea ministrar y predicar el evangelio en todos los idiomas y con todos los acentos del mundo.

Las Iglesias de Dios

De las aproximadamente doscientas denominaciones que hay en los Estados Unidos con variaciones del nombre "Iglesia de Dios", la más importante es el grupo pentecostal que tiene su sede en Cleveland, Tennessee. Debido a que hay muchas iglesias con nombres similares, las más destacadas han agregado el nombre del lugar que es su sede, para distinguirse de otras iglesias hermanas. Otras, como la Iglesia de Dios de Anderso (Indiana) algunas veces, agregan también el subtítulo "no pentecostal", para evitar confusiones con las iglesias pentecostales, que también tienen una denominación llamada Iglesia de Dios Pentecostal.

Además de esto hay, por lo menos, tres denominaciones con sede en la pequeña ciudad de Cleveland, en Tennessee, que llevan el nombre de Iglesia de Dios: la Iglesia de Dios –de Cleveland, Tennessee–, la Iglesia de Dios de la Profecía y la Iglesia de Dios de Jerusalem Acres. Otro grupo relacionado con sede en Huntsville, Alabama, lleva el nombre de Iglesia de Dios, Sede Mundial. Ninguna de estas iglesias está relacionada con la Iglesia de Dios de Winebrenner, que es anterior a la mayoría de los grupos mencionados.

En agosto de 1986 la Iglesia de Dios –de Cleveland, Tennessee– celebró el retorno centenario a lo que, según sostiene, es el comienzo del movimiento pentecostal en los Estados Unidos. Más de treinta y cinco mil personas se reunieron en Atlanta para la 66ta. Asamblea General, la reunión más concurrida de la historia de la iglesia.

La Unión Cristiana

Lo que se conmemoró fue una reunión que tuvo lugar en 1886, en Barney Creek, condado de Monroe, en Tennessee, bajo el liderazgo de R. G. Spurling Sr., donde se formó un grupo conocido como

Unión Cristiana. Spurling, que era bautista, pedía una nueva reforma de la iglesia, dado que, en su opinión, todas las demás iglesias habían caído en una edad oscura espiritual.[25]

Después de algunos años aparecieron nuevos grupos en el campo. Los historiadores de la Iglesia de Dios, como Charles W. Conn, señalan el avivamiento en la escuela Schearer en la comunidad de Coker Creek, en Carolina del Norte, como un importante punto de partida de la iglesia. Durante una campaña evangelística de 1986, conducida por evangelistas de la Iglesia de la Santidad Bautizada por Fuego, William Martin, Milton McNabb y Joe M. Tipton, algunos fenómenos inusuales electrizaron a la concurrencia.

En esta reunión dominaron las doctrinas y prácticas del movimiento de los "bautizados por fuego" de Benjamín Hardin Irwin, que se extendía rápidamente en esa época. Se enseñaban a los fieles los fanatismos propios de Irwin, como el tercer, cuarto y quinto bautismo de fuego, dinamita y oxidita, y también se les prohibía comer cerdo, beber café o violar cualquiera de las leyes de alimentación contenidas en el Antiguo Testamento.

Debido a estos extremos las reuniones eran interrumpidas por alborotadores, y los desdichados adoradores sufrían violentos ataques. También se informó que algunos de los asistentes a la escuela Schearer hablaban en extrañas lenguas al recibir el bautismo de fuego. Después que pasó el entusiasmo del avivamiento, Tipton, Martin, McNabb y R. G. Spurling Jr. continuaron predicando en toda escuela o lugar al aire libre que pudieran conseguir, a pesar de la persecución y el rechazo de los montañeses que los rodeaban.[26]

El rol de A. J. Tomlinson

Un nuevo comienzo se produjo después del cambio de siglo, con la organización de la "Iglesia de la Santidad de Camp Creek" en el oeste de Carolina del Norte, el 15 de mayo de 1902, en casa del predicador laico W. F. Bryant. El pastor de esa iglesia en ese tiempo era R. G. Spurling Jr. Esta iglesia podría haber sido la única en su género, de no ser por la visita de un vendedor de Biblias itinerante llamado Ambrose Jessup Tomlinson, de Indiana, en 1903. Tomlinson era cuáquero, del ala de la santidad dentro del cuaquerismo y se ganaba la vida vendiendo

Biblias y otros materiales religiosos a los piadosos montañeses del este de Tennessee y el oeste de Carolina del Norte.[27]

A mediados de 1903 Tomlinson, que había visitado la región ocasionalmente desde 1896, llegó a la pequeña congregación de Camp Creek y fue invitado a unirse a ella. Su educación y conocimiento de la Biblia eran, obviamente, superiores a los de la congregación, por lo cual lo consideraron un lujo que podía ayudar a cualquier grupo que estuviera en problemas. Pero antes de sumarse a la congregación Tomlinson pasó la noche en oración en el cercano monte Burger, donde recibió una visión de la Iglesia de Dios en los últimos días, que restauraría a todo el cuerpo de Cristo la fe del Nuevo Testamento.[28]

A. J. Tomlinson

Al día siguiente, 13 de junio de 1903, el vendedor se unió a la iglesia con el entendimiento de que era la Iglesia de Dios de la Biblia y no una organización creada por hombres. Al ganar a Tomlinson, la iglesia de Camp Creek sumó a uno de los mayores genios organizativos de la historia moderna de la iglesia en los Estados Unidos.[29]

En poco tiempo Tomlinson había plantado iglesias en Union Groove y Drygo, en Tennessee y una pequeña congregación en Jones, Georgia. También estableció una misión en la vecina Cleveland, que se convirtió en un centro de actividades del grupo. Para 1906 estas iglesias pudieron convocar a la primera reunión general para considerar asuntos de interés común. Así, el 26 y 27 de enero de 1906 se reunió la primera asamblea general en casa de J. C. Murphy, de Camp Creek, Carolina del Norte.[30]

Dado que Tomlinson era pastor de la iglesia local, fue elegido para servir como moderador. La nueva iglesia adoptó enseñanzas estrictas de santidad personal que prohibían a sus miembros consumir tabaco o alcohol. Se aprobó la ordenanza requerida del lavamiento de pies, así como el funcionamiento de la Escuela Dominical. Para evitar los errores del denominacionalismo, Tomlinson escribió en el acta que ninguna de las minutas debía ser utilizada "para establecer una secta o denominación". Las congregaciones, representadas por los veintiún delegados que se reunieron en la sala de la casa de Murphy, debían ser conocidas solamente como iglesias de la santidad.[31]

Ambrose Jessup (A. J.) Tomlinson, 1865 – 1943
Visionario de la Iglesia de Dios

"Jesús había iniciado la Iglesia de Dios cuando estaba aquí en la Tierra y durante varios años después de la muerte de su fundador, se llevó un registro de sus progresos y actividades. El período conocido como Edad Oscura vino después que la Iglesia de Dios se apartó de la fe y la iglesia se perdió de vista".

Con la convicción de que se trataba de la única y "Verdadera Iglesia de Dios", en 1903, Tomlinson se convirtió en líder de un pequeño grupo de creyentes de la santidad que se reunían en Camp Creek, Carolina del Norte, conocido como la Iglesia de Dios (aunque recientemente había cambiado su nombre por Iglesia de la Santidad). Para 1909 era su sobreveedor general.

Tomlinson comenzó a enseñar doctrinas pentecostales ya desde enero de 1907, pero llevó realmente a la denominación al movimiento pentecostal después de hablar en lenguas en una reunión evangelística con G. B. Cashwell en 1908.

Aunque fue nombrado "sobreveedor general permanente" en 1914, fue expulsado de la denominación en 1922. Se llevó con él dos mil miembros, con los que formó la Iglesia de Dios de Tomlinson, que luego tomó el nombre de Iglesia de Dios de la Profecía.

Tomado de *Christian History*

En la segunda reunión, que se realizó en el condado de Bradley, Tennessee, en enero de 1907, el grupo eligió el nombre de Iglesia de Dios, dado que era un nombre que estaba en la Biblia. Aparentemente no había ninguna relación con ninguna otra iglesia de los Estados Unidos, con excepción de que Tomlinson conocía la Iglesia de Dios (de Anderson, Indiana) y el grupo de Winebrenner en Pensilvania.

La nueva denominación era típica de las iglesias de la santidad que se formaron en Estados Unidos en este período. Se buscaba la segunda bendición de la entera santificación como un bautismo con el Espíritu Santo, que libraba a la persona que lo recibiera de los resultados del pecado original. También se afirmaba la seguridad de la sanidad divina para el cuerpo en respuesta a la oración. Los fanatismos de Irwin en 1896 dieron paso a una versión más moderada del movimiento de santidad estadounidense. Bajo el dinámico liderazgo de Tomlinson, la Iglesia de Dios plantó congregaciones en las áreas montañosas de Tennessee, Georgia, Kentucky, Virginia Occidental y Carolina del Norte.

Pentecostés. En 1906 Tomlinson y otros líderes de la iglesia se enteraron de la noticia de un nuevo Pentecostés en Azusa caracterizado por hablar en otras lenguas. La noticia fue bien recibida en los alrededores de Cleveland, como otra oleada de avivamiento de la santidad que podía bendecir a todas las iglesias. Tomlinson se interesó especialmente por la nueva doctrina y experiencia. En su diario registraba cada una de las manifestaciones espirituales que veía en sus reuniones, pero nunca había registrado un caso de glosolalia[32].

Con un interés extremo fue a Birmingham, Alabama, en junio de 1907, para escuchar a Gaston Barnabas Cashwell, un predicador de Carolina del Norte, de la Iglesia Pentecostal de la Santidad, que había recibido el bautismo en Azusa. Cashwell estaba haciendo una gira relámpago por el sur, explicando el movimiento pentecostal a grandes multitudes de seguidores de la santidad que se reunían para escuchar las nuevas lenguas. Aunque Tomlinson no pudo reunirse con Cashwell, sí pudo hablar con M. M. Pinson (que luego sería uno de los fundadores de las Asambleas de Dios) sobre este nuevo movimiento pentecostal. Aunque Tomlinson no recibió el don de lenguas en Birmingham, en 1907, regresó a Cleveland convencido de que su iglesia debía ser parte de esta nueva experiencia espiritual.

Después de convocar a la iglesia para que orara por un nuevo Pentecostés, el moderador general invitó a Cashwell a predicar en la siguiente asamblea general que se reuniría en enero de 1908 en Cleveland. Para cuando Cashwell llegó –cuando la asamblea general ya había sido oficialmente clausurada– muchos de los pastores ya habían recibido el bautismo y hablaban en otras lenguas. Ahora oraban por su líder.

El bautismo de Tomlinson fue uno de los más pintorescos de los registros del pentecostalismo. Mientras Cashwell estaba predicando, el sobreveedor general cayó al suelo detrás del púlpito, con la cabeza debajo de una silla... y comenzó a hablar, no en uno, sino en diez idiomas, uno tras otro. Con este hecho quedó implícito que la Iglesia de Dios sería parte del creciente movimiento pentecostal. Después de enero de 1908 hubo manifestaciones de glosolalia prácticamente en todos los cultos que Tomlinson observó en las iglesias. Lenguas, interpretaciones y profecías llegaron a ser tan frecuentes que, muchas veces, en las asambleas generales se tomaban decisiones importantes siguiendo las instrucciones carismáticas recibidas por medio de lenguas e interpretaciones.

La nueva dinámica producida por la experiencia pentecostal causó un crecimiento fantástico en la naciente iglesia. Para 1909 la iglesia había ganado casi todo el norte de Cleveland. Pronto las comunidades de todo el Sur eran visitadas por predicadores itinerantes que predicaban en pueblos molineros, campos de minería, ciudades, aldeas y ciudades más importantes en la región. Con el tiempo las iglesias siguieron a los miembros que emigraban a las ciudades industriales del noreste y el oeste medio. La Iglesia de Dios comenzó, realmente, a moverse como un poderoso ejército por la Tierra. En 1910 contaba con aproximadamente mil cinco miembros registrados, en veintisiete iglesias. Para 1920 la cifra había aumentado fabulosamente: catorce mil seiscientos seis miembros en trescientos ochenta y nueve congregaciones.[33]

Divisiones. El ímpetu de esos primeros años se perdió después de la Primera Guerra Mundial, cuando surgieron cuestionamientos sobre los métodos que Tomlinson utilizaba para dirigir la iglesia. A lo largo de los años había acumulado poder en sus manos y hasta había convencido a la iglesia para que adoptara una nueva constitución, en 1914, que le otorgaba el puesto de sobreveedor vitalicio. En 1917 se adoptó una constitución abiertamente teocrática que confirmó su nombramiento de por vida. Para 1922 había gran insatisfacción por una supuesta malversación de fondos. En los siguientes meses Tomlinson se enfrentó contra un consejo de ancianos dirigido por I. S. Lewellyn y Flavius Josephus Lee.[34]

En un juicio eclesiástico que tuvo lugar en Bradley, Tennessee, en 1923, el consejo de ancianos removió a Tomlinson de su cargo, después de lo cual él se retiró de la iglesia. Con sus seguidores organizaron otra denominación como la Iglesia de Dios. Cuando llegaba dinero por correo a Cleveland, los empleados postales no sabían a quién entregarlo. Esto llevó a un prolongado juicio que, finalmente, fue resuelto por la Corte Suprema de Tennessee. La decisión final fue que las dos iglesias fueran conocidas legalmente como "Iglesia de Dios" e "Iglesia de Dios de Tomlinson".

La Iglesia de Dios de la Profecía

Esta situación con la Iglesia de Dios de Tomlinson continuó hasta que Tomlinson murió en 1943, con lo que entre los seguidores de los dos hijos de Tomlinson, Homer y Milton, surgió la pregunta de quién sería el líder. Homer, que era predicador desde hacía ya tiempo, siempre se había considerado heredero del puesto de su padre. Pero muchos pastores lo consideraban inestable y preferían al hijo menor, Milton, que había trabajado como imprentero en la editorial White Wing, propiedad de la iglesia y como pastor en Kentucky. Cuando Milton fue elegido sobreveedor, Homer se retiró para organizar otra denominación conocida como Iglesia de Dios, Sede Mundial. Hasta su muerte en 1968, la sede de esta iglesia estuvo en Queens, Nueva York. Con los años se hizo famoso por sus afirmaciones de ser rey y obispo de todo el mundo.[35]

La iglesia que Milton dirigía adoptó el nombre de "Iglesia de Dios de la Profecía", en 1952 y comenzó un vigoroso ministerio desde su moderna sede en Cleveland. Tanto la Sede Mundial como la Iglesia de Dios de la Profecía continuaron enseñando la visión escatológica de Tomlinson, de un día en que todas las iglesias se fundirían en la Iglesia de Dios, como su fundador lo había visto en la visión en el monte Burger, en 1903.

La Iglesia de Dios (de Cleveland, Tennessee)

La Iglesia de Dios, dirigida desde 1923 por F. J. Lee, finalmente llegó a ser conocida como Iglesia de Dios (de Cleveland, Tennessee) para mejor identificación. Este grupo creció rápidamente y llegó a convertirse en el principal del movimiento. Para 1943 se había unido a la Asociación Nacional de Evangélicos y fue, luego, miembro fundadora de la Confraternidad Pentecostal de Norteamérica, en 1948. También se convirtió en una de las iglesias pentecostales más grandes y de mayor crecimiento del mundo. Los primeros esfuerzos misioneros convirtieron a la Iglesia de Dios en una fuerza dominante en los países caribeños. Con sucesivas asociaciones, estableció también lazos con iglesias nacionales en Sudáfrica, Indonesia y Rumania.[36]

Para agosto de 2000 la Iglesia de Dios de Cleveland sumaba casi seis millones de miembros y adherentes en más de ochenta países del mundo. En los Estados Unidos, seis mil cuatrocientas ocho iglesias ministran a casi novecientos mil miembros. Desde 1910 el *Church of God Evangel* (Evangelio de la Iglesia de Dios) ha sido cronista del crecimiento y las actividades de esta iglesia.[37]

La Iglesia de Dios de la Profecía también ha crecido en los Estados Unidos y el mundo. Para el año 2000 la iglesia estadounidense contaba con setenta y seis mil trescientos cincuenta y un miembros, en mil novecientos ocho congregaciones. Las actividades de la iglesia son controladas por la asamblea general, que cada año atrae a veinte mil fieles a sus reuniones.[38]

La Iglesia Santa Unida

La denominación pentecostal original más antigua en los Estados Unidos es la Iglesia Santa Unida (*United Holy Church*), una denominación compuesta principalmente por afroamericanos que se inició en Carolina del Norte. Las reuniones que dieron origen a esta iglesia se produjeron en la ciudad de Method, un suburbio de Raleigh, Carolina del Norte, en 1886. Allí se produjo un avivamiento de la santidad en una congregación afroamericana bautista, donde se proclamó la doctrina y la experiencia de la entera santificación. El avivamiento de la santidad fue liderado por un grupo de oración wesleyano que comenzó a reunirse en 1882. Los líderes del avivamiento fueron L. M. Mason, D. S. Freeman y G. W. Roberts. Las autoridades bautistas consideraron que el avivamiento era contrario a la fe y práctica bautista y, al terminar la campaña, se pidió al grupo de la santidad que abandonara la iglesia.

Entonces, en mayo de 1886, se inició una nueva congregación de la santidad. Mason fue elegido como primer presidente de la iglesia. Este grupo, la Iglesia Santa de Providence, se convirtió en la iglesia madre de la denominación.[39]

Desde 1886 hasta 1894, cuando se produjo la primera convocatoria en Durham, otras congregaciones de Carolina del Norte se unieron al grupo. En 1900 se formó una organización formal y se adoptó un "manual de disciplina para el gobierno de las iglesias". Uno de los líderes de este primer período fue W. H. Fulford, de la Iglesia de la Santidad Bautizada por Fuego, que era dirigida por el evangelista blanco Benjamín Hardin Irwin. Fue presidente desde 1903 hasta 1916. Es probable que la Iglesia Santa Unida se haya sumado a las filas del movimiento pentecostal bajo el liderazgo de Fulford, mientras cientos de miembros eran bautizados en el Espíritu Santo y hablaban en otras lenguas. Después de 1916 el anciano H. L. Fisher se convirtió en el jefe de la iglesia por un prolongado período, hasta su muerte en 1947.[40]

La iglesia creció tanto en el sur como en el norte durante los primeros años del siglo XX, mientras miles de negros emigraban al norte en busca de trabajo. Pronto las iglesias locales más grandes fueron las situadas en Chicago, Nueva York y Filadelfia.[41]

En 1979 la iglesia se dividió hasta el año 2000. Un grupo fue dirigido por el obispo W. N. Strobhar, de Nueva York, y el otro por el obispo James A. Forbes. A pesar de los muchos esfuerzos por evitar la división, la iglesia quedó partida en dos, con Strobhar dirigiendo las iglesias del norte del país y Forbes a la cabeza de un gran grupo ubicado en los estados sureños. La división se sanó, finalmente, en el año 2000, y la iglesia se reunió en mayo de ese año en una gran convocatoria de reconciliación realizada en Greensboro, Carolina del Norte, donde el orador principal fue T. D. Jakes. Después de la reunión, las autoridades de la iglesia sostienen que su membresía en los Estados Unidos llega a las setecientas mil personas, aproximadamente.[42]

La primera ola de pentecostalismo estadounidense

Estas iglesias pentecostales de la santidad fueron la primera ola de pentecostalismo en el mundo. Comenzando con una teología básica arminiana-wesleyana, agregaron el bautismo pentecostal en el Espíritu Santo con la evidencia de hablar en lenguas, a su ya altamente desarrollado sistema teológico de la santidad. Dado que representaban una rama radical de la enseñanza y la experiencia de la santidad, les fue más fácil hacer la transición al pentecostalismo que a otras iglesias de la santidad más conservadoras, como la Iglesia del Nazareno o la Iglesia Metodista Wesleyana.

Casi todos los fundadores del movimiento pentecostal, entre ellos, Charles Parham, William Seymour y otros, eran de esta corriente. El testimonio de la calle Azusa: "Soy salvo, santificado y lleno del Espíritu Santo", se convirtió en el grito de batalla de este movimiento. El "quíntuple evangelio" de estas iglesias se convirtió en el primer manifiesto teológico del pentecostalismo mundial. Los cinco puntos son:

1. Justificación por fe.
2. Santificación como una segunda, definitiva, perfeccionadora obra de la gracia.

3. El bautismo en el Espíritu Santo evidenciado por el hablar en lenguas.
4. La sanidad divina como en la expiación.
5. La segunda venida premilenial de Cristo.

Aunque algunas de estas enseñanzas fueron luego alteradas por sucesivas oleadas de pentecostales y nuevos carismáticos en las iglesias tradicionales, fueron las pautas formativas que produjeron las primeras iglesias pentecostales del mundo.

· 6 ·

Las iglesias pentecostales de la "obra consumada"

Vinson Synan

Las iglesias pentecostales de la santidad fueron las primeras iglesias pentecostales organizadas del mundo pero, cuando el movimiento explotó en todos los Estados Unidos y otros países, entraron en él miles de convertidos que no tenían raíces en la corriente teológica wesleyana que dominó el pentecostalismo estadounidense de los primeros años. Muchos de estos nuevos pentecostales eran originarios de iglesias bautistas, presbiterianas u otras. Ellos pasaron directamente de la conversión al bautismo en el Espíritu Santo sin que interviniera la "segunda bendición" de la santificación.

La primera variación doctrinal en el movimiento pentecostal fue sobre el lugar de la "segunda bendición" en la vida del creyente pentecostal. Muchos rechazaron el extremo legalismo que practicaban ciertos pentecostales de la santidad, hasta el punto de rayar en el fariseísmo, en el mejor de los casos, o del fanatismo, en el peor. Además, la insistencia en la segunda bendición era contraria a la teología y la experiencia de muchas personas que habían ingresado en el movimiento desde trasfondos no wesleyanos.

El primero en desafiar la teología de "las tres bendiciones" fue William H. Durham, de Chicago. Había sido durante mucho tiempo predicador de la santidad, de la santificación como segunda bendición, antes de tener su experiencia pentecostal, pero dejó de predicar la santificación instantánea en busca de una nueva teología. Para 1911 había elaborado lo que llamó la teología "de la obra consumada en el Calvario", que negaba la necesidad de una experiencia de "segunda bendición" previa al hablar en lenguas. Para Durham la santificación era un proceso gradual que comenzaba en la conversión y era seguido por un crecimiento progresivo.

Esta enseñanza, tan revolucionaria en aquella época entre los pentecostales, abrió un profundo cisma teológico en el movimiento pentecostal. Líderes como Parham, Seymour y otros atacaron la teología de la "obra consumada" como una amenaza para la supervivencia del movimiento.

Con el tiempo otros pentecostales independientes que estaban de acuerdo con Durham se unieron para formar las Asambleas de Dios en 1914. La mayoría de las iglesias pentecostales del mundo que se formaron después concordaban con la postura de Durham. Esto reducía las experiencias espirituales de estos pentecostales, de tres a dos. Después, los pentecostales de "la obra consumada" testificaban haber sido "salvados y bautizados en el Espíritu Santo" sin hacer referencia a la santificación.

Las Asambleas de Dios

Con treinta y cinco millones de miembros en todo el mundo, las Asambleas de Dios (AD) es, por lejos, la comunión pentecostal más grande y conocida del mundo. Es también el cuerpo pentecostal más influyente y visible, respetado en el mundo del cristianismo carismático y evangélico.

La historia de las AD es, en gran parte, la historia de todo el movimiento pentecostal, no solo en los Estados Unidos, sino también en todo el mundo. Con sus raíces en el movimiento de la fe apostólica fundado por Charles Parham, y el avivamiento de la calle Azusa, fue la primera denominación enteramente producida por el movimiento pentecostal. Los otros cuerpos pentecostales tenían sus raíces en el movimiento de la santidad.

En abril de 1914 más de trescientas personas se reunieron en el Grand Opera House de Hot Springs, Arkansas, para crear una nueva organización nacional para las cientos de asambleas pentecostales independientes que estaban esparcidas por ciudades y pueblos de todos los Estados Unidos. Esta reunión sería un importante punto de inflexión para el movimiento pentecostal de los Estados Unidos y, en última instancia, del mundo.[1]

Formación

La formación de esta nueva fraternidad debió mucho a hombres que no estuvieron presentes en Hot Springs y que nunca llegarían a ser parte de la iglesia. Entre ellos se encontraba Charles Parham, quien formuló la enseñanza de que hablar en lenguas era la "evidencia inicial" del bautismo en el Espíritu Santo, una doctrina que se convirtió en distintiva de la creencia de las AD en cuanto a tal bautismo. Otro ausente fue William J. Seymour, que dirigió el avivamiento de la calle Azusa, en Los Ángeles, donde la mayoría de los presentes aceptó la experiencia. Una tercera persona, William Durham, que había fallecido en 1912, forjó la doctrina más distintiva de la nueva denominación. Su teoría de la "obra consumada" distinguió a las AD de los grupos pentecostales de la santificación, más antiguos, que hacían énfasis en el aspecto de la "segunda obra" de la santificación. El cuarto ausente fue A. B. Simpson, fundador de la Alianza Cristiana y Misionera, de cuya iglesia salieron gran parte de los líderes de la nueva iglesia, así como su teología básica y su impulso misionero hacia todo el mundo.[2]

William H. Durham (1873-1912) es comúnmente llamado el padre teológico de las Asambleas de Dios. Su visión de la "obra consumada" de la santificación abrió la puerta para que ingresaran en el movimiento miles de personas de trasfondos no wesleyanos.

Otro que estuvo presente, pero no se sumó, fue Charles H. Mason, líder de la Iglesia de Dios en Cristo, de Memphis, Tennessee. Aunque Mason era negro y la mayoría de los miembros de su iglesia también, muchos eran blancos. Gran parte de los que formaron las AD eran pastores blancos que habían estado asociados a Mason y su iglesia. Muchos habían recibido acreditaciones de la Iglesia de Dios en Cristo, entregadas por Mason, con la condición de que no fueran emitidas a nadie que fuera "indigno".

Aunque los lazos entre Mason y los pentecostales blancos no eran muy firmes en 1914, no obstante él fue invitado a predicar en la convención. Pero no se unió a la nueva iglesia. En cierto sentido, la organización de las AD fue, en parte, una separación racial de la iglesia de Mason.[3]

Padres fundadores

Quienes estuvieron presentes en el concilio de Hot Springs representaban a los principales elementos que formaron la iglesia. El presidente y primer superintendente general, fue Eudorus N. Bell, un ex bautista de Texas que era, entonces, pastor de una asamblea pentecostal en Malvern, Arkansas. Bell había sido educado en el Seminario Bautista del Sur de Louisville, Kentucky, y había estudiado en la Universidad de Chicago. Muchos bautistas como él habían entrado en la experiencia pentecostal a pesar de no haber recibido enseñanza en la tradición de la santidad. Bell representaba al gran componente de tendencia "bautista" de la nueva iglesia.[4]

J. Roswell Flower fue elegido secretario general de la iglesia a la joven edad de veintiséis años. Luego serviría en muchos otros puestos en las Asambleas de Dios hasta su retiro en 1959, cuando nuevamente ocupaba la posición de secretario general. Flower, junto con Noel Perkin y Frank Boyd, había estado relacionado en cierto modo con la Alianza Cristiana y Misionera antes de entrar en las filas pentecostales.[5]

Escaramuzas por la santificación

En 1911, mientras William Durham predicaba oponiéndose a la doctrina de la santificación como "segunda bendición", una joven lo atacó con un broche de sombrero como muestra de su "aguda desaprobación". No era la única que despreciaba sus opiniones "demoníacas". El conflicto acerca de la santificación había explotado un año antes, y se convirtió en la primera controversia significativa del movimiento pentecostal.

El movimiento pentecostal, en sus comienzos, surgió del movimiento de la santidad y, como su raíz, compartía la posición de John Wesley sobre la santificación: que era una experiencia instantánea de "entera santificación" o "perfección cristiana", una experiencia separada de la conversión. Los primeros pentecostales la llamaron "segunda bendición" y la consideraban una preparación necesaria para una tercera experiencia, que el Espíritu Santo habitara en la persona –es decir, la nueva experiencia pentecostal–.

En 1910 William H. Durham, pastor de la Misión de la Av. North de Chicago, comenzó a hacer olas en los círculos pentecostales cuando se opuso a esta perspectiva. "Comencé a escribir en contra de la doctrina de que son necesarias dos obras de la gracia para salvar y limpiar a un hombre" –escribió más tarde–. "Negué, y aún niego, que Dios no resuelva la naturaleza del pecado en la conversión.

Niego que un hombre que se convierte o nace de nuevo sea lavado y limpiado exteriormente, mientras su corazón queda manchado de enemistad contra Dios en su interior".

Esto no sería salvación, sostenía, ya que la salvación "significa que todo el viejo hombre, o vieja naturaleza, que era pecaminosa, depravada y era justamente lo que estaba en nuestro interior y era condenado, está crucificado con Cristo".

Durham llamó a esta postura "la obra consumada en el Calvario" porque creía que la obra de Cristo en la cruz era suficiente tanto para la salvación como para la santificación. Los pentecostales de "la obra consumada", gradualmente, llegaron a hacer énfasis, además, en un proceso gradual de santificación, no una experiencia instantánea en la que la persona se "apropiaba" de la obra de Cristo sobre su vida.

Expulsado de Azusa

Durham regresó a la misión de la calle Azusa en 1911 —donde había recibido el don de lenguas en 1906—. William Seymour estaba en una gira de predicación, y Durham fue invitado a predicar. Su enseñanza sobre la obra consumada generó conflictos, pero al mismo tiempo fue el comienzo de un nuevo avivamiento. "El fuego comenzó a caer sobre la vieja Azusa como al principio", dijo un observador. Pero cuando Seymour se enteró de lo que sucedía, rápidamente regresó y cerró con candado la puerta de la iglesia para impedir que el predicador de Chicago continuara proclamando tal mensaje desde ese púlpito. Impertérrito, Durham se mudó a una obra misionera rival y continuó proclamando su mensaje.

Desde su hogar en Kansas, Charles Parham —que para este entonces estaba desapareciendo rápidamente del centro de atención— declaró: "Si la doctrina de este hombre es cierta, que se acabe mi vida para probarlo; pero si nuestra enseñanza sobre la definitiva gracia de la santificación es cierta, pague él con su vida tal engaño". Cuando Durham murió inesperadamente poco después, ese mismo año, Parham lo consideró una reivindicación y enfatizó a sus seguidores "cuán claramente Dios ha respondido".

A pesar de tal ardiente oposición, la interpretación de Durham llegó a ser la posición teológica preferida por aproximadamente la mitad de los pentecostales para 1915. La mayoría de las denominaciones formadas como cuerpos de la santidad antes del derramamiento pentecostal continuaron siendo inflexibles defensoras de la doctrina de la segunda bendición, mientras que las organizaciones más nuevas, como las Asambleas de Dios, o dejaron abierto el asunto a la convicción personal del individuo, o adoptaron la teología de la obra consumada. Tal es, en la actualidad, la postura de la mayoría de los pentecostales en los Estados Unidos.

JAMES R. GOFF JR.
Christian History

M. M. Pinson, ardiente seguidor de William Durham, predicó el sermón principal en el consejo sobre el tema de la "obra consumada del Calvario", tema teológico dominante en la reunión. Pinson había sido ordenado en la Misión Pentecostal de J. O. McClurkan en Nashville, Tennessee, un grupo que luego se fusionó con la Iglesia del Nazareno.

Representaba al gran número de wesleyanos que se unieron a las Asambleas a pesar de la nueva perspectiva sobre la santificación. De hecho, miles de pentecostales de diversas corrientes, dentro de la de la santidad, se unieron a las Asambleas en la siguiente década. Por ello, durante estos años, una de las cuestiones más controvertidas en *Pentecostal Evangel* (Evangelio pentecostal), el periódico oficial de la iglesia, fue la relativa a la segunda bendición.[6]

Pinson, Flower y Bell también editaban los tres periódicos que impulsaron la reunión en Hot Springs. *Christian Evangel* (Evangelio cristiano), de Flower, se publicaba en Plainfield, Indiana. *Apostolic Faith* (Fe apostólica) de Bell, y *Word and Witness* (Palabra y testimonio), de Pinson, que se fusionaron con este último nombre en 1912, se publicaban en Malvern, Arkansas.[7]

Desde sus roles de comunicar noticias de las iglesias y las próximas convenciones, estos periódicos fueron vitales para el desarrollo de las organizaciones básicas que se reunieron en Hot Springs para formar la nueva iglesia. En Alabama el grupo de Pinson utilizó el nombre de Iglesia de Dios desde 1909 hasta 1911, cuando cambió por el de Iglesia de Dios en Cristo. El grupo de Bell, en Arkansas, usó el nombre de Fe Apostólica hasta 1911, cuando también adoptó el de Iglesia de Dios en Cristo y aceptó credenciales de ordenación de la iglesia de Mason. Estos dos grupos se unieron al de Flower en Indiana para lanzar el llamado al concilio de Hot Springs en 1914. Otros que se unieron a ellos en el llamado fueron A. P. Collins, H. A. Goss y D. C. O. Opperman.[8]

Motivos para la organización

Cinco razones fueron invocadas para el llamado al concilio de Hot Springs. La primera fue formular una postura doctrinal defendible para el creciente número de iglesias pentecostales independientes, que con frecuencia eran arrastradas *"por cualquier viento de doctrina"*. La segunda era el deseo de consolidar y conservar la obra pentecostal, que estaba en peligro de disiparse sin un mejor apoyo mutuo de pastores que, con frecuencia, estaban aislados unos de otros y sin comunión entre sí.

La tercera razón fue la necesidad de contar con una agencia centralizada de misiones al extranjero que administrara los fondos enviados a los entusiastas misioneros pentecostales que estaban esparcidos por todo el mundo, prácticamente sin experiencia, sin apoyo ni dirección. La cuarta razón era la necesidad de establecer institutos bíblicos aprobados para capacitar a los futuros pastores y líderes de las iglesias.

En este edificio se realizó en 1914 la histórica reunión que tuvo como resultado las Asambleas de Dios, que llegarían a convertirse en la denominación pentecostal más grande del mundo.

La quinta razón para convocar este congreso era consecuencia de las cuatro primeras. Una nueva organización era necesaria para conservar el fruto del avivamiento pentecostal que se movía con poder por toda la nación y el mundo. Lo que se produjo en Hot Springs fue un "odre nuevo" para el nuevo vino del Espíritu Santo que se estaba derramando.[9]

Las enseñanzas de la iglesia

El nombre era fundamental para que la nueva iglesia tuviera éxito. Dado que el nombre común a la mayoría de los grupos que se reunieron era el de Iglesia de Dios en Cristo, el nuevo nombre constituyó una variante de aquél. La palabra "asamblea" proviene de la misma palabra griega que comúnmente se traduce como "iglesia". La forma plural, "asambleas", señala la naturaleza congregacional del grupo, que consistía en cientos de asambleas independientes que se unían para tener compañerismo y un ministerio común. El nombre fue sugerido por T. K. Leonard, cuya congregación local en Findlay, Ohio, hacía varios años que se llamaba Asamblea de Dios.[10]

La preocupación común era que la nueva iglesia no estuviera atada a un credo ni a una organización demasiado estricta. Por tanto, se decidió que no se adoptaría una declaración de fe obligatoria para incorporarse a ella. Pero el Preámbulo y la Resolución sobre la Constitución contenían las enseñanzas básicas acordadas por las iglesias, y que las ubicaban dentro del ala pentecostal evangélica, no wesleyana, dispensacionalista. La doctrina crucial que unía a todas las iglesias era la de que hablar en lenguas era la "evidencia inicial" del bautismo en el Espíritu Santo.[11]

La lasitud doctrinal permitida en 1914 fue un esfuerzo para que el Espíritu continuara moviéndose con libertad y de nuevas formas en las iglesias. Cualquier limitación doctrinal que inhibiera esta libertad debía ser evitada. Sin embargo, esta preciada libertad sufriría una terrible prueba con el surgimiento de los pentecostales "unitarios" en la iglesia, dentro de los dos años siguientes.

Este movimiento que sus seguidores llamaron "del nombre de Jesús" y sus detractores llamaban el movimiento "solo Jesús", se originó en California en 1913, un año antes de la reunión de Hot Springs. Liderado por Frank Ewart y Glenn Cook, negaba la doctrina de la Trinidad e insistía en el unitarianismo del Hijo. Los trinitarios eran acusados de adorar a "tres dioses". La postura unitaria era que la única forma válida de bautismo era "en el nombre de Jesús", y que hablar en lenguas era necesario para ser salvo. Esta enseñanza se extendió rápidamente de iglesia en iglesia después de 1914, y amenazaba con atrapar a la iglesia toda.[12]

Eudorus Bell, primer superintendente general de las Asambleas de Dios, fue uno de los pocos, entre los primeros pentecostales, que contaba con educación formal. Era graduado del Seminario Teológico Bautista del Sur de Louisville, Kentucky, y de la Universidad de Chicago. Sirvió como pastor en iglesias bautistas del sur durante diecisiete años antes de convertirse en pentecostal en 1908.

El peligro aumentó en 1915, cuando el Superintendente General Bell fue rebautizado en el nombre de Jesús. El Tercer Concilio General, que se reunió en St. Louis, Missouri, en octubre de 1915, estaba tan dividido que no se atrevieron a votar sobre ese explosivo tema. En los meses siguientes los trinitarios, liderados por Flower, Pinson y John W. Welch, unieron sus fuerzas para contrarrestar a los unitarios. La victoria crucial fue la reconversión de Bell a la posición trinitaria. Para cuando se reunió el Cuarto Concilio General, en 1916, los trinitarios ya tenían nuevamente el control. Cuando se tomó el voto final, la nueva denominación perdió ciento cincuenta y seis de sus ministros ordenados que pasaron a las filas de los partidarios del nombre de Jesús.

Con esta decisión tomada, los delegados que quedaron adoptaron una declaración de fe trinitaria, que se convirtió en el modelo de doctrina de prácticamente todas las iglesias pentecostales que se formaron a partir de entonces.[13]

La iglesia crece

El crecimiento de las Asambleas de Dios desde 1914 ha sido fenomenal, tanto en los Estados Unidos como en el resto del mundo. La iglesia comenzó básicamente como una sociedad misionera, y desarrolló uno de los programas de misiones foráneas más agresivos del mundo. Los misioneros iban hasta los rincones más remotos del planeta para predicar el mensaje pentecostal. Las ofrendas sacrificiales para las misiones mundiales se convirtieron en la mayor preocupación de las iglesias.

El deseo de expandirse en los campos misioneros tenía su paralelo en el deseo de extenderse dentro de los Estados Unidos. Pronto se plantaron iglesias de las Asambleas de Dios en todos los Estados de la Unión. En las grandes ciudades, donde las iglesias históricas declinaban, se organizaron asambleas florecientes. También lograron entrar en miles de ciudades donde otras denominaciones fracasaban.

El mayor crecimiento de las Asambleas de Dios se produjo después de la Segunda Guerra Mundial, con las campañas de sanidad que llevaron el mensaje pentecostal a las masas estadounidenses. Después de un período de crecimiento más lento en la década del sesenta, la iglesia prosperó en el período de renovación carismática en las denominaciones tradicionales.

En la década del setenta y primera mitad de los ochenta, esta denominación creció hasta convertirse en una de las más importantes de los Estados Unidos. Para el año 2000 algunas de las congregaciones más grandes del país estaban afiliadas a las Asambleas de Dios. Entre ellas la Carpenter's Home Church de Karl Strader, en Lakeland, Florida, que tiene un santuario con capacidad para aproximadamente diez mil personas. Otras grandes asambleas son la Crossroads Cathedral, de Oklahoma City, Oklahoma, con capacidad para seis mil personas, pastoreada por Dan Sheaffer; Calvary Temple, en Irving, Texas, pastoreada por Don George; y la Primera Asamblea de Dios en Phoenix, Arizona, pastoreada por Tommy Barnett.[14]

La iglesia de las Asambleas de Dios más grande del mundo, en tamaño y crecimiento, es la de Seúl, Corea del Sur, pastoreada por Paul Yonggi Cho. Es conocida en Corea como la Iglesia Yoido del Evangelio Completo. Su membresía superaba las setecientas treinta mil personas en el año 2000, y se espera que pasará el millón de personas.[15]

Las estadísticas de crecimiento de las AD son realmente impresionantes. De los trescientos miembros que se reunieron en Hot Springs en 1914, la iglesia ha crecido hasta llegar a más de treinta y cinco millones de miembros en el año 2000, de los cuales, dos millones y medio están en los Estados Unidos. Con un enfoque más demográfico, David Barrett afirma que las AD cuentan con cuarenta y cuatro millones de miembros y adherentes. Las AD de los Estados Unidos cuentan con doce mil cincuenta y cinco congregaciones locales. En el mundo, son 121.424 iglesias y puntos de predicación, de los cuales 10.886 están en los Estados Unidos. Un total de 1.464 misioneros estadounidenses de las AD trabajan en ciento dieciocho países. En todo el mundo trescientos un institutos bíblicos capacitan ministros para extender la obra de la iglesia.[16]

Cuando se inició el programa misionero se decidió que la meta de la iglesia era desarrollar campos que pudieran autogobernarse y autosostenerse, sin depender de la iglesia en los Estados Unidos. Por tanto, muchas iglesias nacionales llevan el nombre de Asambleas de Dios sin tener ningún lazo directo con la sede estadounidense situada en Springfield, Missouri. Aunque todos comparten el mismo estandarte y las mismas doctrinas, son más una fraternidad de iglesias independientes nacionales que una sola organización internacional en todo el mundo. Esto se aplica a la iglesia nacional más grande, las Asambleas de Dios de Brasil, que fue formada en 1910, cuatro años antes que en los Estados Unidos.

De todos los líderes de las AD, ninguno ha ejercido una influencia mayor que Thomas Zimmerman, que concluyó su período de servicio como superintendente general en diciembre de 1985. Durante los veintiséis años que ocupó el cargo, la iglesia más que duplicó su membresía en los Estados Unidos. Zimmerman también ayudó a integrar a los pentecostales con las iglesias tradicionales evangélicas, al ser el primer pentecostal que llegó a ser elegido presidente de la Asociación Nacional de Evangélicos (de los EE.UU.) Después del concilio general de 1985 fue nombrado presidente del comité de Lausana.

En la década del ochenta varios miembros de las AD llegaron a importantes puestos en el mundo político estadounidense. James Watt, que fue secretario del interior durante la presidencia de Ronald Reagan, fue el primer pentecostal en llegar a miembro del gabinete en ese país. En 1985 John D. Ascroft fue elegido gobernador de Missouri, primer pentecostal en llegar a gobernar un Estado.

Al viajar por todo el mundo es posible ver congregaciones de las Asambleas de Dios en los pueblos más pequeños, así como en las más populosas metrópolis. Para el año 2000, las AD ganaban diez mil conversos nuevos por día en todo el mundo. Según Thomas Trask, superintendente general en ese año, si este ritmo de crecimiento se sostiene, en 2014, cuando se celebre el centenario de su organización, las Asambleas de Dios contarán con más de cien millones de miembros en todo el mundo.[17]

La Iglesia Internacional del Evangelio Cuadrangular

En julio de 1922 la mundialmente famosa evangelista Aimee Semple McPherson se puso de pie en el Oakland Civic Auditorium de California, para compartir una visión que, con el tiempo, llegaría a convertirse en la Iglesia Internacional del Evangelio Cuadrangular. Predicó sobre Ezequiel 1:4-28, que habla de una criatura con cuatro caras. Aimee veía en ese pasaje cuatro doctrinas simbolizadas en el hombre, el león, el buey y el águila. Estas imágenes se convirtieron en el centro de su ministerio.

La evangelista explicó que la visión que había tenido aclaraba el significado de las caras. Dijo que todas representaban a Jesús: el rostro del hombre era Jesús como Salvador; el león era Jesús como bautizador en el Espíritu Santo; el del buey era Jesús como sanador, y el águila era Jesús como Rey por venir. Describió esta revelación como "un evangelio perfecto, un evangelio completo para el cuerpo, el alma, el espíritu y la eternidad". Así nació la teología y el nombre de una gran denominación pentecostal que hoy ministra en cincuenta y cinco países del mundo bajo el nombre de Iglesia Internacional del Evangelio Cuadrangular.[18]

Pacto de las Asambleas de Dios en el año 2000

Habiendo recibido el mandato de llevar este evangelio a todo el mundo, sabiendo que vivimos en los últimos días del tiempo,
reconociendo que las personas, sin Cristo, están perdidas para toda la eternidad,
habiendo recibido el poder, por medio del bautismo del Espíritu Santo, para cumplir esta tarea,

> reconociendo que, sin Cristo, nada podemos hacer,
> teniendo la promesa del Señor, que nos dará todo lo necesario para cumplir sus mandatos,
> reconociendo que Dios nos ha recomisionado al capacitarnos,
> nosotros, las Asambleas de Dios, parte de una gran comunidad de creyentes de todo el mundo,
> nos reconsagramos para obedecer la Gran Comisión y buscar recibir nuevamente el poder para cumplir esta tarea.
> Ofrendaremos sacrificialmente nuestros recursos y a nosotros mismos y no descansaremos hasta que todos hayan escuchado el evangelio, en los Estados Unidos y en el mundo.
>
> *"Por tanto, id, y haced discípulos a todas las naciones, bautizándolos en el nombre del Padre, y del Hijo, y del Espíritu Santo; enseñándoles que guarden todas las cosas que os he mandado; y he aquí yo estoy con vosotros todos los días, hasta el fin del mundo"* (Mateo 28:19-20).
>
> THOMAS TRASK,
> Superintendente General de las Asambleas de Dios

Alguien dijo una vez que una institución es la sombra extendida de un hombre. En este caso, es la sombra extendida de una mujer.

Aimée Semple McPherson nació en Ingersoll, Ontario, Canadá, en 1890. Es uno de los líderes religiosos más importantes del siglo XX, sin importar su sexo y quizá sea la mujer más importante de las ordenadas al ministerio en toda la historia del cristianismo. Efervescente, talentosa y atractiva, convocó la atención del mundo durante más de dos décadas. Sus primeros años de vida han quedado registrados en su autobiografía de 1927, *In the Service of the King* (Al servicio del Rey).

El padre de Aimee era metodista, pero la más temprana formación religiosa de la niña provino de su madre, Minnie Kennedy, que era líder en el Ejército de Salvación. A pesar de haber sido criada en la tradición de la santidad, Aimee se convirtió en 1907, siendo una adolescente, en una campaña dirigida por un joven evangelista pentecostal llamado Robert Semple. Poco después Aimee fue bautizada en el Espíritu Santo y habló en lenguas. Entonces no solo dejó el Ejército de Salvación para hacerse pentecostal, sino también se enamoró del evangelista y se casó con él.[19]

El joven matrimonio aceptó un llamado para ir a Oriente como misioneros. En 1910 llegaron a China. Pocos meses después Semple falleció, cuando Aimee estaba embarazada de ocho meses de su primer hijo. Al regresar a los Estados Unidos trabajó con su madre en el Ejército de Salvación en la ciudad de Nueva York. En 1912 se casó con Harold Stewart McPherson, de Providence, Rhode Island. Tuvieron un hijo, Rolf Kennedy McPherson, que llegaría a ser presidente de la iglesia en 1944.

El matrimonio de Aimée con McPherson fue muy desdichado, ya que ella se sentía llamada a salir a predicar, mientras que él deseaba continuar con sus negocios. Tiempo después se divorciaron. En 1915 la "hermana Aimée", como la llamaban cariñosamente, respondió al llamado a evangelizar después de una exitosa campaña en Mount Forest, Ontario. En 1918, después de una gira meteórica de predicación por la costa este de EE.UU., se estableció en Los Ángeles, donde vivió durante el resto de su vida.

Construido por Aimee Semple McPherson, el Angelus Temple tenía capacidad para cinco mil trescientas personas. Aproximadamente veinticinco mil asistían a los veintiún cultos semanales conducidos por "la hermana Aimee" durante el tiempo que pastoreó la iglesia, desde 1923 hasta 1944.

Pero pasaron varios años antes que la inquieta evangelista pudiera establecerse en un "hogar" donde ministrar. Antes de fundar el movimiento cuadrangular pasó, por lo menos, por tres iglesias, además del Ejército de Salvación en el que había nacido. En diciembre de 1920, se unió a la Iglesia Metodista Episcopal Hancock, de Filadelfia. En marzo de 1922 el pastor William Keeney Towner la ordenó como pastora bautista en la Primera Iglesia Bautista de San José, California. Y durante muchos años después figuró en el registro de los ministros de las Asambleas de Dios. Pero abandonó todas estas conexiones cuando fundó su propia denominación, en 1927.[20]

¿El gran YO SOY, o el gran YO FUI?
(Extracto de un sermón de Aimée Semple McPherson)

Al atravesar las puertas de las iglesias de nuestro suelo, se oyen los sonidos de cientos y miles de pisadas presurosas. Son multitudes que corren, persiguiendo sus negocios o placeres.

Desde la iglesia se escucha la voz del pastor y el evangelista intentando detener a la enloquecida multitud que se precipita en una carrera alocada hacia la destrucción, para atraer su atención hacia el Cristo.

"¡Detente! ¡Detente, multitud vertiginosa, creciente como un río! ¡Quita tus ojos de las brillantes luces del camino del extravío!" –claman–. "Deja los senderos de la muerte, entra por nuestras puertas abiertas y escúchanos hablarte de la antigua, pero dulce historia del gran YO FUI".

"Con elocuencia, con instrucción, te contaremos del maravilloso poder que Cristo *poseía*, los milagros que *hacía*, los enfermos que *sanaba*. Gráfica y bendita historia de aquellas cosas que Jesús hizo casi mil novecientos años antes que tú nacieras. Sucedieron muy, muy lejos, en una tierra al otro lado del mar, a la que nunca has ido, en un país que jamás has visto, entre personas que jamás conocerás. Maravilloso, grandioso era el poder que *fluía* del gran YO FUI..."

Y por encima de la cabeza de la gente escucho resonar el mensaje: "¡Despierta! ¡Tú que duermes, levántate de los muertos! El Señor aún vive hoy. Su poder nunca ha disminuido. Su Palabra jamás ha cambiado. Aún vive, para hacer hoy las cosas que hizo en los tiempos de la Biblia. No hay carga que Él no pueda llevar, ni grilletes que no pueda romper.

Aquí, trae tus pecados, Él los lavará. Aquí, trae tus enfermedades, Él te sanará hoy. No servimos a un Dios muerto, sino a un Dios vivo; ¡no al YO FUI, sino al gran YO SOY!

¡Venid, jóvenes; venid, viejos; venid, alegres; venid, cansados y de paso vacilante; venid, enfermos; venid, sanos! ¡Venid, uno y todos, al gran YO SOY! Hay comida para el hambriento, hay fortaleza para el que desfallece; hay esperanza para el desanimado y vista para el ciego.

Tomado de *Christian History*

Angelus Temple

Hacia el fin de la década del veinte Aimee se convirtió en una celebridad internacional, al mismo tiempo que pastora y evangelista. Con la revista nacional *Bridal Call* (ahora llamada *Foursquare World Advance*) y con el sostén económico proveniente de sus continuas cruzadas de salvación y sanidad, comenzó a construir el Angelus Temple, cerca de Echo Park, en Los Ángeles, en 1921. Este santuario, el más grande de los Estados Unidos en ese momento, con cinco mil trescientos asientos, se convirtió en el centro de su ministerio naciente. Su costo fue de un millón y medio de dólares (¡en 1921!).

Durante el primer año más de diez mil personas respondieron al llamado al altar para "nacer de nuevo". Durante los siguientes veinte años el templo solía estar repleto de gente ansiosa por ver y escuchar a la legendaria mujer evangelista. Miles de personas quedaban afuera por falta de lugar. En esa época Aimée ministraba a más de veinte mil personas por semana. Fue, realmente, la primera "megaiglesia" del país.

El ministerio de Aimée continuó su meteórico crecimiento después de la dedicación del templo, en 1923. Fue la primera mujer en predicar un sermón por radio –en 1922– y el primer pastor en construir una emisora de radio propiedad de una iglesia local. La emisora salió por primera vez al aire en 1924, bajo el nombre KFSG. En 1925 abrió un instituto bíblico en un edificio de cinco plantas junto a la iglesia. Se llamaba L.I.F.E. Bible College –sigla en inglés de Instituto Bíblico Faro del Evangelismo Cuadrangular Internacional– y fue fundado con el mandato de capacitar a los cientos de nuevos líderes que se agolpaban en su iglesia.

Los ministerios de Aimée Semple McPherson y el Angelus Temple eran extraordinarios. Al principio Aimée dirigía personalmente veintiun reuniones por semana para los fieles. Sus cultos teatrales capturaban la imaginación y la curiosidad del público. Solía escribir las obras de teatro y oratorios que representaban los colaboradores del templo. En un culto típico de su estilo, por ejemplo, la hermana Aimée, vestida de policía, subió en moto al enorme escenario, hizo sonar un silbato y gritó, con la mano extendida: "¡Alto! ¡Usted se está yendo al infierno!" En otro culto se preparó en la plataforma una escenografía que representaba una vieja plantación de algodón de las que se ven en "Lo que el viento se llevó", para presentar el evangelio. Estas extravagancias la convirtieron en una celebridad de Costa a Costa, y sus actividades le ganaron el interés de la prensa tanto como las de cualquier estrella de Hollywood.[21]

Pero no todo era teatro y *glamour* en el templo. En 1926 se abrió un comedor comunitario para alimentar a los hambrientos y vestir a los desnudos. Cuando la Gran Depresión se abatió sobre el país, después de 1929, el templo alimentó y vistió a más de un millón y medio de personas en la zona de Los Ángeles. Debido a su amor por los pobres la hermana Aimée se ganó el amor y la devoción eternos de los desposeídos en la América de la depresión.

Entre quienes se vieron atraídos por la evangelista en aquellos difíciles tiempos, podemos mencionar al exitoso actor Anthony Quinn y Richard Halverson, quien luego fue capellán del Senado estadounidense. La persona más famosa que recorrió los pasillos de ese templo fue un joven cuáquero llamado Richard Milhous Nixon.[22]

En mayo de 1926 Aimée desapareció de una playa cerca de Los Ángeles, y se desconoció su paradero durante varias semanas. Cuando reapareció, en junio, en Nueva México, dijo que había sido secuestrada. Muchos rumores circularon acerca de "la evangelista desaparecida" pero, en el juicio subsiguiente, Aimée fue declarada libre de culpa y cargo. En años posteriores también estuvo involucrada en sensacionales juicios con su madre, Minnie, que también era su administradora. Pero la intrépida Aimée encontró la forma de sobrevivir a estas crisis, así como a muchas otras y de cada una de ellas salió más fortalecida para la victoria.[23]

La Iglesia del Evangelio Cuadrangular

Con su creciente y dinámico ministerio que atraía a miles de fieles seguidores en todos los Estados Unidos, Aimée organizó su propia denominación en 1927. Fiel a su visión de 1922, la llamó "Iglesia Internacional del Evangelio Cuadrangular" y su sede se estableció en Angelus Temple. La nueva iglesia era idéntica a las Asambleas de Dios en su doctrina, aunque difería en su estructura y política organizativa. Bajo la mano firme de la hermana Aimée, la denominación desarrolló una fuerte estructura centralizada en la que todas las propiedades eran posesión de la iglesia madre.[24]

La declaración doctrinal de la iglesia cuadrangular la colocaba en la corriente general del movimiento pentecostal estadounidense. Trinitaria y evangélica, la iglesia adoptó la teoría de la "evidencia inicial" de la glosolalia como primera señal de haber recibido el bautismo en el Espíritu Santo. La idea de las cuatro grandes bases doctrinales había sido utilizada antes por A. B. Simpson, de la Alianza Cristiana y Misionera, que había hablado de Jesús como "Salvador, santificador, sanador y Rey por venir". La única diferencia en la declaración cuadrangular era que se cambiaba "santificador" por "que bautiza en el Espíritu Santo". Aimée también compiló una Declaración de Fe que consistía en veintidós artículos que se explayaban sobre las cuatro enseñanzas fundamentales de la iglesia.[25]

Los primeros tiempos de la organización fueron de un crecimiento explosivo, ya que muchas congregaciones pentecostales independientes solicitaron sumarse al movimiento. Para 1928 había más de cincuenta iglesias cuadrangulares en el sur de California y decenas más de todos los Estados Unidos deseaban sumarse. Pronto, misioneros cuadrangulares llevaban el evangelio a Canadá, Gran Bretaña y muchos otros países. La razón principal de este primer crecimiento fue la magnética y dinámica personalidad de su fundadora.[26]

Aimée solía viajar a los campos misioneros. En 1943, durante un viaje misionero a México contrajo una fiebre tropical. Un año después, el 22 de septiembre de 1944, murió después de predicar un sermón en Oakland, California. El certificado de defunción señala que murió como consecuencia de "conmoción y falla respiratoria" después de tomar una sobredosis de pastillas para dormir recetadas por un médico.

La iglesia después de Aimée

Después de su muerte el liderazgo quedó en manos de su hijo Rolf, quien fue presidente de la organización desde entonces. Para la administración de la organización, McPherson confiaba en un supervisor general y supervisores de distrito en los Estados Unidos, que se ocupaban de los asuntos cotidianos de la denominación. Además, los misioneros de la iglesia en el exterior de los Estados Unidos estaban bajo la supervisión de un director de misiones mundiales. El más conocido de los supervisores generales fue Howard P. Courtney, que ocupó ese cargo desde 1944 hasta 1974.[27]

Desde 1927 el crecimiento de la iglesia ha sido constante, aunque no tan espectacular como en las primeras épocas. Para 1944 el número de congregaciones en los Estados Unidos había llegado a las quinientas. Después de un período de crecimiento lento en las décadas de 1950 y 1960, la iglesia experimentó una renovación y un avivamiento en los años setenta y ochenta, cuando se produjo la renovación carismática en las iglesias tradicionales. De todas las denominaciones clásicas pentecostales, la Cuadrangular ha sido la más afectada por la renovación carismática. Para muchos observadores externos, los cultos de la iglesia son tales que los carismáticos provenientes de denominaciones tradicionales se sienten como en casa inmediatamente.[28]

Un gran ímpetu en este desarrollo fue dado por el ministerio de Jack Hayford, cuya iglesia, Church on the Way, de Van Nuys, California, ha crecido hasta convertirse en la congregación cuadrangular más grande de los Estados Unidos. Con más de diez mil miembros, esta iglesia es la versión moderna del Angelus Temple. La influencia de Hayford va más allá de los límites de su denominación, ya que es un conocido orador en muchas conferencias carismáticas.

El mayor crecimiento de la iglesia en los EE.UU. en los últimos años se ha producido en los estados del noroeste, donde Roy Hicks Jr. plantó muchas iglesias en los estados de Oregon y Washington. Otro crecimiento significativo ha sido el de las iglesias de California y el este. Para el año 2000 algunas de las iglesias cuadrangulares más grandes del país eran la ya mencionada Church on the Way, de Jack Hayford, en Van Nuys, California; la congregación de Ron Mehl, en Beaverton, Oregon, y Faith Center Church en Eugene, Oregon, pastoreada por Roy Hicks Jr. Al menos dos iglesias cuadrangulares tienen su propio estudio televisivo, en Decatur, Illinois, y Roanoke, Virginia.

Durante la mayor parte de su historia, la iglesia en los Estados Unidos tuvo más miembros que en los campos misioneros. En 1952, por ejemplo, solo un tercio de sus miembros vivían fuera de los Estados Unidos. Para 1960 el número era aproximadamente igual. Pero para 2000 más de los dos tercios de los miembros de la Iglesia Cuadrangular vivían en otros países fuera de los EE.UU. Las cifras de ese año fueron doscientos treinta y ocho mil miembros y dos mil iglesias en los Estados Unidos, y 863 642 en otros países. El gran total de miembros, asociados y adherentes en todo el mundo, en el año 2000, llegaba a más de un millón cuarenta y cinco mil personas.

En estas iglesias sirven un total de casi cinco mil pastores, evangelistas y misioneros en todo el mundo. De ellos, setecientos treinta y siete son mujeres ordenadas, muchas de las cuales trabajan como pastoras. De hecho, las actas de 1986 indican que no menos del cuarenta y uno por ciento de todos los ministros ordenados por la iglesia cuadrangular en los Estados Unidos son mujeres, una de las proporciones más altas de mujeres ministros de cualquier iglesia en el mundo. Este gran porcentaje es, posiblemente, consecuencia de que la iglesia fue fundada por una mujer, con sus raíces en el Ejército de Salvación.

En los últimos años la iglesia ha hecho más énfasis en la educación que en tiempos anteriores. Además del Instituto Bíblico L.I.F.E., la Iglesia Cuadrangular cuenta con el Instituto Bíblico Mount Vernon en Ohio. Además, hay gran interés en teología, ya que hay miembros de la Iglesia Cuadrangular que se inscriben para estudiar en las universidades y seminarios más importantes de todo el país. Una gran teología de la iglesia fue publicada en 1983 por el Instituto Bíblico L.I.F.E. Escrito por Guy Duffield y Nathaniel Van

Cleave, su título es *Foundations of Pentecostal Theology* (Fundamentos de la teología pentecostal).[29]

La Iglesia de Dios Pentecostal

Este Iglesia, que tiene su origen en las Asambleas de Dios, fue formada en 1919 bajo el liderazgo de John C. Sinclair y George Brinkman, que estuvieron entre los padres fundadores de las AD en 1914. Junto con la mayoría de los líderes de la iglesia, ambos abogaban firmemente por no adoptar jamás una declaración doctrinal para la denominación. Sinclair, presbítero ejecutivo de las AD y pastor de una gran iglesia de Chicago, era conocido por haber sido el primero en recibir la experiencia pentecostal en esa ciudad, mientras que Brinkman era editor del *Pentecostal Herald* (Heraldo pentecostal), un influyente periódico pentecostal independiente.[30]

En su fundación, en 1914, las AD se negaron a adoptar una declaración doctrinal, ya que la mayoría de los fundadores abrigaban el temor de que la iglesia se convirtiera en una denominación dependiente de un credo y verticalista. Dos años después el unitarianismo produjo una división en que los no trinitarios se apartaron para formar sus propias asociaciones. En 1916, para clarificar su posición sobre la Trinidad, las AD adoptaron una "Declaración de Verdades Fundamentales", lo cual fue considerado como un paso peligroso por algunos. Entonces Sinclair y Brinkman encabezaron un movimiento para separarse de las AD y formar una nueva iglesia sin declaración doctrinal.[31]

Uno de los fundadores de la Iglesia de Dios Pentecostal, John C. Sinclair (1863 – 1936) estaba tan comprometido con el principio de la independencia que terminó retirándose de la iglesia que él mismo había fundado.

En 1919 nació una nueva iglesia en Chicago, llamada "Asambleas Pentecostales de los EE.UU." (*Pentecostal Assemblies of the U.S.A.*). Esta iglesia adoptó el *Pentecostal Herald* de Brinkman como órgano oficial, y comenzó a plantar congregaciones por todo el país. Doctrinalmente, la nueva denominación era idéntica a las AD, pero con una organización más abierta. Al principio la iglesia operaba, básicamente, como una oficina para emitir credenciales ministeriales, con escaso control eclesiástico sobre las iglesias o los ministros. En 1922 el nombre de la denominación cambió por Iglesia de Dios Pentecostal. En 1934 se agregaron las palabras "de [los Estados Unidos de] América". Desde entonces se conoce a la iglesia como Iglesia de Dios Pentecostal de América (*Pentecostal Church of God of America*).

Durante años la iglesia ha sido gobernada por una convención general que se reúne cada dos años. En 1934 se estableció la editorial *Messenger Publishing House* en Kansas City.

Aunque la Iglesia de Dios Pentecostal comenzó con la promesa de no adoptar jamás un credo, cuestiones y controversias doctrinales hicieron que fuera necesario adoptar una declaración de fe, lo cual se hizo en 1933. La declaración era similar a la de las Asambleas de Dios, lo cual ubicó a la Iglesia de Dios Pentecostal dentro de la corriente de tendencia "bautista" del pentecostalismo estadounidense.[32]

La iglesia se extendió lentamente por los Estados Unidos. En 1949 se inició un programa de misiones a los indígenas nativos estadounidenses. Aunque la iglesia contaba con un departamento de misiones foráneas desde 1932, solo en 1949 se nombró un director de misiones de tiempo completo. Desde entonces cuenta con un vigoroso ministerio misionero en más de veinte países. Para el año 2000 la Iglesia de Dios Pentecostal tenía ciento cuatro mil miembros en mil doscientos treinta y siete congregaciones en los Estados Unidos. En el mundo la membresía es de ochocientas mil personas en más de ocho mil iglesias y puntos de predicación.[33]

Uno de los evangelistas misioneros pentecostales más importantes, T. L. Osborn, proviene de la Iglesia de Dios Pentecostal. Sus cruzadas de sanidad en muchos países ayudaron a preparar el camino para las campañas evangelísticas masivas de la década de 1950. Tuvo especial éxito al predicar a enormes multitudes de personas provenientes de culturas no cristianas en África, Asia y América Latina.

Otra familia famosa de la Iglesia de Dios Pentecostal es la de los Tatham, de Sallisaw, Oklahoma, que fueron retratados en la novela de John Steinbeck, *Las uvas de la ira* (1939), la historia de una familia de Oklahoma acosada por la pobreza que se traslada a California en la época de la Gran Depresión y los horrores de las tormentas de polvo. La familia, proveniente de una iglesia pentecostal de la santidad, fue a California en la década de 1930. Al llegar se unieron a una congregación local de la Iglesia de Dios Pentecostal. El héroe del libro, Oca Tatham, fue ordenado ministro de la iglesia y pastoreó varias congregaciones en California. Algunos miembros de la familia Tatham finalmente llegaron a ser hombres de negocios millonarios en Fresno, California.[34]

En 1951 las oficinas generales y la editorial se trasladaron a Joplin, Missouri, donde permanecen aún hoy. El órgano oficial de la iglesia, ahora llamado *Pentecostal Messenger* (Mensajero pentecostal) se publica en Joplin.

La Iglesia de la Biblia Abierta

Una de las denominaciones pentecostales clásicas más jóvenes es la Iglesia de la Biblia Abierta, con sede en Des Moines, Iowa. Esta iglesia fue formada en 1935 con la fusión de dos organizaciones pentecostales, la Iglesia de la Biblia (*Bible Standard Church*) y la Asociación Evangelística Biblia Abierta (*Open Bible Evangelistic Association*). La historia de esta iglesia es interesante, dado que ambas se habían separado de denominaciones fundadas por ministros mujeres.[35]

La Iglesia de la Biblia Abierta tiene sus raíces en la Iglesia de la Fe Apostólica fundada por Florence Crawford en Portland, Oregon. Crawford había sido una miembro prominente del grupo pastoral de la famosa obra misionera de la calle Azusa y ayudó a Wiliam Seymour a editar el periódico de la obra, *Apostolic Faith*. Luego se trasladó a Portland, donde continuó publicando el periódico. Tiempo después hubo una división iniciada por Fred Hornshuh y A. J. Hegan, que se quejaban de la exclusividad y las reglasestrictas de la iglesia. En particular estaban en desacuerdo con la norma de la fundadora que establecía que las personas divorciadas no podían volver a casarse jamás ni permanecer en la iglesia. En 1919 fundaron una nueva iglesia con reglas menos estrictas en cuanto al divorcio y el nuevo matrimonio.

La Asociación Evangelística Biblia Abierta fue fundada por John R. Richey en Des Moines, en 1932, como una división de la Iglesia Internacional del Evangelio Cuadrangular, que había sido fundada por otra predicadora, Aimée Semple McPherson. Richey, un dinámico orador y dotado para la organización, quedó muy decepcionado luego del famoso incidente del "secuestro" de la hermana Aimée en 1926. Además, objetaba la política centralizada de la Iglesia Cuadrangular, que exigía que todas las propiedades de la iglesia fueran posesión de la organización nacional.[36]

El núcleo de la nueva denominación de Richey fueron las tres grandes congregaciones cuadrangulares que se formaron después de las sensacionales cruzadas evangelísticas de Aimée McPherson en Des Moines en 1927 y 1928. Richey logró llevar a la totalidad de los distritos de Iowa y Minnesota a separarse de la denominación cuadrangular. Las iglesias de estos Estados se convirtieron en la Asociación Evangelística Biblia Abierta en 1932.[37]

Cuando los líderes de ambos grupos se reunieron para comparar experiencias, sintieron tal afinidad en lo relativo a doctrina y gobierno de la iglesia que, en 1935, se produjo una fusión en Des Moines, con lo cual nació una nueva denominación: Iglesias de la Biblia Abierta (*Open Bible Standard Churches Inc.*) La nueva iglesia era doctrinalmente y organizativamente similar a las AD, ya que hacía énfasis en la salvación por fe, el bautismo en el Espíritu Santo evidenciado por el hablar en lenguas, la sanidad divina y el arrebatamiento de la iglesia en el milenio. Comenzaron con doscientos diez ministros en 1932, y llegaron a más de cincuenta mil miembros en trescientos ochenta y dos congregaciones para el año 2000.[38]

Los pentecostales unitarios

Una tercera corriente de pentecostalismo estadounidense es el movimiento unitario que, aunque no es trinitario, continúa siendo básicamente evangélico y pentecostal. En las primeras épocas se llamaba peyorativamente a sus seguidores "los de 'solo Jesús'" o "Jesús solo", pero ellos preferían identificarse como "unitarios", "del nombre de Jesús" o "apostólicos". Mientras los pentecostales de la santidad enseñaban que había tres bendiciones, y los pentecostales de la obra consumada, dos bendiciones, los pentecostales unitarios enseñaban que había solo "una bendición", en la que todo —salvación, santificación y bautismo en el Espíritu Santo con don de lenguas— se recibía en las aguas del bautismo por inmersión en el "nombre de Jesús".[39]

Según las enseñanzas de los unitarios, el único bautismo válido es "en el nombre de Jesús", y no "en el nombre del Padre, del Hijo y del Espíritu Santo". El bautismo trinitario es considerado un error de los católicos romanos que se impuso a la iglesia en el Credo de Nicea, en el año 325. Por lo tanto, cualquier persona que hubiera recibido el bautismo trinitario no era totalmente cristiana.

Además, estos fueron los únicos pentecostales del mundo que enseñaban que hablar en lenguas era necesario para ser salvo. Sin el don de lenguas, afirmaban ellos, la regeneración bautismal era imposible.[40]

Debido a esta teología, los pentecostales unitarios lanzaron una enérgica campaña destinada a rebautizar a todos los pentecostales solo en el nombre de Jesús. Al principio tuvieron un éxito espectacular y llegaron a rebautizar al superintendente general de las Asambleas de Dios, E. N. Bell. Pero poco después los trinitarios lograron hacer volver a las AD a su convicción. Guiado por Roswell Flower y John W. Welch, Bell retornó a la postura trinitaria. Las AD y la iglesia rechazaron el desafío unitario en 1916.[41]

Nacido en Australia, Frank J. Ewart (1876 – 1947) pastoreó algunas iglesias bautistas antes de unirse a los pentecostales en 1908. Junto con Glenn Cook fundó el movimiento pentecostal unitario en 1914.

La separación fue costosa para las recién nacidas Asambleas de Dios. Todo el distrito de Louisiana se unió a la causa unitaria, así como cientos de pastores e iglesias de todo el país. Una gran iglesia aliada con las AD fue una congregación de Indianápolis que estaba bajo el liderazgo del pastor negro Garfield Thomas Haywood. Cuando Haywood se unió al movimiento unitario, muchos pastores negros se sumaron a él y formaron iglesias "apostólicas" y "del nombre de Jesús" en todo el país.

Divididos por la unidad

El movimiento unitario impulsó a los pentecostales a organizarse.

Predica en el nombre de Jesús,
enseña en el nombre de Jesús,
sana a los enfermos en su nombre
y siempre proclama
que fue en el nombre de Jesús
que vino el poder;
bautiza en su nombre,
soporta la prueba
porque hay victoria
en el nombre de Jesús.

Esto decía uno de los himnos de los pentecostales unitarios, para quienes "Jesús" era el nombre del Padre, el Hijo y el Espíritu Santo. Su deseo de recapturar el manto de la iglesia apostólica comenzó con cuestionamientos sobre la fórmula correcta para utilizar al bautizar por inmersión. Pero pronto llegaron a cuestionar, incluso, la doctrina de la Trinidad.

En abril de 1913 se realizó una reunión pentecostal de la santidad en Arroyo Seco, California. Entre mil quinientos y dos mil pentecostales, casi todos pastores, asistieron a las reuniones cada noche, y cientos más llenaban el campamento los domingos. Fue allí que Robert Edward McAllister, un respetado ministro canadiense señaló que, aunque Jesús había dicho a sus discípulos que bautizaran a los discípulos en el nombre del Padre, del Hijo y del Espíritu Santo, el Nuevo Testamento señala invariablemente que los apóstoles bautizaban solo "en el nombre de Jesús".

El predicador pentecostal Frank J. Ewart dijo luego: "Desde esa plataforma se lanzó el disparo que resonaría por todo el mundo cristiano". De hecho, para enero de 1915 el mensaje se había extendido por todo el continente. Muchos de los fieles pentecostales eran rebautizados según la convicción apostólica. Creían que viejas doctrinas, dejadas de lado por generaciones infieles que no obedecían al Espíritu de Dios, ahora eran redescubiertas gracias a esta "nueva luz" del Espíritu Santo.

Para la mayoría de sus nuevos adherentes, se trataba solamente de una fórmula diferente para el bautismo, no un rechazo consciente de la Trinidad. Pero finalmente, aunque los pentecostales unitarios adoraban a Dios como Padre, Hijo y Espíritu Santo, las palabras "Trinidad" y "personas" fueron rechazadas por no ser bíblicas.

Dos en el Espíritu

J. Roswell Flower, que posteriormente sería secretario de las AD, estaba inquieto, no solo por la aparente negación de la doctrina ortodoxa, sino por el potencial que este "nuevo asunto" tenía para causar división. Por ello instó a otros líderes a convocar una reunión del Concilio General para impedir que se extendiera.

En octubre de 1915 un total de quinientos veinticinco delegados se reunieron en St. Louis, listos para una confrontación. Los unitarios no presentaron un frente agresivo, por lo que no se hizo un esfuerzo demasiado marcado para censurarlos. En cambio el concilio propuso un punto intermedio. Condenaba específicamente el rebautismo y algunas otras doctrinas unitarias. Pero reconocía que ambas fórmulas de bautismo eran cristianas.

Pero los pentecostales unitarios se hicieron oír cada vez más después del concilio y, un año después, una nueva reunión de las AD tuvo lugar en St. Louis. Allí debía decidirse de una vez por todas si la denominación era suficientemente grande como para aceptar a los unitarios.

Desde su formación, en 1914, el grupo se había rebelado contra cualquier intento de organización formal. Querían establecer nuevamente la iglesia del Nuevo Testamento, y el Nuevo Testamento no da ejemplos de organización aparte de las iglesias locales. Credos, tradiciones y estructuras de poder habían corrompido a la iglesia y sofocado al Espíritu. Así que, en lugar de tratar los temas doctrinales de la Trinidad, el contingente unitario —compuesto mayoritariamente por afroamericanos— hizo énfasis en que no deseaba

Las iglesias pentecostales de la "obra consumada"

> establecer un grupo de declaraciones teológicas para las AD. De hecho, votaron en contra de cada una de las proposiciones que se presentaron.
>
> Su estrategia falló. En esa reunión fue aceptada como pauta para las AD una "Declaración de Verdades Fundamentales", la mitad de las cuales eran refutaciones de convicciones unitarias. Más de la cuarta parte de los presentes –ciento cincuenta y seis miembros– se vieron obligados a abandonar las AD y formar nuevas organizaciones, la más importante de las cuales fue las Asambleas Pentecostales del Mundo y, después de varias fusiones, la Iglesia Pentecostal Unida. Pero debido a su reacción ante el "nuevo asunto", las Asambleas de Dios se consolidaron como denominación desde el comienzo de su historia.
>
> Muchos pequeños grupos unitarios se han formado desde 1916, aunque gran parte de ellos han permanecido independientes. Hoy los estudiosos estiman que hay entre un millón y medio y cinco millones de pentecostales unitarios en todo el mundo, que constituyen solo una fracción del uno por ciento de todos los pentecostales del planeta.
>
> Kenneth Gill
> *Christian History*

Las Asambleas Pentecostales del Mundo

Como hemos visto, el movimiento pentecostal unitario tuvo su origen en los primeros años de las Asambleas de Dios y se desarrolló a partir de un cisma de esa iglesia. Después del voto fundamental del Concilio General de 1916 en St. Louis, en que las AD oficialmente apoyaron a los trinitarios, ciento cincuenta y seis pastores se retiraron y se vieron obligados a buscar una nueva organización. Lo que encontraron fue una iglesia no demasiado organizada, las Asambleas Pentecostales del Mundo (*Pentecostal Assemblies of the World*), iniciada en California, en 1906, bajo el liderazgo de J. J. Frazee. Aunque comenzó como una iglesia trinitaria, la organización rápidamente adoptó la teología unitaria y dio lugar a los pentecostales unitarios que habían abandonado las AD.

La sede de la nueva iglesia fue trasladada poco después a Indianápolis, ya que la iglesia unitaria más grande del país estaba ubicada allí. Esta iglesia era pastoreada por Garfield Thomas Haywood, un pastor negro de una iglesia integrada por blancos y negros, pero con mayoría negra. En 1916, un gran grupo de pastores blancos que habían pertenecido a las Asambleas de Dios, dirigidos por Howard Goss y D. C. O. Opperman, se fusionaron con la iglesia, convirtiéndola así en la mayor iglesia unitaria del país.[42]

Desde el principio las Asambleas Pentecostales del Mundo estuvieron integradas por blancos y negros. El líder principal era Haywood, que actuó como obispo presidente desde 1925 hasta su muerte en 1931. Haywood no solo era un clérigo y líder muy capaz, sino un destacado autor de himnos. Dos de sus himnos más famosos son "*I See a Crimson Stream of Blood*" (Veo un río de sangre carmesí) y "*Jesus the Son of God*" (Jesús, el Hijo de Dios).

Las Asambleas Pentecostales del Mundo continuaron siendo una iglesia integrada hasta 1924, cuando se produjo una separación que llevó a la formación de la Iglesia Pentecostal Unida, de mayoría blanca. Esta fue la última de las separaciones raciales más importantes en un movimiento que explotó en la calle Azusa, donde se decía que "la línea que separa los colores ha sido borrada por la Sangre".[43]

¿Qué creen los pentecostales unitarios?

El pentecostalismo unitario (PU) es la tercera corriente del movimiento pentecostal del siglo XX. Los pentecostales de la santidad y los pentecostales de la "obra consumada" son las dos primeras. Sus semillas fueron sembradas muy tempranamente, en un sermón bautismal durante una campaña en carpa cerca de Los Ángeles, en 1913. Un año después un líder pionero pentecostal, Frank Ewart, desarrolló el elemento homilético, convirtiéndolo en una doctrina sistemática en la que se fundó el bautismo en el nombre del Señor Jesucristo.

Otros dos destacados pioneros pentecostales, Garfield T. Haywood y Andrew D. Urshan, tuvieron importantes roles en el desarrollo y la promoción de la nueva enseñanza. La doctrina fundamental no ha cambiado sustancialmente, aunque ha habido algunas variaciones y cambios de énfasis.

I. El Nombre de Dios
El Nombre de Dios es la doctrina fundamental para todas las demás. Es el medio principal por el que una persona conoce a Dios y sigue a Jesús. El nombre no es una mera descripción o rótulo de Dios, sino la forma en que Dios se revela a sí mismo y brinda salvación. Dios está presente donde se aplica su nombre.

II. La unicidad de Dios
En cierto sentido Dios es una "trinidad", pero esto está reservado a las tres formas en que Dios se revela a sí mismo y actúa en el mundo. Esto es, Dios es radicalmente uno en su trascendencia, pero triple en su inmanencia. Por diferentes que sean en su función, estas tres "manifestaciones" convergen finalmente en Jesucristo, Aquel en quien "habita corporalmente toda la plenitud de la Deidad" (ver Colosenses 2:9), motivo por el cual se defienden tan vigorosamente la unicidad de Dios y su nombre.

III. La plenitud de Dios en Jesús

Doctrinalmente "Jesús" es el nombre revelado de Dios para la dispensación del nuevo pacto. Esto lleva a una serie de afirmaciones. Primero, y a diferencia de otras interpretaciones bíblicas, Jesús es considerado el nombre que señala su *deidad*, no su humanidad. "Señor" y "Cristo" son títulos que lo distinguen de otros que llevan el mismo nombre. Dado que su nombre es el nombre propio *de Dios* para esta dispensación, señala su origen divino. Segundo, dado que Dios es uno, su nombre debe ser *singular*. Las palabras trinitarias, que son plurales, no pueden, por definición, cumplir la promesa de ser el único nombre. Además, "dividir" a Dios en tres Personas disminuye la plena potencia de la unicidad de Dios y su plena revelación en Jesús. Tercero, la Persona de Jesús y su nombre son *inseparables*. Ser salvado por Jesús implica adoptar su nombre. Esto ocurre en el bautismo por inmersión en el nombre del Señor Jesucristo.

La cristología unitaria afirma la tradicional creencia en las dos naturalezas de Cristo. En su deidad, Él es la encarnación del único Espíritu de Dios. En su naturaleza humana, es el Hijo de Dios. Es preexistente como "expresión" o "Verbo" de Dios, no como una persona diferenciada dentro de la Deidad. En su encarnación Jesús es la corporización del Padre a través del Verbo. Solo en este sentido limitado los pentecostales unitarios llaman a Jesús el Padre. ¡Negar la Paternidad de Jesús es negar su deidad! En una palabra, la deidad de Jesús es descripta como el Espíritu de Dios, que viene de la eternidad por medio del Verbo, que tomó carne humana en Jesús.

IV. El único camino para la salvación: Hechos 2:38

El camino de salvación dado por Dios es a través de Jesús. Dado que el nombre de Jesús es inseparable de su persona y su obra, el creyente debe ser sellado con este nombre de salvación. El acto en que se produce este sello es en el bautismo por inmersión. Para los pentecostales unitarios, el acta de la salvación es presentada en el triple acto de arrepentirse, bautizarse en el nombre del Señor Jesucristo y ser bautizado en el Espíritu, según Hechos 2:38.

La comisión de Jesús (ver Mateo 28:19) es interpretada como un mandato, no como una fórmula que debe repetirse. El mandato es bautizar a los creyentes en el nombre –singular– del Padre, Hijo y Espíritu. Dado que Jesús es el nombre revelado de Dios para la salvación, es el único nombre válido para ser invocado en el bautismo. Las palabras triunas son "títulos", no un nombre propio; y son plurales, no singular. Dado que todos los títulos confluyen en Jesús, la única respuesta apropiada a Mateo 28:19 es volver a la práctica apostólica.

La unicidad de Dios, el nombre revelacional de Jesús y el único camino para la salvación, son doctrinas que tienden a separar a los pentecostales unitarios de otros cristianos. Algunos adherentes de este movimiento enseñan que, aunque su doctrina representa la enseñanza y la práctica bíblica completa, la salvación se logra por gracia, por medio de la fe en Cristo. Otros enseñan una doctrina más exclusiva, en la que Hechos 2:38 representa el

> nuevo nacimiento y la única garantía bíblica de salvación. Sobre el destino eterno de los demás, guardan silencio. Algunos extienden la metáfora del nacimiento indicando que la vida espiritual comienza en la concepción, no en el nacimiento.
>
> -Dr. David A. Reed
> Wycliffe College, Toronto

La Iglesia Pentecostal Unida

Los problemas de conducir una denominación racialmente integrada en la época de la segregación racial de Jim Crow, eran casi imposibles de solucionar en el sur. Durante años las Asambleas Pentecostales del Mundo se vieron obligadas a realizar todas sus conferencias anuales oficiales al norte de la línea Mason-Dixon, debido a la falta de hospedaje para personas negras en el sur. Dado que la mayoría de las iglesias del norte eran afroamericanas, mientras que las del sur eran, mayormente blancas, la mayoría de las elecciones eran dominadas por los delegados negros de los Estados del norte, ya que muy pocos sureños podían afrontar los gastos de un viaje al norte.

Para 1921 los sureños blancos habían comenzado a realizar una "Conferencia Bíblica del Sur", que se destacaba por la ausencia de negros. Durante los tres años siguientes la situación empeoró cada vez más hasta que, en 1924, se produjo la separación racial final, después de la cual la mayoría de los blancos formaron la "Alianza Ministerial Pentecostal" en Jackson, Tennessee, en 1925. Poco tiempo después esta organización cambió su nombre por el de "Iglesia Pentecostal, Inc.".

Otro grupo que se desarrolló al mismo tiempo fue el de las "Asambleas Pentecostales de Jesucristo" (*Pentecostal Assemblies of Jesus Christ*), que para 1936 habían llegado a los dieciseis mil miembros en doscientos cuarenta y cinco iglesias. Dado que esta iglesia estaba compuesta en su mayoría por blancos, tenía doctrinas idénticas a las de la Iglesia Pentecostal, Inc., y operaba, mayormente, en el mismo territorio, comenzó un proceso para la fusión de ambas denominaciones que culminó en

Nacido en Persia, Andrew David Urshan (1884 – 1967) se convirtió en misionero pentecostal a Rusia. En 1916, después de sumarse a los pentecostales unitarios, se convirtió en apologista del movimiento. Su hijo Nathaniel se hizo conocido como locutor radial y superintendente general de la Iglesia Pentecostal Unida.

1945, en St. Louis, Missouri, donde se originó una nueva iglesia: la Iglesia Pentecostal Unida (*United Pentecostal Church*), que pronto superó en número a las Asambleas Pentecostales del Mundo y se convirtió en la iglesia pentecostal unitaria más grande de los Estados Unidos y el mundo.[44]

Para el año 2000 la Iglesia Pentecostal Unida afirmaba contar con setecientos mil miembros en casi cuatro mil congregaciones en los Estados Unidos, y casi dos millones trescientos mil miembros en otros países.[45]

· 7 ·

La renovación carismática entra en las iglesias históricas

Vinson Synan

Durante seis décadas (1901–1960), el pentecostalismo fue considerado fuera del ámbito del cristianismo "respetable" en los Estados Unidos y en el mundo. Los pentecostales eran, para muchos, ruidosos y desordenados. Su forma de adoración era algo que no podían comprender quienes no tenían conocimiento de la espiritualidad interior que gobernaba al movimiento. Además de esto, la mayoría de los pentecostales eran pobres, desposeídos, incultos, y no estaban al tanto de las tendencias teológicas más modernas que preocupaban a gran parte del protestantismo. Movimientos como el modernismo y el "evangelio social" eran desconocidos para la mayoría de los pentecostales y los pocos que sabían de qué se trataban, se oponían vehementemente a ellos. De hecho, había mucha ignorancia en ambos lados. La respuesta popular a los humildes pentecostales y sus iglesias era tratarlos despectivamente pero, a pesar de esto, ellos cumplían una función muy útil ministrando a los pobres y descastados que se sentían rechazados y fuera de lugar en las iglesias históricas, cada vez más ricas y sofisticadas.

La mayoría de los católicos y protestantes, sin duda, no tenían idea del número creciente de pentecostales que se ocupaban de plantar iglesias prácticamente en todas las poblaciones estadounidenses. Prácticas como hablar en lenguas, profetizar y exorcizar demonios eran consideradas extraños efectos secundarios de la ignorancia religiosa y el entusiasmo desenfrenado. De hecho, durante la primera mitad del siglo XX hubo un gran rechazo mutuo entre los pentecostales, las iglesias tradicionales, y la sociedad en general.

En esta situación la gente abrigaba una gran curiosidad por ver lo que sucedía entre los pentecostales. A escondidas espiaban por las ventanas de los templos atestados de gente para ser testigos de los gritos y la exuberancia que caracterizaban los cultos. Algunas veces, algunos que estaban terriblemente enfermos abandonaban todo prejuicio y acudían, desesperados, a los cultos de los primeros evangelistas sanadores pentecostales, como Maria Woodworth-Etter y Aimee Semple McPherson. Muchos eran sanados y se hacían pentecostales fervientes. Esto, con frecuencia, significaba cortar la relación con su familia, ya que los convertidos eran rechazados por sus familiares y amigos.

Después de la Segunda Guerra Mundial la situación comenzó a cambiar, ya que los pentecostales prosperaron, junto con toda la población estadounidense. Con esta nueva prosperidad los pentecostales ascendieron en la escala social y comenzaron a construir templos grandes y modernos que atraían la atención de la gente. Después de 1948 hubo una verdadera explosión de interés en el movimiento, con el comienzo de los ministerios de sanidad de evangelistas como William Branham, Oral Roberts y Jack Coe. Con el comienzo del ministerio televisivo de Oral Roberts la sanidad divina entró en los hogares del pueblo estadounidense.

Los católicos se sentían especialmente atraídos por ese ministerio. Los obispos católicos de Nueva York, Filadelfia y Chicago comenzaron a preocuparse por la gran cantidad de católicos que asistían a las cruzadas de sanidad y especialmente por los que enviaban ofrendas al evangelista de Oklahoma. Era inevitable que, tarde o temprano, el pentecostalismo ingresara en las iglesias históricas. Antes de 1960 los pastores de iglesias históricas que hablaban en lenguas eran, generalmente, expulsados de sus iglesias y se veían obligados a unirse a alguna denominación pentecostal. Fueron probablemente miles los que abandonaron sus iglesias o mantuvieron en secreto su experiencia pentecostal para conservar el púlpito. Pero cientos de miles de laicos dejaron sus iglesias, más ritualistas y formales, para pasarse a la entusiasta adoración de los pentecostales, donde había milagros en todos los cultos y la alabanza gozosa llenaba el ambiente de alegres cantos, aplausos y danzas "delante del Señor".

Antes de 1960 varios pastores de iglesias históricas recibieron el don de lenguas y encontraron diversas reacciones de sus líderes. Entre ellos se encontraban Harald Bredesen –luterano, posteriormente pasó a la iglesia reformada holandesa–, Richard Winkler –anglicano–, Tommy Tyson –metodista– y Gerald Derstine –menonita–. Como muchos otros antes que él, Derstine fue expulsado del ministerio menonita ("silenciado"), mientras Tyson y Winkler fueron sujetos a investigaciones eclesiásticas antes de que se les permitiera continuar en el ministerio.

La mayor apertura en las iglesias históricas fue encabezada por el pastor anglicano Dennis Bennet, de la Iglesia Episcopal St. Mark's[2] en Van Nuys, California, en 1960. Después de hablar en lenguas, su congregación y su obispo lo presionaron para que renunciara a su iglesia. Su decidido testimonio de la validez de su experiencia llevó a un frenesí mediático que terminó con la creación de un nuevo movimiento cuyos seguidores pronto recibieron el mote de "neopentecostales".

Después de salir de St. Mark's, Bennet continuó con un fructífero ministerio pentecostal durante dos décadas en la Iglesia Episcopal St. Luke's en Seattle, Washington. Poco después una avalancha de pastores y laicos ingresaron en el movimiento nuevo de Bennett; entre ellos, Larry Christenson –luterano–, James Brown –presbiteriano–, Howard Conatser –bautista del sur– y Nelson Litwiller –menonita–.

Las siguientes secciones de este capítulo son las historias de varios movimientos de renovación protestante que comenzaron en las dos décadas posteriores a la exitosa campaña de Bennett, para que las iglesias históricas fueran un lugar donde los nuevos pentecostales fueran aceptados.

La renovación anglicana

Dennis Bennett

A las nueve en punto de la mañana, un día de noviembre de 1959, Dennis Bennett, párroco de la Iglesia Episcopal St. Mark's en Van Nuys, California, se arrodilló en casa de unos amigos y comenzó a orar en lenguas. No sabía que esta experiencia de ser bautizado en el Espíritu Santo cambiaría su vida para siempre. Además, las iglesias más importantes del mundo cristiano serían extrañamente afectadas como resultado de este hecho, por varios años.[1]

En cierto modo, Bennett estaba en el extremo opuesto de esas personas llamadas pentecostales que defendían la experiencia que llamaban "bautismo en el Espíritu Santo". Para ellos, con frecuencia era un bautismo cataclísmico caracterizado por la glosolalia, es decir, el hablar en lenguas. La mayoría de las encuestas de opinión en los Estados Unidos ubicaban a los anglicanos a la cabeza de los cristianos "respetables", mientras los humildes pentecostales ocupaban, generalmente, el escalón más bajo de la escala social.[2]

El anglicano Dennis Bennett (1917–1991) es considerado el iniciador del movimiento pentecostal en las iglesias históricas en 1960.

Lo que siguió a la experiencia de Bennett fue notable, ya que muchos miembros de su parroquia también recibieron la experiencia pentecostal y sus vidas más su devoción espiritual cambiaron totalmente. En abril de 1960 Bennett contó su experiencia a los adinerados miembros de su parroquia. Lo que recibió como respuesta fue un turbulento rechazo: "Somos anglicanos, no un puñado de campesinos locos", gritó un miembro desde una silla que tomó como plataforma. "Expulsen a los condenados que hablan en lenguas", vociferó otro.[3]

El bautismo en el Espíritu Santo de Dennis Bennett

Estábamos sentados en el recibidor, nuestros anfitriones sentados en el sofá debajo de la ventana, yo en una silla muy acolchada en el otro extremo de la sala y los demás clérigos a mi derecha. El otoño de California refulgía, cálido y brillante, afuera y el vecindario estaba bastante silencioso para ser sábado; lo único que rompía ocasionalmente el silencio era el sonido de algún automóvil que pasaba. Yo me sentía muy tímido y decidido a no perder la compostura.

– ¿Qué hago? –volví a preguntarles.

– Pídale a Jesús que lo bautice en el Espíritu Santo –dijo John–. Nosotros oraremos con usted y usted solo ore y alabe al Señor.

Yo dije:

– Ahora bien, recuerden, lo que yo quiero es estar cerca de Dios, como están ustedes; ¡no me interesa hablar en lenguas!

– Bueno –dijeron ellos– lo único que podemos decirle al respecto, es que todo venía en el mismo paquete!

> John cruzó la sala y apoyó sus manos, primero sobre mi cabeza, luego sobre las de mis amigos. Comenzó a orar, en voz muy baja, y reconocí lo mismo que cuando Bud había orado conmigo unos pocos días antes; hablaba en un idioma que yo no comprendía y lo hablaba con gran fluidez. Tampoco era algo forzado. Después oró en inglés; pidió que yo fuera bautizado con el Espíritu Santo.
>
> Comencé a orar, como él me dijo y yo también oré en voz muy baja. ¡No quería entusiasmarme para nada! Simplemente seguía instrucciones. Supongo que habré orado en voz alta durante unos veinte minutos –por lo menos, a mí me pareció que era un tiempo muy largo– y estaba a punto de darme por vencido cuando sucedió algo muy extraño. Mi lengua se trabó, como cuando uno trata de repetir un trabalenguas, ¡y comencé a hablar en un idioma nuevo!
>
> Enseguida me di cuenta de varias cosas: primero, no era un truco psicológico ni una exigencia. No había nada de compulsivo al respecto. Yo permitía que estas nuevas palabras llegaran a mis labios y las hablaba voluntariamente, sin ser obligado de ninguna forma a hacerlo. No había sido "arrastrado" en ninguna acepción de la palabra, sino que estaba en plena posesión de mi voluntad. Hablaba ese nuevo idioma porque me interesaba hablar un idioma que no había aprendido, aunque no entendía una palabra de lo que decía. Me había llevado mucho tiempo aprender algo de alemán y otro poco de francés, pero este idioma me llegaba de forma "gratuita". Segundo, era un idioma real, no balbuceos como los de un bebé. Tenía gramática y sintaxis; tenía inflexiones y expresión y era bastante hermoso. Seguí permitiendo que estas nuevas palabras llegaran a mis labios durante unos cinco minutos. Entonces, les dije a mis amigos:
>
> – ¡Bien! Esto debe de ser lo que ustedes llaman "hablar en lenguas". Pero... ¿de qué se trata? ¡No siento nada!
>
> Ellos dijeron, gozosos:
>
> - ¡Gloria a Dios!
>
> Esto parecía un poco irrelevante, y era muy fuerte para mí. Parecía rayano en lo fanático que un anglicano dijera algo así en una hermosa tarde de sábado, sentado en el recibidor de su casa. Con mucho en qué pensar, llamé a mi amigo y nos retiramos.
>
> DENNIS BENNETT
Nine O'clock in the Morning

En resumen, Bennett renunció poco después, pero no sin que los periódicos, así como las revistas *Time* y *Newsweek* dieran tal publicidad al hecho en todo el país que Bennett se convirtió en una figura controvertida del día a la noche. También se convirtió en líder de una nueva fuerza en las denominaciones históricas, que se llamó "movimiento neopentecostal". La revista *Time* informaba que "ahora, la glosolalia parece haber regresado a las iglesias de los Estados Unidos; no solo en las sectas desinhibidas pentecostales, sino aun entre los anglicanos, que han sido llamados 'el pueblo congelado de Dios'".[4]

Aunque el caso de Bennett fue notorio y ocupó las primeras planas de los periódicos en todo el mundo, no fue él el primer clérigo de su iglesia que habló en lenguas y permaneció en el ministerio. Con diversos grados de éxito, por lo menos dos colegas lo habían precedido en la experiencia de los fenómenos pentecostales.

En 1907, después que el avivamiento de la calle Azusa despertó al mundo para hacerle ver los dones del Espíritu, Alexander Boddy, vicario de la Iglesia Anglicana All Souls, de Sunderland, Inglaterra, había fomentado un avivamiento pentecostal en su iglesia. Durante varios años las convenciones anuales en Sunderland se convirtieron en centros de renovación de la iglesia en Inglaterra, Europa y los Estados Unidos. Esta "renovación fallida" terminó, principalmente, debido a la Primera Guerra Mundial y a la falta de líderes capaces.

A medida que los muchos seguidores de Boddy —entre ellos, bautistas, metodistas, hermanos libres y del Ejército de Salvación— veían que el pentecostalismo, aparentemente, no iba a cambiar las iglesias históricas inglesas, se apartaron para formar nuevas denominaciones en Gran Bretaña, fundamentalmente las Asambleas de Dios y la Iglesia Pentecostal Elim.

Michael Harper habla de Boddy como un "profeta al que pocos escucharon y la mayoría olvidó". Boddy fue el primer anglicano pentecostal y en 1922 dejó Sunderland para ser vicario de Pittington, en la misma diócesis. Permaneció allí hasta que murió, en 1929. Fue, sin duda, un adelantado para su época.[5]

Richard Winkler

En 1956 un sacerdote anglicano estadounidense, Richard Winkler, párroco de la Iglesia Episcopal Trinity, de Wheaton, Illinois, fue bautizado en el Espíritu Santo y habló en lenguas. Probablemente haya sido el primer pastor anglicano estadounidense que expuso el movimiento abiertamente. Después que Winkler recibiera el bautismo pentecostal, su ministerio fue revolucionado de tal manera que se realizaban cultos de sanidad en su iglesia y muchos miembros recibieron la experiencia pentecostal.[6]

En la década de 1960, debido a las experiencias de Bennett y Winkler, la iglesia anglicana de los EE.UU. emitió tres comunicados sobre el creciente movimiento en la iglesia. El primero apareció en abril de 1960, en respuesta a la experiencia de Bennett. Este documento reflejaba el punto de vista dispensacionalista de que el don de lenguas pertenecía a la infancia de la iglesia y había sido descartado como apoyo una vez que la iglesia maduró. El caso de Winkler también provocó la aparición de un documento en diciembre de 1960, que advertía sobre los engaños diabólicos y el sectarismo. Aunque reconocía que la glosolalia podía ser genuina, el documento declaraba que "la razón es, principalmente, la voz del Espíritu Santo". A pesar de este pronunciamiento, se permitió a Winkler que permaneciera en la iglesia, que se convirtió en un centro temprano de actividad carismática en el oeste medio.[7]

La reacción ante la experiencia de Bennett fue tan explosiva, que su bautismo en el Espíritu Santo se convirtió en un verdadero bautismo de fuego. Debido a sus sufrimientos y posterior reivindicación, se lo considera en general, como el padre del movimiento carismático en las iglesias tradicionales.

Cuando el caso de Bennett fue conocido en todas partes, el movimiento se extendió rápidamente en las iglesias anglicanas del sur de California. Para 1963 *Christianity Today* hablaba de una nueva corriente, en la que, se decía, dos mil anglicanos del sur de California hablaban en lenguas.[8]

Estos nuevos pentecostales eran algo diferentes de los antiguos pentecostales clásicos (explicaba Jean Stone) líder de los principios del movimiento. Eran menos emocionales y usaban sus dones más en privado, como un idioma de oración. También contradecían muchos estereotipos del pentecostalismo que se habían afianzado durante décadas. Eran, en su mayoría, religiosos con educación superior y laicos con formación profesional. Además, sus cultos eran bastante ordenados y prestaban mucha atención a las directivas de Pablo sobre el uso decente y ordenado del don de lenguas.[9]

La respuesta eclesiástica a la experiencia de Bennett fue rápida y negativa. Su superior eclesiástico, el obispo Francis Bloy, no solo prohibió hablar en lenguas en St. Mark's, sino en todas las parroquias de la diócesis. En otro lugar de California, el obispo James A. Pike emitió una carta de dos mil quinientas palabras para las ciento veinticinco parroquias de su diócesis, prohibiendo la glosolalia. Llamaba al movimiento "una herejía en estado embrionario" y declaraba que "este fenómeno en particular ha llegado a un punto en que es peligroso para la paz y la unidad de la iglesia". Estas afirmaciones, no obstante, no lograron detener el mover del Espíritu Santo en las iglesias anglicanas de California y otros estados.[10]

A pesar de la prohibición de hablar en lenguas en los cultos de su diócesis, algunas veces, durante sus rondas habituales de visitas a las iglesias, Pike era recibido por congregaciones y sacerdotes que comenzaban a cantar en lenguas. Lamentablemente, este mismo obispo Pike terminó su carrera eclesiástica de manera muy infortunada: trató de comunicarse con los muertos por medio del espiritismo.

Pero también se escucharon en la iglesia otras voces, más amistosas. Después de enterarse de la lucha de Bennett, William Fisher Lewis, obispo de Olimpia (Washington) lo invitó a pastorear la Iglesia Episcopal St. Luke's, una parroquia urbana bastante deteriorada cerca de Seattle. Dado que ya se pensaba en cerrar St. Luke's, Lewis invitó a Bennett a ir allí para "llevar el fuego". Con esta libertad para enseñar expresando sus modos pentecostales de adorar y alabar a Dios, Bennett y su iglesia pronto estuvieron en medio de una renovación poderosa espiritual.

Centros de renovación carismática

St. Luke's se convirtió en un centro de renovación carismática, no solo para la iglesia anglicana, sino para muchas iglesias y muchos pastores de diversas denominaciones en el noroeste de los Estados Unidos. En poco tiempo toda la junta parroquial y la mayor parte de los miembros de la iglesia habían sido bautizados en el Espíritu Santo. Aunque los cultos dominicales matutinos eran bastante tradicionales, las reuniones de oración de los martes estaban llenas de gente y de poder pentecostal. Durante muchos años cientos de personas asistían a los servicios semanalmente en St. Luke's, donde eran bautizadas en el Espíritu Santo unas veinte personas por semana: no solo anglicanos, sino también bautistas, metodistas, católicos y presbiterianos.

En poco tiempo St. Luke's era la congregación anglicana más grande de todo el noroeste estadounidense. Las ofrendas se multiplicaron y la iglesia pasó de ser un estorbo para la ciudad al convertirse en un dinámico centro espiritual.[11]

Las experiencias de Bennett eran ampliamente publicitadas en la prensa, con lo que atraían gran atención hacia el creciente movimiento pentecostal en la iglesia anglicana. Su ejemplo alentó a cientos de clérigos a abandonar el silencio y testificar de sus experiencias en el Espíritu Santo.

Estos clérigos bautizados por el Espíritu eran pentecostales, sin duda, pero deseaban permanecer en sus iglesias y llevar a los hermanos de sus congregaciones a una renovación espiritual. Diferían de sus pares de las denominaciones pentecostales tradicionales como las Asambleas de Dios, pero compartían con ellos las mismas y dinámicas experiencias en el Espíritu Santo. Aunque muchos pastores anglicanos, como Winkler, y ministros de otras iglesias, como Harald Bredesen y James Brown, habían recibido la experiencia pentecostal antes que él, Bennett fue reconocido como el pionero del movimiento neopentecostal, debido a la publicidad que atrajo su caso.

Iglesia Episcopal St. Luke's, en Seattle, Washington. Se convirtió en un centro de renovación carismática bajo el liderazgo de Dennis Bennett.

Otro importante centro de los primeros para la renovación anglicana se desarrolló poco después en la Church of the Redeemer en Houston, Texas. Allí Graham Pulkingham llevó a su congregación a un experimento de renovación carismática parroquial, un ejemplo que sirvió de modelo para muchas otras iglesias. El crecimiento rápido de la parroquia, con su singular vida comunitaria y sus ministerios sociales, atrajo la atención de todo el país. Muchos líderes anglicanos, así como pastores de otras denominaciones, viajaban a Houston para ver cómo la adoración pentecostal podía integrarse en toda la vida litúrgica y sacramental de la iglesia.[12]

Para ayudar al nuevo movimiento que pugnaba por desarrollarse en la iglesia, apareció en 1961 una nueva publicación editada por Jean Stone, *Trinity* (Trinidad). En este, el primer periódico neopentecostal de los Estados Unidos, aparecían muchos líderes y escritores anglicanos. También era la voz de la *Blessed Trinity Society*, una nueva organización fundada para fomentar el ministerio de sanidad en la iglesia, que funcionó desde 1961 hasta 1966. Esta fue la primera sociedad carismática organizada en una denominación tradicional en los Estados Unidos.[13]

La renovación anglicana en el mundo

Un estudio de 1962 realizado por los obispos anglicanos, que fue publicado en el periódico de la convención general, fue de suma ayuda. Al referirse a los nuevos movimientos en la iglesia los obispos afirmaban que "el Espíritu de Dios siempre se mueve de nuevas formas" y que los "movimientos nuevos han enriquecido al cuerpo de Dios a lo largo de la historia". Al observar que la iglesia "no debería ser sectaria, sino espaciosa" los obispos no obstante, aconsejaban en contra de "el fariseísmo, la división, la parcialidad y la exageración". La renovación, por tanto, debía relacionarse con la "vida plena, rica y equilibrada de la iglesia histórica", decían los obispos.[14]

Esta declaración se convirtió en la política oficial de la iglesia hacia el movimiento neopentecostal y abrió las puertas a una amplia aceptación y participación de los carismáticos en ella. Después de 1962 el movimiento se extendió rápidamente en la iglesia, no solo en los Estados Unidos, sino también en todo el mundo.

En Inglaterra, un grupo de evangélicos liderados por el canónigo Michael Harper estableció el "*Fountain Trust*", un cuerpo ecuménico de carismáticos en todas las iglesias, pero dirigido principalmente por anglicanos. En otras naciones se involucraron obispos y arzobispos también. El más importante fue el arzobispo William Burnett, de Ciudad del Cabo, Sudáfrica. Otros líderes influyentes fueron el obispo Festo Kivengere, de Uganda; los obispos Chitemo y Madina, de Tanzania; el arzobispo Manassas Kuria, de Kenia; el obispo Derek Rawcliffe, de las Islas Nuevas Hébridas; y Ban it Chiu, obispo de Singapur. La influencia del movimiento era amplia y profunda.[15]

En Atlanta, Georgia, David Collins, canónigo de la parroquia anglicana más grande de los Estados Unidos, se convirtió en un líder nacional del movimiento. Otros líderes fueron el obispo William Frey, de Colorado; Robert Hawn, Everett (Terry) Fullam y Charles M. Irish. Para coordinar esta creciente fuerza en la iglesia estadounidense, estos hombres fundaron la Confraternidad Episcopal Carismática (*Episcopal Charismatic Fellowship*) en 1973. Esta organización pronto comenzó a publicar un periódico llamado *Acts 29* (Hechos 29), que se convirtió en el centro de propagación de información sobre el movimiento.[16]

Para mediados de los setenta el movimiento anglicano, junto con los de otras iglesias históricas, había abandonado el nombre de "neopentecostal" por uno más neutro: "renovación carismática". Además, para escapar del bagaje cultural del pentecostalismo clásico, los líderes anglicanos comenzaron a desarrollar una teología "orgánica" del bautismo en el Espíritu Santo, que hacía énfasis en la obra del Espíritu en toda la vida del cristiano, además de la experiencia personal inicial de ser bautizado en el Espíritu Santo. Los anglicanos carismáticos también recurrieron a los antiguos credos de la iglesia para sus experiencias en el Espíritu Santo.

Un nuevo cuento de Canterbury

Con una gran aceptación dentro de la confesión anglicana, los anglicanos carismáticos planearon una conferencia internacional en Canterbury, en 1978, para preceder la reunión de la Conferencia Lambeth. Lambeth es la reunión más importante del anglicanismo, en la que todos los obispos se reúnen, una sola vez por década. Durante la semana anterior a Lambeth, aproximadamente quinientos líderes carismáticos se reunieron en la Universidad de Kent, en Canterbury. Una semana de oración y talleres precedió a los cultos de clausura en la histórica catedral. En el primer culto el arzobispo de Canterbury, Donald Coggan, dirigió palabras cálidas a los delegados.

La liturgia final fue tan maravillosa, que aun se hace referencia a ella como "un nuevo cuento de Canterbury". Dirigido por el arzobispo Burnett, en ese culto de tres horas de duración hubo don de lenguas, profecías, oración por los enfermos y gran gozo. Todo esto, en el contexto de un culto tradicional de la comunión anglicana.

Al cierre de este histórico culto, los dos mil adoradores se unieron en un tiempo de regocijo, mientras el Espíritu Santo se derramaba en plenitud pentecostal. Canterbury, realmente, se convirtió en un nuevo aposento alto. En las antiguas paredes de la catedral resonaban los gritos de alabanza que brotaban de los corazones de la congregación. Los treinta y dos obispos y arzobispos que danzaron alrededor del altar

Treinta y dos obispos anglicanos danzan ante el Señor en la Catedral de Canterbury, en 1978.

principal en profunda alabanza al Señor, constituían un espectáculo inolvidable.[17]

Después de 1978 el movimiento continuó extendiéndose entre las iglesias y los campos misioneros anglicanos de todo el mundo. En algunos casos toda una iglesia nacional era arrebatada por el movimiento. La iglesia de las Islas Nuevas Hébridas es un ejemplo de ello. En Canterbury el obispo Rawcliffe dijo que todas sus iglesias y sacerdotes habían sido profundamente afectados por un avivamiento de los dones carismáticos. En Inglaterra David Watson habló de las multitudes que llenaban los cultos carismáticos en York, de tal manera que hasta quedaba gente fuera del templo.

Algunos obispos africanos, como Festo Kivengere, no recordaban ningún momento en que las iglesias anglicanas de su país no fueran carismáticas. Éste era el caso, principalmente, de las iglesias que habían sido tocadas por los grandes avivamientos del este de África en la década de 1930.

En los Estados Unidos Everett Fullam, vicario de la iglesia St. Paul's en Darien, Connecticut, vio cómo las multitudes llenaban su templo hasta rebosar, mientras el Espíritu se movía con libertad en sus cultos habituales. El "milagro de Darien" se repitió en numerosas iglesias anglicanas de los Estados Unidos.[18]

Tres parroquias del norte de Virginia experimentaron un extraordinario crecimiento a principios de los ochenta, cuando decidieron "seguir el camino carismático". Las parroquias anglicanas de Falls y Truro eran dos de las más antiguas, de la época colonial. Pero cobraron nueva vida a medida que el Espíritu Santo se derramaba sobre sus miembros. En la misma área, la Church of the Apostles experimentó un crecimiento singular. Bajo el liderazgo del párroco Renny Scott, esta iglesia pasó de una asistencia de cincuenta personas a más de dos mil, en solo siete años, con lo cual llegó a ser conocida como una "exuberante parroquia carismática".[19]

Para 1994 un estudio demostraba que, de las siete mil doscientas parroquias anglicanas que hay en los Estados Unidos, más de cuatrocientas participaban de la renovación carismática. Algunas de ellas eran las iglesias de mayor crecimiento de la denominación.

La renovación luterana

En 1947 un joven laico luterano de la ciudad de Nueva York observó una congregación pentecostal local creciente donde cientos de personas de todas las denominaciones se reunían para recibir sanidad y experimentar lo que llamaban el bautismo en el Espíritu Santo. Aunque era una de las autoridades del Consejo Mundial de Educación Cristiana, con sede en Manhattan, el joven se sintió irresistiblemente atraído por investigar esos cultos inusuales que captaban a tanta gente en la gran ciudad.

Poco después el joven luterano se sumó a la multitud que se agolpaba frente al altar en busca del bautismo. No pasó mucho tiempo antes que experimentara el bautismo pentecostal y se levantara hablando en un nuevo idioma que no había aprendido. El joven era Harald Bredesen, y la iglesia era una congregación de las Asambleas de Dios pastoreada por P. G. Emmett.[20]

Harald Bredesen fué uno de mayores influyentes de los primeros líderes carismáticos

Este hombre, Bredesen, estaba destinado a ser el Juan el Bautista del movimiento de renovación carismática en las iglesias de denominaciones históricas. Fue uno de los primeros ministros no pertenecientes a los movimientos pentecostales clásicos en experimentar la glosolalia y continuar ministrando en una iglesia tradicional no pentecostal.

Bredesen había nacido y se había criado como un luterano clásico y tenía planes de pastorear una iglesia luterana cuando terminara su servicio en el Consejo Mundial de Educación Cristiana en Nueva York. Era hijo de un pastor luterano de Minnesota. Había asistido al Seminario Teológico de St. Paul, después de lo cual tuvo un pastorado interino en Aberdeen, Dakota del Sur, antes de llegar a ese puesto en Nueva York.

Años después Bredesen iba a influir para que muchos líderes cristianos importantes recibieran el bautismo en el Espíritu Santo, entre ellos: Pat Robertson, John Sherrill y Pat Boone. Fue ordenado ministro de la Iglesia Reformada Holandesa y aceptó un llamado para pastorear una iglesia reformada holandesa en Mt. Vernon, Nueva York. En la década del sesenta también llevó a muchos miembros de su iglesia a la experiencia pentecostal. En 1963 fue clave en la realización de una sensacional reunión en la Universidad de Yale, donde muchos estudiantes hablaron en lenguas. Estos fueron llamados burlonamente "glosoyalios" por la prensa.[21]

En la década de los ochenta Bredesen se hizo conocido por su amistad con el presidente Anwuar El Sadat, de Egipto, así como por ser asesor de su viejo amigo y protegido Pat Robertson en la candidatura para la nominación a candidato republicano para la presidencia de los Estados Unidos. Pero, a la larga, Bredesen quizá sea mejor conocido como uno de los primeros neopentecostales, precursor de lo que iba a venir en las denominaciones históricas.

El testimonio de Harald Bredesen

Hasta este momento yo había deseado poder para servir, poder para testificar, poder para vivir la vida cristiana. Ahora tenía un solo deseo: Satisfacer el anhelo del corazón de Jesús por mí. Antes amaba a Dios con reservas, lo servía con reservas y, por lo tanto, suponía que Él me amaba también... con reservas. En ese momento pareció como si todos mis pecados y fallas repetidas no tuvieran más poder para ocultarme su amor que una mosca para tapar el Sol. A pesar de lo que yo era, a pesar de lo que no era, a pesar de todas mis límites, Él me amaba sin reservas. Me sentí tan abrumado, tan lleno de gozo y maravillado ante la total falta de reservas de su amor por mí, que levanté mis manos al cielo, fascinado. Ahora no tenía que preguntarle a nadie "¿Por qué levantas las manos?" Era solo una entrega y una maravilla involuntaria.

Traté de decir "¡Gracias, Jesús! ¡Gracias, Jesús!", pero no podía expresar lo inexpresable. Entonces, para mi gran alivio, el Espíritu Santo lo hizo por mí. Era como si se hubiera descorchado una botella y de mi interior brotó un torrente de palabras en un idioma que nunca había estudiado. Ahora podía decir todo lo que siempre había querido decirle a Dios.

Después de pasar un largo rato alabando a Dios y sabiendo que esta experiencia era real, caí nuevamente en la cuenta de que iba a tener que contárselo a mis amigos. Sabía lo que me iban a decir: "Harald, te has mezclado con un grupo de histéricos que se excitan hasta llegar a un estado de frenesí religioso y luego descomprimen el éxtasis soltando esos balbuceos. Todo esto se te ha pegado a ti también".

Oré: "Señor, si esto es un idioma verdadero, revélamelo". Salí por la puerta y tomé uno de los muchos senderos que llevaban al bosque circundante. Mientras avanzaba por el sendero seguía fluyendo de mis labios mi nuevo idioma de oración, como un pozo artesiano de alabanza y adoración.

Por el sendero venía una bella niñita rubia de unos once años. Cuando llegó cerca de mí, se detuvo, inclinó la cabeza, y luego de unos instantes, rió: "Usted está hablando en polaco".

Escribí en una tira de papel: "¿Dónde hay un hombre que hable polaco? Quiero hablar con él". Temía comenzar a hablar en inglés y no poder volver a hablar en esta lengua. La niña me llevó hasta donde estaba un hombre parado en los escalones de entrada a su cabaña. Era un sujeto fornido,

> musculoso, quizá minero. Me vino a la mente: "¡Pensar que no conozco a este hombre, pero, en Cristo, somos hermanos!"
>
> El hombre exclamó: "¡*Bracia, bracia*! Me está llamando hermano". Y continuó: "Usted está alabando a Dios, pasando de un dialecto eslavo a otro".
>
> Cuando me alejé, mi corazón estaba arrebatado de gozo.
>
> Harald Bredesen
Yes, Lord

Larry Christenson

Larry Christenson fue uno de los primeros luteranos en experimentar el bautismo en el Espíritu Santo en la década del sesenta. Hacía solo un año que había salido del seminario y estaba pastoreando su primera congregación, la Iglesia Luterana Trinity, en San Pedro, California. Christenson estaba fascinado por la posibilidad de la sanidad divina desde que había leído el libro de Agnes Sangford, *The Healing Light* (La luz sanadora).

Mientras asistía a un culto evangelístico en una iglesia pentecostal cuadrangular en San Pedro, oyó hablar del bautismo en el Espíritu Santo evidenciado en el hablar en lenguas. Los evangelistas, Wayne y Mary Westburg, oraron por él, pero no sucedió nada. No obstante, esa noche el joven pastor luterano se despertó repentinamente: "Me senté erguido de un salto y encontré un idioma desconocido" que burbujeaba en sus labios. Habló una frase en lenguas y luego volvió a dormirse. Esto sucedió el viernes 4 de agosto de 1961. A la noche siguiente regresó a la iglesia cuadrangular, donde, según dijo luego: "Una gran sensación de alabanza y gozo comenzó a brotar dentro de mí, y se derramó a través de mis labios en una nueva lengua". Fue una experiencia maravillosa, dijo, "aunque no particularmente abrumadora".

Christenson se preocupó inmediatamente por saber si su experiencia era luterana y cuál sería su futuro como pastor luterano. En conversaciones posteriores con David du Plessis, este le aconsejó que permaneciera dentro de la iglesia luterana y ayudara a extender el avivamiento entre sus colegas.[23]

Larry Christenson (1928-) dirigió el movimiento carismático luterano después de ser bautizado en el Espíritu Santo en San Pedro, California, en 1961.

El carácter de los luteranos

Históricamente los luteranos se han ocupado, principalmente, de los asuntos surgidos en la reforma protestante; por ejemplo, principios básicos como la justificación por fe y la supremacía de las Sagradas Escrituras.

En muchos sentidos Martín Lutero fue un conservador en el aspecto social, aunque revolucionario en el ámbito de la teología. En la Reforma llegó hasta un determinado punto y no pasó más allá. Su oposición a la "revuelta de los campesinos" y al movimiento anabautista son indicadores de este conservado*rismo. Sentía marcado desprecio por los entusiastas, que llamaba *schwarmerei*. También criticaba los relatos de milagros, que consideraba supersticiones católicas. Aunque se ha dicho que Lutero habló en lenguas, no hay evidencias contemporáneas creíbles que apoyen tal afirmación.

De hecho, Lutero era firme partidario de la teoría de la cesación, que sostenía que las señales, los prodigios y los milagros del Nuevo Testamento habían cesado después de la era de los apóstoles. Por lo tanto, alguien que hablara en lenguas, en los tiempos modernos, no sería considerado típicamente luterano.[24]

Otros reciben el bautismo

A pesar de la tradición luterana, a principios de la década del sesenta hubo una verdadera inundación de luteranos que recibieron el bautismo pentecostal. Hubo manifestaciones en todas las ramas del luteranismo estadounidense: la Iglesia Luterana Americana (ALC, sigla en inglés), la Iglesia Luterana en América (LCA) y la Iglesia Luterana, Sínodo de Missouri (LCMS).

Un testimonio muy interesante es el de Erwin Prange, un pastor luterano que fue bautizado en el Espíritu Santo en el santuario de su iglesia, una mañana, en 1963, justo antes de comenzar una clase de confirmación. Mientras oraba pareció escuchar una voz que decía: "El don ya es tuyo; solo extiende tu mano y tómalo". Entonces, extendiendo sus manos hacia el altar, "abrí mi boca, y comenzaron a salir a borbotones unos extraños sonidos balbuceantes. ¿Lo había hecho yo? ¿O había sido el Espíritu Santo? Antes que pudiera preguntármelo, comenzaron a suceder toda clase de cosas extrañas. Dios salió de las sombras. '¡Él es real! ¡Me ama!'

[...]. Cada célula y átomo de mi ser resonaba de la vibrante vida de Dios". Cuando salió a dar la clase de confirmación, estuvo hablando durante diez minutos en un idioma que ni él ni sus alumnos comprendían.[25]

Entre los pastores más destacados que recibieron el bautismo en este período se encuentran Herbert Mjorud –que trabajaba como evangelista de tiempo completo para la ALC– en 1962, después de visitar la iglesia anglicana de Dennis Bennett en Seattle. Después de esto Mjorud vio con asombro cómo surgía un ministerio de sanidad en sus cruzadas evangelísticas. En una campaña en Anacortes, Washington, en marzo de 1962, más de setenta luteranos fueron bautizados en el Espíritu Santo. Como consecuencia de estas reuniones Mjorud fue acusado de herejía por varios pastores.

Mjorud respondió a las acusaciones ante el presidente de la denominación, con lo cual los cargos fueron retirados. Pero dado que su llamado como evangelista no fue renovado, se convirtió en evangelista independiente. Sus últimos años se caracterizaron por masivas cruzadas de sanidad en diferentes países.[26]

Mjorud no fue el único en ser investigado por las autoridades de la iglesia. En 1963 la ALC nombró a una comisión de tres miembros para investigar a las personas que manifestaban glosolalia en la iglesia. Este equipo consistía en un psicólogo, un psiquiatra y un teólogo especialista en el Nuevo Testamento. En San Pedro, el equipo examinó a Christenson y a treinta y dos miembros de su congregación. Un grupo de control de veinte personas que hablaban en lenguas fue comparado con otro grupo que no hablaba en lenguas.

Aunque el equipo esperaba que los pentecostales fueran personas "emocionalmente inestables" y que el movimiento tuviera "una vida breve", estaban equivocados en ambos aspectos. Los resultados fueron publicados en un libro titulado *The Psychology of Speaking in Tongues* (La psicología del hablar en lenguas), de John Kildahl, el psicólogo clínico que realizó el estudio.[27]

Durante las décadas de 1960 y 1970 cientos de pastores luteranos y miles de laicos tuvieron la experiencia pentecostal. Entre ellos se encuentran Donald Pfotenhauer, Erwin Prange, Robert Heil, Rodney Lensch, Delbert Rossin, Herb Mirly y Theodore Jungkuntz, de la Iglesia Luterana, Sínodo de Missouri. En la Iglesia Luterana Americana, Morris Vaagenes, James Hanson y George Voeks se sumaron a Christenson y Mjorud como líderes del movimiento.

La Iglesia Luterana en América no fue tan profundamente influida como las otras ramas. Pero para 1970, Paul Swedeberg y Glen Pearson encabezaban movimientos de renovación carismática en sus iglesias locales.[28]

Muchos de estos pastores sufrieron diversos grados de aceptación o rechazo por parte de sus superiores eclesiásticos. El caso más conmovedor de rechazo fue el de Don Pfotenhauer, pastor de la Iglesia Luterana Way of the Cross, en Blaine, Minnesota. Esta congregación era parte del Sínodo de Missouri, una de las organizaciones luteranas más conservadoras del país.

Cuando Pfotenhauer recibió el bautismo en el Espíritu Santo, en 1964, las autoridades de la iglesia intentaron quitarlo del púlpito. Aunque trató de permanecer en su iglesia y gran parte de los miembros lo apoyaban, Pfotenhauer finalmente fue excomulgado en 1970. Sus seguidores, entonces, organizaron un grupo independiente con el mismo nombre, Way of the Cross (El camino de la cruz). Su historia fue tapa de los diarios de Minneapolis durante años.[29]

Para principios de los setenta, debido a éste y otros casos, los luteranos carismáticos comenzaron a reunirse para promover el movimiento en sus iglesias. Para 1972 la idea de una conferencia carismática solo para luteranos cobró gran ímpetu entre varios líderes.

Impulsada por Norris Cogen, la primera Conferencia Luterana Internacional sobre el Espíritu Santo se reunió en el auditorio cívico de Minneapolis, en 1972. Para deleite de los organizadores, el auditorio, con capacidad para nueve mil personas, fue insuficiente para las más de diez mil personas que se inscribieron para las reuniones. En los años posteriores a 1972 esta conferencia creció hasta ser la reunión luterana anual más importante de los Estados Unidos.[30]

Una teología luterana carismática

Con el tiempo los pastores luteranos carismáticos sintieron la necesidad de producir una teología carismática que ubicara la experiencia y los fenómenos pentecostales dentro del sistema teológico luterano. En 1976 Larry Christenson publicó un libro titulado *The Charismatic Renewal Among Lutherans* (La renovación carismática entre los luteranos). En este libro Christenson se remonta a los comienzos de la historia del movimiento y ofrece lo que él mismo llama una "visión orgánica" del bautismo en el Espíritu Santo, en comparación con la clásica perspectiva pentecostal de la segunda bendición y la evidencia inicial.

Este libro fue seguido, en 1987, por la obra teológica más ambiciosa e importante hasta hoy dentro de la renovación luterana. Editado por Larry Christenson en consulta con cuarenta colegas, se titula *Welcome, Holy Spirit* (Bienvenido, Espíritu Santo). En esta obra la Consulta Teológica Luterana Carismática Internacional se inclina hacia una posición pentecostal clásica, al reconocer en el Nuevo Testamento una distinción entre el envío carismático del Espíritu Santo y la llegada salvífica del Espíritu en la iniciación.

Además de estas obras, Theodore Jungkuntz ha producido algunas publicaciones en las que relaciona la renovación con la teología y la vida sacramental de la iglesia. Entre ellas, un opúsculo titulado *A Lutheran Charismatic Catechism* (Un catecismo luterano carismático) y un tratado teológico titulado *Confirmation and the Charismata* (Confirmación y Carismas), ambos producidos en 1983.[31]

Mientras los carismáticos desarrollaban su teología, las denominaciones luteranas estudiaban el movimiento y emitían informes con el fin de guiar a los pastores en cuanto a él.

La Iglesia Luterana, Sínodo de Missouri, ordenó elaborar un informe sobre el movimiento en abril de 1968, cuando tomó conocimiento de que cuarenta y cuatro de sus pastores estaban dentro de la renovación. Para cuando se terminó el informe, en 1972, ya eran más de doscientos pastores. Este fue el más negativo de los muchos informes luteranos que siguieron, en todo el mundo. Después de cuestionar la posibilidad de manifestaciones válidas de dones sobrenaturales y milagros en la era moderna, el informe declaraba que "el poder y la renovación debían buscarse en la Palabra y en los sacramentos, no en señales y milagros especiales".[32]

Las Pautas (*Guidelines*) publicadas en 1972 por la ALC fueron de tono mucho más positivo. Aunque advertían a los carismáticos sobre el lugar adecuado de los dones en la vida del creyente, el informe llamaba a aceptar la diversidad, dando así libertad a la renovación para desarrollarse más dentro de la iglesia.[33]

En 1974 la Iglesia Luterana en América emitió el informe más positivo de todos. *The Charismatic Movement: A Pastoral Perspective* (El movimiento carismático: una perspectiva pastoral) declaraba que "no hay causa para que los pastores o los fieles luteranos sugieran explícita o implícitamente que no se puede ser carismático y continuar siendo un luterano cabal".[34]

Para la década del ochenta aun había ciertos grupos luteranos que se resistían a la renovación carismática pero, en general, esta era tan aceptada que se había convertido en parte de la escena luterana.

Organizaciones luteranas carismáticas

Después de la conferencia de Minneapolis en 1972, los líderes luteranos carismáticos establecieron organizaciones permanentes para promover la obra de la renovación. En 1973 se formó el Servicio de la Renovación Luterana Carismática (*Lutheran Charismatic Renewal Services*) bajo el liderazgo de Larry Christenson y Dick Denny, un laico de la ALC. Para fin de los años setenta la Iglesia Luterana de North Heights en St. Paul, Minnesota, se constituyó en un importante centro de renovación luterana. Bajo el liderazgo de los pastores Morris Vaagenes y W. Dennis Pederson, se formó en 1980, el Centro Luterano Internacional para la Renovación de la Iglesia (*International Lutheran Center for Church Renewal*).[35]

Para 1983 estas dos organizaciones de servicios se unificaron y establecieron sus oficinas en la iglesia de North Heights, en St. Paul. El nombre del grupo unido pasó a ser Centro Internacional de Renovación Luterana (*International Lutheran Center for Church Renewal*), con Larry Christenson como director de tiempo completo. Algunos de sus colaboradores eran Dick Denny, Betty Denny, Dennis Pederson y Del Rossin.[36]

Situación de la renovación luterana

Una encuesta realizada en 1979 para *Christianity Today*, estimaba que el veinte por ciento de los luteranos estadounidenses se identificaban con la renovación pentecostal carismática. La misma encuesta mostraba que el tres por ciento de todos los luteranos estadounidenses hablaban en lenguas. La mayoría de las estimaciones sostenían que entre un diez por ciento y un veinte por ciento de los luteranos participaban de la renovación. Estas cifras indicarían que, para 1980, entre un millón y un millón setecientas mil personas se identificaban con este movimiento en los Estados Unidos.[37]

Las investigaciones realizadas por el Seminario Teológico Fuller en 1985, indicaban una participación creciente por parte de los pastores luteranos de los Estados Unidos. Las cifras de todas las denominaciones luteranas de ese país en las décadas de los setenta y los ochenta arrojaban los siguientes resultados[38]:

	1974	1979	1984	1985
Pastores abiertos	332	466	1000	1295
Pastores carismáticos	249	349	751	975
Pastores declarados	166	233	501	650

Además de los Estados Unidos, la renovación avanzó firmemente en las iglesias luteranas de todo el mundo. Las iglesias luteranas escandinavas, así como las alemanas, entraron de lleno en una renovación carismática. Ciertos informes indicaban además, que algunos obispos luteranos africanos también iban camino a dicha renovación.

En la década del noventa cada vez más iglesias luteranas se hicieron abiertamente carismáticas en su adoración. Varias congregaciones llegaron a los titulares de los periódicos como ejemplos de renovación dentro de la tradición luterana, como la Iglesia Luterana Resurrection (del Sínodo de Missouri), de Charlotte, Carolina del Norte. Esta iglesia, llevada a la renovación por su pastor, Herb Mirly, desarrolló una forma única de elevada adoración litúrgica luterana que cobró vida gracias a las oraciones y la alabanza carismáticas.[39]

Otras congregaciones carismáticas que fueron líderes en la renovación durante los años noventa son la Iglesia Luterana Trinity, de San Pedro, California, pastoreada por Paul Anderson, y la Iglesia Luterana Faith, en Geneva, Illinois, pastoreada por Del Rossin.

La renovación en las iglesias presbiterianas y reformadas

Desde sus primeras épocas en Suiza y Escocia, los presbiterianos han sido férreos seguidores de la teología de Juan Calvino, un sistema conocido por su estricta eclesiología presbiteriana, así como sus más famosos postulados teológicos. El sistema de presbiterios que se ha desarrollado desde el siglo XVI, no se caracteriza precisamente por la innovación y la experimentación, sino por la adherencia a las estrictas normas de su padre fundador.

A muchos los sorprendería descubrir que hay una historia rica, y aun pionera, de avivamientos en las iglesias presbiterianas. Aunque Calvino, junto con Lutero, apoyaba la teoría de la cesación de los carismas, para Calvino no era porque Dios hubiera retirado esos dones de la iglesia. Según Calvino dice en su *Institución*, los carismas cayeron en desuso en las iglesias por "falta de fe". Él nunca prohibió su uso ni creyó que debieran ser prohibidos. Además, debido a la gran atención que dedica a la Tercera Persona de la Trinidad en sus escritos, ha sido llamado "el teólogo del Espíritu Santo" entre los reformadores.[40]

Debido a la obra de los teólogos presbiterianos de la Universidad de Princeton B. B. Warfield y Charles Hodge, algunos presbiterianos, en el siglo XX, se han destacado por una posición fundamentalista que excluye tanto el perfeccionismo como el pentecostalismo de la tradición calvinista. La obra modelo de esta posición fue *Counterfeit Miracles* (Falsos milagros), un libro de 1918 que negaba que se hubiera producido algún milagro genuino en el mundo desde la época de los apóstoles. Otro libro dentro de la misma corriente fue *Enthusiasm* (Entusiasmo), de Ronald Knox, que presentaba una perspectiva bastante sombría de todo emocionalismo en la religión.[41]

A pesar de esta corriente de pensamiento que seguían algunos presbiterianos, muchos pastores estadounidenses participaron y aun fueron pioneros de la renovación espiritual de una forma que hubiera desagradado a Warfield, pero quizá Calvino hubiera aplaudido. Gran Bretaña y los Estados Unidos fueron el punto de partida para muchos de estos pioneros espirituales.

Primeros líderes de avivamientos presbiterianos

En 1800 se produjo uno de los más grandes avivamientos de la historia de los Estados Unidos, en Cane Ridge, Kentucky, bajo el liderazgo de tres ministros presbiterianos: James McGready, William Hodges y John Rankin. Testigos presenciales declararon que el piso de la Iglesia Presbiteriana Red River estaba "cubierto de personas caídas [bajo el poder del Espíritu]", mientras otros clamaban a gran voz pidiendo misericordia. Algunas veces, los pastores "danzaban ante el Señor", declarando: "Esto es del Espíritu Santo". Pronto llegaron a reunirse veinticinco mil personas para alabar al Señor en los bosques. Así comenzó en los Estados Unidos la gran tradición de los campamentos de predicación en lugares abiertos. Los efectos de este avivamiento se hicieron sentir en todo el país.[42]

Estas demostraciones no eran algo nuevo en la religión estadounidense. Habían sido vistas en el siglo XVII en los cultos de avivamiento de Jonathan Edwards, aquel gran teólogo y pastor calvinista de Northampton, Massachussets. No era inusual que los pecadores gritaran pidiendo misericordia o cayeran en los pasillos bajo la convicción del Espíritu Santo. Aunque Edwards era un ministro puritano de la Iglesia Congregacional, seguía la tradición calvinista de los presbiterianos.[43]

Uno de los movimientos espirituales más importantes entre los presbiterianos estadounidenses también se produjo en la frontera, entre los años 1810 y 1840. La mayor causa de la separación entre los presbiterianos del Este y del Oeste fue un desacuerdo en cuanto a los requisitos de formación académica para la ordenación. Debido a los grandes avivamientos y las manifestaciones espirituales, grandes cantidades de conversos se sumaban a las iglesias, lo cual llevó a una escasez de ministros. Tradicionalmente los presbiterianos insistían en que era necesario tener un título de un seminario para entrar al ministerio. Los del Oeste creían que personas con una formación más limitada también podían ministrar a las masas de recién convertidos.

Debido a este conflicto por la formación, la manifestación de una adoración más expresiva y las manifestaciones de gozo espiritual, se formó en 1810 la Iglesia Presbiteriana Cumberland como una denominación aparte. Esta iglesia continúa su tradición de avivamiento en el Sur hasta la actualidad.

Los presbiterianos también tuvieron un rol prominente en los grandes avivamientos de la santidad que arrasaron en los Estados Unidos durante mediados y fines del siglo XIX. Por ejemplo, en 1859 William Boardman escribió un libro llamado *The Higher Christian Life* (La vida cristiana superior), que interpretaba la enseñanza metodista sobre la santificación para los que pertenecían a la tradición presbiteriana o reformada. Un ex presbiteriano, Charles Grandison Finney, se convirtió en el evangelista más importante de su época, después de recibir una vívida experiencia en el Espíritu Santo que cambió radicalmente su vida y ministerio. Su exitoso ministerio evangelístico convirtió a Finney en el primer "evangelista profesional" de los Estados Unidos.[44]

Un pastor presbiteriano fue, de hecho, quien lideró el primer movimiento de renovación carismática de los tiempos modernos que haya penetrado en una denominación histórica. Se trata de Edward

Irving, que dirigió un movimiento de recuperación de los dones en la Iglesia Presbiteriana de Regents Square, Londres, en 1831. Después que una mujer que era líder laica, Mary Campbell, hablara en lenguas y profetizara Irving fue enjuiciado por su presbiterio, que lo apartó del ministerio. Dado que la iglesia presbiteriana inglesa se negaba a aceptar estos dones extraordinarios en sus santuarios, Irving ayudó a iniciar la Iglesia Católica y Apostólica que existió hasta 1901. Aunque nunca habló en lenguas y murió poco después de iniciado el nuevo movimiento, Irving siempre será recordado como un pionero perseguido del pentecostalismo entre los presbiterianos.[45]

Años después, en los Estados Unidos, A. B. Simpson, un pastor presbiteriano canadiense que trabajaba en Nueva York, comenzó a enseñar que era posible obtener sanidad divina en respuesta a la oración. Esto sucedió después que fuera curado instantáneamente de una enfermedad crónica. También aceptó las enseñanzas básicas del movimiento de la santidad y recibió una experiencia de santificación en 1881. Aproximadamente al mismo tiempo sintió un poderoso llamado para enviar misioneros por todo el mundo. Después de unos quince años de ser pastor presbiteriano, en 1886, inició una organización interdenominacional que llamó la Alianza Cristiana y Misionera.

La Alianza de Simpson pronto se convirtió en una denominación aparte que envió grandes cantidades de misioneros a muchos países. Su escuela, situada en Nyack (Nueva York) se convirtió en una institución destacada para la capacitación de misioneros. En 1907 hubo un derramamiento pentecostal en esta escuela, que casi hizo entrar a la Alianza en el movimiento pentecostal. Años después, en 1914, varios ex ministros de la Alianza participaron de la fundación de las Asambleas de Dios.

Otro pionero presbiteriano en esa época fue N. J. Holmes, pastor de la Segunda Iglesia Presbiteriana de Greenville, Carolina del Sur. En 1896 Holmes viajó a Northfield, Massachussets, para asistir a una conferencia sobre "la vida superior" dirigida por D. L. Moody, que había recibido ya un poderoso bautismo en el Espíritu Santo. En la reunión Holmes vivió una experiencia en el Espíritu Santo que luego identificó con la experiencia wesleyana de la santificación. En 1898 inició su escuela en Paris Mountain, en las afueras de Greenville. Para este entonces Holmes había sido juzgado y expulsado del presbiterio de Enoree, por exponer la nueva experiencia y su teología.

En 1905 una estudiante de la escuela de Holmes, Lida Purkie, dejó electrizado a todo el alumnado al hablar en lenguas durante una reunión de oración. Un año después toda la escuela, tanto alumnos como maestros, vivió este Pentecostés personal. Este avivamiento se produjo después que Holmes escuchó el mensaje pentecostal de G. B. Cashwell, que había estado en Azusa unos meses antes. El Instituto Bíblico Holmes, el más antiguo del mundo pentecostal, continúa aun hoy siendo una escuela de fe relacionada con la Iglesia Pentecostal de la Santidad. Varias de las primeras congregaciones de esta denominación fueron conocidas, al principio, como iglesias presbiterianas de Brewerton.[46]

Presbiterianos carismáticos

Cuando el movimiento neopentecostal o carismático comenzó en las iglesias históricas de los Estados Unidos, después de la Segunda Guerra Mundial, los presbiterianos estuvieron, una vez más, entre los primeros en participar de la renovación. El primer pastor presbiteriano en manifestar el don de lenguas y sanidad que pudo permanecer en su iglesia, fue James Brown, pastor de la congregación presbiteriana de Upper Octorara, cerca de Parkesburg, en las afueras de Filadelfia, Pensilvania. A mediados de los años cincuenta Brown fue bautizado con el Espíritu Santo y comenzó a hablar en lenguas. Esta experiencia lo hizo pasar de una postura teológica extremadamente liberal, a la de un cristiano evangélico carismático.

Al principio Brown estaba convencido de que no podía continuar siendo presbiteriano después de haber vivido esa experiencia. Confundido, sin saber qué curso de acción seguir, pidió consejo a David du Plessis. "Permanezca en su iglesia y renuévela", fueron las palabras del famoso líder pentecostal. Eso fue lo que Brown decidió hacer.

Su decisión básicamente, consistía en tener cultos presbiterianos clásicos los domingos y una reunión informal con adoración carismática los sábados por la tarde en el santuario. Esta estrategia funcionó bien durante más de veinte años, con un mínimo de fricciones. Los cultos de los sábados llegaron a atraer a cientos de personas por semana. En ocasiones, el pequeño templo rural estaba atestado con más de setecientas cincuenta personas que adoraban al Señor llenas de entusiasmo. Miles de religiosos y laicos fueron bautizados en el Espíritu Santo en esos cultos. Brown tocaba la pandereta y los cultos eran gozosos y llenos de alabanza. Personas de todas las denominaciones se acercaban para ser testigos directos de las profecías, las lenguas, la interpretación y la oración por los enfermos. Durante todo este tiempo Brown continuó gozando de la aceptación de su presbiterio y participando activamente en él.[47]

Estos hechos se produjeron a fines de la década del cincuenta, antes de los más conocidos, que ocurrieron en Van Nuys (California) en el ministerio de Dennis Bennett. Durante varios años, antes de 1960, Brown tuvo la reunión de oración carismática más concurrida de los Estados Unidos. En 1977 se retiró, después de treinta y siete años de haber pastoreado la misma iglesia; un verdadero éxito en aquellos tempranos tiempos del movimiento de renovación.

Brick Bradford. El camino se hizo mucho más difícil para los pioneros espirituales presbiterianos después del furor que invadió la prensa estadounidense, con relación al caso de Bennett en California. Los presbiterianos se volvían hostiles y se ponían a la defensiva cuando aparecían fenómenos pentecostales entre ellos. Una de las primeras víctimas de la oposición paralizante en la iglesia fue George C. "Brick" Bradford, pastor de la Primera Iglesia Presbiteriana de El Reno, cerca de la ciudad de Oklahoma. Bradford fue bautizado en el Espíritu Santo en 1966, en un campamento en Ardmore, Oklahoma. Al recibir el poder del Espíritu Santo, dijo Bradford, su ministerio "se revolucionó".

Cuando los líderes del presbiterio se enteraron de que Bradford hablaba en lenguas, inmediatamente supusieron que necesitaba asistencia de un psiquiatra. Y lo enviaron a un profesional... que también había sido lleno del Espíritu Santo y emitió un informe declarando que Bradford estaba totalmente sano. No satisfecho con este resultado, el presbiterio de Washita lo envió a otro psicólogo, que esta vez dio el diagnóstico que ellos deseaban. A pesar de que era abogado, graduado en Leyes por la Universidad de Texas, Bradford fue removido de su pastorado en diciembre de 1967.[48]

Después de este hecho Bradford retuvo su ordenación presbiteriana durante tres años más y comenzó

Brick Bradford (1923-) fue abogado antes de convertirse en pastor presbiteriano. Después de vivir la experiencia pentecostal, fue líder de los carismáticos presbiterianos. Fundó la Comunión Presbiteriana Carismática en 1966.

un ministerio itinerante con el que fue a predicar en toda iglesia presbiteriana que le abriera sus puertas. También habló en muchas reuniones de los Hombres de Negocios del Evangelio Completo y en iglesias pentecostales. Durante estos años de escasez, él y su familia se sostenían con ofrendas voluntarias.

En mayo de 1966 Bradford y otros cinco ministros presbiterianos dieron un paso muy importante: organizaron la Comunión Carismática, que luego fue llamada Comunión Presbiteriana Carismática (CPC). Fue la primera organización carismática formada dentro de una denominación histórica. Bradford fue elegido secretario general. Un año después la nueva organización contaba con ciento veinticinco ministros presbiterianos y poco después cientos de pastores y laicos se habían sumado a este ministerio tan bien organizado.[49]

El caso de Robert Whitaker. No mucho después Bradford y su CPC se vieron confrontados con un caso que puso a prueba el lugar que los dones del Espíritu ocupaban en el sistema presbiteriano y fue un hito en su historia. Este caso se produjo a causa de una disputa con respecto del ministerio de Robert C. Whitaker, pastor de la Iglesia Presbiteriana Chandler, cerca de Phoenix, Arizona.

En 1962 Whitaker había sido bautizado en el Espíritu Santo y había visto cómo el Espíritu revolucionaba, lenta pero seguramente, su ministerio y el de su iglesia. Para 1967 varios de sus miembros habían hablado en lenguas. Además, como en el caso de James Brown, no había expresiones del don de lenguas ni imposición de manos en los cultos habituales de la iglesia. Pero en las reuniones hogareñas de oración brotó el avivamiento. La iglesia tuvo un crecimiento espectacular en poco tiempo y la mayor parte de la congregación apoyaba la renovación.

En 1967 un pequeño grupo de ancianos disidentes logró persuadir al presbiterio de Phoenix de que organizara una comisión administrativa para investigar el ministerio de Whitaker y el uso de los dones del Espíritu Santo dentro de la congregación. Cuando Whitaker se negó a prometer que dejaría de hablar en lenguas, orar por los enfermos y echar fuera demonios, el presbiterio lo removió de su cargo como pastor de la Primera Iglesia Presbiteriana de Chandler. En lugar de aceptar esta decisión, Whitaker optó por apelar al sínodo de Arizona, con el fundamento de que el veredicto era contrario a las Sagradas Escrituras y violaba su conciencia según lo previsto en el Libro de Orden.[50]

En febrero de 1968, cuando la apelación del presbiterio de Phoenix al sínodo de Arizona fracasó, Whitaker debió enfrentar la decisión de aceptar o apelar el veredicto. John A. Mackay, presidente emérito del Seminario Teológico de Princeton, figura descollante del presbiterianismo mundial, aconsejaba y ayudaba a Whitaker. Tanto Mackay como Bradford animaron entusiastamente a Whitaker para que continuara la lucha. Providencialmente, Bradford había sido abogado antes de entrar al ministerio y ofreció sus servicios como letrado al acusado.

Bradford agregó una tercera razón para apelar a la Comisión Judicial Permanente de la Asamblea General, el tribunal supremo de la Iglesia Presbiteriana Unida: argumentó que ningún cuerpo judicial inferior –presbiterio o sínodo– podía agregar a los votos de ordenación ya establecidos en la constitución de la iglesia. En mayo de 1968 el caso del Rdo. Robert C. Whitaker contra el Sínodo de Arizona se decidió a favor de Whitaker.[51]

Fue una gran victoria moral para todos los carismáticos de las iglesias históricas. Pero esta victoria no terminó con la exitosa apelación. Como consecuencia del caso Whitaker, todo ministro presbiteriano quedó protegido de ser removido arbitrariamente de su parroquia por un presbiterio, a causa de su participación en la renovación carismática. Dado que el caso no dictaminaba sobre las implicaciones teológicas de la controversia, la 180ma. Asamblea General de 1968 ordenó que se realizara un estudio teológico sobre la cuestión del don de lenguas, la sanidad, el exorcismo y el movimiento neopentecostal en general.

El estudio encomendado por la Asamblea General fue el primero y probablemente el más profundo jamás realizado por una de las denominaciones más importantes. La comisión estaba compuesta por especialistas en teología, psicología, psiquiatría, ministerio pastoral y eclesiología. El informe fue tan innovador y amplio que sirvió como modelo para muchos otros informes denominacionales que se produjeron en los años siguientes. Una vez más, los presbiterianos fueron pioneros en la renovación.

El informe de los especialistas en ciencias del comportamiento "no halló evidencias de patología en el movimiento". La sección exegética del informe, aunque rechazaba la noción de una experiencia separada de bautismo en el Espíritu Santo, aceptaba el ejercicio de los dones espirituales en la iglesia actual, siempre que no llevaran a desórdenes o divisiones. En rechazo de la teoría de la cesación de los carismas, el informe decía: "Por tanto, basándonos en las Sagradas Escrituras, llegamos a la conclusión de que la práctica de la glosolalia no debe ser despreciada ni prohibida; por otra parte, no debe hacerse énfasis en ella ni convertírsela en normativa para la experiencia cristiana".

Con la visión de mantener la paz en las iglesias, se ofrecían una serie de pautas, tanto para carismáticos como para no carismáticos. En general el informe era positivo en sus secciones exegética, psicológica y pastoral. Las pautas recomendadas por el informe fueron adoptadas por abrumadora mayoría y recibidas, en general, por la 182da. Asamblea General de la Iglesia Presbiteriana Unida en 1970 y desde entonces constituyen la política oficial de la iglesia.[52]

El proceso contra Robert Whitaker abrió el camino para que cientos de clérigos presbiterianos pudieran permanecer en sus iglesias después de ser renovados en el Espíritu Santo.

A pesar de esta victoria, otros pastores presbiterianos tuvieron dificultades legales en sus iglesias en los años posteriores a 1970. Otro caso clásico fue el de Earl W. Morey Jr., pastor de la Iglesia Presbiteriana St. Giles de Richmond, Virginia, que fue investigado y exonerado tres veces antes de que el presbiterio de Hanover aceptara su derecho a ejercer los dones del Espíritu en las reuniones de oración de la iglesia.

Crecimiento y desarrollo

Sin embargo, ninguno de estos obstáculos legales pudo detener la obra del Espíritu Santo en las iglesias presbiterianas de los Estados Unidos. Durante toda la década del setenta, la renovación cobró cada vez más fuerza en las iglesias. En la Primera Iglesia Presbiteriana de Hollywood, una de las iglesias presbiterianas más grandes del mundo, se dice que seiscientos miembros hablaban en lenguas. Otros destacados líderes presbiterianos, como Louis Evans, de la Iglesia Presbiteriana Nacional, de Washington DC, su esposa, Colleen Towsend Evans y la fallecida Catherine Marshall y su esposo Leonard LeSourd, fueron participantes activos en el movimiento.

La señora LeSourd, viuda del capellán del Senado, Peter Marshall, escribió dos libros relatando sus experiencias carismáticas, *Something More* (Algo más) y *The Helper* (El Ayudador), de los que se vendieron más de dieciocho millones de ejemplares antes de su muerte en 1983.[53]

Una figura importante que se sumó al movimiento en 1965 fue J. Rodman Williams, que fue bautizado en el Espíritu Santo mientras trabajaba como profesor de Teología Sistemática en el Seminario Teológico Presbiteriano de Austin, Texas. Williams ya era un reconocido y teólogo capaz entre los presbiterianos, que ayudó a dar profundidad teológica al movimiento carismático en general. En años posteriores hizo grandes contribuciones al movimiento por medio de sus libros y cátedras en Melodyland y la Facultad de Teología de la Universidad Regent.

Su libro *The Pentecostal Reality* (La realidad pentecostal) tuvo una gran influencia. El teólogo presbiteriano Charles Farah sirvió de manera similar a la renovación desde su puesto como profesor en la Universidad Oral Roberts.[54]

J. Rodman Williams (1918-), destacado teólogo presbiteriano, se convirtió en el teólogo más importante del movimiento de renovación teológica. Escribió su *Renewal Theology* (Teología de la renovación) mientras era profesor de Teología en la Universidad Regent.

En 1974 la Comunión Carismática de Ministros Presbiterianos cambió su nombre por el de Comunión Presbiteriana Carismática. Este cambio se debió a que miles de laicos deseaban sumarse al ministerio del grupo. Otro cambio se produjo en 1984, cuando volvió a modificarse el nombre, que quedó como Ministerio de la Renovación Presbiteriana y Reformada Internacional (*Presbyterian and Reformed Renewal Ministries, International*: PRRM).[55]

Para 1985 el PRRM contaban con casi mil clérigos miembros, de entre dos mil quinientos y tres mil que habían sido bautizados en el Espíritu Santo. La membresía actual del grupo es de cinco mil miembros participantes, aproximadamente. Este grupo, relativamente pequeño, representa a los aproximadamente doscientos cincuenta mil carismáticos de las iglesias presbiterianas y reformadas de los Estados Unidos. La organización PRRM publica una revista bimestral titulada *Renewal News* (Noticias de la renovación) que sirve como canal de información sobre conferencias y otros hechos de interés para los presbiterianos carismáticos.[56]

Algunas iglesias presbiterianas que han sido renovadas en el Espíritu Santo son: New Covenant, de Pompano Beach, Florida (pastor George Callahan); St. Giles, Richmond, Virginia (pastor

Louis Skidmore); St. Giles, Charlotte, Carolina del Norte (pastor Percy Burns); Hope, de Portland, Oregon (pastor Larry Trogen); Bethany, de Seattle, Washington, (pastor Dick Denham); Silverlake, de Los Ángeles, California (pastor Bob Whitaker); Trinity, en San Diego, California (pastor Dick Adams); Our Lord's Community Church (RCA), de Oklahoma (pastor Robert Wise); y la Iglesia Presbiteriana Cumberland Heights, en Albuquerque, Nuevo México (pastor Larry Moss).

El profesor J. Rodman Williams y el Espíritu Santo

Entonces llegó el miércoles, el día anterior al Día de Acción de Gracias; ¡EL DÍA! Estaba tranquilo, y comencé a concentrarme en las cartas que tenía sobre mi escritorio. Una de ellas era de un pastor que explicaba su experiencia: recientemente, había visitado el seminario y un estudiante había orado para que recibiera el don del Espíritu Santo. Escribía que había comenzado a hablar en lenguas y a alabar a Dios con poder. Mientras leía y releía la carta, las palabras parecían, de algún modo, saltar de la página y me sentí abrumado. Poco después estaba de rodillas, prácticamente bañado en lágrimas, orando por el Espíritu Santo y golpeando la silla; pidiendo, buscando, llamando... como nunca antes. Ahora yo anhelaba intensamente el don del Espíritu Santo. Entonces me puse de pie y supliqué a Dios –con algo que, a veces, era un clamor tortuoso– que me abriera totalmente y me llenara por completo, que poseyera todo mi ser. Pero durante un tiempo pareció que no había respuesta. Con las manos extendidas comencé a orar a Dios el Padre, Hijo y Espíritu Santo, y mezclado con mi ruego repetía una y otra vez un versículo: *"Bendice, alma mía, a Jehová, y bendiga todo mi ser su santo nombre"*. Deseaba intensamente bendecir al Señor con todo mi ser; con todo mi cuerpo, alma y espíritu; todo lo que había dentro de mí. Entonces supe que estaba sucediendo: yo estaba siendo llenado con su Espíritu Santo. Además, por primera vez, anhelaba hablar en lenguas, porque el idioma inglés parecía totalmente incapaz de expresar la gloria inexpresable y el amor de Dios. En lugar de articular palabras racionales, comencé a expresar sonidos de cualquier clase, orando para que, de alguna manera, el Señor los usara. Repentinamente, me di cuenta de que estaba sucediendo algo drástico; mis ruidos quedaban atrás y estaba comenzando a pronunciar sonidos, palabras que nunca había oído antes.

Se derramaban, oleada tras oleada, torrente tras torrente. Fue algo absolutamente fantástico. Yo lo estaba haciendo pero al mismo tiempo, no era yo. Parecía que estaba totalmente involucrado y totalmente desvinculado al mismo tiempo. Hasta cierto punto, podía controlar la velocidad de las palabras..., pero no mucho; se derramaban a un ritmo vertiginoso. Podía detener ese fluir cuando quisiera pero, en la operación, no tenía absolutamente ningún control sobre la naturaleza ni la articulación de los sonidos. Mi lengua, mis mandíbulas, mis cuerdas vocales estaban totalmente poseídas; pero no por mí.

> Las lágrimas comenzaron a rodar por mis mejillas; lágrimas de un gozo inexpresable, de una maravilla increíble. Vez tras vez me sentí caer al suelo bajo el peso de todo esto; y algunas veces gritaba: "¡No lo creo! ¡No lo creo!" Era algo absolutamente diferente de todo lo que había conocido antes...
>
> Finalmente me senté en mi silla, pero aun flotaba como impulsado por un poder interno inmenso. Sabía que estaba en la Tierra, pero era como si se hubiera cruzado con el cielo... y estaba en ambos. Dios estaba allí, a tal punto que no me atrevía a mover ni un músculo: su delicada, inefable, exuberante presencia.
>
> Repentinamente me di cuenta de que ni siquiera había mirado la Biblia. Rápidamente abrí una en Hechos 2. Sin duda había leído la historia de Pentecostés muchas veces, pero esta era increíblemente diferente. Sentía que estaba allí. Al leer las palabras con mis ojos y mi mente —y comencé a hacerlo en voz alta— supe que podía hablar mientras leía, en una lengua. Esto hice, versículo tras versículo: leía el relato de la llenura del Espíritu Santo y el hablar en lenguas y lo que siguió inmediatamente, ¡todo esto con el acompañamiento de mi propia nueva lengua! Para cuando llegué al versículo que dice *"...exaltado por la diestra de Dios, y habiendo recibido del Padre la promesa del Espíritu Santo, ha derramado esto que vosotros veis y oís"* (v. 33), me sentí tan abrumado que solo pude ponerme de pie y cantar "¡Gloria a Dios, gloria a Dios!" una y otra vez.
>
> Todo esto duró aproximadamente una hora. Entonces me sentí extrañamente impulsado por el Espíritu Santo a ir por la casa, cuarto por cuarto, y en cada uno pronunciar una oración en esa lengua. No sabía exactamente por qué lo hacía, pero fue como si el Espíritu Santo estuviera bendiciendo cada rincón, cada espacio. Verdaderamente, como pude comprobar luego, Él preparaba un santuario para su presencia y su acción.
>
> J. RODMAN WILLIAMS
> *Theological Pilgrimage*

Además de estas congregaciones en los Estados Unidos, florecen iglesias presbiterianas carismáticas en los campos misioneros de todo el mundo. Especialmente poderosos son los avivamientos que se están produciendo en Brasil, Corea, Nueva Zelanda, Nigeria, Kenia, Uganda, Guatemala, Nicaragua y Taiwán.

Así como los presbiterianos fueron los precursores de la renovación en el pasado, es de suponer que continuarán siendo líderes de la renovación de las iglesias en el futuro. Al retirarse Brick Bradford (el 31 de diciembre de 1989) Bradford Long, ex misionero en Taiwán, se convirtió en líder del movimiento. La historia demuestra que los presbiterianos han sido verdaderamente, pioneros en la renovación, un hecho que todos los cristianos de todas las iglesias deberían recordar.

Comenzando con unos pocos pioneros "neopentecostales" como Dennis Bennett, Brick Bradford y Larry Christenson, la renovación carismática se convirtió en una fuerza poderosa dentro de las iglesias "tradicionales" históricas para mediados de los setenta. Esta primera ola entró en las iglesias que uno menos esperaría que afectara el pentecostalismo. Los anglicanos, presbiterianos y luteranos representaban el centro "respetable" del protestantismo estadounidense.

Que clérigos cultos como Bennett, Bradford y Christenson pudieran hablar en lenguas, llamarse a sí mismos "pentecostales" y permanecer en sus iglesias, fue algo que destruyó todos los estereotipos que habían marcado la vida religiosa estadounidense durante décadas.

En cierto modo, estos hombres y los movimientos que ellos crearon, dieron un aura de respetabilidad a un movimiento que muchos cristianos serios habían desestimado como parte de una mutación extraña de la fe cristiana. Después de sufrir por su testimonio pentecostal, estos hombres sobrevivieron a quienes los criticaban y llevaron al movimiento hasta el centro de la vida de la iglesia.

Se convirtieron en modelos para una multitud de iglesias y pastores que anhelaban un avivamiento, pero no estaban seguros de querer seguir el sendero carismático. Ahora que se había cruzado el puente, decenas de miles de carismáticos los siguieron en lo que se dio en llamar la "renovación carismática". Gracias a sus esfuerzos pioneros, prácticamente todas las denominaciones, en los Estados Unidos y en todo el mundo, pronto pudieron experimentar su propia renovación pentecostal.

· 8 ·

Los "carismáticos": renovación en las principales denominaciones protestantes

Vinson Synan

Una de las sorpresas de la renovación fue que llegó primero a las iglesias protestantes más sacramentales y tradicionales, en lugar de las denominaciones más evangélicas y fundamentalistas. Comenzando entre los anglicanos en 1960, el movimiento pronto se abrió paso entre los presbiterianos, luteranos y, lo más sorprendente de todo, entre los católicos. Algunas de las iglesias protestantes más tradicionales habían tenido roces con pentecostales en los primeros años del siglo, y habían desarrollado defensas internas contra el movimiento neopentecostal cuando este se extendió por todas partes, después de 1970.

Pero era imposible detener la marea carismática que inundaba todas las iglesias del mundo. En general, la resistencia fue mayor en las iglesias más tradicionales que en las "liberales". Pero, al fin, el movimiento carismático hizo estragos en todas las iglesias durante la década del setenta, tanto que en 1979, una encuesta estimaba que el veinte por ciento de los miembros de prácticamente todas las iglesias se identificaban como creyentes "pentecostales o carismáticos", sumando un total de aproximadamente treinta millones de adultos en los Estados Unidos.

A medida que el movimiento crecía en las iglesias históricas, varias organizaciones fueron creadas para servir y dirigir la renovación dentro de las diversas tradiciones. Para mediados de los setenta había miles de pastores e iglesias históricas profundamente involucrados en la renovación. A medida que se acercaba el fin de la década, se realizaron muchos contactos ecuménicos entre los líderes de los diversos movimientos de renovación, especialmente en los Estados Unidos y Europa.

Además, la mayoría de estos grupos más nuevos adoptaron el nombre de "carismáticos" en lugar de la anterior designación de "neopentecostales". Así se marcó una distinción más clara entre estos movimientos de renovación y los pentecostales, que la mayoría de los religiosos históricos preferían mantener a distancia. Para 1980 las palabras "renovación carismática" se habían hecho comunes para referirse a esta nueva ola de renovación del Espíritu Santo. En reconocimiento de su rol pionero en la renovación, a los pentecostales históricos se los llamaba "pentecostales clásicos".

Estos carismáticos renovados estaban decididos a permanecer en sus iglesias y llevar avivamiento y renovación a su propia gente. Algunas veces se encontraban con la oposición de autoridades denominacionales que recelaban de los fenómenos pentecostales que comenzaban a aparecer en sus iglesias. Pero, en su mayor parte, las denominaciones adoptaron una postura de observar y esperar y permitieron que diversas organizaciones carismáticas florecieran entre ellas. Quizá, la nueva aceptación se debió a que los carismáticos eran con frecuencia, los más dispuestos a trabajar y los mejores diezmeros de las iglesias locales.

Este capítulo habla de los mayores movimientos de renovación carismática que se desarrollaron en las principales denominaciones protestantes en la década del setenta.

La renovación metodista

En muchos aspectos el metodismo es la iglesia madre de los cientos de denominaciones de la santidad y pentecostales que han surgido en el siglo pasado. Fundado en la Inglaterra del siglo XVIII por John Wesley y sus seguidores, el metodismo surgió como un movimiento de renovación de la Iglesia de Inglaterra, de la que Wesley era sacerdote. Aunque Wesley continuó siendo anglicano hasta su muerte, sus Sociedades Metodistas se convirtieron en denominaciones separadas, contrariando sus deseos.

El nombre de "metodista" fue puesto despectivamente a Wesley y sus amigos del "Club Santo" de la Universidad de Oxford, en la década de 1720. Siguiendo un método de oración, confesión y comunión frecuente, este grupo de estudiantes universitarios buscaba cumplir la admonición de Hebreos 12:14: *"Seguid la paz con todos y la santidad, sin la cual nadie verá al Señor"*.

Al buscar la santidad Wesley desarrolló la teología de la segunda bendición de la entera santificación, que podía recibirse después de la conversión. Aunque enseñaba que la santificación era un proceso, también afirmaba que existía la posibilidad de una experiencia instantánea, similar a la de algunos grandes místicos católicos y anglicanos.

La idea de la subsecuencia, es decir, de una experiencia de segunda bendición posterior a la conversión es, por tanto, el principio teológico básico de los movimientos de la santidad y pentecostal. Después de Wesley la mayoría de las iglesias de la santidad, como la Iglesia del Nazareno, hacen énfasis en el aspecto de limpieza ética de la experiencia; mientras los pentecostales, siguiendo al colega de Wesley, John Fletcher, destacan el bautismo del Espíritu Santo con su singular énfasis en la manifestación consiguiente de los carismas.[2]

Iglesias metodistas históricas

Cuando Francis Asbury organizó la Iglesia Metodista Americana (*American Methodist Church*) en Baltimore, en 1784, leyó las directivas de Wesley a la concurrencia: "Creemos que el designio de Dios al levantar los predicadores llamados metodistas en América, es reformar el continente y extender la santidad bíblica en estas tierras". Los metodistas del siglo XIX tomaron muy en serio las palabras de Wesley. Extendieron la santidad bíblica en los Estados Unidos por medio de predicadores que recorrían diversos circuitos y los campamentos en lugares abiertos, algo que se convirtió en una especialidad de los metodistas en las fronteras del país.[3]

Los metodistas de frontera también se hicieron famosos por su adoración expresiva y las manifestaciones que solían producirse en sus campañas: las "sacudidas", el "hacer huir al diablo", "caer bajo el Espíritu", las "danzas santas" y las "risas santas"; no eran inusuales en sus reuniones. Con frecuencia se los llamaba, despectivamente "ataques metodistas". Pero para los fieles, eran señales de la presencia y el poder de Dios. A tal punto que, si una persona caía al suelo "bajo el poder del Espíritu" mientras ministraba un predicador metodista, era la mejor señal de que este era llamado a ser obispo.

Durante estos años los metodistas crecieron espectacularmente en los Estados Unidos. Se extendieron de este a oeste y de norte a sur. Para fines de la Guerra Civil los metodistas eran la denominación más importante del país.

A medida que la iglesia crecía en número, riqueza e influencia, era cada vez más difícil mantener la vitalidad de la enseñanza de la segunda bendición entre ministros y laicos. Para 1839, en Nueva York, Phoebe y Walter Palmer iniciaron un movimiento para infundir nuevo aire a la iglesia y renovar la experiencia de santificación. Trabajando con Timothy Merrit y su *Guide to Holiness* (Guía para la santidad), que se publicaba en Boston, los Palmer comenzaron a enseñar una terminología: según ella, la persona era santificada instantáneamente al colocar su "todo en el altar".[4]

Otro movimiento de renovación fue iniciado luego de la Guerra Civil por los pastores metodistas de Nueva York, John Inskip y Alfred Cookman, por sugerencia de una mujer laica de Pensilvania, Harriett Drake. Como resultado de su trabajo, en 1867 se formó en Vineland (Nueva Jersey) la Asociación Nacional de la Santidad. Esta asociación informal pronto llegó a ser una cruzada nacional de la santidad que atraía a grandes multitudes en viejos terrenos metodistas para orar por el regreso del poder de los tiempos pasados. Aunque este esfuerzo era ecuménico, sus líderes eran predicadores y laicos metodistas.[5]

A medida que se extendía el movimiento, aparecieron dos tendencias. Una consistía en un giro hacia un legalismo extremo, que causó una división entre los metodistas moderados y los maestros de la santidad más radicales. Otra tendencia fue la de hablar de la segunda bendición como un bautismo del Espíritu Santo para dotar de poder para el servicio. Así la iglesia metodista, que se inició como una renovación de la iglesia anglicana, se convirtió, a su vez, en objeto de una renovación entre sus propias filas, similar a la que había liderado Wesley un siglo antes.[6]

Pero hacia el siglo XX las iglesias metodistas tradicionales en los Estados Unidos habían rechazado, en su mayoría, los esfuerzos por la renovación de la santidad y las manifestaciones espirituales de las campañas fronterizas que solían acompañar la predicación de la santidad. Entonces la iglesia comenzó a dar énfasis a la enseñanza y la acción social. Como consecuencia de esto, para el comienzo del siglo decenas de denominaciones de la santidad y pentecostales comenzaron a abrir sus propios caminos, con el fin de hacer énfasis en la vida más profunda que según creían, las iglesias metodistas tradicionales abandonaban.

Tommy Tyson y los metodistas "carismáticos"

La historia de Tommy Tyson es la de un pastor y evangelista metodista del siglo XX que regresó a sus raíces espirituales para que el poder del Espíritu Santo regresara a su iglesia. Tyson provenía de una familia de pastores metodistas de Carolina del Norte y había pastoreado varias iglesias en la Conferencia de Carolina del Norte, cuando sintió la necesidad de una obra más profunda de Dios en su vida y su ministerio. En 1952, mientras pastoreaba la Iglesia Metodista Bethany en Durham, Carolina del Norte, fue bautizado en el Espíritu Santo y habló en lenguas.[7]

Cuando comentó su experiencia a los miembros de su iglesia, éstos se apartaron de él. Pensó entonces en abandonar el ministerio y trabajar como laico. Cuando fue a ver a su obispo, Paul Garber, le explicó: "Si solo lo que tengo ahora causa esta clase de reacción, no puedo predecir qué sucederá si el Señor realmente toma posesión de mí". Y agregó: "Tengo las maletas hechas".

La respuesta del obispo fue un alivio y una invitación abierta para comenzar un ministerio carismático en la iglesia metodista: "Vaya y deshaga sus maletas. Usted no va a ninguna parte. Lo necesitamos. Lo queremos. Pero usted nos necesita a nosotros, también", le dijo.

Dos años después, en 1954, Tyson fue nombrado evangelista conferencista y comenzó un ministerio mundial de predicación y enseñanza que ayudó a miles de ministros y laicos a vivir la experiencia pentecostal. Aunque su ministerio tuvo influencia especialmente en los círculos metodistas, también se convirtió en un importante vocero de los carismáticos católicos y anglicanos.

Por medio de su ministerio en "*Camps Farthest Out*"(CFO), Tyson extendió el movimiento carismático a miles de personas. A mediados de los sesenta se hizo muy amigo de Oral Roberts y fue el primer director de Vida Religiosa en el *campus* de la Universidad Oral Roberts. Su amistad con Roberts ayudó a que el movimiento carismático tuviera mejor recibimiento dentro de la iglesia.

Otros líderes metodistas siguieron el ejemplo de Tyson, se sumaron a la Universidad Oral Roberts y ayudaron a formar el seminario. El más influyente en la formación del seminario fue Jimmy Buskirk, a quien Roberts reclutó de la Universidad Emory para que fuera decano fundador de la facultad de estudios de posgrado en Teología. En estrecha colaboración con Buskirk trabajó el obispo Mack Stokes, cuyo apoyo y presencia ayudaron a que la institución ganara credibilidad tanto en el mundo académico como dentro de la Iglesia Metodista Unida. Otros metodistas prestigiosos que trabajaron en la Universidad y fueron ampliamente conocidos como carismáticos, fueron Bob Stamps y Robert Tuttle.[8]

Tommy Tyson (1922-), uno de los primeros metodistas carismáticos, fue muy influyente durante los primeros años de formación de la Universidad Oral Roberts.

Los carismáticos "adoptados" por los metodistas

Quizá la figura carismática más notable entre los metodistas sea Oral Roberts, un miembro "adoptado" por la iglesia. Roberts nació en una familia de pastores pentecostales de la santidad en el este de Oklahoma y se hizo famoso mundialmente en los años cincuenta por sus cruzadas de sanidad divina en carpas. Durante este tiempo en que su ministerio causaba controversias entre sus hermanos pentecostales, Roberts ganaba credibilidad en las iglesias protestantes tradicionales, gracias a su ministerio televisivo.[9]

En 1965, cuando inició su universidad en Tulsa, el movimiento carismático crecía en las iglesias históricas. Con el tiempo los metodistas llegaron a ser una importante fuente de sostén económico para su ministerio. Gracias a su amistad con Finis Crutchfield, pastor de la Iglesia Metodista de Boston Avenue en Tulsa, Oklahoma, y de la obispo de Oklahoma Angie Smith, Roberts se sumó a la Iglesia Metodista Unida en 1968. Fue aceptado como pastor de una iglesia local, aunque se comprometió a continuar predicando el mismo mensaje que había proclamado como pentecostal. Después de esto su Universidad Oral Roberts se convirtió en un importante centro de capacitación para ministros metodistas.

Otro líder metodista "adoptado" fue Ross Whetstone, que llegó a la iglesia después de ser oficial del Ejército de Salvación. Whetstone había recibido el bautismo en el Espíritu Santo en 1937, cuando tenía 18 años. Al año siguiente se unió al Ejército de Salvación donde, en 1939, recibió el grado de oficial. En 1950 transfirió su ordenación a la Conferencia Central de la Iglesia Metodista de Nueva York.[10]

Después de pastorear varias iglesias metodistas Whetstone fue llamado a liderar el movimiento de testimonio laico, como ejecutivo de la junta de evangelismo de la denominación. Para la década del setenta Whetstone era considerado el vocero principal de los metodistas carismáticos y tenía cada vez mayor responsabilidad en la supervisión del movimiento dentro de la iglesia. A lo largo de los años otros cientos de ministros pentecostales y de la santidad pasaron a la iglesia metodista y desarrollaron un ministerio fructífero lleno del Espíritu Santo. Ellos, como Roberts y Whetstone, han sido una influencia muy importante para el crecimiento de la iglesia.

La Comunidad de la Renovación Metodista Unida

Aunque miles de metodistas fueron llevados a la experiencia pentecostal por líderes como Tyson, no hubo una organización metodista carismática hasta 1977, cuando Whetstone y otros se sumaron a otras denominaciones para organizar la Conferencia Carismática de la ciudad de Kansas. En esta ciudad la delegación metodista formó la Comunidad de Servicios de la Renovación Metodista Unida (UMRSF, sigla en inglés), que serviría como punto de enlace central para los metodistas carismáticos.

En 1980 la UMRSF pudo instalar su oficina en la sede nacional de la Iglesia Metodista Unida, en Nashville, Tennessee. En lugar de ser otro grupo adversario que causa presión dentro de la iglesia, la UMRSF es oficialmente reconocida por la junta de discipulado y disfruta del apoyo de la iglesia en general. Una indicación de su aceptación es el hecho de que la junta de discipulado encargó a esta organización representar los intereses de la Iglesia Metodista Unida en los Congresos sobre el Espíritu Santo realizados en Nueva Orleáns en 1986 y 1987.[11]

La UMRSF auspicia numerosos seminarios y conferencias en todo el país, en su esfuerzo por renovar la iglesia. Las reuniones anuales más importantes son las Conferencias Aldersgate sobre el Espíritu Santo, con una asistencia de entre dos mil y tres mil personas. Además, publica un boletín llamado *Manna* (Maná), para mantener informados a los miembros y amigos del movimiento metodista carismático.

La teología del movimiento carismático metodista es similar a la de otros movimientos carismáticos en iglesias protestantes históricas. Aunque no hacen énfasis en las enseñanzas de santificación como segunda bendición instantánea –como las iglesias de la santidad– y la doctrina de la "evidencia inicial" de los pentecostales clásicos, los metodistas carismáticos ven el bautismo en el Espíritu Santo como una realización del Espíritu Santo y sus dones que fueron recibidos en la iniciación. Sí hacen énfasis en la continua manifestación de todos los dones del Espíritu en la vida diaria del creyente y la iglesia.

A pesar de las raíces metodistas del movimiento pentecostal, la iglesia metodista de los Estados Unidos llegó tarde para emitir un informe sobre el movimiento carismático. Cuando lo hizo, en 1976, el informe apuntaba a la madura enseñanza de Wesley sobre el aspecto progresivo de la santificación, e indicaba que los metodistas carismáticos que adoptan la teología pentecostal clásica "ya no son metodistas, por lo menos, en el sentido wesleyano".[12]

La iglesia metodista ha sufrido varias divisiones que dieron origen a nuevas organizaciones. Entre las víctimas del pasado están las iglesias de la santidad con raíces metodistas, como la Iglesia del Nazareno, la Iglesia Metodista Libre, la Iglesia Wesleyana y el Ejército de Salvación. Muchas de estas iglesias adoptaron declaraciones doctrinales y estructuras eclesiásticas casi idénticas a las de los metodistas clásicos.

Los metodistas también contribuyeron en gran medida a la formación de las denominaciones pentecostales clásicas. Los fundamentos teológicos del pentecostalismo fueron sentados por ex metodistas como Charles Parham, William J. Seymour y J. H. King. La teología básica de casi todas las iglesias pentecostales del mundo es, básicamente, la teología perfeccionista arminiana del metodismo, con algunas adiciones carismáticas y dispensacionalistas.

Quizá el hecho más notorio en la historia del metodismo carismático fue el cisma que se produjo en Chile y que dio como resultado, en 1909, la Iglesia Metodista Pentecostal de Chile. Bajo el liderazgo de William Hoover, un misionero estadounidense, se produjo un avivamiento pentecostal en las iglesias de Valparaíso y Santiago. Miembros simples de iglesia hablaban en lenguas, profetizaban y "danzaban en el Espíritu". Poco tiempo después, treinta y siete pentecostales fueron juzgados en un tribunal eclesiástico por ser "irracionales y antimetodistas". En ese momento, había seis mil metodistas en Chile. Poco después, ese mismo año, los pentecostales organizaron la Iglesia Metodista Pentecostal.

Ahora que los carismáticos son aceptados en la iglesia, es posible que los 1,7 millones de metodistas estadounidenses que se identifican con el movimiento carismático permanezcan en la iglesia y lleven a cabo un importante ministerio de renovación. Además, es posible que haya una creciente tendencia entre los líderes metodistas para iniciar conversaciones con los "hijos" del metodismo que han demostrado un crecimiento más vigoroso que el de la iglesia madre.

El movimiento carismático en el metodismo, hoy

En todos los Estados Unidos muchas congregaciones metodistas participan de la renovación carismática. En la mayoría de los casos, cuentan con la cooperación y el apoyo de sus obispos, aunque en algunas áreas, los pastores carismáticos tienen dificultades con sus superiores.

Para el año 2000 la Iglesia Metodista Unida trabajaba para integrar la renovación dentro de las estructuras de la iglesia. Se abrieron vías de comunicación con la designación de coordinadores carismáticos para las cinco jurisdicciones en que está dividido el país. También se hicieron planes para nombrar otros consultores y coordinadores, con el fin de que trabajen con estos líderes jurisdiccionales interpretando la renovación para los obispos e integren su dinámica fuerza a la vida de la iglesia.[13]

En la década del noventa los renovados eligieron a Gary Moore, un laico, para dirigir el movimiento. Por medio del ministerio de las conferencias anuales Aldersgate, Moore lideró a los miles de metodistas carismáticos desde un nuevo centro de retiros en Goodlettsville, Tennessee, un pueblo en las afueras de Nashville.

La renovación bautista
John Osteen

John Osteen era un típico pastor de los bautistas del sur en 1958, con un grave problema en su familia. Su hija, que había nacido con parálisis cerebral, no tenía esperanzas de curarse (según los médicos). Desesperado, este hombre, pastor de la Iglesia Bautista Hibbard Memorial de Houston, Texas, comenzó a estudiar las promesas de sanidad divina en la Biblia. Con un renovado interés en los milagros relatados en el Nuevo Testamento, oró por su hija y, para su asombro y profundo gozo, fue sanada milagrosamente de un día para el otro.

Poco después de esto Osteen buscó el compañerismo de los pentecostales en la zona de Houston. J. R. Godwin, pastor de la Primera Iglesia de las Asambleas de Dios de Houston, lo apoyó y le explicó el bautismo en el Espíritu Santo. En poco tiempo Osteen vivió una poderosa experiencia pentecostal "con un fluir de lenguas".

Pocos meses después la Iglesia Bautista Hibbard lo enjuició acusándolo de "herejía". Durante el tiempo que duró el juicio, dos diáconos que se oponían a él también hablaron en lenguas, con lo cual "cambiaron de bando". Al final del juicio el ochenta y dos por ciento de la congregación votó a favor de Osteen. Aunque tuvo la libertad de continuar pastoreando la iglesia, sus opositores no dejaban de molestarlo. Finalmente en 1961, él y cien seguidores suyos se mudaron a un local de venta de semillas vacío, donde organizaron la Iglesia Bautista Lakewood.

Después de dos años en ese nuevo lugar Osteen escuchó que el Señor le decía: "Levanta tu voz como un arcángel y profetiza a mi pueblo en este valle de huesos secos". Esto llevó a varios años de campañas evangelísticas en muchas partes del mundo, con "sorprendentes resultados". En 1969 sintió que debía regresar a pastorear la iglesia de Lakewood. Nuevamente comenzó con cien personas. Para 1990 la iglesia contaba con más de cinco mil familias y había construido un santuario con capacidad para ocho mil personas, donde Osteen ministraba a más de quince mil personas por semana.[14]

En muchos sentidos la historia de Osteen es la historia de la renovación carismática entre los bautistas. Fue uno de los cientos de pastores renovados en el Espíritu Santo durante este siglo, que sufrieron diversos grados de rechazo por parte de su denominación.

La perspectiva bautista de los dones

En las doctrinas bautistas modernas, en general, no existe mención alguna a señales, prodigios o los dones del Espíritu Santo. Algunas de las primeras declaraciones doctrinales, sin embargo, parecen indicar una cierta apertura a las manifestaciones del Espíritu. De Inglaterra, los primeros bautistas recibieron la tradición de imponer las manos después del bautismo por inmersión "para recibir más del Espíritu Santo de la promesa, o para añadir de la gracia del Espíritu", ya que "todo el evangelio fue confirmado en tiempos primitivos por señales y prodigios y diversos milagros y dones del Espíritu Santo en general".

El historiador bautista Edward Hiscox señala registros antiguos de la Asociación de Filadelfia donde existen indicaciones de que, hacia 1743 diversos dones del Espíritu se manifestaban activamente en las iglesias de la zona.[15]

Pero, con los años, la doctrina de la imposición de manos cayó en desuso en las iglesias. Aunque parece haber evidencias de actividad carismática entre algunos de los primeros bautistas, con el tiempo la mayor parte de los pastores y maestros de las iglesias adoptaron la teoría de la cesación de los dones, que se hizo común a la mayoría de las iglesias. Para el siglo XX el argumento que más comúnmente se oía en las iglesias bautistas era que los prodigios y las señales de la Biblia solo eran para la época apostólica.

A pesar de esta tendencia, varios bautistas prominentes del siglo XIX expresaron sus expectativas de una restauración de las señales y los prodigios apostólicos a la iglesia. Reconocidos líderes bautistas, como C. H. Spurgeon en Londres, y A. J. Gordon en Boston, solían predicar sobre un nuevo derramamiento del Espíritu Santo en su tiempo, que cambiara radicalmente a las iglesias y al mundo. De hecho, Gordon, un destacado pastor y maestro bautista de comienzos de siglo, es citado con frecuencia como precursor del pentecostalismo moderno a causa de sus portentosas enseñanzas sobre "el bautismo del Espíritu Santo" posterior a la conversión, y la realidad de la sanidad divina en respuesta a la oración.

Pero estos hombres son la excepción a la regla. Los bautistas, que provienen de la tradición calvinista en general, han sido poco afectados por movimientos perfeccionistas y carismáticos, la mayoría de los cuales se originaron en la tradición arminiana-wesleyana. Pero en el siglo XX las iglesias pentecostales han ganado más conversos de las iglesias bautistas que de cualquier otro grupo protestante en los Estados Unidos.

Los primeros bautistas pentecostales

Aunque Osteen fue un temprano neopentecostal no fue, de ninguna manera, el primer bautista estadounidense en contarse entre los pentecostales. Tal distinción pertenece a un grupo de bautistas "del libre albedrío" de los estados de Carolina del Norte y Carolina del Sur, que recibieron "el bautismo" y hablaron en lenguas después del avivamiento de Azusa en 1906. Después de escuchar el mensaje pentecostal en Dunn, Carolina del Norte, de labios de Gastón Cashwell, uno de los que peregrinaron a Azusa, muchos pastores y miembros de las iglesias bautistas del libre albedrío hablaron en lenguas y llevaron a sus iglesias a una verdadera renovación carismática.

Estos primeros bautistas pentecostales fueron rechazados por muchos de sus hermanos en las asociaciones bautistas locales. Por consiguiente, en 1908 organizaron la Iglesia Bautista Pentecostal del Libre Albedrío, que actualmente concentra a unas ciento cincuenta iglesias y trece mil miembros en los estados del centro de la Costa Atlántica del país.[16]

A medida que pasaban los años ex bautistas comenzaron a figurar con frecuencia en la formación de las denominaciones pentecostales. Entre ellos, C. H. Mason, fundador de la Iglesia de Dios en Cristo, y E. N. Bell, primer superintendente general de las Asambleas de Dios. La mayoría de estos primeros líderes fueron expulsados de sus iglesias cuando testificaron sobre sus experiencias pentecostales.

Los evangelistas bautistas independientes también fueron noticia en la década del cincuenta, durante el pico del movimiento de cruzadas de sanidad y liberación. Entre los que habían sido ordenados bautistas encontramos a William Branham y Tommy Hicks. Estos hombres realizaron las cruzadas más concurridas que se hayan visto. En 1955 Hicks predicó a más de doscientas mil personas por noche en la Argentina –hasta ese momento, la cruzada evangelística más concurrida de toda la historia del cristianismo–. Aunque eran nominalmente bautistas, estos hombres trabajaban casi totalmente en ambientes pentecostales.[17]

Con el advenimiento del movimiento neopentecostal en los años sesenta, muchos pastores y laicos bautistas recibieron el bautismo en el Espíritu Santo, e intentaron permanecer en su denominación. La experiencia de rechazo que sufrió John Osteen es típica de esa época y, en muchos lugares, aun se repite hoy.

Entre los primeros neopentecostales que sufrieron rechazo se encuentran el conocido escritor Jamie Buckingham, de Melbourne, Florida; Howard Conatser, de Dallas, Texas; Ken Sumrall, de Pensacola, Florida; y Charles Simpson, de Mobile, Alabama. Todos eran bautistas del Sur que enfrentaron una firme oposición de sus colegas pastores, a pesar del apoyo de sus congregaciones.

El caso de Conatser se hizo famoso cuando su iglesia, la Iglesia Bautista Beverly Hills, de Dallas, Texas, fue rechazada por la Asociación Bautista de Dallas y la Convención Bautista del Estado de Texas. A pesar de esta situación Beverly Hills continuó considerándose miembro de la Convención Bautista del Sur nacional, y trató de permanecer leal a su denominación.

Venciendo toda oposición, la iglesia de Beverly Hills creció hasta tener más de cuatro mil miembros para mediados de los setenta. Debido a este explosivo crecimiento, se vieron obligados a realizar sus cultos en un centro de entretenimientos local conocido como el *Bronco Bowl*, para acomodar a toda la gente. Un opositor de Conatser, en esta época, era W. A. Criswell, pastor de la iglesia bautista más grande del país, la Primera Iglesia Bautista de Dallas. En el momento más álgido de la controversia, la hija de Criswell recibió el bautismo pentecostal y habló en lenguas.[18]

Sin embargo, el caso de Beverly Hills nunca se resolvió pues a la muerte de Conatser en 1978, la congregación abandonó la Convención Bautista del Sur para constituirse en iglesia independiente. Esto mismo sucedió con las iglesias de Simpson, Buckingham y Sumrall.

La renovación enfrentó más oposición en la Convención Bautista del Sur que en las Iglesias Bautistas Americanas (*American Baptist Churches*; ABC, sigla en inglés), antiguamente conocidas como Iglesia Bautista del Norte (*Northern Baptist Church*). Uno de los primeros neopentecostales en esta iglesia fue Howard Ervin, de la Iglesia Bautista Emmanuel, en Atlantic Highlands, Nueva Jersey. Fue bautizado en el Espíritu en 1958 y rápidamente se convirtió en propulsor del pentecostalismo en las iglesias históricas.

Graduado del Seminario Teológico de Princeton con un título de Doctor en Teología, Ervin escribió una temprana apología del neopentecostalismo en 1967, su libro *These Are Not Drunken as Ye Suppose* (Estos no están ebrios, como vosotros suponéis). Años más tarde se convirtió en profesor de Teología en la Universidad Oral Roberts.

Otros destacados líderes de las ABC fueron Ken Pagard, de Chula Vista, California, pionero en la organización de grupos hogareños en su iglesia y Gary Clark, de Salem, New Hampshire. La Primera Iglesia Bautista pastoreada por Clark creció de menos de cien miembros a más de seiscientos, antes que él pasara a California en 1986 para desarrollar un ministerio de misiones mundiales. Durante quince años, la iglesia de Clark fue la que más creció de todas las iglesias bautistas de New Hampshire. Otros primeros carismáticos de las ABC fueron Charles Moore, de Portland, Oregon y Ray y Margorie Bess, de DuQuoin, Illinois.[19]

En esos años Pat Robertson, un joven bautista del sur que estudiaba Teología en la Universidad de Yale, oyó hablar del bautismo en el Espíritu Santo a Robert Walter, editor de la revista *Christian Life* (Vida cristiana). En 1957, mientras era pastor asistente de Harald Bredesen en la Iglesia Reformada de Mt. Vernon, Nueva York, Robertson vivió la experiencia pentecostal y habló en otras lenguas. En 1960 Robertson regresó a su Virginia natal, donde su padre había sido senador por el Partido Demócrata. En 1960 inició su canal cristiano (*Christian Broadcasting Network*) en un estudio abandonado en Portsmouth, Virginia. A partir de entonces el ministerio de Robertson se ha vuelto legendario, tanto para la religión como para la industria televisiva de los Estados Unidos.

Cuando Robertson entró en la carrera por la nominación para presidente por el Partido Republicano, en 1988, renunció a su ordenación como ministro bautista. Doce años más tarde, en marzo del 2000, al celebrar su septuagésimo cumpleaños, Robertson renovó sus votos de ordenación como ministro del evangelio, con la misión de evangelizar al mundo a través de sus muchos ministerios establecidos en Virginia Beach, Virginia. En el año 2000 estos ministerios eran el "Club 700" y otros programas televisivos que se emiten en más de setenta países; la Universidad Regent, cada vez más reconocida como la principal universidad cristiana del mundo; la Coalición Cristiana, Operación Bendición y el *American Center for the Law and Justice* (Centro Estadounidense para la

Ley y la Justicia). Su visión de evangelización mundial, "*World Reach*" (Alcance Mundial), tiene como meta ganar a quinientos millones de personas para Cristo. Para el año 2000, se habían registrado más de ciento cuarenta y cinco millones de conversiones en todo el mundo.

Confraternidad Bautista Carismática de los Estados Unidos

El grupo más visible de bautistas carismáticos en los Estados Unidos es el de los que pertenecen a las Iglesias Bautistas Americanas (ABC). Gracias a la visión de los laicos Ray y Marjorie Bess, se realizó la primera conferencia nacional sobre el Espíritu Santo en el campamento Green Lake de las ABC, en Wisconsin. Los primeros líderes del grupo fueron Ken Pagard y Joe Atkinson. En 1982 Gary Clark fue elegido para liderar el grupo, que ahora es llamado Confraternidad Bautista Carismática de los Estados Unidos (*American Baptist Charismatic Fellowship*).

Además de la renovación en los Estados Unidos, en los campos misioneros de las ABC en todo el mundo también se registra un importante crecimiento de los carismáticos. En 1984 Clark estimaba que, al menos, un tercio de los misioneros de la denominación habían vivido una "experiencia carismática".

Pat Robertson y la profecía de Harald Bredesen

Juntos, Harald Bredesen y yo vimos cómo Dios abría un nuevo capítulo de la historia de la iglesia, un capítulo que hoy tiene millones de caracteres. Ahora se lo llama "renovación carismática". Entonces no tenía nombre. No había nacido del todo. Los que participamos de él constituíamos un movimiento subterráneo y nos reuníamos para adorar tras puertas cerradas.

Eso era justamente lo que Harald y yo, con algunos de mis compañeros del seminario, estábamos haciendo aquella noche tarde de 1959 en la histórica Primera Iglesia Reformada, la antigua iglesia reformada holandesa que Harald pastoreaba en Mount Vernon, condado de Westchester, Estado de Nueva York.

Amábamos esa vieja iglesia de piedra. Con sus contrafuertes volantes, gráciles arcos y ventanas que eran verdaderas joyas, era un rincón de la vieja Holanda en un suburbio estadounidense. Detrás de sus imponentes paredes y puertas dobles con cerrojos nos sentíamos a salvo para adorar a Dios con una libertad recién descubierta.

Entonces de repente, de los labios de Harald brotó la palabra: "He aquí, yo hago algo nuevo en la Tierra. ¿Te dejarás atar por el temor? ¡Entrega todo! ¡No te guardes nada!"

> Lo nuevo que Dios hacía en medio de nosotros iba a atraer la atención del mundo y a bendecir profundamente a millones de personas.
>
> A ese mismo santuario llegaría el jefe de redacción del *New York Times*, Bob Slosser, a experimentar ese "algo nuevo", que luego difundiría convincentemente en libro tras libro; a ese mismo santuario llegaría también la gente del programa *The World Tonight*, de la CBS, para transmitir ese "algo nuevo" a todo el país.
>
> La noche siguiente (después que esa palabra brotó de los labios de Harald) estábamos Harald, mi compañero de clase, Dick Simmons, y yo, en la casa de otro pastor reformado holandés, en la Quinta Avenida. Sentados a la mesa de Norman Vincent Peale, no nos guardamos nada.
>
> La señora Peale fue desde esa cena a una reunión de la junta editorial del *Guidepost*; no se guardó nada.
>
> El editor John Sherrill entrevistó a Harald y nos impulsó a comenzar una búsqueda que lo llevó a la experiencia de recibir el bautismo del Espíritu Santo y escribir luego decenas de libros, sin guardarse nada.
>
> Sherrill escribía *Hablan en otras lenguas* cuando Harald le llevó a un pastor que predicaba en las calles, llamado David Wilkerson. Juntos escribieron *La cruz y el puñal*. Con más de veinte millones de ejemplares impresos, este libro es, después de la Biblia, el libro cristiano más vendido de todos los tiempos.
>
> En la ciudad de Kansas, al dirigirse a cincuenta mil católicos y protestantes carismáticos, las primeras palabras del padre Francis McNutt fueron: "La renovación carismática en la iglesia católica –que en ese momento abarcaba a treinta millones de personas, entre ellas, el Papa– comenzó con dos libros: *Hablan en otras lenguas* y *La cruz y el puñal*". Sus palabras nos hicieron alegrar de no habernos guardado nada.
>
> PAT ROBERTSON
> Citado en el libro de Harald Bredesen *Yes, Lord*

La explosión entre los bautistas del sur

En los últimos años ha habido una verdadera explosión carismática entre los bautistas del sur. Aunque muchos carismáticos han mantenido un bajo perfil para guardar la paz dentro de la iglesia, el movimiento continúa creciendo. A pesar de algunos avances, aun hay casos en que se obliga a un pastor a abandonar la denominación cuando se conoce su caso. Nadie sabe cuántos pastores y misioneros bautistas del sur han vivido la experiencia pentecostal, pero se trata de un número probablemente muy elevado.

A fines de los ochenta John Wimber guió a muchos miles de pastores y laicos al bautismo en el Espíritu Santo. También se rumoreaba que un alto porcentaje de los misioneros bautistas del Sur habían hablado en lenguas en sus campos de trabajo.

Varios ministros bautistas del Sur han pastoreado congregaciones carismáticas independientes, sin abandonar su ordenación como bautistas. Es el caso de Richard Hogue y Clark Whitten, de la Metrochurch en Edmond, Oklahoma. Hogue, un conocido evangelista de jóvenes durante la época de la "revolución de Jesús", en los sesenta, se estableció en Edmond en 1975 para iniciar el ministerio de Metrochurch. Para mediados de los ochenta la iglesia había llegado a tener más de cuatro mil miembros, la mayoría provenientes de iglesias bautistas.

En 1986 Whitten sucedió a Hogue en el pastorado de la Metrochurch, después de un ministerio notable en la Iglesia Bautista Gateway de Roswell, Nuevo México, donde tuvo el mayor número de bautismos de la Convención Bautista del Sur durante 1982 y 1983. Quizá debido a que Whitten y muchos de sus miembros hablaban en lenguas, la Asociación Bautista de Pecos Valley nunca recibió a la congregación como miembro, aunque esta gozaba de buena relación con la Convención Bautista del Sur, de la que sí era miembro.

A diferencia de Hogue y Whitten, otros pastores bautistas del Sur han abandonado su ordenación bautista para dedicarse a ministerios independientes. Un ejemplo de esto es Larry Lea, ex pastor de la Church on the Rock de Rockwall, Texas. Lea –que había sido pastor de jóvenes de la iglesia de Beverly Hills, en Dallas, que pastoreaba Conatser–, vio crecer vertiginosamente su congregación. Comenzó con trece miembros en 1979 y, para mediados de los ochenta, su congregación en los suburbios había llegado a once mil personas. Además del pastorado, Lea fue nombrado decano del seminario teológico de la Universidad Oral Roberts en 1986, así como vicepresidente de asuntos espirituales de la misma universidad.

Otros pastores e iglesias bautistas no tan conocidos continuaron practicando ministerios carismáticos. Tal es el caso de la Iglesia Bautista Friendship, de Mansfield, Texas, pastoreada por LeRoy Martin. Con setenta y cinco miembros, esta iglesia es miembro de la Asociación Bautista del Sur más grande del mundo, la Asociación Bautista Tarrant. Aunque la iglesia de Martin era abiertamente carismática, permaneció en buenos términos con la Asociación. Algunos miembros antiguos de esta organización le dijeron cierta vez a Martin que "si los carismáticos se fueran de la Asociación, tendría que irse el cuarenta por ciento de las iglesias".[20]

Otro ejemplo es el de Don LeMaster, pastor de la Iglesia Bautista de Fort Lauderdale, cerca de Fort Lauderdale, Florida. Después de entrar a la iglesia en 1967, Le Master la llevó a un profundo ministerio carismático. La iglesia no escondió su identidad, ya que la palabra "carismática" está impresa en el membrete de sus papeles oficiales.

Aunque LeMaster tuvo cierta oposición de parte de otros pastores bautistas a principios de los setenta, también hubo pastores que defendieron su derecho a la autonomía local. En la Asociación Bautista Gulfstream, "nadie nos molesta", dijo LeMaster, a quien se le ha permitido permanecer como miembro en buenos términos durante más de dos décadas. En 1984 ministraba a una congregación de tres mil quinientos miembros que, según sus palabras, estaba "creciendo como loca".[21]

El floreciente ministerio de James Robison es también una creciente expresión de la presencia carismática entre los bautistas del Sur. Aunque Robison no habla en lenguas, en sus cruzadas hay oración por los enfermos y exorcismo de espíritus demoníacos. Acepta abiertamente el apoyo de los pentecostales y suele predicar en ambientes carismáticos y pentecostales. El apoyo que ha perdido de sus colegas bautistas se ha compensado con el apoyo de carismáticos y pentecostales. Su énfasis en la restauración refleja la visión restauracionista típica de los primeros pentecostales.

Un gran grupo de bautistas del Sur que buscaban una vida espiritual más profunda centraron sus esfuerzos en una revista llamada *Fullness* (Plenitud). Publicada en Fort Worth, en 1977, esta revista era editada por Ras Robinson y un grupo de amigos bautistas del Sur con inquietudes espirituales. *Fullness* era leída por los bautistas carismáticos y otros fuera de los círculos bautistas y carismáticos también. En 1986 al menos el sesenta y cuatro por cienro de sus lectores eran bautistas.[22]

A lo largo de los años muchos pastores con raíces pentecostales también han llegado a tener lugares prominentes en iglesias bautistas del Sur. Literalmente, cientos de pastores bautistas se convirtieron y recibieron su formación espiritual en hogares e iglesias pentecostales. Entre ellos se encuentra Charles Stanley, pastor de la Primera Iglesia Bautista de Atlanta y ex presidente de la Convención Bautista del Sur, que nació y creció en la Iglesia Pentecostal de la Santidad y Gene Garrison, pastor de la Primera Iglesia Bautista de la ciudad de Oklahoma, que viene de las Asambleas de Dios.

Las ABC también tenían como ministro ordenado a David Hubbard, que fue presidente del Seminario Teológico Fuller, de Pasadena, California. Los padres de Hubbard eran pastores pentecostales en California.

El futuro

Aunque los bautistas carismáticos de las ABC están organizados desde hace más de dos décadas y cuentan con un apoyo evidente dentro de su denominación, hasta ahora, los bautistas carismáticos de la Convención Bautista del Sur no han podido organizar un grupo de apoyo continuo. Muchos pastores y laicos llenos del Espíritu esperan poder cambiar esta situación.

Los Congresos de Nueva Orleáns sobre el Espíritu Santo y la Evangelización Mundial tuvieron reuniones para bautistas tanto en 1986 como en 1987. Los participantes bautistas tenían la esperanza de que estos delegados pudieran "establecer líneas de comunicación y compañerismo" para los bautistas llenos del Espíritu. Su meta era "llevar renovación espiritual a la iglesia y permanecer, al mismo tiempo, leales a sus convenciones locales, estatales y nacionales".[23]

Muchas personas, como C. Peter Wagner, sostienen que "una tercera ola" del Espíritu Santo está rompiendo en las principales iglesias evangélicas, entre ellas las bautistas. Los estudios indican que aproximadamente el veinte por ciento de los bautistas de los Estados Unidos se consideran "cristianos pentecostales o carismáticos". Según una encuesta realizada en 1979, al menos cinco millones de bautistas estadounidenses tienen tal convicción. Algunos observadores, entre ellos Wagner, estiman que en el año 2000, había entre doscientas y trescientas congregaciones "de plenitud" en la Convención Bautista del Sur.[24]

La renovación menonita

De todas las iglesias que han sido tocadas por el poder renovador del Espíritu Santo en este siglo, ninguna ha sido más profundamente afectada que los menonitas. La historia de la renovación carismática entre los menonitas es la historia de cientos de pastores obispos y muchos miles de laicos que han sido renovados radicalmente por medio del bautismo en el Espíritu Santo.

Como la mayoría de los avivamientos de este siglo, la renovación menonita fue inesperada y sorpresiva. Comenzó durante una Escuela Bíblica de Vacaciones para jóvenes en la Iglesia Menonita Loman de Minnesota, donde siete iglesias habían enviado a setenta y siete adolescentes para estudiar la Biblia, entre la Navidad de 1954 y el día de Año Nuevo de 1955. El líder de esta escuela en especial era Gerald Derstine, pastor de la Iglesia Menonita Strawberry Lake en Ogema, Minnesota. Derstine era un "menonita de menonitas"; las raíces de su familia en esta denominación se remontaban al siglo XVIII en Pensilvania.[25]

Gerald Derstine y Strawberry Lake

Lo que sucedió durante esos cinco días y los meses que siguieron iba a cambiar radicalmente el mundo de Derstine, así como las iglesias menonitas de todo el mundo. El primer día de la escuela trece jóvenes inconversos nacieron de nuevo tras un tiempo de ayuno y oración de los siete pastores que estaban a cargo. Después, para profundo asombro de los pastores, comenzaron a producirse las manifestaciones.

Al principio varios jóvenes dijeron que habían escuchado cantos de ángeles. Después, un espíritu de intercesión por sus padres y amigos inconversos los llevó a orar fervientemente por su salvación. Luego, de forma totalmente inesperada, algunos jovencitos cayeron al suelo, en un éxtasis tembloroso. Los pastores, temiendo que esto se debiera a alguna actividad demoníaca, comenzaron a "clamar por la sangre de Cristo" para protegerlos, pero los sucesos continuaban. Otros cayeron al suelo y hablaron en lenguas.

En poco tiempo estos jóvenes menonitas profetizaron sobre eventos mundiales futuros y un avivamiento espiritual mundial. Uno profetizó que Billy Graham predicaría el evangelio detrás de la Cortina de Hierro –¡recordemos que esto sucedió en 1954!–. Algunos vieron visiones de Jesús. Algunas veces, "las lenguas, la profecía y la interpretación fluían como un río torrentoso", recuerda Derstine. Otras veces los cantos en lenguas llenaban la pequeña y tranquila iglesia menonita de "melodías celestiales". Palabras de ciencia daban sorprendentes evidencias de una inusual "visitación" de Dios.

Gerald Derstine (1928-), nacido en una tradicional familia menonita, fue excomulgado de su ministerio después de un inusual avivamiento en Minnesota, en 1955. Tiempo después, fue restaurado.

Al regresar a su pastorado en Strawberry Lake, Derstine quedó atónito al comprobar que los mismos fenómenos carismáticos se producían en hogares y en el santuario de su iglesia. Una profecía declaraba que este avivamiento acabaría por "afectar al mundo entero". Lejos de oponerse a estas manifestaciones milagrosas, Derstine las aceptó como el cumplimiento de la profecía de Joel sobre el derramamiento del Espíritu Santo "sobre toda carne" en los últimos días. Él mismo fue bautizado en el Espíritu Santo, habló en lenguas y experimentó muchas de las mismas manifestaciones espirituales.

Rápidamente se corrió la voz en la comunidad menonita de los extraños sucesos en Strawberry Lake. Pronto los obispos y ancianos de la zona comenzaron a investigar a Derstine y los hechos acaecidos en Loman y Strawberry Lake. Para abril de 1955 los obispos tuvieron una audiencia que dio como resultado el "silenciamiento" de Derstine en el ministerio menonita. Si hubiera admitido que hubo actividad demoníaca y que algunas de las manifestaciones fueron "actos de Satanás" y si hubiera prometido no volver a hablar del asunto, Derstine habría podido continuar como pastor menonita. Pero se negó.

Ese mismo año Derstine conoció a Henry Brunk, un evangelista ardiente menonita lleno del Espíritu Santo, proveniente de Florida, que dirigía la *Gospel Crusade Evangelistic Association* (Asociación Evangelística Cruzada del Evangelio). Para 1959 Derstine se había mudado a Florida para trabajar con Brunk en la organización de un centro de retiros cristianos de Bradenton.[26]

La cuestión de la presencia de dones espirituales en las iglesias menonitas no termina con el caso Derstine. Un vistazo a la larga historia de los anabaptistas y los menonitas, revela innumerables casos de fenómenos similares a los ocurridos en Minnesota.

El fuego cae sobre Strawberry Lake

El pequeño reloj del fondo de la iglesia marcaba los minutos, ya entrada la madrugada, cuando tuvimos la primera señal que nos dio seguridad de que esto era, realmente, obra de Dios. Skip, el primer jovencito que había venido llorando al frente, dejó de farfullar cosas ininteligibles y comenzó a hablar claramente. Una sonrisa radiante le iluminaba la cara mientras comenzaba a expresar claramente palabra tras palabra, una por vez. Hablaba tan lentamente y en voz tan baja que tuvimos que inclinarnos sobre él para escuchar lo que decía. Su cuerpo estaba relajado y en paz ahora, pero sus ojos continuaban cerrados, mientras decía con voz suave, casi inaudible: "Busquen-en-sus-Biblias-

Hechos 2.17-y-18-y-com-pren-derán...".

Rápidamente tomé mi Biblia. Gracias a Dios, por lo menos decía algo bíblico. Mis dedos temblaban al buscar las páginas del Libro de los Hechos, capítulo 2, versículos 17 y 18. Comencé a leer al pequeño grupo de personas que se había reunido alrededor del jovencito:

> "Y en los postreros días, dice Dios, derramaré de mi Espíritu sobre toda carne, y vuestros hijos y vuestras hijas profetizarán;
> vuestros jóvenes verán visiones, y vuestros ancianos soñarán sueños; y de cierto sobre mis siervos y sobre mis siervas en aquellos días derramaré de mi Espíritu, y profetizarán".

Me quedé mirando las palabras fijamente, atónito. Después miré al joven, y nuevamente los versículos. ¿Sería todo esto verdaderamente de Dios? De hecho, ¿sería posible que éste fuera el mismísimo avivamiento por el que habíamos orado y ayunado? Quería creer que sí. Pero era contrario a nuestra doctrina. Siempre nos habían enseñado que este pasaje en particular se había cumplido en tiempos bíblicos. Leí nuevamente el pasaje: *"En los postreros días..."*.

– ¡Hermano Derstine! Venga. Connie dice algo...

Corrí adonde estaba la jovencita, aun tendida en el suelo. También ella tenía una sonrisa angelical en el rostro y hablaba. Hablaba con gran seguridad, una palabra por vez, sobre un "avivamiento de los últimos tiempos" como el mundo nunca había visto aún. Sus amigos, todos inclinados sobre ella, se acercaban lo máximo posible para escuchar cada palabra. En sus rostros había una mezcla de profunda sorpresa y alivio.

Para entonces los demás jóvenes que estaban tendidos en el suelo, "hablando en lenguas" y temblando, se calmaron y, uno por uno comenzaron a hablar. Algunos cantaban. Otros describían escenas celestiales, con complejos gestos descriptivos. Pero todos estaban tendidos en el suelo todavía con los ojos cerrados, en trance. Hubo profecías de hechos de alcance mundial para el futuro inmediato. Esto me molestó particularmente, ya que solo nos interesaba en el avivamiento de nuestra propia comunidad. Hubo palabras de exhortación y pasajes bíblicos. Al terminar su mensaje, cada uno decía, casi invariablemente: "Éste que ves es mi cuerpo, ésta que escuchas es mi voz, pero esto es del Señor". Una palabra por vez.

GERALD DERSTINE
Following the Fire

La tradición menonita

Los menonitas surgieron de los anabaptistas en el siglo XVI. Estos "rebautizadores", como eran llamados despectivamente por sus opositores, constituían el más radical de los movimientos reformadores. Enseñaban el bautismo de los creyentes y la separación entre la Iglesia y el Estado. Otras convicciones anabaptistas eran el pacifismo y la negativa a jurar frente a un tribunal.

Los carismáticos

El movimiento anabaptista comenzó en Zurich y se extendió por Alemania y Holanda. Un líder holandés moderado fue Menno Simons, un ex sacerdote católico quién, en 1537, asumió un rol de liderazgo entre los anabaptistas. Sus seguidores, con el tiempo, llegaron a ser conocidos como menonitas, familia entre la que se encuentran grupos como los amish y los huteritas. Los bautistas actuales también son herederos de la misma visión anabaptista que los menonitas.

Según el escritor menonita Terry Miner, los primeros menonitas eran "verdaderamente carismáticos, en el mejor sentido de la palabra". La historia de la iglesia bajo persecución registra muchos casos de profecías, sueños, visiones y aun martirios. Los anabaptistas y los menonitas no se consideraban ni católicos ni protestantes, por lo que eran perseguidos por todos lados. Su visión no era simplemente la reforma de la iglesia, sino la restauración del cristianismo primitivo. En cuanto a los dones del Espíritu, Menno Simons aceptaba la presencia de todos los carismas en la iglesia, pero siempre insistía en que fueran probados según la Biblia.[27]

Menonitas carismáticos

Cuatro siglos más tarde los menonitas, como todos los cristianos, han sido profundamente afectados por los movimientos pentecostal y carismático actuales. En su libro *My Personal Pentecost* (Mi Pentecostés personal), el líder menonita carismático Roy Koch explica tres fases en la actitud de los menonitas hacia el pentecostalismo: "Abominación (antes de la década del cincuenta), tolerancia (en la década del sesenta) y propagación (en la década del setenta)".

En la primera etapa los menonitas se oponían tenazmente al movimiento pentecostal. A pesar de una declaración de los menonitas de Oregon en 1906, que pedía una nueva apertura al bautismo en el Espíritu Santo, la mayoría de los menonitas se sumaron a los demás cristianos en su condena a los pentecostales. A pesar de esta actitud, muchos menonitas vivieron la experiencia en esos años, pero mantuvieron silencio al respecto.[28]

La experiencia del obispo Nelson Litwiller es típica de la de muchos en su iglesia. Como misionero a América Latina en las décadas de 1920 y 1930, el estilo más las afirmaciones de los pentecostales que conoció en la Argentina le provocaron gran rechazo. "Ellos decían que tenían el poder y nosotros, no", recuerda. Pero lo impresionaba el enorme crecimiento del movimiento, en comparación con el crecimiento relativamente lento de las otras iglesias evangélicas.

El rechazo que sufrió Derstine por parte de los líderes eclesiásticos de Strawberry Lake también es típico ejemplo de la actitud de la mayoría de los menonitas durante esta época. Sin embargo, durante las décadas de 1960 y 1970, varios miles de menonitas recibieron el bautismo en el Espíritu Santo. Más que las experiencias de Derstine, influyó sobre ellos el despertar carismático que se estaba produciendo en las iglesias protestantes históricas en general.

La historia de Litwiller es un caso para destacar. Llegó a aceptar el bautismo en el Espíritu Santo a través de su contacto con católicos llenos del Espíritu, en South Bend, Indiana. Gracias a la influencia de Ken Ranaghan y otros, el venerable obispo misionero fue transformado por el Espíritu Santo y se convirtió en un líder nacional del movimiento.

Otros importantes líderes menonitas que se integraron al movimiento en esta misma década fueron Roy Koch, el obispo Elam Glick, Herb Minnich, Terry Millar, Allen Yoder, Dan Yutzy, George Brunk, Fred Augsburger y Harold Gingerich. Este período de tolerancia durante la década del sesenta significó que las iglesias menonitas aceptaran la ortodoxia y validez de estos líderes carismáticos, que expresaban cuidadosamente una inflexible lealtad a su iglesia, a pesar de sus experiencias pentecostales.

Esta fase de tolerancia pronto llevó a la tercera etapa que señala Koch, la de la propagación o promoción agresiva del movimiento carismático dentro de las iglesias, con la cauta pero clara aprobación de los líderes eclesiásticos. Este período, que comenzó en los años setenta, fue el del comienzo de los esfuerzos organizados para llevar una renovación carismática a las iglesias.

En 1971 la Conferencia de Lancaster, uno de los grupos menonitas regionales más importantes y tradicionales de los EE.UU., aprobó un informe en el que se pedía la aceptación de las "libres manifestaciones de la presencia del Espíritu Santo por medio de la vibrante expresión de alabanza y la osada extensión de la buena nueva de las portentosas obras de Dios que se producen en nuestro tiempo".

Este informe llevó a un profundo estudio del Espíritu Santo y sus dones en la Iglesia Menonita, la más importante de las denominaciones menonitas en los Estados Unidos. Este documento, que fue adoptado por la Asamblea General en julio de 1977, reconocía tanto puntos fuertes como potenciales puntos débiles en el movimiento carismático dentro de la iglesia, pero los puntos fuertes eran más que los débiles.[29]

Los primeros eran: "la liberación de dones y poder espiritual; un firme y eficaz ministerio evangelístico; gran unidad y amor entre los hermanos; nuevas formas de vida en comunidad y en la iglesia local; milagros de sanidad; ganar el apoyo activo de muchos jóvenes que de otra forma estarían perdidos para Cristo y para la iglesia; el redescubrimiento del don de lenguas; el don de ciencia y otros dones espirituales; el compromiso de trabajar dentro de las iglesias existentes en lugar de separarse de ellas; un gran amor por Jesucristo nuestro Señor y su iglesia como cuerpo suyo". Algunas de las debilidades potenciales eran la posibilidad de caer en "orgullo espiritual" y el "uso descuidado de las Sagradas Escrituras".

En este nuevo clima de aceptación, los menonitas carismáticos organizaron grupos de servicios para realizar conferencias de renovación en todos los Estados Unidos y Canadá. Aunque se produjo una consulta temprana de líderes carismáticos en 1972, el brazo principal de la renovación surgió en 1975.

Servicio de la Renovación Menonita

El Servicio de la Renovación Menonita (*Mennonite Renewal Service*, o MRS) se creó como resultado de cartas enviadas por Kevin Ranaghan a Litwiller y Harold Bauman, invitando a los menonitas a participar en una gran conferencia ecuménica en la ciudad de Kansas, en 1977. Litwiller, a su vez, invitó a un grupo de líderes menonitas carismáticos a reunirse en Youngstown, Ohio, para evaluar la invitación. En esta reunión se creó el Servicio de la Renovación Menonita. Los fundadores del grupo fueron Nelson Litwiller, Dan Yutzy, Harold Bauman, Roy Koch, Herbert Minnich y Fred Augsburger. Desde ese momento y hasta 1996, el MRS sirvió como brazo carismático de la Iglesia Menonita.[30]

Desde 1977, cuando los menonitas y los bautistas se reunieron en la conferencia carismática realizada en la ciudad de Kansas, los menonitas han tenido un rol prominente en el movimiento carismático en general dentro de los Estados Unidos. Al morir, en 1986 –a los ochenta y ocho años–, el obispo Nelson Litwiller había llegado a ser un anciano y respetado líder eclesiástico para líderes más jóvenes de muchas denominaciones.

Estrechamente ligados con los menonitas estaban los carismáticos de las diversas corrientes de la Iglesia de los Hermanos. Su "Servicio de la Renovación de los Hermanos" cumplió funciones similares a las del menonita. Durante algunos años ambos ministerios se entrelazaron bajo el nombre de *Empowered Ministries* (Ministerios de poder). La revista *Empowered* transmitía noticias de ambos movimientos, que con frecuencia realizaban conferencias conjuntamente.

El crecimiento de la renovación carismática entre los menonitas fue espectacular. Para el año 2000, las estimaciones eran que el veinte por ciento de todos los menonitas de los Estados Unidos y Canadá habían recibido el bautismo en el Espíritu Santo, tanto clérigos como laicos. En algunas conferencias, hasta el treinta y cinco por ciento de las iglesias participaba activamente de la renovación. Muchos menonitas creen, como John Howard Yoder, que "el pentecostalismo es, en nuestro siglo, lo más similar a lo que fue el anabaptismo en el siglo XVI".[31]

Durante los años ochenta y noventa algunas iglesias locales menonitas experimentaron un crecimiento espectacular por el poder del Espíritu Santo. El crecimiento más espectacular de una iglesia menonita en los últimos años fue el de la Iglesia Menonita Hopewell, en Pensilvania. Esta congregación, bajo el liderazgo del pastor carismático Merle Stoltzfus, pasó de cincuenta miembros a dos mil en pocos años.

Al mirar atrás uno podría decir que las experiencias de los jóvenes que asistieron a la EBV de Strawberry Lake no fueron una aberración temporaria, sino la expresión de una profunda continuidad con la fe y la práctica menonitas. Ahora la renovación entre los menonitas es uno de los mayores éxitos de la renovación carismática.

Símbolo de la aceptación de la renovación es el hecho de que, en 1977, la Iglesia Menonita "restauró" oficialmente a Gerald Derstine como ministro aprobado, poniendo fin a veintidós años de silencio en la iglesia. El trabajo de este hombre no fue en vano. Hoy prácticamente todos los misioneros menonitas del mundo han recibido el bautismo en el Espíritu Santo y los campos misioneros arden con evangelismo de poder.[32]

La renovación ortodoxa

La Iglesia Ortodoxa Oriental constituye la tercera familia de cristianos más grande del mundo, con ciento setenta y cinco millones de miembros en todo el mundo –cifras del año 2000–. Más de sesenta millones pertenecen a la Iglesia Ortodoxa Rusa en la Unión Soviética. En Grecia, casi nueve millones de personas profesan esta fe (un 98,1% de la población).

Millones más viven en otros países de Europa oriental y naciones de Oriente medio dominadas por el Islam. Durante siglos la Iglesia Ortodoxa ha sido una iglesia de mártires: millones de sus fieles fueron muertos por profesar la fe en Cristo. Se calcula que más de treinta millones de cristianos ortodoxos fueron martirizados desde 1917 hasta 1953, solo en Rusia. Ellos han guardado su fe en Jesús, aun cuando su propio país se convirtió en una tierra extraña.

En los Estados Unidos la Iglesia Ortodoxa cuenta con aproximadamente cinco millones de fieles distribuidos en diversas jurisdicciones: griega, rusa, de Antioquía, ucraniana, etc. En 1965 se formó la Iglesia Ortodoxa de América (OCA, sigla en inglés), como una entidad autónoma con la bendición de los obispos rusos. Ahora, según sus registros, cuenta con un millón de miembros de habla inglesa. La Iglesia Ortodoxa, en los Estados Unidos, está dejando de ser solo una iglesia de inmigrantes, para ocupar un lugar importante en la vida religiosa del país.

La Iglesia Ortodoxa siempre ha declarado ser carismática en su adoración y su piedad. En ningún momento adhirió a la teoría de la cesación de los dones del Espíritu Santo. Señales y prodigios, entre ellos, profecías, sanidades y milagros, son tradicionalmente aceptados como parte de la herencia de la iglesia.[33]

A pesar de esta tradición, ninguno de los principales grupos de cristianos del mundo ha sentido menos que esta iglesia el impacto del movimiento carismático de las últimas décadas. Aun así, contra la resistencia de muchos líderes eclesiásticos, varios sacerdotes y laicos ortodoxos han luchado persistentemente por plantar las semillas de la renovación.

Eusebius A. Stephanou

Uno de los primeros líderes de esta renovación carismática en la Iglesia Ortodoxa es Eusebius A. Stephanou, de Fort Wayne, Indiana.

Stephanou, un sacerdote célibe que desciende de una larga línea de clérigos ortodoxos, tenía antecedentes impresionantes antes de dedicarse a la tarea de liderar la renovación carismática. Estudió en la Universidad de Michigan, la Escuela de Teología Holy Cross y el Seminario Episcopal General de Nueva York; tiene varios títulos universitarios –entre ellos, el de Doctor en Teología–. Fue profesor de Teología y subdecano de Holy Cross, y luego ejerció la docencia en la Universidad Notre Dame.[34]

En 1968, sintiendo la necesidad de "poner a la Iglesia Ortodoxa en sintonía con el evangelio de Cristo", Stephanou lanzó una revista llamada *Logos*. Su meta era "reevangelizar a nuestro pueblo". Pero sus críticas hacia la jerarquía de la Iglesia Ortodoxa Griega pronto lo metieron en problemas y fue suspendido del sacerdocio por seis meses "por socavar la autoridad eclesiástica". Durante los años siguientes, Stephanou, su revista y sus llamados insistentes por la reforma constituyeron una fuente de controversias dentro de la Iglesia Ortodoxa.

En 1972 Stephanou se encontró con otro sacerdote ortodoxo, Athanasius Emmert, de Huntington, Virginia Occidental, quien le habló del poder del Espíritu Santo para cambiar la vida. Emmert impuso las manos a Stephanou y oró para que el Espíritu Santo fuera "liberado". Los cristianos ortodoxos oran para ser llenos del Espíritu Santo cuando son bautizados –cosa que ocurre generalmente cuando son bebés– y consideran la experiencia carismática como una liberación de ese don ya recibido. Stephanou fue lleno del poder de Dios, comenzó a hablar en otras lenguas y, a partir de entonces, convirtió a *Logos* en una herramienta para servir a la renovación carismática dentro de la Iglesia Ortodoxa.[35]

La renovación carismática ortodoxa

Al año siguiente se realizó la primera Conferencia Ortodoxa Carismática en Ann Arbor, Michigan, con una asistencia de aproximadamente cien personas. En ese momento se calculaba que había alrededor de mil ortodoxos carismáticos esparcidos en aproximadamente veinticuatro grupos de oración. Stephanou, Emmert y varios otros clérigos y laicos continuaron trabajando para la renovación, por medio del Ministerio Logos para la Renovación Ortodoxa.

Debido a su liderazgo en la renovación, sus críticas a la jerarquía ortodoxa y su continuo activismo por la reforma, Stephanou ha sufrido varias acciones disciplinarias. En julio de 1983 fue censurado por su obispo más el arzobispo y suspendido por tiempo indefinido, a pesar de los cientos de cartas de apoyo de sus amigos carismáticos dentro de la Iglesia Ortodoxa. Stephanou continuó siendo editor de *Logos* y participando como orador en conferencias carismáticas dentro de los Estados Unidos y en otros países.

En 1977 otro ministerio ortodoxo carismático apareció en escena: el Comité de Servicio para la Renovación Carismática Ortodoxa (*Service Committee for Orthodox Charismatic Renewal*). Este comité intenta reunir a líderes carismáticos de diversas jurisdicciones ortodoxas para facilitar la administración, coordinación y comunicación dentro del movimiento. Han auspiciado varias conferencias de renovación en los Estados Unidos y Canadá y publica un boletín mensual, *Theosis*. Gerald Munk también trabajó en el comité de organización de los Congresos de Nueva Orleáns sobre el Espíritu Santo y la Evangelización Mundial en 1986 y 1987.

La renovación en la Iglesia Unida de Cristo

La Iglesia Unida de Cristo es una de las denominaciones más antiguas de los Estados Unidos, una iglesia que se remonta a los padres peregrinos que desembarcaron sobre la roca de Plymouth en 1620. Estos eran puritanos que huían a América para escapar de la persecución de la Iglesia de Inglaterra. Su lucha por la libertad religiosa es parte de la invalorable herencia de libertad en los Estados Unidos.

Durante más de dos siglos la Iglesia Puritana fue conocida como Iglesia Congregacional, famosa por su teología calvinista, la autonomía de las iglesias locales y su estilo de vida estrictamente puritano. Con el tiempo los congregacionalistas se extendieron de Nueva Inglaterra a todas partes de los Estados Unidos. La actual Iglesia Unida de Cristo representa la fusión de cuatro denominaciones a lo largo de los años. La Iglesia Congregacional Cristiana, con raíces en el Estado de Virginia en el siglo XIX, se fusionó con los congregacionalistas en 1931 para formar las Iglesias Congregacionales Cristianas.

En 1957 esta iglesia se fusionó con la Iglesia Evangélica y Reformada, la cual era, a su vez, resultado de la fusión de dos iglesias germano-estadounidenses con raíces completamente diferentes de las de los congregacionalistas. Estas dos iglesias, la Iglesia Reformada Alemana y el Sínodo Evangélico Alemán de Norteamérica, se fusionaron en 1934 para formar la Iglesia Evangélica y Reformada en los Estados Unidos.

La denominación resultante de estas fusiones, en 1957 tomó el nombre de Iglesia Unida de Cristo. Esta fusión fue muy singular, ya que la Iglesia Evangélica y Reformada tenía raíces en la tradición alemana calvinista, mientras que la Iglesia Congregacional venía de una raíz típicamente inglesa. Sus formas de gobierno también eran diferentes. La Iglesia Evangélica y Reformada tenía un gobierno más centralizado, a diferencia de la política congregacional que la otra iglesia reflejaba hasta en su nombre.

La UCC (sigla en inglés de la Iglesia Unida de Cristo), como suele llamársela, es también famosa por su teología, por la cual se la considera la denominación más liberal de los EE.UU. Esta apertura a ideas liberales tiene raíces muy antiguas en la iglesia, y se remonta a la fundación del Movimiento Unitario en Nueva Inglaterra. Los unitarios, que negaban la Trinidad, provenían, en su mayor parte, de un trasfondo congregacional. La Iglesia Unitaria se formó en 1825. Los padres liberales famosos que permanecieron en la iglesia en el siglo XIX fueron Horace Bushnell, Henry Ward Beecher y George Washington Gladden, padre del movimiento del evangelio social.[36]

En épocas más recientes la Iglesia Unida de Cristo ha sido líder en muchas causas sociales que hubieran sido inconcebibles para los padres peregrinos. Esto ha llevado a una declinación general en la iglesia, con grandes pérdidas de miembros en los últimos años. A pesar de estas tendencias, siempre ha habido grupos de evangélicos en la iglesia que oraban y trabajaban por un regreso a la sólida fe evangélica de los padres peregrinos y los reformadores alemanes.

La FCC/UCC

La Confraternidad de Cristianos Carismáticos de la Iglesia Unida de Cristo (FCC/UCC, sigla en inglés) es la fuerza central que intenta llevar renovación a la iglesia. Este grupo comenzó a fines de los setenta bajo el liderazgo de J. Ray Thompson, pastor de una congregación de la UCC en Reno, Nevada. Thompson fue bautizado en el Espíritu Santo en 1972 y habló en lenguas. Después de su experiencia pentecostal, ansiaba encontrar otros carismáticos en la iglesia con quienes estar en comunión. La oportunidad se dio en 1977, cuando la conferencia carismática realizada en la ciudad de Kansas reunió a más de cincuenta mil cristianos que provenían de casi todas las denominaciones.[37]

A sugerencia de Reuben Sheares II, un líder de la denominación, Thompson colocó un aviso en un periódico de la iglesia, pidiendo a los miembros carismáticos de la iglesia que se identificaran. Respondieron unas cuarenta personas y Thompson emitió una serie de boletines sugiriendo que los interesados se reunieran en la ciudad de Kansas para organizar un grupo carismático dentro de la iglesia. Como resultado de estos esfuerzos, setenta y tres personas se reunieron en Kansas el 22 de julio de 1977, para formar la confraternidad carismática de la Iglesia Unida de Cristo. Se eligió un comité directivo temporario de doce personas para acompañar a Thompson, que había sido nombrado presidente.

El propósito de esta organización era ministrar a los carismáticos que estaban solos y aislados en la iglesia, establecer una voz cristocéntrica dentro de la iglesia y consolidar el testimonio del movimiento del Espíritu Santo en la Iglesia Unida de Cristo. El grupo, pequeño pero decidido, salió de la ciudad de Kansas con la visión de llevar renovación a la iglesia por medio del poder y los dones del Espíritu Santo.

Vernon Stoop (1927-) fue líder de los carismáticos en la Iglesia Unida de Cristo y secretario del Comité del Servicio de Renovación de Norteamérica.

En 1978 representantes de la FCC/UCC se reunieron con Avery Post, presidente de la UCC, para tratar los propósitos y las metas de la confraternidad. A partir de entonces los carismáticos constituyen una fuerza reconocida para la renovación en la UCC. La naturaleza liberal de la iglesia hizo que fuera fácil para los carismáticos encontrar aceptación, ya que la iglesia demostraba la misma apertura a muchas otras causas, muchas de las cuales eran extremadamente liberales.

La FCC/UCC es una organización activa que auspicia varios programas de renovación para la iglesia, entre ellos las conferencias de renovación, en las que van equipos a las iglesias locales durante un fin de semana, en el que hacen énfasis en el testimonio laico, el bautismo en el Espíritu Santo y el uso de los dones espirituales. Otro programa, llamado *Ecclesia* lleva un servicio de renovación a las iglesias locales haciendo énfasis en la vida del cuerpo. Un tercer ministerio es el de campamentos para niños, que lleva a cientos de jovencitos al Señor cada verano.

Vernon Stoop. Desde 1979, cuando se reestructuró la FCC/UCC, el grupo fue liderado por diversas personas: David Emmons, Robert Welsh y Robert Weeden. El director de servicios es Vernon Stoop, pastor de la iglesia Shepherd of the Hills en Bechtelsville, Pensilvania. Stoop también edita el boletín *Focus*, un periódico que sirve como punto de concentración de noticias para el movimiento. Además de estas responsabilidades, Stoop es secretario del Comité de Asuntos Carismáticos (*Charismatic Concerns Committee*, o CCC) y el Comité Norteamericano de Servicio de la Renovación (*North American Renewal Service Committee* o NARSC), que preparó los Congresos de Nueva Orleáns sobre el Espíritu Santo y la Evangelización Mundial en 1986 y 1987. Desde entonces, Stoop ha tenido un rol fundamental en la planificación de los congresos del NARSC en Indianápolis (1990), Orlando (1995) y St. Louis (2000).

El camino que queda por delante

El enfoque más exitoso, en los últimos años, ha sido fomentar la renovación carismática en congregaciones antiguas de una forma que promueva la unidad y evite divisiones. La iglesia de Stoop es un modelo de esto. Esta congregación tiene ciento cincuenta años de antigüedad y Stoop es su pastor desde hace cuarenta. Su meta es "producir una conjunción de la congregación tradicional no carismática y los elementos carismáticos que han crecido dentro de la congregación, sin dividir a la iglesia". Hasta ahora este enfoque ha logrado buenos resultados en su iglesia.

Los carismáticos wesleyanos

Durante décadas los términos "wesleyano" y "carismático" han sido considerados mutuamente exclusivos. Ningún grupo de iglesias ha sido más negativo en cuanto a los dones del Espíritu, especialmente el de lenguas, que los grupos de la santidad históricos, como la Iglesia del Nazareno, la Iglesia Wesleyana y la Iglesia de Dios (de Anderson, Indiana). En el mejor de los casos, el don de lenguas era considerado sospechoso; en el peor, se lo tachaba, directamente, de demoníaco.

Esta situación es notable, si tenemos en cuenta que el movimiento pentecostal se originó en los Estados Unidos y en el resto del mundo, en su mayor parte, entre creyentes wesleyanos de la santidad. De hecho, los pentecostales originales se aferraban a una creencia básica en una segunda obra de la gracia y se consideraban parte del movimiento de la santidad. Simplemente, agregaron una tercera bendición llamada el bautismo en el Espíritu Santo con la evidencia de hablar en otras lenguas.[38]

Con el origen de las Asambleas de Dios en 1914, muchos pentecostales se apartaron de la doctrina wesleyana, pero aproximadamente la mitad de los pentecostales estadounidenses adhieren, aun hoy, a una teología fundamentalmente wesleyana-arminiana. Existe consenso general sobre el hecho de que los pentecostales clásicos comparten un origen común con los seguidores de la santidad y que ambos movimientos tienen muchas más cosas en común que aspectos que los separan.

La Iglesia Pentecostal del Nazareno

Las raíces comunes de ambos movimientos pueden verse en el hecho de que el nombre original de la Iglesia del Nazareno era "Iglesia Pentecostal del Nazareno". La palabra "pentecostal" fue quitada en 1919, para evitar confusiones con "quienes hablaban en lenguas" y habían acaparado el nombre "pentecostal". La postura de los nazarenos sobre el asunto del don de lenguas se definió cuando el fundador de la iglesia, Phineas Bresee, rechazó las manifestaciones de la obra misionera de Azusa y las consideró no válidas, afirmando que el movimiento pentecostal tuvo tanto efecto en Los Ángeles como "una piedrita arrojada al mar".[39]

Bresee y su colega J. P. Widney estaban dispuestos a aceptar diferencias entre los primitivos nazarenos sobre asuntos que, a su juicio, no fueran esenciales para la salvación. Su lema original era "en lo esencial, unidad; en lo no esencial, libertad; en todas las cosas, caridad". Pero después de la muerte de Bresee, el don de lenguas fue considerado una amenaza a la iglesia, dado que muchas personas abandonaban la iglesia para formar las primeras denominaciones pentecostales. La dura actitud antipentecostal de muchos seguidores de la santidad se resume en el libro escrito por Alma White en 1912, titulado *Demons and Tongues* (Demonios y Lenguas), que atribuía toda glosolalia a la influencia demoníaca.

Otras iglesias de la santidad que rechazaron el pentecostalismo fueron: la Iglesia Metodista Wesleyana, el Ejército de Salvación, la Iglesia Metodista Libre, la Iglesia de Dios (de Anderson, Indiana), e Iglesia de los Peregrinos (*Pilgrim Holiness Church*). Las iglesias de la santidad que aceptaron el mensaje pentecostal son la Iglesia de Dios (de Cleveland, Tennessee), la Iglesia Pentecostal de la Santidad, la Iglesia de Dios en Cristo, la Iglesia Santa Unida y la Iglesia Bautista Pentecostal del Libre Albedrío. Estas se convirtieron en las primeras denominaciones pentecostales organizadas en los Estados Unidos.

John L. Peters y Warren Black. Cuando comenzó el movimiento neopentecostal, después de 1960, era inevitable que algunos creyentes wesleyanos de la santidad se involucraran nuevamente en las manifestaciones del Espíritu Santo. Uno de los primeros neopentecostales fue John L. Peters, ex secretario general de la Sociedad de Jóvenes Nazarenos y reconocido historiador del movimiento de la santidad. Aunque Peters había abandonado la iglesia nazarena en 1948 para hacerse metodista, su influencia continuó entre muchos de sus amigos en la iglesia. En 1962 Peters recibió el bautismo en el Espíritu Santo y habló en lenguas.[40]

En 1963, después de escuchar el testimonio de Peters en uno de los programas de John Osteen, Warren Black, que trabajaba en la editorial nazarena en la ciudad de Kansas, recibió el bautismo en el Espíritu Santo. Después de varios días de ayuno y oración en su casa, Black trazó un círculo en el suelo, se metió dentro del círculo y prometió a Dios que lo buscaría hasta encontrarlo. "Yo buscaba a Dios, no el don de lenguas", dijo. Pero lo que recibió fue una poderosa experiencia pentecostal con el don de lenguas. Al mismo tiempo fue sanado de un problema del habla que tenía desde hacía muchos años.[41]

Aunque los nazarenos enseñaban sobre la sanidad divina, el don de lenguas era sin embargo considerado carnal o demoníaco. En 1971, luego de dar su testimonio frente a un grupo de estudiantes en una universidad nazarena, Black fue expulsado de la iglesia. Convencido de que su expulsión era ilegal, Black y otros nazarenos de igual convicción decidieron llevar el asunto carismático a los delegados del más elevado organismo rector de la iglesia, la asamblea general. Antes que este grupo se reuniera en Miami, en 1972, todos los delegados recibieron por correo un paquete en el que Black explicaba su posición. Veinticinco miembros nazarenos lo apoyaban.

También se presentaron en esta asamblea cuatro "memoriales" de distritos nazarenos que pedían que la iglesia prohibiera hablar en lenguas en las congregaciones. Los alegatos de Black "enfurecieron" a la asamblea. Muchos querían terminar el asunto allí mismo prohibiendo el don de lenguas para siempre. Otros, liderados por Jack Ford, de Inglaterra, pidieron que se formara una comisión de estudio que tratara el tema con mayor imparcialidad. Ford recordó a la asamblea general que la denominación del Calvario, del movimiento de la santidad, que se fusionó con la Iglesia del Nazareno en 1955, permitía la práctica del don de lenguas en las iglesias, aunque no la fomentaba.

Los nazarenos se definen. La asamblea general no decidió el asunto en 1972 pero, para gran sorpresa de Black y otros, se supo que los superintendentes generales habían actuado por su cuenta el año anterior, al emitir su interpretación del Manual. Su declaración, que no contaba con la sanción confirmadora de la asamblea general, afirmaba que "hablar en lenguas como evidencia del bautismo con el Espíritu Santo o como idioma de oración extático neopentecostal, es interpretado como un vituperio de la doctrina y las prácticas de las iglesias".[42]

Durante trece años la iglesia actuó bajo las contradicciones engendradas por el precedente de la iglesia del Calvario en Inglaterra —del movimiento de la santidad— y la interpretación de los superintendentes generales. Basándose en el precedente inglés, Dan Brady, un pastor de Dayton, Ohio, que había sido expulsado del ministerio por hablar en lenguas, apeló para ser reinstaurado en la iglesia. En 1985 su apelación fue denegada en la más elevada instancia judicial.

Esto motivó que la iglesia agregara la primera declaración oficial jamás realizada sobre las lenguas en el Manual. Ocurrió en la asamblea general que se reunió en Anaheim, California, en 1985. La declaración fue incluida en el apéndice y ahora constituye la política oficial de la iglesia. Después de afirmar que la evidencia del bautismo en el Espíritu Santo es "la limpieza del pecado, del corazón" y "el fruto del Espíritu", el artículo establece: "Afirmar que aun una evidencia física, especial o supuesta, o un 'lenguaje de oración' es evidencia del bautismo en el Espíritu Santo, es contrario a la postura bíblica e histórica de la iglesia".[43]

Esta declaración que de hecho, no prohíbe el don de lenguas, es una negación de la teoría de la "evidencia inicial" propugnada por los pentecostales a principios de siglo. Muy pocos carismáticos estarían en desacuerdo con esta postura en lo relativo a la glosolalia. De hecho, la posición de la iglesia parece ser que se permitirá la práctica del don de lenguas, siempre que no se la propague apoyando la teoría de la evidencia inicial o produciendo división en las iglesias. Esto incluiría el acuerdo de que no se manifestará el don de lenguas en los cultos de adoración públicos de las iglesias.

Pero para muchos nazarenos, el efecto de esta declaración ha sido el de prohibir el don de lenguas en la iglesia. Un ejemplo que viene al caso es el de Steve Gustin, pastor de una congregación nazarena en Azusa, California. Para 1986, su iglesia era carismática en un noventa por ciento, aunque intentaba permanecer en la denominación. Pero después que la Asamblea General aprobó la resolución sobre el don de lenguas en 1985, la congregación de Azusa fue expulsada de la denominación. Después de esto la congregación tomó el nombre de Berean Christian Center. El hecho de si otros pastores o iglesias abandonan la denominación por causa de este asunto depende, aparentemente, de cómo las autoridades de la iglesia interpretan las palabras de la declaración emitida en 1985.

Otras iglesias de la santidad se pronuncian

Una posición similar a la de los nazarenos tomó la asamblea general de la Iglesia de Dios (de Anderson, Indiana) en junio de 1986. Durante muchos años las iglesias locales de esta denominación agregaban la aclaración "no pentecostal" en sus promociones, para distinguirse de los muchos grupos pentecostales que utilizan variantes del nombre Iglesia de Dios.

Después de un estudio que se prolongó por un año, la asamblea adoptó el informe que resultó del estudio realizado por una comisión especial que, en general, confirmaba la postura histórica de la iglesia, en el sentido de que el don de lenguas no es evidencia inicial del bautismo en el Espíritu Santo.

Sin embargo, el informe reconoce que el don de lenguas es un don auténtico del Espíritu para la época actual, y no prohíbe su práctica en las devociones privadas. Como los nazarenos, la Iglesia de Dios parece dispuesta a aceptar a quienes practican la glosolalia, pero no la demuestran públicamente ni la promueven con fines divisivos.

A pesar de la rígida posición histórica de estas y otras iglesias de la santidad, muchos pastores y laicos han hablado en lenguas a lo largo de estos años. En general, tales pastores, han sido removidos de sus cargos inmediatamente después que las autoridades se enteraran de tales experiencias. Entre ellos se encuentran Wilbur Jackson, Merrill Bolender, Wayne Buchart, Jerry Love, Robert Mueller, Stan Pulliam, Jep Anderson y David Alsobrook. Ray Bringham, un conocido líder carismático de la Iglesia de Dios quien lucha desde hace años para llevar la renovación a su iglesia.[45]

Wilbur Jackson y la Confraternidad Carismática Wesleyana

En los últimos años muchos de estos ex pastores se han reunido en conferencias auspiciadas por la iglesia King's Mountain Faith Fellowship, en Cincinnati, Ohio, pastoreada por Wilbur Jackson. Jackson, pastor de la Iglesia Nazarena Lockland en Cincinnati, fue separado de la Iglesia del Nazareno en 1971, después que se conociera su experiencia pentecostal y se ha convertido en el líder reconocido del grupo que aun desea ver una renovación carismática en la iglesia.

En 1979 en una reunión de ministros con deseos similares, formó la Confraternidad Carismática Wesleyana y de la Santidad (*Wesleyan-Holiness Charismatic Fellowship*) para ministrar a quienes habían sido rechazados por las iglesias. En 1977 un grupo de estos hombres se reunieron en la ciudad de Kansas para planificar las estrategias para el futuro. En 1985 la organización se reestructuró y se fortaleció. Este grupo también dirigió algunas sesiones de los Congresos de Nueva Orleáns sobre el Espíritu Santo y la Evangelización Mundial, en 1986 y 1987.[46]

Una señal de reconciliación para el futuro fue la publicación, en 1986, del libro de Howard Snyder, *The Divided Flame: Wesleyans and the Charismatic Renewal* (La llama dividida: Los wesleyanos y la renovación carismática). Este libro era un ruego para que la tradición wesleyana abriera sus iglesias a los dones del Espíritu Santo.

Snyder afirma que Wesley era carismático y que todas las iglesias son, por definición, carismáticas, o no son totalmente cristianas. También sostiene que las iglesias de la santidad deben dialogar con los carismáticos, dado que ambos tienen mucho para aprender del otro.[47]

Dado que la declaración nazarena de 1985 y la de la Iglesia de Dios en 1986 no prohíben la práctica del don de lenguas, sino solo la enseñanza que este don constituye la evidencia inicial del bautismo en el Espíritu Santo, hay una puerta abierta para que nazarenos y otros wesleyanos que hablan en lenguas permanezcan en sus iglesias.

· 9 ·

La católica renovación carismática

Peter Hocken

El sábado 18 de febrero de 1967 era otro Día de Pentecostés. Por designio divino, fue un día histórico para la Iglesia Católica. Esa noche, el Espíritu Santo cayó sobre un grupo de católicos que estaban en una casa de retiros al norte de Pittsburg, Pensilvania. La mayoría eran estudiantes de la Universidad Duquesne. No habían planeado un culto en la capilla, sino una fiesta de cumpleaños para uno de los estudiantes que estaban en el retiro. Pero, de diversas formas, Dios llevó a estos veinticinco jóvenes católicos a la capilla, donde encontraron la presencia tangible del Espíritu Santo. Algunos rieron y lloraron, unos pocos cayeron tendidos al suelo, todos hablaron en lenguas. Oraron y cantaron hasta la madrugada. Fue el nacimiento de la renovación carismática en la iglesia católica.

Una de las estudiantes, Patty Gallagher Mansfield, relató lo sucedido en esa reunión de la siguiente forma:

> Esa noche, el Señor llevó a todo el grupo a la capilla. [...]. Los profesores impusieron las manos sobre algunos de los estudiantes, pero la mayoría de nosotros recibimos el bautismo

en el Espíritu mientras estábamos arrodillados delante del bendito sacramento, rezando. Algunos comenzamos a hablar en lenguas; otros recibieron dones de discernimiento, profecía y ciencia.

Pero el don más importante era el fruto del amor que unía a toda la comunidad. En el Espíritu del Señor, encontramos la unidad que habíamos tratado de lograr por nosotros mismos tanto tiempo.[1]

Otro estudiante, David Mangan, relata lo que sucedió cuando entró a la capilla:

Lloré más de lo que había llorado en toda mi vida, pero no derramé ni una sola lágrima. De repente Jesucristo era tan real y tan presente que lo sentía todo a mi alrededor. Me abrumaba un sentimiento de amor tal que no puedo describirlo.[2]

Patty Gallagher Mansfield no solo experimentó al Espíritu Santo en el "fin de semana Duquesne", sino que también esvribió los más vendidos relatos de las reuniones.

Este suceso, conocido ahora como "el fin de semana de Duquesne", se convirtió en la primera reunión de oración católica carismática y dio lugar a una serie de hechos que pronto llegaron a ser reconocidos como una de las mayores tendencias en el movimiento carismático del siglo XX. Fue algo que nadie esperaba. ¿Quién podía imaginar que un movimiento surgido en el avivamiento protestante y vinculado con el pentecostalismo podía explotar en la Iglesia Católica?

Es la primera vez en la historia cristiana que un movimiento proveniente del protestantismo no solo entra en la iglesia católica, sino que llega a ser reconocido y aceptado por las autoridades de la iglesia. Este notable hecho, por sí solo, sugiere que la expresión católica del movimiento carismático tiene un profundo significado y un vasto potencial.

El don de lenguas en la Universidad Duquesne

Una noche, en una reunión de oración, me senté junto a David Mangan, que ya había recibido el don de lenguas. Me quedé boquiabierta al escuchar rezar a David en un francés fluido y bello. Parecían las palabras de un salmo, alabando la bondad del Niño Divino, exaltando los ríos de agua viva. La cadencia de su francés era diferente, pero su pronunciación era perfecta.

> Después de la reunión le pregunté a David si sabía que había orado en francés; no lo sabía. Me impresionó la autenticidad de su don carismático. Para mí, era una señal de que Dios obraba.
>
> Pronto comencé a alabar más a Dios, a ir más allá de mis limitadas capacidades para exaltar su bondad. San Pablo aconseja: *"Procurad los dones espirituales"* (1 Corintios 14:1). Yo le pedía a Dios el don de lenguas, pero no me daba cuenta de que debía usar mis labios y mi voz para entregarme a ese don. Pensaba que, si esperaba en silencio el tiempo suficiente, el idioma de oración se abriría paso por sí solo a través de mis labios.
>
> El 13 de marzo de 1967, al despertar, me entusiasmé al notar unos sonidos en mi garganta. Esperaba que fuera el don de lenguas, pero tenía miedo de que "me tomara" en medio de una clase. Así que no fui al aula, sino a la capilla de la universidad para rezar en el oratorio, uno de nuestros lugares preferidos para rezar en esa época. Estaba decidida a permanecer allí todo el tiempo que fuera necesario, hasta que comenzara a hablar en lenguas. Allí me arrodillé, con la boca abierta... esperando.
>
> El sonido se hizo más fuerte, mi boca comenzó a moverse y empecé a emitir una especie de gruñidos. "Oh, no", pensé. "No me digas que el Señor me va a dar una lengua fea y gutural, después que me especialicé en francés por la belleza de su sonido". Pero seguí gruñendo hasta que finalmente comencé a cantar en lenguas, una canción hermosa que fluía de lo más profundo de mi ser. Era un idioma hermoso, diferente de la lengua en la que rezo ahora. Aunque no reconocí las palabras, en mi corazón sabía con seguridad que estaba cantando el Magníficat, el mismo pasaje que el Señor me había dado la noche que fui bautizada en el Espíritu:
>
> > *"Engrandece mi alma al Señor; y mi espíritu se regocija en Dios mi Salvador. Porque ha mirado la bajeza de su sierva; pues he aquí, desde ahora me dirán bienaventurada todas las generaciones"* (Lucas 1:46-48).
>
> Patty Gallagher Mansfield
As By a New Pentecost

Las raíces de la renovación católica

Aunque algunos católicos habían sido bautizados individualmente en el Espíritu Santo antes de 1967, el fin de semana en la casa de retiros *The Ark and the Dove* (El arca y la paloma), cerca de Pittsburg, en febrero de 1967, representa el comienzo de un movimiento reconocible de renovación carismática entre los católicos. Aunque hubo un elemento de teofanía inesperada en ese retiro, cristianos carismáticos de otras iglesias tuvieron parte en su preparación.[3]

El fin de semana había sido organizado por cuatro miembros católicos del cuerpo docente de la Universidad Duquesne que, el mes anterior, habían asistido a un grupo dirigido por una mujer presbiteriana, Flo Dodge, donde dos profesores, Ralph Keifer y Bill Storey habían recibido oración para que experimentaran el bautismo en el Espíritu Santo. Los estudiantes habían recibido la recomendación de leer *La cruz y el puñal*, de David Wilkerson. Pero, en el "fin de semana de Duquesne", solo había católicos presentes.

La noticia de este evento pentecostal se extendió rápidamente a los amigos de la Universidad de Notre Dame, en South Bend, Indiana y la Universidad Estatal de Michigan en East Lansing, Michigan. En South Bend pronto se formó un grupo alrededor de Kevin y Dorothy Ranaghan, quién rápidamente se puso en contacto con un laico pentecostal, Ray Bullard, presidente de la Fraternidad Internacional de Hombres de Negocios del Evangelio Completo (FGBMFI, sigla en inglés). En East Lansing, la lectura de *La cruz y el puñal* ya había despertado el interés de Ralph Martin y Steve Clark. South Bend y Ann Arbor, Michigan, donde se mudaron poco después Martin y Clark, se convirtieron inmediatamente en los centros organizadores del movimiento católico, a medida que se formaban comunidades de estudiantes y jóvenes graduados que recientemente habían sido bautizados en el Espíritu Santo.

El origen de este movimiento en el catolicismo diferente al de las iglesias protestantes en muchos aspectos. Los primeros líderes católicos eran, casi todos, jóvenes graduados universitarios que no tenían ninguna de las actitudes anti-intelectuales que algunas veces se encontraban en los círculos pentecostales y carismáticos. Eran hombres y mujeres jóvenes profundamente comprometidos con la fe católica, ya entusiasmados por la visión del Concilio Vaticano II para la renovación de su iglesia. Por tanto, entendieron inmediatamente que su nueva experiencia carismática era para toda la iglesia, y vieron el nuevo movimiento como una respuesta a la oración del Papa Juan XXIII por un nuevo Pentecostés.

Otros sucesos ocurridos en la iglesia católica ayudaron a preparar el camino para la renovación. Uno de ellos, el movimiento bíblico, había ganado terreno entre los católicos desde la década del cuarenta. En todo el mundo los eruditos católicos habían profundizado los estudios bíblicos en una medida nunca antes vista en

Elena Guerra (1835 – 1914) fue una monja italiana cuya devoción al Espíritu Santo influyó para que el Papa León XIII declarara una novena al Espíritu Santo en 1897.

tiempos modernos. También alentaban a los laicos católicos a leer la Biblia por sí mismos. Después que comenzó la renovación, los carismáticos corrieron a leer la Biblia para poder comprender el bautismo en el Espíritu Santo y los dones del Espíritu que estaban irrumpiendo en la iglesia.

Otro importante precursor fue el "movimiento de los cursillos" que comenzó en España después de la Segunda Guerra Mundial. Desde España el "cursillo" se extendió por todo el mundo. Consistía en un fin de semana de retiro en que los católicos, que habían sido "sacramentalizados" eran reevangelizados con el fin de convertirlos en cristianos comprometidos y practicantes.

También hubo un movimiento católico laico que tuvo un importante rol en la preparación del camino para el avivamiento. Desde la época del Papa Pío X (1903-1914) había un creciente énfasis en el rol de los laicos en la iglesia. A medida que avanzaba el siglo XX los laicos no fueron solo considerados "ministros de crisis" para los casos en que no hubiera sacerdotes, sino también como personas "que comparten su función sacerdotal de ofrecer adoración espiritual para gloria de Dios y salvación de los hombres". Dado que la renovación Católica Carismática se originó entre los laicos y fue liderada, en su mayor parte por ellos, este movimiento fue crucial, ya que abrió las puertas para que miles de laicos ocuparan roles de liderazgo en la renovación, después de 1967.

El movimiento ecuménico, que había crecido durante gran parte del siglo, también fue un factor que contribuyó al desarrollo de la renovación católica. Como señaló Kilian McDonnell: "Detrás de cada uno de los primeros carismáticos, había un pentecostal clásico". Líderes pentecostales como David Wilkerson, David du Plessis y Vinson Synan ayudaron a formar e impulsar la renovación en su primera época. Una importante impulsora de la renovación fue la FGBMFI, dirigida por el laico californiano Demos Shakarian. Al recibir a los católicos como miembros y oradores, el grupo de Shakarian brindó una importante plataforma para la extensión de la renovación en todo el mundo.

El Papa León XIII y Elena Guerra

La más obvia y quizá la más importante preparación para la renovación carismática dentro de la iglesia católica, fue la encíclica "Sobre el Espíritu Santo", del Papa León XIII, en 1897. En ella el Papa se lamentaba de que el Espíritu

> Santo fuera poco conocido y apreciado y convocaba al pueblo para que renovara su devoción a Él. Esta encíclica daba un resumen rutinario, preciso y definido, pero sin otros aspectos notables, sobre las enseñanzas católicas acerca del Espíritu Santo. Hablaba en forma general de los dones del Espíritu, pero no decía nada específico sobre los carismas. No obstante, el simple hecho de que apareciera fue importante. Era una señal de la más alta autoridad de la iglesia que llamaba la atención hacia la importancia real de un aspecto de la fe cristiana. Millones de personas leyeron la encíclica o recibieron parte de ella a través de sermones, libros, etc. Esta acción papal promovió la aparición de un considerable número de valiosos estudios sobre el rol del Espíritu Santo.
>
> Es natural preguntarse qué habrá impulsado a León XIII a publicar esta encíclica, que sus escritos sobre el orden social, la restauración del tomismo y la división entre los cristianos –que tuvieron mucha mayor difusión– no hacían esperar. De hecho, parece haber sido uno de los actos más carismáticos en la carrera de este notable Papa. Fue resultado de la sugerencia de una monja italiana desconocida, Elena Guerra (1835-1914), que había reunido a un grupo de mujeres con el cual había formado una fraternidad dedicada a la educación cristiana de jovencitas. La característica distintiva de la espiritualidad de Elena era una indoblegable y abrumadora devoción al Espíritu Santo. La contristaba el hecho de que la mayoría de la gente no lo tuviera en cuenta. Inspirada por una práctica que había aprendido de niña en su parroquia, solía recomendar que los diez días entre las fiestas de Ascensión y Pentecostés se pasaran en oración y preparación para los dones del Espíritu, imitando a los apóstoles en el Cenáculo. Finalmente tuvo la audacia de escribir al Papa León, instándolo a recomendar esta práctica. Para gran sorpresa de muchas personas que habían tratado de disuadirla, el Papa le respondió rápidamente con una carta en la que apoyaba su idea del "nuevo Cenáculo". Aunque el Papa no conocía personalmente a Elena, les dijo a sus consejeros que, si ella tenía alguna otra inspiración para el bienestar de la iglesia, no demoraran en comunicárselo.
>
> Con este impulso, Elena escribió nuevamente al Papa, instándolo a establecer esta práctica en toda la iglesia, como "un Cenáculo permanente y universal". Esto hizo León XIII seis meses más tarde, por medio de su encíclica "Sobre el Espíritu Santo", que prescribía que toda iglesia católica debía prepararse para la fiesta de Pentecostés por medio de una novena.
>
> EDWARD O'CONNOR en *New Covenant*

Este resumen deja en claro que la Renovación Carismática Católica provino de un movimiento inesperado del Espíritu Santo en el "fin de semana de Duquesne", después de ciertas influencias carismáticas protestantes en Pittsburg, junto con otras tempranas influencias entre las cuales se puede citar a la FGBMFI y a David Wilkerson. No obstante, desde su comienzo, los líderes de este nuevo movimiento lo recibieron como un regalo del Señor para la iglesia católica y pronto formaron nuevas organizaciones y comités para promoverlo dentro de su fe. Además, los líderes católicos interpretaron la significación de este movimiento a la luz de la visión de renovación del Concilio Vaticano II y particularmente como un fruto de la apertura del Concilio al ecumenismo y a la obra del Espíritu Santo en otras iglesias.[5]

Esta Renovación Católica Carismática ha sido, obviamente, una de las mayores corrientes dentro del movimiento carismático del siglo XX. Es también, uno de los sucesos más sorprendentes, teniendo en cuenta el carácter y el trasfondo de avivamiento del movimiento carismático.

Características de la renovación católica carismática

Los elementos carismáticos de la Renovación son los mismos que entre los protestantes: la experiencia fundamental del bautismo en el Espíritu Santo, la aparición y el ejercicio de los dones espirituales de 1 Corintios 12:8-10, la alabanza exuberante, la exaltación de Jesús como Señor vivo, la evangelización y los testimonios y la disposición a recibir palabra del Señor. Pero, en el contexto católico, hubo ciertas diferencias importantes en las formas que tomó y en el estilo y los tiempos de la celebración.

Especialmente en el período que comienza a partir de 1980, la Renovación tomó la forma de grupos de oración, generalmente de frecuencia semanal y, algunas veces, de conformación ecuménica. Había muy pocas parroquias que pudieran ser llamadas "parroquias carismáticas". Desde 1980, ha crecido la cantidad de centros de renovación que, particularmente en los Estados Unidos, tendieron a ocupar el lugar de las "comunidades de alianza" como puntos donde se concentraba la promoción de la renovación.

Con su esposa, Dorothy, Kevin Ranagahn (1942-) fue uno de los primeros líderes, escritores y organizadores de la renovación católica.

Los católicos carismáticos se han preocupado por integrar la dimensión carismática dentro de la vida litúrgica y sacramental de su iglesia. Esto sucede, especialmente, durante la celebración de las eucaristías carismáticas, con una creativa mezcla de lo estructurado y lo espontáneo. Las liturgias católicas de esta clase son una característica impresionante de los retiros y conferencias de la Renovación. También ha existido una fuerte ligazón de lo carismático y lo sacramental en las liturgias de sanación, ya sea a través de ministerios de sanación dentro de la eucaristía, o de la unción sacramental de los enfermos en un contexto carismático. La Renovación ha desarrollado especialmente, el ministerio de sanidad interior. Diversos sacerdotes, monjas y laicos se han dedicado de tiempo completo a los ministerios de sanidad. Entre ellos, en los Estados Unidos, encontramos a Francis McNutt, los hermanos Linn, P. Ralph di Orio y P. Edward McDonough. En el resto del mundo los católicos más conocidos en el ministerio de sanación son el P. Emilien Tardif, un misionero de Québec (1928-1999), P. Mathew Naickomparambil, de Kerala, India (n. en 1947) y la hermana Briege McKenna (n. en 1946), una monja irlandesa establecida en Florida.

Católicos y pentecostales en Notre Dame

A la semana siguiente fuimos a la casa de Ray y nos reunimos en el sótano con once ministros pentecostales y sus esposas, de toda Indiana. Pasaron toda la noche tratando de persuadirnos de que, si uno era bautizado en el Espíritu Santo, tenía que hablar en lenguas. Nosotros les hicimos saber que estábamos abiertos a orar en lenguas, pero nos manteníamos firmes en nuestra convicción de que ya habíamos sido bautizados en el Espíritu, porque podíamos verlo en nuestras vidas. El tema se resolvió porque estábamos dispuestos a hablar en lenguas si no se lo consideraba como una necesidad teológica para ser bautizados en el Espíritu Santo. En cierto momento dijimos que estábamos dispuestos a intentarlo, y un hombre nos explicó lo que se necesitaba. Muy tarde, esa noche, después de la medianoche, en ese mismo sótano, los hermanos nos formaron en hilera a un lado del salón, con los ministros del otro lado del salón, y comenzaron a orar en lenguas, caminando hacia nosotros con las manos extendidas. Antes de que llegaran a nosotros muchos habíamos comenzado a orar y cantar en lenguas.

Después de un tiempo de orar en lenguas, dice Ghezzi, los amigos pentecostales de los estudiantes les preguntaron si iban a abandonar la Iglesia Católica para unirse a una pentecostal.

La pregunta nos dejó un poco sorprendidos. Nuestra respuesta fue que no íbamos a dejar la Iglesia Católica, que ser bautizados en el Espíritu Santo era totalmente compatible con nuestra creencia en la iglesia católica. Les aseguramos a nuestros amigos que teníamos un gran respeto por ellos y que tendríamos comunión con ellos, pero que íbamos a permanecer en la Iglesia Católica.

Creo que hay algo significativo en el hecho de que los que fuimos bautizados en el Espíritu Santo entonces, jamás pensamos en abandonar la Iglesia Católica

> Nuestros amigos pentecostales conocían católicos que, al ser bautizados en el Espíritu Santo, se unían a iglesias pentecostales. Pero, gracias a que nosotros no hicimos lo mismo, se hizo posible la renovación católica carismática.
>
> BERT GHEZZI en *In the Latter Days*, de Vinson Synan

Reacciones de la iglesia oficial

Para ser un movimiento que comenzó fuera de la comunión romana, la Renovación fue recibida con notable ecuanimidad por el Vaticano y la jerarquía católica. En este recibimiento el cardenal León Joseph Suenens, de Bélgica, tuvo un rol de excepcional importancia. Suenens entró en contacto con la Renovación en 1972 y, a partir de 1973 habló de ella como participante, promoviendo su recepción e integración en la vida de la iglesia católica. La influencia de Suenens fue inmensa, no solo porque era un cardenal, sino porque era respetado como una de las figuras más importantes del Concilio Vaticano II.

Los obispos de los Estados Unidos respondieron, ya desde 1969, con una declaración positiva de un comité episcopal sobre doctrina. El Papa Paulo VI se dirigió a la primera Conferencia Internacional para Líderes de la Renovación, en Roma, en 1973, pero el verdadero punto de inflexión se produjo con la conferencia internacional de la Renovación que se llevó a cabo en Roma, en 1975. El carácter explosivo de la renovación se hizo manifiesto en las liturgias carismáticas que se llevaron a cabo en la Basílica de San Pedro, en las que diez mil voces se levantaron en alabanza exuberante y palabras de profecía fueron pronunciadas desde el altar mayor de la basílica. El Papa les dijo que "la iglesia y el mundo necesitan más que nunca que el milagro de Pentecostés continúe en la historia"; dijo que la renovación era "una oportunidad" para la iglesia y para el mundo.

El cardenal Leon Joseph Suenens (1904-1996) fue nombrado enlace papal con la renovación católica carismática por el Papa Paulo VI. Sus "Documentos Malines" dieron orientación pastoral al movimiento.

Paulo VI nombró al cardenal Suenens como su consejero especial para supervisar la recepción de la Renovación en la vida de la iglesia católica. Cuando Suenens se retiró de su cargo, en 1982, Juan Pablo II nombró a un obispo alemán, Paul Cordes, secretario del Pontificio Consejo para los Laicos, como su representante personal para la Renovación. Esta combinación integró más a la Renovación dentro de las estructuras vaticanas, una conexión que continuó cuando en 1995, Cordes fue remplazado en ambas tareas por un obispo polaco, Stanislaus Ryklo.

Muchas jerarquías católicas han emitido declaraciones positivas sobre la Renovación. Los documentos previos a 1980 fueron incluidos en la trilogía de Kilian McDonnell: *Presence, Power, Praise* (Presencia, poder, alabanza). Estas declaraciones indican que los obispos católicos, a diferencia de muchos líderes protestantes, no tuvieron problemas de principios con el hablar en lenguas o con los otros dones espirituales. El área de dificultad, para la iglesia católica, era ecuménica: lo relativo a estar junto a otros cristianos. La declaración más reciente de los obispos de los Estados Unidos, en el trigésimo aniversario de la Renovación, es la más positiva, ya que manifiesta: "Con gran acción de gracias y entusiasmo, que en la renovación católica carismática y en la gracia del bautismo en el Espíritu Santo, vemos que Dios derrama un nuevo Pentecostés".

Evaluación de la renovación católica

La Renovación Carismática entre los católicos dio origen, bastante rápidamente, a más reflexión y estudio teológico que en los sectores protestantes del movimiento carismático. A diferencia de las reacciones protestantes, los católicos no hicieron gran énfasis en la glosolalia. Diversos eruditos y teólogos participaron de la Renovación, de los cuales los más influyentes fueron: P. Francis Sullivan, SJ, profesor de la Universidad Gregoriana de Roma; P. George Montague, SM, y P. Francis Martin, ambos, eruditos bíblicos; P. Albert de Monléon, OP; teólogo de la comunidad Emanuel, de Francia, y luego obispo; P. René Laurentin, erudito y teólogo bíblico francés; y P. Paul Lebeau, SJ, teólogo belga que se convirtió en asesor teológico del cardenal Suenens. Otro gran contribuyente a la reflexión teológica fue el P. Kilian McDonnell, OSB, que captó la significación de los movimientos pentecostal y carismático.[6]

En 1973 el cardenal Suenens reunió a un grupo de teólogos con el objetivo de emitir una serie de documentos sobre la Renovación. En realidad, de los "Documentos Malines" –como llegaron a ser conocidos– solo el primero fue obra de este grupo: *Orientaciones teológicas y pastorales sobre la renovación carismática católica*

(1974). Los otros cinco documentos teológicos posteriores, emitidos entre 1978 y 1987, fueron escritos por el cardenal Suenens.[7]

La primera oleada de pensamiento teológico católico se ocupó del bautismo en el Espíritu Santo y su relación con la iniciación sacramental. Todos los escritores católicos buscaban diferenciar la postura católica de la enseñanza pentecostal, insistiendo en que el Espíritu Santo es dado en los sacramentos de iniciación. La mayoría, entre ellos el primero de los documentos Malines, distinguían entre el hecho de conferir el Espíritu Santo en los sacramentos y el de llegar a tener una conciencia experiencial del don ya recibido.

Por el contrario, el P. Sullivan entendió el bautismo en el Espíritu como una nueva misión del Espíritu Santo que verdaderamente trae algo nuevo. En una etapa muy posterior, el P. Kilian McDonnell y el P. George Montague produjeron un estudio bíblico y patrístico, *Christian Initiation and Baptism in the Holy Spirit* (Iniciación cristiana y bautismo en el Espíritu Santo), de 1991. Este estudio, ampliamente promocionado en la Renovación, apunta a demostrar que el bautismo en el Espíritu era, originalmente, una parte integrante de la iniciación cristiana y los carismas del Espíritu deben ser esperados y experimentados en el proceso de la iniciación sacramental y eclesiástica.

Dado que la teología católica presta más atención que la mayor parte de la teología pentecostal a la creación y al orden natural, la enseñanza y la reflexión teológica de la Renovación no suelen presentar como únicas opciones al Espíritu Santo o las fuerzas demoníacas, sino incluyen a las fuerzas naturales, biológicas, psíquicas y socioculturales. Esto se ve particularmente en los documentos Malines, que tratan los temas controvertidos de la renovación y los poderes de las tinieblas (1983) y el descansar en el Espíritu (1987).

Fases del movimiento

La Renovación ha tenido un crecimiento notable, pero también ha sufrido una marcada declinación en algunos países, especialmente en los Estados Unidos, Canadá e Irlanda. Ha originado muchas nuevas iniciativas, especialmente desde las bases. Aunque es difícil dividir sus treinta y cuatro años de historia en períodos claramente diferenciados, especialmente cuando consideramos que el movimiento constituye un fenómeno mundial, es posible detectar ciertas fases que pueden ser útiles a la hora de comprender mejor su evolución.

1970-1980: Fue el período de rápido crecimiento en los Estados Unidos, con conferencias internacionales anuales, la mayoría de ellas realizadas en Notre Dame, que atraían cada vez a mayor cantidad de personas, hasta la conferencia impresionante intereclesiástica que se realizó en la ciudad de Kansas en 1977. Hubo un crecimiento paralelo en las conferencias regionales, de las cuales la más grande de los EE.UU. fueron las de Atlantic City, en Nueva Jersey y las del sur de California. En muchos sentidos estas conferencias de la Renovación eran una visión impresionante, tanto para católicos como para carismáticos. Vinson Synan relata su sorpresa al ver a diez mil católicos carismáticos alabando al Señor y testificando de sus experiencias en el Espíritu Santo y cómo lloró al escucharlos "cantar nuestras canciones" y "practicar nuestros dones".[8]

La conferencia católica carismática nacional realizada en Notre Dame, en 1973, atrajo a más de treinta mil participantes.

Este fue el período en que se implantó la Renovación en otros países de habla inglesa: Inglaterra, 1970-71; Australia, 1970; Nueva Zelanda, 1971. También en Europa occidental: Francia, 1971-72; Bélgica, 1972; Alemania, 1972; Italia, 1973; España, 1973-74; Portugal, 1974. Para Europa oriental, entonces bajo la mano dura del comunismo, los movimientos de fe espontáneos estaban prohibidos, y solo en Polonia (1976-77) las raíces de la Renovación se remontan a este período. Los orígenes de la Renovación en América Latina, en general, datan del período 1970-74. Otras naciones donde la Renovación se inició en esta década son Corea del Sur (1971) y la India (1972).

Muchas de las comunidades carismáticas más importantes fueron fundadas en esta década. Tres países en particular vieron florecer nuevas comunidades: los Estados Unidos, Francia y Australia. Las comunidades estadounidenses y australianas, en general, tendían a ser ecuménicas, incluían a miembros de diferentes grupos, pero con mayoría católica. De las francesas, solo *Chemin Neuf* tenía una visión y conformación ecuménica.

Las comunidades más influyentes fueron: Palabra de Dios (*Word of God*), Ann Arbor, Michigan; Pueblo de Alabanza (*People of Praise*),

South Bend, Indiana; *Alleluia*, Augusta, Georgia; *Emmanuel*, Brisbane, Australia; *Emmanuel*, París, Francia; *Chemin Neuf*, Lyon, Francia, y León de Judá (luego renombrada como *Béatitudes*), Cordes, Francia. Las comunidades pronto se convirtieron en agencias de servicios y centros de la Renovación, organizaron grandes conferencias y publicaban revistas populares, como *New Covenant* (EE.UU.), *Il Est Vivant!* (Francia) y *Feu et Lumière* (Francia).

Durante este período la fertilización cruzada entre católicos y protestantes fue notable. Esto se veía en las contribuciones de maestros protestantes –especialmente líderes no denominacionales, como Bob Mumford y Charles Simpson– para revistas y conferencias católicas, en la literatura que se vendía con auspicios católicos y también, especialmente, en la difusión de nuevas canciones y coros. Fue particularmente evidente en *Pastoral Renewal* (Renovación pastoral), una revista mensual para "líderes pastorales de todas las tradiciones cristianas", publicada desde Ann Arbor a partir de 1976. El impulso hacia la unidad y el período de mayor crecimiento llegaron a su clímax en la conferencia sobre la renovación carismática en las iglesias cristianas, que se realizó en la ciudad de Kansas en julio de 1977, a la que asistieron más de cincuenta mil personas.

El período de mayor intensidad fue, probablemente, entre los años 1977 y 1978, cuando se realizaron las conferencias en la ciudad de Kansas (1977) y la gran reunión de la costa este, en Atlantic City (1978).

Durante este período la Renovación en otros países dependía, en general, en lo relativo a materiales e inspiración, del movimiento estadounidense, más dinámico y con mayor cantidad de adherentes. Con excepción de Francia, donde las nuevas comunidades brindaban un fundamento más sólido, la renovación católica en la década del setenta fue relativamente limitada.

1980-1990: En general en los años ochenta se produjo un esfuerzo consciente de parte de la Renovación por integrarse más profundamente con la vida de la Iglesia Católica. Aunque la Renovación había sido bien recibida y alentada por los papas, la sensación generalizada era que aun era un movimiento marginal dentro de la vida católica. Desde el principio los líderes habían creído que la Renovación era para la renovación de la iglesia y muchos se sentían frustrados al verla relegada a una espiritualidad exótica, aunque permisible.

Este cambio de dirección quedó simbolizado por la mudanza, en 1981, de la Oficina de Comunicación Internacional, de Bruselas a Roma y su cambio de nombre por el de Oficina de la Renovación Católica Carismática Internacional (*International Catholic Charismatic Renewal Office,* ICCRO). Para este entonces se estaban desarrollando estructuras de renovación diocesana, y los enlaces nombrados para representar a los obispos locales con frecuencia asumían roles de liderazgo local. Estos cambios, inevitablemente, implicaron una disminución en el énfasis ecuménico de la Renovación.

También fue un período de disminución de la influencia de las comunidades de alianza, muchas de las cuales atravesaban profundas crisis a fines de los ochenta. Estas crisis generalmente estaban relacionadas con el ejercicio de la autoridad, dado que algunos obispos de diócesis expresaban su preocupación por ciertas conductas autoritarias, la insistencia en el liderazgo masculino y una insuficiente rendición de cuentas por parte de los líderes.

Los puntos de conflicto con frecuencia estaban relacionados con la dimensión ecuménica, en la que se hacía más difícil de lo esperado poder combinar una firme adhesión a la iglesia propia con el compromiso con una comunidad que estaba por encima de las divisiones eclesiásticas.

La comunidad Palabra de Dios, de Ann Arbor, Michigan, era pionera de un modelo de fraternidades denominacionales dentro de una comunidad de alianza ecuménica, ya que incluía fraternidades católicas, luteranas, reformadas y no denominacionales. Surgieron dificultades cuando algunos clérigos que dirigían fraternidades denominacionales no fueron parte del liderazgo principal de la comunidad general. Otra dificultad en esas comunidades ecuménicas era la formación de la iglesia y la identidad de los hijos de padres que eran miembros comprometidos de las comunidades.

La crisis que tuvo efectos de mayor alcance fue la de la comunidad Palabra de Dios y su progenie, la comunidad internacional conocida como La espada del Espíritu (*Sword of the Spirit*). Después de crecientes tensiones internas, en 1990 se produjo una división en el liderazgo, entre Ralph Martin –quien se hizo cargo de una comunidad de Palabra de Dios más pequeña y con una estructura más relajada– y Steve Clark además de Bruce Yocum. Estos últimos continuaron con la visión de la comunidad de alianza en La espada del Espíritu, y formaron una nueva comunidad en el área de Ann Arbor llamada

Comunidad de Alianza Washtenaw. La división hizo que la revista *New Covenant* (Nuevo pacto) se vendiera a un editor católico, y se dejara de publicar *Pastoral Renewal*. El conflicto de Ann Arbor debilitó gravemente el modelo de comunidad de alianza que tanta influencia tuvo en los primeros años de la Renovación.

A medida que la influencia de las comunidades disminuía en los ochenta, más roles de responsabilidad eran asumidos por líderes diocesanos y regionales. El cambio en la membresía del Comité Nacional de Servicio, de líderes de las comunidades más importantes a líderes de las diócesis, significó un cambio en la naturaleza misma del movimiento en los Estados Unidos. De un movimiento centralizado alrededor de las comunidades con una gran conferencia nacional, la Renovación pasó a convertirse en una red de comités de servicio diocesanos con unas cuarenta conferencias en los Estados.

En 1984 el P. Ken Metz de Milwaukee, se convirtió en el primer presidente del Comité no proveniente de una comunidad (1984-1987). El Comité, con la visión de los líderes diocesanos, entre ellos, el P. Sam Jacobs, la hermana Nancy Kellar, David Thorp y el P. Chris Aridas, comenzó a trabajar para fortalecer la renovación local mientras se esforzaba por conectar a los grupos diocesanos entre sí y con el comité.

Se vio que la Renovación era más fuerte donde había centros diocesanos de ella, por lo que el Comité comenzó a realizar anualmente reuniones de centros de la Renovación, para fortalecer los ya existentes y fomentar el desarrollo de otros nuevos. Para fines de los ochenta, había aproximadamente ochenta centros diocesanos que servían a la Renovación en sus regiones.

El clamor de la renovación local por la capacitación de sus líderes recibió respuesta del Comité en la creación de un programa de "Timoteo itinerante", que proveía líderes nacionales que viajaban de un Estado a otro ayudando a capacitar líderes. La demanda llegó a ser tan grande que el Comité produjo una serie de videos para la formación de líderes que han sido utilizados en todo el mundo en el movimiento de renovación católica y aun anglicana también.

Otro paso importante en la separación de la influencia de las comunidades sobre la renovación católica en los EE.UU., fue la mudanza, durante la década del ochenta, de la oficina nacional, de South Bend, Indiana, a Virginia, en las afueras de Washington, D.

Católica. La mudanza a un lugar cercano a Washington –donde otros movimientos de renovación tienen también sus oficinas centrales– también reflejaba el deseo del Comité de llevar la Renovación al corazón de la iglesia. En 1991 el Comité comenzó a mudar la conferencia nacional por todos los Estados a diversas diócesis, en un esfuerzo por fortalecer aun más la renovación local y dar mayor visibilidad local a los líderes nacionales.

Siguiendo la orientación dada por Paulo VI, Juan Pablo II (1920-2005) dio su aprobación y su cuidado pastoral al movimiento católico carismático.

Durante los años ochenta la Renovación Católica Carismática creció rápidamente entre varios grupos étnicos: hispanos, haitianos, coreanos y filipinos. Durante esa época los líderes de estos grupos se reunían con el Comité de habla inglesa y tenían series de reuniones paralelas en su propio idioma, en la conferencia nacional. Para comienzos de los noventa ya eran suficientemente fuertes como para tener sus propios comités y conferencias del Servicio Nacional.

En 1989 el nombramiento como obispo diocesano del P. Sam Jacobs, que había llegado a ser presidente del Comité en 1987, significó un fuerte apoyo del Papa Juan Pablo II a la Renovación Carismática. La Renovación tuvo otros obispos –el más destacado de ellos, Joseph McKinney, que había participado activamente en ella–; pero Sam Jacobs fue el primer sacerdote estadounidense profundamente comprometido con la renovación, que llegó a ser obispo.

El fruto del trabajo del Comité durante la década del ochenta se hizo evidente en la Conferencia Nacional del 25to. Aniversario, en 1992. El lema: "Regresemos al Aposento Alto" atrajo a dieciocho mil católicos a Pittsburg, donde había comenzado el mover del Espíritu.

Los papas hablan de la renovación católica carismática

¿Cómo, pues, no habría de ser esta "renovación espiritual" una oportunidad para la iglesia y para el mundo? ¿Y cómo, en ese caso, no podríamos tomar todos los recaudos para asegurarnos de que continúe siéndolo? Debería rejuvenecer al mundo, devolverle una espiritualidad, un alma, un pensamiento religioso; debería abrir nuevamente sus labios cerrados a la oración y abrir su boca a la canción, al gozo, a los himnos y al testimonio. Será muy fortuito para nuestro tiempo, para nuestros hermanos, que haya

> una generación, vuestra generación de jóvenes, que grite al mundo la grandeza del Dios de Pentecostés.
>
> PAPA PAULO VI, Roma, 1975
>
> El vigor y el fruto de la renovación –sin duda– son prueba de la poderosa presencia del Espíritu Santo obrando en la Iglesia en estos años posteriores al Concilio Vaticano II. Naturalmente el Espíritu Santo ha guiado a la Iglesia en cada era, produciendo una gran variedad de dones entre los fieles. Gracias al Espíritu Santo la Iglesia conserva una continua vitalidad juvenil. Y la Renovación Carismática es una elocuente manifestación de esta vitalidad hoy, una osada declaración de *"lo que el Espíritu dice a las iglesias"* (Apocalipsis 2:7) al acercarnos al final del segundo milenio.
>
> PAPA JUAN PABLO II, Roma, 1987

Paralelamente al nuevo desarrollo del Comité en los años ochenta, hubo un crecimiento en la red de enlaces diocesanos nombrados por los obispos para representar a la Renovación ante el obispo de cada lugar y al obispo local ante la Renovación. Los enlaces organizaban sus propias conferencias anuales, además de auspiciar una conferencia teológica anual para tratar temas importantes dentro de la Renovación.

A medida que las comunidades de alianza pasaban a ocupar roles menos centrales, se desarrollaron otras instituciones y agrupaciones. De particular importancia fue la influencia de la Universidad de Steubenville, en Ohio, regida por el P. Michael Scanlan. El padre Scanlan promovió a Steubenville como sede de grandes conferencias veraniegas para sacerdotes y jóvenes, al tiempo que convirtió a la universidad en una institución educacional católica, integrando así una dinámica vida espiritual con educación de calidad elevada.

También han surgido algunas nuevas comunidades célibes, en particular los Compañeros de la Cruz (*Companions of the Cross*), fundados aproximadamente en 1985 por el P. Bob Bedard en Ottawa, Canadá, y los Frailes Franciscanos de la Renovación, iniciada por los padres Benedict Groeschel y Stan Fortuna en la ciudad de Nueva York, en 1987. Los Compañeros de la Cruz se especializan en la evangelización, organizan misiones y retiros parroquiales, con particular énfasis en los jóvenes, los pobres y los católicos apartados. Los Frailes Franciscanos de la Renovación procuran volver a las raíces franciscanas de la pobreza y la predicación y trabajan particularmente con los sin techo, los pobres y en la organización de retiros juveniles.

La disminución en el número de participantes en la Renovación ha sido objeto de diversas interpretaciones. Las más optimistas eran que los católicos que se agolpaban en las grandes conferencias de los años setenta ahora llevaban su nueva vida carismática a las iglesias. Las más pesimistas eran que la nueva vida en el Espíritu no había echado raíces profundas y se había evaporado a medida que disminuía el entusiasmo inicial. La verdad, probablemente, esté en un punto medio; aunque algunos perdieron interés. Es notable la cantidad de líderes católicos laicos de tiempo completo que provienen de la renovación católica carismática en los Estados Unidos.

En Europa, en los ochenta, hubo una gran influencia de las grandes comunidades francesas (*Emmanuel, Chemin Neuf, Béatitudes, Pain de Vie*), todas las cuales se expandieron a otros países europeos y, especialmente, al África de habla francesa. A diferencia de las comunidades estadounidenses, que trataban, más que nada, de consolidarse en un lugar principal, las comunidades francesas rápidamente formaban nuevas ramas, primero en toda Francia, y luego en otros lugares.

Esta pauta de crecimiento fue facilitada por el hecho de que con frecuencia se ofrecía a las nuevas comunidades el uso de antiguos monasterios y conventos que las órdenes religiosas ya no podían llenar. Las comunidades francesas tenían lazos más fuertes con el pasado católico que sus contrapartes estadounidenses y varias desarrollaron nuevas formas de uso de tradicionales sitios de peregrinaje. A la comunidad *Emmanuel* se le solicitó que administrara el santuario y la basílica de Paray-le-Monial, el histórico origen de devoción católica al Sagrado Corazón de Jesús, que es ahora un importante centro de conferencias educativas de verano. *Chemin Neuf* estableció una estrecha relación con el santuario de Ars y *Béatitudes* animó, durante algunos años, un concurrido peregrinaje a Lourdes.

En Italia la principal sección organizada oficialmente de la renovación se conoció con el nombre de *Rinnovamento nello Spirito Santo* (RnS, Renovación en el Espíritu Santo). Su conferencia anual de primavera en Rimini pronto se convirtió en la principal reunión de la Renovación en Europa. De Italia también provino uno de los más valiosos maestros de la Renovación, el P. Raniero

Cantalamessa, un sacerdote capuchino y erudito que fue nombrado predicador de la casa papal en 1984.

Durante los años ochenta la Renovación comenzó a prestar atención más explícita a la evangelización. La evangelización había sido incluida en los planes católicos por la encíclica *Evangelii Nuntiandi*, del Papa Paulo VI en 1975, y los católicos carismáticos estaban entre los más motivados para responder a ese llamado. Una de las primeras respuestas católicas se produjo en la ciudad de México, donde se formó la Confraternidad de Comunidades de Evangelización en el Espíritu Santo, que pronto se extendió a otros países latinoamericanos con el apoyo de la jerarquía católica.

En Malta la comunidad de alianza Gloria de Dios fue impactada por el modelo de escuelas de capacitación para el discipulado de Juventud con una Misión. Esto llevó, a principios de 1985, a una escuela católica de capacitación para la evangelización, el Programa Católico Internacional de Evangelización (ICPE). También en México el líder laico José Prado Flores lanzó en 1985 el programa Kekako (*Ke* por kerigma, *ka* por karisma y *ko* por koinonía).

En la última mitad de los ochenta ciertos líderes clave de la renovación se preocuparon por recuperar el dinamismo ecuménico de los primeros años. Como consecuencia de esto, se formaron nuevas organizaciones internacionales y continentales: el Comité Norteamericano de Servicio de la Renovación (NARSC, 1987), la Consulta Carismática Europea (ECC, 1988) y la Consulta Carismática Internacional para la Evangelización Mundial (ICCOWE, 1988). La iniciativa por formar esta última databa de una reunión de 1983 en la que participó el P. Tom Forrest.[9]

En los ochenta el ímpetu principal de la Renovación pasó de Norteamérica al Tercer Mundo. Mientras la Renovación retrocedía en Norteamérica, continuaba creciendo en África, Asia y América Latina. En las zonas menos pudientes del mundo, la Renovación era mucho más que otra opción más en el mercado religioso, una de las tantas que competían por atraer la atención de las personas con inquietudes religiosas.

Los obispos del Tercer Mundo están más cerca de su pueblo y muchos vieron que Dios transformaba las vidas de su gente por medio de la Renovación.

En 1971, mientras era sacerdote redentorista en Puerto Rico, Tom Forrest (1927-) fue bautizado en el Espíritu Santo. Con el tiempo se convertiría en un conocido orador, tanto en círculos católicos como ecuménicos.

Una señal de esto fue el retiro internacional para sacerdotes de la Renovación que se realizó en el Vaticano en 1984, en el cual participó una parte importante de la jerarquía católica filipina. De hecho en las Filipinas se produjo un rápido crecimiento de la Renovación después de la revolución política de 1986. A continuación se dan más detalles sobre el avance de la Renovación en el Tercer Mundo.

1990-2000: La última década del siglo XX fue testigo de un cambio significativo de percepción de la Renovación dentro de la Iglesia Católica. Esto se debió a dos causas principales: la declaración de la década de los noventa como Década de la Evangelización y el impulso que el Papa Juan Pablo II dio a los nuevos movimientos dentro de la Iglesia Católica.

La idea de que los noventa fueran apartados como década de la evangelización, le fue propuesta al papa por Tom Forrest y un líder italiano de otro movimiento. A consecuencia de esto en 1986 se estableció en Roma la oficina de Evangelización 2000, con el padre Forrest como director. Uno de los mayores énfasis de esta obra ha sido establecer escuelas católicas de evangelización. La década de la evangelización dio nuevo ímpetu a las iniciativas evangelísticas de los ochenta y las llevó más al corazón de la respuesta de la iglesia a la convocatoria del papa.

El Programa Católico Internacional de Evangelización se ha desarrollado de manera constante y abrió nuevos centros en Alemania, Ghana, India, Nueva Zelanda, Filipinas y Polonia. Un obispo nigeriano, impresionado por el Programa en una visita a Malta, formó la Escuela de Evangelización Meaux como proyecto piloto para toda Nigeria que desde entonces, ha influido en los países africanos vecinos. Para 1998 había trescientas escuelas de evangelización Kekako en treinta y siete países.

Durante los años noventa José Prado Flores trabajó estrechamente, durante un tiempo, con la Koinonía Giovanni Battista, una comunidad de origen italiano formada por el sacerdote argentino Ricardo Argañaraz; desarrollaron varios cursos de formación que llevan como nombres los de personas del Nuevo Testamento, por ejemplo: el curso Felipe, el curso Pablo y el curso Juan.

La forma católica de entender la evangelización, generalmente, hace énfasis en la necesidad de la proclamación primaria del evangelio y la conversión inicial seguida de una transformación de la sociedad y la cultura. Tenemos ejemplos destacados de católicos que han cobrado vida en el Espíritu y han desarrollado programas sociales efectivos en Colombia y Filipinas.

En Colombia la comunidad El Minuto de Dios, liderada por los padres Diego Jaramillo y Camilo Bernal, practica "la opción preferencial por los pobres", en forma carismática, con el poder del Espíritu Santo. Ayudan en las áreas de educación, hospedaje, salud, desarrollo comunitario y socorro en casos de desastre, al tiempo que mantienen una radio con mensaje evangelístico.[10]

En las Filipinas la comunidad de *God's Little Children* (Hijitos de Dios), fundada y dirigida por el P. Bart Pastor en la ciudad de Tacloban, ha elaborado un programa de doce etapas para la inserción del evangelio en las dimensiones física, económica, social, política, cultural y ambiental de la vida humana. En Francia la comunidad *Pain de Vie* tiene una fuerte orientación hacia los pobres y marginales.

La creciente atención que ha brindado la Renovación a que la evangelización se convierta en un énfasis de la iglesia para los años noventa, ayudó a que fuera más recibida como elemento integral en la Iglesia Católica. Particularmente en África, Asia y América Latina, la Renovación ha sido vista, cada vez más, por las jerarquías católicas, como uno de los instrumentos más efectivos para ganar personas para Jesucristo.

Además, el Papa Juan Pablo II alentó constantemente los nuevos movimientos dentro de la iglesia, algunos de los cuales están profundamente comprometidos con la evangelización, como los de *Communio e Liberazione*, *Neo-Catechumenate* y la Comunidad de Sant' Egidio. Se han realizado reuniones regulares para los líderes de los movimientos, alentándolos a participar y estimulando el respeto mutuo.

El deseo del Papa de que los nuevos movimientos estuvieran plenamente integrados en la Iglesia Católica, llevó a la redacción de estatutos oficiales que produjeron el reconocimiento canónico por parte de las autoridades eclesiásticas. En septiembre de 1993 se aprobaron los estatutos de la organización internacional de la Renovación Católica Carismática –actualmente conocida por su sigla en inglés, ICCRS–. Charles Whitehead, de Inglaterra, fue presidente del ICCRS en ese tiempo, y el padre Ken Metz, estadounidense, fue su director desde 1987 hasta 1994. En 1994 la

La hermana Nancy Kellar (1940-) es una conocida oradora y líder ecuménica dentro de la renovación católica carismática.

hermana Nancy Kellar, SC, fue elegida como primera mujer directora del ICCRS.[11]

De la misma forma el Vaticano había alentado a las nuevas comunidades carismáticas de la Renovación, a que se reunieran en una organización que las abarcara a todas. Así se formó, en noviembre de 1990, la Fraternidad Católica de Comunidades y Asociaciones Carismáticas de Alianza (CFCCCF, sigla en inglés), que recibió pleno estatus canónico y la aprobación de sus estatutos en noviembre de 1995. Las nuevas comunidades pueden solicitar un estado temporal de "interinas" en la Fraternidad, durante el cual reciben la ayuda y la orientación de comunidades más grandes y experimentadas.

Particularmente importante fue la vasta reunión producida en Roma en Pentecostés, en el año 1998, a la cual el Papa invitó a todos los participantes de los "nuevos movimientos". El Papa dio un gran discurso en el que declaró que, durante el Concilio Vaticano II, "la Iglesia redescubrió la dimensión carismática como esencial para su identidad". Fue a partir de este redescubrimiento que hubo "un notable desarrollo de movimientos eclesiásticos y nuevas comunidades". El Papa dijo: "Quiero gritar: ¡Sean abiertos y dóciles a los dones del Espíritu!" Remarcó que los movimientos habían pasado un tiempo de prueba, pero ahora se estaba iniciando una nueva etapa de "madurez eclesiástica". Así que el Papa trataba a los nuevos movimientos, entre ellos, la Renovación, como partes valiosas de la iglesia, necesarias para el cumplimiento de su misión. Fue la declaración oficial de que la Renovación y otros movimientos habían llegado a la mayoría de edad.[12]

Una consecuencia inmediata de la reunión de Roma fue la reunión de otros movimientos con la Renovación. El Papa había hecho énfasis a estos movimientos en cuanto a la necesidad de recibir y reconocer los dones de los otros. Así que, desde Pentecostés de 1998, se realizaron varias reuniones de líderes de la Renovación con los del movimiento de los Focolares y la Comunidad de Sant' Egidio.

Aunque el Papa enfatizaba la necesaria correlación de lo institucional y lo carismático, y en la mutua comunión de colaboración entre los nuevos movimientos con los obispos y entre sí, también existieron tendencias centralizadoras dentro del Vaticano y la jerarquía católica. El Código de Ley Canónica más reciente (1983) reconoce por primera vez a los laicos católicos el derecho de formar asociaciones dentro de la Iglesia Católica. Por ello, varias comunidades de la Renovación prefirieron no integrar la CFCCCF, sino obtener el reconocimiento oficial de sus obispos locales.

En Italia la mayoría de las nuevas comunidades carismáticas no pertenecían a la RnS, forma oficialmente aprobada de la Renovación y formaron, en 1996, su propia asociación: *Iniziativa di Comunione nel Rinnovamento Carismatico* (Iniciativa de Comunión en la Renovación Carismática). La legitimidad de esta iniciativa ha sido reconocida por las autoridades católicas y por la RnS, en un importante ejemplo de un sano equilibrio entre coordinación organizacional y diversidad estructural.

El mayor crecimiento de la Renovación en los noventa se produjo en África, Asia y América Latina. Los casos más extraordinarios fueron los de Brasil y la India. En Brasil hay ahora, más de sesenta mil grupos de oración de la Renovación y una cifra estimada en ocho millones de católicos que participan de la Renovación, de los cuatro millones que eran en 1994. Los programas carismáticos dominan las ciento ochenta y un radios católicas que hay en el país y los católicos carismáticos son dueños del Centro de Producciones Siglo XXI en San Pablo, que posee cuatro estudios de televisión.

El predicador que tiene mayor audiencia es un joven sacerdote carismático, Marcelo Rossi. En la India hubo un gran crecimiento, especialmente en Kerala, donde el *Divine Retreat Center* (Centro de Retiros Divinos) en Muringoor atrae a multitudes –un promedio de unas quince mil personas– al ministerio evangelístico y de sanidad del P. Mathew Naickomparambil su equipo. Algunas veces las convenciones diocesanas de la Renovación logran reunir a más de diez mil personas.

México tiene una Renovación floreciente, con varias nuevas comunidades muy dinámicas, y demostró un gran alcance entre los jóvenes, de los que reunió a catorce mil en su Reunión Nacional de Jóvenes en 1998. En las Filipinas hay varios millones de católicos carismáticos. El movimiento *El Shaddai* atrae a cientos de miles de ellos a las reuniones nacionales al aire libre en Manila, que son transmitidas por televisión.

"Matrimonios para Cristo" es otro movimiento que surgió de la Renovación en Filipinas y se extendió luego a otros países. Las comunidades filipinas de la Renovación han formado su propia Federación de Comunidades de Alianza Transparroquiales.[13]

En el África de habla inglesa, las repúblicas de Ghana, Tanzania y Uganda han experimentado el mayor crecimiento de la Renovación y tienen líderes de tiempo completo. Varias de las naciones de habla francesa en el continente han sido arrasadas por la guerra, pero en ellas la Renovación ha crecido más que en la mayoría de las de habla inglesa, debido a la participación de las comunidades francesas, entre ellas *Emmanuel* y *Chemin Neuf*. En la mayoría de los países de Europa oriental la renovación católica carismática se remonta solo a la caída del comunismo.

El obispo Cordes, en el Vaticano, pidió específicamente a algunas de las comunidades francesas que establecieran centros en las ex naciones soviéticas. Lituania y Eslovaquia son dos países donde el desarrollo de la Renovación ha contado con la ayuda de líderes estadounidenses, particularmente Ralph Martin, Peter Herbeck y Dave Nodar.

Durante los noventa el movimiento carismático, en general, se hizo menos claramente definido. A medida que recibe más influencia de la iglesia en general, hay más personas cuya vida de fe es más firme gracias a la renovación, pero que no se llamarían "carismáticas". Esta tendencia se ha hecho más marcada en el sector protestante, por influencia de John Wimber, y también por el surgimiento de ministerios de sanidad no identificados como carismáticos. Se magnificó en los noventa, primero, con la "bendición de Toronto" y después con el curso Alpha.

La Renovación Católica parecería ser uno de los sectores carismáticos menos afectados por el fenómeno de Toronto, es decir, la oleada de "renovación" que se conoce con los nombres de "la bendición del Padre", o el "vino nuevo", que era acompañada por una gran variedad de manifestaciones físicas. Pero aunque pocos líderes católicos se identificaron visiblemente con la corriente de Toronto que brotó de la iglesia del aeropuerto de esa ciudad a partir de enero de 1994, probablemente haya influido sobre más gente común de lo que imaginan los líderes de la Renovación Católica Carismática.[14]

Una razón para ello es la amplia propagación de entusiasta literatura carismática en la que abundan los informes de los últimos sucesos carismáticos. El hecho de haber tomado conciencia de esto fue, evidentemente, un factor determinante para que la comisión teológica de la Renovación en Alemania emitiera un documento sobre el tema en 1995. Un país donde la iglesia católica ha sido profundamente impactada por la "bendición del Padre" es

Uganda, bajo el liderazgo de un misionero alemán llamado P. Ernst Sievers.[15]

El curso Alpha se originó en una parroquia anglicana evangélica de Londres y pronto atrajo a los católicos también. Como consecuencia, la oficina de la Renovación en Inglaterra estableció una oficina católica para el curso Alpha en St. Albans, en 1997, iniciativa que pronto fue imitada por los Estados Unidos, donde la sede para el curso Alpha se estableció en Baltimore. Aunque Alpha se presenta como un curso evangelístico para alcanzar a los que no asisten a una iglesia y, por lo tanto, puede ser utilizada por todos los cristianos, contiene un componente carismático.

El "fin de semana del Espíritu Santo", que se realiza aproximadamente el tercer mes del curso, brinda enseñanza sobre los dones espirituales y anima a los participantes a buscar el don de lenguas. Así que, aunque Alpha no está hecho específicamente para formar grupos carismáticos, lleva a muchos cristianos a la experiencia carismática. En Inglaterra Alpha da un nuevo aliento de vida a la Renovación, con un nuevo sentido de misión en los grupos de oración y es de esperar que este ímpetu también se multiplique en otros países donde los católicos tomen el curso.

Alpha también puede ser considerado un símbolo del resurgimiento del elemento ecuménico de la renovación carismática. Todos los nuevos organismos intereclesiásticos carismáticos surgidos a fines de los ochenta apoyaron la Década de la Evangelización y tomaron a la evangelización como tema fundamental de sus grandes conferencias: la del NARSC, en Indianápolis y la de la ECC en Berna, Suiza, ambas en 1990, seguidas por la de ICCOWE, con una reunión mundial de líderes en Brighton, Inglaterra, en 1991.

Orlando 95, organizada por el NARSC, seguía el modelo de la conferencia de Brighton, de incluir una serie de reuniones de discusión teológica paralelas a la conferencia popular. Todas estas conferencias tuvieron gran participación católica que constituyó, algunas veces, hasta la mitad del número total de asistentes. Los líderes internacionales de la Renovación han apoyado firmemente el énfasis ecuménico del Espíritu Santo, especialmente Charles Whitehead, presidente del ICCRS hasta principios de 2000, cuya esposa es anglicana y el P. Raniero Cantalamessa, que suele predicar sobre la unidad cristiana y cuyo mensaje en Brighton fue el punto destacado de la conferencia.

Mientras los Estados Unidos, Gran Bretaña y los Países Bajos hacía tiempo que tenían sus reuniones anuales de líderes carismáticos con participación de los católicos y Francia les siguió a partir de mediados de los ochenta comenzaron a realizarse nuevas reuniones en Alemania (1993) e Irlanda (1997), con participación de líderes católicos, protestantes históricos y de nuevas iglesias no denominacionales.

En Italia Matteo Calisi (católico) y Giovanni Traettino (pentecostal) han dado gran impulso a la reconciliación ecuménica, con la realización de una conferencia católico-pentecostal cada otoño. En 1995 Calisi y Traettino lideraron una conmovedora ceremonia de lavamiento de pies en la conferencia de la Renovación en Rimini, donde un cardenal africano y otros prelados lavaron los pies de Traettino. Calisi y Traettino también ministraron juntos en la conferencia de ICCOWE y ECC en Praga, República Checa, en 1997.

Con el lema "Construir puentes y destruir barreras", esta conferencia tenía como objetivo extender el espíritu de reconciliación entre las iglesias de Europa oriental, donde las relaciones ecuménicas estaban menos desarrolladas y la renovación católica carismática está menos extendida que en otras iglesias. Una conferencia nacional intereclesiástica realizada en Nuremberg, en Pentecostés de 1999, nuevamente con el padre Cantalamessa, dio un nuevo ímpetu ecuménico a la Renovación en Alemania.

Un suceso producido en la Iglesia Católica Romana, de importancia fundamental para la renovación y la unidad cristianas, fue la expresión de arrepentimiento de parte del Papa Juan Pablo II, por los pecados de los católicos de todos los tiempos contra la unidad y contra el amor. La liturgia de arrepentimiento en la basílica de San Pedro, en Roma, el 12 de marzo del año 2000, fue seguida poco después por la histórica visita del Papa a Israel a fines de marzo y su expresión renovada de pesar por los pecados cometidos contra el pueblo judío.

Parecería que la Renovación no ha contribuido de forma significativa a este proceso, a pesar de la sensibilidad espiritual hacia Israel y el pueblo judío que es común en el mundo pentecostal y carismático. Además, la contribución de líderes carismáticos protestantes, como John Dawson, llevó a ministerios de reconciliación por medio de la promoción de "jornadas de oración de arrepentimiento". Sin embargo, la comunidad de *Béatitudes*, en Francia, ha hecho mucho para brindar un entendimiento más profundo de Israel y amor por el pueblo judío. El padre Cantalamessa también ha predicado convincentemente sobre la necesidad de arrepentirse de los pecados cometidos contra los judíos y su relación con la sanidad de las heridas de divisiones entre los cristianos.

Conclusión

A pesar de algunas decepciones y algunas renuncias, la renovación católica carismática ha sido, en general, una historia de éxitos. Sin duda, ha ejercido sobre la Iglesia Católica una influencia mucho mayor que el número de personas que la componen. La Iglesia Católica tiene una conciencia mucho mayor sobre el Espíritu Santo en el año 2000, que la que tenía a mediados de los sesenta.

Aunque esto se debe a diversas causas, entre ellas, una renovación bíblica y litúrgica, la Renovación fue una influencia fundamental, quizá el instrumento más efectivo para hacer que los católicos comunes lean la Biblia y atesoren la Palabra de Dios. La adoración católica, en muchos sentidos, se ha vuelto más gozosa y en muchas iglesias se cantan canciones de origen carismático, generalmente sin tener idea de dónde provienen.

La renovación católica carismática ha tenido, probablemente, más influencia en el hecho de que la iglesia católica se volviera más evangelística y de que la mayoría de los católicos ingresaran en ministerios evangelísticos iniciados por la Renovación, o fueran capacitados en escuelas de evangelismo de la Renovación. En los Estados Unidos muchos jóvenes laicos que llegaron a ser directores de educación religiosa o son líderes de jóvenes en las parroquias católicas, son graduados de Steubenville.

Otro aspecto de la vida católica en el que la Renovación ha jugado un papel de suma importancia es el de la sanación –sanidad–. Aunque la decisión del Concilio Vaticano II, de ministrar ungimiento a los enfermos –y no solo a los moribundos– no se debió a ninguna influencia carismática o pentecostal. Este cambio abrió las puertas para que los católicos apreciaran de otra manera el ministerio de sanidad. El desarrollo del ministerio de sanidad interior en la Renovación también ha introducido un nuevo elemento en el ministerio de los sacerdotes católicos al escuchar las confesiones.

Finalmente, la Renovación, sin duda, ha operado un cambio profundo en la apertura de los católicos a los cristianos de otras iglesias. La Renovación Carismática es el primer movimiento de base que abarca prácticamente a todas las iglesias y tradiciones cristianas. Muchos laicos católicos tuvieron su primera experiencia de ecumenismo en la Renovación, que hizo que cobrara vida en sus corazones aquello que el Concilio Vaticano II había señalado sobre el ecumenismo espiritual y el deseo del Señor para la unidad cristiana. La Renovación representa una interesante combinación de reformulación de la herencia católica y la apertura a dones protestantes, todo en el crisol del Espíritu Santo.

· 10 ·

Mujeres llenas del Espíritu

Susan C. Hyatt

Desde el mismísimo primer día de la historia pentecostal moderna, el 1º de enero de 1901, las mujeres han tenido roles destacados –con frecuencia, decisivos– en el crecimiento y el desarrollo del movimiento. El primer día del siglo XX una mujer fue la primera persona en abrir las puertas al "siglo del Espíritu Santo". Esta mujer fue Agnes Ozman, una humilde predicadora de la santidad, de treinta años de edad, cuyo bautismo en el Espíritu Santo acompañado por el don de lenguas se ha convertido en un hito fundamental en la historia de la iglesia.

Según J. Roswell Flower, secretario fundador de las Asambleas de Dios, la experiencia de Ozman "inició el movimiento pentecostal del siglo XX". La razón por la que le reconoce este honor, es que ella fue la primera persona en la historia que recibió el bautismo en el Espíritu Santo, esperando que el don de lenguas fuera la "evidencia bíblica" de la experiencia. Muchas personas antes de Agnes Ozman dijeron haber sido bautizadas en el Espíritu Santo y muchas otras hablaron en lenguas, pero esta fue la primera vez que ambas cosas se conjugaron.

¿Fue mera coincidencia que una mujer, Agnes Ozman, fuera quien dio inicio al siglo del Espíritu Santo? Muchos escritores y eruditos han visto su rol como el cumplimiento de las profecías bíblicas de que Dios iba a *"derramar su Espíritu sobre toda carne"* y que sus *"hijos e hijas"* iban a profetizar y ser testigos de Él. Otros vieron el cumplimiento de la profecía de Joel (2:28-29) de que Él iba a derramar su espíritu en *"siervos y siervas"*.

El rol primordial de Agnes Ozman presagiaba un siglo en que las mujeres iban a ministrar de maneras nunca antes vistas en la historia de la iglesia. En cierto sentido, ella fue la bisagra entre una larga lista de mujeres predicadoras que la precedieron en el siglo XIX y una lista aun más larga de mujeres ministros pentecostales que iban a asombrar al mundo en el siglo XX.

Preparativos en los siglos XVII y XVIII

Históricamente, las mujeres siempre han hallado más libertad en los movimientos de renovación del cristianismo dirigidos por el Espíritu Santo, que en las instituciones más tradicionales. En estos movimientos, eran reconocidos como líderes quienes poseían la experiencia y los dones del Espíritu, más que aquellos que habían sido autorizados por una institución tradicional. Esto se aplica, especialmente, a los primeros tiempos del avivamiento pentecostal, debido, en parte, a los ideales cuáqueros y metodistas que habían permeado gran parte de los Estados Unidos en el siglo XIX, mejorando, en general, la situación de las mujeres. De hecho, la prominencia de las mujeres, especialmente en el liderazgo de los primeros tiempos del avivamiento pentecostal, se comprende cabalmente solo a la luz de esta influencia.

Mujeres de los principios del cuaquerismo

Los primeros cuáqueros (1650-1690), también conocidos como "los Amigos", representaron el punto de inflexión más importante para las mujeres desde la época de Jesús. Surgieron en Inglaterra aproximadamente hacia 1650. Estas personas con mentalidad misionera, muchas de las cuales eran mujeres, extendieron el evangelio con gran riesgo para sus vidas, desde Turquía hasta las colonias inglesas en el Nuevo Mundo. Para 1660 se habían convertido en el movimiento de mayor crecimiento del mundo occidental. Estos creyentes carismáticos disfrutaban de las manifestaciones del Espíritu, de la sanidad divina y de todos los dones espirituales entre ellos, cantar en el Espíritu. Edward Burroughs, uno de los primeros miembros de la Sociedad de los Amigos, escribió: "Nuestras lenguas fueron sueltas y nuestras bocas se abrieron, y hablamos con nuevas lenguas, a medida que el Señor daba palabra".[1]

Los primeros cuáqueros hacían énfasis en la Biblia y en la vida interior del Espíritu, por encima de las formas externas y los rituales de la iglesia institucional. Estaban preocupados por vivir un estilo de vida cristiano, que reflejara la compasión de Jesús, y por renunciar a cualquier dependencia de la religión externa. Este ideal se extendió a su concepto de ministerio que para ellos, era sinónimo de vida cristiana. Hombres y mujeres eran igual e individualmente responsables por mantener un andar íntimo con el Señor, y tratar con total respeto a los demás. Los dones del Espíritu eran considerados factor cualificador para las responsabilidades del liderazgo y la actividad misionera. No tenían una clase clerical diferenciada.

Debido a esto, mujeres cuáqueras, como Margaret Fell (1614-1702) pasaron al frente. En 1666, mientras estaba encarcelada a causa de su fe, escribió *Women Speaking Justified* [Mujeres hablando de justificación], primer libro escrito por una mujer que presenta una teología bíblica a favor del ministerio público femenino. Ex integrante de una acaudalada familia anglicana, Fell tuvo un rol protagónico en ayudar a las mujeres a ejercer su igualdad en la Sociedad. Este rico legado es una de las razones por las que las mujeres cuáqueras fueron tan competentes en el liderazgo del cambio social en los Estados Unidos, en el siglo XIX. Son numerosas las mujeres cuáqueras que abrieron caminos en el siglo XIX, equipando a sus congéneres, de tal forma que estuvieron listas para ser líderes en el avivamiento pentecostal.

Un hecho importante, que suele pasarse por alto, es que los primeros tiempos del avivamiento pentecostal son resultado de la influencia directa del pensamiento cuáquero. El gran derramamiento inicial ocurrió en el Instituto Bíblico Bethel, de Topeka, Kansas, dirigido por Charles Fox Parham (1873-1929). Aunque Bethel es considerado, en general, como un instituto de la corriente de la santidad, debe recordarse que Sarah Thistlethwaite-Parham (1877-1937) y su hermana Lillian Thistlethwaite (1873-1939) eran Amigas de nacimiento, que nunca renunciaron al cuaquerismo y que Parham mismo pasó muchas horas modificando su teología de la santidad metodista en diálogo con el abuelo cuáquero de su esposa.

Mientras prevaleció la influencia de Thistlethwaite y Parham, la igualdad de los géneros típica de los Amigos caracterizó el avivamiento. ¿Fue esta dignidad e igualdad de la que gozaron las mujeres en los principios del avivamiento pentecostal, el de su dinamismo excepcional?

Las mujeres de los comienzos del metodismo

Otro elemento fundamental que llevó a las mujeres a lugares de prominencia en los primeros tiempos del avivamiento pentecostal, fue el movimiento de la santidad que había surgido del metodismo. El avivamiento metodista en Inglaterra (1739-1760) había sido, como el comienzo del avivamiento de los Amigos, de naturaleza carismática. También incluía a las mujeres, a las que otorgaba inusual respeto, reconocimiento y libertad para ministrar. De hecho, un erudito ha señalado: "La emancipación de la femineidad comenzó con John Wesley".[2] Tres elementos fundamentales explican esta elevación de las mujeres: la teología central de la santidad que predicaba Wesley; su énfasis en el "testimonio interior" o "la calidez del corazón" y la madre de Wesley, Susanna.

El lema central de Wesley era la vida de santidad. Su referencia bíblica era Hebreos 12:14: *"Seguid la paz con todos y la santidad, sin la cual nadie verá al Señor"*. Dado que esto, creía él, era responsabilidad de cada creyente, rechazaba la idea de que la santidad estuviera reservada para una clase de religiosos. Por el contrario, insistía en que la santidad debe ser la meta de todo creyente durante toda su vida. Este concepto ponía en pie de igualdad a todos los componentes de la sociedad.

En los primeros tiempos, un requisito vital de la enseñanza metodista sobre la santidad, era la importancia de dar público testimonio de la experiencia de santificación obrada por Dios en el corazón del creyente. Esta responsabilidad debía ser asumida tanto por los hombres como por las mujeres. Así, repentina pero sutilmente, la barrera de silencio levantada durante siglos para las mujeres, quedó destruida en una religión socialmente aceptable. De hecho, de testificar a enseñar y predicar solo hay un corto paso.

Después de la experiencia de conversión y santificación en Aldersgate, en la que sintió una "extraña calidez" en su corazón, Wesley hizo cada vez más énfasis en la importancia del elemento experiencial de la fe. Esto llevó a una mayor apertura a las mujeres que también habían sentido una "extraña calidez" en su corazón producida por el Espíritu Santo y esta apertura, finalmente, llevó a la aceptación de que las mujeres predicaran. Cuando se le cuestionó que comisionara a mujeres como predicadoras y líderes, Wesley respondió: "Dios las utiliza para la salvación de las almas, ¿y quién soy yo para oponerme a Dios?"[3]

Quizá la más influyente de las mujeres metodistas fue la madre de Wesley, Susanna Annesley Wesley (1669-1742). De hecho, algunos eruditos consideran a Susanna como la verdadera fundadora del metodismo.[4] Esta mujer enormemente inteligente, autodidacta, estableció el formato del metodismo con sus devociones familiares. Susanna, nutrida en la teología desde su niñez por su padre, "el San Pablo de los no conformistas", creía que la actividad del Espíritu Santo en la vida del creyente tenía autoridad por encima de los dictados de la iglesia institucional.

Preparativos en el siglo XIX

La preeminencia de la vida interior en las formulaciones teológicas de los Amigos y los metodistas, fue estratégica en el largo proceso de restauración del estatus bíblico de las mujeres. Al mezclarse con otros elementos en los Estados Unidos del siglo XIX, aligeró –y en algunos casos, destruyó por completo– las cadenas sociales que habían mantenido cautivas a las mujeres durante siglos. De hecho, durante ese tiempo, personas y movimientos trabajaron a favor de la participación y el liderazgo de las mujeres en la iglesia y en la sociedad en general. Entre ellos se encuentran los avivamientos religiosos y el sentido de designio divino, que quebró las cadenas de la esclavitud en el país.

Los avivamientos de Finney y Mahan

Los avivamientos de Charles Finney (1792-1875) y Asa Mahan (1799-1889) hacían énfasis en una experiencia con el Espíritu

Santo posterior a la salvación, en la que Él les otorgaba poder y que identificaban como el bautismo en el Espíritu Santo. Su sistema de creencias, como el de los primeros cuáqueros y metodistas, precipitó reformas sociales entre las que se encontraba la revalorización de la mujer. De hecho, una de las "nuevas medidas" más polémicas de Finney durante el Segundo Gran Avivamiento (1800-1840) fue su práctica de permitir que las mujeres oraran en voz alta y testificaran en reuniones mixtas. Además, Finney y Mahan ayudaron a establecer el Oberlin College (1833), primera universidad coeducacional del mundo, con el propósito de perpetuar la "mezcla de avivamiento y reforma" de Finney.

Mahan, que participó en el movimiento Keswick con Hannah Whittal Smith, apoyaba con entusiasmo la participación femenina. Sugirió que se colocara en su lápida el siguiente epitafio: "El primer hombre, en la historia de la raza, que condujo a las mujeres junto con miembros del otro sexo, por un camino de educación liberal y les confirió los elevados grados que hasta entonces, habían sido prerrogativa de los hombres".

Un sentido de designio divino

El sentido especial de que los Estados Unidos estaban cumpliendo un designio divino, ayudó a producir una conciencia social que requería el fin de los pecados sociales, especialmente la esclavitud. Esto llevó al movimiento abolicionista, que culminó en la Guerra Civil (1861-1865). La abolición fue un movimiento importante, no solo por limpiar a la cultura del pecado de la esclavitud, sino por las posibilidades que podía abrir a las mujeres. Por ejemplo, hizo pasar a las mujeres a un frente público con voz y una causa para defender. Fortaleció las capacidades oratorias de las mujeres que eran suficientemente osadas como para predicar, hablar y debatir a favor de los esclavos. Contrarió la idea de los roles predestinados según el color de la piel, abriendo así, la posibilidad de que Dios no hubiera predestinado roles sociales, ni por raza, ni por género.

También requirió una interpretación bíblica que llevara a una lectura más precisa de los textos, un enfoque que ayudara a promover la verdad bíblica de un lugar de igualdad para la mujer dentro de la economía de Dios. En este enfoque, la búsqueda de textos que probaran una determinada idea perdió credibilidad como forma de establecer doctrina. En lugar de lanzarse textos bíblicos fuera de contexto como piedras unos a otros en el debate, los abolicionistas comenzaron a discutir basándose en principios bíblicos. Este método exigía que los pasajes fueran entendidos solo en sus contextos legítimos, y el punto de partida teológico para la liberación de los esclavos era Gálatas 3:28, donde Pablo afirma que, en Cristo *"no hay esclavo ni libre; no hay varón ni mujer"*. Esta era una buena noticia, tanto para los esclavos como para las mujeres.

Preparativos a fines del siglo XIX

Después de la Guerra Civil, varios movimientos entrelazados ayudaron a mejorar aun más la situación de las mujeres, movilizando a más de ellas y ayudándolas a desarrollar sus capacidades para el liderazgo y el ministerio, para participar en el avivamiento pentecostal que iba a venir. Entre ellos, se encuentran el movimiento de la santidad, la Unión Femenil Cristiana de Temperancia (*Woman's Christian Temperance Union,* WCTU), el movimiento misionero, el movimiento a favor del voto femenino y el movimiento de sanidad. Además, la situación de las mujeres continuó mejorando gracias al movimiento Keswick y los cambios precipitados por los avivamientos de Finney y Mahan. Estos movimientos estaban basados en la Biblia y en un esfuerzo colectivo externo por mejorar aspectos particulares de la vida de las mujeres. Juntos, todos ellos produjeron un ímpetu especial que ayudó a que las mujeres pasaran a ocupar lugares de liderazgo y ministerio público.

El movimiento de la santidad

Argumentos bíblicos. El movimiento de la santidad fue un intento, iniciado dentro del metodismo, por experimentar el dinamismo espiritual de la primera generación de metodistas, que acabó por afectar a todas las denominaciones en los EE.UU. El movimiento de la santidad brindaba tres argumentos bíblicos fundamentales que apuntalaban el derecho de la mujer a la influencia pública.

> 1. **El argumento de la igualdad bíblica según Gálatas 3:28.** Este pasaje se convirtió en el grito de batalla por la liberación de la mujer. En 1891 William B. Godbey escribió: "Predicar el evangelio es un derecho dado por Dios, comprado

por la sangre y deber obligatorio de la mujer, así como del hombre".[5]

2. El argumento de la redención como base de la igualdad según la Biblia. El concepto es que, si las mujeres estaban bajo maldición a causa de la caída, ahora, en virtud de la redención, la maldición es rota por la obra de Jesucristo.

3. El argumento pentecostal de la igualdad bíblica. Basándose en Joel 2:28 y Hechos 2:17-18, este argumento hace referencia al derramamiento del Espíritu Santo sobre hombres y mujeres por igual, para dotar de igual poder a ambos para el ministerio en los últimos tiempos.

La influencia de Phoebe Palmer. Una de las líderes más prominentes del movimiento de la santidad fue Phoebe Worrall Palmer (1807-1874). Phoebe nunca fue ordenada, pero era una predicadora muy dotada, aunque algo renuente. Devota metodista desde su infancia, se casó con un médico metodista neoyorquino, Walter Clarke Palmer (1804-1883), quien apoyó sus muchos viajes ministeriales y, finalmente, llegó a abandonar su carrera como médico para ser "maletero" de su esposa. Además, abrió una editorial para extender la influencia de Phoebe por medio de sus escritos.

El simple hecho de obedecer al llamado de Dios hizo que Phoebe tuviera la profunda influencia que llegó a tener. Su principal teología hacía énfasis en el bautismo del Espíritu Santo posterior a la conversión. Phoebe, que llegó a ser la maestra bíblica más destacada de este movimiento y su más destacada evangelista antes de la Guerra Civil, registró, por lo menos, veinticinco mil conversiones y experiencias de santificación en sus reuniones. Por medio de sus libros y su periódico *Guide to Holiness* (Guía para la santidad), publicado desde 1864 hasta 1874, se convirtió además, en su más autora influyente. Uno de sus libros, *The Promise of the Father* (La promesa del Padre), de cuatrocientos veintiún páginas, escrito en 1859, presenta una teología bíblica en apoyo del derecho y la responsabilidad de la mujer, de obedecer el llamado al ministerio público, con Hechos 2:17-18 como punto de partida para la discusión. *The Way of Holiness* (El camino de la santidad), publicado en 1843, cambia la terminología del movimiento de la santidad a la de Pentecostés, y *Four Years in the Old World* (Cuatro años en el Viejo Mundo), de 1867, es la crónica de sus reuniones evangelísticas en Inglaterra.

A pesar de su éxito en el ministerio público, Phoebe debió soportar que quienes se oponían a que las mujeres ministraran en público, dirigieran contra ellas amargas críticas y la ridiculizaran. Sin dejarse abatir por esto, solía responder directamente a sus críticos. También lamentaba que se produjeran tales actitudes contra las mujeres, diciendo:

> La iglesia, en muchos sentidos, es como el campo del alfarero, donde los dones de las mujeres, como tantos extraños, están enterrados. ¿Cuánto tiempo más, oh Señor, pasará antes que los hombres hagan rodar la piedra, para que podamos ver la resurrección?
> Hijas de Sion, del polvo
> levantad vuestra cabeza caída;
> confiad una vez más en el Redentor,
> Él os llama hoy de entre los muertos.[6]

El ejemplo de Phoebe inspiró a muchas otras mujeres, entre ellas, verdaderos pilares, como Catherine Booth y Amanda Smith.

Catherine Mumford Booth (1829-1890) fue "una inquebrantable, inflexible, intransigente luchadora por los derechos de la mujer". Cofundadora del Ejército de Salvación junto con su esposo, William Booth (1829-1912), trabajó incansablemente por que las mujeres tuvieran igual autoridad, iguales derechos e iguales responsabilidades, basándose en la redención y en Pentecostés. En la relación matrimonial, se negaba terminantemente a ser tratada como menos que igual que su esposo. Escribió un opúsculo de treinta y dos páginas titulado *Female Ministry* (El ministerio de la mujer) en el cual lamentaba la desigualdad de las mujeres como "notable artilugio del demonio", pero proclamaba, triunfante, que "el tiempo de su liberación se acerca".[7]

Amanda Berry Smith (1837-1915) ganó su libertad de la esclavitud como resultado de su capacidad como predicadora. Su autobiografía es un clásico de la literatura de la santidad.

Amanda Matthews-Berry Smith (1837-1915), hija de esclavos, nació en el Estado de Maryland. Comenzó a predicar en 1870 y continuó con gran éxito, a pesar de que debió enfrentarse a un cruel racismo y un bárbaro sexismo. Aunque solo tuvo tres meses de estudios formales, Smith era hábil para expresarse y tenía una unción extraordinaria. Su don fue el que le abrió el camino, y le ganó un respeto notable en todas las áreas de la sociedad. Ministró con gran éxito en todos los Estados Unidos, las islas británicas, Liberia, Sierra Leona, Birmania (hoy Myanmar) y en la India, donde fue elogiada por el obispo metodista Thoburn.

Hannah Whittal Smith

Una mujer, en particular, parece haber sido el factor común en varios movimientos que llevaron al avivamiento pentecostal. La huella de Hannah Whittal Smith (1832-1911), una cuáquera de Filadelfia, está por todas partes. Quizá su influencia en el pentecostalismo provino más directamente por medio del movimiento de Keswick, en el cual compartió la plataforma con líderes reconocidos como Asa Mahan, William Boardman, Amanda y Robert Pearsall Smith y otros.

La WCTU. Hannah trabajó también en estrecha relación con Frances Willard (1839-1898), la líder más influyente de la Unión Femenil Cristiana de Temperancia (WCTU). Gracias al don de Willard para la administración y a su dependencia de Dios, este movimiento de mujeres cristianas para la protección del hogar, pronto se convirtió en la organización femenil más grande del mundo, con obras en cincuenta naciones. En los Estados Unidos sus locales se convirtieron en los lugares de reunión preferidos de las reuniones pentecostales, no denominacionales, de Parham.

Frances Willard había crecido durante el avivamiento liderado por Finney, y experimentó la santificación en una de las reuniones de Phoebe Palmer. Escribió: "[Solo] al acercarme a Dios y ser hecha una nueva criatura por medio de la sangre de Cristo, estoy lista para esta obra, tan bendita y elevada". Willard pidió a Whittal-Smith que fuera la primera superintendente del Departamento de Evangelismo, y a la Dra. Katherine C. Bushnell (1855-1946) que fuera la evangelista nacional de la organización para la promoción de la pureza social.

Katherine Bushnell era una mujer muy inteligente, cuya devoción al evangelio la llevó, primero a la China, donde fue médica misionera metodista episcopal y luego, a los campos de tala de Wisconsin, como activista para denunciar el tráfico de esclavas sexuales. Quizá su obra más importante y contribución perdurable al movimiento pentecostal carismático fue su libro, *God's Word to*

Women (La Palabra de Dios para las mujeres). Fue lanzado inicialmente en forma de cien lecciones bíblicas sobre el lugar de la mujer en la economía divina y finalmente publicado como libro, en 1923. Después de pasar varios años en la oscuridad, fue descubierto y reimpreso por el pastor pentecostal Ray B. Munson y fue bien recibido por las mujeres llenas del Espíritu en la última década del siglo, que ahora lo consideran un clásico.

El voto femenino. La obra de Hannah Whittal Smith se extendió más allá del movimiento de Kewsick y las activistas como Willard y Bushnell. Ardiente defensora del voto femenino, fue aliada de Susan B. Anthony (1820-1906) y de muchos hombres y mujeres cuáqueros que lideraron la prolongada y ardua batalla para que las mujeres tuvieran derecho a votar en los Estados Unidos. Entró a esta lucha "por el camino del evangelio", sabiendo que "las mujeres habían sido liberadas por la obra de los principios de Cristo, que había declarado que en Él, no hay mujer ni hombre".[8] Anthony oraba "fervorosa y constantemente para que una terrible conmoción hiciera despertar a las mujeres de la nación y les devolviera el respeto por sí mismas". Quizá el avivamiento pentecostal fue al menos en parte, una respuesta positiva a su oración.

Las mujeres en el movimiento misionero

El movimiento misionero fue el que contó con mayor presencia femenina en el siglo XIX. Esto significa que multitudes de mujeres ya trabajaban en misiones cuando llegó el avivamiento pentecostal. Las misiones estaban en el corazón del cuaquerismo desde un principio y también fueron de gran importancia para los seguidores de la santidad a comienzos del siglo XX. En el campo las mujeres tenían libertad de funcionar en todos los aspectos del ministerio, mientras que en sus lugares de origen, las sociedades femeniles les brindaban todo tipo de apoyo además de literatura y organizaban convenciones e institutos misioneros. Grupos como la Alianza Cristiana y Misionera de A. B. Simpson, capacitaban y sostenían a las mujeres en la tarea misionera, y muchas mujeres de la Alianza llegaron a ser líderes de los primeros tiempos del avivamiento pentecostal. Sin duda, la consagración y movilidad de las misioneras se convirtió en un canal fundamental para la dispersión del mensaje pentecostal por todo el mundo.

Las mujeres en el movimiento de sanidad

El movimiento de sanidad fue otro campo importante en que las mujeres ganaron prominencia antes del avivamiento pentecostal. Para 1887 la práctica de la sanidad divina y el concepto de los "hogares de fe" se habían vueltos tan popular en los Estados Unidos, que había más de treinta de esos centros en funcionamiento. La figura principal de este movimiento era el médico bostoniano Charles Cullis. La combinación del movimiento de sanidad con otros movimientos que revalorizaban a la mujer, es claro. En 1862 –por ejemplo– Cullis había recibido la experiencia de la santificación por medio del ministerio de Phoebe Palmer. Algunos de sus amigos más cercanos eran Hannah Whittal Smith, A. B. Simpson y el Dr. A. J. Gordon (1836-1895), un pastor bostoniano de gran estatura intelectual y espiritual, ardiente defensor de la revalorización de la mujer. Su obra de 1894, *The Ministry of Women* (El ministerio de la mujer) es aun hoy una importante declaración de apoyo a la mujer. Tanto Gordon como Simpson facilitaron el desarrollo de firmes líderes femeninas que llegaron a ser figuras centrales en el primer tiempo del avivamiento pentecostal.

Carrie Judd Montgomery (1848-1946) fue la primera mujer que realizó giras por todo el país. Colega de A. B. Simpson, Carrie había participado activamente en el movimiento de la sanidad desde que fue sanada en 1879, gracias al ministerio de Elizabeth Mix. Durante la década de 1880 dirigió Faith Rest Cottage, un hogar de sanidad situado en Buffalo, Nueva York. En 1890, al casarse con George Montgomery, se mudó con él a Oakland California donde, en 1893, abrió Home of Peace [Hogar de paz], primer hogar de sanidad en la Costa Oeste. En 1908 fue bautizada en el Espíritu y fue miembro fundadora de las Asambleas de Dios en 1914. No obstante, continuó muy relacionada con sus amigos no pentecostales de grupos como la Alianza Cristiana y Misionera, de la que había sido miembro fundadora en 1887.

Maria Woodworth-Etter (1844-1924) realizó campañas evangelísticas y de sanidad masivas como predicadora de la santidad antes de hacerse pentecostal en 1912.

Maria Woodworth-Etter (1844-1924), evangelista itinerante de la santidad, comenzó a predicar a principios de la década de 1880 y ya en 1885 atraía multitudes de veinticinco mil personas, de las cuales, por semana, unas quinientas hacían profesión de fe. Señales y prodigios inusuales caracterizaban sus reuniones. Había personas sanadas, otras que caían bajo el poder del Espíritu y otras que tenían visiones excepcionales durante períodos prolongados. En 1912 se unió al movimiento pentecostal gracias a los esfuerzos de F. F. Bosworth, y fue cálidamente recibida por los pentecostales.

Comienzos del avivamiento pentecostal en el siglo XX

El Espíritu Santo, obrando a través de los movimientos interconectados en el siglo XIX, mejoró considerablemente la situación de las mujeres. Para el comienzo del siglo, ellas estaban bien ubicadas para fluir con el Espíritu en cualquier lugar donde Él las ubicara. Estaba preparado el escenario para que juntos, tanto hombres como mujeres, extendieran el derramamiento pentecostal por todo el mundo en el nuevo siglo.

El factor Thistlethwaite-Parham

Los Parham, Charles y Sarah, junto con la hermana de Sarah, Lillian, se beneficiaron con una combinación única de elementos de los movimientos de la santidad, metodistas, cuáqueros, misioneros y de sanidad. Las hermanas Thistlethwaite habían vivido la "vieja experiencia de conversión del pecador que llora arrodillado sobre el banco" con el ministerio de Charles Fox Parham, que en esa época era un adolescente que estudiaba para ser ministro (1889-1893) en el Instituto de la Conferencia Metodista del Sudoeste de Kansas, en Winfield. Desde 1893 hasta 1895, mientras pastoreaba la iglesia metodista en Eudora, Kansas, Parham también realizaba reuniones en Tonganoxie los domingos por la tarde. Parecería que había adoptado algunas costumbres de los Amigos, porque renunció a la oportunidad de avanzar en el metodismo al dejar el pastorado, después de mucha introspección, oración y ayuno. En 1896, él y Sarah –a quien afectuosamente llamaba Nellie– se casaron en una ceremonia cuáquera, un rito basado en la mutualidad y la igualdad.

Después de un breve período de trabajo en un ministerio evangelístico como los de la santidad, Charles y Sarah, junto con Lillian, abrieron el Hogar Bethel en Topeka, Kansas, en

1898. Allí brindaban los servicios sociales acostumbrados a los necesitados, cuidaban a los enfermos y moribundos, enseñaban la Biblia y publicaban el periódico quincenal *Apostolic Faith* [Fe apostólica]. Ansiosos por ver un avivamiento del Espíritu Santo que culminara con la evangelización de todo el mundo, abrieron el Instituto Bíblico Bethel en las afueras de Topeka y fue allí que comenzó el avivamiento pentecostal en el culto de vigilia de la víspera de Año Nuevo 1900-1901. Durante casi cinco años, los pioneros del Pentecostés fueron discípulos directos o indirectos de Parham.

Mujeres de la era Parham. Además de las hermanas Thistlethwaite, varias mujeres dinámicas ministraron y lideraron de diversas maneras en los primeros años del avivamiento (1901-1907). Agnes Ozman (1870-1937), naturalmente, continuó su ministerio. Maude y Howard Stanley, también presentes en el derramamiento de Bethel, se hicieron conocidos en las Asambleas de Dios.[9]

En las reuniones de Parham en Lawrence (Kansas) en 1901, una señora de apellido Waldron recibió el mensaje y el poder pentecostal. Ella fue, probablemente, la primera persona que llevó el mensaje a la ciudad creada por Dowie, Zion, en Illinois. Aunque, en general, el mensaje fue rechazado en Zion, varias personas, entre ellas, John G. Lake, escucharon con gran interés. Sin duda, la obra de la señora Waldron sentó las bases para el poderoso avivamiento en Zion, liderado por Parham, en 1906 y 1907. Como resultado de este avivamiento, por lo menos, quinientos obreros consagrados, con visión misionera, llenos del Espíritu Santo –muchos de ellos, mujeres– salieron a ministrar en los Estados Unidos y el mundo. Esta vasta infusión de pentecostales de Zion en tan temprana fecha del avivamiento, selló la integración de la doctrina de la sanidad divina en la trama del pentecostalismo.

Gordon P. Gardiner, en su excelente serie de artículos titulada *"Out of Zion... into all the World"* [De Zion para el mundo] publicado en la revista *Bread of Life* [Pan de vida] desde octubre de 1981 hasta octubre de 1985, cuenta las historias de muchos pentecostales pioneros de esa ciudad. Martha Wing Robinson (1874-1938) fundó los influyentes Hogares de Fe Zion. Marie Burgess Brown (1880-1971), quien, junto con F. F. Bosworth y John G. Lake, fue bautizada en el Espíritu Santo el 18 de octubre de 1906, en una de las reuniones hogareñas de Parham en Zion, llegó a ser fundadora y pastora de la iglesia *Glad Tidings Tabernacle* [Tabernáculo Noticias Alegres] en Nueva York. En 1961, cuando ella la pastoreaba todavía, se dijo que *Glad Tidings* era "la iglesia con el mayor presupuesto misionero dentro de una denominación de mentalidad misionera como las Asambleas de Dios".[10]

Jean Campbell Hall Mason, bautizada en el Espíritu Santo el 18 de octubre de 1906, tuvo un poderoso ministerio en Canadá y los Estados Unidos hasta su muerte, en 1964. Bernice C. Lee, bautizada en el Espíritu Santo el 30 de octubre de 1906 fue a la India, donde levantó iglesias y capacitó a cientos de líderes locales. La Dra. Lillian B. Yeomans, una médica canadiense, fue una misionera y escritora cuyas obras se leen aun hoy, entre ellas, *Healing from Heaven* [Sanidad del cielo] y *Balm of Gilead* [Bálsamo de Galaad]. La Dra. Yeomans pasó sus últimos años como maestra en el instituto bíblico de Aimee Semple McPherson.

Pero antes de ir a la ciudad Zion, los Thistlethwaite-Parham realizaron reuniones de sanidad en Nevada y El Dorado Springs, Missouri, en 1903. Muchas personas escucharon el mensaje y fueron salvas, sanadas y bautizadas en el Espíritu Santo. Sarah Parham escribió: "Nuestro hogar estaba continuamente lleno de personas enfermas y sufrientes que buscaban la sanidad divina, y Dios manifestaba su enorme poder".[11] Estas personas deben ser agregadas al creciente, aunque silencioso número de hombres y mujeres que llevaron el testimonio pentecostal por todo el país. Una de ellas fue Mary Arthur, de Galena, Kansas.

Gracias a la influencia de Mary Arthur, los Thistlethwaite-Parham fueron a Galena en 1904 y realizaron la primera campaña pentecostal de los tiempos modernos, para toda la región. La campaña abarcó a todas las clases sociales, y en tres meses, más de ochocientas personas fueron salvas, quinientas santificadas y doscientas cincuenta recibieron el bautismo en el Espíritu Santo. Cientos más fueron sanadas. Después de esta inolvidable campaña, Mary Arthur y Francene Dobson fundaron la primera obra misionera iniciada como resultado directo de la predicación pentecostal.[12]

En 1905 los Parham realizaron reuniones en Houston y sus alrededores, así como una escuela bíblica temporaria en 1906. Los obreros que ministraban con Parham en estas reuniones eran tanto hombres como mujeres. Trabajaban juntos, sin considerar que las mujeres fueran secundarias o subordinadas. Los nombres de dos mujeres se repiten en los registros de la época: Lucy Farrow y Mabel Smith. Ambas fueron enviadas por Parham en respuesta al ruego de Seymour que pedía ayuda en los primeros días de Azusa. Smith también ayudó en el avivamiento de Zion, y su nombre se repite con frecuencia en los primeros registros pentecostales.

Lucy Farrow merece una mención especial. Nació en la esclavitud, en Virginia, y era pastora de la santidad en Houston cuando Parham llegó a esa ciudad, en 1905. Trabajó codo a codo con los esposos Parham, como niñera de sus hijos y predicando y ministrando en las reuniones.[13] Farrow había presentado a Parham y Seymour y animó a Seymour a asistir al instituto bíblico de aquél. Aunque todos reconocen a Seymour como figura líder del avivamiento de la calle Azusa –abril de 1906-1909–, Madre Cotton afirmó que "nadie recibió el bautismo pentecostal hasta que Lucy Farrow llegó y comenzó a orar para que lo recibieran".[14] En agosto de 1906 predicó en el campamento de predicación de Parham en Houston y, según uno de los presentes, demostró un "inusual poder para imponer las manos a las personas para que recibieran el Espíritu Santo".[15] Ese mismo mes realizó una campaña evangelística pentecostal en Portsmouth, Virginia, donde fueron salvas doscientas personas y ciento cincuenta fueron bautizadas en el Espíritu Santo. A partir de allí viajó a África, donde se convirtió en una de las primeras misioneras pentecostales a Liberia.

Las mujeres también ocuparon desde el principio, roles importantes en la administración. Para fines de 1905, con el impresionante número de personas bautizadas en el Espíritu y, por lo menos, cincuenta hombres y mujeres que trabajaban a tiempo completo en el campo misionero, la gente comenzó a presionar a Parham para que organizara el avivamiento. La comunidad libre que formó, conocida como "movimiento de la fe apostólica", se formó oficialmente en mayo de 1906, con igual representación de hombres y de mujeres. De las cuatro personas que asumieron la responsabilidad, además de Parham, dos eran hombres, y dos, mujeres, entre ellas, Rilda Cole, directora para el Estado de Kansas, y Lillian Thistlethwaite, secretaria general. Todos los obreros y evangelistas, tanto hombres como mujeres, recibieron su acreditación y muchos de ellos ayudaron a formar el núcleo de las Asambleas de Dios en 1914.

Las mujeres en el avivamiento de la calle Azusa

Las mujeres participaron activamente en aspectos fundamentales de la iniciación del famoso avivamiento de la calle Azusa. Después de visitar el instituto bíblico de Parham en Houston, una mujer llamada Nelly Terry sugirió a su iglesia en Los Ángeles que invitara a William Seymour a ser su pastor. Pero cuando los líderes no recibieron el mensaje pentecostal que predicaba Seymour, Richard y Ruth Asberry lo invitaron a realizar reuniones en su casa de la calle Bonnie Brae. A medida que aumentaba la cantidad de asistentes y su entusiasmo, a pedido de Seymour, Parham envió a Lucy Farrow para ayudarlo. Al llegar ella oró con diversas personas quienes, inmediatamente, comenzaron a ser bautizadas en el Espíritu Santo con la evidencia de hablar en lenguas. El avivamiento había comenzado.

Jennie Evans Moore (1883-1936) fue la primera mujer bautizada en el Espíritu Santo en la casa de la calle Bonnie Brae, gracias al ministerio de Lucy Farrow. Después de ministrar como evangelista itinerante, regresó a Los Ángeles y se casó con Seymour el 13 de mayo de 1908. Cuando él murió, en 1922, ella se convirtió en pastora de la obra misionera de Azusa hasta su muerte, en 1936.

Muchas otras mujeres tuvieron roles de liderazgo en Azusa. Cuando Seymour decidió formar una junta de ancianos que guiaran los asuntos de la misión, eligió a siete mujeres y cuatro hombres. Las mujeres eran: Jennie Evans Moore, la hermana Price, la Sra. G. W. Evans, Clara Lum, Phoebe Sargent, Rachel Sizelove y Florence Crawford. Como editora del periódico *Apostolic Faith* [Fe apostólica], Clara Lum publicó la noticia emocionante del avivamiento por todas partes. Florence Crawford (1872-1936) tenía unción para predicar, un hecho que se hizo evidente en la grandiosa respuesta a las reuniones que realizó por el noroeste de los Estados Unidos y Canadá, entre agosto y diciembre de 1906. Junto con el señor y la señora Evans y Clara Lum, se fue de Azusa y se estableció en Portland, donde estableció la Iglesia de la Fe Apostólica en el Noroeste. Desde Portland, y con la lista

Una de las primeras personas en vivir la experiencia pentecostal en Los Ángeles en 1906 fue Jennie Evans Moore (1883-1936), que se casó con William J. Seymour y pastoreó la obra misionera de Azusa cuando él murió, en 1922.

de direcciones de varios miles de personas en su poder, continuaron publicando *Apostolic Faith*, para gran consternación de Seymour y los fieles de Azusa.

Las mujeres de la primera época del avivamiento pentecostal tenían poder, tanto por experiencia como teológicamente, para sus actividades como líderes. Pero a medida que los años pasaban y el avivamiento se extendía, el apoyo hacia ellas y la confianza que en ellas se depositaba fueron disminuyendo. Aunque la experiencia y la unción continuaban siendo las razones para la promoción al liderazgo, las bases teológicas comenzaron a ser socavadas y remplazadas por teologías cada vez menos favorables. Esto llevó, tanto abierta como sutilmente, a que se impusieran nuevamente algunas limitaciones a las mujeres y a que se prefiriera a los hombres en detrimento del sexo femenino. No obstante, en diversos ámbitos, las mujeres continuaron ocupando lugares de prominencia por un tiempo. Fundaron nuevas denominaciones, llenaron los campos misioneros y establecieron las primeras escuelas bíblicas permanentes de la era pentecostal.

Florence Crawford (1872-1936) ayudó a Seymour a editar Apostolic Faith en Azusa. Después de mudar el periódico a Portland, Oregon, fundó otra denominación de la fe apostólica.

Las mujeres en las primeras escuelas bíblicas pentecostales

Desde los principios del avivamiento pentecostal, los maestros y las escuelas bíblicas han tenido una importancia fundamental. Una escuela bíblica fue el lugar de inicio del avivamiento; las escuelas bíblicas formaron a los futuros líderes y fueron los canales para el derramamiento que inyectaron nueva vida al movimiento.

Las primeras escuelas bíblicas pentecostales permanentes fueron fundadas por mujeres. En ellas, las mujeres también trabajaban en todas las áreas, como la administración y la enseñanza. Con frecuencia fueron anónimas catalizadoras del avivamiento, y fieles equipadoras de los hombres que llegaron a ser líderes del movimiento.

Las hermanas Duncan. En noviembre de 1894, Elizabeth Duncan Baker (c. 1849-1915) y sus cuatro hermanas comenzaron un ministerio de fe con fuerte énfasis en las misiones, en Rochester, Nueva York. Su impresionante ministerio incluía el Hogar de la Fe Elim –establecido en 1895–, la Editorial Elim, la

Iglesia Tabernáculo Elim y la Escuela de Capacitación Bíblica de Rochester (1906-1924). En la convención de junio de 1907 se produjo un derramamiento pentecostal en el Tabernáculo Elim, y la Escuela de Capacitación se convirtió en la primera escuela bíblica permanente del avivamiento pentecostal del siglo XX.

Elizabeth, especialmente, influyó en el carácter de la obra. De origen metodista y luego de experimentar en sí misma la sanidad divina, había ganado confianza como mujer, al relacionarse con la Unión Femenil Cristiana de Temperancia. George Müller fue su inspiración y estudió con el Dr. A. J. Gordon en Boston. Llegó a hacer énfasis en la "profundización de la vida espiritual y [...] la sanidad del cuerpo" gracias al ministerio de su amiga del alma, Elizabeth Sisson (1843-1934), una misionera, escritora, evangelista y plantadora de iglesias que luego se mudó a California para trabajar con Carrie Judd Montgomery.

Las hermanas Duncan siempre tuvieron a la tarea misionera en un lugar especial del corazón. La visita que Elizabeth hizo desde 1888 hasta 1890 a la obra de Pandita Ramabai (1858-1920) en India, intensificó este interés. Elizabeth y Ramabai trabaron una gran amistad y ella lo ayudó a establecer una obra misionera para las prostitutas sagradas; reunió fondos tanto en Inglaterra como en los Estados Unidos para el ministerio en la India.

Madre Moss. Virginia E. "Madre" Moss (1875-1919) fue educadora y pastora. Tercera generación de mujeres en el ministerio, fue bautizada en el Espíritu Santo en una campaña pentecostal de 1907, en el Centro de Capacitación Misionera Nyack, de A. B. Simpson, en Nueva York. En 1910 mudó su ministerio a North Bergen, Nueva Jersey, donde fusionó su obra misionera y hogar de sanidad para convertirlos en la Asamblea Beulah Heights. Firme impulsora de las misiones, vio la necesidad de equipar a los que iban al campo misionero. Después estableció el Instituto Bíblico y de Capacitación Misionera Beulah Heights, en 1912.

Minnie Tingley Draper. Minnie Tingley Draper (1858-1921) fue otra educadora de comienzos del avivamiento pentecostal en la costa este. Draper tuvo un poderoso ministerio evangelístico de sanidad y, como administradora ejecutiva de la Alianza Cristiana y Misionera, trabajó junto con A. B. Simpson. Fundó la Asamblea Pentecostal Bethel en Newark, Nueva Jersey, en 1907, y en 1910 inscribió el Consejo Ejecutivo de la Asamblea Pentecostal Bethel. Presidió la primera agencia misionera pentecostal de los Estados

Unidos, que llegó a ser conocida como la Misión Pentecostal al Centro y Sur de África. Publicó el periódico *South and Central African Pentecostal Herald* [El heraldo pentecotal de sud y centro de África], que luego adoptó el título de *Full Gospel Missionary Herald* [El heraldo misionero del evanelio completo]. En 1916 estableció la Escuela de Capacitación Bíblica Bethel, como parte de su centro ministerial en Newark.

Aimée Semple McPherson (1890-1944), cuya vida es una historia de tragedias y grandes éxitos, nació en Ingersoll, Ontario, Canadá, hija de padre metodista y madre del Ejército de Salvación. Se casó con el predicador pentecostal Robert Semple el 12 de agosto de 1908, matrimonio que terminó exactamente dos años más tarde, en China, cuando él murió de malaria. Al mes siguiente, después que nació su hija en Hong Kong, Aimee regresó, confundida y dolorida, a los Estados Unidos, donde sufrió el rechazo de sus amigos pentecostales, que la consideraban un fracaso.

Un año después se casó con Harold McPherson y se mudó a Rhode Island, donde nació su hijo Rolf. Cuando la insistencia del llamado de Dios sobre su vida fue más fuerte que su necesidad de seguridad terrenal, regresó a Canadá para ingresar nuevamente en el ministerio. Su esposo la apoyó durante un tiempo, pero el estilo de vida diferente hizo mella en ambos y McPherson abandonó el ministerio evangelístico y regresó a Rhode Island donde, en agosto de 1921, se divorciaron.

Mientras tanto, el ministerio de Aimee florecía. En 1917 comenzó a publicar mensualmente *Bridal Call* [Llamada nupcial]. En 1919 recibió los papeles de ordenación como evangelista de las Asambleas de Dios; pero los devolvió en enero de 1922. Su divorcio, así como la construcción y la titularidad de Angelus Temple, precipitó la incompatibilidad con esa organización. El 1 de enero de 1923 abrió el Angelus Temple, con capacidad para cinco mil trescientas personas sentadas, donde, durante tres años, predicó todas las noches –y tres veces los domingos–, ante más de cinco mil personas. Un mes más tarde abrió el instituto bíblico conocido como L.I.F.E. Bible College, "un centro de capacitación para entrenar además de equipar a hombres y mujeres, para que lleguen a ser los evangelistas, misioneros, pastores y maestros que tan desesperadamente se necesitan para llevar a las personas a Cristo y fundamentar la fe de las personas en la Palabra de Dios".

En 1924 comenzó a operar su propia estación de radio, KFSG en Los Ángeles y en 1927 abrió el dispensario del Angelus Temple. Ese mismo año registró legalmente la Iglesia Internacional del Evangelio Cuadrangular. A pesar de su turbulenta vida personal, continuó ministrando eficazmente hasta su muerte, el 26 de septiembre de 1944. La "hermana Aimée", como la llamaban afectuosamente, fue enterrada en el Cementerio Forest Lawn el 9 de octubre de 1944, en uno de los funerales más concurridos de Los Ángeles. Algunos creen que fue la mujer líder más importante del pentecostalismo.

Christine Amelia Eckman (1879-1955) nació en la Guyana Británica, donde se convirtió a los 21 años. Ella y su hermana Alice se unieron a la Misión del Evangelio Completo (*Full Gospel Mission*). Después de dos años de ministerio exitoso como misionera en el interior de su tierra natal, Christine enfermó de malaria. En otoño de 1905 aceptó una invitación para descansar en los Estados Unidos, donde comenzó a participar en el ministerio del Hogar de Fe de la Santidad en East Providence, Rhode Island. Gracias a la bondadosa ayuda de sus amigos, asistió a una conferencia para misioneros en la Escuela Bíblica de Dios (*God's Bible School*), en Cincinnati, Ohio y a partir de allí predicó en varias iglesias en el oeste medio del país, siempre esperando recibir suficientes ofrendas como para regresar a Guyana Británica... cosa que nunca logró.

Aimee Semple McPherson (1890-1944) fue la mujer predicadora más famosa de los tiempos modernos. La iglesia que fundó, la Iglesia Internacional del Evangelio Cuadrangular, ahora se ha extendido por todo el mundo.

Aimée Semple McPherson

Aimée Semple McPherson nació en octubre de 1890, hija de James (metodista) y Minnie Kennedy (del Ejército de Salvación), en Ontario, Canadá. En su adolescencia conoció el pentecostalismo por la predicación de Robert Semple. Para gran alarma de sus padres, comenzó a orar para recibir el bautismo en el Espíritu Santo.

Sus oraciones, finalmente fueron contestadas y abandonó la escuela secundaria para dedicar más tiempo a la obra misionera local. Cuando Robert le propuso matrimonio, aceptó sin dudar. Tenía 17 años cuando se casaron, pero dos años más tarde, cuando comenzaban su trabajo como misioneros en Hong Kong, él murió.

Aimée regresó de Hong Kong y se unió al Ejército de Salvación, al que pertenecía su madre. Luego se casó con un joven hombre de negocios, llamado

Harold McPherson, que la amaba lo suficiente como para tratar de seguirle la corriente después de su experiencia en el hospital. Durante unos años compartieron una existencia llena de privaciones. Vivían en una camioneta cubierta de carteles con versículos y lemas bíblicos: "¿Dónde pasarás la eternidad?" y "Jesús salva", y lleno de folletos evangelísticos.

En el verano de 1917 Aimée comenzó a publicar *Bridal Call*, una revista mensual que movilizó a sus seguidores, que entonces estaban dispersos, y comenzó a atraer la atención de la prensa.

Pero ni las multitudes que la adoraban, ni la favorable cobertura de la prensa pudieron cerrar el abismo que se abría entre ella y su esposo. Después de intentar infructuosamente dedicarse a la predicación, Harold McPherson, calladamente, pidió el divorcio.

Aimée continuaba creciendo en popularidad. En 1918 aceptó la invitación para predicar al otro lado del país. El viaje en automóvil hasta Los Ángeles era una aventura que solo unas pocas mujeres intrépidas habían intentado antes que ella. Durante el camino, predicó, distribuyó folletos y visitó pequeñas congregaciones.

Desde Los Ángeles, en 1919, McPherson inició una serie de reuniones que la lanzaron a la fama. Un año después, ya ni los auditorios más grandes del país alcanzaban para contener a las multitudes que se agolpaban para escucharla. Ella respondió a la demanda popular de que orara por los enfermos, y "los días de camillas" se hicieron famosos en sus campañas.

Los reporteros se maravillaban de su capacidad para la oratoria: "Nunca escuché tal lenguaje de un ser humano. Sin detenerse un segundo, habló durante una hora y media y todos estaban en suspenso oyéndola". En 1922 su ministerio la llevó a Australia, en el primero de muchos viajes al exterior que realizaría desde entonces.

Pastora y maternal
El 1 de enero de 1923 McPherson dedicó el Angelus Temple, que tenía capacidad para cinco mil trescientas personas sentadas. Entre los festejos hubo cientos de gitanas vestidas de todos colores –que la habían nombrado su reina–, varios destacados pastores protestantes y miles de fanáticos que la adoraban. Con un púlpito permanente, las nuevas posibilidades pronto se convirtieron en realidades; en 1924 lanzó una radio que era propiedad de la iglesia y su instituto bíblico se instaló en su propio edificio en 1925.

La "hermana", como solían llamarla afectuosamente, era una ciudadana notable en una ciudad en ebullición. Las carrozas del Angelus Temple ganaron premios en los desfiles del Rose Bowl y el templo mismo se convirtió en una atracción turística. Las idas y venidas de la "hermana" desde la estación de trenes de la ciudad atraían más gente que las visitas de presidentes y otros dignatarios.

Los sermones ilustrados, bien promocionados, ofrecían a los fieles que escapaban de los entretenimientos de la cercana Hollywood, una muestra de teatro. Desfiles, uniformes, bandas ganadoras de premios, música pegadiza y programas para todas las edades atraían a la gente y la hacían participar. Los ambiciosos programas para alimentar a los hambrientos y responder a los desastres naturales, le ganaron la aprobación de muchos.

La demanda popular pronto la abrumó. La gente hacía cola durante horas para conseguir un asiento en sus reuniones. Había una sala de oración abierta las veinticuatro horas del día y cultos durante todo el día para quienes querían esperar el bautismo en el Espíritu Santo.

¿Secuestrada?

Pero por debajo de esta floreciente fachada, comenzaban, subrepticiamente, los problemas. Algunos se quejaban de que Minnie Kennedy ejercía demasiado control sobre las finanzas; otros se quejaban de su teología –que no era demasiado pentecostal, que era demasiado ecuménica–. Pero la tormenta que produjo el daño más permanente estalló en mayo de 1926.

Según las palabras de "la hermana Aimee", el martes 26 de mayo por la tarde, fue secuestrada en la playa cerca de Santa Monica y trasladada a una cabaña donde la tuvieron prisionera varios días.

Esa tarde Minnie Kennedy apareció en lugar de Aimée. Dirigió la entusiasta alabanza e hizo la narración de la exposición de diapositivas. Solo al terminar el culto dijo que Aimee había ido a nadar, pero no había regresado.

– La hermana Aimée se ha ido –concluyó–. Sabemos que está con Jesús.

Durante los días siguientes en Los Ángeles nadie habló de otra cosa. Miles de personas caminaban de un lado a otro en la playa de Park Beach, donde la hermana Aimée había sido vista por última vez. El 20 de junio, se realizó un sofisticado culto funerario.

Tres días más tarde la hermana Aimée apareció en Douglas, Arizona, diciendo que había escapado de sus secuestradores. La multitud que había llorado su pérdida le preparó una bienvenida fastuosa. El sábado 26 de junio, ciento cincuenta mil personas se alinearon a lo largo del camino desde la estación de tren hasta Angelus Temple, vitoreándola y deseándole lo mejor.

Pero algunos oficiales de la ley no creyeron su historia del secuestro. Comenzaron a cruzarse acusaciones, hasta que, en diciembre, el fiscal de Los Ángeles reconoció la falta de mérito para enjuiciar a McPherson. En sus programas radiales diarios ella se presentó como una víctima: de los secuestradores, del sistema legal corrupto, de la prensa y de los religiosos que le eran hostiles.

Popular aun en la declinación

La hermana Aimée continuó su ministerio pero ya no atraía tanta gente, y estaba más reconcentrada en su particular visión del pentecostalismo. El descontento entre algunos de los fieles del Angelus Temple comenzó a hacerse sentir en amargas confrontaciones que hacían la comidilla de la prensa. Aimée prestó su nombre a diversos emprendimientos comerciales que fracasaron. También sufrió de graves enfermedades durante gran parte de la década del treinta. Su tercer matrimonio, desastroso, duró menos de dos años.

El logro más notable de la hermana Aimée en los años treinta fue su programa de ayuda social. El dispensario del Angelus Temple brindaba comida, ropa y otros artículos de primera necesidad a las familias carentes, sin requisito

> previo alguno. Cuando el país fue golpeado por la depresión, ella agregó un comedor comunitario gratuito, que repartió ochenta mil comidas en los primeros dos meses.(Hoy el Angelus Temple es sede de cinco congregaciones cuadrangulares de diferentes grupos étnicos y el dispensario continúa distribuyendo comida gratuitamente).
>
> En la década del cuarenta la hermana Aimee comenzó nuevamente sus giras, aunque continuaba con serios problemas de salud. En septiembre de 1944 se sintió suficientemente bien como para predicar ante diez mil personas en el Auditorio de Oakland. A la mañana siguiente, su hijo Rolf la encontró inconsciente en su cuarto. Poco antes del mediodía la hermana Aimee murió a causa de las complicaciones de sus problemas renales, causados por la mezcla de medicamentos que había tomado. Su funeral se realizó el día que hubiera cumplido cincuenta y cuatro años: el 9 de octubre de 1944. Aunque su popularidad había decaído notablemente desde la década del treinta, cincuenta mil personas desfilaron junto a su ataúd para darle el último adiós.
>
> EDITH BLUMHOFER
Christian History

En 1907 la noticia del avivamiento pentecostal llegó a la hermana Eckham, mientras pastoreaba la Iglesia del Primogénito (*Church of the Firstborn*) en East Providence. Convencida de su autenticidad, convocó a una semana de reuniones de oración en la iglesia y la mayor parte de la congregación se sumó al avivamiento. Christine misma recibió el bautismo del Espíritu Santo más tarde, mientras visitaba a Elizabeth Baker y las hermanas Duncan en Rochester, Nueva York.

En 1910 se casó con Reuben A. Gibson, un ministro de la Alianza Cristiana y Misionera que trabajó con ella en el ministerio hasta que murió, en 1924. La hermana Gibson abrió la "Escuela de Profetas" ese otoño y, en 1936, el nombre de la escuela cambió por el de Instituto Bíblico Zion. El sucesor de Gibson fue Leonard Heroo, a quien luego siguió Mary Campbell Wilson, otra educadora pentecostal influyente. La hermana Esther Rollins fue una fiel pionera pentecostal que enseñó en la escuela durante cincuenta años, y educó a cientos de pastores y misioneros pentecostales. En 1985 el Dr. Benjamín Crandall tomó las riendas de la creciente escuela. En 1945 se había graduado en esa misma institución, y es hijo de una pionera pentecostal en Nueva York, Mary Crandall.

Nora Chambers. Aunque quizá no tan conocidas, cientos de mujeres que fueron maestras bíblicas constituyeron un eslabón estratégico en el avance del pentecostalismo. Nora I. Chambers (1883-1953) es un ejemplo de ello: evangelista, erudita y maestra, inspiró e instruyó a futuros líderes, especialmente en la Iglesia de Dios de Cleveland, Tennessee. Charles Conn, superintendente e historiador de la Iglesia de Dios, la describió como "una mujer de rara inteligencia, capacidad y para esa época, educación". Esta notable mujer fue la primera maestra en el instituto que hoy se conoce como Lee College.

Oportunidades para las mujeres después de la Segunda Guerra Mundial

Después de la Segunda Guerra Mundial el avivamiento de la lluvia tardía y el avivamiento de la sanidad dieron nuevos ímpetus a las mujeres llenas del Espíritu. Mientras el primero reinstauró el don de profecía en un pentecostalismo que decaía, el segundo avivó el énfasis en la sanidad divina. Tanto la profecía como la sanidad habían sido parte integrante del pentecostalismo en sus primeras épocas pero, con el tiempo, habían perdido fuerza. Las décadas de 1930 y 1940 han sido llamadas el tiempo en que "la profundidad de la adoración y la operación de los dones del Espíritu, que tan evidentes habían sido en décadas anteriores, ya no tenían la misma prominencia". Pero con el avivamiento llegó el énfasis en la vida interior del Espíritu y la unción como criterios para el servicio, así como el resurgimiento de las mujeres en posiciones influyentes. Además, dado que estos avivamientos se produjeron principalmente, fuera de las denominaciones pentecostales ya establecidas, esas mujeres dotadas no estaban atadas por limitaciones institucionales.

Sin embargo, dado que la preocupación social y los elementos teológicos que habían ayudado a mejorar la situación de la mujer al comenzar el siglo habían perdido fuerza o desaparecido, las mujeres no tuvieron roles tan destacados como en las dos primeras décadas del pentecostalismo.

Las mujeres en el avivamiento de la lluvia tardía

Este avivamiento comenzó en el Instituto Bíblico Sharon de North Battleford, Saskatchewan, Canadá, como resultado del hambre espiritual que habían despertado en los educadores las cruzadas de sanidad de William Branham en Vancouver, en otoño de 1947. Para febrero de 1948 los cielos se habían abierto, y había comenzado un avivamiento poderoso. Entre las personalidades destacadas se encuentra Myrtle D. Beall (1896-1979), pastora del Templo Misionero Bethesda de Detroit que, en 1948, se convirtió en centro del avivamiento. Junto con la Sra. Beall estaban Ivan y Minnie Spencer, que llevaron al Instituto Bíblico Elim, de Lima, Nueva York, al avivamiento. Como fruto de este movimiento de Dios, cientos de mujeres, ungidas y liberadas para ministrar en el Espíritu, volvieron a pasar al frente, algunas predicando y enseñando en sus propias carpas evangelísticas. Cuando el avivamiento perdió ímpetu, muchas de ellas volvieron al anonimato.

Freda Lindsay (1914-) predicó junto con su esposo, Gordon Lindsay, hasta que él murió, en 1973. Con posterioridad, ella editó la revista "Voice of Healing" (La voz de la sanidad) y presidió el Instituto Cristo para las Naciones en Dallas, Texas.

Las mujeres en el avivamiento de la sanidad

El avivamiento de la sanidad también llevó a las mujeres al centro de la escena, aunque en escala más limitada. Inicialmente, el despertar se produjo alrededor del fenomenal ministerio de sanidad de William Branham y fue orquestado por Gordon Lindsay desde su revista *"Voice of Healing"* (La voz de la sanidad). Cuando el avivamiento perdió ímpetu, surgió el énfasis en las misiones y se cambió el nombre por el de Cristo para las naciones. En 1973, cuando Lindsay murió, su viuda, Freda Lindsay (n. en 1914) tomó el mando del ministerio. Actualmente continúa siendo una de las mujeres llenas del Espíritu Santo más influyentes del fin del siglo y supervisa una de las organizaciones misioneras pentecostales más grandes del mundo. Otra mujer que trabajó estratégicamente en la enseñanza en esa misma institución fue Pauline E. Parham (nacida en 1909), nuera de Charles y Sarah Parham.

T. L. y Daisy Osborn

Una pareja que tuvo un rol destacado como líderes del avivamiento, fueron T. L. y Daisy Osborn. Aunque él fue el miembro dominante del equipo durante los primeros veinticinco años, Daisy era la principal administradora y creadora del ministerio. Organizó cruzadas masivas en más de setenta países, e introdujo las películas misioneras como una herramienta para informar a los pentecostales de los Estados Unidos acerca de las misiones.

A mediados de los setenta Daisy observó que las mujeres llenas del Espíritu Santo no estaban involucradas en el ministerio y el liderazgo como ella alguna vez las había visto. Por consiguiente, como administradora y predicadora sumamente ungida que era, fue pionera de los esfuerzos por elevar el nivel de las mujeres por medio de interpretaciones de pasajes bíblicos difíciles. Con el entusiasta apoyo de su esposo, la Dra. Daisy proclamó el "mensaje de Jesús" en cruzadas internacionales por toda África, Asia, América del Norte y del Sur hasta su muerte, en 1995. Durante este período también escribió *Women Without Limits* (Mujeres sin límites), *The Woman Believer* (La mujer creyente) y *5 Choices for Women Who Win* (Cinco opciones para mujeres ganadoras).

Con su ejemplo y el aliento que brindó a las mujeres de países en vías de desarrollo, Daisy revigorizó a las mujeres llenas del Espíritu Santo en todo el mundo, como Margaret Idahosa, en Benin, Nigeria, que preside la Confraternidad Internacional de Mujeres Cristianas, uno de los grupos femeniles más grandes del mundo, que moviliza a las mujeres para el ministerio.

Las mujeres en el avivamiento carismático

Durante fines de los años sesenta y los setenta, era obvio que se estaba produciendo un gran avivamiento con énfasis en el Espíritu Santo. El avivamiento encendió el interés por las cosas del Espíritu en las principales denominaciones protestantes, dinamizó a los católicos y rejuveneció a los pentecostales que languidecían. La conferencia de la ciudad de Kansas, en 1977, dio ciertas indicaciones de que las mujeres nuevamente eran aceptadas en ciertas áreas de liderazgo. Entre las que asistieron como oradoras de sesiones plenarias se encontraba la Dra. Pauline E. Parham. Pero, en la mayoría de los casos, el destacado lugar que habían ocupado las mujeres en los principios del pentecostalismo estaba prácticamente desierto.

Esta relativa ausencia de las mujeres en el liderazgo estratégico, sin duda, se debió a varios factores. Los carismáticos, en general, provenían de denominaciones tradicionales, establecidas, que no habían experimentado la gradual elevación y liberación de las mujeres durante los últimos doscientos cincuenta años. No obstante, las mujeres ungidas eran aceptadas, porque se respetaba la unción del Espíritu Santo, que era obvia sobre sus vidas y ministerios. Pero con frecuencia, se las relegaba a posiciones de "laicas" supervisadas, en estructuras patriarcales, quizá porque, como en la mayoría de los movimientos de avivamiento, esta experiencia nueva y revitalizadora del Espíritu, simplemente se agregó a las perspectivas teológicas ya existentes. En las estructuras del cristianismo tradicional, sencillamente, no se promovía a las mujeres. Un elemento adicional que restringía a las mujeres en esta época fue el énfasis teológico del movimiento de discipulado, que incluía la enseñanza sobre la "cobertura", es decir, que el hombre era la "cabeza" y la mujer debía someterse y subordinarse a él estrictamente.

No obstante, miles de mujeres llenas del Espíritu constituyeron una poderosa base para el movimiento carismático. Estas mujeres engrandecieron iglesias dominadas por el liderazgo masculino, y algunas iniciaron organizaciones femeniles. En algunos casos la unción fue suficientemente fuerte como para lanzarlas más allá de las limitaciones tradicionales y permitirles ministrar a multitudes. En otros, las mujeres maduras del avivamiento pentecostal se sintieron cómodas en puestos de liderazgo y vieron crecer sus ministerios establecidos.

El encuentro del Dr. Cho con Dios

La iglesia más grande del mundo, a fines del siglo XX, era la Iglesia Yoido del Evangelio Completo, pastoreada por Yonggi Cho en Seúl, Corea del Sur. Después de la devastadora guerra de los años cincuenta, irrumpió un avivamiento que dio esperanza y prosperidad a la nación. A medida que la congregación de Cho comenzaba a crecer, él oraba para saber cómo manejarla. En ese tiempo tuvo una conversación con Dios que cambió para siempre su actitud acerca de las mujeres. Cho escribe:

> El Señor comenzó a hablarme:
> – Yonggi Cho, ¿de dónde naciste tú?
> – De una mujer, Señor –respondí.
> – ¿Y en qué regazo te alimentaste?
> – El de una mujer, Señor.
> – ¿Y quiénes me siguieron durante todo mi ministerio y ayudaron a suplir mis necesidades?
> – Las mujeres –dije.
> – ¿Quiénes estuvieron conmigo hasta los últimos momentos de mi crucifixión?
> – Las mujeres.
> – ¿Quiénes fueron a ungir mi cuerpo en la tumba?

– Las mujeres.
– ¿Quiénes fueron la primer testigo de mi resurrección?
– María Magdalena, una mujer.
– A todas mis preguntas, respondiste: 'mujer'. Entonces, ¿por qué les temes a las mujeres? Durante mi ministerio terrenal, estuve rodeado de mujeres amadas y maravillosas. Entonces, mi cuerpo, la Iglesia, ¿no debería estar rodeada y apoyada por mujeres, también?
– ¿Qué otra cosa podía yo hacer? El Señor me había dejado bien en claro que era su voluntad usar a las mujeres en la iglesia.[17]

Así sorprendido y para gran consternación de los hombres de la iglesia, Cho anunció que iba a movilizar a las mujeres para que fueran pastoras de grupos celulares. Fue el chispazo con que se inició el crecimiento explosivo de esa congregación. A fines del siglo, el noventa por ciento de los cincuenta mil líderes de células de esa iglesia eran mujeres y el noventa por ciento de su fenomenal crecimiento era debido a los grupos celulares.

Las mujeres en el movimiento de oración

Además del ministerio de células que facilitó el ascenso de las mujeres, el ministerio de Cho dio origen al movimiento de oración de los últimos días del siglo XX. Esto de hecho, se debe a la suegra de Cho, Jashil Shoi, que concibió la idea ahora tan popular, del Monte de Oración. Su centro de retiros para oración y ayuno sobre el límite entre Corea del Norte y Corea del Sur, no solo ha servido como bastión de la oración, sino también como ejemplo para ministerios similares en todo el mundo.

El movimiento de oración de los años noventa tuvo muchas líderes mujeres. La maestra y escritora Billie Brim, por ejemplo, dirige el monte de oración cerca de Branson, Missouri. Cindy Jacobs, otra prominente líder intercesora, ha fundado junto con su esposo la organización "Generales de Intercesión", en Colorado Springs, Colorado. Además, es coordinadora en los Estados Unidos de la Red de Guerra Espiritual de C. Peter Wagner.

Las mujeres de Aglow Internacional

En la era carismática muchas líderes dotadas iniciaron grupos en los que las mujeres podían fortalecerse y alentarse unas a otras en la fe. Quizá el más conocido de estos grupos sea Aglow Internacional, que comenzó en 1967 como la "versión femenina" de la Fraternidad de Hombres de Negocios del Evangelio Completo. Según las publicaciones de Aglow, su propósito es llevar a las mujeres a Cristo y dar oportunidad a las mujeres cristianas de crecer en su fe y ministrar a otros. Respetando la doctrina prevaleciente del liderazgo masculino, Aglow desarrolló una estructura que daba a las mujeres libertad bajo la dirección de consejeros masculinos.

Esto le ganó el favor de los líderes y las iglesias carismáticas, al tiempo que dio a las mujeres oportunidad para crecer y desarrollarse como líderes. Según su presidenta internacional, Jane Hansen, en la última década del siglo:

– Dios ha dado a la organización tres mandatos: la reconciliación, alcanzar al mundo islámico, y evangelizar los barrios pobres de las ciudades.[18]

Las mujeres en el ministerio de sanidad

Algunas mujeres llenas del Espíritu en la era carismática tuvieron una unción incuestionable para ministrar públicamente y las capacidades administrativas necesarias para desarrollar sus propios ministerios. La más famosa de ellas fue Kathryn Kuhlman (1907-1976), cuyas grandiosas cruzadas de sanidad llenaron los más grandes estadios de los EE.UU., especialmente después de 1965.

Otra mujer muy ungida que llegó un lugar de prominencia con un ministerio público de sanidad en la renovación, fue Viki Jamison-Peterson (n. en 1936). Basada en el mensaje de la palabra de fe y bendecida con una unción evangelística, continúa trabajando con gran éxito, provoca el avivamiento, particularmente en la "dura tierra" de Nueva Inglaterra. Allí sus reuniones han sido el punto de partida de varias congregaciones.

Kathryn Kuhlman (1907-1976) se convirtió en la primera evangelista sanadora en contar con un público televisivo internacional. Sus cruzadas influyeron en evangelistas más jóvenes, como Benny Hinn.

Mujeres de sabiduría y experiencia

Destacadas líderes con raíces en diversas versiones del pentecostalismo clásico experimentaron un nuevo ímpetu en la era carismática.

Desde entonces su influencia ha aumentado, en parte debido a su sabiduría y poder permanente, en parte a su unción, incuestionablemente poderosa y en parte a sus dones y talentos naturales. Su influencia ahora se extiende profundamente a varios países.

Gwen Shaw. La más influyente de estas mujeres es Gwen Shaw (n. en 1924), fundadora de "Siervas y siervos de los últimos días" (*End-Time Handmaidens and Servants,* 1973) y primera mujer en predicar en la famosa Iglesia Bautista de Moscú en 1966. "La hermana Gwen", como suelen llamarla afectuosamente, nació en Canadá, en una familia menonita y vivió su Pentecostés en 1942. Dios la llamó a China mientras era una joven estudiante en un instituto bíblico pentecostal de Toronto, Canadá, en enero de 1944. Para 1947 estaba ministrando en el interior de Mongolia a su "primer amor", el pueblo chino.

Después de escapar por poco de las fuerzas de la revolución comunista en su avance, Gwen continuó ministrando en el Oriente durante veintitrés años desde su base en Hong Kong. Dios ha usado a esta humilde, pero distinguida mujer de fe y compasión, para encender el avivamiento en un país tras otro durante los últimos cuarenta y cinco años. En particular, a partir de 1973, recibió del Señor la comisión específica de alentar a las mujeres en sus llamados. Clamó a Dios por diez mil mujeres que se entregaran por completo a Él y alcanzaran al mundo para Jesús en el poder del Espíritu Santo. El resultado fue que su convención anual de verano atrae a miles de mujeres y hombres de diversos países. La hermana Gwen es una mujer culta, prolífica escritora, editora, compositora y predicadora que continúa alcanzando al mundo desde su sede en Engeltal, Jasper, Arkansas.

Fuschia Pickett. El ingreso de nuevos creyentes con escasos conocimientos bíblicos durante la renovación carismática brindó a los maestros pentecostales y carismáticos oportunidades ilimitadas. Entre estos maestros había mujeres maduras y dotadas que podían enseñar y escribir, gracias a su gran riqueza de conocimientos y experiencia. Un destacado ejemplo es la Dra. Fuschia Pickett (n. en 1918), erudita teóloga, administradora, maestra y autora de trece libros. En el clímax de la renovación carismática, la Dra. Pickett fundó el Instituto Bíblico Fountain Gate (1974) y la iglesia del mismo nombre (1971) en Plano, Texas. En 1988 le pasó el manto al Dr. Sam Sasser y comenzó a viajar por toda la nación como una "madre en Israel"; ayudaba a iglesias y ministros.

La Dra. Pickett comenzó a desarrollar el liderazgo cristiano en más amplia escala por medio de las escuelas bíblicas ya existentes, sus libros y su participación en Strang Communications. Por medio de su prestigiosa editorial de libros carismáticos, lanzó la revista *Spirit Led Women* (Mujeres guiadas por el Espíritu) durante los últimos años del siglo.

Mujeres llenas del Espíritu en los medios

La radio. Quizá ningún otro factor dio mayor prominencia a las mujeres llenas del Espíritu en el siglo XX que los medios, especialmente la radio, la televisión y la tecnología satelital. La primera licencia para una radio cristiana en los EE.UU. fue entregada por la Comisión Federal de Comunicaciones de ese país a la KFSG de Los Ángeles, propiedad de Aimée Semple McPherson. De repente, una voz de mujer predicaba el evangelio públicamente pero, al mismo tiempo, en la privacidad de un hogar. Este fue un comienzo pequeño, pero significativo, para las mujeres en los medios cristianos.

Televisión. Mujeres como Tammy Faye Bakker (n. en 1940), de la cadena televisiva PTL (1974) y Jan Crouch, cofundadora de la cadena *Trinity Broacasting Network* (1973) fueron pioneras en este campo. Otras mujeres muy estimadas que han llegado a la fama mundial por este medio son Marilyn Hickey (n. en 1931) y Joyce Meyer. Además de sus programas televisivos diarios, venden millones de libros y otros materiales para la enseñanza. Marilyn fundó el instituto *Word to the World*, en Denver, en 1981. Suele ministrar a multitudes en otros países, así como a jefes de estado. Joyce, que tiene su sede ministerial en Fenton, Missouri, ministra en iglesias y organiza grandes conferencias en las ciudades más importantes de los Estados Unidos.

Kathryn Kuhlman (1907-1976),
la mujer evangelista más famosa del mundo después de la Segunda Guerra Mundial

Al terminar el décimo grado –lo máximo que podía hacer– Kathryn Kuhlman comenzó a ministrar a los dieciséis años, ayudando a su hermana y su cuñado. Pronto inició su propia obra como predicadora itinerante en

Idaho, Utah y Colorado, hasta establecerse en Denver, en 1933, donde levantó el Kuhlman Revival Tabernacle. Para 1935 había construido el Denver Revival Tabernacle, con capacidad para dos mil personas sentadas. Utilizó eficazmente los medios y tuvo un ministerio radial muy influyente. Pero al contraer enlace con un evangelista, que se divorció de su anterior esposa para casarse con ella, su ministerio en Denver se desmoronó. La pareja continuó evangelizando pero, aparentemente, después de seis años –Kathryn nunca hablaba de este tema–, ella lo abandonó y comenzó a ministrar nuevamente sola.

En 1946, en Franklin, Pensilvania, una mujer fue sanada repentinamente de un tumor durante un culto con Kuhlman. Con esto comenzó el fenómeno de sus famosos "cultos de milagros". Kuhlman solía mencionar la enfermedad específica que era sanada en cierta área del auditorio y la persona a quien correspondía, lo recibía. Nuevamente comenzó un ministerio radial. En 1948 se mudó a Pittsburg, que se convirtió en la sede permanente de su ministerio, ya que realizaba cultos en el Carnegie Hall y el templo de la Primera Iglesia Presbiteriana. Un elogioso artículo de siete páginas en la revista *Redbook*, sobre su ministerio, la catapultó a la fama en su país.

Desde California, en 1965, llegó la insistente invitación de Ralph Wilkerson, del Centro Cristiano de Anaheim –luego llamado Melodyland– para que predicara allí. Kuhlman comenzó a realizar cultos en el Auditorio Cívico de Pasadena, con capacidad para dos mil quinientas personas, pero pronto pasó al auditorio Los Ángeles Shrine donde, durante los diez años que predicó allí, con frecuencia solían ocuparse los siete mil asientos con que contaba el auditorio. También continuaba con las reuniones en Pittsburg, mientras se expandía a la televisión, donde produjo más de quinientos programas para la CBS. En 1972 recibió el primer doctorado honorario de la Universidad Oral Roberts.

Solo a mediados de los años sesenta Kathryn Kuhlman comenzó a identificarse particularmente con el movimiento pentecostal. Los antiguos pentecostales de la tradición de la santidad la encontraban doblemente sospechosa, por ser divorciada y por no dar testimonio de haber hablado en lenguas. Kuhlman no permitía hablar en lenguas durante sus cultos de milagros.

Kathryn Kuhlman se oponía a ser considerada una "sanadora por fe" y daba crédito al Espíritu Santo por las sanidades milagrosas. Creía que los dones de sanidad eran para los enfermos, por lo que el único don que reconocía tener, si ese era el caso, sería el de "fe" o "palabra de sabiduría" (1 Corintios 12:8-9). No tenía explicación de por qué algunas personas eran sanadas y otras no, pero hacía énfasis en que el mayor milagro era la regeneración del nuevo nacimiento, y siempre se refería a sí misma como evangelista.

Además de las sanidades, de las que hay numerosos casos documentados, los fenómenos más sensacionales que solían producirse en sus reuniones eran los de las personas que "caían bajo el Espíritu", o "caían bajo el poder", es decir, caían tendidas al suelo cuando oraba por ellas. Esto solía suceder a decenas de personas al mismo tiempo; algunas veces, cientos de personas.

> Kuhlman trabajaba sin descanso y prestaba minuciosa atención a cada detalle de sus cultos; todo tenía que ser de primera calidad. Los dirigía ella misma, por lo que solía estar de pie cuatro o cinco horas por vez. Era dramática en sus gestos y acentuaba de manera deliberada su hablar. Era pelirroja, muy alta y vestía con elegancia. Su amigo y biógrafo Jaime Buckingham admite que "le gustaba la ropa cara, las joyas, los hoteles de lujo y viajar en primera clase". Fue una estrella hasta la muerte, ocurrida poco antes de que cumpliera los setenta años.
>
> D. J. WILSON en *Dictionary of Pentecostal and Charismatic Movements*

Video y satélite. La revolución tecnológica que se popularizó alrededor de 1980 abrió un camino absolutamente nuevo para la predicación y la enseñanza. El Instituto Bíblico Palabra de Fe (*Word of Faith*) (1979), en Dallas, Texas, fue el pionero en la utilización del video en las escuelas bíblicas. Al grabar las lecciones en su sede, la escuela pudo reproducirlas y preparar con ellas un curso entero de estudios para las iglesias locales que, de otro modo, no tendrían acceso a enseñanza bíblica de calidad para brindar con regularidad a sus miembros, ansiosos por conocimiento. La primera y única mujer que participó con regularidad como maestra bíblica en esta escuela, fue Valarie Owen. Por este medio enseñó a miles de estudiantes en cientos de escuelas de todo el mundo y, cuando la escuela bíblica pasó a utilizar las comunicaciones satelitales en vivo, en 1983, Valarie fue la primera y única mujer en enseñar por esta vía en todo los Estados Unidos y Canadá.

Para fines del siglo, los programas educativos de Joyce Meyer eran emitidos en todos los Estados Unidos y el mundo. También suele llenar los estadios más grandes en su país.

Las mujeres al cierre del siglo XX
Internet

Cuando la Internet se convirtió en un medio fundamental de comunicación, a fines de los noventa, las mujeres llenas del Espíritu estaban listas para aprovecharlo. Muchas mujeres y grupos femeniles, antes aislados por la geografía, aprovecharon la libertad ilimitada para ministrar por medio de páginas web, salas de chat y correo electrónico sin limitaciones de tiempo o espacio. Una tarea destacada en este sentido es la de *God's Word to Women* (La Palabra de Dios para la mujer, www.godswordtowomen.org), que es operada por tres mujeres texanas que enseñan y alientan a mujeres de todo el mundo de manera personalizada. Barbara Collins (n. en 1935), ex decana de asuntos estudiantiles y docente del Instituto Bíblico Fountain Gate de la Dra. Pickett, unió fuerzas con Patricia Joyce (n. en 1938) y Gay Anderson (n. en 1933), para brindar un enlace de comunicación para mujeres llenas del Espíritu, amplio y personal al mismo tiempo. Este innovador sitio toma su nombre y gran parte de su teología del libro de la Dra. Katherine Bushnell, *God's Word to Women*. Como resultado, ahora la obra de la Dra. Bushnell ha llegado a muchas naciones.

Las mujeres y el fuego del avivamiento

Cuando la "tercera ola" arrasó en todo el mundo a fines de la última década del siglo XX, el Espíritu nuevamente llevó a muchas mujeres a lugares de prominencia. En enero de 1994 el avivamiento estalló en la congregación de la Viña pastoreada por John y Carol Arnott, en Toronto, Canadá. Conocidas como "la bendición de Toronto", estas reuniones evangelísticas pronto se convirtieron en la principal atracción turística de la ciudad y la "bendición" se extendió por todo el mundo. En este avivamiento Carol Arnott ocupa una posición tan importante como su esposo y recibe el mismo respeto de los asistentes. Otras partes del ministerio y el avivamiento también reflejan este respeto por las mujeres.

Fred Wright, coordinador de *Partners-in-Harvest* (Compañeros en la cosecha), el brazo ministerial de la iglesia Confraternidad Cristiana del Aeropuerto de Toronto, se ha disculpado públicamente ante las mujeres del avivamiento por el abuso y el maltrato que han sufrido de manos de la iglesia a lo largo de los siglos. La directora del ministerio femenil de la iglesia, y fundadora del ministerio *Releasers of Life* (Liberadoras de vida), Mary Audrey Raycroft, ahora suele ser invitada a enseñar en diferentes lugares del mundo. Está ayudando a levantar un ejército internacional de mujeres confiadas, sanadas, conocedoras de la Biblia para los últimos tiempos.

Eruditas llenas del Espíritu

Durante la última década del siglo, además, las mujeres comenzaron a asistir a los seminarios en cantidades nunca antes vistas. Las mujeres llenas del Espíritu encontraron las puertas abiertas en instituciones de renombre, como la Universidad Oral Roberts, la Universidad Regent, el Seminario Teológico de las Asambleas de Dios, la Escuela de Estudios de Grado de la Iglesia de Dios y el Seminario Teológico Fuller. Entre las principales mujeres eruditas se encuentran: la Dra. Edith Blumhoffer, Cheryl Bridges-Johns, Rebecca Patten y Priscila Benham, que también han asumido posiciones de liderazgo en la Sociedad de Estudios Pentecostales. Otra organización académica que alienta especialmente a las mujeres profesionales al tiempo que confronta las crisis del abuso en los hogares cristianos, es *Christians for Biblical Equality* (Cristianas por la igualdad bíblica).

Aunque es, principalmente, una sociedad evangélica, cada vez más mujeres pentecostales y carismáticas se convierten en parte integrante de esta organización de rápido crecimiento en los últimos días del siglo.

Problemas y soluciones para las mujeres llenas del Espíritu

En la década final del siglo XX, muchas mujeres llenas del Espíritu debieron luchar con la discrepancia entre su experiencia del llamado del Espíritu al liderazgo y los elementos limitadores de las estructuras existentes. Por consiguiente, muchas mujeres eruditas, llenas del Espíritu, comenzaron a develar la actividad del Espíritu Santo en la historia que, vez tras vez, consecuentemente, ha dado libertad, igualdad y confianza en Cristo a las mujeres. Otras estudiaron diligentemente las Escrituras y la cultura de los tiempos neotestamentarios, para descubrir traducciones precisas de pasajes difíciles, intentando armonizar la experiencia del Espíritu Santo con su forma de comprender la Palabra.

Las mujeres llenas del Espíritu Santo creen que la Palabra –interpretada de manera precisa– y la actividad del Espíritu Santo, concuerdan. Parece ahora que el fin del siglo ha traído a las mujeres llenas del Espíritu nuevamente al comienzo del círculo; en 1999, deben recuperar lo que tenían en 1901.

Mujeres de Dios

En momentos estratégicos de la historia de la salvación, Dios ha elegido mujeres y las ha dotado de poder por su Espíritu Santo para cumplir su voluntad de formas extraordinarias. Eligió a María para dar a luz al Salvador. Eligió a otra María para ser la primera en proclamar la Buena Nueva de su resurrección. Y eligió a mujeres de la iglesia primitiva para pastorear, enseñar y proclamar el evangelio. Las mujeres fueron colaboradoras del apóstol Pablo y coherederas con Cristo y sus hermanos en la fe. Y al nacer el más grande avivamiento ocurrido desde el Día de Pentecostés, Él otorgó a una humilde mujer –Agnes Ozman– el privilegio y la responsabilidad de ser la primera en experimentar y proclamar el bautismo pentecostal en el Espíritu en el siglo XX. A lo largo del siglo ha llamado a incontables mujeres y les ha dado el poder para cumplir tanto las tareas más elevadas como las más humildes. En el siglo XX las mujeres llenas del Espíritu Santo comenzaron a descubrir que esas mujeres no fueron excepciones en el plan de Dios sino, por el contrario, prototipos de la mujer de Dios.

· 11 ·

Pentecostalismo afroamericano en el siglo XX

David Daniels III

A lo largo del siglo XX el pentecostalismo negro ha sido un movimiento vital dentro del pentecostalismo estadounidense, dentro del cristianismo. Ha ayudado a crear nuevas opciones en música religiosa, ética social, ministerio comunitario, predicación y teología. Como tradición, ha atravesado tres fases claramente diferenciadas. Irrumpió como un movimiento de renovación junto al movimiento afroamericano de santidad, con la visión de reformar la iglesia negra. A esta fase inicial le siguió la marginalización del pentecostalismo en la iglesia negra y el pentecostalismo comenzó a atraer seguidores de las comunidades marginales y los negros de las clases pobres y trabajadoras.

Durante el último cuarto de siglo el pentecostalismo negro fue una opción elegida mayoritariamente por los miembros de la nueva clase media de raza negra. Esta era también marcó la adquisición por parte del pentecostalismo negro de una imagen popular de espiritualidad y estilo de adoración frescos. En todos los Estados Unidos las congregaciones pentecostales negras están entre las más concurridas y son las más numerosas en miles de comunidades suburbanas y en los barrios pobres. El pentecostalismo afroamericano ha entrado en su segundo siglo como una tradición fundamental dentro de la iglesia negra y el cristianismo en general, en los EE.UU.

El pentecostalismo negro incluye en sus filas a denominaciones y confraternidades cuyos líderes presentan muy diversas perspectivas sobre política, cultura religiosa, relaciones entre los sexos, teología y ministerio. El pentecostalismo negro se caracteriza por su diversidad. Esta diversidad es consecuencia de los movimientos afroamericanos que participaron en la construcción del pentecostalismo en general, así como del pentecostalismo negro. Estas diferentes trayectorias se entrecruzaron dentro del pentecostalismo negro y crearon diversas corrientes denominacionales con un énfasis común en la Biblia, la conversión, el bautismo en el Espíritu Santo y otros aspectos. Aunque el pentecostalismo negro incluye, en su diversidad, muchas variantes, este capítulo estudiará solo las dos posturas opuestas más importantes, en honor de la brevedad.

El pentecostalismo surgió durante el siglo XX como una fuerte presencia dentro de la comunidad afroamericana, que creó un sinnúmero de congregaciones y transformó la vida religiosa de las denominaciones negras históricas. El pentecostalismo continúa siendo singular dentro de los movimientos cristianos en los Estados Unidos, debido a que constituye una comunidad numerosa en la que los movimientos cristianos afroamericanos se cruzaron con los movimientos cristianos blancos, los hispanos y otros en la construcción del pentecostalismo como movimiento religioso. Desde su origen, el pentecostalismo ha sido una expresión del cristianismo interracial y multicultural.

El movimiento de la santidad afroamericano

El pentecostalismo afroamericano comenzó como un movimiento básicamente dentro del movimiento de la santidad afroamericano, que era paralelo al movimiento de la santidad de los blancos y tenía puntos en común con este en los Estados Unidos. Los líderes, las reuniones de oración y los estudios bíblicos y las congregaciones negras, formaron su movimiento de la santidad una vez terminada la Guerra Civil. Los precursores del movimiento fueron líderes que expusieron la doctrina y experiencia de la santidad a comienzos del siglo XIX. Según su propio testimonio, Jarena Lee, miembro de la congregación de Richard Allen y una de las primeras pastoras metodistas africanas, recibió la experiencia de la santificación ya en 1808. William Scott, también afroamericano, le presentó el mensaje de la santidad. Otras pastoras afroamericanas pioneras fueron Zilpha Elaw, Julia Foote y Sojourner Truth, la abolicionista. Daniel Alexander Payne, Joseph C. Price e Isaac Lane fueron los primeros clérigos afroamericanos, y Amanda Berry Smith, la líder de las evangelistas.[1]

El movimiento de la santidad afroamericano consistía en movimientos regionales entrelazados, que se concentraban en la región de Virginia, Pensilvania, Missouri, Carolina del Norte y del Sur, el sur medio (Mississippi, Tennessee, Arkansas, Alabama) y la región de Michigan-Ohio. Estos movimientos regionales atrajeron adherentes de iglesias metodistas y bautistas. En general, los metodistas lideraron el movimiento en el norte y sudeste, mientras que los bautistas lo dominaban en el sur medio.

Un factor que facilitó que las congregaciones no denominacionales se integraran en la iglesia negra, fueron los líderes afroamericanos de la Iglesia de Dios (de Anderson, Indiana), un movimiento birracial de la santidad dirigido por Daniel Warner. Los afroamericans comenzaron a fundar sus propias denominaciones de la santidad en 1867, con el establecimiento de la *Zion Union Apostolic Church* (Iglesia de la Unión Apostólica Zion) en Virginia, bajo el liderazgo de James R. Howell, ministro de la Iglesia Metodista Episcopal Zion (*African Methodist Episcopal Zion Church* o AMEZ).[2]

El avivamiento de Filadelfia en 1877 aseguró un lugar para el movimiento afroamericano de la santidad dentro de la iglesia afroamericana del siglo XX. El avivamiento comenzó en la Iglesia Metodista Episcopal Africana Bethel, el histórico púlpito de Richard Allen, durante el pastorado de George C. Whitfield. Este comenzó su tarea pastoral en Bethel, en junio de 1877, predicando sermones sobre la santidad y organizando una conferencia de todo el día con el mismo tema para el 20 de ese mes. En esa conferencia se demostró el carácter que tendría el avivamiento de Filadelfia, ya que fue birracial, interdenominacional y favorable al liderazgo religioso femenino.

Había afroamericanos de las iglesias anglicanas, bautistas, presbiterianas y metodistas locales en la conferencia. Whitfield invitó como oradores a prominentes clérigos afroamericanos, como Redding B. Johns, pastor de la Primera Iglesia Presbiteriana Africana, y Theophilus Gold, ex pastor de la iglesia Bethel de la AMEC (Iglesia Metodista Episcopal Africana, sigla en inglés).

También estaban invitados clérigos blancos de la santidad, de renombre en todo el país, como John S. Inskip, presidente de la Asociación Nacional de Campamentos para la Promoción de la Santidad; E. I. D. Pepper, editor del *Christian Standard*; y William MacDonald. Además de la iglesia Bethel de la AMEC, las congregaciones fundamentales para el avivamiento fueron la Primera Iglesia Presbiteriana Africana, pastoreada por Redding B. Johns, y la Iglesia Metodista Episcopal de la Unión Americana (*Union American Methodist Episcopal Church*), pastoreada por Lorenzo D. Blackstone.[3]

Entre los ministros de la AMEC en la zona de Filadelfia, el mensaje de la santidad se convirtió en la norma. En la sesión de agosto de la Asociación de Pastores de la AMEC, en 1877, el tema tratado fue la experiencia de la santidad. Cada uno de los doce ministros presentes se definió con relación a la doctrina de la santidad. Estos ministros eran algunos de los clérigos líderes de la AMEC en el país, como Jabez P. Campbell, Bejamin Tanner, Henry McNeal Turner y Levi Coppin. Nueve ministros testificaron haber recibido la experiencia de la santidad: R. Barney, Jabez P. Campbell, W.H. Davis, Theophilus Gold, H. H. Lewis, L. Patterson, W. H. Stiles, Benjamin Tanner y J. S. Thompson. Los dos disidentes del grupo fueron Henry McNeal Turner y Levi Coppin. C. C. Felts confesó que estaba buscando la experiencia de la santidad. Turner definió la experiencia de la santidad como una "obra gradual", en contraste con la mayoría, que la definía como instantánea. Coppin solo aceptaba la experiencia de la conversión "y nada más".

La participación de Campbell, Tanner y Whitfield dio al movimiento fuerte apoyo institucional dentro de la AMEC en Filadelfia, debido a la posición de Campbell como obispo, la influencia de Tanner como editor del semanario nacional *Christian Recorder*, y la posición de Whitfield como pastor de la histórica iglesia Bethel. Se realizaban reuniones de la santidad en las congregaciones de la AMEC en Chester, Germantown y otras zonas aledañas a Filadelfia, así como en el oeste de Filadelfia.[4]

El avivamiento de Filadelfia duró desde 1877 hasta 1879, año en que George Whitfield murió. Además de la muerte de Whitfield, el liderazgo del movimiento de la santidad en Filadelfia sufrió cuando Blackstone fue removido de su pastorado y Johns renunció a su puesto. Las reuniones de la santidad en estas congregaciones cesaron tan repentinamente como habían comenzado. Aun las reuniones de la santidad en Bethel fueron discontinuadas después de ser prohibidas por las autoridades de la congregación. Las reuniones de la santidad en Filadelfia continuaron solamente en los hogares o en reuniones callejeras y el liderazgo pasó de los pastores prominentes a los laicos.

Finalmente las reuniones de la santidad comenzaron a reaparecer en las congregaciones y otros puntos de predicación. Bajo el liderazgo del sucesor de Whitfield en Bethel, Levi Coppin, las reuniones de la santidad fueron nuevamente permitidas en la iglesia. La iglesia wesleyana Zion de la AMEC realizó su primera reunión de la santidad y continuó con reuniones quincenales. También se hacían reuniones de la santidad en el Benezeb Hall, un auditorio público. El avivamiento de Filadelfia en 1877 había hecho florecer el movimiento de la santidad dentro de la Iglesia Metodista Episcopal Africana, más que cualquier otro acontecimiento.[5]

El segundo hecho importante se produjo durante el período en que T. M. D. Ward fue obispo. La Conferencia de la AMEC en el norte de Missouri decidió, en 1881, "salir a predicar el evangelio de la santidad". Además de Ward, los líderes de esta campaña fueron James Taylor y A. W. Talbert. En 1881 el Rdo. James W. Taylor y el obispo T. M. D. Ward dirigían el movimiento de la santidad dentro de la AMEC, en Missouri. Taylor había recibido la experiencia de la santidad en una campaña en carpa en 1877 y Ward anunció públicamente su apoyo al mensaje de la santidad en 1880. A. W. Talbert era pastor de una congregación en Washington, Missouri.

Aunque George Whitfield fue el pastor más prominente de la AMEC en promover la santidad, Amanda Berry Smith fue la persona más destacada que cultivó el interés en la santidad dentro de esa denominación. Su ministerio la llevó por todo el mundo. Predicó en Europa, Asia y África, además de los Estados Unidos, durante el siglo XIX.

Otras mujeres líderes fueron la hermana Callund, Emma Williams y Emily Calkins. Una mujer de apellido Callund, que había estudiado en la escuela de la iglesia Bethel de la AMEC en Filadelfia y predicado el mensaje de la santidad a la congregación en 1878, realizó una gira evangelística en los estados del Oeste. Emma Williams, predicadora de la santidad de la AMEC que se mudó del Norte al Sur, regresó al norte para reunir fondos para levantar el templo de una congregación en el Sur; ya había dirigido tres proyectos de edificación de templos. Estas mujeres, entonces, entrelazaron sus ministerios de santidad con el movimiento de Filadelfia.

Emily Calkins Stevens, nacida en Nueva Jersey, comenzó a trabajar como evangelista de la AMEC en las Carolinas, en 1881. Recibió la experiencia de la santidad en 1853 y comenzó a predicar en 1868.[6]

El mensaje de la santidad también se extendió en las congregaciones negras de Virginia y Carolina del Norte. El Instituto Boydton, de Boydton, Virginia, una ciudad cercana al límite entre Virginia y Carolina del Norte, sirvió como centro para la promoción de la santidad. En 1881 casi todos los estudiantes afroamericanos, que eran ciento cuatro, habían buscado la experiencia de la santidad y gran parte de ellos la había recibido. Estos estudiantes se convirtieron en maestros de escuela y ministros en toda la región.

Durante fines de la década de 1880 y primeros años de la década siguiente, se formaron congregaciones negras de la santidad en Raleigh, Wilmington, Durham y Clinton (Carolina del Norte). Según Henry Fisher, que se incorporó más tarde, en 1886 se inició un avivamiento de la santidad en un hogar de Method, en las afueras de Raleigh. Un pequeño pero comprometido número de afroamericanos adoptó la santidad. En Wilmington, durante noviembre de 1892, Elijah Lowney de Cleveland, Ohio, ex ministro metodista, realizó una campaña de santidad en la Primera Iglesia Bautista, con asistentes de diferentes denominaciones y razas.

El avivamiento de la santidad pronto se extendió más allá de la Primera Iglesia Bautista y pasó al Sam Jones Tabernacle, que tenía capacidad para cuatro mil personas. De ese avivamiento surgió una congregación afroamericana de la santidad. En ese lugar, un pastor local de la AMEC recibió la experiencia de la santidad y se convirtió en el líder. Para 1895, C. J. Wilcox, miembro del equipo de Lowney, formó otra congregación afroamericana de la santidad en esa zona. Unos años más tarde, W. H. Fulford, que pertenecía a la birracial Iglesia de la Santidad Bautizada por Fuego, realizó una exitosa campaña evangelística en Wilmington a la que asistieron tanto blancos como negros. Durante la década de 1890 también se formaron congregaciones afroamericanas de la santidad en el condado de Sampson, alrededor de Clinton y Turkey. En octubre de 1894, el grupo de Raleigh se unió al de Durham para auspiciar una convocatoria.[7]

En septiembre de 1900 C. J. Wilcox, Joseph Silver y John Scott, ministros de la santidad en la zona de Wilmington, organizaron la Convención de la Santidad de la Unión. Para septiembre de 1900 P. N. Marable, de Clinton y W. C. Carlton, de Turkey, ambos clérigos y maestros de escuela, organizaron la Asociación de la Santidad de Big Kahara, aunque algunas personas en los círculos de la santidad abogaban por que los adeptos de este movimiento permanecieran en las congregaciones de las denominaciones ya establecidas y se oponían a que formaran congregaciones separadas.

El 13 de octubre de 1900 los grupos de la santidad en las áreas de Raleigh y Durham, se unieron para organizar una denominación de la santidad, la Santa Iglesia de Carolina del Norte. El 15 de octubre de ese mismo año, los grupos de la santidad de Raleigh, Wilmington y Durham, se unieron para formar la Santa Iglesia de Carolina del Norte y Virginia, con W. H. Fulford como presidente desde 1901 hasta 1916.

Entre las Iglesias Metodistas Episcopales de Color –que luego se llamarían Iglesia Metodista Episcopal Cristiana, o CME, su sigla en inglés– el obispo Lucius Holsey y otros predicaron sermones sobre la santidad a fines del siglo XIX. Durante 1897 hubo institutos de la CME en Missouri, Kentucky y Arkansas, que promovían discusiones de la experiencia de la santidad. En 1903 dos grupos diferentes se separaron de la CME para formar, respectivamente, una asociación y una congregación de la santidad. En West Lake, Louisiana, un grupo organizó la *Christ's Sanctified Holy Church*. En Jackson, Tennessee, un grupo se apartó bajo el liderazgo de Robert E. Hart, ex pastor de Liberty Temple, la iglesia madre de la CME. En la Iglesia Metodista Episcopal Africana Zion (AMEZ), el obispo Alexander Walters predicó mensajes de la santidad durante la década de 1890, y participó de la Asociación Cristiana de la Santidad. D. J. Young, un ministro de AMEZ, se unió al movimiento de la santidad a principios de la década de 1890 y participó en eventos auspiciados por "*Burning Bush*" (La zarza ardiente), oficialmente conocida como Asociación Cristiana Metropolitana.[8]

Denominaciones de la santidad independientes y el restauracionismo afroamericano

El historiador Charles Edwin Brown escribe que, durante 1886, Jane Williams y otros afroamericanos aceptaron el mensaje de la santidad en Charleston, Carolina del Sur. Ellos ayudaron a presentar el mensaje de la santidad –bajo el auspicio de la Iglesia de Dios de Anderson, Indiana– a los afroamericanos de otras partes de Carolina del Sur, Michigan y Alabama. Charles Oglesby, un pastor de la santidad afroamericano, otorgó a Beatrice Sapp su credencial como evangelista de la Iglesia de Dios, en 1891. Más tarde Sapp fue de Carolina del Sur a Alabama y ayudó a establecer congregaciones de la santidad entre los afroamericanos de ese estado. En 1895 pastoreó una pequeña congregación de treinta y cinco miembros en Bessemer.

A fines de la década de 1890, William E. Fuller también organizó congregaciones afroamericanas de la santidad en Carolina del Sur. Fuller participó del comité ejecutivo de la Iglesia de la Santidad Bautizada por Fuego, que era birracial y fue organizada en 1898 en Anderson, Carolina del Sur, por Benjamin Irwin.[10]

William Christian, que había sido ordenado predicador bautista en 1875 y conducía una congregación bautista en Ft. Smith, Arkansas, estableció, en 1888, la Iglesia del Dios Viviente –Comunión Cristiana para Obreros Cristianos– cerca de Wrightsville, Arkansas.

William E. Fuller (1875-1958) fue miembro ejecutivo fundador de la birracial Iglesia de la Santidad Bautizada por Fuego, en 1898.

Después de recibir, en 1888, una revelación de que estaba "predicando doctrinas de hombres y no de Cristo", Christian adoptó los postulados restauracionistas de Alexander Campbell. Esta revelación cambió la teología de Christian y su predicación y lo impulsó a evaluar la fe y práctica bautistas a la luz de la Biblia y criticar el protestantismo denominacional como una religión corrupta. Christian afirmaba que llamar a las iglesias "bautista", "metodista" o "presbiteriana" no era bíblico; que los nombres elegidos debían ser tomados de la Biblia. Criticaba el proceso de la conversión en las iglesias evangélicas y propuso cambiar el énfasis en la tristeza causada por Dios y la "aceptación de la religión" por el arrepentimiento bíblico. Se apartó de la denominación bautista para formar su grupo bíblico que, para 1898, tenía noventa congregaciones o ministerios en once Estados, entre ellos el Territorio Indio.[11]

La nueva predicación bíblica de Christian incluía la conciencia racial. En respuesta a la teoría de que los africanos descendían de las bestias y no del Adán bíblico, Christian defendió la humanidad de los pueblos africanos, con bases bíblicas. Enseñó que Adán era padre de los hebreos, los hebreos eran los pueblos negros originales y de esos negros descendía Cristo. Argumentaba que los europeos y los asiáticos eran humanos provenientes de otro momento de la creación. Christian también impulsaba una crítica implícita del capitalismo. Afirmaba que el planeta pertenecía a Dios, y que la tierra debía ser de posesión común bajo el control del gobierno, que debía alquilarla a los particulares.[12]

En 1902 un grupo se separó de esta fundamental iglesia restauracionista, para formar la Iglesia del Dios Viviente (Iglesia Apostólica). En 1903 otro grupo, dirigido por Magdalena Tate, se separó de William Christian y organizó, en Nashville, Tennessee, la Iglesia del Dios Viviente, Columna y Baluarte de la Verdad.

En la región de Tennessee y Kentucky, George y Laura Goings ayudaron a extender el mensaje de la santidad a los afroamericanos. Los Goings, un equipo pastoral afroamericano asociado a una iglesia de la santidad de California, comenzaron su ministerio en la región en 1897, en Slaughterville, Kentucky. Allí descubrieron un importante movimiento de la santidad que hacía énfasis en las confraternidades eclesiales y se oponía a la formación de congregaciones o denominaciones. También descubrieron una pequeña congregación afroamericana de la santidad que había sido organizada por cuatro afroamericanos en 1892 y era pastoreada por James A. Biglow.[13]

La teología de la santidad que George Goings predicaba incluía un elemento social. Rechazaba todo ministerio a los afroamericanos que no tratara el tema de la devastación de la esclavitud y las injusticias que estaban sufriendo. Sostenía que las estructuras de la sociedad socavaban sistemáticamente todos los esfuerzos para el mejoramiento de la situación de su raza. Además, según su perspectiva, el terrorismo que los estadounidenses blancos empleaban para controlar a los afroamericanos profundizaba la crisis. La escasez de recursos utilizados para mejorar esta angustiosa situación era evidencia de la falta de compromiso social para el progreso de los afroamericanos, según Goings.[14]

El movimiento afroamericano de la santidad en las iglesias bautistas

El movimiento de la santidad dominante entre los afroamericanos en el Sur medio surgió a mediados de la década de 1890 bajo el liderazgo de Charles Price Jones y Charles Harrison Mason. El movimiento adoptó diversas formas institucionales: conferencias, campañas evangelísticas, publicaciones, evangelistas itinerantes, congregaciones de la santidad y asociaciones de congregaciones y clérigos. Aunque Mason era evangelista itinerante bautista cuando aceptó el mensaje de la santidad, Jones ya era un pastor bautista establecido, con experiencia pastoral en Arkansas y Alabama. Jones comenzó a pastorear en 1895, en la Iglesia Bautista Mt. Helm, una prestigiosa congregación universitaria en Jackson, Mississippi, predicando sermones sobre la santidad y organizando campañas de avivamiento de la santidad. Auspició su primera convención de la santidad en junio de 1896 en Mt. Helm. Para 1897, la conferencia atraía a un gran número de personas de Mississippi, Arkansas, Louisiana, Tennessee, Alabama, Missouri, Illinois, Carolina del Norte y Georgia.[15]

Varias congregaciones bautistas se identificaron con el movimiento a fines de la década de 1890. Originalmente, dos congregaciones ya establecidas se unieron al movimiento: la más prominente fue Mt. Helm; la otra congregación fue la Iglesia Bautista Damascus, de Hazelhurst, Mississippi, pastoreada por Walter S. Pleasant. Las otras congregaciones relacionadas con el movimiento ya se iniciaron como congregaciones de la santidad. Para 1905, a las diez congregaciones bautistas establecidas se les unieron veintinueve congregaciones recientes para formar una asociación regional con congregaciones dispersas por todo el sur medio.

Dentro de las congregaciones ya establecidas, con frecuencia, había luchas eclesiásticas. En octubre de 1901, Charles Price Jones y la mayoría de Mt. Helm perdieron la posesión de la propiedad de la iglesia en manos del grupo opuesto al movimiento de la santidad después de una batalla legal. Esta derrota no fue el fin del ministerio de Jones. Apenas producida la pérdida, Jones organizó el Christ Temple como congregación independiente. Para 1906, Christ Temple había construido un edificio con capacidad para dos mil personas sentadas. En esa época, los domingos, entre ochocientas y mil personas se reunían en ese templo.

El movimiento afroamericano de la santidad entró al siglo XX con aproximadamente doscientas congregaciones esparcidas por todos los Estados Unidos. Además de estas congregaciones, había personas destacadas, como la evangelista de la AMEC, Amanda Berry Smith, la misionera bautista Virginia Broughton y el obispo de la AMEZ Alexander Walters, que eran líderes del movimiento, pero permanecieron dentro de sus denominaciones originales.

El movimiento afroamericano de la santidad formó el núcleo del pentecostalismo afroamericano, ya que la mayor parte de las siete denominaciones principales tuvieron su origen en comunidades y denominaciones negras originadas a fines del siglo XIX. En su mayor parte, las denominaciones pentecostales negras pueden agruparse en siete familias denominacionales principales:

1. La Iglesia Santa Unida de América
2. La Iglesia del Dios Viviente
3. La familia de la Iglesia de Dios en Cristo
4. La Iglesia de Dios (Apostólica)
5. La Iglesia de la Santidad Bautizada por Fuego de las Américas
6. La Iglesia de Dios de la Fe Apostólica
7. Las Asambleas Pentecostales del Mundo

Solo las últimas dos familias denominacionales son minoritarias, y sus orígenes se remontan al avivamiento de la calle Azusa. El movimiento afroamericano de la santidad participó en la construcción del pentecostalismo estadounidense, y contribuyó fundamentalmente a la formación del pentecostalismo afroamericano.[17]

William J. Seymour y el avivamiento de la calle Azusa

A partir de una congregación relacionada con el movimiento afroamericano de la santidad, se originó el avivamiento de la calle Azusa, centro de surgimiento del pentecostalismo como movimiento nacional e internacional. En 1906, una pequeña congregación afroamericana de la santidad pastoreada por Julia Hutchins, auspició una campaña evangelística con William J. Seymour como predicador. Fue en esta campaña que el movimiento afroamericano de la santidad comenzó a participar de la construcción del pentecostalismo y que el pentecostalismo se convirtió en un movimiento internacional. Hutchins invitó a Seymour a Los Ángeles desde Houston, haciendo caso de la entusiasta recomendación de Lucy Farrow, sobrina del fallecido Frederick Douglass. Según el historiador Cecil R. Robeck, Hutchins y los demás miembros habían formado la nueva congregación después de separarse de la Segunda Iglesia Bautista, que no había aceptado la doctrina de la santidad.

William Joseph Seymour (1870-1922) pastoreó la Misión de la calle Azusa durante los "días de gloria", de 1906 hasta 1909. Estableció el pentecostalismo como una fuerza de alcance mundial.

Después de escuchar a Seymour, Hutchins lo echó del púlpito debido a su interpretación pentecostal del mensaje de la santidad. Pero otros miembros de la congregación, primero Edward Lee y luego Richard Asberry, invitaron a Seymour a continuar predicando en sus respectivos hogares. La cantidad de gente que asistía a estas reuniones hogareñas aumentaba cada vez más, hasta que Seymour consiguió las instalaciones de Azusa 312, anterior santuario improvisado de la iglesia St. Stephen de la AMEC –luego llamada Primera Iglesia de la AME–. Las reuniones de Seymour en la Misión de la Fe Apostólica de la calle Azusa atrajeron la atención de blancos, negros y latinos de la zona, especialmente de aquellos que eran parte de la comunidad de la santidad. Poco después, representantes de grupos de la santidad locales y regionales de todos los Estados Unidos confluyeron en Azusa para examinar la nueva enseñanza.[18]

A los doce meses el avivamiento de Azusa ya se había convertido en un movimiento internacional y publicaba un periódico mensual, *Apostolic Faith* [Fe apostólica]. Desde 1906 hasta 1908, Seymour, la Misión de la Fe Apostólica y su periódico brindaron al movimiento un centro fundamental y el liderazgo inicial fundamental para su desarrollo. Como su par de la santidad, el movimiento pentecostal era, básicamente, local y regional y su liderazgo era variado, ya que incluía tanto mujeres como hombres. En diversos lugares el pentecostalismo absorbió congregaciones enteras afroamericanas de la santidad. El avivamiento de Azusa definió al pentecostalismo tanto en los Estados Unidos como en el mundo, marcó la pauta de sus relaciones raciales y le dio su carácter multicultural.[19]

Seymour conoció la interpretación pentecostal del mensaje de la santidad gracias a Charles Parham. Parham popularizó el vínculo entre la glosolalia y el evento bíblico de Pentecostés en Hechos 2, y describió esta experiencia como el bautismo en el Espíritu Santo, posterior a la experiencia de la santificación. Comenzó a predicar esta nueva doctrina en 1901, en los círculos de la santidad en los Estados del oeste medio de los EE.UU. En 1905 William J. Seymour se inscribió en el instituto de Parham en Houston, aunque la política segregacionista de Parham le impedía asistir a las clases junto con los estudiantes blancos. En 1906 Seymour llevó este nuevo mensaje a Los Ángeles.[20]

Algunos de los líderes afroamericanos de la santidad que adoptaron el pentecostalismo, y sus congregaciones, fueron William Fuller, W. H. Fulford, Magdalena Tate, Charles Harrison Mason, Thomas J.

Cox y F. W. Williams. Entre los líderes afroamericanos de la santidad que se opusieron a la nueva doctrina pentecostal, se encuentran Amanda Berry Smith, el obispo Alexander Walters, George y Laura Goings, William Christian, Charles Price Jones y Virginia Broughton. Aunque algunos líderes afroamericanos de la santidad cortaron lazos con los nuevos líderes afroamericanos pentecostales, otros continuaron considerándolos sus colegas en el ministerio.

William Joseph Seymour

De todos los líderes religiosos afroamericanos destacados en el siglo XIX, uno de los menos apreciados es William Joseph Seymour, el pastor de la Misión de la calle Azusa, en Los Ángeles, donde se inició el movimiento pentecostal mundial. Solo en las últimas décadas los estudiosos han tomado conciencia de su importancia, quizás a partir del historiador Sydney Ahlstrom, de la Universidad de Yale, que dijo que Seymour personificaba una piedad negra "que ejerció su mayor influencia directa en la historia religiosa estadounidense"; lo colocó así a la cabeza de figuras como W. E. B. Dubois y Martin Luther King Jr.

William Joseph Seymour nació en Centerville, Louisiana, el 2 de mayo de 1870, hijo de los ex esclavos Simon y Phyllis Seymour. Aunque se crió en la iglesia bautista, en su juventud solía tener sueños y visiones. A los 25 años se mudó a Indianápolis, donde trabajó en los ferrocarriles y fue mozo en un restaurante distinguido. Aproximadamente para este tiempo, contrajo viruela y quedó ciego de su ojo izquierdo.

En 1900 se mudó a Cincinnati, donde se unió a la Iglesia de Dios "de la Reforma" –con sede en Anderson, Indiana– también conocida como "los santos de la luz vespertina". Aquí se involucró profundamente con la teología radical de la santidad, que enseñaba la entera santificación como una segunda bendición –es decir, la santificación como una experiencia posterior a la conversión, que produce la completa santidad– la sanidad divina, el premilenarismo y la promesa de un avivamiento mundial del Espíritu Santo antes del arrebatamiento.

En 1903 Seymour se mudó a Houston, Texas, en busca de su familia. Allí se unió a una pequeña iglesia de la santidad pastoreada por una mujer afroamericana, Lucy Farrow, que pronto lo puso en contacto con Charles Fox Parham, un maestro de la santidad bajo cuyo ministerio una estudiante había hablado en lenguas –glosolalia– dos años antes. Para Parham esta era la "evidencia bíblica" del bautismo en el Espíritu Santo. Cuando Parham abrió un instituto bíblico para capacitar a los discípulos en su "fe apostólica", Farrow instó a Seymour a que asistiera a él.

Debido a que las leyes del Estado de Texas prohibían que los negros se sentaran en clase junto con los blancos, Parham sugirió a Seymour que permaneciera en el pasillo para escuchar sus enseñanzas. Aquí Seymour aceptó la premisa de Parham sobre una "tercera bendición", el bautismo en el Espíritu Santo con la evidencia de hablar en lenguas. Aunque Seymour no había experimentado personalmente el don de lenguas, algunas veces predicaba este mensaje con Parham, en las iglesias de Houston. A principios de 1906 Seymour fue invitado a ayudar a Julia Hutchins a pastorear una iglesia de la santidad en Los Ángeles. Con el apoyo de Parham, Seymour viajó a California, donde predicó la nueva doctrina pentecostal, con Hechos 2:4 como texto base. Pero Hutchins rechazó su enseñanza sobre el don de lenguas, y cerró con candado la puerta para que ni él ni su mensaje pudieran regresar.

Seymour, entonces, fue invitado al hogar de Richard Asberry, en la calle Bonnie Brae 214, donde el 9 de abril, después de un mes de intensa oración y ayuno, tanto él como varios otros hablaron en lenguas. Rápidamente se corrió la voz de los extraños sucesos que se producían en Bonnie Brae y tanta fue la gente que se reunió, que Seymour se vio obligado a predicar en el porche de entrada a la multitud que se reunía en la calle para escucharlo... hasta que llegaron a ser tantos que el porche cedió bajo el peso y cayó estrepitosamente.

Seymour buscó un edificio adecuado en Los Ángeles. Lo que encontró fue una vieja iglesia metodista episcopal africana que, tras estar abandonada por un tiempo, últimamente había sido utilizada como establo y depósito. Aunque estaba casi hecha pedazos, Seymour y su pequeña banda de lavanderas, mucamas y obreros afroamericanos limpiaron el edificio, colocaron asientos hechos con planchas de madera y armaron un púlpito con viejas cajas de madera. Los cultos comenzaron a mediados de abril en la iglesia, que tomó el nombre de "Misión de la Fe Apostólica".

Lo que sucedió en Azusa durante los tres años siguientes iba a cambiar el curso de la vida de la iglesia. Aunque el pequeño edificio solo medía doce por quince metros, hasta seiscientas personas se agolpaban en su interior, mientras cientos más miraban desde afuera por las ventanas. La atracción central era el don de lenguas, además de los tradicionales estilos de adoración de los negros con gritos, trances y danzas santas. No había orden de culto, dado que "el Espíritu Santo tenía el control". No se levantaban ofrendas, aunque había una caja en la pared con un cartel que decía: "Arréglelo con el Señor". Los colaboradores oraban entusiastamente con aquellos que anhelaban recibir el don de lenguas. Era un lugar ruidoso, y los cultos duraban hasta bien entrada la noche.

En septiembre Seymour comenzó a publicar su propio periódico, llamado *Apostolic Faith* (Fe apostólica). En su momento de mayor circulación llegaba a aproximadamente cincuenta mil suscriptores en todo el mundo.

Después de los "años de gloria", desde 1906 hasta 1909, la obra misionera de Azusa se convirtió en una pequeña iglesia afroamericana pastoreada por Seymour hasta su muerte, el 28 de septiembre de 1922, y luego por su esposa, Jennie, hasta que ella también falleció en 1936. Luego fue vendida a causa de deudas de impuestos y demolida. Actualmente funciona allí un centro cultural japonés.

Para el año 2000 los herederos espirituales de Seymour, los pentecostales y carismáticos, eran más de quinientos millones en todo el mundo; constituyen así en la segunda familia cristiana más grande del mundo. Hoy prácticamente todos los movimientos pentecostales y carismáticos tienen sus orígenes, directa o indirectamente, en la humilde obra misionera de Azusa y su pastor.

VINSON SYNAN
Christian History

El ideal interracial

La Misión de la Fe Apostólica de Azusa fue un modelo de relaciones interraciales. Desde 1906 hasta 1908, negros, blancos, latinos y asiáticos adoraron juntos en la obra misionera. Líderes pentecostales blancos, como Florence Crawford, Glenn Cook, R. J. Scott y Clara Lum trabajaron junto con el pastor Seymour y otros afroamericanos como Jennie Evans Moore, Lucy Farrow y Ophelia Wiley. El temprano pentecostalismo tuvo problemas con su identidad interracial en una época en que, en el cristianismo y la sociedad estadounidense, la mayor parte de las instituciones y los movimientos practicaban la segregación. Frank Bartleman, participante del avivamiento de la calle Azusa, se maravillaba: "La línea que separaba los colores ha sido borrada por la sangre [de Jesucristo]".

Mientras bautistas, metodistas, presbiterianos y congregaciones de la santidad formaron iglesias racialmente segregadas desde 1865 hasta 1910, los pentecostales blancos y negros pastoreaban, predicaban, compartían y adoraban juntos entre 1906 y 1914. En general, los ministros blancos pentecostales no se sumaron a las denominaciones pentecostales con líderes blancos antes de 1914 pero, en cambio, muchos se asociaron al grupo pentecostal de la santidad de mayoría negra, la Iglesia de Dios en Cristo. Los líderes pentecostales se oponían por completo al Ku Klux Klan y fueron objeto del terrorismo del Klan debido a su ética pentecostal interracial. Pero el racismo también tiñó el ideal interracial en los comienzos del pentecostalismo. Charles Parham tenía comportamientos racistas y una actitud condescendiente hacia los líderes negros, especialmente Seymour.

En 1908 los negros se separaron de la Iglesia de la Santidad Bautizada por Fuego (luego llamada Iglesia Pentecostal de la Santidad). En 1913 la Iglesia Pentecostal de la Santidad permitió a las congregaciones negras que quedaban, que formaran su propia denominación. En 1914 un gran grupo de blancos se separó de la Iglesia de Dios en Cristo. En 1924 la mayoría de los blancos se separó de las Asambleas Pentecostales del Mundo, que tenían un cincuenta por ciento de afroamericanos. Aunque la segregación entre los pentecostales siguió el patrón del protestantismo estadounidense después de la Guerra Civil, hubo excepciones. No todos los blancos se apartaron de la Iglesia de Dios en Cristo o de las Asambleas Pentecostales del Mundo. Blancos y negros continuaron luchando juntos por estructurar sus relaciones interraciales durante el clímax del segregacionismo en los Estados Unidos.[21]

Dentro del pentecostalismo negro, se produjo, después, una lucha por desarrollar relaciones interraciales constructivas. En 1924 la Iglesia de Dios en Cristo adoptó el modelo protestante de establecer una conferencia minoritaria –específicamente, una conferencia para blancos– para unir a las congregaciones que pertenecían a esta denominación, de mayoría negra, en todos los Estados Unidos. Esta decisión se tomó en respuesta al argumento de los clérigos que cuestionaban la anomalía de las congregaciones blancas en una denominación negra, como una minoría racial dentro del sistema mayor, pero trataban de maximizar su presencia uniéndose bajo una misma unidad administrativa. La conferencia existió hasta principios de la década de 1930, cuando los líderes, en su mayoría negros, abolieron la conferencia y acusando a sus líderes de formar otra denominación.

Desde 1919 hasta 1924 las Asambleas Pentecostales del Mundo fueron una denominación interracial. Tuvieron un drástico aumento en su membresía negra debido a la atracción de Garfield Thomas Haywood, un ministro afroamericano que fue elegido por su denominación interracial como secretario general en 1919, y vicepresidente ejecutivo en 1922. Entre 1924 y 1927 la denominación, primero, perdió un gran grupo de blancos, luego se fusionó con otro grupo de blancos, y finalmente se reorganizó como una denominación con mayoría negra que reservaba una representación a la minoría blanca en todos los niveles de su estructura.[22]

Los pentecostales negros dan nueva dirección al movimiento afroamericano de la santidad

Ya en la primera década los pentecostales negros llegaron a superar en número a los adherentes del movimiento de la santidad en su raza. En lugar de definirse en contraste con el movimiento afroamericano de la santidad, los líderes pentecostales negros expandieron los límites de aquel para incluir tanto a los creyentes de la santidad que no eran pentecostales, como a los que eran pentecostales. Estos líderes se referían a sus congregaciones como grupos de la santidad o "santificados", en lugar de iglesias pentecostales. Así, la identidad de la santidad incluía la experiencia pentecostal.

Estos pentecostales también adoptaron la postura de una iglesia opuesta al mundo. Su orientación y prácticas cristianas reflejaban más la ética religiosa del siglo XIX que la del XX. "Demorarse" ante el altar se convirtió en el sinónimo pentecostal del "banco del arrepentimiento" de los bautistas, elementos ambos que definían su experiencia de la fe cristiana. Al "demorarse", practicando una forma de oración contemplativa, los pentecostales negros experimentaban la conversión, la santificación y el bautismo en el Espíritu Santo por soberanía de Dios. Este "demorarse" se convirtió en el marco dentro del cual se desarrolló la cultura pentecostal negra, con su conjunto de prácticas musicales y de alabanza: canciones y letanías, improvisación, diversidad de instrumentos musicales, sonidos y percusiones rítmicas, danza religiosa, oraciones recitadas y respuestas habituales de "aleluya", "gloria", "gloria a Dios", "gracias" y "sí, Señor".

Como "iglesia santificada", los pentecostales negros incorporaron elementos de los movimientos de oración y sanidad de fines del siglo XIX. A partir de Elizabeth Mix, la primera mujer negra que actuó como evangelista y sanadora de tiempo completo en las décadas de 1870 y 1880, el movimiento de sanidad dentro del movimiento afroamericano de la santidad se convirtió en un elemento central del pentecostalismo negro. Charles Harrison Mason, W. H. Fulford, Lucy Smith, Rosa Artemus Horne y Saint Samuel tuvieron ministerios como evangelistas y sanadores. En Chicago, Mattie y Charles Poole iniciaron un conjunto de congregaciones basándose en el modelo del Templo de Sanidad Bethel que hacía énfasis en el ministerio de sanidad.

Con frecuencia los ministerios de oración servían como contexto para ministerios de sanidad e intercesión. Charles Harrison Mason, Elizabeth Dabney, Samuel Crouch y Elsie Shaw se hicieron famosos por su dedicación a la oración. Las vigilias de toda la noche, llamadas "encierros" y consagraciones, reuniones de oración de tres o cuatro horas de duración, ayunos dos veces por semana junto con periódicos ayunos de cuarenta días de duración, eran los elementos básicos de los ministerios de oración. Para estos ministerios de oración también era vital la práctica de un culto en el que las personas podían "demorarse": un rito de oración que preparaba a las personas para la conversión, santificación y el bautismo en el Espíritu Santo. La tradición de la oración y la sanidad fue una fuerza unificadora en el pentecostalismo negro, la contraparte de las tendencias divisivas por conflictos interdenominacionales y controversias doctrinales.[26]

Los debates sobre la ordenación de mujeres y el ministerio de líderes femeninas dentro del movimiento afroamericano de la santidad, condicionaron las decisiones sobre la ordenación de mujeres entre los pentecostales negros. Mientras la Iglesia de Dios en Cristo aprobaba las mujeres evangelistas, pero limitaba la ordenación para el ministerio a los hombres, la Iglesia del Dios Viviente y la Iglesia Santa Unida ordenaban a mujeres. Aunque varias denominaciones ordenaban a mujeres, las pastoras estaban continuamente soportando ataques retóricos de diversos ángulos por "usurpar la autoridad de los hombres". A pesar de esta tendencia, en ciudades donde había solo una congregación pentecostal negra, en muchos casos, había pastoras.

Estas congregaciones, generalmente, habían surgido como resultado de grupos de oración dirigidos por mujeres. En Brooklyn, hasta mediados de la década del veinte, solo existió la St. Mark Holy Church, de Eva Lambert. En Harlem, las congregaciones pentecostales negras existentes fueron pastoreadas por mujeres hasta que llegó Robert Clarence Lawson, en 1919. Aunque la Iglesia Santa Unida y las Asambleas Pentecostales del Mundo ordenaban a mujeres como ministros y las autorizaban para pastorear iglesias, las excluían del puesto de obispos. Por consiguiente, las mujeres pentecostales negras adoptaron el modelo establecido en 1903 por Magdalena Tate, de mujeres que fundaron y lideraron denominaciones que promovían la completa igualdad de hombres y mujeres en la iglesia.

Un caso destacado fue el de Ida Robinson que, en 1924, hizo que su congregación abandonara la Iglesia Santa Unida, porque negaba a las mujeres la posibilidad de llegar a ser obispos y fundó la Mt. Sinai Holy Church para rectificar esa desigualdad. En 1944 Beulah Counts, pastora de la congregación de Brooklyn dentro de la Mt. Sinai Holy Church, se separó de su denominación y formó la Greater Zion Pentecostal Church of America. Ese mismo año Magdalena Mabe Phillips, pastora de una congregación de la Iglesia Santa Unida en Baltimore, se paró de su denominación para organizar la Iglesia Pentecostal Alfa y Omega.

En 1947 Mozella Cook renunció de la Iglesia de Dios en Cristo y estableció la Sought Out Church of God in Christ and Spiritual House of Prayer en Brunswick, Georgia. Durante el año siguiente Florine Reed estableció Temple of God, con su primera congregación en Boston, Massachussets. The House of the Lord, fundada por Alonzo Austin Daughtry en 1930, en Augusta, Georgia, fue una de las pocas denominaciones no organizadas por mujeres que eligió a una mujer como obispo presidente. Inez Conroy sucedió a Daughtry en 1952 y sirvió en ese puesto hasta 1960. Aun en las denominaciones dominadas por hombres, las mujeres pentecostales negras tuvieron roles fundamentales y progresistas en los departamentos femeniles.[27]

Obispo Ida Robinson (1891-1946). Abandonó la Iglesia Santa Unida en 1924 para fundar la Mt. Sinai Holy Church, que continuó bajo liderazgo femenino después de su muerte.

Tanto los hombres como las mujeres pentecostales también ayudaron a desarrollar la música precursora del *gospel*, llamada "música santificada". La música santificada se convirtió en el mayor canal de música *folk* religiosa negra con raíces en la cultura de los esclavos del África occidental, que se caracterizó por sus llamados y respuestas, improvisaciones, pluralidad de ritmos y armonías diatónicas. Según Anthony Heilbut, un historiador de la música gospel, el movimiento pentecostal negro fue fundamental para el desarrollo de este tipo de música. Además de Thomas Dorsey, un bautista que es reconocido como padre del estilo gospel, Sallie Martin viajó por todo el país, sola y con Dorsey, organizando coros *gospel* en congregaciones negras. Sallie asistía a las convenciones pentecostales negras para presentar las nuevas canciones.

Los artistas pentecostales negros famosos como Sallie Sanders, Ford McGee y Arizona Dranes agregaron las nuevas canciones gospel a sus repertorios. En sus grabaciones de la década del veinte, los artistas pentecostales negros presentaron a la comunidad religiosa más amplia su cultura musical, que incorporaba el estilo de jazz de Nueva Orleáns y el acompañamiento de piano, y no hacía distinción entre música sagrada y secular. Esta cultura musical preparó a la comunidad religiosa negra para las composiciones corales y para solistas creadas por Dorsey, que este comenzó a distribuir a fines de los años veinte. Finalmente, en la década del treinta, los programas radiales de Eva Lambert en la ciudad de Nueva York, junto con los de Lucy Smith y William Roberts en Chicago, introdujeron las nuevas composiciones gospel en miles de hogares.[28]

Durante la década del cincuenta el movimiento pentecostal negro sufrió su primer gran desafío interno, con el surgimiento del movimiento de liberación afroamericano, con su énfasis en los milagros y exorcismos popularizados por William M. Branham y A. A. Allen. Los ministerios de liberación eran considerados como más cercanos al poder de Dios que las congregaciones pentecostales negras comunes. La mayoría de estos ministerios reafirmaban la identidad de las iglesias santificadas, con su énfasis en la consagración, las expresiones demostrativas, el júbilo y las danzas religiosas. Para 1956 Arturo Skinner fue una figura clave que fundó centros evangelísticos de liberación, con sede en Newark, Nueva Jersey.

Mientras los ministerios de liberación surgían en las congregaciones pentecostales tradicionales, como la Iglesia de Dios en Cristo Temple of Faith, de Chicago, bajo el pastorado de Harry Willis Goldsberry, y la Iglesia de Dios en Cristo Ephesians, en Berkeley, con E. E. Cleveland, nuevas congregaciones que competían con el pentecostalismo negro clásico surgieron en los centros urbanos. Entre ellas podemos mencionar el Centro Evangelístico de Liberación, de Filadelfia, fundado por Benjamin Smith en 1960 y el Centro Evangelístico Monumento de Fe, fundado por Richard Henton en Chicago, en 1963. El movimiento de liberación de los años cincuenta y primeros años de la década del sesenta, fue la primera experiencia interracial de alcance nacional dentro del pentecostalismo estadounidense, desde los experimentos interraciales de los primeros tiempos del pentecostalismo, que terminaron para la década del treinta.[29]

Ecumenismo y testimonio social afroamericano

Para la década del treinta las congregaciones pentecostales negras urbanas comenzaron a cooperar con las organizaciones ecuménicas afroamericanas de alcance nacional. Las denominaciones pentecostales negras, según la historiadora Mary Sawyer, lentamente llegaron a unirse al Consejo Fraternal Nacional de Iglesias Negras (*National Fraternal Council of Negro Churches*). El consejo fue el mayor organismo ecuménico entre las denominaciones negras de principios del siglo XX. Fue fundado en 1934 por iniciativa del clérigo de la AMEC, Reverdy Ramson, por varias denominaciones negras: la Iglesia Metodista Episcopal Africana; la Iglesia Metodista Episcopal Africana Zion; la Convención Nacional Bautista de EE.UU.; la Convención Nacional Bautista de América; la Iglesia Metodista Episcopal de la Unión Americana y delegados de Iglesias de la Comunidad, Congregacionales, de la Santidad y Metodistas Episcopales. Las denominaciones pentecostales negras que se sumaron al consejo fueron la Iglesia de Dios en Cristo, la Iglesia de Nuestro Señor Jesucristo de la Fe Apostólica y la Iglesia Pentecostal.

Lamentablemente, cuando los pentecostales blancos organizaron la Confraternidad Pentecostal de Norteamérica, en 1948, se negaron a aceptar denominaciones pentecostales negras. No obstante, en general, las denominaciones pentecostales negras participaron, en 1947, de la fundación de la Conferencia Mundial Pentecostal, una asamblea internacional, multirracial, trienal. En años más recientes la Iglesia de Dios en Cristo se convirtió en miembro fundadora del Congreso de Iglesias Nacionales Negras, la organización ecuménica afroamericana más importante de fines del siglo XX.

Pentecostales negros como William Bentley y George McKinney fueron miembros activos de la Asociación Nacional de Evangélicos, así como la Asociación Nacional Evangélica Negra. Durante la década del ochenta, J. O. Patterson Sr., bajo el auspicio de la Iglesia de Dios en Cristo, convocó a la primera asamblea nacional de denominaciones pentecostales afroamericanas, para comenzar el proceso de cooperación entre los pentecostales negros. Finalmente, en 1994, líderes de denominaciones blancos y negros organizaron las Iglesias Pentecostales y Carismáticas de Norteamérica, primer consejo ecuménico interracial nacional de los pentecostales.[30]

Los líderes pentecostales negros también se unieron a las filas de los activistas sociales cristianos, que se involucraron en campañas por mejores relaciones interraciales y el progreso racial de los afroamericanos. William Roberts fue miembro de la delegación del Consejo Fraternal Nacional de Iglesias Negras, que fue a Washington D.C. en 1941 para exigir justicia económica para los afroamericanos. Robert Clarence Lawson se unió al pastor bautista Adam Clayton Powell Jr. y otros clérigos de Harlem, que hacían campaña por la igualdad de oportunidades laborales para los negros. Arenia C. Mallory, líder de la Iglesia de Dios en Cristo, era miembro del Gabinete de Mujeres Negras, que asesoraba a la primera dama Eleanor Roosevelt sobre diversos asuntos desde la perspectiva de la mujer negra.

En la década del cincuenta Smallwood Williams sostuvo una batalla legal contra la segregación en las escuelas públicas en Washington, D.C., y J. O. Patterson Sr. participó en la campaña local por los derechos civiles en Memphis, Tennessee. Durante la década del sesenta, Arthur Brazier y Louis Henry Ford participaron activamente en campañas por los derechos civiles en Chicago, mientras que Ithiel Clemmons y Herbert Daughtry se involucraron en campañas similares en la ciudad de Nueva York. Entre las iglesias bombardeadas durante el movimiento por los derechos civiles se encuentran congregaciones pentecostales negras situadas en Winnsboro, Louisiana; DeKalb, Mississippi y Plainview, Texas.[31]

La transformación de la identidad de la iglesia santificada en la nueva iglesia pentecostal negra

Nuevos líderes pentecostales negros inauguraron, entonces, una nueva era dentro del pentecostalismo negro. Presentaron imágenes nuevas del pentecostalismo afroamericano que suplantaron a las que, durante medio siglo, lo habían identificado como iglesia "santificada" o "de la santidad". Fueron líderes pentecostales negros progresistas, que edificaron basándose en las trayectorias pentecostales negras que promovían la educación, el ecumenismo y la justicia social. Desafiaron la mentalidad estrecha de los pentecostales negros y buscaron una doble identificación con la iglesia negra y con el pentecostalismo estadounidense. Rechazaron de plano su pasado localista y estrecho y buscaron un contexto eclesiástico más apropiado para los negros pentecostales. Esta doble identificación tuvo éxito: logró romper la estrechez del pentecostalismo negro, debida a su marginalización y aislamiento de los centros principales y secundarios del protestantismo estadounidense.

Mientras la iglesia santificada tenía escasa visibilidad pública o importancia y reconocimiento fuera de los vecindarios negros pobres, el pentecostalismo –especialmente, el pentecostalismo blanco de clase media– ganaba visibilidad gracias a figuras nacionales como Oral Roberts y Kathryn Kuhlman y movimientos como la renovación carismática y "la gente de Jesús". La iglesia negra cobró prominencia y capital moral suficiente, gracias a su rol vital en el movimiento por los derechos civiles y proyectó una imagen de unidad entre los cristianos afroamericanos que cruzaba todas las barreras denominacionales y teológicas.[32]

Entre los nuevos líderes que surgían, se debatía si era más importante identificarse con la iglesia negra que con el pentecostalismo blanco. La situación era compleja, debido a la identificación del pentecostalismo blanco con la corriente evangélica tradicional. Algunos líderes afirmaban que el protestantismo negro, con sus pautas teológicas y sociales, era más compatible con el ministerio pentecostal negro que el "evangelicalismo". Estos líderes proponían una redefinición de las denominaciones pentecostales negras como iglesias negras con una perspectiva pentecostal, en lugar de ser evangélicos negros con una experiencia pentecostal.

En la década del setenta diversos teólogos pentecostales negros iniciaron conversaciones con el movimiento de teología negro asociado con James Cone, Jacquelyn Grant y Gayraud Wilmore, que dominaban el escenario teológico dentro de la iglesia negra. Diferentes autores comenzaron a presentar la teología negra desde una perspectiva pentecostal. William Bentley y Bennie Goodwin Jr. trataron de incorporar la crítica social de la teología negra dentro del pentecostalismo negro y de infundir a la teología negra la espiritualidad pentecostal y temas evangélicos. Leonard Lovett, James Forbes y James Tinney trataron de injertar los planes liberacionistas de la teología negra en el pentecostalismo negro. En este sentido, los pentecostales negros participaron en serios diálogos con los teólogos de la liberación.

Durante las décadas siguientes teólogos negros pentecostales y neopentecostales como Robert Franklin, William Turner, Anthea Butler, Alonzo Johnson y H. Dean Trulear continuaron este diálogo desde sus puestos como profesores en universidades y seminarios teológicos.[33]

Durante los años setenta el movimiento de "la palabra de fe" se cruzó con el pentecostalismo negro, e hizo crecer la brecha con la tradición de la iglesia santificada. Frederick K. C. Price surgió en 1973 como pionero de la "palabra de fe" entre los cristianos negros, después de establecer el Centro Cristiano Crenshaw en Los Ángeles. Este movimiento rechazaba el anti-

Frederick Kenneth Cercie Price (1932-) ganó fama al enseñar sobre la palabra de fe en televisión y fundar el Centro Cristiano Crenshaw en Los Ángeles, en 1973.

materialismo de la iglesia santificada, e interpretaba la prosperidad económica como un derecho del cristiano, recibido junto con la salvación y la sanidad. Estos líderes también introdujeron un nuevo estilo de predicación, diferente de las prácticas homiléticas de la iglesia santificada, haciendo énfasis en la instrucción más que en la inspiración. Mientras los pentecostales negros solían hacer énfasis en la instrucción cristiana con varios estudios bíblicos durante la semana, el sermón tenía que tener un objetivo diferente. Los predicadores de la palabra de fe se especializaban en presentar a quienes los escuchaban, las formas de acceder a las promesas de salud y riqueza hechas por Dios.

La erupción del neopentecostalismo negro

En la era de la postsantificación, el pentecostalismo atrajo a clérigos y laicos de las denominaciones negras históricas, especialmente la Iglesia Metodista Episcopal Africana y la Iglesia Bautista. Para los años setenta, ministros neopentecostales comenzaron a ocupar pastorados en la Iglesia Metodista Episcopal Africana. El punto central del movimiento durante principios de los setenta fue la Iglesia St. Paul de la AMEC, en Cambridge, Massachussets, bajo el pastorado de John Bryant. Para los ochenta las congregaciones neopentecostales de la AMEC estaban entre las más grandes de la denominación: St. Paul en Cambridge, Bethel en Baltimore, Allen Temple en Queens, Nueva York y Ward, en Los Ángeles. Dos neopentecostales, Vernon Byrd y John Bryant, fueron elegidos obispos de esa denominación.

Dentro de la Iglesia Metodista Episcopal Africana Zion, durante los años ochenta y noventa, John A. Cherry y su congregación estuvieron en el centro, con su Iglesia AMEZ del Evangelio Completo, en Temple Hills, Maryland, un suburbio de Washington, D. C. En 1999 Cherry se separó de AMEZ para formar una nueva denominación llamada "Ministerios Macedonia".

El centro del neopentecostalismo entre los bautistas negros fueron Roy Brown y su Pilgrim Baptist Cathedral, en Brooklyn, junto con Paul Morton y la Iglesia Bautista del Evangelio Completo St. Stephen, en Nueva Orleáns. Durante los años ochenta Brown organizó la denominación Pilgrim Assemblies, y Morton dirigió una comunidad bautista neopentecostal llamada Confraternidad Bautista del Evangelio Completo.

Obispo T. D. Jakes

¿De dónde salió Thomas D. Jakes? Nació en 1957, en Charleston, Virginia Occidenal, hijo de Ernest y Odith Jakes. Su padre era dueño de un servicio de limpieza y su madre era maestra de escuela. A los diez años vio a su padre caer enfermo con un problema de riñón, que lentamente lo mató. En lugar de rechazar a Dios debido al sufrimiento de su padre, Jakes buscó al Señor: "Encontré solaz y respuestas en la Biblia. No puedo olvidar de dónde vengo. La sensación de que el tiempo y la vida pasan, subyace en todo mi mensaje". Fue criado en la iglesia bautista, pero se hizo pentecostal, primero miembro de la iglesia apostólica, luego de las Higher Ground Always Abounding Assemblies. A partir de los veintidós años comenzó a pastorear pequeñas iglesias que se reunían en locales comerciales alquilados, y para 1990 se mudó al sur de Charleston, Virginia Occidental, donde su iglesia creció de cien a trescientos miembros.

En 1992 Jakes enseñó sobre el tema "Mujer, ¡eres libre!" en una clase de Escuela Dominical de su propia iglesia. Esperaba ser rechazado por traer a la memoria temas dolorosos, como el abuso infantil y conyugal. Por el contrario, las mujeres de la clase pidieron más. Poco tiempo después Jakes ya viajaba a otras iglesias y auditorios de todo el país para presentar su mensaje. Habló en la Conferencia de Azusa en Tulsa, auspiciada por el Rdo. Carlton Pearson, en 1993 y desde allí comenzó un ministerio televisivo en TBN, por invitación de Paul Crouch. Pronto su sede de Virginia Occidental fue demasiado pequeña: sus colaboradores recuerdan que las personas que llegaban para asistir a sus conferencias debían ser alojadas en cuatro Estados. En 1996 Jakes se mudó a Dallas, Texas, donde con su familia y cincuenta miembros de su equipo, fundó la Casa del Alfarero (*Potter's House*), una iglesia local que en cuatro años llegó a tener veintiséis mil miembros.

Jakes pronto inició un ministerio televisivo que tuvo mucho éxito en Europa y África. Hace poco, después de una reunión en Soweto, Sudáfrica, se comprometió a ampliar su ministerio en el exterior de los Estados Unidos. Viaja unas doce veces por año para realizar reuniones y predicar en otros lugares. En el año 2000 viajó, por ejemplo, a Londres, Inglaterra, y Lagos, Nigeria. Mientras tanto, Jakes ha actuado enérgicamente para ampliar su base de operaciones en el sur de Dallas. En octubre de 2000 se llevó a cabo el culto de dedicación de un templo nuevo con capacidad para más de ocho mil personas, que costó treinta y cinco millones de dólares. También inició un proyecto comunitario de gran envergadura, valuado en más de ciento treinta y cinco millones de dólares, llamado "Proyecto 2000", que incluye una escuela primaria, un edificio educativo y recreativo, un centro de artes, un centro de desarrollo de negocios, un centro de retiros ejecutivos, una cancha de golf, edificios para oficinas, un centro comercial y mucho más, todo destinado a mejorar la calidad de vida en un sector de la ciudad que está en decadencia.

> Pueden decirse muchas cosas más sobre Jakes: ha escrito veinticuatro libros y sus cassetes son muy solicitados. Tres veces por año su ministerio organiza grandes conferencias: "Mujer, ¡eres libre!", "*Manpower*" y una conferencia para pastores y líderes. También está vinculado con pastores a los que supervisa y alienta.
>
> A medida que los famosos predicadores del siglo XX van saliendo de escena, comienzan las especulaciones por saber quiénes serán sus sucesores. El *New York Times* publicó un artículo en el que señalaba a Jakes como candidato para ser líder espiritual de la nación en el nuevo siglo. El tiempo dirá cuál será el alcance final que tendrá su ministerio.
>
> DR. HUGH MORKEN
> *Regent University*

Para la década del 80, según Horace Boyer y Anthony Heilbut, los pentecostales negros como Andraé Crouch, Edwin Hawkins, Walter Hawkins, Shirley Caesar, las hermanas Clark y los Winans, dominaban el movimiento de la música *gospel*. En los años sesenta los pentecostales negros crearon un nuevo sonido dentro de la música *gospel*, que sería luego llamado música *gospel* contemporánea, para diferenciarla de la música *gospel* tradicional, asociada con Thomas Dorsey y Sallie Martin y sus sucesores, James Cleveland y Roberta Martin.

La generación joven de músicos pentecostales negros tomó libremente elementos de la música *soul* de los sesenta, un estilo originalmente influenciado por la música *gospel* tradicional. Andraé Crouch compuso baladas e incorporó melodías de música *soul* y *pop*, mientras que Edwin Hawkins escribió música coral *gospel* que tomaba elementos de diversos sonidos *jazz* y *calypso*. Sin tener en cuenta las distinciones entre música sagrada y secular, como los pentecostales que los precedieron, Crouch y Hawkins dieron inicio a una nueva fase en la música religiosa negra y la iglesia negra. Para 1990 pentecostales negros como Ron Kenoly, dieron forma al movimiento de música de alabanza con sonidos tomados de la cultura musical del pentecostalismo negro y presentaron los sonidos de la música afroamericana a todas las razas.

Los ministerios femeninos y los ministerios nacionales fueron característicos de los pentecostales negros durante las últimas dos

T. D. Jakes (1957-) surgió del anonimato para convertirse en el más dinámico pastor de los Estados Unidos en los años noventa. Su Casa del Alfarero, en Dallas, fue reconocida como la iglesia estadounidense de mayor crecimiento en el siglo XX.

décadas del siglo XX. Ernestine Cleveland Reems es el modelo de predicadora afroamericana para cientos de líderes religiosas negras. El ministerio que lleva su nombre auspició una gran conferencia de mujeres cristianas, que atrajo a laicas y religiosas negras de todo el país. Otras mujeres líderes dentro del pentecostalismo afroamericano, famosas en todo el país, son Juanita Bynum, Claudette Copeland, Barbara Amos y Jackie McCullough.

Durante los años noventa los hombres pentecostales y neopentecostales afroamericanos también cobraron prominencia como líderes de ministerios de alcance nacional. El caso más famoso es el de T. D. Jakes, pastor de la Casa del Alfarero (*Potter's House*), en Dallas, Texas. Jakes creó un nuevo momento en el pentecostalismo negro, con su multifacético ministerio de conferencias, libros, cassetes, música, películas y teatro. Además de Jakes, otros reconocidos líderes de ministerios de alcance nacional en los EE.UU. fueron Frederick K. C. Price, Creflo Dollar y Gilbert E. Patterson.

El pentecostalismo negro al fin del siglo

Para el año 2000 el pentecostalismo negro había escapado de la periferia para entrar de lleno en el centro del protestantismo estadounidense. Los pentecostales se sumaron a los metodistas y los bautistas, como una de las tres denominaciones más importantes entre la comunidad afroamericana. En diversas localidades del país, los pastores y líderes pentecostales negros son voceros y líderes de sus comunidades. Aunque aun existen pequeños grupos en el pentecostalismo negro que continúan aferrados a las características de la época de la iglesia santificada, en general, el pentecostalismo negro se adaptó a los nuevos tiempos.

Entre los cambios más significativos en el pentecostalismo negro, se encuentra su participación en la renovación de la espiritualidad y el ministerio de la iglesia afroamericana por medio del movimiento neopentecostal negro.

La diversidad dentro del pentecostalismo negro del siglo XX marcaba los puntos fuertes de su tradición. Al ampliarse rápidamente en las últimas décadas del siglo, tal diversidad creó el espacio para que el pentecostalismo negro hiciera la transición de una fase limitada a una más ecuménica. Aunque, a lo largo de las décadas, el pentecostalismo negro ha sufrido cambios en su perspectiva teológica, su estilo de adoración, su énfasis en determinada clase y sus puntos de vista políticos, ha mantenido su firme compromiso para con la Biblia, la conversión, el bautismo en el Espíritu Santo; la evangelización, la sanidad, la oración y su herencia africana.

… 12 ·

El pentecostalismo latino en los Estados Unidos y América Latina

Pablo A. Deiros y Everett A. Wilson

El crecimiento del pentecostalismo en la población de habla española y portuguesa de América del Norte y del Sur, ha sido fenomenal, especialmente en Latinoamérica, la región que los misioneros protestantes desesperanzados, alguna vez llamaron "el continente olvidado". Este desarrollo inesperado ha captado la atención inclusive de los estudiantes seculares de cambios sociales, y llevó a David Stoll a titular su investigación sobre los evangélicos en la política latinoamericana: ¿América Latina se vuelve protestante? Las políticas del crecimiento evangélico.[1] El sociólogo británico David Martin tituló un estudio similar Tongues of Fire: The Explosion of Protestantism in Latin America ["Lenguas de fuego: Explosión del protestantismo en América Latina"].[2] Estos y otros estudiosos de América Latina se han preguntado qué podría haber provocado tal ola de entusiasmo religioso popular entre la gente común de la región, generalmente olvidada y sin voz. Dada la enormidad y vitalidad del movimiento, su surgimiento requiere cierta explicación.

Es innegable que el pentecostalismo se ha extendido más rápidamente entre los pueblos atrapados en una transición social perturbadora. Sus adherentes son, en su mayoría, personas que han dejado muchas de las viejas tradiciones de la aldea para adoptar los deslumbrantes caminos de la vida urbana contemporánea. Como consecuencia, el pentecostalismo ha funcionado como puente social y espiritual para millones de hombres y mujeres; en la terminología utilizada por algunos escritores, el pentecostalismo es un "vehículo de supervivencia". David Martin se refiere a él como una "cápsula social protectora" que renueva los lazos perdidos de familia, comunidad y religión, en una atmósfera de esperanza y expectativa.

> Una nueva fe puede implantar nuevas disciplinas, reordenar prioridades, contrarrestar la corrupción y el "machismo" destructivo y revertir las jerarquías indiferentes e injuriosas del mundo exterior. Dentro del refugio cerrado de la fe, se puede instituir la fraternidad bajo un liderazgo firme que dé espacio para la liberación, la reciprocidad y la calidez.[3]

El pentecostalismo ha dado nueva energía a muchas poblaciones angustiadas, se ha adaptado culturalmente a los gustos populares de sus devotos y ha respondido a las urgentes necesidades sociales y espirituales de la gente común. Algunos críticos se quejan de que los pentecostales son reaccionarios y se alejan de las luchas políticas que los rodean, al tiempo que se aferran a una religión que promete salvación personal, pero no redención social.[4] Sin embargo, son numerosos los observadores que junto con Martin, ven al pentecostalismo bajo una luz positiva, como un esfuerzo por parte de los pobres para finalmente tomar el dominio de sus propias vidas.

Jeffrey Gros, un ecumenista católico, al reconocer que los pentecostales realmente son renuentes a abrazar las reformas políticas, ha comentado que "Los pentecostales no tienen programas sociales; son un programa social".[5] De igual forma, Elizabeth Brusco, una socióloga que estudió a las mujeres pentecostales de Bogotá, Colombia, sorprendió al mundo académico con su conclusión de que esta forma de cristianismo evangélico estaba reduciendo en gran medida el machismo, esa doble pauta sexual que denigra a las mujeres y destruye las familias.[6]

En última instancia, a pesar de su éxito para movilizar y dar esperanza a las masas, el pentecostalismo es, esencialmente, un asunto individual, subjetivo, una experiencia personal que brinda recursos espirituales, una comunidad de fe y confianza para enfrentar un futuro incierto. Algunos escritores ven en este movimiento las profundas raíces del misticismo católico medieval, o los anhelos de afroamericanos e indios estadounidenses por libertad y restauración, mientras otros ven en el movimiento ayuda para las clases medias emergentes que se sienten espiritualmente desorientadas, frustradas y rechazadas.[7] El movimiento es, obviamente, heterogéneo y versátil. A pesar de las muchas características que tiene en común con los pentecostales de otros lugares, se ha adaptado a todos los contextos en los que se encuentra. Por lo tanto, encontramos subespecies de pentecostalismo latinoamericano, cada una basada en la cultura de la nación, el grupo étnico, la región, la clase social o el grupo correspondiente. A pesar de sus aspectos similares en lo genérico, encontramos las variedades, claramente reconocibles, del pentecostalismo brasileño, argentino, mexicano y puertorriqueño, así como varias otras que han surgido entre los hispanos en los Estados Unidos.

La primera sección de este capítulo trata el movimiento como se presenta entre los habitantes hispanos de los Estados Unidos y en Puerto Rico. La segunda sección es un repaso del pentecostalismo en América Latina, las dieciséis repúblicas de habla hispana –excluyendo las del Caribe–: México, América Central y del Sur, además de Brasil, de habla portuguesa. La gran división cultural que ha separado a la América del Norte anglosajona –que incluye a los Estados Unidos, Canadá y algunas islas del Caribe– de América Latina, desde México hasta América Central y del Sur, va camino de la unión cultural. Aunque el pentecostalismo es solo una pequeña parte de esta escena, de todos modos, es un episodio estratégico que ha tenido un rol desproporcionado en la reconciliación de esas diferencias.

Pentecostalismo hispano-norteamericano

Aunque está estrechamente ligado al movimiento tal como se desarrolló en América Latina, el pentecostalismo hispano en los Estados Unidos tiene su propia historia y carácter. Mientras los pentecostales de América Latina reciben poca ayuda de un sistema social donde la Iglesia Católica Romana tiene tratamiento preferencial, los grupos pentecostales hispanos de los Estados

Unidos se han desarrollado en una sociedad donde, en general, predominan los valores protestantes. Además, muchos grandes grupos pentecostales de América Latina no están relacionados estrechamente con ninguna organización multinacional, mientras que los pentecostales hispanos de los Estados Unidos, en su mayor parte, se han iniciado como partes integrantes de denominaciones anglosajonas mayores. De la misma manera, mientras los pentecostales latinoamericanos, en general, provienen de los sectores más pobres y los grupos étnicos más tradicionalmente marginados en sus sociedades, muchos pentecostales hispanos en los Estados Unidos han llegado a estas iglesias con la aspiración de ser parte de la gran corriente estadounidense. Sin embargo, hay varios movimientos estadounidenses que, como sus correlatos de América Latina, son expresivos, osados y con frecuencia audaces, a pesar de que enfrentan desafíos completamente diferentes. Juntos, conforman lo que la revista Time llamó alguna vez "la iglesia de mayor crecimiento en el hemisferio".[8]

Como sus paralelos latinoamericanos, los pentecostales hispanos de Norteamérica tienden a formar pequeñas congregaciones de ambiente familiar, donde el individuo es reconocido y aceptado y con frecuencia se le asigna una tarea de responsabilidad. Muchas veces las congregaciones están formadas, básicamente, por dos o tres familias extendidas que suelen estar interconectadas por lazos matrimoniales, o provienen del mismo país o de la misma región de América Latina, o demuestran una lealtad común a un líder en particular. Asimismo, la congregación pentecostal no es meramente una organización pasiva donde sus miembros se reúnen, sino un organismo activo donde todos ellos contribuyen de alguna manera concreta. El sostén económico, la fidelidad en la asistencia a los cultos y la activa participación en las muchas actividades del grupo –lo cual suele incluir un evangelismo agresivo– son cosas que se dan por descontadas, inclusive (señalan algunos críticos) en desmedro de otras obligaciones sociales de los miembros.

Los observadores señalan, además, el rol estratégico que tienen los líderes firmes y el estilo de vida distintivo de los pentecostales. El Dr. Eugene Nida, antropólogo, de la Sociedad Bíblica de los EE.UU., adjudica gran parte de la fuerza del movimiento a su identificación con una "élite natural" conformada por hombres y mujeres que pueden no tener gran educación formal, pero son líderes natos. Tienen carisma o, por lo menos, persuasión; inspiran confianza y demuestran madurez en sus juicios. Dado que hay pocas oportunidades de que estas personas ejerzan su influencia en otra esfera, los pentecostales, según esta línea de razonamiento, muchas veces se han beneficiado con el surgimiento de líderes verdaderamente dotados.[9]

Además, ser miembro de una congregación pentecostal, con frecuencia impone un testimonio franco de la fe y los valores del creyente, que los sociólogos llaman "mantener los límites". En los barrios, donde todos ven cómo se comporta el vecino, las reglas son legalistas y los miembros que caen son disciplinados. Esta clase de organización íntima, exigente, del tipo celular, fue casi universal en las iglesias hispanas durante muchos años. Solo recientemente, a partir de la década de los ochenta, han surgido nuevos tipos de iglesias. Los grupos neopentecostales, que algunas veces forman megaiglesias y se adaptan más fácilmente a la sociedad en general, se tratan en la sección sobre América Latina.

Orígenes

Como los movimientos de otros lugares, los orígenes de las iglesias pentecostales norteamericanas se remontan a los comienzos en el avivamiento de la calle Azusa en 1906. Mientras los misioneros pentecostales llevaban el mensaje a otros lugares, y algunos expatriados lo llevaban al regresar a sus países de origen, las comunidades de pentecostales de habla hispana estaban bajo la influencia directa de la humilde misión del centro de Los Ángeles, donde se los cuenta entre los "etíopes, chinos, indios, mexicanos y otras nacionalidades" que se reunían allí para adorar. Pronto comenzaron a tomar forma las congregaciones, con frecuencia, formando redes de familias extendidas y compañeros de trabajo y misiones urbanas. Para 1912 se hablaba de congregaciones mexicanas en varios pueblos de California: San Diego, Colton, San Bernardino, Riverside, Los Ángeles y Watts.[10] Alice Luce, pionera de la obra pentecostal hispana, escribió en 1918:

> Este verano ha sido una oportunidad especial para "esparcirnos", ya que los mexicanos de este Estado van a diferentes lugares para la cosecha de frutas; y en el caso de nuestras familias cristianas, confiamos que se ha cumplido que

"los que fueron esparcidos iban por todas partes anunciando el evangelio". Ciertamente han estado testificando de Jesús dondequiera que iban, distribuyendo cantidades de tratados y Evangelios en castellano, y de un lugar me mandaron a pedir himnarios para poder tener reuniones.[11]

Sin nadie que las dirigiera, las audaces comunidades de creyentes pentecostales improvisaron, con los recursos que tenían a la mano. El Dr. Manuel J. Gaxiola explica este proceso inicial: "No había requisitos para practicar el ministerio y todo el que se sintiera llamado podía iniciar una iglesia, ya fuera en su propia casa o en la casa de otra familia".[12] En el norte de California aparecieron iglesias de habla hispana en San José, Niles y San Francisco. Al este, junto a la frontera con México, la obra se extendió a Houston, Pasadena, San Antonio y, para 1917, a un total de un mínimo de diecisiete pueblos en Texas.

La compatibilidad de las creencias pentecostales con la cultura latina se evidenció desde el comienzo del surgimiento de estas iglesias. Los hispanos expatriados eran, generalmente, profundamente religiosos, apegados a su familia, dados a la hospitalidad, trabajadores y ansiosos de progresar. Algunos, que habían tenido una vocación religiosa anteriormente, la renovaron en su experiencia pentecostal. Uno de los relatos más antiguos de la formación de una nueva congregación, fue un informe de un convertido en el sudeste de Texas, que regresó a su asentamiento al otro lado de la frontera y pronto tuvo una congregación floreciente. Sin gran capacitación, ni apoyo externo ni orientación doctrinal, el joven e inexperto pastor envió un pedido de ayuda para bautizar y catequizar a su creciente rebaño. Esta espontaneidad e iniciativa, si no universal en la fundación de nuevas iglesias, se ha repetido con tanta frecuencia que puede ser reconocida como una fórmula básica en el éxito del pentecostalismo hispano.[13]

Pero la población entre la que el movimiento comenzó a arraigarse era con frecuencia, inestable y económicamente insegura. Muchos conversos del movimiento eran obreros migratorios o se veían forzados por las circunstancias económicas a cambiar de lugar de residencia. Algunos retornaban con frecuencia a sus países de origen. Las congregaciones tenían escasos recursos para sostener a un pastor –quien, generalmente, también trabajaba– y tenían poco dinero para adquirir alguna propiedad. Además, con frecuencia se sentían aislados por sus comunidades de origen, mayoritariamente católicas, así como por la sociedad anglosajona de habla inglesa. Sus persistentes –algunas veces, heroicos– esfuerzos por propagar su fe con sus familias, amigos y compañeros de trabajo, conforman importantes capítulos de la historia.

Un perfil del pentecostalismo en los Estados Unidos y el Caribe

La extensión de las iglesias hispanas generalmente siguió la distribución regional de las poblaciones de habla hispana y las nuevas iglesias reflejaban a la comunidad local en porcentaje de concentración y país de origen. Inicialmente los mexicanos predominaron en California y el sudoeste, los puertorriqueños en la ciudad de Nueva York y los Estados adyacentes y los cubanos, a partir de 1959, en el sur de la Florida. Durante la década de los ochenta, varios cientos de miles de centroamericanos: guatemaltecos, salvadoreños y nicaragüenses entraron en los Estados Unidos. En algunos casos estos inmigrantes traían consigo el núcleo de una congregación pero, las más de las veces, simplemente eran una oportunidad para que otras iglesias pentecostales hispanas ganaran miembros entre los expatriados.

Mientras tanto, el crecimiento del pentecostalismo en Puerto Rico ha sido especialmente notable. Los miembros de iglesias pentecostales en la isla suman trescientos cincuenta mil; es decir, un número igual al total de todos los adherentes hispanos de las iglesias pentecostales de la parte continental. Estas denominaciones incluyen algunas organizaciones religiosas que comenzaron dentro de otra iglesia, antes de separarse para ser independientes administrativamente. La mayoría de los evangélicos no pentecostales de Puerto Rico hasta han adquirido los estilos y muchas de las prácticas de los pentecostales. De cualquier manera, la iniciativa, los líderes, los recursos y los métodos son, claramente latinos, como lo son en el continente.

El crecimiento de los grupos pentecostales latinos ha reflejado, en mayor o menor medida, el crecimiento de la población latina, tanto por crecimiento vegetativo como por inmigración. Los censos informan que la población hispana en los Estados Unidos, apenas terminada la Segunda Guerra Mundial, era de dos millones –aunque las estimaciones de inmigrantes indocumentados agregan medio millón más a esa cifra–. En 1960 la población era de casi cuatro millones, la mitad de ellos, nacidos en América Latina. Para 1970 el número había aumentado a cinco millones y medio, antes de saltar drásticamente a veintidós millones en 1990, con un crecimiento del treinta por ciento durante los noventa, lo que da una cifra actual superior a los treinta millones. Se espera que el número continúe creciendo, a treinta y cinco millones en cinco años y cuarenta millones para 2010. Los latinos ya conforman el doce por ciento de la población de los Estados Unidos y pronto serán la mayor minoría del país. Con este ritmo de crecimiento, para el año 2050, una de cada cuatro personas de los Estados Unidos será de origen hispano.[14]

Dado que la conversión religiosa ocurre con frecuencia, en las personas en transición, especialmente entre los jóvenes un hecho digno de destacar es que un tercio de todos los hispanos son menores de dieciocho años. Mientras la edad media de la población blanca es treinta y ocho años y la de los afroamericanos treinta, la edad promedio de los hispanos es veintisiete años. Casi todos los ciudadanos blancos y afroamericanos que viven en los Estados Unidos nacieron en ese país, pero casi el cuarenta por ciento de los mexicanos y portorriqueños, no; las dos terceras partes de los cubanos y otros latinos nacieron fuera de los Estados Unidos. Casi la mitad de todos los latinos viven en solo seis áreas metropolitanas, tres de ellas en California: Los Ángeles, San Francisco y San José; y Nueva York, Miami y Chicago. El ochenta y cinco por ciento de los hispanos viven en diez estados: California (34%), Texas (19%), Nueva York (9%), Florida (7%), Illinois (4%), Nueva México (3%), Arizona (3%), Nueva Jersey (3%), Colorado (2%) y Massachussets (1%).

Lógicamente, los orígenes y mayores concentraciones de iglesias pentecostales hispanas están en estos Estados. Sin embargo, actualmente pueden encontrarse iglesias pentecostales latinas prácticamente en todas partes del país: Pocatello, Idaho; Ogden, Utah; y Laramie, Wyoming, en el Oeste; y Boston, Hartford y Providence, en Nueva Inglaterra. Las grandes poblaciones centroamericanas de Arkansas, que trabajan en la industria de los animales de granja, tienen sus propias iglesias pentecostales, así como los puertorriqueños de Hawaii y los latinoamericanos de variados orígenes en Washington, D.C.

El índice de la asimilación de los hispanos a la vida en los Estados Unidos se evidencia en la proporción de ellos que se sienten más cómodos hablando en castellano. Según algunas encuestas, un sesenta por ciento de ellos indican esta preferencia, lo cual implica un brusco descenso del noventa por ciento de los años ochenta.[15] Esta marginalidad cultural refleja la relativa pobreza y falta de educación de muchos latinos. Mientras solo una tercera parte de las familias estadounidenses tiene ingresos anuales por debajo de los veinticinco mil dólares, la estadística, para los latinos, es del cincuenta por ciento. Mientras tanto, el sesenta por ciento de los estadounidenses blancos tienen, por lo menos, estudios universitarios parciales, contra solo treinta y cuatro por ciento de los latinos. El treinta por ciento de los blancos tienen un título universitario, comparado con un once por ciento de latinos.

Los estudios demuestran que los hispanos dan mayor importancia a la religión que la población de los Estados Unidos en general. Son más tradicionales en sus valores, tienen mayor respeto por sus mayores y consideran a la religión como algo importante para su vida. Los testigos de Jehová y los mormones han ganado numerosos adeptos entre los latinos, también han contribuido a dar nueva vida a la Iglesia Católica en los Estados Unidos, a pesar de la escasez de sacerdotes que hablan castellano. Sin embargo, como sucede con otras poblaciones inmigrantes, sus creencias y prácticas religiosas no solo están determinadas por su herencia cultural, sino también por sus experiencias en la nueva tierra.

Entre todas las denominaciones pentecostales, las congregaciones hispanas generalmente, han adoptado las mismas características generales. Donde hay gran concentración de latinos, las iglesias pentecostales finalmente, asimilaron a las familias o crearon divisiones de habla hispana en la denominación para alcanzarlas. Aunque estas iglesias suelen ser paternalistas, con frecuencia ofrecen suficiente aliento y apoyo como para que la relación sea constructiva y amistosa. Las iglesias hispanas a su vez, dieron nueva vida a congregaciones que estaban perdiendo miembros, e introdujeron poblaciones enteras, nuevas, al pentecostalismo. Dada la transición de sus propios miembros, especialmente el éxodo de los jóvenes de origen latino hacia las iglesias de habla inglesa, la reciprocidad de ambos grupos étnicos es menos desproporcionada que lo que podría parecer.

No solo los hispanos han creado sus propios estilos de liderazgo y enfoques creativos, sino también se encuentra en ellos la iniciativa indispensable, energía y visión. Cada vez más, las congregaciones anglosajonas emplean a latinos entre su personal y agregan cultos en castellano a su programa, mientras que las congregaciones hispanas realizan cultos bilingües o enteramente en inglés. Para muchos pentecostales hispanos, ser miembros de estas iglesias es más un asunto de preferencia cultural que una necesidad lingüística.

Las denominaciones pentecostales: orígenes y características

La efectividad relativa de los pentecostales hispanos norteamericanos, queda demostrada al comparar sus esfuerzos con los de las denominaciones protestantes históricas. Un estudio publicado en 1930, cuando la población hispana era de menos de dos millones de personas, reflejaba un total de veintiocho mil miembros en catorce denominaciones protestantes. El grupo más grande, los metodistas, tenía diez mil miembros; los bautistas y presbiterianos juntos, trece mil. Thomas Coakley, autor de este estudio, llegaba a la conclusión de que la minoría hispana "no era atendida adecuadamente, ni religiosa ni socialmente. Toda esa área está, prácticamente, sin tocar".[16] En 1979 Víctor de León, historiador de la denominación pentecostal más numerosa, las Asambleas de Dios, tituló su tesis para el máster: "The Silent Pentecostals" [Los Pentecostales Silenciosos], porque, durante muchos años, habían sido ignorados, tanto por los demás pentecostales como por la comunidad hispana.[17]

Sin embargo, las iglesias pentecostales latinas ya pisaban fuerte desde antes de 1930 con organizaciones, terrenos adquiridos por iglesias y una red de asociaciones y centros de capacitación en Texas y California. Las iglesias hispanas de las Asambleas de Dios se establecieron a lo largo de la frontera de Texas, donde prácticamente no se hacía distinción entre los pentecostales mexicanos y los anglosajones. Según Robert Anderson, los primeros pentecostales se volvieron a los latinos cuando fue obvio que no eran bien recibidos en la cultura dominante. "El Señor nos dijo: 'Los blancos han rechazado el evangelio y yo me volveré a los mexicanos'", dijo un evangelista.[18]

Esta obra cobró liderazgo cuando en 1914, Henry Ball, joven aspirante a ministro metodista, abrió una modesta obra misionera en Ricardo, Texas. Recibió el aliento de varios pastores vecinos y la ayuda de varios colaboradores. Entre ellos, Alice Luce, una británica que había sido misionera anglicana en la India y su amiga, Florence Murcutt médica que tenía la visión de alcanzar a México con el evangelio. En 1918, cuatro años después de su organización, las Asambleas de Dios ya contaban con iglesias hispanas en quince pueblos. Para 1922, cuando los ministros latinos realizaron su Cuarta Convención Anual Mexicana en Dallas, se registraron cincuenta congregaciones con mil quinientos miembros.[19]

Después de intentar sin éxito establecer una obra misionera en Monterrey, México, en 1918, Alice Luce, Florence Murcutt y su compañera, Sunshine Marshall, regresaron para continuar la obra entre los mexicanos en los Estados Unidos. Sunshine Marshall se casó con Henry Ball quien, durante casi cuarenta años, fue una figura de gran importancia en las iglesias de las Asambleas de Dios hispanas. Su joven colega, Demetrio Bazán, lo sucedió como superintendente del Distrito Latinoamericano de las Asambleas de Dios en 1939.[20]

Mientras tanto, Alice Luce y Florence Murcutt regresaron a California donde, para 1923, Luce había organizado una escuela de capacitación ministerial en San Diego y había ayudado a la expansión de las iglesias pentecostales por todo el Estado. Después de un viaje a su tierra natal, informó que la iglesia en Los Ángeles había triplicado su número durante su ausencia. Al año siguiente, a pesar de un conflicto interno que redujo seriamente el tamaño de la obra, la Séptima Convención Anual de Iglesias (Asambleas de Dios) Pentecostales Latinoamericanas, informó que contaba con cuarenta congregaciones.[21] En 1935 había doscientos ministros en la lista de las Asambleas de Dios y para 1939, el número de iglesias era de ciento setenta, con ciento veinticinco más en México.[22]

Henry Cleopas Ball (1896-1989) pasó la mayor parte de su vida desarrollando las iglesias y los distritos hispanos de las Asambleas de Dios.

Las escuelas iniciadas en 1923 contribuyeron de manera significativa a la formación de la iglesia. El Instituto Bíblico Latinoamericano de Texas produjo muchos líderes sobresalientes, entre ellos, varios que fueron superintendentes de la obra de la denominación en México, que ya era totalmente independiente en 1929, así como muchos líderes del Distrito Latinoamericano en los Estados Unidos. Reyes Tijerina, un político que durante un breve tiempo llevó a cabo una campaña para restaurar las tierras que tradicionalmente habían pertenecido a los hispanos en Nueva México, asistió a ese instituto. La escuela paralela, el Instituto Bíblico Latinoamericano del sur de California, fue donde se capacitaron el evangelista Robert Fierro, Nicky Cruz (de Desafío Juvenil) y Sonny Arguizoni, fundador de Victory Outreach.

Cuando Demetrio Bazán fue nombrado superintendente de las Asambleas de Dios, en 1939, el distrito administrativo que hasta entonces cubría todas las iglesias desde Puerto Rico a California, se dividió en dos. Se estableció el Distrito Latinoamericano, para supervisar las iglesias de los Estados occidentales, y el Distrito Hispano del Este para las de la Costa Este. Otras reorganizaciones posteriores llevaron a un total de ocho distritos, entre ellos Puerto Rico, con un total de ciento cuarenta mil adherentes y mil trescientas iglesias.

Pero ya en 1923, la obra hispana de las Asambleas perdió su más fuerte líder y produjo una nueva organización, la Asamblea de Iglesias Cristianas, creada por Francisco Olazábal. Sin saber apreciar el firme liderazgo de los mismos mexicanos, las Asambleas mantuvieron la obra hispana bajo su tutelaje, hasta que perdieron no solo a Olazábal sino, a casi toda la iglesia de Puerto Rico en 1953. En un principio las Asambleas de Dios se habían organizado en Puerto Rico como la Iglesia de Dios Pentecostal, para evitar el uso de la palabra "asamblea", que tenía una connotación política. Aunque las Asambleas de Dios se reestablecieron, la Iglesia de Dios Pentecostal continúa siendo la organización pentecostal más grande de Puerto Rico. Mientras tanto, las congregaciones de la Iglesia de Dios Pentecostal en Nueva York y los Estados vecinos, se independizaron de las Asambleas de Dios con el nombre de Iglesias Cristianas Hispanas [Spanish Christian Churches].

Francisco Olazábal era un ministro metodista que estudió en México, y se hizo pentecostal luego de relacionarse con George y Carrie Judd Montgomery. Montgomery era un empresario de Oakland, California, que explotaba minas en el Estado mexicano de Sonora, entre otras empresas de alto rendimiento. Después de casarse con Carrie Judd, protegida de A. B. Simpson, ambos llevaron el ministerio de sanidad de ella a los pentecostales. Olazábal se relacionó con

Francisco "El Azteca" Olazábal (1886-1937), pionero de las iglesias hispanas de las Asambleas de Dios antes de organizar el Concilio Latinoamericano de Iglesias Cristianas.

Henry Ball en Texas y en 1918, con Alice Luce, cuando el evangelista dirigió una reunión para ella en Los Ángeles. "Dios ha usado los fieles mensajes de Olazábal para echar luz sobre el Pentecostés entre muchos —escribió Luce— especialmente quienes lo conocían desde antes, en la Iglesia Metodista Episcopal, cuando solía criticar y perseguir 'este camino'".[23]

En 1923 Olazábal lideró a un grupo de pastores mexicanos que formaron su propia denominación hispana, la Asamblea de Iglesias Cristianas que, bajo su liderazgo, prosperó durante las décadas del 20 y del 30. Su infortunada muerte, en un accidente automovilístico, en 1937, fue un golpe fatal para la organización, que pronto se desmembró en los movimientos que la componían en Texas y California, en la Costa Este y Puerto Rico. Olazábal, un líder extremadamente capaz y culto, ha sido aclamado como la figura pentecostal más fuerte jamás surgida del movimiento hispano. Cincuenta mil personas asistieron a los cultos funerarios en su honor, realizados en diversas ciudades. Sus iglesias en Puerto Rico, y la obra que inició en la Costa Este, continúan siendo muy importantes.[24]

Francisco Olazábal

Olazábal se convirtió en California, al comienzo del siglo, después de recibir un folleto de George Montgomery. George y su esposa, Carrie Judd Montgomery, le enseñaron las doctrinas cristianas básicas. Olazábal sintió el llamado de Dios sobre su vida y regresó a México para prepararse para el ministerio metodista. Después de un breve pastorado en El Paso, Texas, asistió al Instituto Bíblico Moody. En 1917 tomó contacto nuevamente con los Montgomery en California y se asombró mucho al enterarse de que se habían vuelto pentecostales y hablaban en lenguas. Asistió a una reunión de oración en su casa, junto con Alice E. Luce —quien contribuyó significativamente a los primeros ministerios entre los hispanos— y otros y fue bautizado en el Espíritu, por lo que se convirtió en un predicador pentecostal acreditado por las Asambleas de Dios.

El nuevo ministerio de Olazábal pronto comenzó a dar fruto, ya que los jóvenes que eran bautizados en el Espíritu en sus cultos, entraban al ministerio de tiempo completo y muchos de ellos se unían a las Asambleas de Dios. En 1918 Olazábal se mudó a El Paso, donde se quedó suficiente tiempo como para plantar una iglesia antes de comenzar a viajar por todos los Estados Unidos para hacer campañas evangelísticas. A medida que más personas de habla hispana se convertían y se unían a las filas pentecostales, más de sus ministros se sumaban a la Convención Latinoamericana de las

> Asambleas de Dios, fundada en 1918 con Henry C. Ball como líder. En 1923 Olazábal y otros ministros se reunieron en Houston, Texas, y formaron el Concilio Latinoamericano de Iglesias Cristianas. Aunque solo hacía cinco años que era predicador de las Asambleas de Dios, su trabajo contribuyó al crecimiento de las congregaciones hispanas en el Concilio.
>
> Olazábal, que fue considerado el ministro pentecostal hispano más exitoso hasta ese momento, fue llamado "el gran azteca" por un biógrafo contemporáneo. Su trabajo en Nueva York y Chicago llevó al establecimiento de decenas de nuevas iglesias, como sus campañas en Los Ángeles y Puerto Rico. Sus énfasis en el evangelismo y la sanidad se combinaban con su preocupación por las necesidades sociales de las comunidades hispanas. Para fines de los años treinta, su organización tenía cincuenta iglesias y aproximadamente cincuenta mil adherentes. Olazábal estaba aparentemente, en el clímax de su ministerio, cuando murió en un accidente automovilístico, en Texas, en 1937.
>
> Efraim Espinoza
The Pentecostal Evangel

Otra corriente de iglesias pentecostales latinas comenzó con congregaciones pentecostales mexicanas independientes, que nunca se pusieron bajo el liderazgo de ningún grupo anglosajón. Según Clifton Holland, estos grupos habían adoptado la postura unitaria aun antes que la doctrina fuera aceptada por muchos pentecostales, en la época de las reuniones en carpa de Arroyo Seco, en 1913.[25] Para 1949 el grupo tenía su propio centro de capacitación en Hayward, California, y para 1970 había organizado a las iglesias norteamericanas en trece distritos, cada uno administrado por un obispo.

Con una jerarquía episcopal, una denominación hermana en México y una estructura conservadora y autoritaria que prohibía el reconocimiento como ministros a las mujeres, la Asamblea Apostólica de la Fe en Cristo Jesús aparentemente estuvo más cerca de conservar las actitudes y las prácticas de la cultura mexicana tradicional, que la mayoría de los grupos pentecostales. El sociólogo Leo Grebler descubrió que este era el "grupo sectario pentecostal mexicano-estadounidense predominante", dado que era autónomo y operado por mexicanos estadounidenses. Todos estos grupos pentecostales, según Grebler, tienen una cualidad familiar distintiva. "La atmósfera es de total aceptación: los problemas personales y familiares son hechos públicos para que la congregación ayude con oración; los abrazos entre compañeros de banco al final del culto subrayan la sensación de una comunidad cálida y receptiva. Los grupos pentecostales –concluye– tienden a alcanzar a los que son difíciles de alcanzar de manera mucho más significativa que las denominaciones clásicas".[26]

> ## Los pentecostales silenciosos
>
> Desde el mismo comienzo los latinos se agolparon en la misión de Azusa en búsqueda de un Dios trascendente y una vida mejor. Por razones que no son enteramente claras, su desenfrenado entusiasmo y deseo de testificar llevó al líder a "aplastar sin misericordia" el contingente latino en 1909.
>
> Este conflicto dio origen al movimiento pentecostal latino, con cientos de personas que dejaban la misión y comenzaban a predicar el mensaje pentecostal en los barrios y campamentos de trabajadores agrícolas en los Estados Unidos, México y Puerto Rico. Ya en 1912 los latinos organizaron sus propias iglesias, completamente autónomas, en California, Texas y Hawaii.
>
> Como un museo de cera, la historia del pentecostalismo latino está llena de dinámicos personajes como Chonita Morgan Howard, que predicaba el mensaje pentecostal montada a caballo en el norte de México y Arizona. Domingo Cruz, un fogoso analfabeto con una sola una pierna, era legendario por su persuasiva predicación entre los campamentos de los trabajadores agrícolas del norte de California. Aun otros, como Robert Fierro, alias "el irlandés quemado" y A. C. Valdez, emocionaban a miles de latinos y anglosajones con sus poderosos cultos evangelísticos por todo el país.
>
> La obra de la que fueron pioneros estos pentecostales silenciosos –ya que su historia rara vez es contada– antes de la Segunda Guerra Mundial, se extiende como reguero de pólvora por los Estados Unidos y América Latina en la actualidad. Aunque, en general, solo tienen entre sesenta y cien miembros, estos templos e iglesias pentecostales atraen entre treinta mil y cuarenta mil latinos por año: los sacan del catolicismo.
>
> "Su ministro –dice un estudioso del pentecostalismo latino– es, probablemente, un obrero de una fábrica, como ellos, completamente seguro de la creencia pentecostal de que 'un hombre de Dios con la Biblia en la mano ya tiene suficiente capacitación'". Muchos pentecostales asisten a reuniones de dos horas en sus iglesias, todas las noches. En todos los cultos hay lecturas bíblicas en alta voz y testimonios espontáneos, salpicados con gritos de "¡Aleluya!" y "¡Gloria a Dios!". Las canciones cobran energía con los aplausos, generalmente acompañados por guitarra, batería, panderos y bajo, piano o un órgano pequeño".
>
> Su llamado a la vida "nacida de nuevo", llena del Espíritu, ha producidolamentablemente, enormes conflictos y persecución de parte de sus familias y sus vecinos del barrio donde, despectivamente, los llaman "los aleluyas".
>
> El movimiento pentecostal, junto con muchas otras religiones, está destruyendo el estereotipo de que ser latino es ser católico. Hoy aproximadamente un millón de latinos han abrazado el movimiento pentecostal y carismático y asisten a alguna de las diez mil congregaciones y grupos de oración en cuarenta corrientes pentecostales y carismáticas latinas en todos los Estados Unidos y Puerto Rico.
>
> Gastón Espinosa. Christian History

Todas las denominaciones pentecostales y muchas congregaciones independientes, se caracterizan por formas más o menos similares. Las otras denominaciones pentecostales más importantes han registrado un crecimiento sustancial, entre ellas, la Iglesia de Dios –de Cleveland– cuyas iglesias están organizadas en distritos administrativos regionales, con un total de seiscientos cuarenta congregaciones más cuarenta y cinco mil miembros. El más grande es el grupo del Noreste, compuesto principalmente por puertorriqueños, pero con cada vez más centroamericanos y personas de otros lugares de América Latina. Para todos los grupos denominacionales, la Región Sudeste es, básicamente, de mayoría cubana, aunque también hay muchos centroamericanos. Aun en el sudoeste y California, que en otro tiempo tuvieron mayoría de mexicanos, hay congregaciones formadas en gran parte por centroamericanos.

De la misma manera la denominación Pentecostal de la Santidad, la Iglesia Cuadrangular y la Iglesia de Dios de la Profecía, tienen ahora una buena cantidad de congregaciones hispanas. Cada vez más, las cifras dadas por estos grupos también informan la cantidad de hispanos en congregaciones pentecostales básicamente anglosajonas, un indicador de la tendencia de estos grupos a adaptarse rápidamente a la cultura dominante. Pero renovadas por la inmigración reciente y aun en algunos casos, por líderes latinoamericanos importados, estas iglesias continúan teniendo una vida propia que las distingue. Mantienen sus propios programas, alcanzan a sus propias comunidades y tratan sus propios asuntos internos. El compromiso que la mayoría de ellas han asumido, de responder a los problemas de la violencia callejera; su callada, pero significativa ayuda a los que tienen problemas emocionales y económicos y su preocupación por las personas indocumentadas que asisten a sus iglesias indican que, contrariamente a lo que algunos dicen, sí tienen programas sociales.

¿Cuál es el futuro de estos grupos? Actualmente, su rápido crecimiento los ha hecho importantes tanto para las comunidades latinas como para las diversas denominaciones a las que están asociados. En algunos casos han conseguido posiciones de poder dentro de estas denominaciones, donde reciben cada vez mayor reconocimiento y respeto. Un congreso reciente realizado en los Estados Unidos, ofrecía interpretación simultánea para las personas presentes que no hablaban inglés. Sin embargo, todos los mensajes de los oradores principales fueron interpretados desde la plataforma al castellano –con lo cual se duplicaba el tiempo necesario para la presentación– en deferencia a los latinos presentes en el auditorio.

Las iglesias latinas que algunas veces, están llenas de jóvenes –e incluso adultos– que hablan inglés con tanta facilidad como castellano, enfrentan grandes desafíos para mantener su identidad. Mientras los números crecientes de inmigrantes mantendrán vivo el amor por los cultos en castellano, más la nostalgia y la conveniencia hacen que las congregaciones de habla hispana constituyan un medio efectivo para preservar la cultura latina, la declinación en el uso del idioma castellano y la modificación de algunas tradiciones, aparece como inevitable. Las iglesias más grandes, especialmente, utilizan todos los mismos métodos contemporáneos de administración de la iglesia que sus correlatos anglosajones y sus razones para ser congregaciones étnicas, algunas veces, parecen desdibujarse.

Pero el día que las congregaciones de habla hispana pierdan su importancia puede retrasarse indefinidamente. Las iglesias pentecostales de América Latina continúan creciendo rápidamente, las economías mundiales aún se están globalizando y la popularidad de los cantantes latinos y la cocina mexicana continúan aumentando, ayudando a cerrar el abismo cultural que durante tanto tiempo ha dividido a los pueblos del hemisferio. A medida que los autores y compositores, evangelistas, maestros y expertos en desarrollo de iglesia pentecostales ejercen su influencia con igual facilidad a ambos lados de la frontera y los grupos pentecostales brasileños abren obras misioneras en muchas ciudades norteamericanas, emergen nuevos niveles de cooperación en el hemisferio.

Thomas Weyr es uno de los observadores que creen que es más posible que los latinos norteamericanos renueven sus instituciones religiosas (católicas y protestantes) que otras instituciones sociales. Si está en lo cierto, el pentecostalismo hispano puede, en el futuro, tener un rol aun más importante entre personas que miran el futuro con gozosa expectativa.[27]

Almolonga

Antes y después: dos palabras simples usadas con frecuencia para describir una ciudad en el occidente de Guatemala llamada Almolonga. Las personas de la localidad constantemente se refieren a su ciudad en términos de dos eras: antes de que el poder de Dios viniera en la década de los setenta, y después, cuando se reporta que el noventa por ciento de los dieciocho mil residentes se convirtieron en cristianos nacidos de nuevo.

Algunos llaman a Almolonga "La ciudad milagro" por su transformación tan radical en muchos aspectos de la sociedad étnica del Quiché -descendientes de los mayas-. Algunos líderes cristianos dicen que Almolonga es el mejor ejemplo que han visto de cómo la intercesión, guerra espiritual y evangelismo pueden transformar una comunidad.

Pero no fue siempre así. En 1974 la iglesia allí era pequeña y débil, los campos no estaban desarrollados y la ciudad se caracterizaba por el letargo inducido por el alcohol, fruto de servir a un ídolo llamado Maximón. Este ídolo perverso está asociado con los vicios de fumar, tomar licor y la inmoralidad.

Dios empezó primero la transformación de esta comunidad en el corazón de alguno de sus siervos consagrados.

Mariano Riscajché era un joven típico de Almolonga que buscó la protección y la bendición de los ídolos antes de su encuentro con el Dios viviente.

Al momento de su conversión, escuchó que el Señor le dijo: "Te he elegido para que me sirvas".

Junto con otros pastores desarrollaron un ardiente deseo de ver a las personas venir a Cristo y encontrar libertad. Miles de personas fueron liberadas de demonios, otras tantas sanas de adiciones. Esto no solo trajo libertad a los individuos, sino que también empezó a levantar la opresión espiritual que existía sobre el pueblo.

Un ejemplo de la transformación es lo que cuenta Donato Santiago, jefe de la policía local: "Nosotros encarcelábamos un promedio de veinte a treinta personas en el mes. Las multitudes se agrupaban solo para ver a los borrachos pelear.

Antes, teníamos cuatro cárceles que no eran suficientes para acomodar a los prisioneros. Las cosas estaban tan mal que enlistábamos cerca de una docena de ciudadanos para que ayudaran a patrullar las calles por la noche. ¡Pero ahora las cosas son diferentes! La gente ha cambiado de actitud".

¡La última cárcel fue cerrada en 1988! Ahora está remodelada y se la llama el "Salón de Honores", un lugar para celebrar bodas, hacer recepciones y para los eventos de la comunidad. Sumado al descenso de criminalidad, pueden también observarse grandes cambios sociales, como la ausencia de prostitutas y el número de bares convertidos en pequeñas tiendas con nuevos nombres tales como: "La Pequeña Jerusalén" y "Jehová Jireh". En la década de los setenta, treinta y cuatro cantinas hacían buen negocio en Almolonga; ahora existen solamente tres.

Esta ética de trabajo ha producido una renovación económica y una dimensión formidable de la transformación comunitaria en todo Almolonga. No hay evidencia de desempleo, pordioseros, borrachos dormidos en las aceras o de vagabundos, que frecuentemente caracterizan a lugares similares. En otros pueblos aledaños uno ve gente así. Pero esto no sucede en Almolonga.

La diligencia de las personas y su tenacidad han visto cómo este valle cobra vida a través de múltiples cosechas cada año. Los apios, el puerro, la coliflor, el nabo, el repollo, las papas, las zanahorias, los rábanos y el berro crecen bajo el cuidado habilidoso de los granjeros de Almolonga. Estos vegetales son a

> menudo increíblemente más grandes en tamaño que los que crecen en las aldeas vecinas. El pastor Joel Perez le atribuye esta bendición de agricultura al Señor de gloria. Mencionó que una vez agrónomos de los Estados Unidos visitaron Almolonga para probar sus principios científicos para producir mejores cosechas. ¿El resultado? El pastor Joel dice: "La sabiduría que Dios les ha dado a los granjeros de Almolonga produce más que cualquiera de los métodos científicos juntos".
>
> Los cambios más grandes en el comercio se dieron en la década de los ochenta, porque los granjeros no solamente dejaron de gastar su dinero en licor, sino que empezaron a incorporar los principios de la Palabra de Dios, ahorrando e invirtiendo sus ganancias. Antes carecían de una visión más allá que solamente hacer suficiente dinero para mantener el hábito de beber.
>
> Dios empezó a darles entendimiento y empezaron a planificar e invertir en tierra preparada y fertilizantes. Un granjero dice: "Nunca soñamos con vender nuestros vegetales fuera de Guatemala, pero ahora los exportamos a otras naciones".
>
> Ya que esta relativamente pequeña ciudad tiene muchas iglesias en crecimiento, constantemente surge una pregunta concerniente a la relación entre pastores. El pastor Joel describe esta relación como "una estrecha fraternidad entre ministros". Y sigue diciendo: "Tenemos un calendario de oración y ayuno. Vamos a las afueras de la ciudad a un monte, a orar y a buscar al Señor con empeño. cuando se presentan algunos inconvenientes o el enemigo trata de interrumpir nuestra unidad. Inmediatamente la restauramos a través de buscar al Señor para que más almas vengan al Reino".
>
> Los testimonios de individuos que han sido cambiados racional, espiritual y financieramente por el poder de Dios, son comunes en el cristianismo. Pero un distintivo asombroso de Almolonga es que los cristianos allí cuentan su testimonio no simplemente como individuos, sino colectivamente, como familias y como personas.

El pentecostalismo en América Latina

De todas las manifestaciones del protestantismo latinoamericano, el pentecostalismo ha sido la que más profundamente desarrolló un modelo propio. Durante el siglo XX el pentecostalismo ha tenido un crecimiento sin precedentes en el continente. En general, es el movimiento cristiano de mayor crecimiento en América Latina un hecho atribuible, en parte, a la característica actitud de sus adherentes, de testimonio constante y militancia religiosa, que se traduce en el celo por ganar almas.[28] El pentecostalismo latinoamericano representa una muy rica combinación de corrientes pentecostales que surgieron de las denominaciones evangélicas históricas y movimientos que se originaron en el trabajo misionero de pentecostales europeos y estadounidenses en las primeras décadas del siglo XX. En este sentido, el pentecostalismo ha surgido de diversos trasfondos y asume formas totalmente diferentes en América Latina.

Una evolución más reciente dentro del pentecostalismo latinoamericano, en general, se denomina con la expresión "movimiento carismático" o "movimiento de renovación carismática", que ha atraído tanto a miembros del pentecostalismo clásico como de las iglesias históricas y misioneras. Esta renovación carismática es en realidad, bastante diferente de la expresión pentecostal clásica en su adaptabilidad y apertura para recibir a creyentes de persuasiones doctrinales y eclesiales diferentes.

A diferencia del pentecostalismo clásico, muchas de estas iglesias muestran, por variadas razones, gran apertura al diálogo ecuménico y por lo tanto, ejercen una influencia intraeclesiástica importante. Pero, por debajo de su impresionante heterogeneidad, el pentecostalismo latinoamericano presenta importantes tendencias y características comunes a la mayoría de sus expresiones. Aunque es muy difícil trazar una única línea precisa de identidad que responda por la dinámica de la realidad religiosa y eclesiástica, hay denominadores comunes significativos que pueden distinguirse.

La mayoría de los grupos pentecostales se caracterizan por un modo de comportamiento y creencia religiosa que puede englobarse en el término general "evangélico".[29] Además de su forma distintiva de entender algunos aspectos de la doctrina del Espíritu Santo, los pentecostales latinoamericanos tienen con sus correlatos evangélicos no pentecostales las mismas convicciones doctrinales y éticas. Y lo más importante, la sensación permanente de la importancia y la necesidad de una experiencia personal de redención.

El catolicismo romano continúa siendo el trasfondo religioso y el factor más influyente en la definición de la cultura latinoamericana. Antes de la llegada de cualquier testimonio pentecostal, el continente estuvo bajo el dominio exclusivo de la Iglesia Católica, como expresión exclusiva de la fe cristiana. Con la entrada del pentecostalismo apareció una nueva forma de comprender la fe y la vida cristiana. Desde entonces, en el campo religioso, las iglesias pentecostales están en lucha con la Iglesia Católica por el alma de América Latina.

El pentecostalismo latinoamericano pertenece a esa rama del cristianismo que considera que una experiencia personal del Espíritu Santo es una señal necesaria para ser cristiano. Mientras los católicos consideran que el Espíritu Santo obra a través del sacerdote y de los sacramentos, los protestantes, en general, ven su manifestación por medio del entendimiento y la exposición de la Palabra y los pentecostales conciben la acción del Espíritu Santo de forma directa con una experiencia personal del creyente. Los dogmas doctrinales de la mayoría de los pentecostales en América Latina están modelados según la tradición cristiana histórica. Un punto esencial de sus convicciones es la creencia en el bautismo del Espíritu Santo que, generalmente, se considera que debe ir acompañado por el ejercicio del don de lenguas como señal característica. El evangelismo por medio de la práctica del don de sanidad, también es un elemento clave en la expansión pentecostal en América Latina. Su adoración es entusiasta, con un profundo sentido de gozo y esperanza.

El crecimiento de las diversas denominaciones pentecostales ha sido fenomenal. Ya en 1984 Penny Lernoux informaba que "cada hora, cuatrocientos latinoamericanos se convierten a los pentecostales u otra iglesia fundamentalista o evangélica". También predecía que para fines del siglo XX, en los países más susceptibles a la actividad misionera pentecostal, como Guatemala, la mitad de la población pertenecería al espectro de las iglesias pentecostales[30]. Sus predicciones han resultado ciertas.

Probablemente la presencia misionera más importante en América Latina, sea representada por las Asambleas de Dios de Springfield, Missouri. Para 1980 esta gran comunidad cristiana ya había diseminado en su propia versión la cosmovisión evangélica por medio de más de sesenta y siete mil ministros que trabajaban en más de ochenta mil iglesias y otros casi veintiséis mil estudiantes que se capacitaban para el ministerio en ciento cuarenta y cinco institutos bíblicos. Con diez millones de miembros en la región en 1984 –seis millones de ellos en Brasil– aproximadamente uno de cada cuatro evangélicos latinoamericanos pertenecía a las

Asambleas de Dios.[31] En medio de la violencia generalizada en El Salvador, la presencia de las Asambleas de Dios creció en la década de los ochenta. Tenía una cifra estimada de cien mil miembros en iglesias misioneras tanto como locales, que conformaban la mitad de la población protestante del país. En solo cinco años (1980-1985), el número de iglesias de las Asambleas de Dios creció de veinte mil a ochenta mil.[32]

En toda América Central, en las décadas de los 80 y los 90, decenas de organizaciones pentecostales se dedicaron a hacer evangelismo de tiempo completo. Guatemala es un caso para destacar, como que es el primer país que tiene al menos la mitad de su población evangélica en la actualidad. En un año, las Asambleas de Dios en Guatemala crecieron un cuarenta y cuatro por ciento. Durante los últimos veinte años, la Iglesia de Dios –de Cleveland– ha plantado, promedio, una iglesia cada cinco días en Guatemala. Lo mismo han hecho en Costa Rica durante los últimos quince años.[33]

Las iglesias pentecostales son un fenómeno del siglo XX en América Latina. Hoy la comunidad pentecostal en el continente, constituye aproximadamente el treinta y cinco por ciento de todos los pentecostales del mundo. En 1995, solo en Brasil, las Asambleas de Dios sumaban trece millones de personas; la Iglesia Universal del Reino de Dios, siete millones; la Iglesia Cristiana, tres coma cuatro millones; "Dios es Amor", tres coma dos millones; y Brasil para Cristo, dos coma seis millones. Esto significaba que, en 1995, casi un veinte por ciento de la población de ese país era pentecostal; una de cada cinco personas. Los más de treinta millones de pentecostales en Brasil, hoy, representan el ochenta por ciento de todos los pentecostales de América Latina. Para hacer una comparación que puede resultar sorprendente, Brasil tiene la mayor población católica del mundo –ciento cincuenta millones– junto con la mayor población pentecostal del mundo –treinta millones–.

Comienzos y desarrollo

El origen del pentecostalismo en América Latina es casi tan antiguo como sus comienzos en los Estados Unidos y en Europa. Esto significa que el pentecostalismo latinoamericano comenzó muy al principio de la historia del movimiento en el mundo. Se ha expandido a todas las repúblicas latinoamericanas y caribeñas, hasta convertirse en la expresión más influyente del testimonio cristiano después de la Iglesia Católica. Su desarrollo ha sido particularmente impresionante en Chile, donde tuvo líderes locales desde el principio; en México, donde fue llevado por misioneros de los Estados Unidos; y en Brasil, donde hizo sus mayores avances gracias tanto a su crecimiento independiente progresivo, tanto como a las iniciativas misioneras.

Chile. La pequeña comunidad metodista de Valparaíso fue el punto de partida de un movimiento pentecostal pionero en este país católico romano, el primero en América Latina.[34] Un poderoso avivamiento espiritual se produjo bajo el liderazgo de Willis C. Hoover (1856-1936), un misionero metodista de Chicago. Versátil en sus métodos, Hoover conocía los avivamientos recientes en otras partes del mundo, incluyendo el énfasis en la sanidad de los líderes de los avivamientos más importantes de su época. En 1895 Hoover ya había visitado la comunidad de la santidad en Chicago, conducida por William H. Durham. Lo impresionó especialmente un relato de un avivamiento en 1905, en el que apareció el don de lenguas en una escuela de niñas. Pero solo en 1907 tomó contacto con la doctrina pentecostal, por medio de su correspondencia con pentecostales en diversos lugares del mundo. Después de numerosas vigilias de oración, que se iniciaron en 1907, Hoover y su grupo experimentaron el "bautismo del Espíritu Santo", en 1909.

Este pastor metodista, tanto espiritualmente sensible como pragmático, se convirtió en el padre de este fenómeno casi único en el continente, dirigido por y para la gente común. En 1909, cuando aparecieron fenómenos pentecostales en sus reuniones, dio lugar a manifestaciones espirituales y a demostraciones que fueron consideradas incorrectas y antibíblicas por sus críticos. Debido a sus experiencias espirituales y sus crecientes convicciones pentecostales, Hoover finalmente fue separado de la Iglesia Metodista, en 1910. Las razones dadas para tal decisión fueron, principalmente, de naturaleza doctrinal.[35]

El movimiento pronto se extendió a Santiago y floreció en medio de un trasfondo de inmigración urbana y deterioro social. En 1910 Hoover y sus seguidores organizaron la Iglesia Metodista Pentecostal, con solo tres congregaciones, compuestas por personas que habían sido rechazadas por los metodistas.

El crecimiento fue rápido. Para 1911 había diez iglesias; para 1929, veintidós. Hoover, con el título de obispo, fue el líder indiscutido de estas congregaciones hasta que se produjo un cisma en 1932. En ese momento, Manuel Umaña, que representaba el sentir nacionalista chileno contra el "gringo" Hoover, asumió el liderazgo de la iglesia en Santiago. Esta congregación, que se llamó la Iglesia Jotabeche –por la calle donde estaba ubicada– continuó funcionando bajo el nombre de Iglesia Metodista Pentecostal. Hoover y quienes lo apoyaban –entre ellos, Víctor Pavez– establecieron la Iglesia Evangélica Pentecostal. Estas dos iglesias se convirtieron en las comunidades pentecostales más grandes de Chile. De ellas surgieron más de treinta grupos, principalmente durante este período.[36]

El misionero metodista devenido pentecostal Willis C. Hoover (1856-1936) lideró uno de los más revolucionarios surgimientos del pentecostalismo en Chile, en 1909. Sus seguidores hoy suman más de dos millones de personas en ese país.

La Iglesia Metodista Pentecostal tardó veinte años en llegar a los diez mil miembros. Pero, aun cuando las estadísticas no son precisas, para mediados del siglo pasado se estimaba que esta iglesia contaba con un mínimo de doscientos mil miembros. La Iglesia Evangélica Pentecostal para este entonces, tenía aproximadamente ciento cincuenta mil miembros, y también obras misioneras en la Argentina, Bolivia, Perú y Uruguay. En 1929 los pentecostales chilenos constituían un tercio de toda la comunidad protestante, que contaba con sesenta y dos mil miembros.[37] Para 1961 se estimaba que las iglesias pentecostales eran cuatro veces más numerosas que el resto de las comunidades protestantes de Chile, con una membresía calculada entre cuatrocientas mil y ochocientas mil personas. Esto significa que, entre 1929 y 1961, la comunidad pentecostal en Chile creció aproximadamente veinticuatro veces.

El pentecostalismo chileno se ha caracterizado por pastorados largos y líderes muy populares. Hoover mismo pastoreó su congregación durante más de un cuarto de siglo. Este pentecostalismo se distinguió también por heredar el poder de los obispos metodistas, un liderazgo autoritario, una amplia participación de los laicos, la autonomía del control extranjero de la obra, la actitud populista heredada del catolicismo romano y una extraordinaria motivación para evangelizar las masas. Debido a todos estos factores, para la década de los sesenta la congregación de Jotabeche, con aproximadamente cuarenta mil miembros, era reconocida como la iglesia protestante más grande del mundo.

Desde su concepción y por una marcada tendencia a las divisiones –una característica recurrente en el pentecostalismo chileno–, el movimiento ha crecido y se ha reproducido de maneras sorprendentes. En 1946 la Iglesia Metodista Pentecostal sufrió una nueva división cuando P. Enrique Chávez fundó la Iglesia Pentecostal de Chile. Otras ramas del movimiento pentecostal surgieron como resultado de la actividad de los misioneros estadounidenses, como los de las Asambleas de Dios, después de 1941.

Para el año 2000, no obstante, aproximadamente el cincuenta por ciento del movimiento pentecostal chileno pertenecía a la Iglesia Metodista Pentecostal original y otro treinta u ocho por ciento a la Iglesia Evangélica Pentecostal. La mayor parte del resto pertenecía a otras diversas expresiones del pentecostalismo chileno. Los pentecostales de Chile ahora forman docenas de organizaciones con un total de adherentes que suman la quinta parte de la población nacional.

La Iglesia Metodista Pentecostal Jotabeche de Santiago de Chile fue, durante muchos años, la iglesia protestante más numerosa del mundo.

El movimiento ha demostrado ser tan dinámico como proclive a las divisiones y apela principalmente al estrato más bajo de la población. Hoy es económicamente independiente, decididamente misionero y continuamente en crecimiento.

Brasil. En Brasil, el movimiento pentecostal surgió casi simultáneamente con las comunidades presbiterianas y bautistas locales. En 1910 el ítalo-americano Luigi Francescon (1866-1964) llegó a San Pablo. Era un fabricante de tejas que había fundado la primera iglesia presbiteriana italiana de Chicago, en 1892. En 1907 experimentó el bautismo en el Espíritu Santo y habló en lenguas en la iglesia pastoreada por William Durham. Con otros amigos de igual persuasión dentro de la comunidad italiana, estableció la primera iglesia pentecostal en Chicago, la Asamblea Cristiana. En varios viajes a Brasil, fundó la versión latinoamericana de su movimiento en los Estados Unidos, que llamó Congregación Cristiana (Congregação Cristã). Hasta 1930 la iglesia fue prácticamente italiana en su totalidad, pero a partir de entonces adoptó el idioma portugués.[38]

El crecimiento de esta congregación durante la década del treinta fue impresionante y llegó a su pico después de los años cincuenta. Para 1936 la Congregación Cristiana tenía treinta y seis mil seiscientos miembros y en 1962, el total era de doscientos sesenta y cuatro mil. La iglesia creció hasta tener trescientos cinco congregaciones en 1940, ochocientos quince en 1951 y casi dos mil quinientos antes de la muerte de su fundador.

En 1910 Francescon dijo que había recibido una revelación especial de Dios, que narró a un pequeño grupo de creyentes en San Pablo. El Señor le reveló que habría una gran cosecha de personas en la capital y en todo Brasil, si los creyentes continuaban siendo fieles y humildes. Esta profecía se cumplió. En solo medio siglo esta iglesia creció hasta sumar más de un cuarto de millón de personas. Hoy la denominación es una de las más grandes en Brasil.

Luigi Francescon (1866-1964) y sus amigos italianos pentecostales de Chicago fundaron florecientes iglesias pentecostales en los Estados Unidos, Italia, Argentina y Brasil.

Otra importante comunidad pentecostal en Brasil son las Asambleas de Dios.[39] Esta denominación comenzó con la obra de dos estadounidenses de origen sueco: Daniel Berg (1884-1963) y A. Gunnar Vingren (1879-1933). Se conocieron en una conferencia en Chicago. Ambos recibieron una profecía de que debían ser misioneros en un lugar del mundo llamado "Pará". Buscando en una biblioteca, descubrieron que Pará era un Estado en el norte de Brasil. Después de un culto de confirmación dirigido por William H. Durham de Chicago, ambos hombres comenzaron la obra en Belem, capital de Pará, en 1910. Los primeros cultos se realizaron en colaboración con la congregación bautista local.

Después de ser rechazados por el pastor local, se les permitió realizar reuniones de oración en el sótano de la capilla bautista, donde oraron y ayunaron por un avivamiento. En 1911, después de cinco días de orar, Celina de Albuquerque fue bautizada en el Espíritu Santo. Algunos otros miembros del pequeño grupo comenzaron a hablar en lenguas como manifiesta evidencia del bautismo en el Espíritu Santo. Esto produjo una controversia con los misioneros bautistas y pronto fueron separados de esa congregación debido a sus enseñanzas pentecostales.

Con diecisiete miembros adultos y sus hijos, pasaron a la casa de Celina, donde, según Berg, "se realizó oficialmente el primer culto religioso pentecostal en Brasil". La primera iglesia de las Asambleas de Dios brasileñas fue fundada el 18 de junio de 1911. Después de siete años más de trabajo, la nueva congregación se registró oficialmente con el nombre de Assembleia de Deus.[40] Desde Belem pasaron a la región amazónica. En 1913 comenzaron a enviar misioneros a Portugal, luego a Madagascar y a Francia. Durante 1930 y 1931 fueron al sur del país, donde fundaron grandes congregaciones en Río de Janeiro, San Pablo, Porto Alegre y otras ciudades.[41]

Hoy las Asambleas de Dios constituyen la iglesia protestante más grande de Brasil y de América Latina. Su crecimiento fue lento durante los primeros veinte años. En 1930 la membresía total era de catorce mil personas. En un segundo período de crecimiento, de 1930 a 1950, la cantidad de miembros llegó a ciento veinte mil. Durante este período surgieron mejores líderes nacionales. Desde 1950 el crecimiento ha sido increíble. Las Asambleas de Dios se han expandido ampliamente por todo el país con el desarrollo de congregaciones enormes y vigorosas. Desde 1949 hasta 1962, la iglesia quintuplicó su cantidad de miembros. Para 1965 había más de novecientos cincuenta mil miembros bautizados. Hoy las Asambleas de Dios son la denominación pentecostal más grande de Brasil.[42]

Una tercera expresión del pentecostalismo brasileño es la iglesia Brasil para Cristo, fundada por el misionero Manoel de Mello. Este dinámico predicador comenzó como evangelista a fines de la década del cuarenta en Pernambuco y San Pablo. Aproximadamente en 1950, de Mello pasó a San Pablo como predicador y pastor de la "Carpa divina", donde colaboró con misioneros estadounidenses de la Iglesia Cuadrangular. De Mello atraía grandes multitudes a sus cruzadas en carpas. Debido a su particular estilo de liderazgo y su popularidad, también dio lugar a controversias. Pero su influencia continuó creciendo con los años, especialmente debido a sus programas radiales y sus contactos políticos.

A partir de 1955 su movimiento adoptó el nombre de Brasil para Cristo y desde entonces, su crecimiento ha sido impresionante. Para 1965 tenía más de mil cien iglesias organizadas en Brasil, con mil seiscientos pastores ordenados y candidatos a la ordenación en proceso de capacitación. Había ochenta y siete templos en construcción en diferentes lugares de Brasil. En 1963 de Mello estimaba que Brasil para Cristo tenía más de quinientos mil adherentes y que cada año, el número crecía en un promedio de ochenta mil nuevos miembros. Para el año 2000 constituían la quinta denominación pentecostal más grande de Brasil, con dos millones seiscientos mil miembros.

México. El pentecostalismo comenzó bien a principios del siglo XX en este país. El primer misionero pentecostal en llegar a México fue Cesareo Burciaga, que se convirtió en Houston, Texas, en 1918 y fundó la primera iglesia de las Asambleas de Dios en Musquiz, en 1921. Para la década de 30, la iglesia estaba inscripta legalmente y experimentó un gran crecimiento, especialmente durante la siguiente década.[43]

Sin embargo, el pentecostalismo mexicano tuvo uno de sus momentos más importantes en 1932, cuando María W. Rivera Atkinson (1879-1963) fue enviada como misionera de la Iglesia de Dios –de Cleveland– y sentó las bases para esa denominación en Obregón y Hermosillo. María Atkinson tuvo una profunda experiencia espiritual en 1907, cuando todavía era católica romana, y entre 1915 y 1920 fundó varios grupos de oración en Sonora, México. En 1924 fue sanada de cáncer y bautizada en el Espíritu Santo. Después fue nombrada predicadora de las Asambleas de Dios y ministró en Arizona y México. A partir de 1926 residió de forma permanente en México.[44]

La Iglesia Pentecostal de la Santidad comenzó su trabajo misionero entre los hispanos estadounidenses y los mexicanos en 1931, bajo el liderazgo de Esteban López, de Weslaco, Texas. Conocida en México y Texas como Iglesia Santa Pentecostés, creció desde su base de treinta y dos congregaciones en Texas hasta abarcar cuatrocientas iglesias de habla hispana en los Estados Unidos y México para el año 2000.

El pentecostalismo mexicano cuenta con diversas facciones, pero es la rama protestante más grande en el país. Una de las iglesias más poderosas es la Iglesia Cristiana Independiente Pentecostés, fundada por Andrés Ornelas Martínez, un minero que se convirtió al leer un ejemplar de Proverbios que llegó a sus manos cuando estaba en Miami. Al volver a su país se interesó por leer el Nuevo Testamento, y en 1920 regresó a Miami para buscar una Biblia. En 1922 fue bautizado por un misionero metodista que le presentó la doctrina del bautismo del Espíritu Santo y con quien fundó una iglesia pentecostal. A partir de la fusión de ambas congregaciones, la nueva iglesia creció. En 1941 Ornelas se separó de los misioneros extranjeros. En 1953 logró reunir doscientas comunidades bajo una organización, la Iglesia Cristiana Independiente

Pentecostés. Muy poco después esta iglesia enviaba misioneros a Colombia y Puerto Rico y ya desarrollaba un pentecostalismo auténticamente nacional.

Características del pentecostalismo latinoamericano

Un movimiento popular. Las interpretaciones del pentecostalismo latinoamericano difieren, pero parecen estar de acuerdo en señalar a la nueva clase social de personas marginadas por la migración, particularmente de las áreas rurales a las ciudades. Estos miles de trabajadores migratorios, tanto en México como en los Estados Unidos, se transformaron en terreno fértil para el crecimiento pentecostal. El pentecostalismo latinoamericano ha florecido entre las clases sociales populares, aunque sus adherentes adoptaran los valores de la clase media o, por lo menos, aspiraran a ellos. Sociológicamente hablando, algunos investigadores lo consideran una "occidentalización" de la cultura propia; otros, un producto de la transición entre la sociedad tradicional y la modernidad; y otros más, una necesidad de identidad sociológica en una sociedad masificada.

Desde los años sesenta las iglesias pentecostales han sido las que mejor lograron identificarse como la verdadera "iglesia de los desheredados". A diferencia de las iglesias históricas, las pentecostales son organizaciones basadas en una clase y suelen conformar movimientos de protesta contra la estructura de clases existente. Estos "refugios de las masas" han estado frecuentemente, en contraposición con la estructura social que los rodea, en sus reglas organizacionales y sus símbolos tradicionales, que consideran como pertenecientes a las clases superiores. Se niegan a acomodarse a los valores sociales y políticos tradicionales latinoamericanos.

Además, los pentecostales latinoamericanos han florecido en lugares en que hay rápidos cambios culturales, en la vida sin propósito de los centros urbanos y en los distritos rurales en que los cambios económicos produjeron la disrupción de las relaciones tradicionales. Los pentecostales avanzan generalmente, entre los sectores de la población trabajadora de los estratos más bajos, especialmente en áreas o grupos de marcada dislocación social. En estas circunstancias el pentecostalismo ha aparecido como un "movimiento de solidaridad con las clases bajas".

Un movimiento cultural latino. El pentecostalismo, en sus variadas formas, se ha desarrollado con éxito en América Latina, en parte, porque sale beneficiado en la comparación con el catolicismo tradicional y el protestantismo histórico entre las clases bajas. Mucho se ha escrito sobre el "carácter latinoamericano", con sus características de calidez y hospitalidad innatas, la resignación frente a las periódicas catástrofes naturales, un espíritu flexible que produce tolerancia, la fascinación por las personalidades carismáticas, el individualismo y una marcada tendencia hacia el emocionalismo y el misticismo. Estas características han encontrado, particularmente, canales de expresión en el pentecostalismo.

En contraste con el tipo de culto pentecostal, una típica reunión de una iglesia protestante histórica es, con frecuencia, descripta como falta de color y sabor, aburrida. En lugar del lenguaje técnico-teológico de la iglesia católica, que solo los clérigos entienden, los pentecostales tienen un sistema de comunicación muy significativo. Todos pueden recibir el don de lenguas, una experiencia más extática que recitar las frases abstractas de un lenguaje especializado. Gran parte de las danzas litúrgicas y la participación grupal de los pentecostales en la oración, es una forma de dramatización folclórica.

Los pentecostales no tienen la hostia milagrosa para ofrecer a la gente, pero pueden ofrecer la promesa de una sanidad milagrosa, no solo como regalo de Dios, sino como prueba de la medida de su fe y del hecho de que Dios ha respondido al intento de la gente de comunicarse con Él. Se hace gran énfasis en la participación grupal en la oración y el canto, y los sermones son, generalmente, adecuados al nivel intelectual de la gente, con muchas oportunidades para que hombres y mujeres respondan, no solamente en forma verbal, sino por medio de señales de que el Espíritu Santo mora en ellos también.

Un movimiento socialmente inspirador. La mayoría de los convertidos de las iglesias pentecostales latinoamericanas provienen de una subcultura sin raíces, desconectada, de personas cuyas estructuras familiares se desintegraron en la partida apresurada a las ciudades y quienes, por tanto, han perdido gran parte de la infraestructura social necesaria para sobrevivir en el hostil ambiente urbano. Los sociólogos han dicho que los pentecostales encuentran en su fe, una especie de compensación por su aislamiento social.

Un ejemplo de esta tendencia se encuentra en el crecimiento de las iglesias pentecostales en el noreste de Brasil. Común a todas ellas es el hecho de que los seguidores son parte de una masa de personas destituidas, muchas de ellas ex católicas, cuya situación socioeconómica las ha hecho receptivas al mensaje de los predicadores locales. El mensaje invariablemente contiene la promesa de una vida mejor basada en una conversión instantánea. Generalmente esto implica adoptar un estilo de vida ascético.

Estimulados por la exaltación emocional y las expectativas mesiánicas, están ansiosos por proclamar su renacimiento espiritual, se entregan a formas de comportamiento que repudian las debilidades y los pecados de su vida anterior. Los miembros de estas iglesias han demostrado ser capaces de reordenar exitosamente sus vidas en lo social y hasta cierto punto, también en lo económico. Los pastores de las iglesias pentecostales locales facilitan estas transformaciones personales y sociales y suelen actuar como representantes públicos de los desempleados y los desposeídos que buscan un trabajo honesto.

Cali, Colombia

Durante años el más grande exportador mundial de cocaína ha sido Colombia, enviando casi 1.000 toneladas anuales a los Estados Unidos y Europa solamente. El Cartel de Cali, que controlaba 70 por ciento de este negocio, ha sido llamado la más grande, rica y bien organizada organización criminal en la historia. Empleando una combinación de chantaje y amenazas, ganó un poder maligno que corrompió individuos e instituciones por igual.

A comienzos de 1990, Cali se había transformado en una de las más absolutamente corruptas ciudades del mundo. Los intereses del Cartel controlaban virtualmente todas las instituciones importantes incluyendo bancos, industrias y negocios. Influenciaban y corrompían absolutamente todo, jueces, políticos y legisladores. El dinero ilegal era una fuente de poder y corrupción ya que exportaban casi 500 millones de dólares mensuales. Por todo esto la inseguridad y la violencia se podían respirar al caminar por las calles. Cada día 15 personas eran asesinadas con relación a la droga.

Como todo lo demás en Cali, la iglesia estaba desordenada. Los evangélicos eran pocos y no se preocupaban demasiado unos por los otros. Cada pastor estaba trabajando solo, nadie deseaba unirse a otro. Pero cuando los pastores-evangelistas Julio y Ruth Rubial vinieron a Cali, se sintieron desmayar ante las tinieblas que penetraban la ciudad. "No había unidad entre las iglesias," explicó Ruth. "Aún Julio fue aislado y lo echaron de la ya débil asociación ministerial."

Ruth relata que durante un tiempo de ayuno el Señor le habló a Julio, "No tienes derecho de sentirte ofendido. Necesitas perdonar." Así que, volvió a ver a los pastores, uno por uno, y así arregló las cosas. No podían darse el lujo de caminar desunidos, no cuando su propia ciudad enfrentaba tan apabullantes desafíos.

Durante los próximos meses se enfocaron en el poco apetito dentro de la iglesia por la oración, unidad y santidad. Dándose cuenta que estas son exactamente las cosas que atraen al Espíritu Santo, clamaron al Señor que estimulara una renovada hambre espiritual, especialmente en los ministros de la ciudad. Simplemente le pidieron al Señor que les mostrará cómo orar, y el Señor lo hizo.

A medida que sus oraciones comenzaron a hacer efecto, un pequeño grupo de pastores propusieron reunir sus congregaciones para pasar una noche de adoración y oración. La idea fue rentar el auditorio cívico de la ciudad, y pasar la noche en clamor y arrepentimiento. Pedirían la activa participación a Dios al tomar una postura frente a los Carteles de la droga y sus amos espirituales invisibles.

Cuando finalmente el evento se realizó en mayo de 1995, los negativos y aún algunos de los organizadores quedaron mudos por la sorpresa. En lugar del modesto resultado esperado, más de 25.000 personas llenaban el auditorio cívico, ¡casi la mitad de la población evangélica de la ciudad en esa época! El alcalde de la ciudad que había sido invitado subió a la plataforma y proclamó: "Cali pertenece a Jesucristo". La multitud permaneció entregada a la oración intensa hasta las 6 de la mañana siguiente. La famosa vigilia de toda la noche, - "La vigilia" - acababa de nacer.

Cuarenta y ocho horas después del evento, el diario, El País, tenía el siguiente titular "¡Ningún homicidio!" Por primera vez en tantos años que en la ciudad nadie podía recordar, había pasado un período de 24 horas sin que ninguna persona fuera asesinada. En una nación maldecida con la tasa más alta de homicidio del mundo, esta era una noticia de sumo interés periodístico. La corrupción tuvo también un gran golpe cuando, en los siguientes cuatro meses, 900 oficiales relacionados con el Cartel fueron despedidos de la fuerza de policía metropolitana.

Los intercesores oraban y los cielos escuchaban. Dos meses después el gobierno colombiano declaro una guerra sin cuartel contra los jefes del Cártel. Fueron lanzadas numerosas operaciones en varias partes del país. 6.500 comandos de elite marcharon a Cali con órdenes explícitas de encerrar a siete individuos sospechados de ser los líderes máximos del Cártel. Y los aparentemente invencibles señores de la droga fueron uno a uno apresados, los poderes de las tinieblas estaban en camino de sufrir una significativa derrota.

En la actualidad un pacto de unidad ha sido firmado por cerca de 200 pastores, y sirve de columna vertebral para las vigilias de oración de toda la noche que los líderes de las iglesias de Cali celebran cada 90 días. El entusiasmo es tal que estos gloriosos eventos se han tenido que cambiar al edificio más grande de la ciudad, el Estadio de Fútbol Pascual Guerrero, de 55.000

asientos. Felizmente (o no, según como se vea el caso), la demanda de asientos continúa superando la oferta.

Un crecimiento explosivo de la iglesia es una de las consecuencias visibles de los cielos abiertos sobre Cali. Si uno pide a los pastores que definan su estrategia, ellos responden, "No tenemos tiempo para planificar. Estamos demasiado ocupados sacando las redes y poniéndolas sobre el barco". Y los números de los conversos están aumentando.

Cuando finalizaba el año 1998, el Intendente de Cali y el Consejo de la ciudad le ofrecieron a la alianza ministerial hacer una campaña regional con la intención de fortalecer a las familias. El ofrecimiento, que fue aceptado, les da a los cristianos una libertad de operación completa y ninguna obligación financiera. El gobierno cede el estadio de fútbol, el campo de deportes y el velódromo a cualquier seminario o evento de oración que pueda ministrar a las familias destruidas.

En compañerismo con el Espíritu Santo, los cristianos de Cali han tomado control efectivo de la ciudad. Lo que hizo que este compañerismo resultara son las mismas cosas que siempre atraen la presencia del Señor: corazones santos, relaciones correctas e intercesión ferviente. De acuerdo a Ruth Rubial: "Dios comenzó a cambiar la ciudad, porque su pueblo finalmente se unió en oración".

Carlos Annacondia

Después de observar el ministerio de Carlos Annacondia durante varios años, estoy en condiciones de presentar una hipótesis: Annacondia bien podría ser el evangelista interdenominacional de cruzadas urbanas más efectivo de todos los tiempos. Si resulta que esto se aproxima siquiera a la verdad, su forma de ganar en las ciudades a las masas para Cristo, merece un estudio concienzudo.

Annacondia era un cristiano comprometido y próspero dueño de una fábrica metalúrgica en Quilmes, en los suburbios de Buenos Aires, cuando fue llamado al ministerio evangelístico. Probablemente no haya sido mera coincidencia que el día que lanzó su primera cruzada pública fue el mismo en que los británicos hundieron el crucero General Belgrano en la guerra de las Malvinas, en 1982. En ese momento Annacondia tenía 32 años.

Cuando uso la expresión "evangelismo efectivo", sigo la línea de Donald McGavran y el Church Growth Movement (Movimiento para el Iglecrecimiento) en su argumento de que el evangelismo bíblico implica llevar a los no creyentes a un compromiso simultáneo con Cristo y con el cuerpo de Cristo. Hacer discípulos implica llevar a hombres y mujeres a la fe en Jesús y a ser miembros responsables de una iglesia local.

Carlos Annacondia trabaja eficazmente para que esto suceda. En una reciente visita a la Argentina, trabajé con pastores de cuatro ciudades. Sin que yo preguntara nada, en cada una de las cuatro ciudades escuché a los líderes cristianos, con total naturalidad, referirse a las tendencias actuales en sus ciudades como "antes de Annacondia" y "después de Annacondia". En más de veinte años de estudiar el evangelismo urbano por medio de cruzadas, nunca había escuchado tan repetidamente testimonios sobre un evangelista de boca de líderes de todos los grupos. Ha habido casos de cruzadas evangelísticas efectivas, como las de Tommy Hicks en Buenos Aires o Stanley Mooneyham en Pnom Pen. Pero el ministerio de Annacondia parece ser único.

Varios pastores me mostraron los nuevos templos que habían construido para acomodar a toda la gente que se había sumado a su iglesia después de una cruzada de Annacondia en su ciudad. Uno me mostró un estadio de básquet que alquilaban hacía seis años. Otra iglesia ahora tiene diecisiete cultos por semana en cinco cines alquilados. Otro pastor habla de "un notable cambio de actitud entre la gente de nuestra ciudad, como resultado del ministerio de Annacondia".

¿Qué es lo diferente?

¿Qué hace Carlos Annacondia que no hagan, en general, otros evangelistas urbanos? Annacondia tiene mucho en común con los tradicionales evangelistas de cruzadas. Predica un mensaje sencillo del evangelio, hace la invitación para que la gente pase al frente y reciba a Cristo como su Señor y Salvador, usa consejeros entrenados para llevar a esas personas a Cristo y darles materiales impresos, toma su nombre y dirección y los invita a asistir a una iglesia local.

Como Billy Graham y Luis Palau, Annacondia se asegura una amplia base interdenominacional de apoyo de pastores y otros líderes cristianos en la zona donde va a predicar. Como Dwight Moody y Billy Sunday, no ha tenido capacitación teológica académica, formal. Como Reinhard Bonnke y T. L. Osborne, hay milagros, sanidades y liberación de demonios en sus reuniones. No es el único que predica al aire libre, en cultos de tres horas de duración, ni el único que tiene intercesores que oran por el ministerio en el mismo lugar. Si no me equivoco, la mayor diferencia es su forma intencional, premeditada y colmada de energía, de hacer guerra espiritual.

Una característica permanente de las cruzadas de Annacondia, es lo que debe de ser uno de los ministerios de liberación más complejos y enormes de todo el mundo. Bajo la dirección de Pablo Bottari, un siervo de Cristo sabio, maduro y dotado, literalmente cientos de personas son liberadas de demonios en cada una de las entre treinta y cincuenta noches consecutivas que duran las cruzadas. La carpa de liberación, de unos cincuenta metros, levantada detrás de la plataforma donde está el predicador, está abierta entre las 20:00 y las 04:00, todas las noches. Decenas de equipos entrenados personalmente por Bottari realizan el ministerio práctico.

Nunca he observado un evangelista de cruzadas que sea tan públicamente agresivo para confrontar a los malos espíritus como Annacondia. Con un prolongado y enérgico desafío a viva voz, Annacondia provoca a los espíritus hasta que estos se manifiestan de una u otra forma. Para los no iniciados, la escena puede parecer de total confusión. Para los conocedores, experimentados miembros del equipo de cruzadas de Annacondia, es solo una noche más de choques de fuerzas en los que el poder de Jesucristo sobre las fuerzas demoníacas queda a la vista de todos. Se producen muchas sanidades

> milagrosas, muchas almas son salvadas y tan grande es el poder espiritual que hubo casos de personas que pasaban caminando cerca de lugar de la cruzada y sin tener intención alguna de involucrarse en lo que allí sucedía, han caído bajo el poder del Espíritu Santo.
>
> - C. Peter Wagner
> The Awesome Argentina Revival

Un movimiento anti-intelectual. El anti-intelectualismo de ciertos segmentos del pentecostalismo latinoamericano. es una expresión de un antielitismo fundamentalista y generalizado. Con frecuencia, es una reacción en contra de las élites gubernamentales y religiosas más cultas. La razón es comparada de manera poco halagüeña con la revelación y los asuntos arcanos de la ciencia moderna se yuxtaponen con las claras verdades de la Biblia. En Chile, por ejemplo entre ciertos pentecostales, un ministro o laico que cuente con estudios superiores es mal visto. Se han producido divisiones en ciertas denominaciones cuando algunos miembros quisieron introducir institutos bíblicos. La preferencia por los pobres, los ignorantes y los analfabetos, es moneda corriente, indisputablemente, entre las iglesias pentecostales chilenas. Cualquier clase de educación más allá de la alfabetización básica necesaria para leer la Biblia es mal vista y los miembros educados que demuestran intereses o ambiciones intelectuales, son observados con gran sospecha.

Hay en América Latina una impresión algo generalizada de que para ser un buen y piadoso ministro no se necesita formación teológica y que un pastor intelectual es poco piadoso. Además, debido a la actitud en general de "retirarse del mundo", los pentecostales se han vuelto indiferentes a los temas sociales y fieros opositores a la participación en política, hasta hace muy poco. Por naturaleza el pentecostalismo es fuertemente individualista —en cuanto a los asuntos sociales— e intensamente emocional. Pero, como en cualquier movimiento religioso, hay excepciones a la actitud general de sus miembros. En los años ochenta y noventa hubo señales de cambio entre los líderes más jóvenes del pentecostalismo latinoamericano.

Claudio Freidzon (1955-). Le siguen las mismas señales y prodigios que en la iglesia primitiva. Los cuerpos enfermos son sanados y las vidas son transformadas mientras el Espíritu Santo sopla su poderosa unción sobre todos los que quieran recibirla.

El ministerio del reverendo Claudio Freidzon

El año 1992 marcó una nueva etapa en el ministerio del pastor Claudio, cuando un amigo muy apreciado por él, el pastor Werner Kniesel, le hizo una visita. Kniesel es pastor de la congregación más numerosa de Europa: Christliches Zentrum Buchegg (Centro Cristiano Buchegg), en Zurich, Suiza. Kniesel conocía a Claudio desde que este era seminarista. Cuando Claudio le contó sobre sus muchas actividades ministeriales, Kniesel le preguntó:

– ¿Cuánto tiempo ocupas en escuchar al Espíritu Santo?"

Durante esa visita Kniesel le entregó él el libro Buenos días, Espíritu Santo, del pastor Benny Hinn. El pastor Claudio sintió que este libro había sido escrito justamente para él. "Dios me bendijo grandemente cuando leí el libro del pastor Benny, así que decidí ir a los Estados Unidos para conocerlo y orar con él. El testimonio de este pastor y su relación con el Espíritu Santo, fueron una gran inspiración para mi propia vida".

Durante esta búsqueda, el Espíritu Santo vino sobre Claudio de una manera extraordinaria. Una gloriosa atmósfera llenaba los cultos, y la presencia de Dios comenzó a manifestarse en la iglesia como nunca antes.

Sin invitar a nadie y sin promover nada, la noticia de que algo sucedía en la Iglesia Rey de Reyes, se extendió. Los pastores venían solos a recibir esta fresca unción que transformaba sus vidas y los llevaban nuevamente a su primer amor. El Espíritu Santo obraba con tal poder que muchos quedaban tendidos en el suelo bajo la presencia de Dios durante horas, algunos reían de gozo, otros lloraban, quebrantados y otros estaban como "ebrios" en la presencia de Dios.

Dios le mostró al reverendo Claudio Freidzon que era su poderosa mano la que obraba soberanamente, produciendo fruto en muchas vidas y una renovación en la consagración y la entrega de las vidas de los cristianos. La obra de evangelización y edificación se extendió a la radio y la televisión. Con el transcurso del tiempo cientos de pastores llegaron hasta la Iglesia Rey de Reyes para recibir la fresca unción del Espíritu Santo.

Muchos venían con toda su congregación. Durante semanas, algunas veces, había filas de cientos de metros de personas que esperaban entrar en la iglesia. Personas de lugares lejanos alquilaban autobuses para ir a recibir más de Dios.

En una de las cruzadas más grandes en la Argentina, con sesenta y cinco mil personas, se llenó el estadio de Vélez Sársfield. Hermanos y hermanas de todas las denominaciones, de muchos lugares diferentes del país, fueron a buscar el rostro de Dios en un Viernes Santo memorable. El ministerio del reverendo Claudio Freidzon comenzó a extenderse fuera de las fronteras de la Argentina. Pastores y líderes cristianos de todo el mundo, algunos en equipos, comenzaron a llegar para recibir un toque de Dios en sus vidas.

Desde que el Señor revolucionó su vida y su ministerio, Claudio Freidzon ha viajado mucho debido a las invitaciones recibidas de todas partes del mundo, para realizar grandes cruzadas. Estas cruzadas se caracterizan por la

> unidad de los pastores en cada ciudad donde fue invitado, por el fruto evangelístico y por la renovación espiritual de las iglesias.
>
> En 1998 realizó una cruzada evangelística en Ecuador, en el estadio nacional de Guayaquil, con capacidad para más de cincuenta mil personas, que estuvo lleno todas las noches. Aproximadamente mil quinientos pastores y líderes cristianos se unieron para organizar y desarrollar este importante evento. El poder de Dios hizo impacto en miles de personas. Vidas transformadas, milagros de sanidad, liberación y profunda renovación fueron el resultado de este poderoso movimiento de Dios. Aproximadamente ciento sesenta mil personas asistieron a las diferentes reuniones, lo cual ha causado un gran impacto en la sociedad ecuatoriana desde entonces.
>
> El pastor Freidzon ha escrito un libro titulado Espíritu Santo, tengo hambre de ti, que fue traducido a nueve idiomas. Muchos cristianos de todo el mundo fueron inspirados por este libro para desarrollar una relación más profunda y más personal con el Espíritu Santo.
>
> Más de tres millones y medio de personas fueron alcanzadas por su ministerio hasta ahora, de manera personal, por medio de cruzadas, conferencias, eventos especiales o reuniones en iglesias.
>
> Dondequiera que Claudio Freidzon ha ministrado, hubo testimonios de avivamiento, crecimiento y vidas transformadas, debido a la fresca unción del Espíritu Santo.
>
> -SAM RODRIGUEZ

Un movimiento urbano. La expansión del pentecostalismo durante estos años se produjo principalmente, en áreas urbanas en desarrollo. La rapidez del crecimiento urbano de América Latina es realmente explosiva. El índice anual de crecimiento demográfico es mayor al tres por ciento. En 1950 las tres cuartas partes de la población vivían en ciudades de menos de veinte mil habitantes, pero para 1975 la mitad de la población latinoamericana era urbana. En 1960 solo seis o siete ciudades tenían más de medio millón de habitantes. Una década después, ya había treinta u seis ciudades con más de quinientos mil habitantes.

Este fenómeno se debe al rápido crecimiento demográfico urbano y a la migración de las áreas rurales a las ciudades. Los que migraron a las enormes ciudades tuvieron que enfrentar las condiciones de un vacío social marcado por la ausencia de normas o valores sociales. Este, generalmente, es el factor que produce la posibilidad de un cambio religioso. El debilitamiento de los controles sociales tradicionales en una situación de falta de rumbo, característica de la vida urbana moderna, favorece el desarrollo de una aguda crisis de la identidad personal en muchos de los que migran a las ciudades. Esto explica por qué muchos de ellos abandonan su fe católica tradicional y se vuelven pentecostales. En América Latina siempre existió una estrecha relación entre los procesos de industrialización y urbanización y el crecimiento del pentecostalismo en las ciudades.[45]

Un movimiento diverso. El pentecostalismo latinoamericano ha emergido de diversos trasfondos y en muchos lugares, asume formas totalmente diferentes. Los pentecostales de Brasil y México toman como referencia al avivamiento de Azusa en 1906, como punto de partida de tal obra en sus países. Pero poco tiempo después, todos los países latinoamericanos tenían denominaciones pentecostales en desarrollo. Algunas eran descendientes de grupos norteamericanos, pero muchos desde el comienzo, fueron movimientos nacionales autónomos. La mayoría de estos grupos, de hecho, eran muy diferentes de sus expresiones clásicas norteamericanas en su adaptabilidad y apertura para incluir a creyentes de diferentes trafondos doctrinales y eclesiales. Además, como movimiento independiente o con escasa dependencia de apoyo misionero extranjero, el pentecostalismo latinoamericano se ha caracterizado por su diversidad.

Hay, al menos, tres tipos de pentecostales en América Latina. Por un lado están los que podrían ser llamados pentecostales clásicos, que tienen su origen a comienzos del siglo XX. Han constituido sus propias denominaciones y han alcanzado un nivel de institucionalización eclesiástica más elevado. Están relacionados con las grandes denominaciones pentecostales en Europa y Norteamérica. Un segundo grupo, probablemente el más dinámico y creciente, es el de los pentecostales "renovados" independientes quienes, junto con otros carismáticos, critican al pentecostalismo tradicional e institucionalizado.

Hoy, las iglesias de mayor crecimiento en América Latina pertenecen a este pentecostalismo independiente. Una tercera expresión es lo que yo llamo "pentecostalismo popular". Estos grupos son herederos del pentecostalismo clásico, pero han adquirido las características de una religiosidad popularizada. Algunos son expresiones dudosas de la fe cristiana, mezclada con elementos del pentecostalismo.

Es posible distinguir, en el movimiento pentecostal latinoamericano, diversas líneas teológicas. Por un lado están aquellos pentecostales que teológicamente, ecuménicamente y sociopolíticamente, son conservadores. Aunque han dado un gran salto al aceptar e integrar sus respectivas tradiciones eclesiásticas a la experiencia pentecostal, mantienen los rasgos teológicos del fundamentalismo clásico. Básicamente mantienen una firme escatología premilenarista y el literalismo bíblico, junto a la afirmación de la inerrancia de las Sagradas Escrituras. También rechazan cualquier forma de relación entre católicos y protestantes, y apoyan una ideología marcadamente de derecha.

Por otro lado, están los que pueden ser descriptos como abiertos a las relaciones interdenominacionales o ecuménicas. Son más abiertos a las corrientes teológicas y sociopolíticas progresistas. Finalmente, hay un sector del pentecostalismo latinoamericano que, aunque se identifica con el pentecostalismo, mantiene una actitud crítica hacia sus conclusiones teológicas, su cosmovisión y su visión sociocultural.

Un movimiento de líderes fuertes. En el pentecostalismo latinoamericano, el líder carismático, quien no está atado a las estructuras eclesiásticas clásicas, fácilmente convoca una bandada de entusiastas seguidores. El individualismo también encuentra su expresión en la comprensión pentecostal de la fe cristiana. En muchas iglesias pentecostales, en la cima de la estructura eclesiástica hay un grupo de hombres o una sola personalidad muy fuerte que domina el grupo. Sin embargo, el punto fuerte de esta estructura es la plena participación de casi todos, y una jerarquización que depende más de la función que del origen. Dado que las personas provienen en su mayoría, de la misma clase socioeconómica, no hay tendencia a que los ricos o los más educados ahoguen el desarrollo de los más humildes, como sucede en muchas iglesias de las denominaciones más históricas.

Un movimiento creciente. Los pentecostales conforman el setenta y cinco por ciento de la población evangélica de América Latina. En algunos países esto significa el noventa por ciento de la población no católica. Los números crecen a velocidad explosiva. Hay un conjunto de razones para este crecimiento pentecostal, entre los cuales destacamos: factores espirituales –la acción libre del Espíritu Santo–; razones antropológicas –hambre de Dios–; elementos sociológicos –brindan una sensación de abrigo, seguridad, identidad y comunidad en un mundo hostil–; metodología pastoral –gran participación de los laicos–; y factores psicológicos y culturales –libertad de adoración y emoción, uso de música folclórica con sus instrumentos–.

Según Mortimer y Esther Arias: "El hecho es que son grandes, se autofinancian, se gobiernan a sí mismas y se multiplican por sí mismas y están arraigadas entre las masas pobres, mientras que las iglesias protestantes históricas están confinadas a enclaves de clase media. Los pentecostales no dejan de tener problemas de liderazgo, educación, divisiones y aislamiento social, pero no hay duda de que tienen un lugar significativo en el futuro del cristianismo en América Latina".[46]

Los pentecostales continuarán creciendo en número e influencia en América Latina. Será así porque demuestran que son capaces de responder a las preocupaciones inmediatas de las masas de las clases bajas. Esto se aplica tanto a la actividad continuada de los misioneros, como al surgimiento y crecimiento de iglesias locales independientes de tipo pentecostal. En este sentido, algunas predicciones hechas en el pasado continúan siendo vigentes. Lalive d'Epinay dijo, hace años, que "si las posibilidades para participación social y política abierta a las clases populares se reducen, las oportunidades para la difusión del pentecostalismo aumentarán proporcionalmente".[47]

El científico social holandés Juan Tennekes llegó a la misma conclusión al estudiar el pentecostalismo chileno después del golpe de estado de 1973. "Ahora que toda oposición legal ha sido proscripta, la única vía abierta es la de la protesta religiosa; ahora que no hay otras organizaciones que puedan operar como comunidades, la búsqueda de la comunidad religiosa será mayor que nunca", escribió. "Por tanto, el pentecostalismo se fortalecerá. [...]. Para el pueblo chileno, aplastado a sangre y fuego por sus propias fuerzas armadas, la religión se convertirá en la única forma legalmente aceptada de expresar sus problemas, dudas y esperanzas".*[48]

• 13 •

Sanadores y teleevangelistas después de la Segunda Guerra Mundial

David E. Harrell Jr.

Un poderoso avivamiento se produjo en la subcultura pentecostal estadounidense inmediatamente después de terminada la Segunda Guerra Mundial. Fue dirigido por un grupo de dotados evangelistas sanadores que levantaron grandes ministerios independientes. Durante fines de los años cuarenta y los cincuenta, realizaron miles de campañas de sanidad, dejando como legado cientos de miles de testimonios de sanidades milagrosas, así como otros fenómenos extraordinarios. Las multitudes que asistían a estas campañas fueron la base del sostén económico de estos evangelistas y les hicieron posible levantar ministerios independientes que no tenían nada que envidiar a las denominaciones pentecostales en tamaño e influencia mundial.[1]

El pentecostalismo estadounidense estaba preparado para un avivamiento después de la Segunda Guerra Mundial. Una nueva generación de líderes denominacionales quería dejar atrás las disputas doctrinales que habían dividido al pentecostalismo a principios del siglo XX; trataban de derribar los muros que habían separado a aquellos que creían en el bautismo en el Espíritu Santo. Este nuevo espíritu pacífico se institucionalizó en 1948 con la fundación de la Confraternidad Pentecostal de Norteamérica, una unión de ocho de las denominaciones pentecostales más importantes del continente. También abrió camino a la irrupción de avivamientos urbanos sin distinción de denominaciones pentecostales, que no hubieran sido posibles unos años antes. Además, las iglesias pentecostales de posguerra estaban compuestas por una generación que anhelaba vivir su propio derramamiento milagroso del Espíritu Santo. Se habían criado escuchando los relatos de Azusa y los milagros de los años pasados y querían ser testigos del poder de Dios en su propia época.[2]

Líderes de los inicios del avivamiento de sanidad

El avivamiento de sanidad ocurrido después de la Segunda Guerra Mundial data de una serie de reuniones realizadas en 1946 por William Brahan, un místico y enigmático predicador que entonces pastoreaba una pequeña iglesia bautista independiente en Jeffersonville, Indiana.[3] Braham inició un ministerio profético y de sanidad después de asistir a una campaña de los unitarios durante la época de la Depresión. En junio de 1946 Braham predicó y oró por los enfermos en una pequeña Iglesia Pentecostal Unida, en St. Louis y pronto circularon por toda la iglesia los comentarios sobre las sanidades milagrosas que se habían producido.

William Marrion Branham (1919-1965) ayudó a encender la chispa del avivamiento de sanidad posterior a la Segunda Guerra Mundial, con increíbles relatos de sanidades a los que se sumaba la "palabra de ciencia".

La noticia de los milagros se extendió como un reguero de pólvora y a fines de 1946 Branham fue invitado a tener una serie de reuniones en Arkansas. Mientras iba de pueblo en pueblo, la cantidad de gente que asistía a sus reuniones comenzó a contarse por miles y las noticias de muertos que habían sido resucitados y otros milagros se propagaron por toda la subcultura pentecostal.

En sus reuniones Branham demostraba un extraordinario don de la "palabra de ciencia", que se convirtió en la marca distintiva de su posterior carrera como evangelista. Decía ministrar con un ángel a su lado y maravillaba al público mencionando las enfermedades de personas que llamaba de entre los presentes.

A los ojos de sus seguidores Branham era un "profeta como los del Antiguo Testamento"[4]. Branham continuó siendo una figura legendaria en el avivamiento hasta mediados de los años cincuenta, aunque sus enseñanzas se habían vuelto cada vez más extremistas, y para 1950 su popularidad también había sido eclipsada por la de otros evangelistas sanadores. Cuando murió en un accidente automovilístico en 1965, ya se había convertido en una figura marginal aun dentro de los pentecostales.

Tratando de extender la influencia de Branham más allá de las fronteras de los pentecostales unitarios en 1947, sus colaboradores más cercanos consiguieron que un respetado pastor de las Asambleas de Dios en Oregon, Gordon Lindsay, organizara la agenda del evangelista sanador.[5] Lindsay sintió que algo extraordinario estaba por explotar y pronto se convirtió en el coordinador más importante del avivamiento de sanidad. Era un organizador y publicista talentoso. En 1947 comenzó a publicar *Voice of Healing* (La voz de la sanidad) una revista que, al principio, informaba sobre las actividades de William Branham y después, se amplió para incluir las reuniones de una serie de otros evangelistas que habían lanzado sus propios ministerios de sanidad.

Por medio de su revista, Voice of Healing, Gordon Lindsay (1906-1973) ayudó a promover las cruzadas de sanidad de muchos evangelistas después de 1948.

Para principios de los cincuenta decenas de evangelistas sanadores llenaban carpas y auditorios por todo el país: atraían a miles de personas, relataban historias de sanidades más otros milagros y recogían millones de dólares aportados por sus seguidores. Casi todos los primeros evangelistas trabajaban bajo la cobertura de la organización *Voice of Healing*. Entre los más famosos en los cincuenta se encuentran el osado y extravagante Jack Coe y el errático y sensacional Amos Alonzo Allen, que llevaron los relatos de supuestas sanidades divinas hasta el límite.

La revista de Lindsay también publicaba informes sobre muchos avivamientos en otros países con evangelistas como Tommy Hicks y Tommy L. Osborn. Algunos de los evangelistas sanadores se especializaron en evangelismo en países extranjeros, pero todos los ministros independientes realizaron cruzadas fuera de los Estados Unidos, a las que asistían cientos de miles de personas en América Latina, África y Asia.[6]

El grupo de evangelistas de *Voice of Healing* fue el centro más coherente del avivamiento de sanidad, pero algunos evangelistas sanadores de gran éxito no estaban relacionados con la organización de Lindsay. Kathryn Kuhlman, por ejemplo, tuvo un exitoso ministerio de sanidad en Pensilvania en los años cincuenta, que poco debía a las fuerzas que habían creado el avivamiento de sanidad pentecostal. Durante su larga carrera en televisión, usó técnicas televisivas que otros evangelistas ya habían utilizado y creó otras que luego otros evangelistas utilizaron; pero en general, se mantuvo a discreta distancia de otros ministerios. En general se identificó con la ola del avivamiento de sanidad y en sus últimos años, tuvo una estrecha amistad con el evangelista Oral Roberts. Pero su historia, como la de algunos otros sanadores de la época, fue paralela a la del avivamiento, más que parte de él.[7]

Oral Roberts, que tampoco se asoció formalmente con el grupo de evangelistas de *Voice of Healing*, se convirtió en el líder preeminente del avivamiento de la sanidad en los años cincuenta.[8] Roberts era ministro de la Iglesia Pentecostal de la Santidad, como su padre lo había sido antes que él. En 1947 tomó la decisión osada de abandonar su pastorado en Enid, Oklahoma, para lanzar un ministerio de sanidad independiente. Talentoso, apuesto y versado en las sutilezas de la teología pentecostal, Roberts fue muy respetuoso de otros evangelistas sanadores, particularmente de William Branham, pero guardó celosamente su independencia, y pronto se convirtió en el más célebre del floreciente avivamiento. En las cruzadas de Roberts había una fila de enfermos sobre los cuales el evangelista imponía las manos al orar por ellos.

Para cuando terminaron sus cruzadas, en 1968, Roberts había impuesto las manos personalmente a casi un millón de enfermos. Al mismo tiempo, sus reuniones eran modelos de decoro –no se estimulaba el hablar en lenguas–. Sus largos y entretenidos sermones eran modelos de ortodoxia pentecostal.

La moderación de Roberts lo convirtió en el preferido de los líderes de las denominaciones pentecostales. La mayoría de ellos había recibido con cierta cautela la irrupción del avivamiento de sanidad, en 1947. Tanto a ellos como a los miembros de sus iglesias, los habían atrapado los informes de milagros. Como símbolo de la importancia del avivamiento, así como su aceptación entre los líderes de las denominaciones, Oral Roberts fue invitado a pronunciar el discurso de clausura de la

Hijo de un predicador pentecostal de la santidad extremadamente pobre, Granville Oral Roberts (1918-) se convirtió en un destacado evangelista sanador en los años cincuenta, después de lo cual fundó la Universidad Oral Roberts, en 1965.

reunión inaugural de la Confraternidad Pentecostal de Norteamérica, en Des Moines, en octubre de 1948.

Pero los líderes de iglesias pentecostales pronto perdieron gran parte de su entusiasmo por el avivamiento de sanidad. Muchos comenzaron a dudar de los relatos sospechosos sobre sanidades fantásticas de los evangelistas y estaban preocupados por su insaciable apetito por el dinero. Aunque la mayoría de los evangelistas sanadores habían tratado de mantener relaciones cordiales con las denominaciones pentecostales durante los primeros años del avivamiento, para 1950 habían creado una red de instituciones independientes apartadas de toda supervisión y disciplina denominacional; en realidad, apartadas de toda clase de supervisión. Para mediados de los años cincuenta, la mayoría de los evangelistas independientes que habían sido acreditados por las Asambleas de Dios, o se habían retirado de la denominación, o habían sido expulsados. Algunos, como Jack Coe y A. A. Allen, tuvieron profundos choques con la denominación, que fueron ampliamente publicitados.

Oral Roberts

Granville Oral Roberts, el más importante evangelista sanador estadounidense, nació en el condado de Pontotoc, Oklahoma. Creció en medio de la más profunda pobreza. Su padre era pastor pentecostal de la santidad. A los diecisiete años le diagnosticaron tuberculosis y estuvo postrado en cama durante más de cinco meses. En julio de 1935, bajo el ministerio del evangelista George W. Moncey, fue sanado tanto de la tuberculosis como de tartamudez. Pasó los dos años siguientes como aprendiz de su padre en el ministerio evangelístico. Fue ordenado por la Iglesia Pentecostal de la Santidad en 1936 y pronto se convirtió en uno de los ministros más destacados de la denominación. Entre 1941 y 1947 pastoreó cuatro iglesias.

En 1947 Roberts lanzó su ministerio de sanidad con la primera campaña que abarcó toda la ciudad en Enid, Oklahoma. El mismo año publicó su primer libro sobre la sanidad: *If You Need Healing- Do These Things!* (Si necesita sanidad, ¡haga esto!); llevó el mensaje de la sanidad a las ondas radiales; lanzó su propia revista mensual, *Healing Waters* (Aguas sanadoras), y estableció la sede de su ministerio en Tulsa, Oklahoma. Al año siguiente comenzó a cruzar los Estados Unidos con la carpa portátil más grande jamás utilizada hasta entonces para predicar el evangelio. Su "carpa catedral" llegó a tener capacidad para más de doce mil quinientas personas.

El éxito de Roberts en el evangelismo lo llevó a ser líder de una generación de evangelistas entusiastas que llevaron el mensaje de la sanidad divina por todo el mundo después de 1947. Sus cruzadas ecuménicas fueron fundamentales para revitalizar al pentecostalismo de la era posterior a la Segunda

Guerra Mundial. También ayudó a fundar la Fraternidad Internacional de Hombres de Negocios del Evangelio Completo en 1951 y fue una figura vital en la fundación del movimiento carismático moderno.

El impacto más profundo que Roberts hizo en el cristianismo estadounidense fue en 1955, cuando inició un programa televisivo semanal que llevó sus cruzadas a los hogares de millones de personas que nunca habían tenido contacto con el mensaje de la sanidad. Por medio de su programa, el mensaje de sanidad, literalmente, fue transportado de la subcultura pentecostal dentro del cristianismo estadounidense, a la mayor audiencia de toda la historia. Para 1980 una encuesta reveló que el nombre de Roberts era reconocido por un ochenta y cuatro por ciento del público estadounidense, algo realmente fenomenal y el historiador Vinson Synan manifestó que Roberts era considerado el pentecostal más destacado del mundo.

Entre 1947 y 1968, Roberts realizó más de trescientas cruzadas importantes, en las que oró personalmente por millones de personas. Para mediados de los años cincuenta su mensaje de sanidad era emitido en más de quinientas radios y durante casi treinta años su programa televisivo de los domingos por la mañana fue el programa religioso número uno en el país. Su revista mensual, que en 1956 cambió su nombre por el de *Abundant Life* (Vida abundante), llegó a tener una circulación de más de un millón de ejemplares, mientras que su revista devocional, *Daily Blessing* (Bendición diaria), pasó el cuarto de millón de suscriptores. Además, escribía una columna mensual para casi setecientos periódicos. Para los años ochenta había más de quince millones de ejemplares de sus ochenta y ocho libros en circulación y recibía más de cinco millones de cartas de sus seguidores, por año.

Como indicación de que era aceptado por las denominaciones tradicionales, Roberts fue invitado, en 1966, para participar en el Congreso de Evangelismo Mundial organizado por Billy Graham; se asoció a la Iglesia Metodista Unida en 1968 y comenzó un plan ambicioso de programas televisivos evangelísticos con variedades en horarios centrales, en 1969. El éxito de estos programas fue notable: eran vistos por sesenta y cuatro millones de televidentes. Esto hizo que Edward Fiske, editor religioso del *New York Times*, declarara que Roberts provocaba mayor lealtad personal que cualquier otro ministro religioso en los Estados Unidos, en la década del setenta.

En 1965 Roberts abrió una universidad de artes liberales en Tulsa. En solo seis años recibió la acreditación regional, y la Universidad Oral Roberts se convirtió en una institución realmente importante entre 1975 y 1978, cuando se agregaron siete facultades: Medicina, Enfermería, Odontología, Derecho, Ciencias Económicas, Educación y Teología. Esta universidad, con un costo de doscientos cincuenta millones de dólares, con su arquitectura e instalaciones ultramodernas, creció hasta tener un promedio de cinco mil estudiantes. Fue dedicada en 1967 por Billy Graham. Adyacente a la universidad Roberts estableció un hogar geriátrico para cuatrocientos cincuenta residentes, en 1966.

Un momento muy importante en el ministerio de Roberts fue la apertura, en 1981, del Centro Médico y de Investigaciones Ciudad de la Fe (*City of Faith Medical and Research Center*), con un costo de doscientos cincuenta

> millones de dólares. El complejo consistía en un hospital de treinta pisos, un centro médico de sesenta pisos y un edificio para investigaciones de veinte pisos. La filosofía de este centro era unir la oración con la medicina, lo sobrenatural con lo natural, en el tratamiento de la persona integral. Lamentablemente, el complejo nunca llegó a atraer la cantidad de pacientes que Roberts había anticipado y finalmente, fue cerrado en 1990.
>
> Teológicamente, Roberts es un pentecostal clásico, que afirma que hablar en lenguas es normativo para todo creyente. Sin embargo, su marca característica ha sido básicamente un mensaje alentador de esperanza. Toda la tesis de su ministerio es que Dios es un Dios bueno, que quiere sanar y prosperar a su pueblo.
>
> PAUL CHAPPELL en *Dictionary of Pentecostal and Charismatic Movements*

A pesar de perder el apoyo de los líderes denominacionales, Coe, Allen y muchos más evangelistas sanadores independientes continuaron atrayendo miles de personas a sus reuniones en carpas o auditorios. Coe murió en 1957 y en la década siguiente, el "evangelismo sanador al límite" quedó en manos del meteórico A. A. Allen, que había sido obligado a retirarse de las Asambleas de Dios y de la organización *Voice of Healing*, después de ser acusado de conducir en estado de ebriedad durante una campaña evangelística en Knoxville, Tennessee, en 1955. Allen sobrevivió a una crisis tras otra y continuó siendo popular hasta su muerte, en 1970. Muchos evangelistas sanadores menos conocidos continuaron llevando miles de personas a sus reuniones, entre ellos, dos asistentes y protegidos de Allen: Robert W. Schambach y Don Stewart.

Oral Roberts continuó siendo la superestrella del avivamiento durante los años cincuenta y sesenta. Mantuvo una relación cordial, aunque algo incómoda, con las denominaciones pentecostales, hasta que dejó de hacer campañas. En las dos décadas que transcurrieron desde 1947 hasta 1967, Roberts hizo cientos de campañas en los Estados Unidos y otros países. Era un hábil organizador y administrador, con un intelecto innovador y rápido. Cuando la familia de "socios" que sostenía su ministerio aumentó, Roberts fue pionero del uso de nuevas formas de envío de correspondencia con la ayuda de la computadora. Contrató al ex-editor del *Pentecostal Holiness Advocate*, G. H. Montgomery, para que lo ayudara a producir publicaciones más complejas, entre ellas, una revista que era enviada a más de un millón de "socios". Para principios de los cincuenta, Roberts había armado una cadena de emisoras radiales con más de quinientas estaciones.

La influencia de Roberts se hizo sentir en el mundo pentecostal. Su apoyo fue fundamental para la fundación de la Fraternidad Internacional de Hombres de Negocio del Evangelio Completo (FGBMFI, sigla en inglés) en 1951, creación del tambero californiano Demos Shakarian.[10] La FGBMFI se convirtió en un vehículo fundamental para promover los ministerios de los evangelistas sanadores, que solían ser invitados como oradores en sus primeras reuniones. Shakarian y Roberts continuaron siendo amigos a lo largo de los años y cada uno contribuyó al crecimiento del ministerio del otro.

Televisión y evangelismo en otros países

Más que cualquier otra cosa, lo que cambió el rostro del evangelismo sanador a fines de los años cincuenta y principios de los sesenta, fue la televisión. En una cruzada de Oral Roberts realizada en una carpa, en Akron, Ohio, en 1954, Rex Humbard persuadió a Roberts de que filmara tres reuniones vespertinas para la televisión. Había problemas para la filmación, debido a la mala iluminación dentro de la carpa, pero Roberts quedó fascinado al ver los resultados. Estos programas no solo incluían los sermones, sino también "el llamado, las filas de personas que esperaban ser sanadas, los milagros que se producían, las idas y venidas de las multitudes y la reacción de la congregación"[11]. Roberts creyó que había encontrado la manera de presentar a la nación el notable avivamiento de sanidad que había sacudido la subcultura pentecostal. Con grandes esfuerzos, logró armar una cadena de estaciones televisivas a mediados de los cincuenta; para 1957, su programa era emitido en ciento treinta y cinco de las quinientas emisoras televisivas del país y llegaba a un ochenta por ciento de la teleaudiencia potencial en los Estados Unidos.

Roberts encontró gran resistencia en sus aspiraciones por un ministerio televisivo. Cuando su programa fue emitido por primera vez en la ciudad de Nueva York, Jack Gould, columnista del *New York Times*, protestó: "Si el hermano Roberts desea explotar la histeria y la ignorancia levantando las manos y gritando: '¡Sana!', es cuestión suya. Pero no parece responder al interés público, la conveniencia y la necesidad, que la industria televisiva lo apoye"[12]. El *Christian Century* advirtió que "lo de Oral Roberts" iba a dañar "la causa de la religión vital" y durante todo 1956 el Consejo Nacional de Iglesias trató de influir en el Congreso para que se aprobaran leyes que impidieran el uso de la televisión con fines religiosos. Aunque estos esfuerzos por restringirlo, finalmente, no tuvieron éxito, Roberts tuvo, con frecuencia, grandes dificultades para convencer a los canales locales de que emitieran sus programas.[13]

Producir un programa televisivo de alcance nacional era muy costoso, pero los resultados eran fascinantes. La cantidad de cartas que recibía Roberts casi se duplicó después de un mes en la televisión; su lista de envíos creció a más de un millón de destinatarios para fines de los cincuenta. Para esa época, todos los evangelistas que surgían soñaban con lanzar su propio programa televisivo para ampliar su ministerio evangelístico.

– Los que están en radio y televisión –reflexionaba el veterano W. V. Grant– son los que se llevan toda la gente.[14]

Pero gran parte de los evangelistas sanadores que predicaban en carpa no tenían ni el apoyo económico ni la capacidad técnica para acercarse siquiera a crear un imperio televisivo que rivalizara con la cadena armada por Oral Roberts.

Para 1960 el avivamiento de sanidad estaba cambiando y su crecimiento se había detenido mucho. Aun había muchos evangelistas sanadores en los años sesenta, que visitaban vez tras vez prácticamente todas las ciudades y pueblos de los Estados Unidos, pero la cantidad de gente que asistía a sus reuniones iba decreciendo, al igual que su entusiasmo. Algunos veteranos continuaban atrayendo multitudes, como A. A. Allen que hasta su muerte, en 1970, siempre veía colmada su carpa y tuvo una presencia televisiva limitada. Al morir Allen, su joven asistente Don Stewart mantuvo vivo el ministerio por un tiempo y continuó emitiendo programas evangelísticos por televisión. Otros evangelistas, como Ernest Angley, realizaron grandes campañas de sanidad y fueron famosos en sus regiones. El veterano H. Richard Hall de Cleveland, Tennessee, y muchos otros como él, continuaron ofreciendo sanidad en modestas carpas prácticamente en todos los pueblos del país.

Quizá el remanente más duradero del avivamiento de sanidad original fue Robert W. Schambach, uno de los primeros asistentes de Allen quien se separó, con el visto bueno de su mentor, en 1959, para establecer su propio ministerio. Schambach continuó hasta entrados los años noventa, con sus giras por el país, con una carpa grande, en una muestra en la época actual de lo que habría sido el ambiente y la energía del avivamiento de sanidad. Schambach, dinámico y talentoso predicador que mantuvo su reputación y ministerio libres de toda mancha o escándalo a lo largo de los años, fue famoso visitante de la cadena cristiana TBN en los noventa y constituyó un vínculo entre el antiguo avivamiento de la sanidad y los glamorosos ministerios mediáticos que habían aparecido para fines del siglo.

Igualmente importante a largo plazo, aunque menos conocido para la mayoría de los estadounidenses en los años cincuenta, fue el impacto que tuvo el avivamiento de sanidad en otros países fuera de los Estados Unidos. La mayoría de los evangelistas sanadores estadounidenses también realizaron campañas masivas en el exterior. En la que fue quizá, la cruzada más famosa de esa época, el evangelista Tommy Hicks, en 1954, afirmó haber predicado una noche ante cuatrocientas mil personas en un estadio de Buenos Aires, Argentina. Durante el avivamiento, Hicks afirmó que el presidente Juan Perón y su esposa lo visitaron en el hotel donde se hospedaba "y ambos fueron salvos".[15]

A medida que aumentaba el número de aspirantes a evangelistas, varios ministros independientes volvieron su atención –y sus pedidos de fondos– a extender el avivamiento de sanidad por todo el mundo. Dos ministerios que tuvieron una profunda y prolongada influencia en otros países fueron Evangelismo Mundial (*World Evangelism*), de Tommy L. Osborn y Cristo para las Naciones, de Gordon Lindsay. Osborn y su talentosa esposa, Daisy, realizaron cientos de campañas en Asia, África y Sudamérica, dejando a su paso miles de historias de milagros y una generación de evangelistas locales que aspiraban a edificar ministerios similares. Lindsay, en los años sesenta, cambió el nombre de su organización (*Voice of Healing*) por el de "Cristo para las Naciones" y comenzó a hacer énfasis en construir iglesias locales en todo el mundo. Estos promotores del avivamiento de sanidad eran famosos en el mundo pentecostal pero, a diferencia de los ministros que habían ingresado en la televisión, tuvieron escasa repercusión fuera de la subcultura que los sostenía.

T. L. y Daisy Osborn pasaron un año desalentador como misioneros en la India en 1946 y regresaron a los Estados Unidos cuando el avivamiento de sanidad estaba explotando. Se convencieron de que las sanidades y los milagros serían la clave para llevar al evangelio a "los paganos del mundo que mueren sin Cristo".[16]

Alentado por otros evangelistas y por líderes de denominaciones pentecostales, Osborn realizó una serie de cruzadas impresionantes en todo el mundo. Hablaba de miles de sanidades y otros milagros, y sus relatos eran ampliamente publicitados en los Estados Unidos. Al principio Osborn era sostenido económicamente por otros ministros independientes, como Oral Roberts, pero pronto levantó una organización eficiente y se dedicó a solicitar fondos por correspondencia. A mediados de los años cincuenta comenzó a publicar una revista para promover su obra, *Faith Digest* y en los años sesenta, su circulación llegó a seiscientos setenta mil ejemplares. La organización de Osborn se convirtió en un modelo de eficiencia dentro del avivamiento de sanidad. "Hemos ganado un alma por cada diez a veinticuatro centavos invertidos", se jactaba Osborn en 1961.[17]

Con su esposa, Daisy, a su lado, Tommy L. Osborn (1923-) fue pionero de las campañas de sanidad en naciones del Tercer Mundo, generalmente, ante públicos no cristianos. Su ministerio preparó el camino para muchos otros evangelistas sanadores de todo el mundo.

Osborn también formuló una filosofía de misiones, sorprendentemente compleja. Al tratar de hallar una manera de mantener los avivamientos masivos que él y otros evangelistas sanadores conducían en otros países, llegó a la conclusión de que "los nativos del país [...] serían los mejores misioneros. [...]. Hablan el idioma, no necesitan licencias, no necesitan comida, no se enferman"[18]. En 1953 fundó la Asociación para el Evangelismo Nativo (*Association for Native Evangelism*) para fomentar el establecimiento de iglesias autóctonas. La junta directiva original de la Asociación contaba con representantes de las Asambleas de Dios, la Iglesia de Dios y la Iglesia Internacional del Evangelio Cuadrangular, pero Osborn nunca permitió que las denominaciones pentecostales la controlaran y las iglesias pentecostales comenzaron a apoyar cada vez menos sus actividades.[19]

Pero Osborn continuó con su camino independiente, convencido de que el éxito en la obra misionera provenía, "no de quienes deben esperar la autorización de sus organizaciones", sino de "los valientes hombres y mujeres de fe que avanzan y conquistan en el nombre del Señor".[20] En 1958 inició un programa de "coevangelismo" que, básicamente, apoyaba a los evangelistas locales que utilizaban sus películas y distribuían sus publicaciones.[21]

El ministerio de Osborn floreció en los años sesenta. Para fines de esa década ya había realizado cruzadas en más de cuarenta países y su organización "apoyaba a más de doce mil misioneros nativos". Durante los años sesenta Osborn dedicaba aproximadamente cincuenta mil dólares por mes para sostener a los misioneros nativos.

Generalmente sostenía a un misionero nativo durante solo un año, lo capacitaba para que construyera congregaciones que se autosostuvieran. Estos misioneros, afirmaba Daisy Osborn, "llevaron el evangelio a casi cincuenta mil pueblos y zonas". Como resultado –continuaba– en 1971 se establecía más de una iglesia por día, que llegaba a autosostenerse en un año, con un total de "cuatrocientas iglesias por año"[22]. Además, Osborn proveía camionetas, altavoces y otros equipos para los misioneros locales y enviaba más de una tonelada de materiales impresos y películas a los campos misioneros por día. Sus mensajes y folletos fueron traducidos a veintisiete idiomas. En 1992 los Osborn calculaban que habían capacitado y sostenido a más de treinta mil predicadores locales.[23]

Una segunda organización misionera muy importante, producto del avivamiento de sanidad, fue Cristo para las Naciones, con sede en Dallas, Texas. Hasta que el avivamiento de sanidad comenzó a perder coherencia en los años sesenta, Gordon Lindsay estuvo clavado en su centro.

Cristo para las Naciones fue, inicialmente, un programa de construcción de iglesias por parte de los creyentes locales en cada lugar. Los cristianos locales que habían quedado después de los cientos de cruzadas de sanidad, especialmente aquellos que no estaban afiliados a ninguna denominación pentecostal, solicitaban fondos a Cristo para las Naciones para construir templos. En los años cincuenta y sesenta, se otorgaban becas de doscientos cincuenta dólares para construir templos básicos en Filipinas o Corea; en años posteriores, las becas de Cristo para las Naciones han llegado a la suma de veinte mil dólares. La revista mensual de Lindsay publicaba fotografías de los edificios en construcción financiados por su organización. Para 1991 Cristo para las Naciones había ayudado a construir casi nueve mil templos en ciento veinte países.[24]

A morir Gordon Lindsay, en 1973, Cristo para las Naciones pasó a ser administrado por su esposa, Freda Lindsay. Bajo su liderazgo la organización creció en tamaño y alcance, aunque mantuvo su énfasis en la evangelización en otros países. Los libros de Gordon Lindsay, así como de otros escritores pentecostales, fueron traducidos a setenta y dos idiomas y la organización distribuyó más de cuarenta millones de publicaciones en otros países. El Instituto Cristo para las Naciones, creado en Dallas en 1970 para capacitar a evangelistas, afirma haber capacitado a veintiséis mil ministros para fin del siglo, de todos los países del mundo. Para

1990 Cristo para las Naciones tenía sucursales en seis países, había apoyado económicamente el establecimiento de institutos bíblicos similares en veintiún países, y estaba asociado con treinta institutos bíblicos similares en todo el mundo.[25]

Nuevos ministerios y nuevas direcciones

Nuevos vientos soplaban a comienzo de los sesenta en los Estados Unidos, que llevaron a algunos de los ministerios creados por el avivamiento de sanidad a alturas insospechadas y direcciones llamativamente diversas. El inesperado suceso de la aparición del don de lenguas en las iglesias protestantes tradicionales y las católicas en los sesenta, creó vastas oportunidades para los ministros independientes que fueron lo suficientemente flexibles e innovadores como para presentar al Espíritu Santo a este inmenso nuevo público ansioso.

Nadie tuvo más éxito que Oral Roberts en la transición de la subcultura pentecostal al nuevo movimiento carismático de libre fluir en los años sesenta. Roberts sabía hacía tiempo que en sus cruzadas y en las filas de enfermos que querían ser sanados en sus reuniones había personas de iglesias protestantes históricas y se posicionó cuidadosamente para influir sobre lo que veía venir. La Universidad Oral Roberts, inaugurada en 1965, ha influido a lo largo de los años, sobre miles de jóvenes pentecostales y carismáticos. Para el año 2000 la universidad contaba con más de cinco mil alumnos y había logrado una sólida reputación dentro y fuera de los círculos religiosos.

La fuerza más importante en la reforma del evangelismo pentecostal independiente y carismático en los años sesenta, fue la transformación de los programas televisivos. Algunos cambios fueron motivados por la tecnología. En la década de los sesenta proliferaron los canales UHF independientes y estas empresas que recién se iniciaban estaban más que dispuestas a ofrecer segmentos de tiempo por poco dinero a sus clientes religiosos. Una de estas estaciones, la WYAH, fue una operación de bajo costo iniciada por un joven, Pat Robertson. En 1961 se convirtió en el primer canal totalmente religioso en el país. La *Christian Broadcasting Network* (CBN) de Pat Robertson sobrevivió apenas en los principios de los años sesenta, pero para 1968 había construido una nueva sede y estaba en las primeras etapas de un crecimiento astronómico, paralelo al éxito de Ted Turner en la televisión secular.[26]

A medida que la tecnología abría nuevas puertas para los emisores religiosos, los evangelistas más creativos experimentaron con nuevas formas de usar este medio. CBN contribuyó en gran medida, a la transformación de la televisión religiosa. Comenzó a utilizar las "maratones televisivas" como forma de recaudar fondos en 1963, pero su éxito más importante vino con el cambio de formato del Club 700 en 1965. El joven Jim Baker se sumó a la CBN en ese año como conductor de un programa con invitados, basado en el *Tonight Show*, que finalmente se convirtió en el Club 700. El formato de programa con invitados finalmente demostró ser capaz de atraer a un público muy diferente del que sintonizaba los programas de cruzadas.[27]

Roberts continuó emitiendo sus cruzadas de sanidad hasta principios de los sesenta, pero cada vez estaba menos satisfecho con los resultados. Su público comenzó a mermar y tomó conciencia de que el avivamiento era un fenómeno que se estaba desdibujando. La televisión había hecho crecer inmensamente su ministerio en los años cincuenta pero, en los sesenta, el crecimiento se había detenido. Quizá más que cualquier otro evangelista sanador, Roberts sabía que un enorme y nuevo interés por el Espíritu Santo crecía en las iglesias tradicionales y en el catolicismo. En 1967 y 1968 Roberts tomó varias decisiones muy sorprendentes: canceló su programa televisivo, dio por finalizado su ministerio de cruzadas y abandonó la Iglesia Pentecostal de la Santidad, para hacerse metodista.

Oral Roberts tenía un plan, una estrategia que marcaría un cambio drástico en el curso de la televisión religiosa moderna. Para el otoño de 1968 se estaba preparando para regresar a la televisión en horario central, con programas especiales producidos en formato de entretenimiento, con talentosos y sanos cantantes que estudiaban en su universidad y famosas estrellas de Hollywood. El plan era sumamente arriesgado y tenía como fin "sacar a la religión del gueto de los domingos a la mañana". Roberts emitió cuatro programas especiales en horario central, en 1969, con un costo de tres millones de dólares. El equipo artístico que produjo los programas estaba dirigido por Ralph Carmichael, que había producido programas especiales para Billy Graham y Kathryn Kuhlman, así como para artistas seculares.

Los primeros programas contaron con una audiencia de unos diez millones de espectadores –un especial realizado en 1973 contó con una audiencia estimada de más de treinta y siete millones– y después de cada programa el ministerio recibió alrededor de medio millón de cartas. La apuesta de Roberts en los medios había pegado muy bien.

El legado más importante de la revolución en los medios causada por Oral Roberts a fines de los sesenta, fue la introducción de técnicas de producción profesionales y contenidos de entretenimiento destinados a competir con la programación secular. En una conversación con Merv Griffin a fines de 1974, Roberts reflexionaba sobre su decisión: "Merv, cuando entramos en la televisión, hace unos siete años, teníamos coreografías y otras cosas que espantaron a varias personas de las iglesias, pero ahora hay ciento once programas o espectáculos religiosos en la televisión, que han aparecido desde entonces, y la mayoría de ellos han adoptado muchos de nuestros métodos"[28]. En más de un sentido, la iglesia electrónica moderna nació con la emisión del primer programa especial en horario central de Roberts, en marzo de 1969.

Una nueva generación de evangelistas televisivos se elevó a alturas aun mayores en los años setenta, en gran parte gracias a la labor pionera de Robertson y Roberts. Kathryn Kuhlman comenzó sus programas en 1967, con Dick Ross como productor. Robert Schuller emitió su primer programa en 1970 y Jimmy Swaggart, en 1972. En los años setenta a la explosiva CBN de Robertson se le sumó TBN, formada a fines de los años sesenta por Jim Baker y Paul Crouch, y PTL, una red establecida por Jim Baker en Charlotte, Carolina del Norte, en 1974, cuando se separó de Paul Crouch. Aunque algunos evangelistas no pentecostales o carismáticos utilizaron eficazmente la televisión –los casos más notables son los de Billy Graham y Jerry Falwell–, para los años setenta el medio estaba dominado por pentecostales y carismáticos.

Las razones eran, en parte, de organización. El avivamiento de sanidad de los años cincuenta y sesenta había dejado muchísimos ministerios independientes suficientemente grandes como para costear programas televisivos. Pero el medio mismo hizo mucho para determinar quiénes ganaban y quiénes perdían. Los evangelistas pentecostales tenían muchas ventajas en el mundo de las comunicaciones masivas. Primero, eran músicos talentosos, profundamente arraigados en la música de la gente común. Estaban preparados y dispuestos para entretener por medio de la televisión.

Segundo, los evangelistas pentecostales aportaban un mensaje claro y de teología simple en un medio que exigía comunicaciones concisas. Las declaraciones teológicas fundamentales de Roberts –"Dios es un Dios bueno", "Va a sucederte algo bueno" y "Espera un milagro"– fueron memorables eslóganes televisivos. Además, el dinámico mensaje de esperanza y cada vez más, de prosperidad y éxito que predicaban los evangelistas, encajaba con las aspiraciones de millones de personas que estaban en condiciones de mejorar su vida en todas partes del mundo. Cientos de evangelistas talentosos y osados escucharon la voz de Dios diciéndoles que alcanzaran al mundo a través del milagro de la televisión. Solo unos pocos tuvieron éxito y ellos lograron increíble riqueza e influencia.[29]

El surgimiento de los ministerios de enseñanza

Tanto el crecimiento del movimiento carismático, como la naturaleza cambiante de la televisión religiosa, contribuyeron al surgimiento de una generación de maestros como líderes del movimiento, que reemplazaron a los evangelistas sanadores de principios de los cincuenta. Los evangelistas sanadores continuaron predicando y ofreciendo milagros en sus carpas y auditorios hasta los años noventa, pero muchas personas ansiaban poder comprender mejor el mensaje del Espíritu Santo. Para los años setenta varios maestros talentosos, como Kenneth Copeland y Kenneth Hagin Sr. crearon grandes ministerios independientes basados en la enseñanza más que en los cultos de avivamiento. Tanto Hagin como Copeland habían participado en las primeras etapas del avivamiento de la sanidad, pero saltaron a la fama como maestros, haciendo énfasis en el milagroso poder que estaba al alcance de todo cristiano por medio de la fe. Ambos eran hábiles maestros que presentaban sus mensajes con un cálido acento texano.

El maestro de la palabra de fe, Kenneth Copeland (1937-) y su esposa, Gloria, se hicieron famosos por medio de su programa Believer's Voice of Victory (La voz de victoria del creyente), que comenzó en 1973.

Hagin y Copeland llevaron el mensaje de sanidad, así como un creciente énfasis en la promesa de prosperidad de Dios para todos sus hijos, más allá de las personas que hacían fila para ser sanadas en las campañas en carpas, tan comunes en los años cincuenta. Copeland llegó a tener un gran ministerio televisivo en los años ochenta y continuaba siendo una figura importante en el mundo del evangelismo independiente al fin del siglo.

Kenneth Hagin Sr. estableció un ministerio independiente en 1963, pero su fama como maestro aumentó en los setenta. Cuando se agregó su hijo, Kenneth Hagin Jr. en esa misma década, Hagin comenzó a sumar seguidores como predicador radial. Entre los dos escribieron ciento veinticinco libros que, para fines del siglo, habían vendido más de cincuenta millones de ejemplares. En 1974 Hagin fundó el Centro de Capacitación Bíblica Rhema, actualmente ubicado en Broken Arrow. En esta escuela miles de ministros y líderes de iglesias de todo el mundo fueron adoctrinados en el mensaje de la palabra de fe que enseñaba Hagin.

El Campamento Rhema en el Centro de Convenciones de Tulsa atraía, cada año, a miles de personas que iban a celebrar el mensaje de la palabra de fe. En la década del ochenta los Hagin establecieron centros de capacitación Rhema en Sudáfrica más Australia y en 1999, anunciaron la fundación de once nuevos centros en Europa, Sudamérica y Asia.[30]

Kenneth Copeland (1937-)

Junto con su esposa Gloria, Kenneth Copeland se convirtió en 1962. Apenas meses después, ambos recibieron el mensaje carismático, fueron llenos del Espíritu Santo y hablaron en lenguas. Pero, según Gloria, durante los cinco años siguientes, "anduvieron vagando espiritualmente, sin saber cómo usar su fe". En 1967 la familia Copeland se mudó a Tulsa para que Kenneth asistiera a la Universidad Oral Roberts pero en cambio, llegó a ser el "copiloto" de Roberts. Solo entonces tomaron contacto con la enseñanza sobre la palabra de fe, de Kenneth Hagin. A Copeland le dieron varios cassetes con enseñanzas de Hagin y después de escucharlos durante un mes en su garaje, salió de allí "convertido en un hombre nuevo".

La familia Copeland regresó a Fort Worth un año más tarde y Kenneth estableció allí su propio ministerio. En 1973 lanzó su boletín, *Believer's Voice of Victory* (La voz de victoria del creyente) que hoy circula por todo el mundo. A través de sus programas radiales, su ministerio televisivo y las comunicaciones satelitales, la influencia de Copeland se ha hecho sentir en todo el mundo. Tiene oficinas en Norteamérica, Europa, África, Asia y Australia.

GEIR LIE

El clímax de los ministerios televisivos

Durante los años setenta y ochenta la televisión pareció abrir puertas para un crecimiento sin límite de los ministerios independientes. Oral Roberts continuaba siendo una fuerza predominante en la programación religiosa. A mediados de los años setenta anunció una expansión de la Universidad Oral Roberts a la educación de posgrado, incluyendo una Facultad de Medicina. La facultad se abrió en 1978, después que Roberts anunció sus planes de construir un enorme centro médico en el campus formado entre otras cosas, por un hospital con capacidad para setecientas setenta y siete camas. Decenas de millones de dólares cayeron en Tulsa para costear estos proyectos, con lo cual quedó ilustrado una vez más, el enorme potencial de recaudación de fondos de los ministerios televisivos.

En los años ochenta varios otros evangelistas levantaron ministerios televisivos que llegaron a rivalizar o aun superar al de Roberts en ingresos, entre ellos, el de Robert Tilton, un audaz "maestro de la palabra de fe" cuyo ministerio, recibía en 1990, según sus informes, más de un millón de dólares por semana en contribuciones. Pero el más influyente y exitoso de los teleevangelistas en los años ochenta fue Jimmy Swaggart, de Baton Rouge (Louisiana).

Para mediados de la década del ochenta, Jimmy Swaggart era, posiblemente, el protestante más famoso del mundo. Músico de inmenso talento y formidable predicador, Swaggart era fiel miembro de las Asambleas de Dios y tenía una relación estrecha con los líderes de esa iglesia. La abundante membresía de las iglesias de las Asambleas en todo el país, era la base que sostenía las campañas de Swaggart y él a su vez, contribuía generosamente con el programa misionero de la denominación.

Por primera vez desde la expulsión de los evangelistas sanadores independientes durante los años cincuenta, el ministerio de Swaggart suavizó las tensiones entre los ministerios independientes y una denominación pentecostal de las más importantes. Para mediados de los ochenta las reuniones de Swaggart habían llegado a un fantástico nivel de exposición. Entre diez y quince millones de personas veían semanalmente su programa en los EE.UU., y su audiencia en todo el mundo se estimaba en trescientos millones de personas. Su cadena de tres mil doscientos canales en ciento cuarenta y cinco países era más grande que las tres principales cadenas estadounidenses juntas. Los ingresos de su ministerio llegaban a más de ciento cincuenta millones de dólares por año.

Con este dinero Swaggart construyó un enorme Centro de Adoración Familiar e Instituto Bíblico en Baton Rouge, costeaba un amplio programa de ayuda a la niñez en el exterior, sostenía a más de seiscientos misioneros en ciento veintisiete países y dedicaba más de seis millones de dólares anuales a los programas auspiciados por las Asambleas de Dios. Además, realizó decenas de cruzadas por todo el mundo, que eran emitidas en sus programas televisivos.[31]

Los años setenta y ochenta también fueron testigos del continuo crecimiento de las cadenas televisivas religiosas. La *Christian Broacasting Network*, dirigida por la habilidad comercial de Pat Robertson, se convirtió en uno de los éxitos mediáticos más espectaculares de la última mitad del siglo XX. Al mismo tiempo CBN pasó por una serie de transformaciones que la hicieron parecer cada vez menos una cadena religiosa. Para fines de los ochenta, llamada "Family Channel" había perdido gran parte de su identidad religiosa, aunque continuaba presentando el Club 700 de Pat Robertson. Pero Robertson no perdió su compromiso personal para extender el avivamiento pentecostal y carismático. En 1978 comenzó a construir la Universidad Regent, un centro de estudios de posgrado en Virginia Beach, Virginia. Regent se convirtió en el campo de entrenamiento de una nueva generación de especialistas dentro del movimiento carismático.

En un acto simbólico realizado en el año 2000, Robertson reafirmó sus votos de ordenación como ministro del evangelio en una ceremonia presidida por varios prominentes líderes cristianos. Robertson había renunciado a su ordenación como pastor bautista del Sur durante su campaña por la candidatura a la presidencia de los EE.UU en 1988.

Además del imperio televisivo de Robertson, la *Trinity Broadcasting Network* fue lanzada en 1969, en California, por Jim Bakker y Paul Crouch. Crouch era muy cauto y en 1973, Bakker pasó a Charlotte, Carolina del Norte, donde comenzó a levantar una cadena nueva, sumamente exitosa: PTL, abreviatura de *Praise The Lord* (Gloria a Dios) o *People That Love* (Gente que ama). Baker presentaba un programa conducido por él mismo y su esposa, Tammy Faye, con una creatividad extraordinaria y un talento aparentemente infalible para recaudar fondos. A medida que ingresaba más dinero, Baker anunció los planes de construir "Heritage USA", un complejo que incluiría un estudio televisivo con la última tecnología, un hotel, lugares para hacer campamento, edificios de apartamentos y un parque de diversiones acuáticas. En 1986 los registros de Heritage USA afirmaban que había sido visitada por más de seis millones de personas.[33]

Comenzando desde Portsmouth, Virginia, en 1959, Marion Gordon "Pat" Robertson (1930-) estableció el primer canal televisivo cristiano de los Estados Unidos. A esto le siguió el exitoso programa Club 700 y la Universidad Regent, en 1978.

Para los años ochenta, el mundo de los evangelistas pentecostales y carismáticos era muy diferente de los ministerios de sanidad de los años cincuenta. Aunque la sanidad era parte integrante de la mayoría de los glamorosos ministerios televisivos de los ochenta, el mensaje y el estilo de los programas, parecía con frecuencia, más enfocado hacia el éxito y el entretenimiento. A partir de 1987 la expansión, aparentemente imparable del teleevangelismo, sufrió una serie de bruscas sacudidas. Esta caída comenzó con la noticia del escándalo sexual y económico que destruyó el ministerio de PTL y envió a la cárcel a Jim Baker y otros ejecutivos de la organización. Para 1988 los medios consumían, ávidos, noticias de varios escándalos. A la debacle de Bakker le siguió el altamente publicitado escándalo sexual de Jimmy Swaggart. El ministerio de Swaggart sobrevivió, aunque muy reducido, pero él debió abandonar las Asambleas de Dios y su influencia mundial se evaporó rápidamente. Además, a mediados de los ochenta, Oral Roberts, agobiado por el esfuerzo de costear su emprendimiento médico, recurrió a técnicas para recaudar fondos que lo convirtieron nuevamente en blanco preferido de la burla de los medios.[34]

Pat Robertson (1930-)

Hombre de medios, político, hombre de negocios, fundador del canal televisivo *Christian Broadcasting Network* (CBN). Nació el 22 de marzo de 1930 en Lexington, Virginia. Pat Robertson es hijo del ex senador de los Estados Unidos A. Willis Robertson y Gladys Churchill Robertson, ambos ya fallecidos. Se graduó en las Universidades de Washington y Lee (1950), la Facultad de Derecho de la Universidad de Yale (1955) y el Seminario Teológico de Nueva York (1959). Fue primer teniente de la Marina de los Estados Unidos (1950-1952). Se casó con Adelia ("Dede") Elmer, en 1954. Tienen cuatro hijos: Timothy, Elizabeth, Gordon y Ann. Fue ministro ordenado de los bautistas del sur (1961-1987).

El punto de inflexión en la vida de Robertson, según su propio testimonio, fue cuando, un día, en 1956, estando en la ciudad de Nueva York, recibió a Jesucristo como su Salvador ("Pasé de muerte a vida"). Luego, mientras estaba en el seminario, Robertson fue bautizado en el Espíritu Santo y, durante un tiempo, fue copastor de Harald Bredesen, pastor carismático de la Iglesia Reformada en Mount Vernon, Nueva York.

Robertson se mudó de Nueva York a Portsmouth, Virginia, en 1959 y con un capital inicial de setenta dólares compró una estación de televisión UHF casi extinta. A partir de allí construyó la CBN. Su programa diario, emblema del canal, el Club 700, se ha emitido sin interrupciones desde 1966 y es visto por aproximadamente un millón de personas. Este programa se emite actualmente tres veces por día por el canal de cable *Fox Family Channel*. En un año el Club 700 recibe dos millones cuatrocientas mil llamadas con pedidos de oración de sus televidentes –aproximadamente cincuenta y seis millones de llamadas para el año 2000–, con doscientos veinticinco consejeros que contestan las llamadas y oran por ellos. Desde 1982 el canal *Middle East Television* de CBN en Líbano ofrece programas con contenido cristiano diariamente a Israel y otros países vecinos. Se calcula que CBN llega a más de noventa países en todo el mundo con regularidad. CBN es ahora un complejo en expansión de edificios clásicos en una superficie de casi trescientas hectáreas en Virginia Beach y Chesapeake, con un prespuesto operativo anual de más de doscientos millones de dólares y más de mil empleados en todo el mundo.

En 1977 Pat Robertson fundó la Universidad CBN –actualmente llamada Universidad Regent– en el campus de CBN. Después de comenzar solo con una Facultad de Comunicaciones, la universidad ahora cuenta con Facultades de Educación, Gobierno, Consejería, Ciencias Económicas, Teología, Comunicaciones, Derecho y el Centro de Estudios para el Liderazgo. La misión de la universidad, según su declaración, es poner de relevancia la verdad bíblica en cada disciplina, en toda área de la vida.

Otra rama de CBN es Operación Bendición Internacional (OBI) que, a partir de 1978, se ha convertido en una de las organizaciones privadas de ayuda benéfica más importantes de los EE.UU. OBI brinda asistencia médica –a corto plazo– paliativos para el hambre, y ayuda para casos de desastre y para promoción del desarrollo a personas carentes dentro y fuera de los Estados Unidos.

En septiembre de 1986 Robertson anunció su intención de presentarse como candidato a la presidencia de los Estados Unidos, con la condición de que, para septiembre de 1987, tres millones de votantes registrados apoyaran su candidatura con oraciones y fondos. El intento se hizo realidad en 1988, cuando Robertson se postuló, infructuosamente, para la candidatura por el partido republicano.

Cuando decidió presentarse como candidato, Robertson renunció a su ordenación como ministro bautista, para evitar posibles conflictos entre Iglesia y Estado. En el año 2000 fue nuevamente ordenado como señal de su pleno y renovado compromiso con la actividad religiosa.

Robertson es autor de diez libros, entre ellos *The Turning Tide* (La vuelta de la marea), *The New Millennium* (El nuevo milenio), *The New World Order* (El nuevo orden mundial) y el más reciente: *The End of the Age* (El fin de la era). *The Secret Kingdom* (El reino secreto) estuvo en la lista de éxitos de librería de *The New York Times* en 1983 y, según la revista Time, fue el libro religioso número uno en los Estados Unidos en 1984. Robertson ha sido presidente del prestigioso *Council on National Policy* (Consejo de Política Nacional). En 1982, colaboró con el grupo de trabajo sobre víctimas de delitos creado por Ronald Reagan.

La misión internacional de CBN es llevar el evangelio por todo el mundo a través de los medios masivos; fundamentalmente, los programas televisivos.

> Su proyecto internacional más reciente, World Reach (Alcance mundial), fue lanzado en el otoño de 1995. La meta de este proyecto es que haya quinientos millones de creyentes nuevos en el Reino de Dios para el comienzo del milenio.
>
> J. RODMAN WILLIAMS en el New International Dictionary of Pentecostal and Charismatic Movements

Nuevos y viejos ministerios en la era post-escándalos

Muchas instituciones sobrevivieron a los escándalos prácticamente sin daños. Quizá ninguna mejor que la Universidad Oral Roberts. Aunque el ambicioso esfuerzo por construir un centro médico debió ser abandonado en 1990, la universidad continuó creciendo y es un símbolo de éxito en el mundo del pentecostalismo independiente. Richard Roberts sucedió a su padre en la presidencia de la universidad en 1993, y demostró ser un administrador capaz y respetado. En 1999 la universidad celebró su trigésimo quinto aniversario con una matrícula récord de más de cuatro mil doscientos alumnos regulares y la aclamación prácticamente unánime por la calidad de la enseñanza que brinda.

Richard Roberts continúa con un ministerio evangelístico y televisivo de gran éxito y la Asociación Evangelística Oral Roberts auspicia anualmente una Conferencia Internacional de Ministros Bíblicos Carismáticos que atrae a gran cantidad de asistentes y ha contado como oradores –además de Oral y Richard Roberts– a importantes evangelistas independientes como Kenneth Copeland, Creflo Dollar, Benny Hinn, Marilyn Hickey y Joyce Meyer.

El derrumbe de PTL y el cambio de enfoque de CBN abrieron la puerta para que Paul Crouch convirtiera a su TBN en el éxito más resonante de la última década del siglo XX. Reorganizada por Paul y Jan Crouch en 1973, en un estudio alquilado, en Santa Ana, California, para fin del siglo TBN se había convertido en una empresa multimillonaria que incluía más de ochocientos canales de aire y cable. El ministerio de Crouch tiene su sede en Costa Mesa, California, un centro de producciones con tecnología de punta en Irving, Texas, y la Trinity Music City en Nashville, un complejo que comprende un auditorio-iglesia con capacidad para dos mil personas sentadas y una sala de cine de realidad virtual. Crouch tuvo profundas raíces en el avivamiento de sanidad y TBN fue un canal para los evangelistas que predicaban los viejos temas de sanidad y prosperidad.

Entre los promotores más visibles de TBN en los años noventa se encontraba R. W. Schambach; su presencia y su estilo relacionaban al canal con las glorias del avivamiento pasado. El programa propio de los Crouch, *Praise the Lord* (Alabemos al Señor), tenía una definida aura pentecostal con ejercicio del don de lenguas y todo. El canal también promovía el trabajo de la nueva generación de evangelistas sanadores como Benny Hinn. Para fines del siglo el vasto imperio mediático de Crouch estaba valuado en cientos de millones de dólares. Crouch afirmó que le habían ofrecido dos mil millones de dólares por el canal y recibía donaciones anuales por valor de ochenta millones. A principios de su carrera Crouch era un ministro de las Asambleas de Dios, pero cuando su ministerio independiente creció, renunció a su membresía de esa denominación y en 1990 cortó la relación con la asociación nacional de emisores religiosos, lo que marcó así su identificación con los ministros independientes que trabajaban fuera de los límites de la religión organizada.[35]

Los altamente publicitados escándalos de 1987 y 1988 frenaron la expansión del caótico mundo de los ministerios independientes y sin duda cortaron drásticamente el flujo de dinero a ellos por un tiempo, pero la publicidad adversa no mató el avivamiento que había comenzado en los años cincuenta. Muchos de la vieja generación de evangelistas continuaron teniendo ministerios televisivos exitosos, entre ellos, Kenneth Copeland, John Osteen –un exitoso pastor y evangelista de Houston– el teleevangelista negro pionero Fred Price, de Los Ángeles y una mujer maestra de la palabra de fe, ampliamente respetada, Marilyn Hickey.

Los escándalos también abrieron el camino para que nuevos evangelistas se animaran a reclamar una porción de la audiencia. Robert Tilton saltó a la fama a fines de los ochenta y comienzos de los noventa. En su punto más álgido, el programa de Tilton, *Success-N-Life* (Éxito en la vida) se emitía en doscientos treinta y cinco canales y su ministerio, según sus propias afirmaciones, recibía ingresos de aproximadamente cien millones de dólares anuales. A partir de 1992 el ministerio televisivo de Tilton y su Iglesia Palabra de Fe (*Word of Faith*) en Farmers Branch, Texas, cayeron abruptamente cuando un programa televisivo de la ABC lo acusó de hacer fraude con la correspondencia. Al mismo tiempo, el evangelista vivió dos divorcios bastante complicados con diferencia de unos pocos meses. Tilton trató infructuosamente de recuperarse a fin de los noventa. Junto con otros veteranos evangelistas sanadores, como Peter Popoff y Don Stewart, compraron un horario en el canal afroamericano BET (*Black Entertainment Network*) en un esfuerzo por reiniciar sus ministerios.[36]

Otros evangelistas superestrellas irrumpieron en escena en los años noventa. Quizá el más sensacional de todos ellos haya sido Benny Hinn.[37] El excéntrico Hinn comenzó a realizar campañas de sanidad en 1977; en su estilo y comportamiento, era como regresar a las primeras épocas del avivamiento de la sanidad. En sus cultos los enfermos hacían fila para ser sanados y se hablaba de los milagros espectaculares producidos, como en décadas pasadas. En 1999 Hinn anunció que mudaría su sede de Orlando –donde había construido una megaiglesia con doce mil miembros– a Dallas. En un gesto lleno de significado simbólico, Hinn fue recibido en Dallas por Freda Lindsay, de ochenta y un años de edad, cuyo esposo había sido el coordinador del avivamiento de la sanidad en los años cincuenta.

Benny Hinn, nacido en el Líbano (1952-) atrajo grandes multitudes en sus cruzadas de sanidad en los Estados Unidos durante los años noventa. Para el año 2000 predicaba a multitudes de más de un millón de personas en África y la India.

– Benny Hinn es la clase de cristiano que debe ser una persona –dijo la Sra. Lindsay a un reportero local.[38]

Para 1999 Hinn había armado una gran cadena de canales televisivos que emitían sus programas, y era uno de los invitados más codiciados de TBN.

Además, Hinn realizaba cruzadas masivas en otros países; en 1999, según sus propias palabras, había predicado a más de un millón de personas por noche en cultos vespertinos realizados en Kenia y Filipinas. En un culto realizado durante la campaña en Kenia, afirmó Hinn, doscientas cincuenta mil personas "firmaron tarjetas para indicar que se habían entregado por primera vez a Jesucristo"[39]. Para fines del siglo Hinn se había convertido en la principal estrella del avivamiento de sanidad estadounidense.

Otra brillante nueva estrella en los años noventa fue Joyce Meyer. Directa, osada y oradora humorística, Meyer tuvo una presencia notable en la televisión. Para fines de la década manejaba un ministerio independiente multimillonario. Su programa televisivo se emitía en aproximadamente trescientos cincuenta canales, con el potencial de llegar a mil millones de personas en ciento cincuenta países por medio de cadenas internacionales, terrestres y satelitales. A fines de los noventa Meyer agregaba aproximadamente quince mil nombres por mes a su lista de envíos. Su ministerio construyó su sede en Fenton, Missouri, con un costo de más de veinte millones de dólares. Millones de sus libros, cassetes y videos se venden por año y es una de las oradoras más solicitadas en las conferencias carismáticas.[40]

Igualmente notable, al fin de la década de los noventa, fue el surgimiento de una generación de teleevangelistas negros. El pionero de este grupo fue Fred Price. Price comenzó pastoreando una pequeña iglesia de la Alianza Cristiana y Misionera en Los Ángeles, en 1973, antes de lanzar su propio ministerio independiente a fines de esa década. Inspirado por la enseñanza de la palabra de fe, de Kenneth Hagin Sr., para fines del siglo Price había construido el Centro Cristiano Crenshaw en Los Ángeles, una iglesia con más de diecisiete mil miembros. El ministerio de Price incluía un programa televisivo de gran audiencia y un extenso ministerio de publicaciones. A fines de los noventa Price predicó una serie de lecciones controvertidas que tuvieron gran circulación en forma de paquetes de sesenta y seis videocassetes, en las que reprendía a la iglesia por no condenar abiertamente la esclavitud y el racismo, y así contribuir a "las circunstancias que aun afectan a los afroamericanos en la actualidad".[41]

Siguiendo el derrotero que llevó al éxito a Fred Price, otros evangelistas negros fueron algunos de los teleevangelistas con mayor presencia televisiva en los noventa. Creflo A. Dollar Jr., que pastoreaba una iglesia con más de veinte mil miembros en Atlanta, también había recibido la enseñanza de "la palabra de fe" de Kenneth Hagin Sr. y Kenneth Copeland. En los años noventa, llegó a tener una importante teleaudiencia y creó un ministerio independiente multimillonario.[42]

Otro famoso teleevangelista negro es T. D. Jakes, de Dallas. Según afirma, su iglesia, la Casa del Alfarero (*Potter's House*), tiene más de veinte mil miembros, y su programa de televisión es emitido por TBN y BET. Los especialistas en iglecrecimiento proclamaron que la iglesia de Jakes en Dallas era "la iglesia estadounidense de mayor crecimiento en el siglo". A fines del siglo Dollar y Jakes estaban entre los conferencistas y predicadores más populares del país.[43]

Finalmente, en muchos sentidos, la avanzada del avivamiento de sanidad, a fines de siglo, se había trasladado fuera de los Estados

Unidos. El legado de las campañas extranjeras de décadas anteriores dio ímpetu al crecimiento espectacular de iglesias pentecostales locales en otros países y a una nueva generación de evangelistas sanadores extranjeros que seguían el modelo de los evangelistas sanadores de los EE.UU. en los años cincuenta.

Las campañas de sanidad más importantes del mundo, a fines del siglo XX, eran conducidas por evangelistas como Reinhard Bonnke, de Wiesbaden, Alemania; Yonggi Cho, de Seúl, Corea del Sur, que construyó la inmensa Iglesia Yoido del Evangelio Completo, con setecientos treinta mil miembros para el año 2000; y D. S. Dinakaran, de Madrás, India. Todos estos evangelistas extranjeros deben mucho al avivamiento de sanidad en los EE.UU. El ministerio de Dinakaran, *"Jesus Calls"* (Jesús llama) realizó cruzadas masivas en todo el país y otros lugares de Asia, donde llegó a contar con multitudes de más de cien mil personas para escuchar mensajes de sanidad divina. Dinakaran se inspiró, para lanzar su ministerio de sanidad, en una campaña de T. L. Osborn en la India, realizada en 1956. Su ministerio es muy similar al de los evangelistas sanadores estadounidenses de los años cincuenta.[44]

Reinhard Willi Gottfried Bonnke (1940-), evangelista alemán, comenzó como un misionero mediocre en Lesotho, África. En 1975 fundó Cristo para las Naciones (CFAN), ministerio con el cual comenzó a predicar regularmente a las multitudes más grandes que jamás se hayan reunido en la historia del evangelismo cristiano.

Conclusión

El avivamiento de sanidad espontáneo que irrumpió en la subcultura pentecostal después de la Segunda Guerra Mundial, tuvo una influencia decisiva en el cristianismo mundial. Aunque ningún factor puede explicar por sí solo el crecimiento explosivo del pentecostalismo en el siglo XX, los miles de cruzadas realizadas por evangelistas estadounidenses en todo el mundo y el apoyo que brindaron a los evangelistas y las iglesias locales en cada lugar, sin duda, han contribuido a causar este fenómeno. Además, los enormes ministerios independientes creados por el avivamiento fueron responsables en gran medida, del cambio en la programación televisiva religiosa moderna.

Los innumerables ministerios independientes surgidos con el avivamiento crecieron y cambiaron drásticamente en la última mitad del siglo XX, acompañando la transformación del pentecostalismo en sí mismo y los rápidos avances en la tecnología de las comunicaciones. Al mismo tiempo, en la televisión y en los auditorios de todos los Estados Unidos y el mundo, el legado del avivamiento de sanidad está aun muy presente para todos los que recuerdan sus comienzos al terminar la Segunda Guerra Mundial.

· 14 ·

Corrientes de renovación al fin del siglo

Vinson Synan

A lo largo de todo el siglo XX el mundo eclesiástico ha sido testigo de tantas, extraordinarias, corrientes de renovación carismática que fluían en tantas direcciones diferentes, que era casi imposible describirlas todas. En vista del enorme alcance del movimiento en prácticamente todas las iglesias cristianas, el padre Tom Forrest habló de la renovación carismática como "una corriente que fluye por todas partes". Cuando el siglo llegó a su fin podía verse claramente que algunas corrientes habían alcanzado su cenit y comenzaban a descender, mientras que otras continuaban creciendo rápidamente. Además, nuevas corrientes surgían constantemente, contribuyendo así a un crecimiento y expansión mundiales siempre en aumento.

El contraste entre los movimientos de renovación carismática anteriores en Europa y América y los más vigorosos de las naciones en vías de desarrollo, se hizo más visible a medida que el siglo llegaba a su fin. Aunque las iglesias pentecostales clásicas continuaban creciendo notablemente en muchos lugares, la mayoría de las organizaciones y conferencias carismáticas de las iglesias tradicionales vieron declinar el número de inscripciones a sus principales conferencias... y sus ingresos.

Parte de esto se debió a la dispersión y regionalización de los movimientos de renovación en América y Europa. En los años setenta y principios de los ochenta, había solo unos pocos eventos nacionales a los que asistir. Para 1990 había cientos de conferencias regionales en todo el país. Por ejemplo, la renovación anglicana pasó de una conferencia anual a más de cuarenta conferencias regionales para 1995. Lo mismo sucedió con los católicos. En lugar de una conferencia masiva en Notre Dame, como a principios de los setenta, había más de cien conferencias regionales en los Estados Unidos en los años noventa, algunas de las cuales, como las conferencias anuales hispanas y anglosajonas de Los Ángeles, con más de veinte mil asistentes, continuaban atrayendo grandes multitudes.

La novedad y la curiosidad que el movimiento significaba en las primeras épocas ya era noticia conocida en los noventa. En la década del sesenta, el hecho de que los católicos hablaran en lenguas era una noticia digna de figurar en la tapa de un diario; para los noventa, ya era algo repetido, sin gran interés periodístico. La regionalización de la renovación significó que esta ahora estaba mucho más cerca de la gente bajo el control y el aporte local. También hubo muchas idas y venidas en los diversos movimientos de renovación que algunas veces, produjeron nuevo crecimiento y otras, divisiones y declinación.

A medida que el movimiento se acercaba a su centésimo aniversario en la historia, se comenzó a planificar una conferencia especial en Los Ángeles, en el 2001, donde el movimiento llegó a ser conocido públicamente en todo el mundo a través de lo que sucedió en la calle Azusa en 1906. Como preparativos, pentecostales y carismáticos de todo el mundo fueron invitados a unirse en una gran celebración a realizarse en el Centro Cristiano Crenshaw, una iglesia liderada por el conocido teleevangelista afroamericano Fred Price. A medida que el movimiento se acercaba al fin de su primer siglo de vida, la situación en sus diversas ramas era la siguiente:

Pentecostales clásicos

La corriente pentecostal que se inició como un pequeño grupo de descastados religiosos había madurado durante el siglo, hasta convertirse en la familia más grande de protestantes del mundo, con más de doscientos millones de adherentes en las diferentes iglesias que aparecieron en el siglo XX. En los Estados Unidos el movimiento superó grandes persecuciones y rechazo, hasta convertirse en parte respetada del mapa religioso.

Parte del cambio que le permitió ganar respetabilidad fue lo que algunas autoridades en el tema llamaron la "evangelicalización" del movimiento pentecostal después de 1948, cuando los pentecostales unieron sus fuerzas con las de la Asociación Nacional de Evangélicos (NAE, sigla en inglés). Aunque algunos evangélicos como Carl McIntire y Donald Gray Barnhouse rechazaron la solicitud de los pentecostales, otros, como John Ockenga, los recibieron. Después de ser aceptados, los pentecostales llegaron a constituir finalmente, más del cincuenta por ciento de la membresía de la institución.

Muchos historiadores, eruditos y teólogos pentecostales, creen que el movimiento ha pagado un precio muy alto por acercarse tanto a los evangélicos tradicionales. Para ganar aceptación, afirman, los pentecostales cambiaron su base teológica original con el fin de incluir muchos aspectos que no eran intrínsecos de la cultura y tradición teológica pentecostal. Por consiguiente, hubo una ligera declinación en la manifestación de los dones del Espíritu Santo en muchas iglesias pentecostales y una alianza más estrecha con las posturas políticas que enarbolaba la derecha cristiana. Pero, en los noventa, parecía haber un proceso paralelo de "pentecostalización" entre los evangélicos tradicionales, a medida que la adoración carismática era cada vez más aceptada en todas las iglesias.

Los pentecostales también consolidaron sus relaciones entre sí después de la Segunda Guerra Mundial. Como resultado de unirse a la NAE, los pentecostales estadounidenses se redescubrieron de manera diferente. Las viejas divisiones del pasado fueron superadas y los pentecostales formaron la Confraternidad Pentecostal de Norteamérica (PFNA, sigla en inglés) en Des Moines, en 1948. Este esfuerzo por lograr un ecumenismo pentecostal se circunscribió a las denominaciones blancas y trinitarias y dejó afuera a las iglesias predominantemente negras y unitarias. Esta situación persistió hasta 1994, cuando las iglesias pentecostales, tanto blancas como negras, se reunieron en Memphis para crear una nueva organización que incluyera a ambas razas. En lo que llegó a conocerse como "el milagro de

Memphis", la antigua PFNA, integrada únicamente por blancos, que existía desde 1948, fue remplazada por una organización inclusiva de todas las razas llamada Iglesias Pentecostales y Carismáticas de Norteamérica (PCCNA, sigla en inglés).

El primer presidente del nuevo grupo fue el obispo Ithiel Clemmons, de la Iglesia de Dios en Cristo. Como asistente de Clemmons en la creación del nuevo grupo estuvo el obispo Bernard Underwood, de la Iglesia Pentecostal de la Santidad. Las viejas divisiones entre pentecostales unitarios y trinitarios continuaron después de 1994, a la espera de ser estudiadas con mayor profundidad para abrir la posibilidad de diálogo en el futuro.[1]

Pentecostales no denominacionales

A lo largo del siglo, el pentecostalismo se abrió en miles de congregaciones independientes, no denominacionales, en todos los Estados Unidos y todo el mundo. Una regla básica era que, por cada iglesia local perteneciente a una denominación pentecostal había, por lo menos, una o más congregaciones independientes que se habían separado de la iglesia original a lo largo de los años. Esto significaba que para el año 2000, había muchas más de cien mil iglesias pentecostales autónomas en los Estados Unidos, que no estaban incluidas en las estadísticas de las denominaciones pentecostales.

Con el advenimiento del movimiento carismático en los años sesenta, miles más de iglesias de este tipo aparecieron en prácticamente todas las comunidades de los Estados Unidos y Europa, particularmente en Gran Bretaña. Estas iglesias solían utilizar la palabra "carismática" en su nombre, con lo cual creaban cierta confusión sobre el uso de la palabra. En los años sesenta la palabra "carismática" fue adoptada por los partidarios de la renovación en las iglesias católicas y protestantes, para distinguirse de los pentecostales clásicos. Para 1980 esta palabra podía significar cualquier cosa, ya que comenzó a ser utilizada también por iglesias independientes; por lo cual muchos grupos de la renovación pertenecientes a denominaciones clásicas, como presbiterianos, metodistas, bautistas y anglicanos, quitaron la palabra "carismática" de sus nombres. El único gran movimiento de renovación que continuó usándola fue la renovación católica carismática.

Hombres de negocios del evangelio completo

Uno de los movimientos no denominacionales más influyentes de la segunda mitad del siglo XX fue la Fraternidad Internacional de Hombres de Negocios del Evangelio Completo (FGBMGI, sigla en inglés), fundada por Demos Shakarian en 1952, en Los Ángeles, California. Shakarian, un millonario tambero de ascendencia armenia, sintió la necesidad de iniciar un ministerio para hombres de negocios que se resistían a asistir a una iglesia pentecostal.

Con la ayuda de Oral Roberts, William Branham, Tommy Hicks y otros evangelistas sanadores, Shakarian pudo convertir a la FGMBFI en un influyente grupo religioso en los Estados Unidos y el resto del mundo, en las últimas décadas del siglo. En su momento de mayor alcance, los "mercaderes de la salvación" del evangelio completo ministraban como mínimo unas cuatro millones de personas por mes en hoteles, restaurantes y cafés donde los hombres de negocios se reunían con sus propios líderes, dado que las mujeres y los religiosos no tenían poder de voto.

Un tambero de California, Demos Shakarian (1913-1993), laico pentecostal, fundó la Fraternidad Internacional de Hombres de Negocios del Evangelio Completo, en 1951. Esta organización llevó el movimiento carismático a millones de hombres de negocios protestantes y católicos.

La Fraternidad organizó más de tres mil capítulos locales en ciento diecisiete países, donde los hombres se reunen para cantar himnos, comer buena comida, hablar en lenguas y evangelizar a sus amigos. En las reuniones locales hay testimonios de hombres de negocios locales exitosos, sermones de evangelistas y pastores líderes, y música de artistas llenos del Espíritu Santo. Las conferencias internacionales anuales de la organización convocan a miles de personas de todo el mundo. Además de esto, la Fraternidad promueve diversos "vuelos evangelísticos" a ciudades importantes de todo el mundo. Los hombres de negocios del evangelio completo llevaron la experiencia pentecostal a millones de hombres que se convirtieron en núcleos de muchos movimientos de renovación carismática en las iglesias tradicionales.[2]

Las mujeres de Aglow Internacional

Siguiendo el ejemplo de los hombres de negocios del evangelio completo, se creó una organización similar destinada a ministrar a las necesidades particulares de las mujeres en la renovación. En 1967 un pequeño grupo de mujeres llenas del Espíritu Santo de Seattle, Washington, se reunió para escuchar a Rita Bennett hablar sobre las necesidades especiales de ministración de las mujeres. Pronto, el grupo comenzó a reunirse semanalmente para orar, almorzar y compartir vivencias bajo la dirección de Ellen Olson, de Seattle. Con el tiempo la organización llegó a tener alcance mundial y creció exponencialmente después que Jane Hansen se convirtió en su presidenta, en 1980. Para 1990 había mil setecientos grupos en los Estados Unidos y novecientos más en otros ciento tres países. En ese momento, más de cincuenta mil mujeres se reunían mensualmente en las reuniones de Aglow. La revista mensual de la organización, *Aglow*, ayudaba a promover la recaudación de fondos para distribuir Biblias y materiales de lectura que se enviaban a todo el mundo.

Los propósitos establecidos por Aglow son: compartir la adoración, testificar de Cristo, trabajar por la unidad entre los creyentes, promover la comunión y alentar a las mujeres a participar plenamente en sus iglesias locales.[3]

El "movimiento de discipulado"

Quizá el movimiento más controvertido que surgió dentro de la renovación carismática, se produjo bajo la tutela de un grupo evangélico no denominacional de Fort Lauderdale, Florida, conocido como Ministerios para el Crecimiento Cristiano (*Christian Growth Ministries*). En la década del setenta los cinco hombres que dirigían este ministerio: Bob Mumford, Charles Simpson, Derek Prince, Don Basham y Ern Baxter, condujeron importantes seminarios y reuniones en todos los Estados Unidos haciendo énfasis en la necesidad de "hacer discípulos" y "pastorear" a las multitudes de carismáticos protestantes y católicos que buscaban dirección espiritual en los vertiginosos días de masivo crecimiento de los carismáticos en los años setenta. Tomando como modelo la tradición de los "rectores espirituales" de la iglesia católica, los maestros de Fort Lauderdale enseñaban que cada creyente debía tener un consejero espiritual como "cobertura" que le brindara consejo.

El movimiento se popularizó con la revista mensual *Vino Nuevo* (*New Wine*), que era editada por Don Basham. Por medio de esta revista, así como de millones de libros, boletines y cassetes de sus enseñanzas, publicaron el mensaje central del movimiento: que cada persona debía estar conectada con un líder por encima de ella y a su vez, hacer discípulos a otros. Este sistema de "pastoreo" era considerado una respuesta para los miles de carismáticos que iban vagando de una conferencia a otra conferencia, recibiendo –en ocasiones– enseñanzas cuestionables de líderes también cuestionables. A estas masas desarraigadas y vagabundas, los maestros de Fort Lauderdale les ofrecían "relaciones de pacto" entre un "pastor" o "cobertura" que dirigía la vida espiritual de sus "discípulos". A medida que el movimiento se convertía en una pirámide de autoridad, se hizo evidente que los "pastores líderes" de Fort Lauderdale tendrían control sobre las vidas y fortunas de miles de personas que quedarían bajo su influencia. No tardaron en llover las críticas.

Los Pastores de Fort Lauderdale. En 1975, cinco hombres: Bob Mumford, Charles Simpson, Derek Prince, Don Basham y Ern Baxter, establecieron los Ministerios para el Crecimiento Cristiano en Fort Lauderdale, Florida. Expusieron sus enseñanzas sobre "pastoreo y discipulado" por medio de su revista, Vino Nuevo.

Para 1975 las enseñanzas del movimiento fueron rechazadas de plano por muchos líderes influyentes, como Demos Shakarian y Pat Robertson. Pronto los maestros del "discipulado" tuvieron prohibido hablar en las reuniones de la FGBMFI, así como aparecer en el Club 700. La popular teleevangelista sanadora Kathryn Kuhlman llegó a tildarlos de "herejes". Robertson los acusó de "controlar la vida de sus seguidores abusando de la autoridad espiritual". En agosto de 1975 se intentó una reunión entre los maestros del "discipulado" y sus críticos, en Minneapolis, que finalmente quedó abortada y las diferencias continuaron sin solución. A pesar de este golpe, el movimiento continuó creciendo. En la conferencia carismática multitudinaria convocada en Kansas, en 1977, la sección de "discipulado" convocó a doce mil participantes; se ubicó segunda después de la delegación católica carismática.

Después de 1977 el movimiento comenzó a perder fuerza, a medida que los movimientos de renovación carismática organizaban sus propios programas para entrenar y discipular a sus seguidores. Para 1983 Derek Prince se separó de los otros líderes. Con el cierre de la revista *Vino Nuevo* en 1986, el movimiento, prácticamente, se dio por disuelto. En 1989 tuvo lugar un cierre simbólico de la controversia, cuando Bob Mumford pidió disculpas públicamente por su participación en la extensión del movimiento.[4]

La controversia por el "pastoreo" y el "discipulado"

El patriarca carismático Dennis Bennett, el hombre de medios cristiano, Pat Robertson y otros veintisiete líderes clave de los sectores católico, protestante e independiente de la renovación carismática, se reunieron en agosto de 1975 para tratar la controversia más importante del floreciente movimiento neopentecostal. En un cuarto de reuniones pequeño y mal iluminado, ubicado en un sótano de la ciudad de Minneapolis, los hombres se reunieron para tratar de elaborar una respuesta al creciente furor provocado por las enseñanzas sobre "pastoreo y discipulado". La disputa amenazaba con dividir de cuajo la renovación, que se había destacado por su carácter ecuménico.

La "reunión cumbre" que llegó a ser conocida como "el encierro en el Hotel Curtis" no logró aquietar la tormenta. Los temperamentos se encendieron, se cruzaron acusaciones y la mayoría de los asistentes abandonaron la reunión profundamente irritados. Los medios pronto se hicieron eco de la controversia y aumentaron las tensiones, que estaban centradas en las enseñanzas del "movimiento de pastoreo y discipulado".

El movimiento, también conocido como "movimiento de discipulado", fue una influyente y controvertida expresión de la renovación carismática en los Estados Unidos, que surgió como un movimiento autónomo y no denominacional en 1974. El movimiento se desarrolló como consecuencia de la creciente independencia de muchos cristianos carismáticos que abandonaban las iglesias a las que habían pertenecido y se unían a iglesias y grupos de oración independientes. El movimiento enseñaba que cada creyente debía someterse a un "pastor", a un líder que lo pastoreara. Esta relación era considerada esencial para desarrollar madurez espiritual y exigía un compromiso profundo para con el pastor. También el movimiento enseñaba que cada pastor y líder debía estar sometido a otro líder, al que debía rendir cuentas. Estos énfasis eran considerados por los opositores como un intento de "arrebatar" a los carismáticos independientes, creando una cadena de comandos piramidal que tenía como vértice superior a los líderes del movimiento; acusación que estos negaban sistemáticamente.

El movimiento creció a partir de la asociación de cuatro populares maestros bíblicos carismáticos en octubre de 1970: Bob Mumfortd, Don Barsham, Derek Prince y Charles Simpson. En 1974 se les sumó el canadiense pentecostal Ern Baxter. Los cinco Maestros de la Biblia estaban involucrados en la producción de la revista *Vino Nuevo (New Wine)* que en cierto momento, fue la publicación carismática de mayor circulación en los EE.UU. Los cinco solían predicar en las conferencias de enseñanza nacionales e internacionales que se hicieron tan típicas de la explosión neopentecostal en los años sesenta y setenta. También fueron parte de la "revolución de los cassetes", otra característica de la renovación que produjo una proliferación de cassetes con enseñanzas grabadas por destacados líderes carismáticos.

> Tres conferencias "de pastores de hombres" realizadas en 1973, 1974 y 1975 ayudaron a canalizar el naciente movimiento, que llegó a formar una red de iglesias bajo el liderazgo de los cinco maestros. Las iglesias que formaban parte de esta red no tenían estructuras tradicionales y hacían énfasis en los grupos hogareños o celulares, dirigidos por líderes laicos.
>
> La popularidad de los cinco maestros y la amplia influencia de la revista *Vino Nuevo* en la renovación carismática, dieron origen a una controversia acalorada entre 1975 y 1976, debido a la enseñanza del movimiento sobre la autoridad y la sumisión y el cuidado pastoral de parte de líderes de otros lugares. Aunque la controversia nunca se acabó por completo, sí se había acallado bastante para 1980 y el "movimiento de discipulado" creció y se consolidó hasta su punto máximo en 1982, con cien mil adherentes y quinientas iglesias asociadas. Las luchas internas y las presiones externas llevaron, finalmente, a su disolución en 1986, que coincidió con el fin de la publicación de la revista *Vino Nuevo*. Hoy continúa un movimiento bastante más reducido, llamado el "movimiento de alianza", asociado fundamentalmente, con el liderazgo de Charles Simpson.
>
> David Moore

Las comunidades carismáticas

Estrechamente ligado con los líderes de "discipulado", el movimiento para crear comunidades carismáticas ofrecía un espacio donde los iniciados podían separarse del mundo y vivir en una "comunidad de alianza" dirigida por líderes llenos del Espíritu Santo, que llevaban a los miembros a una vida de devoción y separación del mundo. La primera de estas comunidades fue organizada por el pastor Graham Pulkingham y su parroquia, la Iglesia Episcopal Holy Redeemer, de Houston, Texas, en 1965. En 1967 le siguió la comunidad Palabra de Dios (*Word of God*), en Ann Arbor, Michigan, creada por Ralph Martin y Steve Clark como comunidad ecuménica con líderes y seguidores que eran, en su mayoría, católicos. Con el tiempo esta se convirtió en la comunidad más influyente entre las primeras que se crearon, ya que la mayor parte de los primeros libros católicos carismáticos, su música y materiales de enseñanza eran producidos por los miembros de la comunidad, que también publicaba *New Covenant* (Nueva Alianza), la revista que se convirtió en la publicación de mayor circulación dentro de la renovación católica carismática.

La comunidad Palabra de Dios estaba organizada en diversas "casas". Por ejemplo, había casas para estudiantes universitarios, para matrimonios y para jóvenes varones y mujeres solteros. La vida diaria se organizaba con reuniones de oración, enseñanza y adoración. Se realizaban cultos evangelísticos públicos todas las semanas para atraer nuevos conversos y se ofrecían servicios a los pobres y carentes. Los líderes de la comunidad revisaban y aprobaban las decisiones importantes en la vida de los miembros, como noviazgos, casamientos, y orientaciones en el liderazgo.

A Palabra de Dios se le sumó luego la comunidad Pueblo de Alabanza (*People of Praise*), en South Bend, Indiana, dirigida por Kevin Ranaghan y Paul DeCelles. Esta comunidad llegó a cobrar gran importancia gracias a las enormes conferencias católicas carismáticas que se reunían en el campus de la Universidad de Notre Dame a principios de los setenta. Para organizar estas conferencias los miembros de la comunidad lanzaron el "Servicio de la Renovación Carismática", una entidad creada principalmente para organizar las conferencias carismáticas. En 1973 no menos de treinta y tres mil católicos se reunieron en el estadio de fútbol americano de la universidad, en una demostración masiva del poder de la renovación católica carismática.

Otras comunidades estadounidenses se organizaron también en este período. Entre ellas la comunidad Madre de Dios, en Gaithersburg, Maryland, dirigida por Judith Tydings y Edith Difato; la "Comunidad de Jesús", en Cape Cod, Massachussets, dirigida por Peter Marshall Jr.; y la Comunidad Aleluya, en Augusta, Georgia, dirigida por Bill Beaty. Entre otras se crearon también las comunidades Siervos de la Luz, dirigida por Virgil Vogt, en Minneapolis; una comunidad bautista americana en Chula Vista, California, dirigida por Ken Pagard; y la comunidad Nueva Alianza, de Jim Ferry, en Nueva Jersey.

El movimiento comunitario se desarrolló en Europa al mismo tiempo. Francia fue uno de los primeros países donde se crearon comunidades carismáticas. La Comunidad Católica Emmanuel de París, organizada en 1972, se especializaba en el evangelismo callejero, mientras que *Chemin Neuf*, en Lyon, experimentaba con las relaciones ecuménicas. Otras comunidades importantes en otros países del mundo fueron Maranatha, en Bruselas, y Emmanuel, en Brisbane, Australia.

Para mediados de los setenta había un creciente interés en unir estas comunidades para formar una alianza en la que pudieran compartirse visión y experiencias. Por lo tanto, en 1975 se formó una "asociación de comunidades" que sin embargo, tuvo una vida muy breve, debido a la falta de metas comunes. A esto le sucedió una nueva asociación ecuménica dirigida por la comunidad Palabra de Dios, de Ann Arbor, llamada "Espada del Espíritu" (*Sword of the Spirit*). Para 1987 este grupo tenía doce "ramas", veinticinco "grupos afiliados" y seis "comunidades asociadas" de varios países. Después de esto, Pueblo de Alabanza, de South Bend, organizó otra fraternidad de comunidades que estaba formada de una manera menos estructurada que las de Espada del Espíritu. Otra organización, llamada Fraternidad Internacional de Comunidades (*International Brotherhood of Communities*) se creó en 1983 bajo el liderazgo de la comunidad Deleite de Dios (*God's Delight*), en Dallas, Texas, dirigida por Bobby Cavnar.

Una de las grandes contribuciones de las comunidades carismáticas fue la capacitación de voluntarios dedicados a servir a la renovación en general. Los miembros disciplinados de Palabra de Dios y Pueblo de Alabanza sirvieron como "tropas de choque" y voluntarios, para ayudar en el trabajo de las masivas conferencias carismáticas que se reunieron en la ciudad de Kansas (1977), Nueva Orleáns (1987) e Indianápolis (1990). Las comunidades también fueron un refugio para eruditos y otros líderes carismáticos. Esto se aplica especialmente al caso de la comunidad Madre de Dios, en Gaithersburgh, Maryland, que se convirtió en base de eruditos católicos como Francis Martin y Peter Hocken.

Para fines de los ochenta, controversias y divisiones comenzaron a romper la unidad del movimiento comunitario en los Estados Unidos y sus asociados de todo el mundo. La mayor división fue entre la comunidad Espada del Espíritu –de Palabra de Dios–, y las dirigidas por Pueblo de Alabanza. Algunas comunidades, además fueron investigadas por las autoridades de la iglesia católica, por ser demasiado exclusivas y restringir demasiado las vidas privadas de sus participantes.[5]

Las iglesias de la palabra de fe

A medida que el movimiento carismático crecía en las iglesias tradicionales, un movimiento paralelo comenzó a crecer rápidamente entre los pentecostales independientes, movimiento que se llamó teología "de la palabra de fe" o "de la confesión positiva". Las raíces de este movimiento estaban profundamente arraigadas en el pentecostalismo clásico y las cruzadas de sanidad de los años cincuenta. Essek William Kenyon –cuyas teorías de "la obra terminada" habían influido en la teología de las primeras épocas de las Asambleas de Dios– es unánimemente considerado el precursor de este movimiento. Básicamente, la enseñanza de la palabra de fe hace énfasis en la "confesión positiva" como forma de "traer a la existencia lo que declaramos con nuestra boca, ya que la fe consiste en confesar". Lo que la mayoría de la gente confesaba era sanidad para el cuerpo y prosperidad material. Esto también se conoció como "evangelio de la prosperidad", que ofrecía a sus seguidores salud y prosperidad en respuesta a la "oración de fe".

Los principios teológicos de Essek William Kenyon (1867-1948) se convirtieron en las enseñanzas básicas del movimiento de la palabra de fe liderado por Kenneth Hagin, Kenneth Copeland y Fred Price.

Gran parte del mensaje de la palabra de fe había sido insinuado en las cruzadas de sanidad de Oral Roberts en los años cincuenta y en las enseñanzas de Demos Shakarian y los Hombres de Negocios del Evangelio Completo. En contraste con la pobreza generalizada en que vivían la mayoría de los pentecostales, las enseñanzas de fe y prosperidad eran una especie de nuevo "evangelio de la riqueza" para ellos, paralelas a las enseñanzas sobre la prosperidad entre los protestantes en el último cuarto del siglo XIX. Para la creciente clase media de prósperos pentecostales y carismáticos, la enseñanza tenía una atracción irresistible.

El mensaje de la palabra de fe logró convertirse en un movimiento a fines de los años setenta, bajo el liderazgo de Kenneth Hagin, Kenneth Copeland, Fred Price y Charles Capps. Con una teología claramente diferenciada que distinguía entre la palabra *logos* (las Escrituras inmutables) y la palabra *rhema* (lenguas, profecía, etc.), los maestros de la palabra de fe ofrecían a sus seguidores sanidad física, sanidad interior, libertad de la opresión demoníaca y prosperidad en respuesta a la "palabra de fe", que con frecuencia era una confesión de frases bíblicas que el Señor debía honrar. Con el tiempo, quienes criticaban este movimiento le pusieron el apodo de "el movimiento de nómbrelo y reclámelo", enseñanza que ignoraba la realidad de las enfermedades inevitables y la pobreza en el mundo. Algunas veces –decían los opositores– las personas enfermas confesaban sanidad, pero los síntomas continuaban. Otras veces –decían– se negaban a tomar medicinas, con resultados desastrosos. Muchos rechazaron el mensaje al escuchar decir a ciertos maestros de la palabra de fe que los cristianos llegan a ser "pequeños dioses" porque son "hijos nacidos de nuevo, de Dios".

A pesar de estas digresiones teológicas, el movimiento de la fe creció exponencialmente durante los años ochenta y noventa. Para 1974 Kenneth Hagin había establecido el Instituto Bíblico Rhema, en Broken Arrow, Oklahoma, cerca de Tulsa, e iniciado un ministerio radial mundial llamado Seminario de Fe del Aire (*Faith Seminal of the Air*) que se emitía por ciento ochenta estaciones radiales. Para 1988 más de diez mil estudiantes se habían graduado de su instituto bíblico. La televisión y los ministerios de cruzadas de Kenneth Copeland y Frederick Price habían llevado el mensaje de la palabra de fe a los hogares de los estadounidenses.

Una razón por la que el movimiento de la palabra de fe creció de tal manera, fue la amplia aceptación de que gozaban sus maestros entre los carismáticos de todas las iglesias. En los años setenta Hagin era uno de los oradores preferidos de las reuniones de la Fraternidad Internacional de Hombres de Negocios del Evangelio Completo, así como de las conferencias carismáticas católicas. Su influencia también se extendió en todo el mundo a través de los florecientes ministerios de Reinhard Bonnke y Ray McCauley en Sudáfrica, así como Ulf Eckman en Suecia.[6]

El Espíritu Santo y los evangélicos históricos

En 1983 Peter Wagner, profesor de iglecrecimiento en el Seminario Teológico Fuller, propuso la existencia de una "tercera ola" del Espíritu Santo que estaba entrando en las iglesias evangélicas históricas. Según su punto de vista, la primera ola fueron los pentecostales y la segunda, los carismáticos de las iglesias protestantes tradicionales. Utilizándose a sí mismo como paradigma de este movimiento, dijo: "Yo no me considero pentecostal ni carismático". Aunque hablaba en lenguas y era un defensor conocido de los prodigios y señales, afirmaba: "Tengo varias diferencias teológicas con los pentecostales y carismáticos, que no afectan la posibilidad de ministrarnos mutuamente, pero me impiden considerarme un carismático".

Señaló además, que consideraba a los años ochenta como un tiempo de apertura de "los evangélicos tradicionales y otros cristianos a la obra sobrenatural del Espíritu Santo que han experimentado pentecostales y carismáticos, pero sin que eso los transforme en carismáticos o pentecostales".

Aunque la "tercera ola" no se ha materializado como algo organizado y bien definido, la descripción de Wagner se adecuaba a miles de pastores y congregaciones de los Estados Unidos y el mundo. Para los años noventa el estilo pentecostal de adoración había entrado en muchas iglesias evangélicas tradicionales cuyos miembros ahora, en sus cultos, cantaban con música contemporánea, levantaban las manos y oraban por los enfermos. A las personas que visitaban algunas iglesias les hubiera resultado difícil distinguir la adoración, de la de una congregación netamente pentecostal. En muchas iglesias evangélicas hay, no solo don de lenguas e interpretación, sino "risa santa", caídas "bajo el poder del Espíritu Santo" o danzas ante el Señor y cantos en lenguas.

Kenneth Erwin Hagin (1917-)

Hagin nació y se crió entre los bautistas del Sur, en McKinney, Texas, pero se dice que pastoreó una iglesia rural interconfesional en la cercana Roland, entre 1936 y 1938. Un año antes de su primer pastorado conoció las prácticas pentecostales en las reuniones que Albert Ott, ministro de las Asambleas de Dios, realizaba en una carpa en McKinney. Dos años después Hagin recibió el bautismo en el Espíritu Santo. Aunque pastoreó cinco iglesias de las Asambleas de Dios entre 1938 y 1949, solo fue ordenado por esta denominación en 1942.

Después de renunciar a su último pastorado, en 1949, Hagin cruzó los Estados Unidos como evangelista itinerante. Recibió inspiración de los evangelistas sanadores de la época posterior a la Segunda Guerra Mundial, pero no conoció al fundador del movimiento, Gordon Lindsay, hasta 1953. Dos años más tarde se sumó a la red de evangelistas sanadores de la organización de Lindsay, *Voice of Healing*. Con la ayuda de Lindsay, Hagin publicó su primer minilibro, *Redeemed from Povert, Sickness and Death* (Redimido de la pobreza, la enfermedad y la muerte) en 1960. Durante este período, el avivamiento de sanidad estaba declinando y comenzaba a ser remplazado por la renovación carismática.

A través de las convenciones de los Hombres de Negocios del Evangelio Completo, de Demos Shakarian, las enseñanzas de Hagin sobre la sanidad por fe ahora encontraban un público receptivo entre los carismáticos no pentecostales. Durante el mismo período, Hagin cortó su relación con las Asambleas de Dios al establecer su propia asociación evangelística en 1962.

> En 1966 Hagin fue de Garland, Texas, a Tulsa, Oklahoma, donde inició su primer programa radial: "El seminario de la fe del aire". Dos años después comenzó a producir su propio boletín, *Word of Faith* (Palabra de fe). Después, en 1974, estableció el Centro de Capacitación Bíblica Rhema, actualmente ubicado en las cercanías de Broken Arrow, que ha producido más de diez mil graduados que, a su vez, fundaron congregaciones de fe dentro y fuera de los Estados Unidos. Por medio de la Asociación Ministerial Internacional Rhema, establecida en 1985, unas mil congregaciones de fe locales están conectadas formalmente con el ministerio de Hagin. Además de esto, otros influyentes ministros como Ken y Gloria Copeland, Jerry Savelle, Norvel Hayes y Frederick K. C. Price, consideran al anciano Hagin como su mentor.
>
> GEIR LIE

A medida que el movimiento se extendía de una iglesia a otra, había conflictos entre los tradicionalistas y los que anhelaban milagros y cultos más emocionales. Cuando algunas iglesias tradicionales rechazaban el estilo de adoración nuevo, los miembros pasaban a iglesias pentecostales o carismáticas independientes para satisfacer sus nuevas necesidades. Esto, algunas veces, provocó acusaciones de proselitismo o "robo de ovejas". Para el año 2000 algunos, como David Barrett, llamaban "neocarismáticos" a los "de la tercera ola" y les asignaban enormes cantidades de seguidores. De hecho, para el año 2000 Barrett estimaba que había casi trescientos millones de personas en el mundo que entraban en la descripción de la "tercera ola" hecha por Wagner.[7]

Corrientes ecuménicas

Sin proponérselo, el movimiento pentecostal/carismático se convirtió en la fuerza ecuménica de base más dinámica y más amplia del mundo cristiano en las últimas décadas del siglo XX. Los primeros pentecostales no fueron ecuménicos, debido a que fueron rechazados por las iglesias tradicionales y por la sociedad en general. De hecho, la penetración del pentecostalismo en las iglesias tradicionales no fue algo planeado por los pentecostales, sino que surgió naturalmente a medida que diferentes personas recibían el bautismo en el espíritu Santo. Sin duda, como señaló Kilian McDonnell, "detrás de cada neopentecostal hay un pentecostal clásico". De hecho, los pentecostales apenas habían comenzado a hablarse entre ellos cuando el movimiento carismático trajo a escena una generación totalmente nueva de cristianos llenos del Espíritu en las iglesias protestantes históricas. Antes de que los pentecostales pudieran aceptar el hecho de que los protestantes tradicionales también hablaban en lenguas, comenzó la renovación católica carismática, que trajo consigo todo un nuevo conjunto de problemas para el ecumenismo.

El primer pentecostal que extendió la rama de olivo en señal de paz a las iglesias históricas, fue David du Plessis, quien llegó a ser conocido como "el señor Pentecostés". En sus primeros años fue líder de la Misión de la Fe Apostólica (AFM, sigla en inglés), una denominación pentecostal importante de Sudáfrica, hasta que se sintió llamado a llevar el pentecostalismo a todas las iglesias. Esto fue confirmado por una profecía personal que le dio Smith Wigglesworth en 1936, que decía: "Tú llevarás el mensaje de Pentecostés a todas las iglesias".

Después de esto du Plessis ayudó a organizar la primera conferencia mundial pentecostal en Zurich, Suiza, en 1947. Como organizador de las conferencias mundiales pentecostales desde 1947 hasta 1958, trabajó incansablemente para integrar a todos los creyentes pentecostales en una comunidad mundial.

Al llegar a los Estados Unidos, du Plessis enseñó en el Lee College, de Cleveland, Tennessee antes de unirse a las Asambleas de Dios, sin renunciar a su acreditación como ministro de la AFM en Sudáfrica. En 1951, mientras pastoreaba una congregación de las Asambleas de Dios en Stanford, Connecticut, se puso en contacto con el Consejo Nacional de Iglesias en la ciudad de Nueva York. La amistad que se forjó a partir de entonces entre él y Alexander Mackay, presidente de la Universidad Princeton y W. A. Visser t'Hooft, del Consejo Mundial de Iglesias, abrió las puertas para que du Plessis representara a los pentecostales en los círculos ecuménicos. Por consiguiente, se convirtió en el único pentecostal que podía dialogar abiertamente con los Consejos Mundial y Nacional de Iglesias. Fue invitado a representar a los pentecostales en la asamblea del Consejo Mundial de Iglesias realizada en 1954, en Evanston, Illinois. Después de esto, fue el único observador pentecostal acreditado durante las sesiones del Concilio Vaticano II en Roma (1962-1965), aunque asistió sin la aprobación oficial de las iglesias pentecostales.[8]

David Johannes du Plessis (1905-1987), un pentecostal sudafricano, se mudó a los Estados Unidos en 1948 y allí se ganó el apodo de "el señor Pentecostés" por su ministerio ecuménico a protestantes y católicos.

David du Plessis: el señor Pentecostés

La única persona por sobre todos los demás, que sirvió como orientador y vocero de los pentecostales después de la Segunda Guerra Mundial fue David J. du Plessis, un sudafricano descendiente de franceses hugonotes, que se convirtió en una iglesia pentecostal sudafricana llamada Misión de la Fe Apostólica. Según el testimonio de du Plessis, la inspiración para la obra ecuménica que estaba destinado a realizar provino de una profecía que, en 1936, le dio el evangelista Smith Wigglesworth. Un día, a las 07:00, Wigglesworth irrumpió en la oficina de du Plessis:

"...imponiendo las manos sobre sus hombros, lo empujó contra la pared y comenzó a profetizarle: 'Has estado suficiente en Jerusalén. [...]. Te enviaré a los confines de la Tierra. [...]. Llevarás el mensaje de Pentecostés a todas las iglesias. [...]. Viajarás más que los evangelistas. [...]. Dios va a revivir a las iglesias en los últimos días y va a dar vuelta el mundo. Aun el movimiento pentecostal será un chiste comparado con el avivamiento que Dios producirá a través de las iglesias".

Esta visión demoró diez años en cumplirse, hasta que el fin de la Segunda Guerra Mundial hizo posible que du Plessis viajara con frecuencia. En 1947 tuvo un rol fundamental en la Primera Conferencia Mundial Pentecostal realizada en Zurich, Suiza y en 1949, sirvió por un breve período como secretario general de la conferencia mundial. Pero su celo por el ecumenismo pronto le hizo perder el trabajo.

Aunque estaba dolido por el rechazo de los líderes pentecostales, aun ardía en du Plessis el fuego encendido por la visión profética de Wigglesworth. En 1951, mientras pastoreaba una congregación de las Asambleas de Dios en Connecticut, se sintió inspirado a hacer contacto con el Consejo Mundial de Iglesias, situado en la vecina ciudad de Nueva York. Aunque se había opuesto firmemente al Consejo cuando éste se estaba formando, ahora veía a las iglesias históricas como una oportunidad evangelística. Al visitar la sede del Consejo Nacional de Iglesias, se sintió asombrado ante la "cálida recepción" que le brindaron. Una reunión posterior con el presidente John MacKay, del Seminario Teológico de Princeton, lo convenció de que las iglesias protestantes históricas estaban muy interesadas en establecer contacto con las pentecostales. Después de unirse al Consejo Nacional como miembro particular en 1954, du Plessis fue considerado como representante no oficial de las iglesias pentecostales en la segunda sesión plenaria del Consejo Mundial de Iglesias que se reunió en Evanston, Illinois. Este hecho y su asistencia al Concilio Vaticano II como único observador pentecostal, atrajo sobre su cabeza la ira de las autoridades pentecostales. En 1962 fue excomulgado por las Asambleas de Dios, cuyo líder lo consideraba un advenedizo sin antecedentes.

En poco tiempo Du Plessis se convirtió en una figura líder para impulsar el movimiento carismático en las iglesias tradicionales. Su trabajo como presidente del equipo de diálogo católico-pentecostal y como orador principal

> de cientos de reuniones pentecostales-carismáticas en todo el mundo, final-
> mente le ganó el apodo de "el Señor Pentecostés". En 1974 un grupo de re-
> porteros lo incluyó entre los "once teólogos principales del siglo XX". Ade-
> más, por su trabajo en el diálogo y otras contribuciones al movimiento
> católico carismático, en 1983 el Papa Juan Pablo II le otorgó la medalla de
> oro al mérito por su "excelente servicio a toda la cristiandad". Fue el primer
> no católico en toda la historia en recibir esta distinción. Aunque su trabajo
> ha sido, con frecuencia controvertido, du Plessis tiene un lugar asegurado
> entre las figuras pentecostales más importantes de la historia. Su influencia
> fue vital para la formación del movimiento carismático en las iglesias protes-
> tantes históricas.
>
> VINSON SYNAN, en *Holiness Pentecostal Tradition*

Toda esta actividad ecuménica no era bien vista por los líderes pentecostales estadounidenses, que sospechaban del liberalismo del movimiento conciliar, así como del movimiento carismático entre los católicos romanos. Como consecuencia de esto, las Asambleas de Dios revocaron la acreditación ministerial de du Plessis en 1962. Desde entonces hasta que fue reinstaurado, en 1980, trabajó como pastor local en la Primera Asamblea de Dios de Oakland, California. Hasta el fin de sus días, en 1987, du Plessis fue un "embajador general" no oficial de los pentecostales ante las grandes denominaciones cristianas del mundo. Como tal, viajó por todo el mundo en incontables misiones a iglesias, conferencias y reuniones, grandes o pequeñas, para contar la historia del movimiento pentecostal.[9]

Uno de sus grandes logros fue el comienzo de un diálogo permanente entre los pentecostales y la iglesia católica. Trabajando con el erudito católico P. Kilian McDonnell de la Universidad St. John, en Collegeville, Minnesota, du Plessis dirigió equipos pentecostales y carismáticos desde 1972 hasta 1982 en reuniones anuales donde se consideraban aspectos problemáticos. Junto con él, en el equipo pentecostal/carismático había eruditos como los doctores J. Rodman Williams, Russell Spittler, Vinson Synan y Cecil Robeck.

Desde el principio los pentecostales y carismáticos atravesaron las barreras denominacionales para compartir enseñanzas, adoración y comunión. De hecho, para 1980, el movimiento se había convertido en el movimiento ecuménico de base más grande de la historia del cristianismo. En las multitudinarias cruzadas de sanidad de Oral Roberts y Kathryn Kuhlman, católicos y protestantes, blancos y negros, hombres y mujeres, jóvenes y viejos estaban juntos, sin que sus diferentes trasfondos raciales o teológicos tuvieran importancia. Con el tiempo llegó a no ser inusual ver a un sacerdote católico, un pastor anglicano y un evangelista pentecostal juntos en la misma plataforma en una cena de los Hombres de Negocios del Evangelio Completo, o los miles de otras conferencias, campañas, cruzadas y misiones auspiciadas por diversas iglesias y organizaciones paraeclesiásticas.

El primer grupo permanente que emergió de la renovación se inició en medio de las pasiones despertadas por la controversia del "movimiento de discipulado" de fines de los setenta. A medida que se agrandaba la brecha entre los maestros de Fort Lauderdale y otras figuras de renombre en todo el país, se lanzó un llamado a varios líderes para reunirse en Minneapolis con el fin de intentar un terreno común para la reconciliación. Asistieron a esta reunión Mumford, Prince, Basham, Simpson y Baxter, del grupo de Fort Lauderdale, y opositores como Pat Robertson, Dennis Bennett y otros, por el otro lado. Brick Bradford y Jamie Buckingham intentaban moderar las reuniones. Aunque este "encierro en el Hotel Curtis" no logró resolver la controversia, fue el inicio de una reunión anual informal entre líderes, cuyo objetivo era moderar y resolver problemas que podrían suscitarse en el futuro.

Debido a que muchas de estas reuniones se realizaron en el Centro Marianista de Retiros cercano a la ciudad de Glencoe, un suburbio de St. Louis, el grupo fue conocido, durante años, como "la reunión de Glencoe".

Los primeros líderes de Glencoe fueron Larry Christenson y Kevin Ranaghan, que invitaron a líderes de todas las corrientes del avivamiento a reunirse para tener reuniones informales cada verano, de bajo perfil, para ayudar a la renovación y mantener a los líderes clave comunicados entre sí. Muchos problemas fueron resueltos en esas reuniones. Uno de ellos fueron las críticas que surgieron cuando Prince y otros comenzaron a realizar exorcismos en público. Debido a que estas situaciones solían tornarse desordenadas y confusas, había gran desaprobación en cuanto a los métodos de "liberación" practicados por esos líderes. Después de cierto diálogo, se llegó a un acuerdo por el cual todos abandonarían la práctica del exorcismo en público, remplazándolo por sesiones de liberación privadas a medida que surgiera la necesidad.

Este tipo de resolución de problemas se desarrollaba con un bajo perfil, fuera de la mirada del público, basándose en el respeto y la confianza mutua.

A mediados de los setenta, a medida que el movimiento ascendía en los EE.UU., surgió un deseo generalizado de convocar a los pentecostales y carismáticos para dar un testimonio común de lo que sucedía entre ellos. Para este tiempo los católicos convocaban a más de treinta mil personas en sus conferencias anuales en South Bend, mientras los luteranos atraían a más de veinte mil en sus conferencias de Minneapolis, la reunión anual de luteranos más concurrida del país. Otros, como los anglicanos y los presbiterianos, también contaban con una asistencia cada vez más numerosa a sus propias conferencias. Los Hombres de Negocios del Evangelio Completo llenaban cualquier auditorio o estadio que reservaran para sus diversos eventos. Los centros de convenciones pronto se dieron cuenta de que los hombres de esta organización llenaban más cuartos de hoteles que cualquier otra organización del país.[10]

En la reunión anual de Glencoe en 1974, Vinson Synan y otros sugirieron que era hora de que todos estos grupos se reunieran en una "conferencia de conferencias" que aunara a todos los elementos de la renovación en el mismo lugar y al mismo tiempo. Un artículo de la revista *New Covenant*, escrito por Ralph Martin, mencionaba tres corrientes de renovación que debían mantenerse en contacto: los pentecostales, los protestantes históricos y los católicos carismáticos. La idea de una conferencia general carismática pronto prendió y se extendió por todo el país. Poco después los católicos carismáticos de South Bend se ofrecieron para convocar a la conferencia, para la cual su Servicio de Renovación Carismática proveería el dinero y los líderes para iniciar la organización. En varias reuniones preliminares de planificación, se formó un comité de planeamiento ecuménico con representación de las diferentes corrientes de la renovación, presidido por Kevin Ranaghan.

La ciudad elegida para la "Conferencia General sobre la Renovación Carismática" fue Kansas, sobre el margen del río Missouri. El formato fue que cada movimiento, por separado, tuviera sus reuniones propias "denominacionales" durante la mañana, con talleres en común por la tarde. Por las noches todos se reunirían en el enorme estadio Arrowhead, originalmente construido para el equipo de fútbol americano los "Chiefs" de Kansas. El ambiente estaba cargado de entusiasmo: cincuenta mil pentecostales y carismáticos de diversas corrientes se reunían en el estadio en algo muy similar a los antiguos "campamentos". Durante cuatro noches, diferentes oradores hablaron a la multitud sobre el mover del Espíritu que parecía estar irrumpiendo por todas partes. Don de lenguas, sanidades y profecías eran manifestados por un grupo que tenía "el don de la palabra", cuidadosamente armado, que era el único que tenía acceso a los micrófonos.

Las alabanzas eran maravillosas: decenas de miles de cristianos llenos del Espíritu Santo cantando nuevas canciones, danzando ante el Señor y gritando de gozo.

Un punto destacado de la conferencia fue el sermón de Bob Mumford, que culminó con veinte minutos de ruidosa alabanza que parecía inacabable. El momento más solemne se produjo cuando se presentó una profecía que lamentaba las divisiones en el cuerpo de Cristo. Muchos lloraron en voz alta al escuchar las acuciantes palabras:

Venid ante mí, con corazones quebrantados y espíritus contritos,
porque el cuerpo de mi Hijo está roto.
Venid ante mí con lágrimas y gemir,
porque el cuerpo de mi Hijo está roto.
La luz es débil, mi pueblo está disperso,
el cuerpo de mi Hijo está roto.
Yo di todo lo que tengo en el cuerpo y la sangre de mi Hijo,
se derramó en la tierra,
el cuerpo de mi Hijo está roto.
Apartaos de los pecados de vuestros padres
y andad en los caminos de mi Hijo.
Retornad al plan de vuestro Padre.
Retornad al propósito de vuestro Dios.
El cuerpo de mi Hijo está roto.
El Señor os dice: Permaneced en unidad unos con otros,
y no permitáis que nada os separe.
No os separéis, de ninguna forma,
por vuestras amarguras y personales preferencias,
sino aferraos unos a otros
porque voy a permitir que atraveséis
un tiempo de graves pruebas y angustias,
y será necesario que estéis en unidad unos con otros.
Pero también os digo que

*yo soy Jesús, el Rey Victorioso,
y os he prometido la victoria.*[11]

Sentados juntos, en esa plataforma, había un grupo de hombres difícil de imaginar: el Rdo. Thomas Zimmerman, superintendente general de las Asambleas de Dios de los EE.UU.; el cardenal primado de Bélgica, León Joseph Suenens, católico romano; el obispo J. O. Patterson, obispo presidente de la Iglesia de Dios en Cristo, de mayoría negra; y el arzobispo anglicano Bill Burnett, de Sudáfrica. La noche que Forbes y Burnett hablaron, una de las profecías más notables fue dada por el luterano Larry Christenson. Habló de un tiempo futuro de luchas raciales en Sudáfrica, que terminarían con una paz milagrosa, sin derramamiento de sangre, mientras "un hombre blanco y un hombre negro" se extendían mutuamente la mano en Cristo, uniendo a la nación y evitando una guerra racial. Esta profecía fue dada años antes de que Nelson Mandela o el presidente F. W. De Klerk se hicieran famosos.

La liberación de Mandela de la cárcel, su elección como presidente y el increíble traspaso de poder de blancos a negros en 1994, sin derramamiento de sangre fue, aparentemente, el cumplimiento directo de la profecía dada en la ciudad de Kansas.

Los reporteros que asistieron a la conferencia estaban atónitos por lo que veían. Sin poder describir el evento con palabras convencionales, un artículo de la revista *Time* decía, simplemente, "todos tuvieron un tiempo carismático". En años futuros, muchos que estuvieron en esa conferencia sintieron que ella había marcado un temprano hito en la renovación dentro de los Estados Unidos.[12]

El "Congreso sobre el Espíritu Santo y la Evangelización Mundial" realizado en Nueva Orleáns en 1987, convocó a todos los pentecostales y carismáticos a actuar como evangelistas en la "década de evangelización", en los años noventa.

Durante varios años el movimiento carismático continuó desarrollándose en los EE.UU. dentro de las corrientes separadas, cada vez con más poder. En 1978 los Hombres de Negocios del Evangelio Completo realizaron su mayor conferencia anual, con más de veinticinco mil personas. Multitudes asistían a las conferencias de Minneapolis y Notre Dame. Parecía que cualquiera podía anunciar una conferencia en cualquier lugar del país con cualquier grupo de oradores y habría una multitud de personas que iban a llegar hasta allí, fuera por avión, por automóvil, autobús o "haciendo dedo". Si no había suficiente lugar en los hoteles, muchos jóvenes carismáticos llevaban sus mochilas y bolsas de dormir, y se acomodaban donde podían.

> ### Billy Graham habla sobre la renovación carismática
>
> "Me regocijo con ustedes por las metas de su Congreso Norteamericano sobre el Espíritu Santo y la Evangelización Mundial, y agradezco a Dios por el rol vital que sus movimientos tienen en el despertar espiritual en este país.
>
> "Hoy, es alentador ver al Espíritu Santo moviéndose en su iglesia en toda Norteamérica y otras partes del mundo, hacia la meta de llevar a otras personas a conocer a Jesucristo como su Salvador".
>
> BILLY GRAHAM, 1987

Para 1984 había cada vez mayor presión para convocar a otra conferencia similar a la de Kansas, para mantener viva la llama carismática ecuménica. En la conferencia de líderes de Glencoe, Vinson Synan y Vernon Stoop fueron elegidos líderes y poco después, ya el grupo se apasionaba con la visión de una nueva "Kansas". Para planificar las próximas conferencias formaron en 1985 una nueva organización legal llamada Comité Norteamericano de Servicio de la Renovación, presidida por Vinson Synan. El comité ejecutivo representaba a más de cincuenta denominaciones pentecostales, grupos de renovación carismática en iglesias históricas y otras organizaciones paraeclesiásticas.

A corto plazo se planificó una conferencia general de líderes en Nueva Orleáns, en 1986. A sugerencia de John Wimber, la conferencia hizo énfasis en el tema de "El Espíritu Santo y la Evangelización Mundial". Más de siete mil líderes de todas las corrientes se reunieron en el Superdomo de Nueva Orleáns para escuchar a oradores como el Dr. Paul Yonggi Cho, Oral Roberts, David du Plessis, Demos Shakarian y el padre Thomas Forrest.

Billy Graham

El siglo del Espíritu Santo

La conferencia de líderes fue seguida, al año siguiente, por un multitudinario "congreso general" que se reunió nuevamente en el Superdomo. Allí, unos cuarenta mil asistentes escucharon a Tom Forrest proclamar que los años noventa serían "la década de la evangelización mundial", con la meta de ganar a más de la mitad de la población mundial para Cristo, para el año 2000. Un punto destacado del congreso fue el ministerio de sanidad del evangelista alemán Reinhard Bonnke, quien demostró su ministerio dinámico que atraía a millones de conversos en sus cruzadas de África. Esa conferencia también tuvo una marcha con una multitud que ocupó veinticinco calles, la más importante en la ciudad de Nueva Orleáns después de la celebración del *Mardi Gras* (Carnaval).

El congreso de Nueva Orleáns fue seguido por otros similares, en Indianápolis (1990, con veinticinco mil personas); Orlando, en 1995 (diez mil personas) y St. Louis en el 2000 (quince mil personas). En todos estos congresos se alentaba a los carismáticos para que dieran un testimonio cristiano a sus vecinos y amigos de todas partes del mundo. Según Synan, estos congresos "llevaron la evangelización mundial al pensamiento de la renovación carismática". También incluyeron a diversas organizaciones carismáticas nuevas, como el movimiento metodista de Aldersgate, que produjo un poderoso testimonio carismático en la Iglesia Metodista Unida.[13]

Otras reuniones multitudinarias en este período fueron las de "Washington para Jesús", que se reunían en el "Mall" de la capital estadounidense. En 1988, John Giménez, un pastor hispano de la Iglesia de la Roca (*Rock Church*), en Virginia Beach, Virginia, convocó a una reunión masiva para orar por la elección presidencial. Una multitud estimada en quinientas mil personas se reunió en ese punto central de la capital; conformaron la reunión cristiana más concurrida, realizada en Washington, hasta ese momento. Cuando se realizaron las elecciones y Ronald Reagan asumió como presidente, Giménez y sus amigos declararon que, con ese acto, habían ayudado a cambiar el curso de la política de la nación.

Organizaciones ecuménicas internacionales

A medida que el movimiento carismático se extendía por todo el mundo, las reuniones ecuménicas masivas se hicieron comunes, después de la conferencia de la ciudad de Kansas, en 1977. Los movimientos carismáticos, de gran crecimiento en Alemania, junto con los que habían explotado en Irlanda y Francia, motivaron que los líderes europeos convocaran a una conferencia ecuménica continental que se reunió en Estrasburgo, Francia, en 1982. Más de veinte mil personas asistieron a esta conferencia, que fue llamada "Pentecostés sobre Europa". A esta le siguió otra importante conferencia en Birmingham, Inglaterra, en 1986, llamada "Hechos 86". Los líderes de estas iniciativas fueron Thomas Roberts, un pentecostal francés, y el líder anglicano carismático Michael Harper.

Después de las reuniones de Estrasburgo y Birmingham se formó un comité ecuménico europeo bajo el liderazgo de Harper. Este grupo sugirió que se formara una organización mundial que comprendiera, en lo posible, a todos los movimientos carismáticos y pentecostales del mundo. Como resultado de este esfuerzo se creó la Consulta Carismática Internacional para la Evangelización Mundial (ICCOWE), dirigida por Harper y una junta directiva representativa de las muchas corrientes del avivamiento. En 1989 se produjo en Jerusalén, una reunión de líderes para planear una estrategia de evangelización mundial. A esta le siguió una conferencia multitudinaria en Brighton, Inglaterra, en 1991, que atrajo a cuatro mil líderes de muchas corrientes carismáticas del mundo. El orador de la conferencia fue el recientemente elegido arzobispo de Canterbury, George Carey, un anglicano carismático cuya vida y ministerio habían sido cambiados por la renovación.[14]

La renovación política en los Estados Unidos

A medida que la renovación pentecostal/carismática continuaba creciendo en los Estados Unidos, se hizo inevitable la participación de la política, debido a la cantidad de votantes que participaban de ella. Las encuestas solicitadas en 1979 por la revista *Christianity Today* indicaban que no menos de veintinueve millones de estadounidenses adultos se consideraban cristianos "pentecostales o carismáticos". Esto se aplicaba en general, a las denominaciones históricas: aproximadamente un veinte por ciento de los miembros de iglesias católicas, luteranas, bautistas, anglicanas y metodistas, decían estar conectados, de alguna forma, con el movimiento. Además de la publicidad que engendró el cristianismo "nacido de nuevo", que se puso en relieve durante su presidencia Jimmy Carter, había un grupo cada vez mayor de votantes que no solo eran "nacidos de nuevo", sino también bautizados en el Espíritu Santo.

Prácticamente, es indudable que los carismáticos fueron el núcleo de la población votante que eligió a Ronald Reagan como presidente en 1980 y 1984. De hecho, el primer pentecostal –reconocido– que integró un gabinete presidencial, fue James Watt, miembro de las Asambleas de Dios, que fue el primer Secretario del Interior de Reagan. Con el fin de los ocho años de Reagan en la Casa Blanca, la elección de 1988 significó que la derecha religiosa tenía que elegir entre apoyar al vicepresidente Bush o elegir a un candidato propio. Cuando Pat Robertson entró en la carrera por la nominación republicana en 1988, los conservadores cristianos tuvieron una viable posibilidad de controlar la mismísima Casa Blanca.

Robertson abandonó sus deberes como conductor de su programa diario, el "Club 700" y salió a hacer campaña. El vicepresidente Bush llamó a líderes evangélicos y carismáticos a su casa, para pedirles su apoyo. Mientras se recalentaba la carrera hacia la presidencia, en 1988 Robertson sorprendió a los popes ganando los electores de Iowa con lo cual, ahora, representaba un verdadero desafío para Bush. Pero después de perder las primarias en Carolina del Sur, su campaña terminó repentinamente a poco de lograr la victoria. No obstante, fue el primer "lleno del Espíritu" –es decir, que hablaba en lenguas– en presentarse como candidato para el puesto más importante del país.

En los años siguientes Robertson organizó la "Coalición Cristiana", como movimiento masivo de ciudadanos comprometidos que apoyaban las posiciones y los candidatos de la derecha religiosa. Además, en 1990, creó el *American Center for Law and Justice* (Centro Americano para la Ley y la Justicia) para contrarrestar las acciones y la influencia de una organización liberal similar. Por medio de juicios y otras acciones legales, los abogados del Centro disputan asuntos legales valiosos para los cristianos conservadores y algunas veces, llegaron a ganar casos en la Corte Suprema. En la elección presidencial del año 2000, Robertson y su "Coalición Cristiana" actuaron como bloque definitorio para ayudar a nominar a George W. Bush como candidato republicano. Así Robertson se convirtió, en vez de "rey", en "hacedor de reyes".[15]

El Espíritu Santo a fin del siglo

A fines de los años ochenta un muy fuerte golpe para los pentecostales y carismáticos fue la serie de escándalos protagonizados por teleevangelistas entre 1986 y 1990: Jim y Tammy Bakker, de la cadena PTL, en Charlotte, Carolina del Norte; Jimmy Swaggart, el extravagante evangelista de Baton Rouge, Louisiana; y en menor escala, Oral Roberts, de Tulsa, Oklahoma. En un tiempo, estos tres ministerios recibían donaciones por millones de dólares de sus televidentes. Su influencia atrajo a multitudes a las iglesias pentecostales y carismáticas independientes.

Las caídas de Baker y Swaggart, en 1987, que ocuparon las primeras planas de la prensa durante meses, estaban relacionadas con escándalos de sexo y dinero. Por otra parte, los medios atacaron a Roberts por sus técnicas de recaudación de fondos para costear el nuevo centro médico conocido como "Ciudad de la Fe". El otro gran teleevangelista, Pat Robertson, nunca se vio manchado por las controversias que afectaban a los otros tres. Tanto Roberts como Robertson habían dedicado su visión y energía a fundar universidades que transmitieran su legado a futuras generaciones.

En 1965 Roberts registró legalmente su Universidad Oral Roberts, en Tulsa, Oklahoma, donde se hacía énfasis en "enseñanza, predicación y sanidad" en todas las clases. En 1978 Robertson inició las clases en su nueva Universidad de la CBN, con carreras de grado en Comunicaciones. Para fines del siglo estas instituciones mostraban un gran crecimiento y eran cada vez más respetadas por los círculos académicos de todo el país. En 1990 la universidad iniciada por Roberts cambió su nombre por el de Universidad Regent, con la idea de convertirla en "la universidad cristiana más importante" del mundo.[16]

El crecimiento a fin del siglo

A pesar de los ataques de los medios sufridos por los pentecostales y carismáticos en los años ochenta, debido a los escándalos protagonizados por teleevangelistas, hubo una tendencia de crecimiento en todo el mundo y un tono nuevo, más positivo, de parte de la prensa. Para el año 2000 varias publicaciones importantes de los Estados Unidos saludaban el continuo crecimiento dinámico del movimiento. Por ejemplo, en junio de 1998 la revista *Christian History*, de *Christianity Today*, lanzó una edición especial sobre "El ascenso del pentecostalismo", en el cual llamaba al pentecostalismo "el movimiento cristiano más explosivo del siglo XX". Además, se refería al avivamiento de la calle Azusa como el "Pentecostés de los Estados Unidos" y "el suceso más fenomenal del cristianismo en el siglo XX".[17]

También en junio, *Los Ángeles Times* y *Philadelphia Enquirer* presentaron un extenso artículo escrito por Mary Rouke titulado "Redefiniendo la religión en los Estados Unidos", que afirmaba que "casi sin fanfarria, los Estados Unidos están experimentando la transformación religiosa más drástica del siglo". Entre las religiones de mayor crecimiento se encontraban el budismo, el hinduismo y el Islam, pero entre los cristianos, el crecimiento de las "megaiglesias" independientes era "la noticia más importante de los años noventa". El artículo decía que "ningún invento presenta a la religión protestante tradicional un desafío mayor que la megaiglesia no denominacional". Y continuaba diciendo: "Ellos odian la palabra 'religión'. [...]. Les gusta la espiritualidad porque representa algo que la cultura les ha absorbido". Este movimiento significa una "reinvención del protestantismo".

Aunque el pentecostalismo era considerado "una subcultura de la iglesia protestante", ahora ha crecido tanto que incluye a millones de personas en las principales iglesias protestantes y la iglesia católica.[18]

Una cobertura mediática aun más sorprendente fue la que publicó la revista *Newsweek* el 13 de abril de 1998, con un artículo de Kenneth Woodward titulado "Viviendo en el Espíritu Santo", que reflejaba el "avivamiento de Brownsville", en Pensacola, Florida. Allí, como en otros lugares, "la adoración guiada por el Espíritu Santo es una experiencia que sacude el alma y el cuerpo de millones de creyentes carismáticos". En una encuesta realizada por la misma revista en 1998, el cuarenta y siete por ciento de los cristianos dijeron que habían "experimentado personalmente el Espíritu Santo". Entre los protestantes evangélicos, la cifra llegaba al setenta y cinco por ciento. También durante ese año, el público quedó hechizado con la excelente representación de un pastor pentecostal de un rincón olvidado del sur de los EE.UU., encarnado por Robert Duvall en su película *"El apóstol"*, que recibió tanto aclamación como críticas.

Grandes tendencias en el año 2000

El crecimiento continúa

Todos los estudios e informes de los medios comentan el explosivo crecimiento del pentecostalismo en todo el mundo. En sus repetidos estudios demográficos, el Dr. David Barrett, de la Universidad Regent, demostró que el crecimiento en aun mayor que lo que sospechaban la mayoría de los expertos. Actualmente el Dr. Barrett trabaja en una nueva edición de su exitosa *World Christian Enyiclopedia* (Enciclopedia Cristiana Mundial). Basándome en sus estimaciones para el año 1999 y mis propias investigaciones, presento las siguientes cifras sobre el cristianismo en el mundo al comienzo del nuevo milenio:

Población mundial en el año 2000	6 010 779 000
Cristianos	1 990 018 000
Católicos romanos	1 040 020 000
Pentecostales/carismáticos	530 000 000
Anglicanos	73 200 000
Bautistas	59 600 000
Luteranos	57 700 000
Presbiterianos	49 800 000
Asambleas de Dios	35 000 000
Metodistas	33 000 000
Pentecostales/carismáticos	
Pentecostales denominacionales	215 000 000
Carismáticos católicos	92 000 000
Carismáticos protestantes	71 000 000
"Tercera ola" en iglesias históricas	110 000 000
Pentecostales chinos	52 000 000
Total de cristianos pentecostales y carismáticos en 1999	530 000 000[20]

El continuado crecimiento explosivo del pentecostalismo indica que la renovación continuará con fuerza creciente en este milenio. No solo crecen las megaiglesias que llaman la atención de todo el mundo, sino los miles de pequeñas iglesias locales que son plantadas cada año en grandes ciudades, tanto como en remotos pueblos de todo el mundo. Esto queda de relieve al comparar el crecimiento de una importante obra misionera bautista y otra de las Asambleas de Dios en Indonesia después de la Segunda Guerra Mundial. Dado que Indonesia tiene una población en su mayoría, musulmana, es un campo extremadamente difícil. Tanto los misioneros bautistas como los de las Asambleas de Dios entraron en el país aproximadamente por la misma época –mediados de los cincuenta– con equipos misioneros de un número similar de integrantes.

Desde ese momento los bautistas tuvieron un importante crecimiento, con más de treinta mil miembros. Pero, en 1998, las Asambleas de Dios tenían diez veces más: aproximadamente trescientos mil miembros. Los misioneros de iglesias históricas comentan que dondequiera que van a plantar una iglesia nueva, en cualquier pueblo del país por pequeño que sea, ya hay una iglesia pentecostal. Cómo llegan allí, nadie lo sabe; pero la noticia más importante del pentecostalismo en este siglo bien podría ser el millón o más de iglesias que fueron plantadas en casi cada ciudad y pueblo del mundo.

La adoración se vuelve más carismática

En la última década del siglo el estilo pentecostal de adoración entró de lleno en las principales iglesias cristianas no pentecostales del mundo. Muchas de estas iglesias se llaman a sí mismas "carismáticas", mientras que otras se llaman "de la tercera ola", que fomentan y experimentan los dones del Espíritu Santo sin rotularse como "pentecostales" o "carismáticas". En estas iglesias las canciones espirituales inspiradas por los pentecostales son cantadas con el acompañamiento de los "ministerios musicales" de diversos instrumentos. La adoración, en estas iglesias, está caracterizada por los aplausos, las manos levantadas y las danzas delante del Señor, con canciones de ritmo marcado.

Muchas hasta "cantan en el Espíritu" –en lenguas–, tienen profecías públicas, imponen las manos a los enfermos y echan fuera demonios. Otras experimentan todos los fenómenos de la "bendición de Toronto", como caídas, gritos, ruidos extraños, etc. Pero continúan insistiendo firmemente en que no son ni pentecostales ni carismáticas. Con frecuencia se llaman a sí mismas "evangélicas". Pero, para los observadores externos, parecen más similares a un estilo de pentecostalismo aun más tradicional y marcado.

El surgimiento de las megaiglesias

En los últimos años las megaiglesias independientes se han convertido en las de mayor crecimiento en el mundo. Algunas de ellas no son carismáticas –como la de Willow Creek, cerca de Chicago, pastoreada por Bill Hybels– aunque un gran porcentaje fueron iniciadas por pastores pentecostales. La mayor parte de estas iglesias son activas participantes del movimiento celular, con maestros como David Yonggi Cho y Ralph Neighbour. Una cantidad importante de ellas son miembros de denominaciones pentecostales tan clásicas como la Iglesia de Dios en Cristo, las Asambleas de Dios, la Iglesia de Dios, la Iglesia Pentecostal de la Santidad y la Iglesia Internacional del Evangelio Cuadrangular. Aunque son leales a sus denominaciones, suelen operar como iglesias independientes y en algunos casos, casi mini denominaciones.

En los Estados Unidos las megaiglesias "carismáticas independientes" son Cornerstone Church, de John Hagee, en San Antonio, Texas (dieciséis mil membros); Potter's House (Casa del Alfarero), de T. D. Jakes, en Dallas, Texas (veinticinco mil miembros); Lakewood, de John Osteen, en Houston, Texas (diez mil miembros); Victory Christian Center, de Billy Joe Daugherty, en Tulsa, Oklahoma (diez mil miembros); Centro Cristiano Crenshaw, de Fred Price, en Los Ángeles (quince mil miembros) y World Harvest Church de Rod Parsley, en Akron, Ohio (ocho mil miembros).

Las megaiglesias pentecostales clásicas de ese país son: Church on the Way, de Jack Hayford, en Van Nuys, California (cuadrangular, diez mil miembros); la Primera Asamblea de Dios, en Phoenix, Arizona, con el pastor Tommy Barnett (doce mil miembros); la Iglesia de Dios Mte. Paran, de Paul Walker, en Atlanta (doce mil miembros); la Iglesia de Dios en Cristo del Oeste de Los Ángeles, California, pastoreada por el obispo Charles Blake (quince mil miembros); y Cathedral of Praise de Ron Dryden, en la ciudad de Oklahoma (pentecostal de la santidad, cinco mil miembros). Según el especialista en megaiglesias John Vaughn, la iglesia de mayor crecimiento del siglo en los Estados Unidos es posiblemente, la iglesia de T.D. Jakes, en Dallas, que creció de cero a veinticinco mil miembros en solo tres años.[21]

En todo el mundo la mayoría de las congregaciones más grandes del mundo son claramente pentecostales en su doctrina y su adoración. Según John Vaughn, las cuatro iglesias más grandes del mundo en 1998 eran:

Iglesia - Ciudad y país - Pastor - Miembros
1. Iglesia Yoido del Evangelio Completo - Seúl, Corea - David Yonggi Cho - 730 000
2. Metodista Pentecostal Jotabeche - Santiago, Chile - Javier Vázquez - 350 000
3. Asambleas de Dios Anyang - Seúl, Corea - Yong Mok Cho - 150 000
4. Iglesia Bíblica Deeper Life - Lagos, Nigeria - William Kumuyi - 145 000[22]

Acomodamiento cultural

Al ver el crecimiento de estas enormes iglesias, surgen muchas preguntas. ¿Están bajando sus pautas de santidad los pentecostales, para atraer cada vez más seguidores? ¿Crecen tanto porque "roban miembros" de otras iglesias, o ganan nuevos conversos del mundo pagano? ¿Están cambiando el mundo, o el mundo las cambia a ellas?

Aunque algunas iglesias y pastores de los Estados Unidos quizá se vuelvan menos rígidos en asuntos como las películas y el uso del tabaco o el alcohol, casi todos tienen pautas bíblicas firmes en cuanto a asuntos como el aborto, la pornografía, las drogas ilegales y la homosexualidad. Las iglesias cristianas más jóvenes, de los países en vías de desarrollo, sufren terriblemente por los intentos de algunas iglesias no pentecostales por ordenar a homosexuales practicantes y oficiar matrimonios entre personas del mismo sexo. Hasta donde sabemos, no hay iglesia pentecostal en el mundo que condone tales atrocidades contrarias al cristianismo bíblico.

En los Estados Unidos hay una muy marcada tendencia contracultural para re-

David (Paul) Yonggi Cho (1936-) construyó la iglesia más grande de la historia en Seúl, Corea del Sur. Comenzó como un pastor pobre de las Asambleas de Dios en 1958 y vio crecer a su congregación, Iglesia Yoido del Evangelio Completo, hasta sumar más de 700 000 miembros.

conciliar la histórica y escandalosa división histórica entre iglesias negras y blancas. Los pentecostales tomaron la delantera en el país desde 1994, cuando el "milagro de Memphis" reunió a las iglesias blancas y negras de Norteamérica, en una nueva organización llamada Iglesias Pentecostales y Carismáticas de Norteamérica. En julio de 1998 la organización emitió su primer periódico oficial, titulado *Reconciliation*, editado por Mel Robeck y Harold Hunter.[23]

El movimiento de convergencia

Hace décadas que los líderes de iglesias reconocen que el pentecostalismo se ha convertido en una de las tres grandes divisiones del cristianismo. La idea fue mencionada por primera vez por Lesslie Newbigin, de la India. En su libro pionero de 1953, *The Household of God* (La familia de Dios), el obispo Newbigin señala tres tipos fundamentales de tradición cristiana. La primera es la tradición católica que hace énfasis en la continuidad, la ortodoxia y la importancia de los sacramentos para la vida de la iglesia. La tradición protestante, por otra parte, hace énfasis en la centralidad de la Biblia y la importancia de proclamar la Palabra de Dios. Los pentecostales agregaron a estas primeras dos expresiones históricas de la fe, el énfasis en la acción presente del Espíritu Santo en la iglesia por medio de sus dones. Según Newbigin, la iglesia necesitaba estos tres énfasis para ser una fuerza poderosa en el mundo moderno.[24]

El mismo concepto es desarrollado por Michael Harper en su libro de 1979 titulado *Three Sisters* (Tres hermanas). Harper, uno de los líderes de comienzos del movimiento de renovación carismática en la Iglesia Anglicana de Inglaterra, señala que "una hermana –la evangélica– me enseñó que la base de la vida cristiana es una relación personal con Jesucristo. La segunda –pentecostal– me ayudó a experimentar la dinámica espiritual del Espíritu Santo. Y la otra –la católica– me hizo entrar en un mundo completamente nuevo, donde comencé a ver las implicaciones de vivir en una comunidad cristiana".[25]

En 1992 un grupo de líderes anglicanos formó la primera denominación en los Estados

Michael Claude Harper (1931-) comenzó como pastor anglicano y fue pionero del movimiento carismático inglés, antes de convertirse en sacerdote ortodoxo en protesta por la ordenación de mujeres dentro de la Iglesia Anglicana.

Unidos que utilizó la palabra "carismática" en su nombre. La Iglesia Episcopal Carismática (*Charismatic Episcopal Church*) fue fundada por el obispo Randy Adler, un ex ministro pentecostal, que quería combinar "el cristianismo carismático con un estilo de alta iglesia". Para 1996 la Iglesia Episcopal Carismática había llegado a las ciento ochenta congregaciones, varias de las cuales se pasaron a esta denominación desde la iglesia anglicana tradicional.[26]

También ha sido noticia el pase ocasional de una congregación pentecostal completa a la Iglesia Anglicana tradicional. El caso más celebrado fue el de la Iglesia Asamblea de Dios Evangélica de Valdosta, Georgia, de quinientos miembros que en 1990, se sumó, junto a su pastor, Stan White, a la Iglesia Anglicana. White, cuyo padre y abuelo fueron ministros de las Asambleas de Dios, dijo que "el pentecostalismo, a pesar de insistir tanto en los dones del Espíritu de los Hechos de los Apóstoles, no se había apropiado totalmente de la riqueza de la adoración de la iglesia primitiva".[27]

Los ejemplos de la Iglesia Episcopal Carismática y la congregación de Valdosta señalan un creciente fenómeno que se dio en los años noventa: el de las iglesias y las personas pentecostales que deseaban regresar a las iglesias protestantes históricas en busca de "raíces" cristianas más profundas y un sentido de ritual y decoro que, en opinión de algunos, faltaba en la libre adoración de las otras iglesias. Para 1990 varios pastores que compartían esta inquietud se reunieron en el llamado "movimiento de convergencia", destinado a unir las tres corrientes en una nueva y poderosa configuración espiritual.

Aun más sorprendentes fueron los casos de ministros, sacerdotes y congregaciones carismáticas que se unieron a las filas de la Iglesia Ortodoxa. En 1993 el pastor Charles Bell llevó a su iglesia Fraternidad Cristiana de la Viña, de San José, California, a la Misión Ortodoxa Evangélica de Antioquía. Como Iglesia Ortodoxa la congregación cambió su nombre por el de Iglesia Ortodoxa St. Stephen, y el pastor cambió su nombre por el de "padre Seraphim Bell". Pronto, "la música rock, las profecías públicas y el hablar en lenguas dieron paso a las lecturas litúrgicas, las velas y los besos a los retratos de la Virgen María". Bell había sido influenciado por Franky Schaeffer y Peter Gillquist, pioneros de un movimiento de evangélicos y carismáticos hacia la ortodoxia.[28]

Mientras tanto, en Inglaterra, Michael Harper, el destacado pionero anglicano carismático, se unió a la Iglesia Ortodoxa Griega de Antioquía en 1995 y se llevó con él a no menos de nueve sacerdotes anglicanos en "un viaje de regreso a la ortodoxia". La acción de Harper fue motivada por la decisión de ordenar a mujeres como sacerdotes en 1992. Esto sucedió a pesar de que el arzobispo de Canterbury, George Carey, era un reconocido carismático que había sido influenciado por el ministerio de Harper.[29]

El movimiento de la "Nueva Iglesia Apostólica"

En mayo de 1996 Peter Wagner convocó a una conferencia en el Seminario Teológico Fuller, en Pasadena, California, con el intrigante nombre de "Simposio Nacional sobre la Iglesia Posdenominacional". Después de años de estudiar el crecimiento de la iglesia en la era "posmoderna", Wagner llegó a la conclusión de que la era de las denominaciones llegaba a su fin, mientras que nacía una nueva generación de "iglesias posdenominacionales". Antes que se reuniera la conferencia, algunas personas que criticaron esta iniciativa –entre ellos, Jack Hayford– obligaron a Wagner a cambiar el nombre. Finalmente Wagner eligió el nombre de "Nuevas Iglesias Apostólicas" para referirse a "un modelo de liderazgo como el del Nuevo Testamento" o, de hecho, "odres nuevos" para una nueva era de la iglesia.

Estas nuevas iglesias –que, para muchos, en realidad, son movimientos "predenominacionales"– tendrían las siguientes "nuevas" características:

1. Nuevo nombre ("Nueva Reforma Apostólica").
2. Nuevas estructuras de autoridad (los líderes son llamados "apóstoles").
3. Nueva capacitación para los líderes (no en seminarios, sino voluntarios, líderes provenientes de la misma iglesia, institutos bíblicos locales, etc.)
4. Nuevo enfoque del ministerio ("motivados por una visión", mirar hacia el futuro, en lugar de "motivados por la herencia", mirando al pasado).
5. Nuevo estilo de adoración (teclados, equipos de ministerio musical, manos levantadas, alabanzas en alta voz, retroproyectores, etc.).
6. Nuevas formas de oración (conciertos de oración, cantar en el Espíritu, etc.).

7. Nuevo financiamiento ("el dinero abunda; se espera que todos den, [...] con alegría, [...] se benefician al dar").
8. Nueva extensión ("plantación de iglesias [...], compasión por los pobres", etc.)
9. Nueva orientación en cuanto al poder (apertura al Espíritu Santo y sus dones; [...] sanidad, liberación de demonios, profecía, etc.)[30]

En su libro en el que describe este movimiento: *The New Apostolic Churches* (Las nuevas Iglesias Apostólicas), Wagner nombra dieciocho pastores –o "apóstoles"– que representan el nuevo movimiento. De ellos, solo tres –Bill Hybells, Michael Fletcher y David Kim– no parecen tener trasfondo pentecostal o carismático. La mayoría, como Billy Joe Daugherty, Roberts Liardon y William Kumuyi, son abiertamente pentecostales o carismáticos. Otros están identificados como parte de la renovación pentecostal/carismática desde hace años. Es claro que las "nuevas iglesias apostólicas" tienen raíces en el pentecostalismo clásico y sus características distintivas fueron propulsadas por los pentecostales desde hace muchos años.

Es interesante que el primer nombre que adoptaron Charles Parham y los primeros pentecostales en 1901, fue el de "Fe apostólica". Solo el tiempo dirá si el concepto de Wagner, que deja de lado el bautismo en el Espíritu Santo y el énfasis pentecostal en el don de lenguas como parte esencial de la experiencia, cambiará la dirección del movimiento pentecostal en el mundo. Por lo menos, casi todas las características del movimiento de la "nueva iglesia apostólica", que Wagner describe, fueron dadas al cuerpo de Cristo por pentecostales y carismáticos.

Explosiones juveniles

A lo largo del siglo los jóvenes siempre han sido los más entusiastas pentecostales y carismáticos. A partir del ministerio de David Wilkerson iniciado con "Desafío juvenil" en 1958, y pasando por la "revolución de Jesús" en California, dirigida por Chuck Smith, los jóvenes desertaron de las iglesias históricas convencionales para unirse a otros jóvenes que habían sido liberados de la cultura de las drogas. Un poco después llegó el ministerio universitario "Maranatha" de Bob Weimer, que llevó una potente versión del pentecostalismo a las universidades de todos los EE.UU. La mayoría de estos ministerios juveniles ofrecían claras soluciones cristianas para jóvenes que habían perdido su camino en medio de protestas políticas violentas y abuso de drogas.

La mayoría de esta "gente de Jesús" habló en lenguas en algún punto de su odisea espiritual entre ser rebeldes "niños *hippies*" hasta llegar a ser cristianos nacidos de nuevo. Para cuando el movimiento carismático comenzó en el catolicismo, a fines de los sesenta y principios de los setenta, muchos de los primeros convertidos eran refugiados de la rebelde cultura *hippie*. Cuando el movimiento carismático llegaba a su clímax, la característica más notable, para los observadores externos, era la extrema juventud de sus líderes. Por ejemplo, los mayores líderes del movimiento católico carismático en sus comienzos eran jóvenes recién salidos de la universidad, la mayoría de los cuales apenas pasaba los veinte años.

En 1961 Loren Cunningham aprovechó la marea del avivamiento para formar una organización misionera juvenil a todo el mundo, llamada Juventud con una Misión (JUCUM). Cunningham, proveniente de las Asambleas de Dios, recibió a jóvenes de todas las iglesias en su grupo. Para los años noventa JUCUM contaba con más de seis mil obreros de tiempo completo que dirigían las actividades misioneras de no menos de cincuenta mil misioneros a corto plazo.

Durante los años setenta un nuevo estilo de "música cristiana contemporánea" comenzó a surgir. Artistas cristianos como Larry Norman, Barry McGuire, Keith Green y 2nd. Chapter of Acts llevaron la música rock a la iglesia. El negocio, relativamente pequeño, de la música cristiana, comenzó a explotar.

Para fines de los ochenta la cultura juvenil carismática había producido una generación de músicos cristianos enteramente nueva, para extrema incomodidad de las generaciones mayores. Estrellas de la música cristiana contemporánea como Michael W. Smith, Amy Grant, Carman y DC Talk llenaban los estadios más grandes del país en recitales que atraían a miles de jóvenes al ritmo atronador de la música interpretada en vivo por ellos sobre el escenario.

Durante los años noventa los límites musicales de la nueva generación se expandieron hasta comprender también la música de alabanza y adoración. Este nuevo estilo de música "generación X" produjo miles de grabaciones, muchas de las cuales eran realizadas en vivo, en conferencias y cultos de alabanza juveniles multitudinarios. Al regresar a sus iglesias estos jóvenes exigían una música más viva y rítmica de lo que gran parte de sus mayores estaban dispuestos a tolerar.

Líder en esta nueva era de la música gospel es Hosanna-Integrity, una compañía que ha producido millones de grabaciones que influyeron en la música cristiana en todo el mundo. En última instancia, este nuevo género de música *gospel* creó un estilo carismático y revolucionario de alabanza, que desafió al conservador y casi inmutable himnario utilizado en las iglesias más tradicionales.

Manifestaciones del avivamiento

Quizá el avivamiento más notable entre los pentecostales en los últimos cincuenta años haya tenido lugar en los últimos años del siglo. Aproximadamente para 1992, oleadas de avivamiento con "manifestaciones" distintivas cubrieron el mundo. La primera fue la del "avivamiento de la risa" dirigido por el evangelista pentecostal sudafricano Rodney Howard-Browne. La "risa santa" había sido parte de las vivencias del pueblo de la santidad y pentecostal desde los campamentos de Cane Ridge en 1800 y 1801. Este movimiento a su vez, desató el avivamiento de la "bendición de Toronto", en la Iglesia de la Viña, pastoreada por John Arnott, en 1993. En Toronto, además de las risas, muchas personas caían bajo el poder del Espíritu y había otras "manifestaciones exóticas", como "ruidos de animales".

El movimiento se extendió rápidamente a Inglaterra, donde se produjeron manifestaciones similares a las de Toronto en la Iglesia Anglicana Holy Trinity Brompton. Pero para 1996, John Wimber expulsó a la Iglesia de la Viña de Toronto de su movimiento y trazó un límite por el cual se excluía a las "exóticas" bendiciones del movimiento de la Viña.

Después de un avivamiento producido en 1993 y dirigido por John Arnott en la Iglesia de la Viña del aeropuerto de Toronto, las "exóticas" y controvertidas manifestaciones que allí se producían motivaron que la iglesia fuera expulsada de la denominación en 1996.

Mientras sucedían estas cosas, otro avivamiento irrumpió en la iglesia de las Asambleas de Dios de Brownsville, en Pensacola, Florida, bajo el liderazgo del pastor John Kilpatrick y el evangelista Stephen Hill. Aquí la característica no eran las manifestaciones extrañas, sino el "viejo" arrepentimiento por los pecados y fuertes llamados al altar para liberación y consagración a la santidad. Aunque en Brownsville no se hizo gran énfasis en el bautismo en el Espíritu Santo y el don de lenguas como evidencia de éste, el avivamiento parecía reflejar la intensidad de los primeros avivamientos pentecostales de comienzos del siglo.

En contraste con lo sucedido en Toronto, los líderes de las Asambleas de Dios brindaron orientación y apoyo al avivamiento de Brownsville. En la última cuenta –el 27 de agosto de 1998– la cantidad de gente que había asistido a las reuniones en Brownsville era de más de dos millones cuatrocientas veinticinco mil personas. De ellas, ciento treinta y cinco mil cuatrocientas cuarenta y siete "tomaron decisión por Cristo". En una escala algo menor, se produjeron cultos similares que sacudieron la pequeña ciudad de Smithton, Missouri, y que también ocuparon las primeras planas de los periódicos del país.[31]

Las reuniones de Toronto y Brownsville son ejemplos de avivamientos muy publicitados y ocurridos en Norteamérica, pero hay muchos más ejemplos de avivamientos que se han producido en ciudades y pueblos de todo el mundo. De hecho, en muchos países del Tercer Mundo ha habido miles de avivamientos carismáticos que transformaron comunidades y en algunos casos, países enteros. Para el año 2000 evangelistas como Reinhard Bonnke y Benny Hinn convocaban a más de un millón de personas en sus cruzadas de sanidad en África, India y otras partes del mundo.

A fines del siglo del Espíritu Santo nuevas "Azusas" surgieron en muchos países en los que iniciaban movimientos masivos del Espíritu Santo entre las multitudes. Aunque no llegaban a los titulares de los periódicos estadounidenses, eran tan sensacionales e importantes en sus respectivas culturas como los más publicitados.

De hecho, mientras el "siglo del Espíritu Santo" llegaba a su fin, había muchas evidencias de que los próximos mil años bien podrían llamarse "el milenio del Espíritu Santo".

• 15 •

La renovación del Espíritu Santo en todo el mundo

David Barrett

La renovación Pentecostal/carismática en el Espíritu Santo ocurrida en el siglo XX no ha entrado en el mundo en una única ocasión diferenciada, ni siquiera gradualmente, a lo largo de cien años. Llegó en tres olas o explosiones, suficientemente distinguibles como para que las llamemos "la primera ola" –la renovación Pentecostal–; "la segunda ola" –la renovación carismática– y "la tercera ola" –la renovación neocarismática–. Estas tres olas comparten la experiencia común de la llenura del poder del Espíritu Santo, tercera persona del Dios trino. El Espíritu ha entrado y transformado las vidas, no solo de pequeñas cantidades de heroicos individuos y comunidades aisladas –como siempre ha sucedido en los veinte siglos de historia que lleva el cristianismo–, sino de cientos de millones de cristianos en todo el mundo actual.

Las tres olas de renovación

Las dos tablas que siguen presentan la expansión de esta renovación a lo largo de diez décadas y dos siglos, en siete continentes y todo el mundo. Históricamente, puede decirse que la renovación llegó en tres grandes oleadas cuyos orígenes se presentan en la Tabla 1 en los años 1886, 1907 y 1949, respectivamente. La primera ola es conocida, actualmente, como Pentecostalismo, o renovación Pentecostal –línea 1–; la segunda ola, como movimiento carismático o de renovación carismática –línea 9–; a las que les sigue una tercera ola de renovación no Pentecostal, no carismática, pero sí neocarismática –línea 18–. (Las referencias realizadas corresponden a las líneas numeradas en las tablas y sus notas, numeradas también).

Los Pentecostales, carismáticos y neocarismáticos que forman hoy esa renovación constituyen un veintisiete como siete por ciento del cristianismo mundial organizado. Aquí se los clasifica en sesenta categorías –ocho relativas a los Pentecostales, nueve a los carismáticos y dieciocho a los neocarismáticos–.

Toda la renovación es emocionante, nueva y fotogénica. Las tres oleadas se ilustran profusamente por medio de fotografías en este libro, además de la *World Christian Encyclopedia* (Enciclopedia Cristiana Mundial, edición del año 2000) y el *New International Dictionary of Pentecostal and Charismatic Movements* (Nuevo diccionario internacional de movimientos pentecostales y carismáticos). Los lectores que deseen tener acceso a toda la documentación, con listas de todas las denominaciones en los doscientos treinta y ocho países del mundo, deberían consultar estos libros.

Las olas son simultáneas

Consideremos una analogía. Usted está en la playa de un gran océano. Al mirar la arena puede ver tres grandes olas que llegan a ella. No llegan las tres al mismo tiempo; la primera rompe sobre la arena, después la segunda y finalmente la tercera. Pero si usted mira hacia el océano, mucho más allá, verá que las tres olas están claramente definidas y se mueven juntas hacia la playa, aumentan en ímpetu y tamaño continuamente. Esto es exactamente lo que ha sucedido en la renovación. (Ver fechas históricas relevantes en la columna 3 de la Tabla 1).

Cada nueva ola supera a la anterior

Las tres olas han irrumpido en el escenario cristiano mundial con fuerza explosiva. La primera ola se extendió rápidamente por el mundo de las misiones, produjo unos sesenta y cinco millones de Pentecostales en la actualidad, de los cuales sesenta y tres millones son, generalmente, llamados "Pentecostales clásicos". La segunda ola cubrió todas las grandes denominaciones no Pentecostales, hasta llegar a los ciento setenta y cinco millones de carismáticos en la actualidad. Pero la tercera ola ha alcanzado, en la actualidad, doscientos noventa y cinco millones de neocarismáticos, mucho más que la suma de las dos anteriores.

Diferentes olas, una sola marea

Si continuamos con la analogía de la playa, es claro que todas las olas están compuestas por una misma masa de agua y llegan a la misma playa. De la misma forma, estas tres olas son fenómenos diferentes, pero estrechamente relacionados. De hecho son, simplemente, diferentes manifestaciones de una misma renovación general en el Espíritu Santo. Aun con estas tres olas y sesenta categorías, una unidad subyacente tiñe todo el movimiento. Esta investigación considera a la renovación en el Espíritu Santo como un único movimiento cohesivo al cual se han integrado una vasta proliferación de toda clase de individuos, comunidades, culturas e idiomas en una serie de circunstancias diferentes. Esto explica la enorme diversidad que se evidencia en la actualidad.

Multiplicidad y diversidad

Estos miembros se encuentran en setecientas cuarenta denominaciones Pentecostales, seis mil quinientas treinta denominaciones históricas no Pentecostales con importantes movimientos internos carismáticos organizados y dieciocho mil ochocientos diez denominaciones y redes independientes neocarismáticas. Los carismáticos se encuentran ahora en todo el espectro del cristianismo. Se los encuentra en las ciento cincuenta confesiones, familias y tradiciones eclesiásticas no Pentecostales. Los Pentecostales/carismáticos –término que utilizamos aquí para abreviar en reemplazo del "fenómeno de la tercera ola"– se encuentran en nueve mil culturas etnolingüísticas, hablan ocho mil idiomas y cubren el noventa y cinco por ciento de la población total del mundo.

La inmensa magnitud y diversidad de las cifras que esto implica desafían la imaginación. La Tabla 1 y sus notas documentan un total, para el año 2000, de quinientos veintitrés millones de miembros de iglesias (línea 37). Las tendencias a largo plazo demuestran que para el año 2025, este total probablemente llegue a los ochocientos once millones. De ellos, noventa y siete millones serán Pentecostales (noventa y tres millones, Pentecostales "clásicos"), doscientos setenta y cuatro millones, carismáticos y cuatrocientos sesenta millones serán neocarismáticos.

Hoy, un veintinueve por ciento de todos los miembros en el mundo son blancos, setenta y uno por ciento no blancos. Actualmente, hay más miembros urbanos que rurales, más mujeres que hombres, más niños (menores de dieciocho años) que adultos, más viven en el Tercer Mundo (sesenta y seis por ciento) que en el mundo "occidental" (treinta y dos plor ciento), más viven en la pobreza (ochenta y siete por ciento) que en la riqueza (trece por ciento), más en familia que individualistas.

Setecientos noventa y cinco millones de creyentes desde 1900

Sin embargo, estos totales de creyentes en la actualidad no son toda la historia. No incluyen a los creyentes que murieron ayer, el mes pasado, el año pasado o a comienzos del siglo XX. Un recuento completo de todos los creyentes de la renovación debe incluir, por tanto, a los ciento setenta y cinco millones de pentecostales/carismáticos/neocarismáticos que han fallecido. El total de todos los creyentes de la renovación en el siglo XX desde el año 1900, entonces, llega a los setecientos noventa y cinco millones (ver líneas 52 y 53 en las Tablas 1 y 2 y sus notas).

Persecución y martirio

Probablemente los miembros de la renovación han sido más acosados, perseguidos, maltratados y martirizados que cualquier otro grupo cristiano en la historia reciente. Han sido protegidos, hasta cierto punto, por el hecho de que sus múltiples culturas y gran diversidad hacen virtualmente imposible para cualquier dictador, tirano, archienemigo o régimen totalitario localizarlos para liquidarlos.

Cuando comenzamos a escribir los nombres y números de creyentes pentecostales/ carismáticos que han sido asesinados por su fe en las tres olas de la renovación, nos sobrecoge el horror. Los totales son: en las tres olas de renovación, sabemos de ocho millones de Pentecostales/carismáticos/neocarismáticos que han sido martirizados. (Para mayor detalle y nombres, consultar la *World Christian Encyclopedia*, edición del año 2000, parte 4).

Cien variedades, una sola renovación

La increíble variedad y diversidad de esta renovación se ve en el hecho de que, para hacer justicia a su diversidad, tenemos que crear una cantidad de neologismos y nuevas categorías estadísticas. Se incluye en las tablas a los prepentecostales, cuasipentecostales, pentecostales autóctonos, pentecostales étnicos, pentecostales radiales aislados, postpentecostales, creyentes en Cristo no cristianos, posdenominacionalistas, neoapostólicos, apostólicos unitarios, carismáticos autóctonos, neocarismáticos de base, poscarismáticos, criptocarismáticos, carismáticos de radio y TV y carismáticos independientes.

De estas dieciséis categorías, hasta ahora, solo las últimas dos han sido reconocidas universalmente como pentecostales/carismáticos genuinos. En este estudio adoptamos la postura de que todas estas categorías deben ser reconocidas y enumeradas como parte de una gran renovación.

La marea continúa subiendo

Las tres olas continúan subiendo. La expansión y el crecimiento masivo continúan a un ritmo de nueve millones de creyentes nuevos cada año, más de veinticinco mil por día. Dos terceras partes de este crecimiento es puramente demográfico –nacimientos menos muertes en la comunidad pentecostal/carismática–; el tercio restante son convertidos y otros miembros nuevos. En los primeros días de las tres olas, los ritmos de crecimiento anuales eran altísimos; ahora han declinado gradualmente hasta un dos coma siete por ciento por año para los pentecostales, un dos coma cuatro por ciento para los carismáticos, tres por ciento por año para los neocarismáticos y dos coma uno por ciento por año para la renovación en conjunto (línea 53). Estos números generales esconden diversas situaciones de saturación, algunas esferas de declinación y muchas situaciones de crecimiento explosivo e incontrolable.

Los carismáticos superan ampliamente a los pentecostales en número y en convertidos anuales en todo el mundo. Pero tienen un problema creciente, ya que los carismáticos de las iglesias protestantes y católicas tradicionales, no pentecostales, participan activamente durante solo dos o tres años; después de este período de asistencia regular a reuniones de oración semanal, su asistencia se vuelve irregular o inexistente, con lo cual se justifica su clasificación como poscarismáticos (línea 15). Estos creyentes "que entran por una puerta y salen por la otra" constituyen una pérdida anual muy grande, un problema serio que aun no se ha reconocido o investigado adecuadamente.

Infiltración en el cristianismo mundial

Las líneas 39 al 45 de la Tabla 1 muestran la expansión geográfica de la renovación en la actualidad. Existen grandes números de creyentes de la renovación en todos los continentes, en doscientos treinta y seis países. Esta tabla sugiere la razón por la que Europa siempre ha tenido la menor respuesta al Pentecostalismo de todos los continentes (menos del uno por ciento): los europeos rechazaron la primera ola porque no estaban dispuestos a abandonar las grandes iglesias oficiales para hacerse Pentecostales; pero desde 1970, hay una enorme respuesta de carismáticos *dentro* de esas iglesias. Con veintiún millones de carismáticos y veinticuatro millones de neocarismáticos, Europa ahora tiene el índice más alto (seis coma seis) de carismáticos a pentecostales de todos los continentes.

Al otro extremo del espectro, del rechazo a la aceptación, se encuentra Asia cuyos cristianos se han pentecostalizado masivamente (línea 41). Esto se debe, principalmente, a la fenomenal expansión de la renovación en Corea del Sur, India, Filipinas, Indonesia y China continental.

Todas las iglesias oficiales y denominaciones nacionales, con sus miríadas de agencias e instituciones, son infiltradas rápidamente de carismáticos. Además, aproximadamente un catorce por ciento de los carismáticos de estas iglesias históricas se han separado de ellas o se han hecho independientes desde 1970. En total, las iglesias carismáticas independientes de raza blanca, en todo el mundo, llegan a unas cien mil, organizadas liberalmente en unas tres mil setecientas denominaciones o redes en doscientos diez países (línea 33). Esta debe de ser una de las irrupciones más asombrosas de toda la historia de las misiones extranjeras.

La renovación como una fuerza mundial multitudinaria

La enorme fuerza de la renovación se observa de muchas maneras. Una es que la mayoría de las cincuenta o más megaiglesias –las congregaciones que superan los cincuenta mil miembros, ubicadas en distintos países– son pentecostales, carismáticas o neocarismáticas.

Otra indicación de su dinámica es la desproporcionada penetración de pentecostales, carismáticos y neocarismáticos en los medios (ver nota a la línea 63). Los carismáticos, en particular, han tomado la iniciativa a nivel mundial en radio, televisión, cine, video, publicaciones, literatura, revistas, campañas evangelísticas en ciudades –ochocientas por año– etc. La renovación se ha infiltrado en prácticamente todas las variedades de ministerios que lleva a cabo el cristianismo institucionalizado en todo el mundo.

Los ingresos monetarios, la mayordomía y las ofrendas también se han elevado bastante por encima del promedio cristiano. El ingreso anual personal de los miembros de la renovación ha subido de ciento cincuenta y siete mil millones de dólares en 1970 a mil quinientos cincuenta mil millones para el año 2000 (línea 60). De esto, treinta mil millones de dólares anuales son donados a causas cristianas (línea 61).

Esto significa que no es necesario exhortar más a los "soldados" de la renovación para que incrementen sus ofrendas. Sus miembros laicos hacen todo lo que deben hacer y más. Pero los líderes de la renovación, casi en su totalidad, no saben reunir y organizar este dinero de manera coherente para ministrar y enviar misioneros en todo el mundo. Por consiguiente, las ofrendas para las misiones mundiales están estancadas en una mísera cifra de quince centavos de dólar por miembro, por semana.

He aquí otra ilustración de la penetración de la renovación en el cristianismo mundial: los enormes números de pastores, sacerdotes, ministros, obispos y otros líderes de iglesias involucrados (líneas 64-66). Más de un tercio de los obreros cristianos de tiempo completo del mundo son pentecostales, carismáticos o neocarismáticos.

Penetrando en el mundo

A lo largo de los años, durante la historia de la renovación, los líderes han convocado a los miembros para la tarea de evangelizar el mundo. Un lema repetido han sido las palabras de Jesús: *"Los campos están blancos para la siega"*. El campo sin cosechar o no alcanzado actualmente consiste en mil seiscientos millones de personas no evangelizadas, que nunca han oído hablar de Jesucristo (línea 72) en cinco mil setecientos segmentos de población no evangelizados –ciudades, pueblos, países–. Esto incluye cuatro mil pueblos etnolingüísticos, ciento setenta y cinco megapueblos –de más de un millón de integrantes–, ciento cuarenta megaciudades no evangelizadas y trescientas metrópolis islámicas no evangelizadas. La fuerza para la cosecha, o cosechadores comprometidos con la tarea, consiste en cinco millones y medio de obreros cristianos de tiempo completo. De ellos, dos coma un millones son pentecostales/carismáticos/neocarismáticos (treinta y ocho por ciento; línea 64).

Planes de la renovación para la evangelización mundial

He aquí otro indicador más de la magnitud de esta penetración de la renovación en la población mundial: los planes para evangelizar el mundo (línea 73). De los mil quinientos planes que se han elaborado en el mundo desde el año 30, el doce por ciento han sido definitivamente pentecostales/carismáticos. Probablemente un veinte por ciento (trescientos planes) han tenido importante participación carismática. En los últimos veinte años este porcentaje ha subido notablemente. De los veinticuatro megaplanes actualmente en proceso lanzados desde 1960, dieciséis –es decir, el sesenta y siete por ciento– son pentecostales o carismáticos. También lo son nueve –sesenta y cuatro por ciento– de los catorce gigaplanes –planes globales para evangelizar el mundo con un costo de más de mil millones de dólares cada uno– lanzados desde 1960.

La marea cubre el mundo

Además, nuevos grupos surgen continuamente. Más de cien organizaciones misioneras carismáticas se han formado en el mundo occidental y más de trescientas neocarismáticas en el Tercer Mundo. Muchas han aceptado el desafío de los segmentos poblacionales no evangelizados en países de acceso restringido, enviando misioneros no residenciales.

Podemos resumir este extraordinario fenómeno de la siguiente forma: los pentecostales, carismáticos o neocarismáticos participan activamente en el ochenta por ciento de las tres mil trescientas grandes metrópolis del mundo, todos implementando planes en colaboración para cumplir la Gran Comisión con cristianos de todas las confesiones... ¡Una nueva era en las misiones mundiales está en marcha!

Notas metodológicas sobre las Tablas 1 y 2

Este par de tablas, 1 y 2, presenta una investigación descriptiva del fenómeno conocido generalmente como renovación pentecostal/carismática o, según sus participantes, la renovación en el Espíritu Santo. Incluye los límites algo expandidos del movimiento que la mayoría de los líderes reconocen hoy que habitan. Al mismo tiempo la renovación reconoce la existencia y realidad de grandes números de otras ramas o segmentos del cristianismo global con las cuales está relacionada en diversos grados de cercanía.

Esto significa que estas tablas no pretenden describir una tradición del cristianismo diferente y separada de todas las demás tradiciones, sino un movimiento contemporáneo que se yuxtapone con el resto del mundo cristiano en gran medida (seis por ciento en 1970, veintisiete por ciento para el año 2000). De hecho, para 1985, la renovación había penetrado, y contaba con representación concreta, en las ciento cincuenta y seis confesiones, tradiciones y familias cristianas diferenciadas del mundo. Para el año 2000, esto llegaba a la totalidad de las doscientos cincuenta tradiciones cristianas. Las tablas enumeran el progreso de todas las ramas de la renovación en todo el siglo, con proyecciones desde el año 2000 hasta el 2025 según las tendencias a largo plazo actuales.

Definiciones y datos adicionales

(En referencia a las líneas numeradas). Cada línea de las Tablas 1 y 2 se refiere a la situación global (mundial, total), en la cual los pentecostales/carismáticos se encuentran en el noventa y nueve por ciento de los doscientos treinta y ocho países del mundo –en los que vive el noventa y nueve por ciento de la población

El siglo del Espíritu Santo

Tabla 1. La expansión global de la Renovación en el Espíritu Santo Pentecostal/ Carismática/ Neocarismática, 1900-2025

Ref. 1	Categoría 2	Comenzó 3	Totales en el 2000 AC Países 4	Denominac. 5	PARTICIPANTES en: 1900 6	1970 7	2000 8	2025 9
	PRIMER OLA: RENOVACIÓN PENTECOSTAL							
01.	Pentecostales	1886	225	740	20000	15382330	65832970	97876000
02.	Pentecostales Denominacionales	1910	225	740	20000	15382330	65832970	97876000
03.	Pentecostales Clásicos	1906	220	660	20000	14443450	63064620	93583000
04.	Pentecostales de la Santidad	1886	170	240	15000	2322430	6315790	9644000
05.	Pentecostales Bautistas	1906	210	390	5000	11415390	54973310	81272000
06.	Pentecostales Apostólicos	1904	29	30	0	705660	1775520	2667000
07.	Pentecostales Unitarios	1914	130	80	0	938850	2768350	4293000
	SEGUNDA OLA: RENOVACION CARISMÁTICA							
09.	Carismáticos	1907	235	6530	12000	3349400	175856690	274934000
10.	Carismáticos Activos de Iglesias Históricas	1960	225	6990	12000	3349400	114029250	179969000
11.	Post Carismáticos de Iglesias Históricas	1973	150	3540	0	0	61827440	94965000
12.	Carismáticos Anglicanos	1907	163	130	1000	509900	17562110	25470000
13.	Carismáticos Católicos	1967	234	236	10000	2000000	119912200	194973000
14.	Carismáticos Protestantes	1959	231	6460	1000	824100	35200000	50156000
15.	Carismáticos Ortodoxos	1970	25	140	0	15200	3167380	4295000
16.	Carismáticos Marginales	1980	15	130	0	200	15000	40000
	TERCERA OLA: RENOVACIÓN NEOCARISMÁTICA							
18.	Neocarismáticos (Independientes, Postdenominacionales)	1549	225	18810	949400	53490560	295405240	460798000
19.	(a) En 2 clases de redes totalmente pertenecientes a la Tercera Ola	1656	220	17125	949300	36854370	259364540	401173000
20.	Neocarismáticos autóctonos No blancos	1783	210	13425	919300	29379360	203270400	327515000
21.	Pentecostales/ Carismáticos Autóctonos Africanos	1864	60	9300	890000	12569300	65310530	99263000
22.	Pentecostales/ Carismáticos Negros	1889	20	90	15000	2820540	7634850	11647000
23.	Apostólicos Unitarios Negros	1886	10	150	0	559120	2960900	4962000
24.	Neocarismáticos de base, de habla Portuguesa	1656	20	460	0	2512200	23022770	39115000
25.	Pentecostales/ Carismáticos Autóctonos Filipinos	1913	25	380	0	1818020	6776800	10909000
26.	Pentecostales/ Carismáticos Autóctonos Chinos Han	1905	58	180	2000	310240	49749200	82948000
27.	Pentecostales/ Carismáticos Autóctonos de la India	1911	25	580	1000	1421310	16613400	29274000
28.	Pentecostales Autóctonos Indonesios	1920	5	170	0	2649780	6761240	10187000
29.	Pentecostales/ Carismáticos Autóctonos Coreanos	1910	30	170	500	100700	3338700	6037000
30.	Creyentes Latinos/ Hispanos de base	1909	24	990	0	2988090	119915560	17355000
31.	Otros Neocarismáticos Autóctonos	1948	40	130	100	153780	11153050	1986000
32.	Postdenominacionalistas Independientes dirigidos por blancos	1805	210	3700	30000	7475010	50666140	73658000
33.	(b) Como porcentaje de 7 clases de denominaciones no pertenecientes a la Tercera Ola	1549	200	925	100	16636190	41468700	59625000
35.	Neocarismáticos Independientes	1925	80	30	0	10000	1716000	2321000
36.	Miembros de la Primera o Segunda Ola repetidos en la Tercera (ver nota al pie 36)							
37.	Pentecostales/ Carismáticos/ Neocarismáticos afiliados en todo el Mundo	236	21080	981400	72223000	523767390	811551600	

464

La renovación del Espíritu Santo en todo el mundo

	MIEMBROS DE LA RENOVACIÓN EN LOS 7 CONTINENTES				
38.	Miembros de la Renovación en África	1830	60	901000	17049020	126010200	227819720
39.	Miembros de la Renovación en Antártida	1980	1	0	0	400	600
40.	Miembros de la Renovación en Asia	1870	50	4300	10144120	134889530	217550600
41.	Miembros de la Renovación en Europa	1805	48	20000	8018180	37568700	47179500
42.	Miembros de la Renovación en Latinoamérica	1783	46	10000	12621450	141432880	202277880
43.	Miembros de la Renovación en Norteamérica	1889	5	46100	24151910	79600160	110204580
44.	Miembros de la Renovación en Oceanía	1917	28	0	238240	4265520	6519300
45.	Miembros de la Renovación como porcentaje de los miembros de iglesia en el mundo	-	238-	0.2	6.4	27.7	32.5
	COMPONENTES PERIFÉRICOS						
47.	Cuasipentecostales (Prepentecostales, Postpentecostales)	1739	110	2500000	4824000	17800000	51800000
48.	Creyentes no Miembros de Iglesias que Profesan haber experimentado Renovación	1950	230	210000	5300000	78327510	120000000
	TOTALES GENERALES MUNDIALES DE LA RENOVACIÓN						
50.	Total de todos los Creyentes de la Renovación vivos a mediados de año		236	26565	3691400	82346270	619894900	961000000
51.	Creyentes de la Renovación muertos desde 1900		236	11565	-	34657900	175728800	270000000
52.	Total de todos los Creyentes de la Renovación desde 1900		236	29500	3691400	117004170	795623700	1231000000
	IGLESIAS, FINANZAS, AGENCIAS, OBREROS						
54.	Iglesias y Congregaciones Pentecostales (1º Ola)		225	740	10	94200	480000	1080000
55.	Grupos de Oración Carismática de Iglesias Históricas (2º Ola)		235	4450	0	35000	550000	1450000
56.	Grupos de Oración Carismáticos semanales de Iglesias Católicas		234	239	0	2185	160000	245000
57.	Grupos Carismáticos Anglicanos y Protestantes		231	3700	0	32815	250000	500000
58.	Congregaciones Independientes, Iglesias en las casas (3º Ola)				15000	138970	591000	1296000
59.	Ingresos personales anuales de todos los Miembros de la Renovación USD				250 millón	157 billón	1550 billón	2400 billón
60.	Donaciones anuales de Miembros de la Renovación a causas Cristianas USD				7 millón	3 billón	30 billón	46 billón
61.	Agencias de Servicio de la Renovación				20	600	4000	7000
62.	Instituciones de Renovación				100	1300	14000	19000
63.	Total de Obreros Pentecostales y Carismáticos de Tiempo Completo				2010	240790	2100000	4300000
64.	Locales: Pastores, Clérigos, Evangelistas, etc.				2000	237000	1933000	3900000
65.	Extranjeros: Misioneros foráneos				100	3790	167000	400000
	EL CONTEXTO DE LA EVANGELIZACIÓN MUNDIAL						
67.	Población Mundial		238		1619626000	3696148000	6055049000	7823703000
68.	Cristianos (todas las ramas)		238	33800	558132000	1236374000	1999564000	2616670000
69.	Miembros de Iglesias (bautizados)		238	33800	521576500	1130106000	1884839000	2490958000
70.	No Cristianos		238		1061494000	2459774000	4055485000	5207033000
71.	Personas no Evangelizadas		230		879672000	1641245000	1629375000	1845406000
72.	Planes para la Evangelización Mundial desde el año 30 de esta era		160		250	510	1500	3000

465

El siglo del Espíritu Santo

Tabla 2. Códigos y características de cada una de las 95 categorías genéricas y ministerios Pentecostales/ Carismáticos/ Neocarismáticos.

Ref. Categoría	Definiciones, características ejemplos de mayor importancia
Columna 1 / 2	5
	PRIMER OLA: RENOVACIÓN PENTECOSTAL
1. Pentecostales	Parte más antigua de la Renovación, pretendiendo nombre, historia, experiencias, y Teología del Pentecostalismo
2. Pentecostales Denominacionales	Iglesias de orígenes Blancos (ahora el 70% de No Blancos) requiriendo evidencia inicial de hablar en lenguas
3. Pentecostales Clásicos	Miembros en las denominaciones Pentecostales más antiguas, grandes y tradicionales
4. Pentecostales de la Santidad	Auto- designación de las más antiguas denominaciones de Blancos, excluyendo usualmente a los Pentecostales Negros
5. Pentecostales Baustistas	Aquellos que toman experiencia Wesleyana de conversión, santificación y llenamiento: IPHC
6. Pentecostales Apostólicos	Enfatizan la experiencia Pentecostal de conversión y del Bautismo del Espíritu: AoG, COG, ICFG
7. Pentecostales Unitarios	Denominaciones que enfatizan el gobierno de la iglesia Pentecostal mediante los apóstoles vivos: ACG
8.	Denominaciones que enfatizan el bautismo en el nombre de "Jesús solamente", anti-trinidad: UPCI
9.	Miembros de iglesias históricas no Pentecostales que experimentan fenómenos Pentecostales
	SEGUNDA OLA: RENOVACIÓN CARISMÁTICA
10. Carismáticos	Todos los que han experimentado el bautismo del Espíritu pero permanecen dentro de iglesias históricas no Pentecostales
11. Carismáticos Activos de Iglesias Históricas	Todos los de las iglesias no Pentecostales que asisten regularmente a actividades de Renovación
12. Post Carismáticos de Iglesias Históricas	Carismáticos que ya no asisten a actividades de Renovación pero que aún se consideran Carismáticos
13. Carismáticos Anglicanos	Total de Anglicanos en la Renovación, del pasado y presente, incluyendo niños
14. Carismáticos Católicos	Total de RC bautizados en CCR, del pasado y presente, incluyendo niños
15. Carismáticos Protestantes	Total de Protestantes en la Renovación, del pasado y presente, incluyendo niños
16. Carismáticos Ortodoxos	Total de Ortodoxos en la Renovación, del pasado y presente, incluyendo niños
17. Carismáticos Marginales	Total de Cristianos Marginales en la Renovación, del pasado y presente, incluyendo niños
18.	Independientes guiados por el Espíritu que rechazan la denominación de Carismáticos/ Pentecostales Blancos
	TERCERA OLA: RENOVACIÓN NEOCARISMÁTICA
19. Neocarismáticos (Independientes, Postdenominacionalistas)	Todos bautizados en el Espíritu Santo en nuevas iglesias Independientes del Cristianismo histórico
20. (a) En 2 clases de redes totalmente pertenecientes a la Tercera Ola	Neocarismáticos guiados por (1) Blancos y (2) No Blancos en redes/ iglesias pertenecientes totalmente a la Tercera Ola
21. Neocarismáticos autóctonos No blancos	No Blancos bautizados en el Espíritu en 26 variedades de iglesias autóctonas, independientes y apostólicas
22. Pentecostales/ Carismáticos Autóctonos Africanos	La mayoría de CAA son Sionistas, Apostólicos y Espirituales: ZCC, CCC, AICN, DLBC, AACJM, EJCSK
23. Pentecostales/ Carismáticos Negros	Pentecostalismo Negro: Iglesia de Dios en Cristo, UHCA, Igl. Católica del Evangelio Completo
24. Apostólicos Unitarios Negros	PAOW, AWCF, Iglesias del Camino Bíblico de nuestro Señor Jesucristo, WW, COLJCAF
25. Neocarismáticos de base, de habla Portuguesa	OBPC, AWCF, (Ig. Evangélica Brasil para Cristo), IURD/ UCKG, CCB, IPF, IPDA
26. Pentecostales/ Carismáticos Autóctonos Filipinos	Confraternidad Jesus es el Señor, CDCC, Marcha de Fe, Ecclesiae Dei
27. Pentecostales/ Carismáticos Autóctonos Chinos Han	Iglesia del Verdadero Jesús, NBM/BAM, AHC (Pequeño rebaño), Iglesias en las casas Chinas Han
28. Pentecostales/ Carismáticos Autóctonos de la India	Iglesia de Dios Pentecostal de la India, Creyentes de India, Grupos de Cristo, IPA, MFGCM
29. Pentecostales Autóctonos Indonesios	Iglesia Pentecostal de Indonesia (GPI), GBI, GBIS, GPPS, GBT, GUP
30. Creyentes Latinos/ Hispanos de base	Yoido FGC, Ig. Gracia y Verdad, FGIGM, Iglesias Esperanza de Dios de Tailandia, Iglesias de la Lluvia Tardía de Malasia
31. Otros Neocarismáticos Autóctonos	Iglesias de bases autóctonas (GRI), MPC, IPP, IOAP, IEMP, IEPC
32.	Otras iglesias asiáticas: Iglesias Esperanza de Dios de Tailandia, Iglesias de la Lluvia Tardía de Malasia
33. Postdenominacionalistas Independientes dirigidos por blancos	Blancos bautizados en el Espíritu en canales apostólicos no Pentecostales/ Carismáticos
34. (b) Como porcentaje de 7 clases de denominaciones no pertenecientes a la Tercera Ola	Neocarismáticos en denominaciones no Pentecostales/ Carismáticas (incluso anti-Renovación)
35. Neocarismáticos Independientes	Neocarismáticos dentro de cuerpos Anglicanos Independientes no Pentecostales/ Carismáticos
36. Miembros de la Primera o Segunda Ola repetidos en la Tercera (ver nota al pie 36)	Neocarismáticos unidos a cuerpos Pentecostales/ Carismáticos que se convirtieron en Neocarismáticos Pentecostal/ Carismática/ Neocarismática
37. Pentecostales/ Carismáticos/ Neocarismáticos afiliados en todo el Mundo	Total de miembros de todas las iglesias en la renovación Pentecostal/ Carismática/ Neocarismática
	MIEMBROS DE LA RENOVACIÓN EN LOS 7 CONTINENTES
38.	La Renovación (que representa el 28% del globo) es: 12% Pentecostales, 33% Carismáticos, 55% Neocarismáticos
39. Miembros de la Renovación en África	12% Pentecostales, 25% Carismáticos, 63% Neocarismáticos
40. Miembros de la Renovación en Antártida	1% Pentecostales, 95% Carismáticos, 4% Neocarismáticos
41. Miembros de la Renovación en Asia	5% Pentecostales, 16% Carismáticos, 79% Neocarismáticos
42. Miembros de la Renovación en Europa	8% Pentecostales, 56% Carismáticos, 36% Neocarismáticos
43. Miembros de la Renovación en Latinoamérica	23% Pentecostales, 52% Carismáticos, 24% Neocarismáticos
44. Miembros de la Renovación en Norteamérica	7% Pentecostales, 28% Carismáticos, 65% Neocarismáticos
45. Miembros de la Renovación en Oceanía	14% Pentecostales, 63% Carismáticos, 24% Neocarismáticos
46. Miembros de la Renovación como porcentaje de los miembros de iglesia en todo el mundo	Incrementándose rápidamente primero en un 6% en 1970 y a un 26% en el 2000

La renovación del Espíritu Santo en todo el mundo

47.	**COMPONENTES PERIFÉRICOS**	
48.	Cuasipentecostales (Prepentecostales, Postpentecostales)	Definido por las líneas 2 y 3, no contados aquí como miembros de la Renovación sino como creyentes de la Renovación
49.	Creyentes no Miembros de Iglesias que Profesan haber experimentado Renovación	Creyentes individuales que experimentan los dones del Espíritu Santo pero que permanecen sin conexión con cuerpos de la Renovación
50.	**TOTALES GENERALES MUNDIALES DE LA RENOVACIÓN**	
51.	Total de todos los Creyentes de la Renovación vivos a mediados de año	Total de las líneas 66, 77, y 78.
52.	Creyentes de la Renovación muertos desde 1900	Antiguos miembros de la Renovación que han muerto durante el año indicado
53.	Total de todos los Creyentes de la Renovación desde 1900	Total de las líneas 80 y 81.
54.	**IGLESIAS, FINANZAS, AGENCIAS, OBREROS**	
55.	Iglesias y Congregaciones Pentecostales (1º Ola)	Principalmente edificios y propiedades de las Asambleas de Dios
56.	Grupos de Oración Carismática de Iglesias Históricas (2º Ola)	Los asistentes semanales a estos grupos son conocidos como las "tropas de choque" de la Renovación
57.	Grupos de Oración Carismáticos semanales de Iglesias Católicas	Crecimiento masivo desde el origen en 1967, a 2185 grupos (1970), 12000 (1980), 90000 (1990), 160000 (2000)
58.	Grupos Carismáticos Anglicanos y Protestantes	Liderazgo de laicos y clérigos de alta escala desde 1960 en adelante
59.	Congregaciones Independientes, Iglesias en las casas (3º Ola)	Un inmenso número de pequeños grupos en casas, más de medio billón
60.	Ingresos personales anuales de todos los Miembros de la Renovación USD	Enormes riquezas pero no finanzas organizadas o cuentas bancarias centrales
61.	Donaciones anuales de Miembros de la Renovación a causas Cristianas USD	Baja al 2% del ingreso personal dado a causas Cristianas pero es más alto que los índices Cristianos globales
62.	Agencias de Servicio de la Renovación	Un número inmenso y diverso de agencias (listadas en las notas al pie de página)
63.	Instituciones de Renovación	Una vasta variedad (listadas en las notas al pie de página)
64.	Total de Obreros Pentecostales y Carismáticos de Tiempo Completo	Obreros de tiempo completo de todas las clases: total de las próximas 2 líneas, 94 y 95
65.	Locales: Pastores, Clérigos, Evangelistas, etc.	La mayoría bien documentados por denominaciones y canales importantes
66.	Extranjeros: Misioneros foráneos	Gran y en rápido crecimiento numérico sirviendo en el exterior por períodos cortos y extensos
67.	**EL CONTEXTO DE LA EVANGELIZACION MUNDIAL**	
68.	Población Mundial	Población proyectada a mitad de año (30 de Junio) para los años 1970, 1995, 2000, 2025
69.	Cristianos (todas las ramas)	Profesantes más los Cristianos ocultos; afiliados más los no afiliados; los de la Gran Comisión más los Cristianos Latentes
70.	Miembros de Iglesias (bautizados)	Bautizados y otros miembros de todas las iglesias
71.	No Cristianos	Ahora más de 4 billones e incrementándose rápidamente
72.	Personas no Evangelizadas	Todas las personas que ignoran el Cristianismo, a Cristo, y/o el Evangelio
73.	Planes para la Evangelización Mundial desde el año 30 de esta era	Distintos planes y propuestas para completar la evangelización del mundo

467

mundial–. A la izquierda se presentan una serie de temas agrupados en divisiones y subdivisiones, o componentes cuya lista se presenta debajo de ellos, numerados. Por tanto, todos los ítems en las tablas son parte de o están incluidos en categorías más generales que los comprenden. Pueden encontrarse datos básicos y bibliografía sobre la renovación carismática en *A Guide to the Study of Pentecostalism* (Una guía para el estudio del pentecostalismo), de C. E. Jones, 1983, dos tomos, 9883 registros; también de C. E. Jones, *Black Holiness: A Guide to the Study of Black Participation in Wesleyan Perfectionism and Glossolalic Pentecostal Movements* (Santidad negra: una guía para el estudio de la participación de los negros en el perfeccionismo wesleyano y los movimientos pentecostales glosolálicos) (1987); y, con W. J. Hollenweger, editor, *Pentecostal Research in Europe: Problems, Promises and People* (Investigación pentecostal en Europa: problemas, promesas y personas) (1986), culminando con la obra cumbre de Hollenweger, escrita en 1997: *Pentecostalism: Origins and Developments Worldwide* (Pentecostalismo: orígenes y desarrollos en todo el mundo).

Explicación de las columnas 1 al 10 en la Tabla 1

1. Número de referencia de líneas (igual que en la Tabla 2).
2. Terminología actual usual para todos los grandes componentes y categorías de la renovación.
3. Año en que comenzaron las manifestaciones.
4. Cantidad de países en que se manifiesta la categoría dada en el año 2000.
5. Cantidad de denominaciones diferenciadas –incluye redes, denominaciones paralelas, cuasidenominaciones– en el año 2000.

6-9. Cantidad de participantes en los años 1900, 1970, 2000, con proyecciones al año 2025 según las tendencias actuales.

Columnas 1 al 4 en la Tabla 2

1. Número de referencia de líneas (igual que en la Tabla 1).
2. Terminología actual usual para todos los grandes componentes y categorías de la renovación (idéntica a la lista de la Tabla 1).

3. Definiciones, características, ejemplos de grupos significativos dentro de cada categoría.
4. País principal en que se encuentra cada categoría.

La renovación como un solo movimiento

Las Tablas 1 y 2 muestran la renovación del Espíritu Santo del siglo XX, como un único movimiento cohesivo al que una vasta proliferación de individuos y comunidades han entrado en diversas circunstancias, en un período de cuatrocientos cincuenta años. Ya sea que se los llame pentecostales, carismáticos o "de la tercera ola", comparten una misma experiencia básica. Su contribución al cristianismo es una nueva conciencia sobre los dones espirituales como ministerio para la vida de la iglesia. Podría confirmarse esta tesis mencionando datos históricos, misionológicos, teológicos, sociológicos, etc.

También podría confirmársela haciendo notar que en los avivamientos de los años 1900, 1904 y 1906, la noticia de estos hechos viajó por todo el planeta –por tren, por barco, por telégrafo–, en pocos días y semanas; mientras que hoy las noticias de estos hechos –conversiones, bendiciones, sanidades, movimientos– viajan a todo el mundo en pocos segundos por medio del teléfono, la radio, la televisión, el correo electrónico, la Internet, la World Wide Web, etc. Tan rápidas comunicaciones en el tiempo y el espacio y todas las variedades de la renovación refuerzan su unidad subyacente.

Pero la mejor manera de defender la presentación estadística de la renovación como un único movimiento interconectado, es considerar cómo este movimiento comienza y se extiende en cualquier lugar, desde los días de los primeros pentecostales hasta los de los actuales carismáticos y "tercera ola".

El comienzo del movimiento, en todas partes, siempre ha sido un suceso inesperado o impredecible, más que resultado de planificación u organización humana. Primero, personas –sin ninguna característica particular, en cualquiera de las iglesias existentes–; después, grupos; después, grandes cantidades de personas en movimientos organizados, son llenas del Espíritu y comienzan a vivir la experiencia carismática que es común a todas. Todas, originalmente, pueden ser llamadas, colectivamente y sin temor a equivocarnos, carismáticas. Todos estos carismáticos están en iglesias y denominaciones no pentecostales, tradicionales. Allí, en

El siglo del Espíritu Santo

los últimos doscientos años se los ha llamado carismáticos, evangelistas, entusiastas, espirituales o pentecostales; y se los ha tildado de chiflados, fanáticos, sectarios, herejes, cismáticos... o cosas peores.

Sin embargo, todos ellos inicialmente, intentan permanecer y trabajar dentro de esas iglesias. Pero poco después comienzan las expulsiones, los retiros y las divisiones que se producen en diversos grados. Primero individuos, después grupos, después movimientos enteros, son obligados al cisma u optan por él y así comienzan estructuras eclesiásticas nuevas y nuevas denominaciones.

Desde sus comienzos, por lo tanto, la renovación se ha expandido en tres olas o explosiones masivas. Además, podemos dividirla en una tipología de nueve etapas:

UNA TIPOLOGÍA DE LA EVOLUCIÓN DE LOS CARISMÁTICOS DENTRO DE LAS IGLESIAS

Notas de las nueve columnas siguientes:
- 1= etapa en evolución de los nuevos desarrollos carismáticos
- 2= primer año de inicio de la nueva etapa
- 3= raza principal o mayoritaria involucrada en la etapa, tanto Blancos o No Blancos
- 4= destino de los carismáticos en sus existentes iglesias paternas
- 5= porcentaje de carismáticos expulsados de las iglesias paternas
- 6= porcentaje de carismáticos que voluntariamente se separaron de las iglesias paternas
- 7= porcentaje de carismáticos perdidos de las iglesias paternas (= columnas 5+ 6)
- 8= porcentaje que permanece en las iglesias paternas (= 100 – columna 7)
- 9= nuevas organizaciones o desarrollos resultantes

Etapa	Comienzo	Raza	Historia de Carismáticos	\multicolumn{4}{c}{Destino, %}	Organizaciones Resultantes
1	2	3	4	5	6	7	8	9

PRIMER OLA: Rechazo, desahucio, secesión, nuevas denominaciones/ comuniones = RENOVACIÓN PENTECOSTAL

| 1. | 1741 | No Blancos | Expulsión inmediata | 100 | 0 | 100 | 0 | Denominaciones de Negros/ No Blancos |
| 2. | 1900 | Blancos | Secesión eventual | 90 | 6 | 96 | 4 | Denominaciones conducidas por Blancos |

SEGUNDA OLA: Fricción, tolerancia, parroquias renovadas, grupos históricos= RENOVACIÓN CARISMÁTICA

3.	1783	No Blancos	Expulsión mayoritaria	80	10	90	10	Grupos aislados de oración históricos
4.	1907	Blancos	Expulsión minoritaria	40	30	70	30	Ministerios aislados de sanidad
5.	1940	Blancos	Expulsión parcial	10	15	25	75	Canales históricos de gran escala
6.	1960	Blancos	Pocas expulsiones	4	10	14	86	Agencias denominacionales carismáticas

TERCER OLA: Evangelismo de poder, nuevas estructuras, canales, mega iglesia= RENOVACIÓN NEOCARISMÁTICA

7.	1980	Blancos	Expulsiones ocasionales	2	8	10	90	Estructuras post denominacionales
8.	1990	No Blancos	Raras expulsiones	1	1	2	98	Nuevas denominaciones y comuniones
9.	2000	No Blancos	No expulsiones	0	0	0	100	Nueva misión global

Estas nueve etapas y categorías son aproximadas y descriptivas, no exclusivas o rígidas. Por ejemplo, como resultado de la pandemia de influenza en 1918, grandes cantidades de negros de las iglesias anglicanas en África –Nigeria, Kenia, Sudáfrica– se hicieron carismáticos y formaron grupos de oración carismáticos dentro de las parroquias anglicanas. Pero la mayoría de ellos fueron rápidamente expulsados –por lo cual, aquí y en las Tablas 1 y 2 se los incluye entre los pentecostales negros–; solo una minoría –diez por ciento– permaneció dentro del anglicanismo como carismáticos, en lo que luego se conoció como renovación carismática anglicana.

Después de presentar la renovación como un único movimiento, describiremos a continuación los elementos que lo componen:

Tres olas de renovación en el siglo XX

Las tablas clasifican los diversos movimientos y tipos bajo las siguientes tres olas consecutivas de renovación en el Espíritu Santo; definen sus elementos claves como se explica a continuación:

1. **Pentecostales.** Se los define como cristianos que son miembros de las principales denominaciones explícitamente Pentecostales dentro del pentecostalismo o el movimiento pentecostal, o la renovación pentecostal, cuya característica principal es el redescubrimiento y una nueva experiencia de lo sobrenatural, con un poderoso y energizante ministerio del Espíritu Santo en el ámbito de lo milagroso, que la mayoría de los demás cristianos consideran algo muy inusual.

Esto se interpreta como un redescubrimiento de los dones espirituales del Nuevo Testamento, y su restauración en la vida y el ministerio cristianos comunes. El pentecostalismo, según se afirma comúnmente, comenzó en los Estados Unidos en 1901 –aunque la presente investigación muestra como su año de origen el de 1886–. Por un breve período fue un avivamiento carismático que esperaba permanecer como un movimiento interdenominacional dentro de las iglesias ya existentes; pero a partir de 1909 sus miembros comenzaron a ser expulsados de todas las congregaciones tradicionales y, por lo tanto, se vieron obligados a formar nuevas denominaciones organizadas. (Ver nota explicativa No. 1 más abajo: "Primera ola: Renovación Pentecostal" para la explicación sobre la distinción en el uso de mayúsculas o minúsculas en la palabra "Pentecostal", etc.)

Las denominaciones pentecostales afirman la enseñanza distintiva de que todos los cristianos deben buscar una experiencia, posterior a la conversión, llamada el bautismo en el Espíritu Santo, y que un creyente bautizado en el Espíritu puede recibir uno o más de los dones sobrenaturales conocidos en la iglesia primitiva: santificación instantánea, la capacidad de profetizar, de practicar la sanidad divina por medio de la oración, de hablar en lenguas –glosolalia– o interpretar lenguas, cantar en lenguas, cantar en el Espíritu, danzar en el Espíritu, orar con las manos levantadas, sueños, visiones, discernimiento de espíritus, palabras de ciencia, palabras de sabiduría, énfasis en los milagros, encuentros de poder, exorcismos –expulsar demonios–, resucitación, liberación, prodigios y señales.

A partir de 1906, si se comparan las denominaciones explícitamente pentecostales con las denominaciones de la santidad/perfeccionistas, se ha agregado el hablar en lenguas como "evidencia inicial" de haber recibido el bautismo en el Espíritu Santo, ya sea que la persona manifieste tal don con regularidad o no después de tal experiencia inicial. La mayoría de las denominaciones pentecostales enseñan que hablar en lenguas es normativo para todos los creyentes, pero en la práctica, solo entre un cinco y un treinta y cinco por ciento de ellos han practicado este don, ya sea inicialmente o como experiencia repetida.

Las denominaciones Pentecostales proclaman un evangelio "completo", "cuádruple" o "quíntuple" de Cristo como Salvador, Santificador, Bautizador en el Espíritu Santo, Sanador y Rey que va a regresar. Colectivamente, todas estas denominaciones son llamadas, en algunos casos, la "primera ola" de toda esta renovación basada en el Espíritu Santo, que se produjo en el siglo XX. En los Estados Unidos los pentecostales generalmente se refieren a este tipo de denominaciones fundadas antes de 1940 como "pentecostales clásicos" para distinguirlos de los posteriores "neopentecostales" o "carismáticos" en las denominaciones no pentecostales.

2. **Carismáticos.** Se los define como cristianos pertenecientes a denominaciones no pentecostales –anglicanos, protestantes, católicos, ortodoxos– que viven las experiencias explicadas arriba, en lo que fue llamado "movimiento carismático", cuyas raíces se remontan a 1907 y 1918, pero cuya expansión se hizo más rápida a partir de 1950 –llamado luego "renovación carismática"– y que suelen decir de sí mismos que han sido renovados en el Espíritu Santo y experimentan su poder sobrenatural, milagroso y energizante. No obstante, permanecen dentro de sus denominaciones no pentecostales, históricas, tradicionales y organizan grupos de renovación dentro de ellas, en lugar de salir para sumarse a denominaciones

pentecostales. Demuestran algunos o todos los *charismata pneumatika* –en griego del Nuevo Testamento, dones del Espíritu– entre ellos, las señales y prodigios –pero la glosolalia es considerada opcional–. Todo este movimiento es llamado, algunas veces, "segunda ola" de la renovación del siglo XX. En cuanto a la palabra clave, observemos que "en el sentido paulino técnico, *charismata* –dones– denota poderes extraordinarios que distinguen a ciertos cristianos y les permiten servir a la iglesia de Cristo, la recepción de los cuales se debe al poder de la gracia divina que opera en sus almas por el Espíritu Santo" (*Thayer's Greek-English Lexicon of the New Testament*, 1886, 1997: 667).

3. **Neocarismáticos** –o "de la tercera ola"–. Desde 1945 han surgido miles de iglesias cismáticas o de otro origen independiente, separadas del movimiento carismático; estos independientes, durante todo el siglo XX, desde 1900 hasta el 2000, sumaron más que las dos primeras olas juntas. Consisten en evangélicos y otros cristianos que nunca estuvieron relacionados con las renovaciones pentecostal y carismática o estuvieron relacionados con alguna de ellas en algún momento, pero ya no lo están; sin embargo, han sido llenos del Espíritu Santo o han recibido poder o energía del Espíritu y experimentado el ministerio sobrenatural y milagroso del Espíritu –aunque, en general, sin reconocer un bautismo en el Espíritu diferente de la conversión– que ejercen los dones del Espíritu –con mucho menos énfasis en el don de lenguas, que es considerado opcional, ausente o aun innecesario– y hacen énfasis en las señales y prodigios, milagros sobrenaturales y encuentros de poder, que abandonan sus denominaciones históricas no pentecostales, pero tampoco se identifican como pentecostales o carismáticos. En diversos países manifiestan fenómenos pentecostales y carismáticos, pero rechazan la terminología pentecostal. Estos creyentes están cada vez más identificados por sus líderes como independientes, postdenominacionalistas, restauracionistas, radicales, neoapostólicos, o la "tercera ola" de la renovación de toda la renovación del siglo XX. Las expresiones "tercera ola" y "creyentes de la tercera ola" fueron acuñadas por un participante de ella, C. Peter Wagner, en 1983. (Ver sus artículos "*A Third Wave?*" en *Pastoral Renewal* 8, No. 1, julio-agosto de 1983, p. 1-5; y "*The Third Wave*", en *Christian Life*, septiembre de 1984, p. 90; y su libro de 1988, *The Third Wave of the Holy Spirit: Encountering the Power of Signs and Wonders Today* (La tercera ola del Espíritu Santo:

Encontrando el poder de las señales y prodigios hoy). Dado que constituye una importantísima fuerza revitalizadora, en esta tabla también llamamos a este movimiento "renovación neocarismática".

Explicaciones sobre filas. Las notas explicativas que se leen a continuación tienen un número de referencia igual al de la fila correspondiente en las Tablas 1 y 2. Se repite el título de cada fila en negrita.

Notas sobre las líneas 1 al 36

La totalidad de la comunidad cristiana perteneciente a denominaciones, iglesias o grupos –según sus propios registros– que incluye a sus miembros bautizados, sus hijos –niños y bebés incluidos– catecúmenos, interesados, asistentes, pero excluye a: quienes asisten a los cultos y están interesados, pero no son cristianos; asistentes ocasionales, visitas, etc. Muchas denominaciones pentecostales incluyen a los niños y bebés y otras son paidobautistas –es decir, bautizan a niños–. La mayoría, sin embargo, no incluyen las estadísticas referidas a niños, lo cual ha llevado a una gran subestimación de la expansión de la renovación. Cuando las estadísticas de los miembros de iglesias se comparan con las cifras totales de la población –que casi siempre incluyen a niños y bebés– tales cifras deben, también, incluir a niños y bebés, ya que siempre deben utilizarse iguales criterios en una comparación.

1. Primera ola: Renovación Pentecostal

Los pentecostales se definen aquí, como aquellos relacionados con denominaciones explícitamente pentecostales que se identifican en términos explícitamente pentecostales (ver definición de Pentecostales cerca del comienzo de estas notas), o con otras denominaciones que, en conjunto, son fenomenológicamente pentecostales en su enseñanza y práctica. La práctica actual, en los Estados Unidos, es considerar al fenómeno como básicamente estadounidense y diferente del neopentecostalismo –movimiento carismático– por lo cual, se rotula a todo el pentecostalismo denominacional del mundo con el término paralelo o sinónimo de "pentecostalismo clásico". No obstante, en esta tabla, nos interesa más ver el fenómeno mundial, con lo cual se hace necesario un conjunto diferente de términos descriptivos. Por lo tanto dividimos el movimiento en dos corrientes principales distinguidas por dos formas de escribir la misma palabra: (1) la palabra "Pentecostales", con P mayúscula, denotará al llamado pentecostalismo clásico –que es, en su mayoría, de origen blanco–; mientras que (2) la palabra "pentecostales" con p minúscula se aplicará al enorme fenómeno del pentecostalismo negro, o de otras razas que no sean la raza blanca, o del Tercer Mundo, no relacionado con el pentecostalismo occidental (ver notas sobre las filas 3 al 8). Para evitar la excesiva repetición del doble adjetivo para referirnos a ambos grupos (Pentecostales/pentecostales), utilizaremos el adjetivo "pentecostales", con frecuencia, para referirnos al todo. Históricamente, la primera ola que surgió de la esclavitud de los negros en los Estados Unidos, el avivamiento evangélico –wesleyano– de 1738 en Gran Bretaña y el movimiento de la santidad –perfeccionista– creció en multitudinaria y universalmente con fenómenos pentecostales como la práctica generalizada del don de lenguas y otros. Otros eruditos citan 1904 –el avivamiento de Gales– o 1906 –el avivamiento de la calle Azusa– por los mismos motivos.

2. Pentecostales
(Las estadísticas de esta fila corresponden al total de las filas 4 al 8). Estos totales de todos los que están asociados con denominaciones explícitamente pentecostales son derivados de las Tablas de Países 2, de la *Christian World Encyclopedia*, edición del año 2000.

3. Pentecostales denominacionales
En setecientas cuarenta denominaciones fundamentales reconocidas, claramente distinguibles, de teología o práctica o postura totalmente pentecostal, comprometidas, como denominaciones, con las características distintivas pentecostales; incluyen muchas denominaciones menores o muy pequeñas en doscientos veinticinco países. (Esta fila coincide con la No. 2).

4. Pentecostales clásicos
Como explicamos anteriormente, esta clasificación global incluye a las seiscientos sesenta denominaciones tradicionales de origen occidental que se identifican a sí mismas como explícitamente pentecostales; casi todas, de origen blanco, en los Estados Unidos, pero actualmente con alcance mundial y adherentes de todas las razas, en doscientos veinte países (suma de las filas 5 al 7). Los voceros pentecostales de los Estados Unidos utilizan una definición algo más

amplia, que identifica a los "pentecostales clásicos" –expresión que data de 1970– con todos los pentecostales denominacionales, en contraste con los neopentecostales –carismáticos–; por tanto, incluyen en este término a las tempranas denominaciones pentecostales negras de los Estados Unidos, por ejemplo, la Iglesia de Dios en Cristo, con sus seis millones de miembros actuales –que, no obstante, aquí clasificamos en la fila No. 12–. Básicamente, nuestro procedimiento clasificatorio parte de la postura de que puede comprenderse mejor todo el fenómeno del pentecostalismo/pentecostalismo denominacional clasificándolo en dos subdivisiones: (a) pentecostalismo de origen negro y (b) Pentecostalismo de origen blanco. Como forma mejor organizada y mejor articulada, la categoría (b), entonces, amerita más el apelativo de pentecostalismo "clásico".

Ha habido ciertos límites difusos y movimiento entre el pentecostalismo y el movimiento carismático. Por ejemplo en 1948, el avivamiento de la lluvia tardía (Nuevo Orden de la Lluvia Tardía) explotó entre los pentecostales clásicos en Saskatchewan, Canadá, y se extendió rápidamente a Europa, los Estados Unidos y todo el mundo. Hacía énfasis en la imposición de manos con profecía y en el gobierno de la iglesia por parte de una orden de apóstoles vivos; comenzó un programa misionero radial, pero en 1965 se fusionó con el movimiento carismático.

5. Pentecostales de la santidad

También conocidos como pentecostales wesleyanos, o pentecostales "metodistas". Fue la posición pentecostal universal hasta el cambio producido en 1910 en el norte de los Estados Unidos y continúa siendo la postura principal en el sur de ese país. Se lo encuentra hoy en doscientos cuarenta denominaciones en todo el mundo, con la enseñanza de la experiencia de las tres crisis: conversión, santificación y bautismo en el Espíritu Santo. Primeras manifestaciones de glosolalia registradas: 1896, Iglesia de la Santidad Bautizada por Fuego; 1907, Iglesia Pentecostal de la Santidad; 1907, Iglesia de Dios en Cristo; 1908: Iglesia de Dios –de Cleveland–. Total de países en que se los encuentra: ciento setenta.

6. Pentecostales de tipo "bautista"

Pentecostales clásicos tradicionales que enseñan la experiencia de la "obra consumada" o "las dos crisis": conversión y bautismo en el Espíritu Santo. Han formado trescientos noventa denominaciones y están en doscientos diez países. Decenas de denominaciones pentecostales remontan sus orígenes al avivamiento de 1906 a 1909 en la calle Azusa, en Los Ángeles, bajo el liderazgo del obispo W. J. Seymour y otros, en el que miles de personas hablaron por primera vez en lenguas; pero la enseñanza de "la obra consumada" –que incluye conversión y santificación o "segunda bendición"– de W. H. Durham en 1910, hizo cambiar a muchos pentecostales del norte de los Estados Unidos que abandonaron la enseñanza de las "tres crisis" de Wesley, para adoptar la postura de las "dos crisis", ahora conocida como pentecostalismo de tipo "bautista". La primera nueva denominación que sostuvo esta postura fue la de las Asambleas de Dios, fundadas en 1914 que, con su obra misionera extranjera en ciento dieciocho países es, por lejos, la denominación pentecostal mundial más grande. Sus estadísticas anuales, minuciosamente ordenadas por países, forman el conjunto de datos más sólido dentro del pentecostalismo y son por tanto, la fuente principal de documentación del fenomenal crecimiento de la renovación.

7. Pentecostales apostólicos

El avivamiento de Gales, en 1904, liderado por Evan Roberts, que los escritores europeos suelen considerar como el origen del movimiento pentecostal mundial, preparó el camino para el surgimiento del pentecostalismo británico, especialmente de las enseñanzas de tipo apostólico que produjeron en 1908, la Iglesia de la Fe Apostólica (Bournemouth), de la cual, en 1916, a raíz de un cisma, se originó la Iglesia Apostólica –con sede en Gales–. Los apostólicos se encuentran ahora en todo el mundo en treinta denominaciones, con su compleja jerarquía de apóstoles vivos, profetas y otros oficios carismáticos.

8. Pentecostales unitarios

Forman ochenta denominaciones y se los encuentra en ciento treinta países. Otros los llaman Pentecostales unitarios o Pentecostales de "solo Jesús". Se llaman a sí mismos "Pentecostales de la unicidad" o "Pentecostales del nombre de Jesús". Generalmente aceptados como evangélicos, pero teológicamente considerados monarquianos modalistas; desde 1920 conforman el veinticinco por ciento de todos los pentecostales de los EE.UU. La denominación más importante es la Iglesia Pentecostal Unida, una unión de las Asambleas Pentecostales de Jesucristo (1913) y la Iglesia Pentecostal (1916) efectuada en 1945. En contraste con este énfasis dentro del pentecostalismo denominacional, el movimiento carismático siempre ha sido explícitamente trinitario.

Muchas denominaciones de la tercera ola –la Verdadera Iglesia de Jesús, etc.– también tienen teologías unitarias, pero no están incluidas en esta fila, sino en los números 22-32 cuando aparecen.

9. Segunda ola: Renovación carismática

Los carismáticos –hasta hace poco llamados neopentecostales– son en general, definidos como aquellas personas bautizadas o renovadas en el Espíritu Santo que permanecen dentro de sus denominaciones tradicionales no pentecostales, desde sus primeras manifestaciones generalizadas en 1918, en África, hasta el surgimiento a larga escala, en los años cincuenta, del movimiento carismático –también llamado inicialmente neopentecostalismo, para distinguirlo del pentecostalismo clásico–. Más tarde el movimiento fue llamado "de la renovación carismática". La definición exacta que se utiliza aquí se da también más arriba cerca del comienzo de estas notas. Observemos que muchas personas y grupos, dentro de las iglesias históricas, habían recibido el bautismo en el Espíritu Santo, sin publicarlo, muchos años antes de las fechas comúnmente consideradas como de comienzos, es decir, 1900, 1907, 1924, 1950, 1962, 1967, etc. Observemos también que en la columna 5 ("Denominaciones"), para la renovación carismática, significa el total de las iglesias no carismáticas, no pentecostales con agencias de renovación organizadas propias: el total es de seis mil quinientos treinta denominaciones en doscientos treinta y cinco países.

10. Carismáticos

(Las cifras de esta fila reflejan la suma de las filas 11 y 12, o 13 al 17). Estos totales de todos los relacionados explícitamente con la renovación carismática en todas las denominaciones históricas no pentecostales, deriva de estudios detallados resumidos en las Tablas 1 y 2 de países de la *Christian World Encyclopedia*, edición del año 2000 y se presentan completas en la base de datos cristianos mundiales.

11. Carismáticos activos de iglesias históricas

Miembros activos que participan regularmente –semanal, mensual o anualmente; incluye a sus hijos– en grupos de oración de la renovación carismática dentro de las denominaciones históricas más antiguas. Durante los años comprendidos entre 1906 y 1950, muchos miles de clérigos de iglesias históricas y cientos de miles de laicos vivieron la experiencia pentecostal y hablaron en lenguas, pero fueron expulsados de sus iglesias y luego se unieron a las denominaciones pentecostales. Para el año 2000 la renovación había penetrado en todas las doscientas cincuenta confesiones, tradiciones y familias eclesiásticas diferenciadas del cristianismo, con carismáticos en cada una de ellas y en las seis mil quinientos treinta denominaciones.

12. Poscarismáticos de iglesias históricas

Personas que se autodefinen como carismáticas dentro de denominaciones históricas no pentecostales, que ya no participan activamente de la renovación carismática, sino que han pasado a otras esferas de testimonio y servicio en sus iglesias. Hay tres grandes categorías en este grupo: (1) Postcarismáticos protestantes, que son los carismáticos que fueron activos en la renovación, y que ahora están inactivos, pero en ministerios más amplios; este grupo es mucho menor que el de los católicos inactivos, a causa del mayor grado de enseñanzas, cuidado pastoral y oportunidades de ministrar que les ofrecen las aproximadamente diez confraternidades organizadas de la renovación en los Estados Unidos y Europa. Una indicación de la gran rotación en la membresía es el hecho de que el veinticinco por ciento de los doce mil asistentes a las conferencias carismáticas anuales de los luteranos en Minneapolis, EE.UU. asisten por primera vez, lo cual implica una rotación por cada cuatro años, promedio. (2) Poscarismáticos católicos, que son los carismáticos que estuvieron activos en la renovación –con un promedio de rotación de dos a tres años de participación en grupos de oración católicos carismáticos reconocidos– ahora en ministerios más amplios. Se los llama, de forma inexacta, "graduados" de la renovación. En los Estados Unidos, son cuatro millones seiscientos mil miembros inactivos, además de la comunidad carismática católica activa, incluyendo a los niños. Si se los agrega a los activos, esto significa que, en 1985, los católicos carismáticos de todo el mundo llegaban a sesenta y tres millones y medio (siete coma tres por ciento de la feligresía católica total) y llegaron a un once coma tres por ciento en el año 2000. Diversos teólogos católicos afirman que el bautismo en el Espíritu Santo es tan irreversible como el bautismo en agua. Finalmente, (3) postcarismáticos anglicanos, como en los casos anteriores, son anglicanos que estuvieron activos en la renovación anglicana carismática, en muchos casos, ya desde 1953, pero ahora no están involucrados de manera directa, aunque generalmente sí participan en misiones extranjeras u otros ministerios

13. Carismáticos anglicanos

Los pentecostales anglicanos, comenzando desde 1907 con el clérigo A. A. Boddy –de Sunderland, Inglaterra–; después, desde 1918, debido a la pandemia mundial de influenza, numerosos grupos de oración y sanidad en las iglesias anglicanas de Nigeria y Kenia, entre otras; después, desde 1925, el Movimiento del Espíritu –Aladura– que fue expulsado y se separó y formaron iglesias africanas autóctonas –con una membresía total de cincuenta millones de personas, incluidas aquí en la fila No. 22); numerosos clérigos y grupos aislados subsiguientes, hasta el ministerio de sanidad de la anglicana Agnes Sanford desde 1953, los sacerdotes R. Winkler, en 1956, y D. Bennett en 1959, la Blessed Trinity Society (Sociedad de la Bendita Trinidad, 1961) y el clérigo de la Iglesia de Inglaterra M. C. Harper, en 1962 –que después formó *Fountain Trust* en 1964–; en dieciocho países para 1978, que se expandieron a noventa y cinco países para 1987 (con ochocientos cincuenta mil adherentes activos en el Reino Unido, bajo el Ministerio de la Renovación Anglicana); quinientos veinte mil (un dieciocho por ciento del total de anglicanos) en los Estados Unidos, bajo el Ministerio de Renovación Episcopal; con ramas del Ministerio de la Renovación Anglicana en otros países. Para el año 2000 han demostrado un rápido crecimiento: diecisiete millones y medio en ciento treinta denominaciones, en ciento sesenta y tres países. Gran parte de esta expansión es debida al singularmente estructurado cuerpo carismático internacional SOMA, que se inició en 1979 y ahora llega a veintisiete de las treinta y siete provincias anglicanas en todo el mundo, con presencia en muchas más. En 1987 el SOMA estaba presente en setenta países.

14. Carismáticos católicos

Conocidos, inicialmente, como pentecostales católicos, o neopentecostales y luego como "la renovación católica carismática", comenzaron a asomar tempranamente en el Tercer Mundo –África, América Latina– y luego, definitivamente, en 1967, en los Estados Unidos. En 1985 contaban con sesenta mil grupos de oración en ciento cuarenta países de todo el mundo –en EE.UU., diez mil quinientos grupos de habla inglesa, vietnamitas, coreanos, filipinos, haitianos, hispanos, y otros grupos lingüísticos–. En 1995 llegaron a ciento cuarenta y tres mil grupos. Desde 1978 existen comités de servicio nacionales en más de ciento veinte países, que unen a los católicos carismáticos. Corrientes de diferentes énfasis en los Estados Unidos y otros países: (a) organizados alrededor de la comunidad Palabra de Dios –*Servant Ministries*, *University Christian Outreach*, revista *New Covenant*, en Ann Arbor, Michigan, con comunidades y obras en Bélgica, Honduras, Hong Kong, India, Indonesia, Líbano, Nicaragua, Irlanda del Norte, Filipinas, Sudáfrica y Sri Lanka–, con un liderazgo cohesivo y autoritario, que originó la Oficina de la Renovación Católica Carismática Internacional (ICCRO) en Bruselas, Bélgica; y (b) organizados alrededor de la comunidad Pueblo de Alabanza (South Bend, Indiana), ICCRO, después de su reubicación en el Vaticano, en 1987, y una amplia red internacional de comunidades de alianza, con un estilo de estructura y liderazgo menos autoritario. Desde 1974 aproximadamente un cuatro por ciento de los sacerdotes católicos estadounidenses han participado activamente en la renovación, entre ellos, un dos por ciento que ahora son poscarismáticos. En todo el mundo, los sacerdotes –actualmente nueve mil cuatrocientos setenta– están menos involucrados que los obispos –actualmente cuatrocientos cincuenta–; participan más misioneros en países extranjeros que religiosos locales.

Una interpretación completa de la metodología de este estudio de la renovación católica carismática, puede encontrarse en la *Christian World Encyclopedia*, edición del año 2000.

15. Carismáticos protestantes

Orígenes: grupos de oración luteranos en 1909, en las iglesias oficiales –Alemania–; carismáticos de países africanos (1918) son expulsados o se separan para formar las Iglesias Africanas Autóctonas (AIC); grupos reformados (1931) relacionados con la Unión de Priere –sur de Francia– (1946); avivamiento carismático (1932) en la iglesia metodista –sur de Rhodesia– que produce una división masiva de la AACJM; las Hermanas de María de Darmstadt (1945), en Alemania; la Iglesia Reformada Holandesa –Países Bajos–, en 1950; los neopentecostales protestantes en EE.UU. (1950); grandes movimientos neopentecostales en las iglesias protestantes de Brasil (1958). Presentes en treinta y ocho países para 1978, en ciento treinta para 1987 y en seis mil cuatrocientos sesenta denominaciones en doscientos treinta y un países para el año 2000. Algunas cifras representativas: en Alemania occidental, quinientos mil participantes –siete por ciento del total– de miembros de la iglesia luterana oficial.

16. Carismáticos ortodoxos

Sucesores contemporáneos de cientos de movimientos carismáticos dentro de la Iglesia Ortodoxa Rusa que datan de los "cristianos espirituales" (año 1650); también hay carismáticos en la Iglesia Ortodoxa Griega en Grecia y en las iglesias ortodoxas orientales y del este en los Estados Unidos (1967, padre A. Emmert, quien, para 1987, se había convertido en católico melquita), Canadá, Australia, Líbano, Uganda, Kenia, Tanzania, Egipto y otros treinta países. Agencia: Comité de Servicio para la Renovación Espiritual Ortodoxa (SCOSR). Un suceso reciente de gran importancia es la rápida extensión de la Fraternidad de Amantes de la Iglesia (*Brotherhood of Lovers of the Church*), una renovación carismática dentro de la iglesia apostólica armenia en la ex URSS. A pesar de estos movimientos, las autoridades ortodoxas, en general, persiguen sin descanso a los carismáticos, debido a que los ortodoxos afirman que ellos nunca perdieron el Espíritu Santo ni los carismas.

17. Carismáticos marginales

Siempre hubo un pequeño núcleo de carismáticos practicantes dentro de las diversas organizaciones heterodoxas del megabloque cristiano marginal.

18. Tercera ola: Renovación neocarismática

Con este nombre nos referimos a una nueva ola de la renovación provocada por el Espíritu Santo en el siglo XX, que cobró mayor ímpetu entre los años sesenta y noventa, sin pertenecer al pentecostalismo o a la renovación carismática. Observemos que grandes cantidades de carismáticos fenomenológicos (en Corea del Sur, Alemania Oriental, Polonia, etc.) no se identifican a sí mismos como pentecostales o carismáticos y demuestran un marcado rechazo por la terminología pentecostal.

19. Neocarismáticos ("de la tercera ola", independientes, posdenominacionalistas, neoapostólicos)

Personas de denominaciones históricas no pentecostales que recientemente fueron llenas del Espíritu Santo o recibieron poder de Él pero, en general, no hablan en lenguas, que no se identifican con los términos "pentecostal" o "carismático". Dado que demuestran los fenómenos del pentecostalismo y los carismas, también son llamados –por observadores externos– "cuasicarismáticos". Totales al año 2000: más de doscientos noventa y cinco mil cuatrocientos miembros en dieciocho mil ochocientos diez denominaciones o redes, en doscientos veinticinco países. Los neocarismáticos pueden dividirse en dos categorías: (a) quienes pertenecen a redes enteramente –cien por ciento– neocarismáticas (ver línea 20); y (b) individuos neocarismáticos en denominaciones independientes, pero no pentecostales/carismáticas (ver línea 34).

20. (a) En dos clases de redes totalmente pertenecientes a la Tercera Ola

Estas organizaciones totalmente neocarismáticas suman casi doscientos cincuenta y cuatro millos de miembros en diecisiete mil ciento veinticinco denominaciones o redes en doscientos veinte países.

21. Neocarismáticos autóctonos (no blancos)

Miembros aparentemente o mayoritariamente pentecostales o semipentecostales de este movimiento de doscientos cincuenta años de antigüedad, de iglesias autóctonas de razas no blancas del mundo, iniciadas sin relación con el cristianismo occidental. En 1970 se estimaba que conformaban un sesenta por ciento –que en 1985 subió al setenta y cinco por ciento– de todos los miembros de las más de mil denominaciones autóctonas no blancas o del Tercer Mundo que, aunque no todas son explícitamente pentecostales, manifiestan, sin embargo, las señales fenomenológicas del pentecostalismo –espiritualidad carismática, liturgia oral, testimonio y teología narrativos, sueños y visiones, énfasis en la llenura del Espíritu Santo, sanidad por medio de la oración, comunicación atmosférica [oración audible simultánea], comunión emotiva, etc.–. Estas denominaciones, al año 2000, se encuentran en doscientos diez países de todos los continentes, trece mil cuatrocientos veinticinco denominaciones y suman un total de doscientos tres millones doscientos setenta mil personas. La justificación de la postura de enumerar a los adherentes a estos movimientos como pentecostales fue realizada con creces por W. J. Hollenweger en sus escritos, el más reciente, *"After Twenty Years' Research on Pentecostalism"* (Después de veinte años de investigación sobre el pentecostalismo), en *International Review of Mission* –abril de 1986– y *Pentecostalism* –1997–. Observemos que la palabra "autóctonos", utilizada aquí, se refiere a la "autooriginación" de estos movimientos, iniciados entre razas no blancas y sin apoyo misionero blanco u occidental.

Toda esta categoría puede subdividirse en varias subcategorías. Los pentecostales de la santidad autóctonos comprenden unas sesenta denominaciones, en las que se enseña la experiencia de las tres crisis –conversión, santificación, bautismo en el Espíritu Santo–, en treinta y cinco países. Los pentecostales autóctonos de tipo "bautista" forman setenta denominaciones, en las que se enseña la experiencia de las dos crisis –conversión y bautismo en el Espíritu Santo– en cuarenta y cinco países. Los pentecostales unitarios autóctonos están agrupados en sesenta denominaciones en las que se bautiza solo en el nombre de Jesús; la mayor organización de este tipo con obras misioneras en todo el mundo es la Verdadera Iglesia de Jesús (iniciada en China en 1917). La primera de estas denominaciones nuevas, separada de las Asambleas de Dios (de EE.UU., con mayoría blanca) fue las Asambleas Pentecostales del Mundo (1916). Estas iglesias se encuentran, actualmente en treinta y ocho países. Los pentecostales apostólicos autóctonos tienen más de sesenta denominaciones en dieciocho países; hacen énfasis en una compleja jerarquía de apóstoles vivos, profetas y otras autoridades carismáticas. Los pentecostales radicales autóctonos se encuentran en más de cien denominaciones pentecostales "de la liberación" en al menos cuarenta países, con un rápido crecimiento. La mayoría de las nuevas iglesias que se multiplican rápidamente, iglesias que se reúnen en hoteles, cines, teatros, locales comerciales, o al aire libre, entran en esta categoría. También se la conoce como: pentecostales perfeccionistas, pentecostales libres, pentecostales de la liberación, pentecostales avivacionistas, y enseñan la experiencia de las cuatro crisis: liberación/éxtasis-confesión/ascensión/perfeccionismo/profecía; cuentan con más de cuaremta denominaciones en más de treinta países y se expanden rápidamente.

22. Pentecostales/carismáticos autóctonos africanos

En sesenta países y nueve mil trescientas denominaciones, con sesenta y cinco millones de miembros, noventa y dos consejos nacionales de Iglesias Africanas Autóctonas (AIC) y la Organización de Iglesias Africanas Instituidas –anteriormente, Independientes– con sede en Nairobi, Kenia. Origen: 1864.

Es importante agregar una nota histórica aquí: En el año 1900 las organizaciones misioneras tradicionales que trabajaban en África –católicos, anglicanos, protestantes– consideraban a estos creyentes como, en el mejor de los casos, cristianos "nominales" o "no afiliados", y así aparecen en las Tablas 1 y 2 por países en la CWE, ed. año 2000. Hoy se los clasifica, como en este trabajo, como neocarismáticos independientes.

23. Pentecostales/carismáticos negros

Cristianos negros, miembros de denominaciones explícitamente pentecostales en veinte países, autóctonos de razas no blancas, en el sentido de que iniciaron sus actividades sin ayuda o apoyo externo de blancos u occidentales. La más grande es la Iglesia de Dios en Cristo –iniciada en 1895–. La mayoría de los voceros pentecostales estadounidenses definen a esta variedad como integrante del pentecostalismo clásico, aunque, en esta tabla, damos a esta expresión un sentido más restringido (ver fila No. 4). Nuestro razonamiento es que, desde una perspectiva global, esta variedad se ubica de manera más precisa como arquetipo del pentecostalismo mundial no blanco. Además, muchos pentecostales negros consideran que los términos "pentecostal" y "carismático" como de origen mayormente blanco, y han preferido, tradicionalmente, la palabra "santificado". Denominaciones: cien, con nueve millones de miembros.

24. Apostólicos unitarios negros

Unas ciento cincuenta denominaciones en diez países, con tres millones de miembros. La mayoría pertenecen a la Confraternidad Cristiana Mundial Apostólica (ciento cincuenta denominaciones).

25. Neocarismáticos de base, de habla portuguesa

Hubo numerosos movimientos tempranos en el África portuguesa (Angola). Dos movimientos liderados por profetas, Nkimba y Kimpasi, se separaron de las misiones jesuitas en 1656; más tarde, la profetisa Fumaria; la intención de Donna Beatriz de fundar una iglesia católica independiente, por lo cual el rey Pedro IV la hizo quemar viva en 1706; en 1872, Kiyoka; en 1904, Epikilipikili, y otros. Para el año 2000 las iglesias pentecostales independientes en países de habla portuguesa, en cinco continentes, estaban agrupadas en cuatrocientos sesenta denominaciones, con veintitrés millones de miembros en veinte países.

26. Pentecostales/carismáticos autóctonos filipinos

Son seis millones setecientos mil miembros en trescientos ochenta denominaciones en veinticinco países; la primera iglesia se inició en 1913.

27. Pentecostales/carismáticos autóctonos chinos Han

Una firme tradición, iniciada en 1905, que para 1955 ya estaba ampliamente extendida y se expandía rápidamente por toda China continental para 1982; para 1985, casi el veinticinco por ciento de todos los protestantes hablaban en lenguas; se estima que la proporción de todos los cristianos chinos que son fenomenológicamente pentecostales o carismáticos está entre el cincuenta y el ochenta y cinco por ciento en grandes números y redes de iglesias pentecostales o carismáticas de facto independientes. Total: cuarenta y nueve millones de miembros en ciento ochenta denominaciones, en cincuenta y ocho países.

28. Pentecostales/carismáticos autóctonos de la India

Con dieciséis millones seiscientos mil miembros en quinientas ochenta denominaciones en veinticinco países, incluyendo Europa y EE.UU.

29. Pentecostales autóctonos indonesios

Con más de seis millones setecientos mil miembros en ciento setenta grandes denominaciones en cinco países, entre ellos los Países Bajos.

30. Pentecostales/carismáticos autóctonos coreanos
Comenzaron en 1910. Actualmente cuentan con ciento setenta denominaciones con tres millones trescientos mil miembros en treinta países de todo el mundo.

31. Creyentes latinos/hispanos de base
Existen once millones novecientos mil creyentes en novecientos noventa denominaciones o redes, en veinticuatro países.

32. Otros neocarismáticos autóctonos
Comprenden un millón cien mil creyentes en ciento treinta denominaciones, en cuarenta países (Tailandia, Malasia, Vietnam, Caribe africano, Japón, Pacífico, amerindios, judíos mesiánicos, etc.)

33. Posdenominacionalistas independientes dirigidos por blancos
Iglesias carismáticas y neocarismáticas que se han separado de la renovación carismática en sus denominaciones de origen (por ejemplo, el cincuenta por ciento de todos los presbiterianos de los Estados Unidos se han separado de la denominación presbiteriana, para formar iglesias de este tipo) o han sido fundadas recientemente de manera independiente (aunque a partir del mismo entorno) que son congregaciones independientes o que forman redes muy libres, y todas ellas compuestas por miembros predominantemente de raza blanca –es decir, europeos o norteamericanos– o bajo iniciativa o liderazgo en su totalidad blanco. Total: cincuenta millones de miembros en tres mil setecientas denominaciones, en doscientos diez países. Ejemplos: movimientos de iglesias en las casas, en Inglaterra –Restauración y otros cinco importantes grupos–, Escocia, Noruega, Suecia –muchos, entre ellos, la Fraternidad Rhema–, Dinamarca, Hungría, Polonia, Francia –varias comunidades–, Suiza, España –Testificando–, Países Bajos –muchas–, Nueva Zelanda, Sudáfrica –muchas, entre ellas, la Confraternidad Internacional de Iglesias Carismáticas, con trescientas iglesias; el Centro Cristiano Hatfield, con ciento sesenta y dos iglesias, etc.), la ex Unión Soviética –en Rusia central, del norte, Ucrania, el Báltico, Georgia, etc.– y los Estados Unidos –sesenta mil iglesias formadas recientemente en diversos grupos o redes principales que, algunas veces, se yuxtaponen: la Confraternidad

Internacional de Ministerios de Fe (dos mil iglesias); la Convención Internacional de Iglesias y Ministerios de Fe (cuatrocientas noventa y cinco iglesias en Tulsa); la Confraternidad Internacional Cristiana de la Fe (dos mil ministros ordenados); el Centro Cristiano Melodyland; Pueblo de Destino; la Comunión Internacional de Iglesias Carismáticas –ex Pentecostales clásicos, una red de gran crecimiento en 1988–, la Red de Ministerios Cristianos –énfasis en la "lluvia tardía"–; la Confraternidad de Asambleas Cristianas –ciento una iglesias–; las Iglesias Cristianas Maranatha –cincuenta y siete iglesias–, la Confraternidad de Ministros e Iglesias del Pacto –doscientas cincuenta iglesias–, la Asociación de Iglesias de la Viña –doscientas iglesias; fundador: John Wimber. Obsérvese que Wimber y sus iglesias no se consideran como "de la tercera ola", sino como carismáticos, aunque los observadores sostienen que, en realidad, es lo contrario–; Ministerios Bíblicos Carismáticos –mil quinientos ministros–, Conferencia Nacional de Líderes, Iglesias de la Palabra –Movimiento de la palabra de fe–; Ministerios Internacionales Calvario –doscientas iglesias–, Iglesias del Pacto Locales –Movimiento de discipulado–, Asociación Ministerial Rhema –quinientas veinticinco iglesias–, Foro Internacional de Ministros –quinientas iglesias–, Capellanía del Evangelio Completo –tres millones de carismáticos independientes–, Cristo para las Naciones –seiscientas iglesias–, Iglesias de la Comunidad de la Vida Abundante –veinticinco iglesias–, etc. Esta categoría también incluye cuasidenominaciones, como la Confraternidad Internacional de Iglesias y Ministerios del Evangelio Completo –iniciada en 1962, con cuatrociento veinticinco iglesias–. Existen movimientos similares, relacionados o no con éstos, en el ochenta y cuatro por ciento de los países del mundo.

34. (b) Como porcentaje de siete clases de denominaciones no pertenecientes a la Tercera Ola

Esta categoría agrupa a las personas neocarismáticas que son miembros de denominaciones o redes independientes que son no pentecostales o no carismáticas, o aun antipentecostales, o anticarismáticas. Como se muestra en la base de datos cristiana mundial, a cada una de estas organizaciones se le asigna un porcentaje estimado de miembros neocarismáticos. El total, para el año 2000, es de cuarenta y un millones, cuatrocientos sesenta y ocho mil setecientos miembros en novecientos veinticinco denominaciones, en doscientos países.

35. Neocarismáticos independientes

En esta fila se incluyen las cantidades, relativamente escasas, de neocarismáticos en denominaciones independientes no interesados, o aun hostiles a cualquier lazo con el cristianismo histórico. Los neocarismáticos de estos grupos suman un millón setecientos mil en treinta denominaciones, en ochenta países, desde 1925, y todos afirman no tener relación ni raíz alguna en cualquiera de los cuatro megabloques cristianos –anglicanos, ortodoxos, protestantes y católicos romanos–.

36. Miembros de la primera o segunda ola repetidos en la tercera ola

Esta categoría incluye a varios millones de personas y es difícil estimarla debido a las diferencias en procedimientos de definición y numeración. Se puede obtener una estimación restando, al total de las filas 1 al 35, la fila 37. La categoría incluye al creciente número de creyentes y congregaciones que son incluidos entre los pentecostales –primera ola– o carismáticos –segunda ola– pero también son considerados o se consideran dentro de la tercera ola. Muchos miembros de iglesias metodistas, bautistas, Asambleas de Dios o de otras congregaciones están en esta postura y, por lo tanto, son contados dos veces en nuestra enumeración. El gran total de la fila 36 es por tanto, en realidad, un valor negativo, con lo cual puede llegarse a un total más exacto. Hay ejemplos de creyentes africanos, asiáticos y latinoamericanos; esta categoría incluye a muchas iglesias y congregaciones grandes y reconocidas o destacadas en el Tercer Mundo, que pertenecen a denominaciones no pentecostales fundadas por juntas misioneras no pentecostales o aun antipentecostales, europeas o norteamericanas. Entre las más prominentes se encuentran cuatro de Corea: la Iglesia Bautista Sung Rak –con veinticinco mil miembros, era la iglesia bautista del sur más grande del mundo hasta que se separó de esa denominación, en septiembre de 1987–; la Iglesia Central Evangélica de la Santidad, de Seúl –con seis mil miembros, la iglesia de la santidad más grande del mundo– y las dos congregaciones metodistas más grandes del mundo, en Inchon y Seúl –veinticinco mil miembros cada una–. Todas estas congregaciones manifiestan fenómenos pentecostales y carismáticos.

37. Pentecostales/carismáticos/neocarismáticos afiliados en todo el mundo
Suma de las filas No. 2, 10 y 19 menos 36 (las tres olas de la renovación).

38. Miembros de la renovación en los siete continentes
Ordenados por número: (1) Latinoamérica; (2) Asia; (3) África; (4) Norteamérica; (5) Europa; (6) Oceanía; (7) Antártida.

39. Miembros de la renovación en África
Total: ciento veintiséis millos: doce por ciento Pentecostales, veinticinco por ciento carismáticos, sesenta y tres por ciento neocarismáticos.

40. Miembros de la renovación en Antártida
Total: cuatrocientos: cincuenta por ciento católicos, treinta por ciento protestantes.

41. Miembros de la renovación en Asia
Total: ciento treinta y cuatro millones ochocientos noventa mil; cinco por ciento Pentecostales, dieciséis por ciento carismáticos, setenta y nueve por ciento neocarismáticos.

42. Miembros de la renovación en Europa
Total: treinta y siete millones quinientos sesenta y nueve mil: ocho por ciento Pentecostales, cincuenta y seis por ciento carismáticos, treinta y seis por ciento neocarismáticos

43. Miembros de la renovación en Latinoamérica
Total: ciento cuarenta y un millones cuatrocientos treinta y tres mil: veintitrés por ciento Pentecostales, cincuenta y dos por ciento carismáticos, veinticuatro por ciento neocarismáticos.

44. Miembros de la renovación en Norteamérica
Total: setenta y nueve millones seiscientos mil: siete por ciento Pentecostales, veintiocho por ciento carismáticos, sesenta y cinco por ciento neocarismáticos.

45. Miembros de la renovación en Oceanía
Total: cuatro millones doscientos veintiséis mil: catorce por ciento Pentecostales, sesenta y tres por ciento carismáticos, veinticuatro por ciento neocarismáticos.

46. Miembros de la renovación como porcentaje de los miembros de iglesia en el mundo
Producto de la fila No. 66 divididdo por la fila No. 99 por 100.

47. Componentes periféricos
No incluidas como integrantes de la renovación, pero claramente relacionadas con ella o cercanos a ellas, son dos categorías más.

48. Cuasipentecostales
Esta primera categoría consiste en Prepentecostales –de los cuales John Wesley sería el arquetipo–, por ejemplo, el Ejército de Salvación, y Pospentecostales –ex miembros de denominaciones Pentecostales que las han dejado para unirse a iglesias históricas no pentecostales como la anglicana, católica, luterana, etc.–.

49. Creyentes no miembros de iglesias que profesan haber experimentado renovación
La palabra "creyentes", aquí se refiere a la persona que tiene dones o experiencia pentecostal y que es pentecostal o carismática, pero no pertenece –aun– a una iglesia, grupo, comunidad o denominación pentecostal o carismática, o neocarismática organizada. Grandes números de personas se vuelven pentecostales o carismáticas varias semanas, meses o aun años antes de encontrar una iglesia o grupo al cual afiliarse y dentro del cual poder ser contadas. Puede estimarse su número, como aquí, comparando cuidadosamente los números de quienes son profesantes con los de los que están "afiliados", es decir, son miembros de alguna iglesia.

50. Totales generales mundiales de la renovación
Personas vivas relacionadas con la renovación, consistente en (a) fila 37 más (b) fila 49.

51. Total de todos los creyentes de la renovación vivos a mediados de año

Es importante recordar que prácticamente todas las estadísticas sobre Pentecostales, carismáticos o neocarismáticos que son recogidas, publicadas o citadas, se refieren únicamente a los miembros vivos y no incluyen a los creyentes que han muerto o han sido martirizados. Para corregir esta falta, se ha agregado la fila No. 52 en la tabla.

52. Creyentes de la renovación muertos desde 1900

Estas cifras dan una figura mucho más precisa del alcance de la renovación, si hablamos de la totalidad del siglo XX. La fórmula utilizada es la siguiente: creyentes fallecidos = índice de mortalidad (promedio de uno por ciento por año/100x(P2-P1) /P2/P1)1/1 2-42-1, donde P1=total de creyentes vivos al inicio del año t1, y P2= total de creyentes vivos al final del año t2.

53. Total de todos los creyentes de la renovación desde 1900

Resultado de fila 51 más fila 52. Para mediados del año 2000, este total había superado los setecientos noventa y cinco millones.

54. Iglesias, finanzas, agencias, obreros

Todas las congregaciones, centros de adoración, parroquias, fraternidades o grupos de todas clases, organizados y bien diferenciados, que estén identificados o relacionados explícitamente con la renovación. Megaiglesias. La mayoría de las aproximadamente ciento cincuenta megaiglesias –las iglesias más grandes del mundo, cada una con más de cincuenta mil miembros– son pentecostales/carismáticas. La iglesia protestante más grande del mundo es la Iglesia Yoido del Evangelio Completo, de Seúl, Corea del Sur, con seiscientos mil miembros en 1988 y ochocientos mil en 1998.

55. Iglesias y congregaciones Pentecostales (primera ola)

El grupo más grande es el de las Asambleas de Dios (en los Estados Unidos y otros países): iglesias, sin contar puntos externos (1985): setenta y siete mil novecientos setenta y seis; para 1986, noventa y dos mil trescientos cincuenta y cinco (quince coma seis por ciento de crecimiento por año). Todas las denominaciones: cuatrocientos ochenta mil congregaciones.

56. Grupos de oración carismática de iglesias históricas (segunda ola)
Crecimiento de los grupos semanales: eran diez mil en 1960; en el año 2000, quinientos cincuenta mil.

57. Grupos de oración carismáticos semanales de iglesias católicas
Crecimiento de los grupos semanales: (1970) dos mil ciento ochenta y cinco; (1980) doce mil; (1990) noventa mil; (2000) ciento sesenta mil.

58. Grupos carismáticos anglicanos y protestantes
Aproximadamente doscientos cincuenta mil grupos de oración se reunían regularmente para el año 2000.

59. Congregaciones independientes, iglesias en las casas (tercera ola)
Para el año 2000: aproximadamente quinientos noventa y un mil.

60. Ingresos personales anuales de todos los miembros de la renovación en US dólares
Según la definición dada en el artículo *"Silver and Gold Have I None"* (Ni plata ni oro tengo), en *International Bulletin of Missionary Research* (octubre de 1983), p. 150. Para el año 2000, los ingresos personales de todos los miembros de la renovación eran mil quinientos cincuenta millones de dólares por año.

61. Donaciones anuales de miembros de la renovación a causas cristianas en dólares
Para el año 2000, esta cifra llegaba a, por lo menos, treinta mil millones de dólares anuales.

62. Agencias de servicio de la renovación
Agencias y organizaciones nacionales, regionales, internacionales, paraeclesiásticas, que asisten o sirven a las iglesias, pero no son, en sí mismas, denominaciones u organizaciones misioneras para la plantación de iglesias. Entre las categorías más importantes se encuentran: (a) agencias Pentecostales –misiones, evangelismo, publicaciones, etc.–; (b) agencias carismáticas denominacionales:

Ministerio de la Renovación Anglicana –Gran Bretaña–; Ministerio de Renovación Episcopal –EE.UU.–; Servicio de la Renovación Católica Carismática Internacional –Vaticano–; Comités Nacionales de Servicio para la Renovación Católica Carismática –en más de ciento veinte países–; y cien organizaciones similares más; (c) agencias misioneras mundiales: SOMA, Advance, AIMS y otras organizaciones misioneras que sirven a la renovación carismática y (d) agencias misioneras del Tercer Mundo: más de quinientas organizaciones carismáticas organizadas y financiadas localmente. Una de las variedades de organizaciones de la renovación, de mayor crecimiento, son las organizaciones de producciones televisivas, que para 1987 llegaban a más de quinientas y en el año 2000, a mil. El gran total, para el año 2000, era de cuatro mil agencias.

63. Instituciones de la renovación

Principales instituciones operadas por iglesias pentecostales/carismáticas o relacionadas con ellas, de todas clases, por ejemplo; centros fijos con instalaciones, planta y personal permanente. Excluye: edificios de templos, centros de adoración, sedes u oficinas de denominaciones. Incluye: escuelas secundarias, institutos terciarios, universidades, centros médicos, hospitales, clínicas, editoriales, librerías, bibliotecas, canales y estudios de radio y televisión, centros de conferencias, centros de estudio, centros de investigación, seminarios, comunidades religiosas –monasterios, abadías, conventos, casas–, etc. Muchas de ellas han sido originadas por iglesias Pentecostales; un creciente número, por carismáticos de iglesias históricas; y una infinidad de nuevas instituciones han sido iniciadas por redes e iglesias de la tercera ola. Pero en los países donde las nuevas iniciativas eran prohibidas o reprimidas –por ejemplo, antes de 1989, en Alemania oriental o Polonia–, miles de instituciones cristianas tradicionales fueron infiltradas y prácticamente "copadas" por los carismáticos.

Comunidades carismáticas de alianza. Desde 1958 (con la Comunidad de Jesús, de Cape Cod, Massachussets, que actualmente cuenta con novecientos miembros), y 1965 (Episcopal Church of the Redeemer, Houston, Texas), han surgido comunidades residenciales comprometidas intencionalmente con la vida carismática en comunidad, el servicio y la misión, para matrimonios y familias, así como célibes, de conformación principalmente ecuménica o interdenominacional, en más de cincuenta países. Su tamaño varía desde menos de veinte personas a cuatro mil (Comunidad Emmanuel, París, Francia, iniciada en 1972). Total de comunidades en 1987: aproximadamente dos mil, con más de un cuarto de millón de miembros. Para 1998 ese número se había triplicado. Un estudio detallado de estas comunidades puede encontrarse en "*The Significance of Charismatic Communities*" (La importancia de las comunidades carismáticas), de P. Hocken, en *Charismatic Renewal in the Churches* (Renovación carismática en las iglesias), P. Elbert editor, (1990). Gran total para el año 2000: catorce mil.

64. Total de obreros pentecostales y carismáticos de tiempo completo

Obreros, pastores, clérigos, ministros, evangelistas, misioneros, ejecutivos, administradores, obispos, moderadores, líderes de iglesias, etc., que trabajan de tiempo completo. Esta fila es la suma de las dos siguientes, Nos. 65 y 66. Gran total para el año 2000: dos millones cien mil.

65. Locales: pastores, clérigos, evangelistas, etc.

Algunas estadísticas representativas: (1) Renovación Pentecostal. Ministros acreditados por las Asambleas de Dios (en los Estados Unidos y el exterior): en 1985, once mil setecientos ochenta y ocho; en 1986, ciento veintiún mil cuatrocientos veinticinco; crecimiento anual: ocho por ciento. (2) Renovación carismática. Porcentaje de clérigos carismáticos (algunas cifras representativas): Alemania oriental: *Bund der Evangelische Kirchen en der DDR* (iglesia luterana oficial): quinientos pastores (diez por ciento del total de clérigos) son carismáticos. Gran Bretaña: Iglesia de Inglaterra: veinticinco por ciento del total de diecisiete mil clérigos. Los Estados Unidos: Iglesia Episcopal (anglicana) de los Estados Unidos: veintiún por ciento de catorce mil ciento once clérigos están involucrados, y el sesenta y cuatro por ciento reciben las publicaciones periódicas de la renovación episcopal. Iglesia Luterana, Sínodo de Missouri: cuatrocientos de seis mil clérigos son carismáticos. Varios clérigos han perdido su cargo desde 1970. Muchas organizaciones paraeclesiásticas ecuménicas y evangélicas tienen entre un veinte por ciento y un sesenta por ciento de carismáticos entre su personal. En las aproximadamente dos mil agencias Pentecostales, casi todo el personal es Pentecostal. Gran total para el año 2000: un millón, novecientos treinta y tres mil.

66. Extranjeros: misioneros foráneos
Incluyen a los Pentecostales y las siguientes variedades de carismáticos y neocarismáticos –renovados en el Espíritu Santo–: en 1985, el veinticinco por ciento de todos los misioneros foráneos anglicanos; el veinte por ciento de todos los católicos renovados, el cuarenta por ciento de todos los protestantes (sesenta por ciento de WEC, cuarenta y dos por ciento de ABCIM, etc.); para el año 2000, estas cifras probablemente hayan aumentado en la siguiente escala: cincuenta por ciento de anglicanos, veinticinco por ciento de católicos carismáticos, cincuenta por ciento de protestantes y noventa por ciento de misioneros del Tercer Mundo. Gran total para el año 2000: ciento sesenta y siete mil.

67. El contexto de la evangelización mundial
Esta última sección se agrega para ilustrar lo que siempre ha sido la meta de la renovación en general.

68. Población mundial
A mediados del año 2000: seis mil cincuenta y cinco millones, cuarenta y nueve mil personas.

69. Cristianos (todas las ramas)
A mediados del año 2000: mil novecientas noventa y nueve, quinientas sesenta y cuatro mil personas.

70. Miembros de iglesias (bautizados)
Personas –adultos y niños– que figuran en los registros de las iglesias y por lo tanto, son parte del "cristianismo organizado": a mediados del año 2000, mil ochocientas ochenta y ocho, cuatrocientos treinta y nueve mil personas.

71. No cristianos
A mediados del año 2000: cuatro mil cincuenta y cinco millones, cuatrocientas ochenta y cinco mil personas.

72. Personas no evangelizadas
Total de personas del mundo que jamás han oído el nombre de Jesucristo y no tienen conocimiento del cristianismo, Cristo y el evangelio. Total a mediados del año 2000:

Mil seiscientos veintinueve millones, trescientos setenta y cinco mil.

73. Planes para la evangelización mundial desde el año 30 de esta era

Gran total de todos los planes y propuestas claramente diferenciados para lograr la evangelización del mundo hechos por cristianos desde el año 30 de nuestra era. La mayoría de ellos son explicados en la *World Christian Encyclopedia 2000*, parte 24: "Geoestrategias", con su contexto histórico en la parte 2, "Cosmocronología". La totalidad de los setecientos setenta planes mundiales existentes para el año 1987 (que llegaron a ser mil quinientos en el año 2000) son enumerados, explicados, analizados e interpretados en la parte 24 de la enciclopedia.

• Apéndice •

Cronología de la renovación en el Espíritu Santo
David Barrett

El Espíritu Santo y su poder en los tiempos bíblicos

2000 a. de J.C El Antiguo Testamento hace frecuentes referencias a las actividades del Espíritu Santo (en la Versión Reina Valera, "Espíritu de Dios", 7 veces; "Espíritu de Jehová" 10 veces; "Espíritu" o "mi Espíritu", 19 veces); con frecuencia se lo presenta como una fuerza o un viento potente.

1225 a. de J.C. Después de la muerte de Josué, Israel es gobernado, durante 185 años, por jueces (guerreros/héroes/profetas, civiles o militares, carismáticos): 1200: Otoniel, Aod; 1150: Samgar; Débora y Baac (1125, batalla de Megido); 1100: Gedeón (40 años); 1075: Abimelec (3 años); Tola (23 años); Jair (22 años); 1050 Jefté (6 años); Ibzán (7 años); Elón (10 años); Abdón (8 años) Sansón (20 años); Elí (40 años) Samuel (30 años); Joel, Abías, hasta que se instituyó la monarquía, en el año 1030.

Año 33 El Nuevo Testamento suele hacer referencia a las actividades del Espíritu Santo (18 veces en los Evangelios, 19 en los Hechos de los Apóstoles, en la Versión Reina Valera 1960).

Año 33 Día de Pentecostés en Jerusalén: el Espíritu Santo crea la iglesia como cuerpo de Cristo, cuando tres mil personas se convierten de entre los judíos de la diáspora y gentiles de "todas las naciones bajo el cielo", desde el norte de África hasta Persia.

Año 33 El apóstol Pedro y los Once proclaman a la multitud en Jerusalén: *"Arrepentíos, y bautícese cada uno de vosotros en el nombre de Jesucristo para perdón de los pecados; y recibiréis el don del Espíritu Santo"*; comienzan manifestaciones de conversiones súbitas, glosolalia (don de lenguas), milagros, exorcismos, señales y prodigios.

Año 35 Proliferación de "señales y prodigios" entre los primeros creyentes —mencionados nueve veces en Hechos—; milagros y sanidades eran, en este momento, cosa de todos los días y parte esencial de la proclamación del evangelio; por tanto, el "evangelismo de poder" era una de las formas normales de evangelismo en la iglesia primitiva.

El Espíritu Santo renueva a grupos dispersos durante 18 siglos

Año 70 Después de la era apostólica se producen muchos avivamientos reducidos o localizados, con muchísimos creyentes carismáticos aislados —con frecuencia en monasterios—; pero la renovación mundial no se produce sino hasta el siglo XX.

Año 79 Las "señales y prodigios" —milagros que demuestran el reino de Dios— no cesan con el fin de la era apostólica, ni con el cierre del canon del Nuevo Testamento, sino continúan durante la historia de

El siglo del Espíritu Santo

la iglesia como reducidas olas de profecía, sanidad, liberación y don de lenguas.

C. año 100 La declinación de los milagros y la muerte del último de los Doce hacen surgir la teoría –que llega a tener generalizada aceptación– de que el ejercicio de los dones carismáticos cesó con los apóstoles.

C. año 150 Justino Mártir (c. 100-165) funda una escuela de discipulado y capacitación en una casa, en Roma. Documenta "señales y prodigios" corrientes en la época, como exorcismos, sanidades y profecías, y escribe: "Los primeros apóstoles, doce en número, en el poder de Dios salieron a proclamar a Cristo a toda raza de hombres" y "No hay una sola raza de hombres, sean bárbaros o griegos, o como se los llame, nómadas, vagabundos o pastores que viven en tiendas, entre las que no se ofrezcan oraciones y acciones de gracias en el nombre del Jesús crucificado". Enseña que todos los cristianos ortodoxos creen en la resurrección de la carne y el reinado milenario en la Nueva Jerusalén. Es martirizado en Roma.

C. año 155 Otros influyentes apologistas escriben extensamente sobre el Espíritu Santo: Taciano, Atenágoras, Teófilo de Antioquía, Ireneo (130-202), Tertuliano, Clemente de Alejandría (155-215), Orígenes (185-254), Cipriano (200-258), Hipólito de Roma.

C. año 156 Frigia: surgimiento del montanismo, liderado por el recién convertido Montano (c. 120-c. 175), un movimiento puritano, profético, carismático, milenarista, apocalíptico, que afirmaba ser una nueva era del Espíritu Santo. En el año 156 se convoca a los cristianos a Frigia para esperar la Segunda Venida. En el pueblo de Ardabau, Montano, con Priscila y Maximila, comienza a profetizar que la Jerusalén celestial pronto descendería a la tierra en Pepuza, un pueblo cercano en Frigia y así inauguraría el reino de Dios. En 206 Tertuliano se une al movimiento. En 230 el movimiento es excomulgado por el Sínodo de Iconio. Continúa de forma subterránea hasta el año 880.

C. año 251 Novaciano (c. 200-258), primer erudito romano que escribe en latín, emerge como segundo antipapa en la historia papal. Provoca el cisma novaciano por su rigorismo. Documenta carismas contemporáneos (profecías, sanidades, don de lenguas, milagros, poderes). Es martirizado en 258, pero su secta se extiende por el imperio y permanece hasta después del año 600.

C. 270 Surgimiento del monasticismo en Egipto, como desafío directo al estilo de vida de los ricos: (1) eremítico (Antonio de Egipto, c. 251-356); (2) cenobítico (Pacomio, c. 287-346); se extiende ampliamente durante los dos siglos siguientes con muchas sanidades, exorcismos, milagros, señales y prodigios documentados; Los monjes egipcios viajan y evangelizan Europa, llegan hasta Gran Bretaña, Irlanda, etc.

Año 328 Muchos padres griegos posnicenos publican exposiciones sobre el Espíritu Santo: Eusebio de Cesarea (265-339), Cirilo de Jerusalén (310-386), Atanasio (296-373), Juan Crisóstomo (347-407), Basilio, Gregorio de Nisa.

Año 328 El monje ascético Hilarión de Gaza (291-371), misionero a los paganos idólatras de Palestina, introduce allí el monasticismo y establece el primer monasterio; realiza un ministerio de señales y prodigios (sanidades, exorcismos) con multitud de testigos.

Año 374 Un laico, Ambrosio de Milán (c. 339-397) es aclamado como obispo por la multitud. En sus escritos documenta sanidades y glosolalia. Después enseña que la segunda venida de Cristo será precedida por la destrucción de Roma y la aparición del Anticristo en la Tierra.

Año 378 Jerónimo (c. 345-419) escribe: "Desde la India hasta Bretaña, resuenan en todas las naciones la muerte y la resurrección de Cristo" (*Isaiam cliv, Epistol. Xiii ad Paulinum*). Calcula que 1,9 millones de cristianos han sido martirizados desde el año 33 (de 120 millones de cristianos, es decir, 1,6%, o 1 cada 60). Documenta numerosas "señales y prodigios" en su época: sanidades, exorcismos, milagros.

Año 380 Teólogos latinos escriben examinando la doctrina del Espíritu Santo: Hilario de Poitiers, Ambrosio (339-397), Agustín.

Año 381 I Concilio de Constantinopla (segundo concilio ecuménico). Se reafirma el Credo de Nicea. Se condenan el macedonianismo y el apolinarianismo. Se aclara la divinidad del Espíritu Santo.

Año 426 Agustín, obispo de Hipona (354-430), completa en trece años su tratado *De Civitate Dei* (La ciudad de Dios) con el trasfondo de la invasión visigoda a Roma. Propone un milenarismo alegórico, pero también enseña que el futuro, final Anticristo surgirá como Nerón redivivo. Se opone a la creciente teoría de la cesación de los dones carismáticos como una reacción exagerada ante los excesos del montanismo y otros, con la enseñanza de que los milagros y los carismas terminaron con la era apostólica. Documenta numerosos milagros, exorcismos, sanidades y resucitaciones recientes.

Año 431 El mesías judío Moisés aparece en Creta, dispuesto a llevar a los remanentes de Israel a su tierra. Se fija el año 440 como fecha del regreso final del Mesías. Durante los siguientes mil quinientos años surgen muchos más judíos carismáticos que afirman ser mesías, atraen gran cantidad de seguidores, fanatismo, violencia y martirios, especialmente en 1087, 1117, 1127, 1160, 1172, 1295, 1502, 1528 y 1648.

Estudios sobre el Espíritu Santo en la Edad Media

Año 500 A lo largo de la Edad Media (395-1500), cientos de apologistas, teólogos, místicos, obispos publican exposiciones sobre la persona y la obra del Espíritu Santo: Gregorio el Grande, Beda (673-735), Anselmo (1033-1109), Pedro Abelardo (1079-1142), Bernardo de Claraval (1090-1153), Bonaventure (1217-1274) y Tomás Aquino (1225-1274).

Año 540 Persia: avivamiento del monasticismo cristiano por todo el Imperio Persa con el monje Abraham de Kaskar (c. 491-586) que funda el Gran Monasterio en el Mte. Izla; sus discípulos, Dadyeshu y Babhai fundan o controlan sesenta monasterios en todo el imperio. Numerosos monasterios y obras misioneras se inician para responder a las necesidades físicas y espirituales de las personas. Debido a la persecución, se extiende por toda Asia hasta Yemen, sur de la India, Ceilán, Samarkanda, China.

El siglo del Espíritu Santo

Año 541   Avivamiento monofisita en Siria y el Oriente: genio organizador, Jacob Baradeus (c. 500-578), nombrado obispo misionero de Edessa, organiza la Iglesia Siria Oriental (jacobita), se convierte en el apóstol monofisita a Asia. Durante treinta y cinco años (542-578) elude a espías y soldados del imperio, se mantiene constantemente en movimiento, planta una serie de iglesias desde Asia hasta India, ordena a cien mil clérigos, veintisiete obispos, dos patriarcas, entre ellos, Sergio de Antioquía. Envía evangelistas laicos por toda Asia. Rápida expansión de la ortodoxia siria.

Año 544   Sexto Sínodo General de la Iglesia del Este (Sínodo de Mar Aba), reunida por el catholicos Mar Aba el Grande. El sínodo inicia una verdadera reorganización de la iglesia, extensión de la educación teológica, avivamiento espiritual y moral, avivamiento del monasticismo y trabajo de reunión.

C. año 580   El escritor, historiador y obispo Gregorio de Tours (c. 538-594) relata diversos milagros, sanidades y exorcismos contemporáneos.

Año 594   El papa romano Gregorio el Grande (540-604) inicia las reformas en la liturgia y la administración eclesiástica, fortalece el poder y el prestigio del papado. Publica sus *Diálogos*, en los que relata milagros, visiones, profecías, conciencia sobrenatural, sanidades, exorcismos contemporáneos y ejercicio de otros dones espirituales. Hace de los planes detallados para las misiones organizadas a todos los paganos, uno de sus principales objetivos, ante la inminencia del Juicio Final.

C. 650   Samuel el Confesor, eremita copto y profeta de los últimos tiempos, prevé el avivamiento de la vocación monástica con vastas cantidades de jóvenes agolpándose para ingresar en los monasterios.

Año 926   Avivamiento del monasticismo occidental con Odón (879-942), abad de Cluny, Francia.

Año 1096   El teólogo islámico Abu Hamid Mohammed al-Ghazali (1058-1111) comienza su libro *El avivamiento de las ciencias religiosas*, que ayuda a hacer del misticismo sufí parte de la ortodoxia islámica; algunos paralelos con el misticismo cristiano.

Año 1112   El ex monje vagabundo Tanquelmo comienza a predicar por los Países Bajos, afirmando poseer el Espíritu Santo y ser Dios como lo era Cristo. Anuncia el nuevo Reino de los Santos, ataca a la iglesia y los clérigos. Atrae a multitudes de seguidores, realiza magníficos banquetes en imitación de la cena de las bodas del Apocalipsis.

Año 1122   El prelado oriental llamado Juan visita Roma diserta sobre los milagros que ocurren cada año en la India, en la fiesta de Santo Tomás. Veinte años después circulan rumores de un rey cristiano en la India, Preste Juan, que, según se dice, había infligido una gran derrota a los líderes musulmanes.

Año 1150   Numerosas mujeres católicas, místicas o carismáticas, escriben extensamente sobre el Espíritu Santo: Hildegarda de Bingen (1098-1179), Gertrudis de Helfta (1256-1301), Birgitta de Suecia (1302-1373), Catalina de Siena (1347-1380) y Juliana de Norwich (1342-1420).

Año 1151   Comienza el movimiento valdense en seguimiento de los Pobres de Lyon y Pedro Valdo, con un ministerio evangelístico y carismático (visiones, profecías, sanidades, exorcismos).

C. año 1180   Joaquín de Fiore (c. 1130-1202), abad y místico cistercense, divide a toda la historia en tres eras o períodos de cuarenta generaciones (Antiguo Testamento, Nuevo Testamento, edad futura). Escribe *Vaticini del Vangelo Eterno* (Vaticinios del Evangelio eterno) y *Expositio in Apoclypsim* (Exposición sobre el Apocalipsis); describe una inminente crisis del mal, apocalípticos símbolos del Anticristo y la tercera o final Era del Espíritu (Amor) que llegaría para el año 1260, después de la Era del Padre (Ley) y la Era del Hijo (Gracia) para los hombres espirituales, por medio de un peregrinaje y gran tribulación, en una iglesia juanina, espiritualizada, que remplazaría a la iglesia petrina, carnal. El joaquinismo se extiende ampliamente durante los tres siglos posteriores.

Año 1209   Francisco de Asís (1182-1226) funda los predicadores itinerantes (franciscanos), la más grande de las órdenes mendicantes. Hay relatos de sanidades, señales y milagros. En 1270 cuenta con misioneros en casi todas partes del mundo conocido. Para el año 1400, cuenta con misioneros desde Lapland hasta Congo y desde Azores hasta China. Pronto llega a su pico, en la Edad Media, de sesenta mil franciscanos en el año 1400; setenta y siete mil en 1768, y cae a catorce mil en 1900. Nuevamente sube a cuarenta mil en 1970. En el año 2000, hay treinta y cinco mil doscientos sacerdotes y hermanos y cincuenta y siete mil trescientas hermanas (monjas).

Año 1254   Sensacional *Introducción al evangelio eterno del abad Joaquín,* publicada por el ardiente espiritualista Gerardo de Borgo San Donnino. Afirma que sus profecías han sido cumplidas en la orden franciscana, e insiste en que la Era del Espíritu comenzará en 1260.

Año 1282   Muere la monja estigmática Guillermina de Milán. Sus seguidores afirman que ella era la tercera Persona de la Trinidad y esperan que regrese en 1300 para supervisar una conversión pentecostal mundial a la Iglesia del Espíritu Santo. Tres seguidores suyos son ejecutados en 1302, y los restos de la monja son exhumados e incinerados.

Año 1340   El místico dominico germano Johann Tauler (1300-1361), de los Amigos de Dios (*Gottesfreunde*) inicia un gran avivamiento en el valle del Rin, cuya influencia permanece hasta 1450.

Año 1399   El predicador itinerante, dominicano catalán Vicente Ferrer (c. 1350-1419) reevangeliza y transforma el cristianismo en toda Europa. Lleva al diálogo a los judíos, convierte a veinticinco mil en toda Europa. Predica seis mil sermones apocalípticos, cada uno de tres horas de duración. Manifestaciones de glosolalia, milagros, sanidades. Escribe sobre la futura venida del Anticristo, predice que el mundo terminará después de 2537 años más (año 3936), basándose en el número de versículos que tiene el Libro de los Salmos. Continúa incitando a la tortura y la conversión forzada de los judíos. En 1403 afirma que el Anticristo nació ese año.

El Espíritu Santo obra a través de los reformadores europeos

Año 1517   Comienzan tres reformas fundamentales, con claras enseñanzas sobre el Espíritu Santo: (a) Los reformadores Martín Lutero (1483-1546), Ulrico Zwinglio (1484-1531), Juan Calvino (1509-1564);

(b) los reformadores católicos Ignacio de Loyola (1491-1556), Juan de la Cruz (1542-1592); y (c) los reformadores radicales Tomás Muntzer (1488-1525) y Menno Simons (1496-1561).

Año 1523   Avivamiento del milenarismo con los protestantes de izquierda: anabaptistas, bohemios, hermanos moravos, profetas de Zwickau, etc.

Año 1557   Francia: se dice que el 33% de la población es protestante (conocidos como hugonotes). En 1559 se crea la Iglesia Reformada (73 congregaciones, 400 000 adherentes). Repetidas manifestaciones de glosolalia, trances, profecías, etc.

Año 1628   Avivamiento en Irlanda con Blair y Livingstone.

Año 1689   Avivamiento entre los estudiantes en Leipzig, Alemania.

Año 1700   Movimiento de avivamiento de Wittgenstein en Alemania (hasta 1750).

Año 1703   Claude François Poullart des Places (1679-1709) funda los espiritanos (CSSp, Padres del Espíritu Santo), para la "evangelización de los infieles". Para 1983 contaban con 857 casas con 3671 misioneros.

Año 1716   El educador presbiteriano irlandés William Tennent (1673-1746) evangeliza en las colonias norteamericanas. En 1735 capacita a hombres para el ministerio evangelístico en el "Colegio de los Troncos". En 1741, en el cisma entre "el lado viejo" y "el lado nuevo", apoya a este último.

El Espíritu obra, y se suceden los avivamientos

Año 1717   A. H. Francke, profesor luterano de hebreo, conduce campañas evangelísticas y avivamientos en Alemania, desde su sede en Halle.

Año 1720   Orígenes del Gran Avivamiento en los Estados Unidos: el evangelista alemán T. J. Frelinghuysen (1692-1747) llega, del pietismo en Europa, a las iglesias reformadas holandesas en Nueva Jersey. En 1726 lleva al ministro presbiteriano irlandés G. Tennent (1703-1764) y otros a un ministerio de avivamiento: evangelizaron entre los escoceses e irlandeses en Filadelfia, Nueva Jersey y más allá.

C. año 1720   Los camisardos profetizan en trances de éxtasis y hablan en lenguas prediciendo la inminente destrucción de la Iglesia Católica Romana en Francia. Luego huyen a Inglaterra y Norteamérica como precursores de los "tembladores".

Año 1723   Cismo de Utrecht: la Pequeña Iglesia de Utrecht (Iglesia Jansenista de Holanda) se separa de Roma. En 1889 la Declaración de Utrecht rechaza el Concilio de Trento. En la Unión de Utrecht, se une la iglesia con las Antiguas Iglesias Católicas de Alemania y Suiza. La cosmovisión jansenista afirma que las "señales y prodigios" –milagros, sanidades, señales sobrenaturales– aun se producen con gran frecuencia.

Año 1725   El Gran Avivamiento se extiende por Nueva Inglaterra y las trece colonias. Masivas conversiones de las poblaciones descristianizadas en Norteamérica, lideradas por el evangelista Jonathan Edwards (1703-1758), quien postula el milenarismo progresivo –más adelante llamado posmilenarismo– y prevé el establecimiento del reino milenario de Cristo en la Tierra, aproximadamente para el año

	1990, con el segundo Adviento a fines del siglo. Edwards convoca a "conciertos de oración" por el avivamiento mundial. El avivamiento continúa hasta 1770.
Año 1738	Conversión de Juan Wesley (1703-1791) en Aldersgate (Gran Bretaña). Comienzo del avivamiento evangelístico del siglo XVIII y surgimiento del metodismo bajo el liderazgo de los Wesley. Se extiende principalmente en las zonas urbanas, con gran preocupación por las necesidades de los pobres, analfabetos, desempleados, huérfanos, etc.
C. año 1750	Gales: Avivamientos liderados por Howell Harris (1714-1773), Daniel Rowland (c. 1713-1790) y William Williams (1717-1791).
Año 1773	Virginia: El avivamiento que surge es la primera instancia de un avivamiento religioso de tipo pentecostal en Norteamérica. Se repite en 1787.
Año 1781	En los Estados Unidos surgen avivamientos en varias universidades, entre ellas: (1781) Dartmouth; (1783) Princeton y Yale; también Williams y Hampden-Sydney. En 1785, el "avivamiento de 1800" en todo el país fija el patrón de la vida denominacional. Dura hasta 1812.
Año 1782	Los conciertos de oración –por el avivamiento y las misiones mundiales– imaginados por Jonathan Edwards, se extienden en Gran Bretaña y a partir de 1790, en los Estados Unidos. Son la base del subsiguiente avance misionero en todo el mundo.
Año 1783	El ex esclavo George Lisle inicia la Iglesia Bautista Nativa (*Native Baptist Church*), primer movimiento afrocristiano jamaiquino. La iglesia tendrá un rol político significativo ochenta años más tarde, precursor de la renovación pentecostal posterior de los últimos tiempos en todo el mundo.
Año 1785	Despertares –avivamientos– se extienden por toda Gales: Brynengan (1785); Trecastle (1786); Bala (1791); Aberystwyth (1805); Llangeitho (1810); Beddgelert (1817); Denbighshire (1821); Anglesey (1822); Carmarthenshire (1828); Caernarvonshire (1832); Merionethshire (1840); en el sur de Gales (1849), etc.
Año 1788	Avivamiento de Allgauer entre los católicos bávaros, liderado por Johann Sailer (1751-1832), Michael Feneberg, Martin Boos (1762-1825), Johannes Goszner (1773-1858), Ignatius Lindl (1774-1834).
Año 1796	Avivamiento en Noruega, liderado por Hans Nielsen Hauge.
Año 1800	Inicios de despertares –avivamientos– locales en Escocia: Lewis, Harris, Perthshire.
Año 1800	Comienzan en los Estados Unidos las reuniones en campamentos evangelísticos. Despertar de avivamiento en Kentucky, con asistencia de hasta veinticinco mil personas, se extiende como reguero de pólvora por todo Kentucky, Tennessee y las Carolinas.
Año 1806	Gran Bretaña: grupos avivacionistas se separan del metodismo. En 1806, los metodistas independientes; en 1810, los metodistas de campamentos; se unen en 1812 como metodistas primitivos.
Año 1810	Despertares –avivamientos– evangélicos en Suiza (Robert Haldane, 1764-1842), Francia, Países Bajos, Alemania.

Año 1810   Avivamiento en la Iglesia Ortodoxa Rusa. En 1813 se funda la Sociedad Bíblica Rusa, que imprime seiscientos mil ejemplares en treinta idiomas (diecisiete nuevos). En 1827 se dispersa.

C. año 1810   Gales: avivamientos con Christmas Evans (1766-1838), John Elias (1774-1841).

Año 1815   *The Spirit of British Missions* –Londres, publicado por un clérigo anglicano de la Sociedad Misionera de la Iglesia– ruega por obreros: "La provisión de obreros en la gran obra de evangelizar el mundo es un tema de gran importancia".

Año 1816   Avivamientos de Elberfeld en Alemania occidental: primer avivamiento en 1816; segundo avivamiento en 1820.

Año 1820   Avivamiento en Pomerania, Alemania.

Año 1826   Avivamiento misionero en Siberia occidental con Eugene Kazancev, metropolitano de Tobolsk. Comienza la mejor época de las misiones ortodoxas rusas.

Año 1827   Avivamiento de Siegen-Dillkreis, Alemania occidental.

C. año 1830   Francia: avivamientos con F. Monod (1794-1863) y A. Monod (1802-1856).

C. año 1830   Suiza: avivamientos con Robert Haldane, C. Malan (1787-1864), F. Gaussen (1790-1863), J. H. M. D'Aubigne (1794-1872).

Año 1832   Edward Irving funda la Iglesia Católica y Apostólica en Londres. Manifestaciones carismáticas.

Año 1835   Finlandia: el *osterbottenvackelse*, avivamiento evangélico en el oeste, se extiende durante quince años. También hay un avivamiento con el pastor luterano L. L. Laestadius (1800-1861).

Año 1837   Se establece la Junta de Misiones Foráneas de la Iglesia Presbiteriana en los Estados Unidos "para ayudar a la conversión del mundo [...] todo miembro de esta iglesia es un miembro, de por vida, de esta sociedad, y está obligado a hacer todo lo que esté a su alcance para lograr este objetivo". En 1958 se convierte en la Comisión de Misión y Relaciones Ecuménicas, para la cual, "el objetivo supremo que rige la Misión Cristiana al mundo es hacer conocer el Señor Jesucristo a todos los hombres [...] en la cual los cristianos de todas las tierras compartan la evangelización del mundo, e insuflar en toda la vida, el espíritu y la verdad de Cristo".

Año 1837   Gran avivamiento en Hawaii, con conversiones masivas hasta 1843: veintisiete mil convertidos adultos protestantes (veinte por ciento de la población).

Año 1838   Turquía: avivamientos en pequeña escala entre los armenios de Nicomedia y –en 1841– Adabazar, por medio de la ABCFM (Junta Americana de Comisionados para las Misiones Foráneas, EE.UU.), y luego en Aintab y Aleppo.

Año 1842   El avivamiento se extiende en la iglesia oficial de Noruega. Se inicia la Sociedad Misionera Noruega (Stavanger).

Año 1843   Avivamiento de Hermannsburg, en Alemania occidental.

Año 1844   Persia: avivamiento entre los nestorianos alrededor de la sede de la ABCFM en Urumiah. Otros avivamientos en 1849 y 1850.

C. año 1860   Países Bajos: avivamientos con G. Van Prinsterer (c. 1800-1867) y A. Kuyper (1837-1920).

C. año 1860   Avivamiento en Sudáfrica con el moderador de la Iglesia Reformada Holandesa, Andrew Murray (1828-1917), corre como reguero de pólvora en las iglesias de los afrikáans.

Año 1860   Avivamiento en Ucrania. Entre 1884 y 1904, persecución de evangélicos.

Año 1861   Avivamientos en Cornualles, Gran Bretaña, durante dos años.

Año 1861   Gran Avivamiento Cristiano –Gran Despertar– en Jamaica, que produce la rápida expansión de la Iglesia Bautista Nativa –ahora llamada del Avivamiento Sion–. Danzas extravagantes, trances.

Año 1863   Apóstoles y clérigos de la Iglesia Católica y Apostólica mueren sin que se autorice a reemplazarlos.

Año 1863   El profeta alemán –excomulgado– H. Geyer, de la Iglesia Católica y Apostólica (Gran Bretaña) funda en Alemania la Iglesia Católica Universal –luego renombrada como Nueva Iglesia Apostólica– que hace énfasis en un apostolado sucesorio, sujeto a un apóstol principal con poderes casi papales. Ejercicio de los dones del Espíritu Santo, entre ellos profecía, lenguas, sanidades milagrosas. Sacramentos. Jerarquía de cuarenta y ocho apóstoles vivos. Para 1988 tenía 1,7 millones de miembros –principalmente alemanes– en cuarenta y cinco países. Se mantiene en secreto y no coopera con las demás iglesias, hasta que, en 1995, revela todos los detalles de la iglesia en la World Wide Web. Para el año 2000 se ha multiplicado: 9,6 millones de miembros en ciento ochenta países.

Año 1865   El evangelista metodista William Booth funda en Inglaterra la Asociación Cristiana de Avivamiento –renombrada como Ejército de Salvación en 1878–, con el fin de realizar servicio social y evangelismo en las calles de las ciudades. En 1985 había 4.226.900 salvacionistas en 75 países, con un vasto servicio social, y actividades e instituciones evangelísticas. El plan fundamental del Ejército de Salvación fue definido en 1987 por su general: "Enfatizar la supremacía del evangelismo en el cumplimiento de la gran comisión de nuestro Señor. [...]. Trabajar con el fin de que cada hombre, mujer y niño haya tenido la oportunidad de escuchar la Buena Noticia del evangelio".

Año 1870   Punjab: movimientos masivos del cincuenta por ciento de los hindúes chuhras en Sialkot a la misión presbiteriana estadounidense. El avivamiento continúa hasta 1912.

Año 1871   Avivamientos en Japón. También en 1883, después de las oleadas de persecución en 1865, 1867 y 1868, que culminan en 1872 con el decreto sobre la libertad religiosa.

Año 1875   La escritora anticristiana Helena Blavasty (1831-1891) funda en la ciudad de Nueva York la Sociedad Teosófica, en la cual combina gnosticismo, misticismo y ocultismo de Egipto, India y China. En 1909, el joven brahmán Jiddu Krishnamurti es aclamado como Maestro Ascendido, Espíritu de Cristo, Buda Reencarnado y Espíritu Guía del universo.

Año 1876   Guinea Francesa. Primera misión –de los sacerdotes franceses del Espíritu Santo–.

Año 1880 Avivamiento de los Treinta Años en Alemania –hasta 1910–. Varios cientos de miles de fieles de las iglesias oficiales se convierten.

Año 1883 Segunda Conferencia General de Misioneros Protestantes en Japón. Varios avivamientos: "Japón, ahora, está abrazando el cristianismo con una rapidez inaudita desde la época de Constantino [...] será predominantemente cristiano dentro de veinte años".

Año 1883 Swami Vivekananda (1862-1902), misionero hindú al Occidente y líder del avivamiento hindú en la India gana a muchos occidentales al vedantismo.

Año 1886 Se funda la Iglesia Santa Unida en Method, Carolina del Norte. En Tennessee, R.J. Spurling, Sr., organiza la Unión Cristiana.

Año 1890 Durante una década tres negros son linchados por semana en el sur de los Estados Unidos –muchos de ellos, predicadores pentecostales–.

Año 1894 Comienza el avivamiento de Soatanana entre iglesias luteranas y de LMS en Madagascar, que dura más de cien años –Fifohazana, avivacionistas–.

Año 1895 Se forma la Asociación de Iglesias Pentecostales en América –renombrada Iglesia del Nazareno en 1919–. En 1897 inicia sus misiones mundiales. Para 1987 la división de Misiones Mundiales cuenta con 617 misioneros en 84 países, con dos programas para el año 2000 con el fin de "maximizar el evangelismo de la santidad en las ciudades clave" y lograr dos millones de adherentes para el año 1995.

Año 1895 Se forma en los Estados Unidos la Iglesia de Dios en Cristo, que luego se convierte en pentecostal negra.

Año 1895 La Iglesia de la Santidad Bautizada por Fuego, bajo el liderazgo de B.H. Irwin, enseña una tercera bendición, un "bautismo con el Espíritu Santo y Fuego" subsiguiente a la confesión y la santificación, pero sin relación con la glosolalia o los carismas.

Año 1897 Encíclica sobre el Espíritu Santo del papa León XIII, que llama la atención sobre los siete dones del Espíritu Santo (Isaías 11:2) y promueve una novena universal al Espíritu Santo antes del Domingo de Pentecostés cada año. Esta encíclica influye sobre millones de personas.

Año 1899 Para el fin del siglo la mayor parte de los novecientos sesenta mil pentecostales o carismáticos del mundo se encuentran en África negra, especialmente en iglesias independientes en el sur o el occidente de África. Son rechazados por las denominaciones y misiones católicas y protestantes, que los consideran, en el mejor de los casos, criptocristianos semipaganos no pertenecientes a ellas; y en el peor de los casos, separatistas, sincretistas, herejes, cismáticos fanáticos.

Año 1899 Renovación iconográfica del siglo XX. Los íconos ortodoxos como arte litúrgico expresan la verdad cristológica.

El Espíritu Santo moviliza la renovación pentecostal

Año 1900 Comienza el gran derramamiento mundial del Espíritu Santo.

Año 1900 En Inglaterra, J. H. Smyth-Pigott, conmovido por la muerte de H. J.

Prince, último mensajero del Espíritu Santo, se anuncia a sí mismo como el Cristo que ha regresado.

Año 1900   Orígenes del pentecostalismo en los Estados Unidos: el predicador de la santidad británico-israelí Charles F. Parham (1873-1929, metodista) abre el Instituto Bíblico Bethel cerca de Topeka, Kansas, con cuarenta alumnos. En 1901 reciben el bautismo en el Espíritu Santo. En 1903 el avivamiento se extiende por Kansas; en 1905 por Houston; en 1906 a Los Ángeles y desde allí al mundo (1906, Noruega; 1907, Chile; 1908, China; 1909, Corea; 1910, Brasil; etc.).

Año 1901   Enseñanza de "la lluvia tardía": Después de mil ochocientos años de aparente cesación de los carismas a gran escala y cien años de expectativa y enseñanza sobre los dones del Espíritu Santo en los Estados Unidos, comienza la "restauración de todas las cosas" con el bautismo en el Espíritu Santo y glosolalia, a medida que el poder pentecostal es restaurado a la iglesia. Miles de interesados viajan a los centros del avivamiento en los Estados Unidos, Europa, Asia y Sudamérica. Ver con mayor detalle en el libro *The Latter Rain Pentecost* (El Pentecostés de la lluvia tardía), de D.W. Myland (1910).

Año 1904   Avivamiento en Gales con el ministerio de Evan Roberts (1878-1951) en Glamorganshire, Anglesey, Caernavonshire, con cien mil convertidos en Gales, en seis meses. De breve duración (1904-1906), pero corre como reguero de pólvora por el mundo. Promocionado por la prensa en todo el planeta. Lleva al movimiento pentecostal en todo el mundo (1905, Suiza y Alemania; 1907, Inglaterra).

Año 1905   India: Avivamiento pentecostal en la misión de Mukti, Poona, con el maestro anglicano Pandita Ramabai (1858-1922).

Año 1906   C. F. Parham enseña que los misioneros solo necesitan recibir el bautismo en el Espíritu Santo y así, por medio del don de lenguas, podrán ser entendidos inmediatamente en los idiomas nativos de los más remotos rincones del mundo. Pero los misioneros pentecostales al extranjero prueban hacerlo y fracasan.

Año 1906   Primera reunión pentecostal registrada en Europa continental. El profeta metodista T. B. Barratt (1862-1940), de Cornualles, predica ante mil personas en Oslo. Para 1910 Italia está saturada de iglesias pentecostales. Se llega al imperio ruso: en 1911, Helsinki; 1914, San Petersburgo.

Año 1906   Evolución de conceptos de la teología del evangelio completo, de cuatro puntos y cinco puntos. En 1906 la misión de la calle Azusa presenta como pasos o etapas normales en la vida de un creyente los siguientes: (1) salvación (conversión), (2) entera santificación (según el patrón wesleyano de la santificación), (3) bautismo en el Espíritu Santo (con la evidencia inicial de hablar en lenguas), (4) participación en la sanidad divina y (5) espera de la segunda venida de Cristo previa al Milenio. En 1914 las Asambleas de Dios recién formadas lo reducen a cuatro puntos (evangelio cuadrangular), basándose en que la obra terminada de Cristo en la cruz une los pasos 1 y 2, los convierten en uno solo. En 1914 surge el movimiento unitario, que enseña que los pasos 1 al 4 (incluido el don de lenguas) vienen en la primera etapa del bautismo por inmersión, en el Nombre de Jesús.

Año 1906   En los Estados Unidos: el pentecostalismo logra publicidad nacional gracias al predicador negro de la santidad William J. Seymour (1870-1922) con un avivamiento en la calle Azusa, en Los Ángeles, que se extiende desde 1906 hasta 1909. Miles de personas viajan desde Europa en busca de su propio Pentecostés con glosolalia. De 1906 a 1908 todo el movimiento pentecostal en los Estados Unidos enseña las tres etapas del camino de la salvación.

Año 1907   Primer movimiento pentecostal dentro de la Iglesia de Inglaterra, en la parroquia de Sunderland, con el párroco A. A. Boddy (1854-1930).

Año 1907   Multitudinario avivamiento en Corea que comienza en Pyongyang. Los protestantes crecen exponencialmente para 1914 (196 389 fieles, de los cuales, 73% son presbiterianos y 27% metodistas). Crecimiento espectacular de las iglesias que se extiende a Manchuria y China.

Año 1907   En los Estados Unidos: la primera gran oleada de pentecostalismo atraviesa el movimiento de la santidad sureño. En una campaña de un mes de duración en Dunn, Carolina del Norte ("la Azusa del este"), cientos de personas reciben el bautismo en el Espíritu Santo evidenciado por el don de lenguas. Varias denominaciones de la santidad se pentecostalizan.

Año 1908   Avivamiento en Changte, Manchuria, con Johnathan Goforth (1859-1936).

Año 1908   Estados Unidos: primeros cismas. Ciertos pentecostales negros se separan de otros pentecostales negros al ser expulsados o apartarse de la Misión de la Fe Apostólica (Azusa). Los blancos desarrollan la teología del camino de la salvación en dos etapas y en 1914, forman las Asambleas de Dios.

Año 1909   Declaración de Berlín por parte de los evangélicos alemanes: rechaza las afirmaciones pentecostales sobre la restauración de los carismas. Condena todo pentecostalismo como manifestación diabólica. El pentecostalismo se extiende en forma muy reducida en los países de habla alemana.

Año 1909   El movimiento pentecostal se organiza en Chile. El misionero metodista estadounidense W. C. Hoover y treinta y siete carismáticos son expulsados, y forman la Iglesia Metodista Pentecostal.

Año 1909   Primeros grupos de oración carismática se forman en iglesias oficiales históricas de Europa: el líder pentecostal alemán J. A. A. B. Paul (1853-1931) continúa siendo ministro luterano hasta su muerte.

Año 1914   Uganda: avivamiento masivo. Se forma la Sociedad del Único Dios Todopoderoso o Iglesia Malaquita, que se separa de la ex CMS. En 1921 ya cuenta con 91 740 adherentes ganda.

Año 1915   F. J. Ewart introduce la doctrina antitrinitaria ("Solo Jesús") en el pentecostalismo estadounidense.

Año 1915   El sanador pentecostal G. Jeffreys (1889-1962) inicia en Gran Bretaña la Alianza del Evangelio Cuadrangular Elim y el Partido del Avivamiento. En 1935 funda la Cruzada para el Avivamiento Mundial.

Año 1917   Aparición de la virgen María en Fátima, Portugal. Se produce una renovación religiosa que refuerza el conservadurismo del catolicismo portugués. La "tercera profecía de Fátima" nunca fue publicada por el Vaticano, pero se sospecha que predice el holocausto mundial y la aniquilación de la iglesia.

Año 1917 En Pekín se inicia la Verdadera Iglesia de Jesús (Chen Ye-Su Chiao Hui). Se trata de un cisma del movimiento de la fe apostólica. Para 1975 la iglesia se ha convertido en una organización misionera mundial, con misioneros en Hong Kong, India, Indonesia, Japón, Corea, Malasia, Singapur y los Estados Unidos.

Año 1918 La controversia entre fundamentalismo y modernismo causa divisiones en todas las grandes denominaciones protestantes de los EE.UU. hasta 1931. El premilenarismo se convierte en un aspecto importante de toda predicación evangelística.

Año 1918 Evangelismo Mundial, una visión de la evangelista pentecostal Aimee S. McPherson (1890-1944), quien, en 1922, predica por primera vez en la radio y en 1923 funda Angelus Temple en Los Ángeles, y la Iglesia Internacional del Evangelio Cuadrangular.

Año 1920 Estados Unidos: se acuña el término "fundamentalista" para denotar a un evangélico conservador militante o combativo; mayormente dispensacionalista-premilenarista. Después de 1925 resulta difícil para los fundamentalistas lograr atención en el país. En 1930 el fundamentalismo pierde su prominencia inicial en el país dentro de las iglesias protestantes históricas y comienza a fragmentarse en pequeñas denominaciones. Para 1960 la palabra se aplica a los separatistas eclesiásticos. Ahora, casi todos son bautistas dispensacionalistas separados. La expresión no incluye a pentecostales y seguidores de la santidad.

Año 1921 El Concilio General de las Asambleas de Dios en los EE.UU. nombra a un comité para la cooperación mundial con el fin de "convocar a una conferencia para la formación de una unión ecuménica de creyentes pentecostales, para más perfecta y rápida evangelización del mundo". El comité no logra reunirse y el esfuerzo es abandonado en 1923.

Año 1921 A pesar de la oposición, se reúne en Ámsterdam la Conferencia Pentecostal Internacional.

Año 1921 Orígenes de la iglesia electrónica mundial: primera transmisión de un culto de una iglesia (Iglesia Episcopal Calgary, Pittsburg, EE.UU.). Primera transmisión bautista. En 1922, primera emisión pentecostal (Aimee S. McPherson). Para 1988 ya hay más de mil doscientos millones de televidentes/oyentes de programas cristianos (24% de la población mundial).

Año 1921 Se forma en Gran Bretaña el "grupo de Oxford" (1921-1938), luego renombrado Rearmado Moral (*Moral Rearmament*, MRA). Se trata de una renovación evangélica basada en la devoción personal a Cristo, los cuatro absolutos, el evangelismo personal y el "evangelismo de la sala". Se extiende rápidamente por las denominaciones y en todo el mundo. Para 1950, ya no es solo cristocéntrico, sino fomenta el avivamiento entre los budistas, hindúes, etc.

Año 1921 Simon Kimbangu (1889-1951) predica para el avivamiento carismático en el Bajo Congo, con el resultado de multitudinarias conversiones, persecución, encarcelamientos, deportaciones. Para

1960 ya se ha convertido en una enorme iglesia autóctona (EJCSK) que, en el año 2000, tiene nueve millones de miembros bautizados en el Espíritu Santo.

Año 1922   URSS: El pentecostalismo es introducido por I. E. Voronaev (1892-1943) quien ayuda a crecer la membresía hasta veinte mil personas en Ucrania solamente. Funda 350 congregaciones hasta 1929. En 1932 es encarcelado y muerto a balazos en Leningrado, en 1943.

Año 1923   Después de predicar por primera vez en la radio en 1922, la evangelista pentecostal Aimee Semple McPherson (1890-1944) atrae a millones de personas a su Angelus Temple –con capacidad para cinco mil personas–, desde 1923 hasta 1944. Funda la Iglesia Internacional del Evangelio Cuadrangular y su rama misionera.

Año 1924   Estados Unidos: todos los ministros blancos se retiran de la denominación interracial Asambleas Pentecostales del Mundo –Pentecostales unitarios– para formar una denominación aparte, exclusivamente blanca, la Iglesia Pentecostal, Inc. (*Pentecostal Church, Inc.*), explicando que "la mezcla de razas impide la efectiva evangelización del mundo".

Año 1925   Época de grandes campañas evangelísticas de sanidad en Europa y los Estados Unidos, con la primera generación de evangelistas pentecostales, entre ellos, Smith Wigglesworth (1859-1947), que predica a grandes multitudes en la mayoría de las grandes capitales del mundo.

El Espíritu Santo moviliza la renovación carismática

Año 1925   Movimiento del Espíritu (Aladura) en Nigeria. Avivamientos carismáticos en la iglesia anglicana dan como resultado iglesias autóctonas: Querubines y Serafines, Iglesia Apostólica de Cristo, Iglesia del Señor (Aladura).

Año 1927   China: continúa la gran expansión de dos grupos carismáticos autóctonos: Pequeño Rebaño, de Watchman Nee, y las Bandas Predicantes de John Sung (Song Shangje).

Año 1927   El movimiento de avivamiento *Balokole* ("Los salvados") surge en Ruanda, y pronto pasa a Uganda, África del Este, Zaire, luego a Sudán y Malawi, con células en Europa y América. Desde 1931 hasta 1985 se realizan ochenta convenciones multitudinarias del avivamiento en toda África del Este, entre ellas: Gahini en 1931; Mukono (Uganda) en 1936; Kabete (Kenia) en 1937; Katoke Otanganyika en 1939; Kabale ("Jesús satisface") en 1945; Kabete (con quince mil personas) en 1949; Mombasa (veinte mil asistentes) en 1964; Thogoto (cuarenta mil personas) en 1970; Tumutumu (cuarenta y cinco mil personas) en 1978; Thogoto (cincuenta mil personas) en 1979; continúan con menor regularidad hasta la de 1997 en Mbarara (Uganda).

Año 1927   Orígenes de los avivamientos de la lluvia tardía y retorno al pentecostalismo primitivo en Sudáfrica (Blourokkies) y (c. 1930) en Alemania.

Año 1928   El pentecostalismo es rechazado oficialmente por la Asociación Fundamentalista Mundial como "fanático y antibíblico". En 1944 es también rechazado por el Consejo Americano de Iglesias

Cristianas, que tildan a la glosolalia de "una de las grandes señales de la apostasía".

Año 1931 Comienza la renovación carismática en las iglesias reformadas de Francia. Su teólogo, L. Dalliere (1897-1976) abre el diálogo con las iglesias católica y ortodoxa; también con los judíos.

Año 1932 El avivamiento carismático entre los ex metodistas estadounidenses en el sur de Rhodesia, forma una iglesia autóctona multitudinaria: la Iglesia Apostólica Africana de Johane Maranke (AACJM) con un millón cuatrocientos mil seguidores en África tropical.

Año 1933 Alemania: La renovación católica bíblica lleva a la fundación de la Asociación Bíblica Católica (*Katholisches Bibelwerk*, KBW) en Stuttgart. Para 1980 cuenta con más de treinta mil miembros catequistas, sacerdotes y estudiosos.

Año 1933 El predicador pentecostal W. M. Branham (1909-1965) ofende a las denominaciones pentecostales tradicionales profetizando que 1906-1977 es la Era de la Iglesia de Laodicea, seguida inmediatamente por una apostasía masiva, el segundo advenimiento de Cristo y el Milenio en 1977. Sus seguidores lo aclaman como Último Profeta, con atributos mesiánicos.

Año 1933 URSS: La intensa "colectivización" forzada y la hambruna resultante producen la muerte de diez millones de gulags y campesinos, principalmente cristianos, en Ucrania. Decenas de millones de campesinos son brutalmente colectivizados por medio del terror policial. Los pentecostales sionistas y otras denominaciones son prácticamente liquidados.

Año 1934 La Sociedad de Investigación Bíblica publica seis millones de ejemplares de los siete volúmenes de *Messianic Series*, de D. L. Cooper, y los distribuye a los judíos de todo el mundo por medio de ciento cincuenta sucursales. "Estos libros permanecerán después del Arrebatamiento y serán leídos durante la Tribulación por los ciento cuarenta y cuatro mil evangelistas judíos de Apocalipsis 7 que, entonces, producirán el avivamiento mundial".

Año 1935 El líder pentecostal G. Jeffreys funda la Cruzada para el Avivamiento Mundial.

Año 1936 El joven presbiteriano coreano Sun Myung Moon recibe una visión que lo inspira para fundar la Asociación del Espíritu Santo para la Unificación del Cristianismo del Mundo (*T'ongil Kyohoe*). En 1954 inicia la Iglesia de la Unificación como movimiento eclesiástico autóctono en Corea. Para 1970 el movimiento afirma categóricamente que es superior al cristianismo, como este último es superior al judaísmo.

Año 1937 Etiopía: después que los misioneros son expulsados por los invasores italianos, estalla un avivamiento entre las iglesias protestantes (SIM) del sur.

El Espíritu Santo moviliza la renovación neocarismática

Año 1937 Aunque ya han surgido manifestaciones de la tercera ola en 1656 y 1783, para 1937, cada año se inician grandes cantidades de iglesias neocarismáticas.

Año 1937   Se forma en Japón la iglesia cristiana autóctona más grande de ese país, Espíritu de Jesús, una división de las Asambleas de Dios.

Año 1938   El apologista anglicano C. S. Lewis (1898-1963) escribe la exitosa trilogía *Más allá del planeta silencioso* –en el que la Tierra se encuentra aislada porque Satanás, el espíritu que la rige, se ha vuelto maligno y Marte es un planeta perfecto, sin pecado original– , *Perelandra* –1943: Venus está a punto de ser invadido por Satanás– y *Esa horrible fortaleza* –1947: Satanás manipula a los científicos para crear la anti-utopía en la Tierra–.

Año 1939   Conferencia Pentecostal Europea, organizada en Estocolmo, Suecia, resultado de los esfuerzos de Donald Gee. Primer intento de reunir a los representantes de todas las variedades del pentecostalismo europeo para tratar temas doctrinales y teológicos. Los escandinavos demuestran estar vehementemente en contra de toda organización denominacional o centralizada.

Año 1939   C. E. Fuller conduce el programa radial *Old Fashioned Revival Hour*, que se emite por 152 radios con una audiencia de doce millones de personas por semana –para 1960 había llegado a los veinte millones y se le cambia su nombre por *The Joyful Sound*–.

Año 1941   Multitudinario avivamiento en las iglesias ortodoxas dentro de la URSS, ocupada por Alemania.

Año 1942   Estados Unidos: se forma la Asociación Nacional de Evangélicos (NAE). Invita a varias denominaciones pentecostales a afiliarse para su convención del año siguiente.

Año 1943   Timor: Intenso movimiento adventista bajo la opresiva ocupación japonesa. Principalmente, en Nunkolo (Atoni), con la profetisa Juliana Mnao como líder. En 1965 se produce un movimiento similar.

Año 1944   Las Asambleas de Dios comienzan su programa de radio *Sermons in Song*, que en 1954 es renombrado como *Revivaltime*. Se emite en seiscientas radios de los EE.UU. y otras cien en el mundo.

Año 1945   Se funda en los Estados Unidos la Iglesia Pentecostal Unida Internacional. Para 1985 su División de Misiones Foráneas tiene 212 misioneros en 50 países.

Año 1947   Primera Conferencia Mundial Pentecostal en Zurich, Suiza. Asisten 250 líderes de 23 países. En mayo fracasa el primer intento de fundar una Confraternidad Pentecostal Mundial.

Año 1947   Nagaland, India: Dos grandes avivamientos: (1) desde 1947 hasta 1952 y (2) desde 1972 durante más de 20 años. Consecuencias: hostilidad y persecución militar.

Año 1947   Se funda la Asociación Evangelística Oral Roberts en Tulsa, Oklahoma, EE.UU., con su propio programa de misiones foráneas. En 1953 Oral Roberts comienza a predicar en TV. Se convierte en un ministerio multitudinario con cruzadas de sanidad en todo el mundo. Universidad Oral Roberts, Ciudad de la Fe, Ministerio Bíblico Carismático.

Año 1947   El papa Pío XII declara, en Roma: "Hoy ha sido desencadenado el espíritu del mal".

Año 1947   Se funda la Liga de Oración por el Avivamiento Mundial –Liga Femenina Nacional Cristiana de Oración– en Tokio, Japón.

Año 1948 Surge el avivamiento de la lluvia tardía (Nuevo Orden de la Lluvia Tardía) entre los pentecostales clásicos de Saskatchewan, Canadá, que se extiende rápidamente a Europa, los Estados Unidos y el mundo. Énfasis en la imposición de manos con profecía. Gobierno de apóstoles vivos. Comienza la *Global Missions Broadcast*. En 1965 se funde con el movimiento carismático.

Año 1949 Segunda Conferencia Mundial Pentecostal en París. Los pentecostales escandinavos sabotean los planes para formar una Confraternidad Pentecostal Mundial.

Año 1949 El obispo católico J. Hervas inicia el movimiento de los Cursillos de la Cristiandad en España. Se popularizan los retiros de tres días de duración para renovar la fe personal de los católicos. En los años cincuenta se extiende a América Latina, luego a los Estados Unidos, en 1961, a Gran Bretaña y luego al mundo. Muchos líderes, después, se convierten en los primeros católicos carismáticos.

Año 1950 Después de tener una visión de la gente de todos los continentes, el magnate tambero D. Shakarian funda en los Estados Unidos la Fraternidad de Hombres de Negocios del Evangelio Completo (FGBMFI), con exclusión de mujeres y ministros. Crece rápidamente: para 1970, cuenta con trescientos mil miembros en 700 "capítulos" en todo el mundo. Para 1986 cuenta con setecientos mil hombres de negocios que asisten con regularidad en 3000 capítulos (1715 de ellos, en los Estados Unidos), en 95 países, entre ellos, la URRS, Checoslovaquia, Arabia Saudita y otros países cerrados.

Año 1952 Tercera Conferencia Mundial Pentecostal en Londres, Inglaterra. Lema: "A todo el mundo".

Año 1952 W. E. Allen organiza en Irlanda el Movimiento para el Avivamiento Mundial y la Compañía Editorial del Avivamiento (Lisburn), para promover el lema "El avivamiento es la clave de la evangelización mundial".

Año 1953 India: Masivo crecimiento del pentecostalismo, especialmente en el sur del país.

Año 1953 Estados Unidos.: Los bautistas del sur implementan la primera campaña evangelística simultánea en todo el país, con 361 835 bautismos durante el año.

Año 1954 Argentina: El evangelista pentecostal estadounidense Tommy Hicks viaja sin invitación previa a Buenos Aires. Sin publicidad ni apoyo económico del exterior, pero con la cobertura gratuita de la radio y televisión estatales, conduce la cruzada evangelística más grande hasta ese momento: en cincuenta y dos días predica el evangelio a más de dos millones de personas –de las cuales, más de doscientas mil asisten al último culto–. En 1956 realiza su campaña Oswald Smith –veinticinco mil personas–. En 1962 Billy Graham realiza cruzadas en tres ciudades.

Año 1955 Cuarta Conferencia Mundial Pentecostal en Estocolmo, Suecia, sobre "El llamado y la comisión del movimiento pentecostal: una reevaluación".

Año 1955 El pentecostalismo se extiende rápidamente en la población gitana de Europa, especialmente, en Francia, Italia, España y Portugal.

Año 1955   Comienza a transmitir la radio IBRA –pentecostal sueca– en Tangier, en veinte idiomas.

Año 1956   El obispo católico L. J. Suenens publica *El Evangelio para toda criatura*. Considerable influencia sobre el II Concilio Vaticano. Se convierte en el líder defensor de los católicos carismáticos.

Año 1956   Se inaugura la Confraternidad Cristiana Pentecostal de Nigeria (CPFN). En 1987 realiza su primera convención: une a la Iglesia Apostólica de Cristo (CAC) con la Iglesia Apostólica. Se convierte así en un importante bloque de poder en la CAN de Nigeria. En 1990 se realiza su segunda convención, en Ibadan, junto con la Iglesia Apostólica del Salvador (SAC).

Año 1956   Estados Unidos: Se inicia la renovación carismática (neopentecostal) entre las iglesias anglicanas y protestantes, primero en la Iglesia Episcopal Trinity, de Wheaton, Illionois. Crece rápidamente hasta abarcar un 10% de los clérigos y un millón de laicos para 1970, y 1,6 millón de carismáticos bautizados en el Espíritu, activos, para 1980. Durante estas décadas se produce una nueva proliferación de "señales, prodigios y sanidades" en todo el mundo que acompaña la expansión del movimiento carismático.

Año 1957   El laico anglicano y misionero de CMS a la India, G. S. Ingram (c. 1881-1969) lanza las Noches de Oración por el Avivamiento Mundial (NPWR), que continúan hasta su muerte.

Año 1958   Quinta Conferencia Mundial Pentecostal, realizada en Toronto, Canadá, bajo el lema "El propósito de Dios en el movimiento pentecostal en esta hora".

Año 1958   Brasil: Comienza la "Renovación" neopentecostal (carismática) entre los pastores bautistas.

Año 1958   América Latina: El movimiento de la renovación carismática se extiende a varias de las principales denominaciones protestantes. Grandes crisis y cismas.

Año 1960   Se publica la novela de P. J. Farmer *Flesh projects revival of ancient vegetation religions in the far future* (La carne proyecta el renacimiento de antiguas religiones de vegetación en el futuro lejano). La religión es ahora interpretada como la forma más antigua de ciencia ficción.

Año 1960   Estados Unidos: Se extiende la renovación carismática en la iglesia episcopal de los EE.UU. con el párroco D. Bennett.

Año 1960   Se funda el Plan de Asistencia Misionera Mundial (World MAP) en California, EE.UU., como una agencia de servicio carismática, evangélica, interdenominacional. Comienzan los seminarios de renovación espiritual para líderes "para crear la renovación espiritual entre todos los líderes de iglesias del mundo, con el fin de que el cambio en todas las naciones y por lo tanto, la evangelización mundial, esté completo para el año 2000". Para 1987 la organización afirmaba haber cumplido con el 60% de esa meta.

Año 1960   Fundación de Juventud con una Misión (JUCUM), agencia de misiones evangélica carismática, como continuación del "movimiento de Jesús" en los Estados Unidos. Al principio es poco conocida en las iglesias. En 1977 lanza el barco evangelístico –de diez mil toneladas– *Anastasis*, para ministerios de discipulado y ayuda solidaria. Para 1983 es la organización evangelística más grande del mundo, con catorce mil jóvenes misioneros en otros países cada año, en 56 países. Para 1987 cuenta con cincuenta mil jóvenes misioneros. La meta para el año 2000 es tener cien mil jóvenes misioneros en el campo cada año.

Año 1961   Sexta Conferencia Mundial Pentecostal en Jerusalén. Lema: "Pentecostés en Jerusalén: ayer y hoy".

Año 1961   El evangelista Morris Cerrullo funda Evangelismo Mundial en los Estados Unidos. En 1967 la Sociedad de Evangelismo Mundial en Gran Bretaña.

La renovación carismática se expande en el anglicanismo

Año 1961   Kenia: El movimiento carismático Maria Legio de África se separa de la diócesis católica de Kissii con 90 000 adherentes (248 000 adherentes en nueve diócesis, para 1980). Es la secesión más grande hasta la fecha de la iglesia católica en África.

Año 1962   Recomienza la renovación carismática en la Iglesia de Inglaterra (después de terminada la renovación iniciada en 1907). Rápido crecimiento de los anglicanos carismáticos, a 1,7 millón en 30 países para 1985, y 14 millones para el año 2000.

Año 1964   Séptima Conferencia Mundial Pentecostal en Helsinki, Finlandia, en junio. Lema: "Evangelismo mundial".

Año 1964   Alemania: avivamiento neopentecostal en las iglesias protestantes alemanas que visita el luterano carismático estadounidense L. Christenson.

Año 1965   Indonesia: El partido comunista –diecisiete millones de miembros– prepara un plan para masacrar a millones de cristianos y misioneros. Es abortado por el ejército. Son masacrados 500 000 comunistas y simpatizantes. Avivamientos masivos: 2,5 millones de convertidos católicos y protestantes en quince meses.

Año 1965   Timor: Movimiento del Espíritu entre los atoni en los alrededores de Amanuban durante una gran hambruna. Más de cien equipos evangelísticos de jóvenes y mujeres.

Año 1966   El teólogo anglicano A. H. Dammers publica *A.D. 1980: A study in Christian Unity: Mission and Revival* (Año 1980: Un estudio sobre la unidad cristiana: Misión y avivamiento) donde prevé una unión orgánica de todas las iglesias en Gran Bretaña para 1980. Sin embargo, no se producen grandes progresos, ni siquiera para el año 2000.

Año 1966   Se forma, en Roma, la Fraternidad Pentecostal Europea. En 1969 se forma la Conferencia Pentecostal Europea, en Suecia. En 1987 ambas se unen en la Confraternidad Pentecostal Europea (PEF). En 1978 se forma la Asociación Teológica Pentecostal Europea. En 1980 se realizan conferencias europeas de investigación pentecostal y carismática (Leuven, 1980, 1981; Birmingham, Gran Bretaña, 1984; Gwatt, Suiza, 1987).

Año 1966   Estados Unidos: surgen organizaciones carismáticas denominacionales: en 1967, la Consulta sobre la Renovación Carismática, primera reunión nacional, Ministerio de la Renovación Presbiteriana y Reformada Internacional (PRRM), en Austin, Texas; en los siguientes once años, les siguen otras organizaciones en las iglesias católica, luterana, episcopal, bautista americana, menonita, ortodoxa griega, Iglesia Unida de Cristo, metodista, y otras.

La renovación carismática irrumpe en el catolicismo

Año 1966   Convención Nacional del Cursillo en Pittsburg, EE.UU.: los estudiantes de Duquesne se interesan en la renovación carismática, un año después que el II Concilio Vaticano concluyó con oración por un nuevo Pentecostés.

Año 1967   Explota repentinamente la renovación católica carismática en los EE.UU., primero en la Universidad Duquesne –dirigida por sacerdotes del Espíritu Santo– en Pittsburg, EE.UU., y también en Bogotá, Colombia. Se extiende, en los Estados Unidos, a la Universidad Notre Dame, en South Bend –capital intelectual del catolicismo estadounidense–. El número de católicos carismáticos activos llega a 7,5 millones en 80 países para 1985, con otros 50 millones de católicos implicados o relacionados con la renovación, y 120 millones en el año 2000.

Año 1967   Octava Conferencia Mundial Pentecostal en Rio de Janeiro, Brasil. Lema: "El Espíritu Santo glorifica a Cristo".

Año 1967   Se funda el Ministerio Logos para la Renovación Ortodoxa –carismáticos ortodoxos griegos y otros–.

Año 1967   Corea del Sur: Multitudinarias campañas evangelísticas: en 1965, celebración del 80mo. aniversario del protestantismo (participan 17 denominaciones, y se producen 20 000 decisiones de fe). En 1967 la Cruzada para el Avivamiento Mundial (30 000 personas por noche), relacionada con la organización del mismo nombre iniciada en 1965 en Gran Bretaña. En 1973 la cruzada de Seúl (3 210 000 personas, 275 000 decisiones). En 1974, la conferencia de capacitación sobre evangelismo y discipulado EXPLO 74 (323 419 obreros de 78 países). En 1977, Cruzada Nacional de Evangelización. En 1978, "Aquí hay vida, Corea". En 1980, 16, 5 millones de personas asisten a la Cruzada de Evangelización Mundial, en Seúl, etc.

Año 1968   Primera Asamblea Ecuménica Pentecostés (*Kirchentag*) en Ausburgo (Alemania). Los católicos se unen oficialmente a los protestantes en Pentecostés para adorar en forma conjunta. La *Kirchentag* protestante se vuelve bienal (30% de los asistentes son católicos) y alterna con la *Katholikentag* (romana católica), con procesiones, liturgia, gran cantidad de asistentes.

Año 1968   Australia: Primera conferencia sobre "Redescubrimiento del Espíritu Santo" convocada en Sydney por el evangelista Alan Walker (junio). En 1970 surge la renovación carismática.

Año 1968   El evangelista pentecostal Jimmy L. Swaggart comienza su ministerio radial en los EE.UU, llamado *Camp Meeting Hour*. En 1972 inicia su ministerio televisivo. Para 1987 el ministerio de Jimmy Swaggart emite su programa en 3200 canales de televisión en 145 países cada semana, recibe donaciones por valor de U$S 150 millones por año y afirma: "El medio de la televisión es el método más expeditivo que jamás haya conocido el mundo para expandir el evangelio. Es voluntad de Dios que la Gran Comisión se realice por este medio". En 1988 el ministerio sufre una caída parcial debido a un escándalo sexual.

Año 1970　Estadísticas mundiales: los pentecostales suman 15 382 000; los carismáticos, 3 349 000; los neocarismáticos 53 490 000. Total de miembros vivos de la renovación: 72 223 000. Total de creyentes de la renovación desde el año 1900: 117 004 000.

Año 1970　Estados Unidos: surge en California "la gente de Jesús" como avivamiento juvenil nacional.

Año 1970　Se forma en los Estados Unidos la Sociedad de Estudios Pentecostales (SPS) para coordinar el creciente número de estudios sobre los carismas. Reuniones anuales con entre 10 y 30 ponencias en cada una. En 1982 se realiza su 12va. reunión anual, en Pasadena, California, con 12 ponencias (18 al 20 de noviembre de 1982). En 1996, 25ta. reunión anual en Wycliffe College, Toronto (Canadá), del 7 al 9 de marzo.

Año 1970　Novena Conferencia Mundial Pentecostal, en Dallas, los Estados Unidos (noviembre).

Año 1971　Campaña Avance Final de la Traducción Bíblica (FAST) lanzada por Traductores Bíblicos Wycliffe y SIL, en cooperación como versión final computarizada para completar, finalmente, la tarea de traducir la Biblia a todo idioma. Su propósito principal es promover la formación de organizaciones de traducción denominacionales (bautistas, pentecostales, católicas, etc.), pero se da por finalizada en 1983 a pesar de que quedan cinco mil idiomas a los que no se han traducido las Escrituras.

Año 1971　Segunda Reunión Pentecostal Ecuménica en Augsburgo, Alemania, de católicos y protestantes, en Pentecostés (2 al 5 de junio).

Año 1972　Se funda la Oficina de la Renovación Católica Carismática Internacional (ICCRO) con el nombre de Oficina de Comunicaciones Internacionales en Ann Arbor (EE.UU.). Las primeras dos conferencias internacionales de líderes se realizan allí en 1973 y 1975. En 1976 la oficina se muda a Bruselas. En 1981 se reubica como ICCRO en Roma, organiza cinco conferencias mundiales de líderes –cuatro en Roma y una en Dublín–. En 1985 se muda al Vaticano –"al corazón de la iglesia, para 1988"–. Representa a 63,5 millones de católicos carismáticos en más de 160 países. En 1993 cambia su nombre por ICCRS ("Servicio"). Para el año 2000 ya hay 119 millones de católicos carismáticos en doscientos treinta países.

Año 1972　Origen de las Conferencias Europeas de Líderes Carismáticos –protestantes/pentecostales/católicos– en Schloss Craheim, Alemania, después de las visitas iniciales de David du Plessis y Rodman Williams. Nuevas conferencias se realizan en 1973 y 1975. Luego, en Bélgica, por invitación del primado católico, cardenal J. L. Suenens, en 1976, 1978. En 1982 se realiza en Estrasburgo, con veinticinco mil participantes. Luego las conferencias se realizan en París (1982), Zurich (1984), Birmingham ("Hechos 86"). En 1988 se forma la Consulta

El siglo del Espíritu Santo

Carismática Europea. En 1989 reunión en Dissentis, Suiza; en 1990 Berna. En 1991 la Consulta está organizada y comienza a reunirse anualmente.

Año 1972   Sri Lanka: Campaña carismática de Morris Cerullo (ciento cuarenta mil asistentes, ochenta por ciento de ellos, budistas).

Año 1972   El editor de *World Pentecost*, Donald Gee, escribe un artículo titulado "*World Evangelisation*" (Evangelización mundial), de gran repercusión en todo el mundo pentecostal.

Año 1973   Décima Conferencia Mundial Pentecostal en Seúl, Corea del Sur: "Ungidos para predicar". Asisten tres mil delegados.

Año 1973   Primer Encuentro Carismático Latino Americano (ECCLA-I), planeado como el primero de una serie anual auspiciada por la Renovación Católica Carismática (ICCRO).

Año 1973   El ejecutivo de misiones pentecostales D. A. Womack escribe *Breaking the Stained-Glass Barrier* (Rompiendo la barrera de los vitrales), donde insta a la iglesia a "abandonar sus santuarios de seguridad y retornar a la estrategia de evangelización del apóstol Pablo –el método efesio de evangelismo laico espontáneo–". Propone una fórmula matemática para medir la evangelización.

Año 1973   Se lanza en el sur de California la red televisiva pentecostal *Trinity Broadcasting Network* (TBN) "para llevar el evangelio a todo ser vivo en el planeta Tierra" antes que Jesús venga. En 1986 TBN contaba con cincuenta y cinco canales televisivos en los Estados Unidos y veintiséis afiliados. También contaba con canales en Guatemala, St. Kitts-Nevis, Italia y Ciskei.

Año 1974   La renovación católica carismática cuenta ahora con dos mil cuatrocientos grupos de oración en todo el mundo, con trescientos cincuenta mil miembros activos adultos –la comunidad carismática en total llega a 1 540 000 miembros–. En Notre Dame, South Bend –los Estados Unidos–, 30 000 personas asisten a las conferencias internacionales anuales.

Año 1974   Comienzan los Equipos de Renovación de la Misión (D. Bryant, B. Goheen y el Seminario Teológico Fuller, en Pasadena, California) como equipos de seminaristas que van a enseñar a las iglesias el libro *Ten Steps for World Evangelism* (Diez pasos para la evangelización mundial). La actividad concluye en 1979.

Año 1975   Irlanda: Segunda Conferencia Nacional sobre la Renovación Carismática en Dublín, dirigida por el cardenal J.L. Suenens, con 190 sacerdotes y 5000 laicos carismáticos. En la conferencia internacional de Dublín en 1978, Suenens concelebra en la TV con 17 obispos y 1500 sacerdotes, en presencia de 20 000 laicos.

Año 1975   Inicio de la organización carismática de servicio Nueva Vida Internacional para la producción de literatura e investigaciones. En 1984 cambia su nombre por el de Visión de Evangelización Mundial Total (Fresno, California, EE.UU.). Se extiende a 8 países.

Año 1975   ECCLA III. Tercera conferencia de líderes latinoamericanos de la renovación católica carismática en Aguas Buenas, Puerto Rico (donde hay 40 000 católicos pentecostales). Asisten 250 delegados de 25 países, entre ellos, 8 obispos.

Año 1975   Congreso sobre la Evangelización Mundial, Dimapur (Nagaland, Noreste de la India), después del Congreso de Lausana I, para estudiar el avivamiento y las misiones –1 al 9 de marzo–.

Año 1975   Conferencia Católica Carismática Internacional en Roma, en la Fiesta de Pentecostés: 10 000 peregrinos escuchan el mensaje del papa Paulo VI en la Basílica de San Pedro (mayo).

Año 1975   Conferencia Internacional para la Renovación, en Nairobi, sobre "Unidad en Cristo". Es la primera de una serie de conferencias interdenominacionales para carismáticos en África (agosto).

Año 1976   1 de abril: Establecimiento de la Asociación de Misión Mundial del Evangelio Completo en Seúl, Corea del Sur, como organización emisora que apoya 8 iglesias en otros países y 22 misioneros coreanos. Para 1985 cuenta con 143 misioneros en 21 países.

Año 1976   Decimoprimera Conferencia Mundial Pentecostal en el Albert Hall de Londres: "El Espíritu de Verdad".

Año 1976   Se forma el Grupo Asesor sobre Intercesión de Lausana después de ICOWE I. Organiza conferencias y un día anual de oración por la evangelización mundial –domingo de Pentecostés–.

Año 1977   Primera Conferencia Carismática de los Bautistas del Sur en los Estados Unidos (21 a 23 de julio).

Año 1977   Grecia: Carismáticos ortodoxos organizan "Cruzada por Cristo" en Atenas.

Año 1977   ECCLA V, conferencia de líderes de la renovación católica carismática latinoamericana en Caracas, Venezuela. Asisten líderes de casi todos los países latinoamericanos (enero).

Año 1977   Primera Conferencia sobre la Renovación Carismática en las Iglesias Cristianas. La primera verdaderamente ecuménica, incluye a todas las tradiciones pentecostales. Se realiza en la ciudad de Kansas, EE.UU., bajo el lema "Jesús es Señor" (mes de julio). Asisten 59 000 participantes. Pero después de este clímax ecuménico, las conferencias carismáticas vuelven a ser monodenominacionales o monoconfesionales (15 000 luteranos carismáticos se reúnen cada año en Minneapolis, 10 000 católicos romanos en Notre Dame, etc.)

Año 1977   En Nochebuena de este año, 500 millones de personas escuchan o ven el programa radial/televisivo emitido simultáneamente en siete idiomas desde Jerusalén (con el predicador pentecostal Rex Humbard).

Año 1978   La cuarta conferencia protestante latinoamericana (CELA-IV) se realiza en Oaxtepec (México). Se decide crear el concilio ecuménico CLAI (Consejo Latinoamericano de Iglesias) con cien denominaciones y agencias (algunas de ellas, pentecostales). Los opositores evangélicos conservadores organizan su rival, CONELA (Confederación Evangélica Latinoamericana) y afirman contar con 20 millones de evangélicos en 84 denominaciones fundadoras (entre ellas, el Consejo Evangélico de Venezuela, CEV), principalmente, las Asambleas de Dios (de Brasil).

Año 1978   Conferencia Internacional sobre la Renovación Carismática en la Iglesia Católica (Dublín): "Me seréis testigos". Diez mil participantes. Dirigida por el cardenal J. L. Suenens, primado de Bélgica (junio).

El siglo del Espíritu Santo

Año 1979 La agencia de la renovación anglicana SOMA es fundada con el objetivo de "dedicarse a promover la renovación en el Espíritu Santo en todo el mundo, con el fin de capacitar y equipar a la Iglesia para que cumpla la Gran Comisión de Jesucristo, proclame el Reino de Dios y ministre en el poder del Espíritu Santo". Realiza conferencias internacionales en 1981, en Singapur; en 1983, en Nairobi; en 1984, en Fidji. Para 1987 su trabajo, en 50 países, cubre 26 de las 31 provincias anglicanas en todo el mundo.

Nuevas formas de la renovación se multiplican en todo el mundo

Año 1979 Inglaterra: Se inicia en la Iglesia Holy Trinity de Brompton el curso Alpha, una introducción evangelística al cristianismo creada por los anglicanos. Para 1990 cuenta con cien participantes regulares en las 15 reuniones caseras que dura el curso. En 1993 se transforma en un poderoso medio de evangelización. En 1994 se presenta la versión del curso para jovencitos de 11 a 18 años. En 1998 se multiplica velozmente por todo el mundo en 10 000 cursos Alpha de 11 semanas de duración, en 77 países y en la mayoría de las ciudades del mundo, presentado por iglesias católicas, protestantes y anglicanas. De 600 participantes con que contaba el curso en 1991, pasa a 4.500 en 1993, 30.000 en 1994, 100.000 en 1995, 250.000 en 1996, 500.000 en 1997 y un millón en 1999.

Año 1979 Más de 10 000 peregrinos en la Peregrinación Carismática Internacional a Lourdes en el centésimo aniversario del santuario (julio).

Año 1979 Décimosegunda Conferencia Mundial Pentecostal en Vancouver, Canadá: "El Espíritu Santo en los últimos días" (octubre).

Año 1980 Primera Conferencia de Líderes Asiáticos de la Renovación Católica Carismática (ICCRO) en Manila, Filipinas. Lema: "Pastorea mis ovejas".

Año 1980 Una gran iglesia carismática autóctona africana, Ministerio Evangélico Mundial Cruzados de Cristo (*World Evangelical Crusaders in Christ Ministries,* Benin City, Nigeria) inicia Operación Mundo Comienza Desde Aquí (*Operation World Begin From Here*). Otras denominaciones de las Iglesias Africanas Autóctonas también impulsan planes mundiales similares.

Año 1980 Comienza la tercera ola de la renovación del Espíritu Santo en el siglo XX, en cuarenta grandes iglesias evangélicas, con énfasis en el evangelismo de poder, encuentros de poder, sanidad de poder, etc.

Año 1980 Estados Unidos: Surge una nueva generación de teleevangelistas carismáticos, entre ellos, Oral Roberts (que comenzó a predicar en la TV pentecostal en 1953) y su hijo Richard, Pat Robertson, Rex Humbard, Jimmy Swaggart, James Robison, Kenneth Copeland, Paul Crouch, Jim Bakker, etc.

Año 1980 La convocatoria "Washington para Jesús" reúne a 500 000 evangélicos y carismáticos.

Año 1981 Octavo Congreso Mundial de la Asociación Cristiana de Jóvenes en Estes Park, con el lema: "Cristo: Renovación y esperanza".

Cronología de la renovación en el Espíritu Santo

Año 1981   Conferencia Internacional de Líderes de la Renovación Católica Carismática (ICCRO) en Roma, con el papa Juan Pablo II como orador (mayo).

Año 1982   Segunda Conferencia de Líderes Asiáticos de la Renovación Católica Carismática (ICCRO) sobre "Evangelicemos a Asia para Cristo", en Singapur.

Año 1982   Se establece en Atlanta, Georgia (EE.UU.), el Instituto para la Evangelización Mundial, un gran logro a largo alcance del Comité de Evangelismo Mundial del Concilio Metodista Mundial. Su tercer seminario bienal (realizado en 1987 en Atlanta) sobre el tema: "El Espíritu Santo y la Evangelización Mundial" atrae a más de 100 delegados de 33 países. El auténtico evangelismo wesleyano, con testimonio doble de salvación personal y redención social, recibe nueva credibilidad y aceptación por parte del metodismo en todo el mundo.

Año 1982   Primer Congreso Carismático Paneuropeo "Pentecostés sobre Europa", organizado por católicos, realizado en Pentecostés, en Estrasburgo, Francia. Asistieron 25 000 participantes, el 80% de ellos católicos. Se consideró el escándalo de las divisiones cristianas. En 1998 se produce la segunda reunión carismática ecuménica en París, con 12 000 participantes.

Año 1982   Conferencia Asiática sobre la Renovación de la Iglesia en Seúl, Corea del Sur (18 al 22 de agosto). Como resultado, se inaugura en Hong Kong, en julio de 1983, la Confraternidad Evangélica de Asia (EFA), con 12 miembros (8 de ellos, confraternidades nacionales).

Año 1982   Décimotercera Conferencia Mundial Pentecostal en Nairobi, Kenia. Lema: "Vivos en el Espíritu, en nuestro mundo". Asistencia récord: 18 000 participantes (septiembre).

Año 1983   Se inicia el Comité sobre el Espíritu Santo y las Misiones de Frontera (CHSFM) en conjunción con USCWM para involucrar a los carismáticos en las misiones de frontera entre los pueblos ocultos; deja de operar en 1985.

Año 1983   Conferencia panafricana de SOMA para líderes de la renovación carismática de habla inglesa en Nairobi, Kenia (octubre).

Año 1984   Argentina: Avivamiento a gran escala, de dos años de duración, con el evangelista de las Asambleas de Dios Carlos Annacondia. Dos millones de convertidos.

Año 1984   Gran Bretaña: Gran emprendimiento ecuménico: "No extraños, sino peregrinos" involucra a más de 30 denominaciones, entre ellas, católicos, anglicanos, pentecostales negros, para formular la política ecuménica en el futuro.

Año 1984   Quinta Conferencia Internacional de Líderes de la Renovación Católica Carismática en Roma, con la presencia del papa Juan Pablo II (mayo). También, retiro de sacerdotes de la ICCRO de todo el mundo en el Vaticano, a la que asisten 6000 sacerdotes y 80 obispos y cardenales (octubre). En 1990, segundo retiro de sacerdotes de todo el mundo, en Roma (14 al 18 de septiembre).

Año 1984   Décimotercera Conferencia Luterana Internacional sobre el Espíritu Santo (ILCOHS) en Minneapolis, realizada del 15 al 19 de agosto, con 12 000 participantes.

Año 1984   Octava Conferencia Europea de Líderes Carismáticos, Nidebald, Suiza (19 de septiembre).

Año 1984   México (Guadalajara): Segunda Conferencia Nacional Juvenil de la Renovación Católica Carismática, con 18 000 jóvenes participantes (noviembre).

Año 1985   Colombia: Durante el Año Internacional de la Juventud, la Renovación Católica Carismática se compromete a proclamar a Jesús a un quinto de los jóvenes colombianos. Se asignan grandes cuotas como metas a cada diócesis.

Año 1985   R. Stark y W. S. Bainbridge escriben *The Future of Religion: Secularization, Revival and Cult Formation* (El futuro de la religión: Secularización, avivamiento y formación de sectas).

Año 1985   Sudáfrica: Consulta Andrew Murray sobre Oración para el Avivamiento y el Envío a las Misiones: 800 participantes en Ciudad del Cabo y Pretoria.

Año 1985   John Wimber, líder carismático/de la tercera ola escribe *Evangelismo con poder*, seguido en 1987 por *Sanidad con poder*, y en 1988, *Power Encounters Among Christians in the Western World* (Encuentros de poder entre cristianos en el mundo occidental).

Año 1985   Estados Unidos: Se forma la Asociación Misionera del Evangelio Completo de Norteamérica, para promover las misiones en las iglesias carismáticas. El nombre es cambiado tres veces, hasta que finalmente queda como Asociación de Servicios Misioneros Internacionales (AIMS) con el lema de "Unidad en el Espíritu para la evangelización del mundo". Lo integran 75 organizaciones miembros.

Año 1985   India: Sexta Convención Nacional de la Renovación Carismática, con 15 000 participantes, obispos, 600 sacerdotes católicos, 1500 obreros religiosos, en Madrás (enero).

Año 1985   La iglesia presbiteriana de los Estados Unidos auspicia el Congreso sobre la Renovación (carismática) en Dallas, Texas, con más de 5000 participantes (enero).

Año 1985   Primera Asamblea General de la Confraternidad Evangélica de Asia (EFA, formada en 1983) en Manila, Filipinas, sobre "El Espíritu Santo y la Iglesia" (30 de enero al 2 de febrero).

Año 1985   Décimoquinta Conferencia de la Confraternidad Pentecostal Europea, Nápoles, Italia (19 al 21 de marzo).

Año 1985   Italia: Octava Conferencia Nacional Carismática en Rimini: 12 000 participantes, entre ellos, varios obispos y 500 sacerdotes (25 al 28 de abril).

Año 1985   Tercera Conferencia Escandinava de la Renovación Católica Carismática en Estocolmo, Suecia, con 150 delegados (16 al 19 de mayo).

Año 1985   Décimoprimera sesión del diálogo teológico entre católicos romanos y pentecostales clásicos (iniciado en 1972) sobre el tema de "La comunión de los santos" en Riano, Roma (21 al 26 de mayo). En 1986, décimosegunda sesión en los Estados Unidos (24 al 31 de mayo).

Año 1985   Retiro Carismático para Sacerdotes (Conferencia de Obispos Polacos e ICCRO) en Czestochowa, Polonia (junio).

Cronología de la renovación en el Espíritu Santo

Año 1985   Novena Conferencia de Líderes Latinoamericanos ECCLA IX, Renovación Católica Carismática (ICCRO) para 200 líderes, en Costa Rica (julio).

Año 1985   Décimocuarta Conferencia Mundial Pentecostal en Zurich, organizada por la Conferencia Mundial de Iglesias Pentecostales, sobre "Jesucristo: la Esperanza del mundo", con 10.000 participantes de 100 países (2 al 7 de julio).

Año 1985   Uganda: Conferencia Nacional de Líderes Católicos Carismáticos, con 130 líderes (22 al 27 de agosto).

Año 1985   Consulta de Líderes de la Renovación Anglicana auspiciada por SOMA en Chorleywood, Gran Bretaña, con 90 líderes (septiembre).

Año 1985   Gran Bretaña: Quinta Conferencia Nacional Carismática para clérigos y líderes (auspiciado por Ministerio de la Renovación Anglicana) en Swanwick (23 al 26 de septiembre).

Año 1985   Primera Conferencia Panafricana de Líderes Francófonos de la Renovación Católica Carismática (ICCRO) sobre "Un pueblo santo", con cien líderes, Kinshasa, Zaire (4 al 9 de octubre).

Año 1985   Primera Consulta Internacional de Líderes Juveniles de la Renovación Católica Carismática (ICCRO), realizada en Roma, con 500 participantes de 100 países (15 al 19 de octubre).

Año 1985   Tercera Conferencia de Líderes Asiáticos de la Renovación Católica Carismática (ICCRO) sobre "Discipulado en el Espíritu Santo" con 100 líderes, Bangalore, India (9 al 12 de noviembre).

Año 1986   Consulta de la LCWE/WEF sobre la Obra del Espíritu Santo y la Evangelización en Oslo, Noruega. Más de 70 participantes de 30 países (mayo). Como resultado de esta consulta se publica un libro: *God the Evangelist* (Dios, el evangelista).

Año 1986   Carismáticos independientes estadounidenses, junto con sus correlatos europeos, inician la red televisiva *Intercontinental Broadcasting Network* (IBN) en Virginia Beach, EE.UU.

Año 1986   La Junta de Escuela Dominical de los Bautistas del Sur (Nashville, Tennessee, EE.UU.) anuncia "Buenas Nuevas Mundo" (Operación Mundo/Distribución Masiva de las Escrituras) con el propósito de "colocar las Sagradas Escrituras en manos de todo habitante del mundo para 1994, para prepararnos para el avivamiento mundial en 1995".

Año 1986   Australia: Convención Carismática Unida Jubileo '86 en Adelaida. Más de 3000 delegados y 10 000 participantes (7 al 11 de enero).

Año 1986   Australia: Primera Convención Nacional sobre el Espíritu Santo (Concilio Metodista Mundial) en Sydney, seguida por conferencias regionales. En 1987 se realiza la segunda convención.

Año 1986   Conferencia de Evangelistas del Avivamiento para Inter-África (auspiciada por CFAN, Cristo para las naciones), Harare, Zimbabwe, en abril.

Año 1986   Primera Reunión Evangelística Católica Carismática FIRE, en Providence, EE.UU. Emitida vía satélite a 17 ciudades. Lema: "He venido a traer fuego a la tierra" (7 de abril).

Año 1986   Estados Unidos: Conferencia Internacional para Evangelistas Equipadores (Pentecostales carismáticos) en Sacramento, California, "para capacitar miles de evangelistas que equiparán a millones de cristianos para llegar a miles de millones de no creyentes" (5 al 9 de mayo).

Año 1986 Conferencia Escandinava (Oase; Renovación luterana carismática) en Oslo, con 500 pastores y otros 10 000 participantes (julio).

Año 1986 Segundo Congreso Carismático Paneuropeo "Hechos 86" (Festival de la Fe Europeo), sobre "Evangelismo en el poder del Espíritu Santo", realizado en Birmingham, Gran Bretaña. Asistieron 20 000 participantes católicos, protestantes, anglicanos y ortodoxos de Europa del Este y del Oeste (100 de Europa oriental), pero sin participación católica formal (23 al 27 de julio).

Año 1986 14ª. Conferencia Luterana Internacional sobre el Espíritu Santo (ILCOHS) en Minneapolis. Asisten 12 000 participantes (5 al 8 de agosto).

Año 1986 Estados Unidos: Aldersgate 86, 8ª. Conferencia Nacional sobre el Espíritu Santo (Iglesia Metodista Unida, UMRSF) en Savannah, Georgia. Lema: "Cristo en vosotros, la Esperanza de gloria" (7 al 10 de agosto).

Año 1986 3er. Congreso Chino sobre la Evangelización Mundial (CCOWE 86), auspiciado por CCCOWE, en Taipei (Taiwan), bajo el lema "Renovación, apertura y crecimiento". Asisten 1900 líderes de iglesias chinas de más de 20 países (6 al 13 de agosto). CCCOWE produce una investigación sobre la diáspora china en todo el mundo (seis tomos en chino, dos en inglés).

Año 1986 Corea: 10mo. Seminario Internacional de Iglecrecimiento (P.Y. Cho y la Iglesia del Evangelio Completo) en Seúl y Osaka (Japón), con 3000 participantes (septiembre). Asistentes a estos seminarios desde 1976: 70 000 pastores y líderes de 30 países. Meta: ganar a 10 millones de japoneses para Cristo para el año 2000.

Año 1986 Congreso Norteamericano de Líderes sobre el Espíritu Santo y la Evangelización Mundial –renovación carismática católica y protestante– en Nueva Orleáns. Asisten más de 7500 pastores y líderes, y otros 4000 participantes (octubre). Gran número de conferencias y seminarios regionales y denominacionales.

Año 1987 Primera Convención Africana de Liberación. Auspiciada por la Fundación Cristiana Misionera (CMF) iniciada en 1982 en Ibadán (Nigeria). Estas convenciones comienzan a realizarse anualmente.

Año 1987 Se inicia la agencia misionera *Advance Ministries:Reaching the Unreached* –con apoyo menonita–, para servir a las 60 000 iglesias carismáticas independientes de los Estados Unidos.

Año 1987 Australia: Primera Conferencia Bautista Carismática Nacional.

Año 1987 El pastor carismático D. Shibley escribe *Let's Pray in the Harvest* (Oremos para que venga la cosecha) sobre cómo "descubrir la clave que falta para la evangelización mundial".

Año 1987 Sexta Conferencia Anual de la Renovación de la India –carismática– en Kerala, con 300 líderes de iglesias y 2000 participantes (27 al 30 de enero).

Año 1987 Consulta sobre la Evangelización Mundial, Singapur, con 31 líderes de la renovación carismática –católicos, luteranos, anglicanos, etc.– (9 al 12 de febrero).

Cronología de la renovación en el Espíritu Santo

Año 1987   Conferencia Nacional de Líderes Carismáticos –Comité Norteamericano de Servicio de la Renovación, NARSC– relacionada con la renovación carismática mundial en las denominaciones históricas –100 millones de cristianos y 60 000 misioneros en campos extranjeros–. Se reúne en Glencoe, Missouri y designa al Comité de Estrategia para la Evangelización Mundial con la meta del año 2000 en mente (4 al 8 de mayo).

Año 1987   Sexta Conferencia Internacional de Líderes de la Renovación Católica Carismática (ICCRO), Roma, sobre "El Espíritu del Señor está sobre mí", con el papa Juan Pablo II como orador (11 al 16 de mayo).

Año 1987   Pentecostés 87: Celebración Nacional Vía Satélite de la Evangelización Católica: evento de siete horas de duración, transmitido a todos los Estados Unidos por televisión –sábado de Pentecostés, 6 de junio– de la Asociación Nacional de la Evangelización Católica Paulista (PNCEA) para la capacitación de 60 000 evangelizadores laicos, religiosos y clérigos en 200 auditorios. Se repetirá cada sábado de Pentecostés hasta el año 2000.

Año 1987   Congreso General Norteamericano sobre el Espíritu Santo y la Evangelización Mundial (Nueva Orleáns, 22 al 26 de julio). Sucesor de la reunión carismática ecuménica de Kansas en 1977. Más de 50 000 participantes –católicos y protestantes de la renovación carismática–. El 51% de los participantes son católicos de la renovación carismática. El lema: "Evangelismo de poder". Lanza la revista *AD 2000 Together* con el lema en la tapa: "Llevar a la mayor parte de la raza humana a Cristo para el fin del siglo".

Año 1987   Conferencia Pentecostal Europea (PEC/PEK), Lisboa, 22 al 26 de julio.

Año 1987   17 y 18 de septiembre: Conferencia Interdenominacional de Misiones Globales (Dallas I) convocada por el presidente de la Junta de Misiones Foráneas de los Bautistas del Sur, R. K. Parks, con 20 agencias representadas. Acuerdo para (1) orar y ayunar cada fin de semana de Pentecostés hasta el año 2000 para "concentrarnos en interceder por la evangelización mundial" y (2) compartir datos, planes y estrategias. En 1988 se realiza la segunda conferencia en Dallas (febrero), seguida de teleconferencias.

Año 1987   Ecuador: Conferencia Internacional de SOMA en Quito, sobre "Evangelismo en el Poder del Espíritu Santo en América Latina" para obispos anglicanos, clérigos y líderes laicos (8 al 11 de octubre).

Año 1987   Primer Congreso Misionero Iberoamericano (COMIBAM 87) en San Pablo, Brasil (23 al 28 de noviembre) con 3500 representantes evangélicos (el 70% pentecostales o carismáticos) de toda América Latina, precedido por una serie de consultas nacionales sobre misiones en 23 países. Meta: la evangelización mundial con la generación de 20 000 nuevas vocaciones misioneras latinoamericanas.

Año 1988   Conferencias sobre evangelización: desde el año 145 se han realizado aproximadamente 5510 conferencias sobre misiones y evangelismo (nacionales, regionales, continentales o internacionales), en cinco categorías: 1050 de organizaciones católicas romanas; 1100 de agencias del movimiento ecuménico; 2100 de agencias misioneras protestantes y anglicanas; 840 de agencias misioneras evangélicas; 420 de agencias de la renovación carismática.

Año 1988 Conferencia de Líderes Carismáticos Europeos en Berlín, con 150 participantes de 18 países. Organiza la Consulta Carismática Europea.

Año 1988 El evangelista N. Krupp escribe su voluminoso tratado *The Church Triumphant at the End of the Age* (La iglesia triunfante al final de los siglos), caracterizado por avivamiento, restauración, evangelización mundial y persecución. Afirma que la Gran Comisión solo podrá cumplirse por medios sobrenaturales en un avivamiento mundial de los últimos tiempos.

Año 1988 Campañas urbanas multitudinarias: varios cientos de campañas multidenominacionales con Billy Graham, Luis Palau y otros. Aproximadamente 3000 campañas denominacionales se realizan en 1300 metrópolis y ciudades de todo el mundo cada año. También, cientos de megareuniones (con más de 100 000 asistentes) con organizaciones carismáticas como Cristo para las Naciones y otras, con el lema "La gran comisión para cada generación".

Año 1988 Explosivo crecimiento de "video iglesias" carismáticas, evangélicas y fundamentalistas, además de video denominaciones y video agencias misioneras. Vasta red de iglesias en las casas comienzan a extenderse en todos los países en que han crecido las grandes denominaciones.

Año 1988 Cruzada de Evangelización Mundial 88 en Corea, dirigida por carismáticos –metodistas, presbiterianos– y pentecostales.

Año 1988 Tercera Conferencia Internacional sobre la Vida y el Arte Litúrgico Ortodoxo Ruso en Leningrado. Describe la renovación iconográfica, con los íconos como ventanas a la eternidad (31 de enero al 5 de febrero).

Año 1988 Consulta sobre la Evangelización Mundial Singapur II, con 65 líderes mundiales de la renovación carismática que organizan CUWE, Carismáticos Unidos por la Evangelización Mundial, con el nuevo lema: "Toda la iglesia, lleva a todo Cristo a todo el mundo". "Para considerar la singular contribución que la renovación carismática podría hacer en la extensión del evangelio cristiano, en los años que faltan hasta el año 2000". (febrero).

Año 1988 Segundo Congreso Internacional Cristiano Sionista en Jerusalén, auspiciado por la Embajada Cristiana Internacional en Jerusalén (ICEF), carismáticos europeos –los Estados Unidos, Escandinavia, Holanda, Alemania, Gran Bretaña– y dispensacionalistas premilenaristas, la derecha religiosa estadounidense y autoridades del gobierno israelí (abril).

Año 1988 Canterbury 88: Conferencia de la Renovación Espiritual Anglicana, Canterbury (Gran Bretaña) organizada por SOMA para líderes de líderes, sobre "La iglesia en el valle de la decisión". Asisten 350 líderes, entre ellos, muchos obispos (3 al 7 de julio).

Año 1988 La 15ª. Conferencia Mundial Pentecostal a realizarse en Kuala Lumpur, Malasia, del 5 al 9 de octubre, es cancelada debido a la oposición musulmana.

Año 1989 Conferencia sobre la Investigación Pentecostal y Carismática en Europa, en la Universidad de Utrecht. El informe publicado lleva como título "Experiencias en el Espíritu".

Año 1989   Nuevas religiones surgen, basadas en estados de conciencia psico-biológicamente alterados: experiencia extáticas, trances, disociación, posesión espiritual, pérdida del alma, proyecciones astrales, sanación por fe, misticismo, glosolalia, ocultismo, visiones con gritos, experiencias fuera del cuerpo, etc.

Año 1989   3ª. Conferencia de Iglesias del Golfo en Lamaca (Chipre) con 50 representantes de once confesiones: anglicana, unida (CSI, CoPak), luterana, ortodoxa copta, ortodoxa siria, pentecostal, Mar Thoma, reformada/presbiteriana, católica (27 de febrero al 4 de marzo).

Año 1989   Reunión de Líderes Carismáticos en Jerusalén (Pentecostés 89) para 120 líderes de la renovación de todo el mundo. Trata sobre la intercesión de poder, el evangelismo de poder y la evangelización mundial. Se reúne en Jerusalén durante el fin de semana de Pentecostés (7 al 14 de mayo).

Año 1989   La 15ª. Conferencia Mundial Pentecostal se reúne finalmente en Singapur, con el lema "Contemplad la gloria del Señor". Más de 6000 delegados de 100 países. Asistencia total: 30 000 participantes. Énfasis en estrategia para la evangelización mundial (27 de septiembre al 1 de octubre).

Año 1989   Pakistán: 3ª. Conferencia Católica Carismática en Karachi, con 500 participantes, sobre el tema "Nueva evangelización" (5 y 6 de octubre).

Año 1989   Conferencia de Líderes Eclesiásticos del Noreste de Asia (NACLC-1) en Hakone, Japón, con 50 participantes, sobre el tema "Ministerio en el poder de la Palabra de Dios". En 1991 NACLC-2 se reúne en Sorak (Corea), del 28 al 31 de octubre. En 1995 NACLC-3 se reúne en Kyoto (Japón), con 70 participantes, trata el tema de "El poder del Espíritu Santo en el ministerio". En 1997 se reúne NACLC-4.

Año 1990   5ta. Asamblea General del Consejo de Iglesias de Oriente Medio (MECC, actualmente con 26 iglesias miembros y 14 millones de cristianos, entre ellos, los pertenecientes a las 7 organizaciones católicas). Se realiza en Chipre con el lema "Guardemos la unidad del Espíritu en el vínculo de la paz" (Efesios 4:3).

Año 1990   Congreso sobre el Espíritu Santo y la Evangelización Mundial. Lema: "Evangelismo de Poder" en Indianápolis, con más de 25 000 participantes de la renovación carismática católica y protestante.

Año 1990   13ª. Convención Nacional de la Renovación en el Espíritu, en Rimini (Italia), con 50 000 católicos participantes (28 de abril al 1 de mayo).

Año 1990   3ª. Consulta Carismática Europea (ECC; megacongreso católico-protestante ecuménico) con lema: "Jesús, Esperanza para Europa". Se reúne en Berna, Suiza, con 4000 participantes de 30 países de toda Europa (2000 de países ex comunistas; 50% católicos; 50% menores de 35 años). "Marcha de alabanza" por la ciudad, con suelta de 4000 globos de helio, cada uno con la tarjeta de un participante (24 al 28 de julio).

Comienza la década de la evangelización mundial

Año 1991   Repentino crecimiento y multiplicación en todo el mundo de iglesias de jóvenes completamente fuera del control de las denominaciones. Iglesias de estructura muy simple iniciadas y dirigidas por jóvenes menores de veinticinco años, que se reúnen a la hora del almuerzo en hoteles, teatros, cines, comercios, depósitos, etc. Enorme crecimiento del número de convertidos.

Año 1991   24º. Congreso Alemán de la Iglesia Protestante (*Kirchentag*) en cuatro ciudades en Ruhr (Dortmund, Essen, Bochum, Gelsenkirchen) con 125 000 participantes (10 000 de la ex Alemania oriental), con el tema "El Espíritu de Dios libera para la vida" (5 al 9 de junio).

Año 1991   Consulta Carismática Internacional para la Evangelización Mundial (ICCOWE) en Brighton (Gran Bretaña) da inicio a la década de evangelización hasta el año 2000. Asisten 4000 líderes de la renovación (8 al 14 de julio).

Año 1992   2º. Conferencia Panafricana de la Renovación Católica Carismática en Brazzaville, Congo.

Año 1992   17ª. Sesión del Diálogo Internacional Católico-Pentecostal en las afueras de Roma con el tema "Evangelismo y cultura".

Año 1992   Lanzamiento de la Fraternidad Carismática de Asia (CFA) y la Asociación Teológica Carismática de Asia (ACTA).

Año 1992   Simposio sobre el pentecostalismo unitario (auspiciado por la Iglesia Pentecostal Unida Internacional, UPCI) en St. Louis, Missouri, EE.UU, 8 al 10 de enero.

Año 1992   1º Encuentro Latinoamericano de Mujeres Pentecostales en Costa Rica (11 al 14 de agosto).

Año 1992   16ª Conferencia Mundial Pentecostal Trianual en Oslo. Es la reunión religiosa más grande de la historia de Noruega, con 12 500 participantes en los cultos vespertinos. Tema: "Por mi Espíritu / Esperanza para un mundo cambiante" (9 al 13 de octubre).

Año 1993   Encuentro Pentecostal Latinoamericano en Brasil, auspiciado por el CMI y CLAI (22 al 28 de noviembre).

Año 1993   La Asociación Teológica Carismática de Asia (ACTA) se reúne en Singapur (12 al 14 de abril).

Año 1993   Retiro Internacional de Líderes de la ICCRO (renovación católica carismática) en Asís, Italia, con 1200 participantes (13 al 17 de septiembre).

Año 1994   3ª. Conferencia Anual de la Asociación de Institutos Bíblicos Pentecostales y Carismáticos de Australia (PCBC).

Año 1994   La última década del siglo XX demuestra ser la más grande en la historia cristiana en cuanto a señales y prodigios, milagros, conversiones, evangelismo y evangelización. La señal o prodigio mayor es la de que los cristianos se aman unos a otros y se reúnen en unidad por todas partes.

Año 1994   Líbano: Gran conferencia de la renovación católica carismática (segunda reunión en 1995) atrae a 30.000 participantes, con transmisión directa por televisión, que es vista por más de un millón de personas.

Año 1994   Avivamiento de la "risa santa" en Toronto: 250.000 pastores y otros visitantes de todo el mundo –por ejemplo, 116 personas llegadas de Indonesia– visitan la Iglesia de la Viña del aeropuerto de Toronto, para experimentar los fenómenos del Espíritu Santo. Se extiende a más de 10 000 iglesias en 50 países dentro de ese mismo año. Gran cantidad de información al respecto en Internet.

Año 1994 Conferencia Mundial sobre el Espíritu Santo en Seúl (Corea del Sur) con 30 000 participantes en seis reuniones.

Año 1994 Consulta Carismática Malasia 94, auspiciada por ICCOWE en Port Dickson, Kuala Lumpur. Asisten 200 líderes de grupos carismáticos. Tema: "Cooperación en un tiempo de oportunidades sin igual". Llamado a enfatizar la unidad cristiana (marzo).

Año 1994 La Asociación Teológica Pentecostal Europea (EPTA) se reúne en Portugal (26 al 30 de septiembre).

Año 1994 La Asociación Teológica Pentecostal de Asia (APTA) se reúne en Seúl, Corea del Sur (septiembre).

Año 1994 Septiembre: "El milagro de Memphis" en Memphis, Tennessee (EE.UU.) con 4000 asistentes como testigos. Finalmente se produce la reconciliación entre los pentecostales blancos –clásicos, en la Confraternidad Pentecostal de Norteamérica– y los pentecostales negros –Iglesia de Dios en Cristo– después de 100 años de separación, para formar la organización multirracial Iglesias Pentecostales y Carismáticas de Norteamérica (PCCNA).

Año 1994 Congreso general de la Fraternidad Carismática de Asia (CFA) en Manila, Filipinas, del 16 al 19 de noviembre, precedida por la Asociación Teológica Carismática de Asia (ACTA).

Año 1994 17ª. Conferencia Anual de la Consulta Carismática Italiana –católicos, pentecostales, valdenses y bautistas–, del 9 al 11 de diciembre.

Año 1995 4º. Congreso Carismático Paneuropeo en Viena, Austria. Trata tres temas difíciles: la "bendición de Toronto"; trabajar juntos; plantamiento de iglesias y construcción de comunidades. Participan 400 carismáticos.

Año 1995 Se desata el avivamiento en la Iglesia de las Asambleas de Dios en Brownsville (Pensacola, Florida, EE.UU.). En dos años, un millón y medio de personas visitan la iglesia y hay cien mil profesiones de fe.

Año 1995 Congreso sobre el Espíritu Santo y la Evangelización Mundial Orlando 95, en Orlando, Florida (EE.UU.), con más de diez mil participantes (cuatro de ellos, jóvenes). Tema: "De generación en generación me seréis testigos" (26 al 29 de julio).

Año 1995 17ª. Conferencia Mundial Pentecostal (PWC) en Jerusalén con el tema "Desde Jerusalén... a todos los pueblos" (11 al 14 de septiembre). Asisten diez mil participantes de cien países.

Año 1995 1º Asamblea General del Concilio Católico Carismático para Asia (Pacífico) en Sabah (Malasia), con 63 delegados de nueve países. Tema: "Somos colaboradores de Dios" (18 al 22 de noviembre). En 1996 se realiza el 1º Congreso de Líderes Carismáticos de Asia (Pacífico) en Kinasih (Indonesia) del 7 al 12 de octubre.

Año 1995 Consulta Carismática Europea en Praga, con cuatrocientos participantes (15 al 23 de octubre).

Año 1996 3º Reunión Consultiva de la Renovación Católica Carismática en África Anglófona, realizada en Johannesburgo, Sudáfrica.

Año 1996   Reunión Bianual de Comités Nacionales de Servicio de Europa (renovación católica carismática) en Bratislava (Eslovaquia). Informa sobre la declinación del número de miembros de los grupos de oración semanales de la renovación y el aumento de la edad promedio.

Año 1996   19º Conferencia Anual Nacional de la Renovación Católica Carismática Italiana en el Espíritu Santo sobre "Seamos uno para que el mundo crea (Juan 17:21) en Rimini, con 65 000 participantes, entre ellos, cuatro cardenales, comités ejecutivos de ICCOWE y ECC y cien invitados ecuménicos. Llamado a la reconciliación católica-pentecostal (25 al 28 de abril).

Año 1996   7º Koiné-Investigación Internacional Anual en la Feria de Roma sobre "La actualidad del espacio sagrado", una feria centrada en la implementación física y tangible de los cambios propuestos por el Concilio Vaticano II y la renovación, para eclesiólogos, liturgistas, historiadores de la iglesia, arquitectos, delegados vaticanos, ingenieros, clérigos, editores; seiscientos puestos (8 al 11 de junio).

Año 1996   3º Conferencia Panafricana de la Renovación Católica Carismática en Yamoussoukro (Costa de Marfil) sobre el tema "Evangelizando en el poder del Espíritu Santo: Id, proclamad, sanad y echad fuera" (3 al 13 de agosto).

Año 1996   Conferencia Carismática Ecuménica de Jóvenes Líderes (ECC) en Berlín, 6 al 8 de septiembre.

Año 1996   17º Conferencia Católica Carismática Nacional en Ecuador, en Azogues, con 300 líderes y 8 000 participantes, sobre el tema "Hacia el siglo XXI" (octubre).

Año 1996   7º Reunión Internacional de la Fraternidad Católica de Comunidades y Asociaciones Carismáticas de Alianza (CFCCCF) en Roma, con 285 delegados de 40 comunidades, sobre el tema "Preparad el camino del Señor" (5 al 12 de noviembre).

Año 1997   10º Reunión de la Conferencia Pentecostal Europea (PEK) en Frydek-Mistek (República Checa) con 3.000 participantes. 11º reunión a realizarse en el año 2000.

Año 1997   Consulta Internacional sobre Evangelismo, Acción Social y Renovación en el Espíritu, auspiciada por ICCOWE.

Año 1997   13º Asamblea de la Conferencia Mundial Menonita (MWC, representa a un millón de menonitas) en Calcuta, India, bajo el tema "Oíd lo que el Espíritu dice a las iglesias" (enero). "Asamblea reunida" en Calcuta y "asamblea dispersa" en diferentes lugares en toda India y Bangladesh con 3.800 participantes.

Año 1997   Marcha para Jesús en Trinidad, organizada por la renovación católica carismática con 50.000 participantes de Trinidad, Sta. Lucía, Dominica, Grenada, Guyana (5 de enero).

Año 1997   Panamá: 18º Reunión de la Juventud de la Renovación Católica Carismática en Llano Bonito, con 6 000 jóvenes (20 al 23 de enero). Precedida por el retiro de sacerdotes de la Renovación, con 200 sacerdotes y siete obispos de quince países.

Año 1997   3º Conferencia Anual Pentecostal/Carismática sobre Cuidado y

Consejería en Atlanta, Georgia (EE.UU.). Tema: "La familia: recomponiendo el círculo roto" (27 de febrero al 2 de marzo).

Año 1997 46° Congreso Anual Eucarístico en Wroclaw (Polonia) con observadores pentecostales invitados (mayo).

Año 1997 Convención del Avivamiento de África del Este (que se realiza cada 10 años, una tradición que se remonta a 1927). Miles de participantes en Mbarara (Uganda). Con apoyo de la iglesia anglicana y otras iglesias líderes (septiembre).

Año 1997 Consulta de la ICCOWE/ECC (Consulta Carismática Europea) Praga 97 en la República Checa sobre "Construyendo puentes, rompiendo barreras" con 340 participantes de 35 países (10 al 14 de septiembre).

Año 1997 En Praga 97, ICCOWE/ECC y EPCRA (Asociación Europea de Investigación Pentecostal y Carismática) auspician el Foro de Teólogos con 55 teólogos pentecostales y carismáticos presentes (10 al 14 de septiembre).

Año 1997 16° Conferencia Anual Internacional de Iglecrecimiento en Seúl, Corea del Sur, en la Iglesia Yoido del Evangelio Completo, con 100 000 intercesores presentes. Tema: "El Hijo se levanta" (30 de septiembre al 9 de octubre).

Año 1998 22° Conferencia Nacional de la RnS (Renovación en el Espíritu, católica) en Rimini, Italia, con 40.000 participantes. Lema: "Guiados por el Espíritu Santo hacia el jubileo del año 2000".

Año 1998 Dos conferencias anglicanas carismáticas auspiciadas por SOMA y ARM en Canterbury para coincidir con la 13° Conferencia Lambeth de Obispos: (1) conferencia abierta, con 754 participantes de 50 países, sobre el tema "La iglesia para la sanidad de la nación" en 20 seminarios, y (2) retiro de líderes con 485 líderes de 51 países (96 obispos, 40 esposas de obispos, 170 clérigos, 179 líderes laicos).

Año 1998 Francia: 2°. Reunión Ecuménica Carismática (la primera se realizó en 1982) en el estadio Charlety, París, con 12.000 participantes, organizada por *Fraternité Pentecôte* y la Consulta Carismática Ecuménica Francesa (líderes católicos, ortodoxos, protestantes y ecuménicos).

Año 1998 2° Congreso Nacional Católico Carismático sobre el Espíritu Santo de Filipinas en Manila, con 300.000 participantes; entre ellos, 40 arzobispos y obispos, 195 sacerdotes, 30 hermanos y seminaristas, 247 hermanas religiosas y 3 883 líderes laicos sobre el tema "Espíritu Santo, renueva la faz de la tierra" (22 al 25 de enero).

Año 1998 4° Conferencia Anual Pentecostal/Carismática sobre Cuidado y Consejería en Virginia Beach (EE.UU.), del 26 de febrero al 1 de marzo.

Año 1998 Conferencia Misionera Pentecostal Nórdica (auspiciada por Misiones Foráneas Libres Finlandesas) en Finlandia, para movilizar y alcanzar a los pueblos no alcanzados (26 al 29 de marzo).

Año 1998 Haití: 6° Conferencia Nacional de la Renovación Católica Carismática (iniciada en 1973) en Port-au-Prince sobre el tema "Aviva la llama del don espiritual que Dios puso en ti" (2 Timoteo 1:6). Asisten 50 000 participantes, entre ellos, 100 sacerdotes, diez obispos haitianos y 4.000 protestantes (17 al 19 de abril).

Año 1998   8ª. Conferencia Internacional de la Fraternidad Católica de Comunidades Carismáticas de Alianza en Roma, 31 de mayo al 3 de junio.

Año 1998   México: 13º Reunión Nacional de Jóvenes en el Espíritu Santo (ICCRS) en Aguascalientes, con más de 14 000 jóvenes (24 al 26 de julio).

Año 1998   4º Reunión Consultiva de la Renovación Católica Carismática en África Anglófona, realizada en Harare (Zimbabwe) seguida por una Conferencia Católica Carismática abierta (4 al 9 de agosto).

Año 1998   18º Conferencia Mundial Pentecostal en Seúl (Corea del Sur) con 100 000 participantes de 60 países (22 al 25 de septiembre).

Año 1998   17º Conferencia Católica Carismática Latinoamericana (ECCLA XVII) organizada por CONCCLAT, en Monterrey, México (10 al 14 de octubre), seguida por la Conferencia de Líderes y el Retiro Internacional de Sacerdotes (12 al 16 de octubre).

Año 1999   Congreso Latinoamericano de Artes Católicas (CONLARTE, auspiciado por la renovación católica carismática) en la ciudad de Cachoeira Paulista (Brasil) con la intención de evangelizar por medio de la danza y el teatro (14 al 17 de enero).

Año 1999   Congreso Mundial sobre Liberación: Equipando a la Iglesia para el Avivamiento (Movimiento Año 2000) en el *World Prayer Center* de Colorado Springs. Catorce oradores disertan sobre aspectos del ministerio de liberación (exorcismo, poderes, maldiciones, lo oculto, sanidades) (29 al 31 de julio).

Año 1999   Congreso Panafricano de la Renovación Católica Carismática en Yaounde (Camerún) en mayo, Bangui (CAR) en diciembre, culminando con el Jubileo del año 2000 en Kinshasa (agosto de 2000).

Año 1999   Congreso de las Misiones en el Nuevo Mundo para el Tercer Milenio (auspiciado por la Asociación de Misiones al Tercer Mundo [TWMA] y la Asociación Nipona de Avivamiento) en Kyoto, Japón, con 2.000 delegados de 1.500 agencias misioneras de todo el mundo (25 al 31 de octubre).

Evaluación de la década de la evangelización

Año 2000   Situación mundial: Los pentecostales (clásicos) suman 63 064 000. Los carismáticos, 175 856 000; los neocarismáticos, 295 405 000. El total de miembros de iglesias, vivos, incluidos en la renovación, es de 523.767.000. Total de todos los creyentes vivos pertenecientes a la renovación (miembros de iglesias o no): 619.894.000. Total de los creyentes de la renovación muertos desde 1900: 175.728.000.

Año 2000   Surgen cientos de nuevas religiones o sistemas de creencias milenaristas de escasa duración e influencia local, nacional o mundial. Sectas y avivamientos religiosos de crecimiento ultrarrápido con millones de personas interesadas que entran y salen de ellos en rápida sucesión.

Año 2000   ICCOWE realiza su consulta en Penang, Malasia (27 al 31 de marzo).

Año 2000   29º Congreso Anual Mundial de la Fraternidad Cristiana Apostólica Mundial (AICF, con 161 denominaciones miembros de pentecostales unitarios o apostólicos, en su mayoría negros, con 12 000 pastores que postulan la teología de los cinco aspectos en 44 naciones) en South Bend, Indiana, EE.UU. del 3 al 5 de mayo. Incluye la ceremonia de graduación de la Universidad Cristiana Apostólica Mundial (AWCU).

Año 2000   Congreso del Milenio: Celebremos a Jesús (auspiciado por NARSC) en St. Louis, Missouri, EE.UU., con 8 000 participantes registrados y un total de asistencia de 13 000 personas sobre los temas de "Reconciliación, arrepentimiento, avivamiento, libertad, renovación" (22 al 25 de junio).

Año 2000   4º Congreso Carismático Paneuropeo auspiciado por ECC e ICCOWE en Praga (23 al 27 de agosto).

Año 2000   Durante el siglo XX, a partir del año 1900, la cantidad de creyentes en la renovación pentecostal/carismática/neocarismática en el Espíritu Santo suman 795 millones, de los cuales, 523 millones están vivos y activos como miembros de iglesias, principalmente en África (126 millones), Asia (134 millones) y América Latina (141 millones).

Año 2001   19º Conferencia Mundial Pentecostal y Celebración del Centenario del Pentecostalismo en Los Ángeles, EE.UU., del 29 de mayo al 2 de junio.

Algunos posibles eventos futuros

(Breve selección basada en las tendencias actuales y gran cantidad de publicaciones que se extienden sobre la probabilidad e importancia de cada uno).

Año 2004   Multitudinario avivamiento pentecostal/carismático arrasa toda Asia debido al evangelismo de poder, con señales y prodigios, lo que logra ciento cincuenta millones de conversiones en Corea, Japón, China, Vietnam, Tailandia, Malasia, Indonesia, Myanmar, Camboya, India, Sri Lanka y Pakistán.

Año 2008   Científicos de la Unión Astronómica Internacional anuncian que el sol explotará y se convertirá en una nova en el año 3620. Para 2553, naves de cuatro km de longitud, cargadas con datos, vida (especies, ADN), tecnología y un millón de seres humanos en estado de hibernación parte hacia Alfa Centauro A y otros cincuenta sistemas planetarios que tienen oxígeno. En el año 3450, se inventa la propulsión a quantum, con lo cual se hace posible el viaje perpetuo sin combustible. Cuarenta de los viajes experimentales fracasan, pero diez tienen éxito, entre ellos, el "Arca del Pacto" mormona y otras naves religiosas. En 3617, la nave estelar *Magellan* abandona la Tierra, ya condenada a la destrucción. En 4135, llega y comienza la vida en el planeta Sagan 2. (A. C. Clark, *The Songs of Distant Earth* [Canciones de la Tierra distante], 1985).

Año 2009   Se presenta la adoración carismática total mundial de Cristo, en la cual, a una hora fija, cada domingo, mil millones de creyentes vivos de todo el planeta están holográficamente presentes en el mismo lugar. Lo último en inspiración y poder evangelístico para la conversión.

Año 2010   El surgimiento del totalitarismo produce masivos avivamientos religiosos. Falsos robots evangelistas seducen a los ignorantes con promesas de salvación inmediata.

Año 2010   El Consejo Universal de la Iglesia Cristiana (formado por el Consejo Mundial de Iglesias, la Renovación Católica Carismática, los ortodoxos y los pentecostales) se reúne para resolver los principales temas pendientes que causan división entre las confesiones e iglesias, entre ellos, el rol de la primacía del obispo de Roma. Se logra una confesión de fe común con la adopción de la comunión total y la celebración unida de la Eucaristía.

Año 2025   Iglesia. Las iglesias tienden cada vez más a combinar tres tradiciones o corrientes: (a) católica (litúrgica o sacramental); (b) protestante (basada en la Biblia) y (c) Pentecostal (llenura del Espíritu, carismática).

Año 2025   Cristianos. A nivel mundial, los cristianos son ahora: 55% del Tercer Mundo (32% de ellos pentecostales/carismáticos), de los cuales, 12% pertenecen a denominaciones pentecostales, 33% son carismáticos y 10% neocarismáticos, en iglesias en las casas chinas.

Año 2025   Espiritualidad. Amplio avivamiento del movimiento monástico, tanto eremita (ermitaños) como cenobítico (comunidades) entre los jóvenes de todas las iglesias del mundo, especialmente en el Tercer Mundo.

Año 2030   Después del holocausto nuclear de la Tercera Guerra Mundial, el cristianismo vuelve a expandirse en todo el mundo, gracias a un avivamiento mundial dirigido por una iglesia "antigua, negra y primitiva". Preeminencia del cristianismo autóctono no blanco.

Año 2030   Conversión de China al cristianismo con una multitud de evangelistas y testigos de las iglesias en las casas, con el resultado de 1,5 millón de celosos cristianos neocarismáticos, posdenominacionalistas que luego lanzan su propia misión mundial sin referencia a iglesias u obras misioneras occidentales u orientales, ni al cristianismo histórico ni a los 3.000 planes de evangelización del mundo ya propuestos.

Año 2050   El 50% de los cristianos son carismáticos (pentecostales, neopentecostales, neocarismáticos, apostólicos, neoapostólicos, etc.), así como el 70% de los obreros de iglesias y el 90% de los misioneros foráneos.

Año 2050   El cristianismo está ahora dominado en todo el mundo por las organizaciones autóctonas pentecostales-carismáticas del Tercer Mundo, que se extiende como reguero de pólvora por medio de iglesias mediáticas no organizadas que se multiplican por sí mismas.

Año 3781   Los monjes de la Orden de Libowitz, carismáticos que han preservado el conocimiento carismático durante la Época Oscura posterior al holocausto nuclear de la Tercera Guerra Mundial en el año 2010, finalmente ven reconstruida la civilización para el año 3100, hasta el punto en que, en el año 3781, culmina la nueva era industrial-científica con la inminente Cuarta Guerra Mundial. Antes del inicio de esta guerra, la desacreditada orden lanza una nave eclesiástica por medio de la cual la Iglesia de la Nueva Roma transfiere la autoridad de San Pedro, de la Tierra a Alfa Centauro. (De la novela de W. M. Millar *A Canticle for Lebowitz* [Un cántico para Lebowitz], año 1960).

· Notas ·

Capítulo 2
1. Henry P. Van Dusen, "The Third Force in Christendom", *Life*, 9 de junio1958, p. 113-124.
2. "*But What About Hicks?*" *Christian Century*, 7 julio 1954, p. 814-815. Véase también Tommy Hicks, *Millions Found Christ* (Los Ángeles: Alberty Offset Printing, 1956).
3. Charles Sydnor Jr., "*The Pentecostals*", *Presbyterian Survey*, mayo 1964, p. 30-32; junio 1964, p. 36-39.
4. Citado en Warren Lewis, *Witnesses to the Holy Spirit* (Valley Forge, Pa.: Judson Press, 1978), p. 121.
5. Ibíd., p. 122.
6. Phillip Schaff, *Nicene and Post-Nicene Fathers* (Grand Rapids: Eerdmans, 1956), p. 168-170.
7. Citado en Lewis, *Witnesses*, p. 173.
8. Ernest R. Sandeen, *Roots of Fundamentalism: British and American Millenarianism 1800-1930* (Chicago: Univ. of Chicago Press, 1970), p. 7.
9. Ibíd., p. 26-36.
10. El mejor tratamiento de las tendencies pentecostales de Irving se encuentra en el artículo de David Dorries "*Edward Irving and the 'Standing Sign'*", en *Initial Evidence: Historical and Biblical Perspective on the Pentecostal Doctrine of Spirit Baptism*, ed. Gary McGee (Peabody, Mass.: Hendrickson Publishers, 1991).
11. William S. Merricks, *Edward Irving the Forgotten Giant* (East Peoría, 111.: Scribe's Chamber Publications, 1983), 179-180. véase también Christie Root: *Edward Irving, Man, Preacher, Prophet* (Boston: Sherman, French & Company, 1912), p. 70-112.
12. Thomas Carlyle, *Reminiscences* (New York: Macmillan, 1887), p. 58.
13. Gordon Strachan, *The Pentecostal Theology of Edward Irving* (Londres: Dartan, Longman & Todd, 1973), 193-201; véase también Larry Christenson, *A Message to the Charismatic Movement* (East Weymouth, Mass.: Dimension, 1972); and "*Pentecostalism's Forgotten Forerunner*", en Vinson Synan, *Aspects of Pentecostal-Charismatic Origins* (Plainfield, N.J.: Logos International, 1975), p. 15-37.
14. Charles H. Spurgeon, *Spurgeon's Sermons* (Grand Rapids: Zondervan, reimpreso de 1857), p. 129-130.
15. William Arthur, *The Tongue of Fire* (Columbia, S.C.: L. L. Pickett, 1891), p. 288, 315, 375-376.
16. Ibíd., p. 376.
17. Vinson Synan, *The Holiness-Pentecostal Tradition: Charismatic Movements in the Twentieth Century* (Grand Rapids: Eerdmans, 1997), p. 25.
18. Donald Dayton, "*From Christian Perfection to the Baptism of the Holy Ghost*", in Synan, *Aspects*, p. 39-54. Véase también Dayton: *The Theological Roots of Pentecostalism* (Grand Rapids: Francis Asbury Press, 1987).
19. Dayton, "*From Christian Perfection*", p. 46.
20. Ibid., p. 47.
21. Martini Wells Knapp, *Lightning Bolts from Pentecostal Skies, or the Devices of the Devil Unmasked!* (Cincinnati: Pentecostal Holiness Library, 1898).
22. Melvin E. Dieter, The Holiness Revival ofthe Nine-teenth Century (Metuchen, N.J.: Scarecrow Press, 1980), X45. Véase también Dieter, "Wesleyan-Holiness Aspects of Pentecostal Origins", in Synan, *Aspects*, 67.

23. Timothy Smith, *Called unto Holiness* (Kansas City, Mo.: Nazarene Publishing House, 1962), p. 25.
24. Reuben A. Torrey, *The Person and Work ofthe Holy Spirit* (New York: Revell, 1910), p. 176-210.
25. Richard K. Curtis, *They Called Him Mister Moody* (Carden City, N.Y.: Doubleday, 1962), p. 149-50.
26. Véase Synan, The Holiness-Pentecostal Tradition, p. 44-67.
27. Robert R. Owens, *Speak to the Rock: The Azusa Street Revival, Its Roots and Message* (Lanham, Md.: Univ. Press of America. 1998), 40-41; Stanley M. Burgess and Gary McGee, fas., *Dictionary of Pentecostal and Charismatic Movements* (Crand Rapids: Zondervan, 1988), p. 471-472.
28. Edward O'Conner, "Hidden Roots of the Charismatic Renewal in the Catholic Church", en Synan, Aspects, p. 169-92.

Capítulo 3
1. Vinson Synan, *The Holiness-Pentecostal Movement in the United States* (Grand Rapids: Eerdmans, 1971), p. 84.
2. Frank Bartleman, *Azusa Street* (Editorial Peniel, Buenos Aires, 1997), p. 61.
3. Synan, *The Holiness-Pentecostal Movement*, págs. 97, 99; Stanley M. Burgess y Gary McGee, eds., *Dictionary of Pentecostal and Charismatic Movements* (Grand Rapids: Zondervan, 1988), p. 791; John Nichols, *Pentecostalism* (New York: Harper Se Row, 1966), p. 34, 70; Robert Mapes Anderson, *Vision of the Disinherited: The making of American Pentecostalism* (Nueva York: Oxford Univ. Press, 1979), p. 70-71, 143.
4. *Yorkshire Post*, 27 diciembre 1904, citado en Synan, *The Holiness-Pentecostal Movement*, p. 99.
5. Eifion Evans, *The Welsh Revival of 1904* (Bridgend, Gales: Evangelical Press of Wales, 1969), p. 63-119.
6. Para una biografía de Charles Fox Parham, consulte, de James R. Goff Jr., *Fields White Unto Harvest* (Fayetteville, Ark,: Univ. of Arkansas Press, 1988).
7. Anderson, *Vision of the Disinherited*, pág. 48; Goff, *Fields White Unto Harvest*, p. 29.
8. Edith L. Blumhofer, *Restoring the Faith: The Assemblies of God, Pentecostalism, and American Culture* (Urbana: Univ. of Illinois Press. 1993), p. 50.
9. Goff, *Fields White Unto Harvest*, p. 37, 40, 45-46.
10. Ibid., pág. 67; Synan, *The Holiness-Pentecostal Movement*, pág. 101; Blumhofer, *Restoring the Faith*, pág. 51; Eric W. Gritsch, *Born Againism* (Philadelphia: Forlress Press, 1982), p. 71.
11. Charles F. Parham, *Voice Crying in the Wilderness* (Joplin, Mo.: 1944), p. 31-32, citado en in Synan, *The Holiness-Pentecostal Movement*, p. 102.
12. Goff, *Fields White Unto Harvest*, págs. 89-91; Blumhofer, *Restoring the Faith*, p. 53.
13. Donald Dayton, *The Theological Roots of Pentecostalism* (Grand Rapids: Francis Asbury Press, 1987, p. 12-23.
14. Wayne E. Warner, "The Miracle of Azusa", *Pentecostal Evangel*, vol. 22 (septiembre 1996), p. 11.
15. W. W. Robinson, *Los Ángeles: From the Days of the Pueblo* (Los Ángeles: California Historical Society, 1981), p. 61, 64-66.
16. Michael Engh, *Frontier Faiths: Church, Temple, and Synagogue in Los Ángeles, 1846-1888* (Albuquerque, N.M.: University of New Mexico Press, 1992), p. 60, 190-192; Gregory H. Singleton, *Religion in the City of Los Ángeles: American Protestant Culture and Urbanization, Los Ángeles, 1850-1930* (Los Ángeles: UMI Research Press, 1979), p. 54-56.

17. Nichols, *Pentecostalism*, p. 33.
18. Clara Davis, *The Move of God! The Outpouring of the Holy Spirit from Azusa Street to Now (As Told by Eyewitnesses)* (Tulsa: Albury Press, 1983), p. 20.
19. Synan, *The Holiness-Pentecostal Movement*, p. 106.
20. Anderson, *Vision of the Disinherited*, pág. 66; Richard T. Hughes, ed., *The American Quest for the Primitive Church* (Urbana: Univ. of Illinois Press, 1988), págs. 200-203; Walter J. Hollenweger, *El pentecostalismo: Historia y doctrinas* (Buenos Aires: Editorial La Aurora, 1976).
21. *Pentecostal Evangel*, vol. 6, no. 4 (1946): 6, citado en Hollenweger, *El pentecostalismo*.
22. Nickel, *Azusa Street Outpouring: As Told By Those Who Were There*, p. 6-7.
23. *Los Ángeles Daily Times*, 18 abril 1906, p. 1.
24. Vinson Synan, *In The Latter Days* (Ann Arbor, Mich.: Servant Publications, 1984), p. 50.
25. Bartleman, *Azusa Street*, p. 14.
26. *Los Ángeles Daily Times*, 18 abril 1906, p. 1.
27. Stanley M. Horton, "*A Typical Day at Azusa Street*", *Heritage* (Springfield, Mo.: Assemblies of God, otoño 1982), p. 6.
28. A. W. Orwig, "*Apostolic Faith Restored*", *Weekly Evangel*, 18 marzo 1916, p. 4.; A. G. Osterberg, entrevista de Jerry Jensen y Jonathan E. Perkins grabada en cassete, marzo 1966. Transcripción de Mae Waldron, Archivos de las Asambleas de Dios, Springfield. Cassete No. 1, Tapeone, 1293 075; Horton, "*A Typical Day at Azusa Street*", p. 6.
29. "Actuar en la carne" es una referencia a las personas que tratan de imitar la unción de Dios por ignorancia u orgullo.
30. Martin E. Marty, *Modern American Protestantism and Its World*, vol. 11, *New and Intense Movements* (Munich: K. G. Saur, 1993), p. 207.
31. Orwig, "*Apostolic Faith Restored*", Art. XII, *Weekly Evangel*, 8 abril 1916, p. 4.
32. Emest S. Williams, "*Memories of Azusa Street Mission*", *Pentecostal Evangel*, 24 abril 1966, p. 7.
33. Bartleman, *Azusa Street*.
34. Sanders, *Saints in Exile*, p. 30.
35. Kimberly Wesley, "*Bishop William J. Seymour:Father of the Modern Pentecostal Movement*", *Whole Truth*, vol. 1, no. 1 (primavera 1996), p. 18.
36. Blumhoffr, *Restoring the Faith*, p. 19, 93, 80.
37. Bartleman, *Azusa Street*; Synan, *Holiness-Pentecostal Movement*, p. 148-149.

Capítulo 4
1. Jonathan Goforth, *By My Spirit* (Minneapolis: Bethany Fellowship, 1942), p. 137-138.
2. T. B. Barratt, "*Baptized in New York*", *Apostolic Faith* (Los Ángeles), diciembre 1906, p. 3, col. 2.
3. A. J. Tomlinson, *The Last Great Conflict*, (Cleveland, Tenn.: Walter E. Rodgers, 1913), p. 31.
4. J. Roswell Flower, *Pentecost*, agosto 1908, p. 4.
5. Darrin J. Rodgers, "*Spirit of the Plañís: North Dakotan Pentecostalism's Roots in Inmigrant Pietism and the Holiness Movement*" (tesis para maestría, Seminario de las Asambleas de Dios, 1997), p. 24-25.
6. James R. Goff Jr., *Fields White Unto Harvest: Charles F. Parham and the Missionary Origins of Pentecostalism* (Fayetteville: Univ. of Arkansas Press, 1988), p. 115.

7. *"Beginning of World Wide Revival"*, Apostolic Faith (Los Ángeles), enero 1907, p. 1, col. 1.
8. Arthur Mercer, *"Here and There"*, South African Pioneer, febrero 1907. Mercer fue secretario de la Misión General de Sudáfrica bajo Andrew Murray.
9. *"The Pentecostal Revival"*, Apostolic Faith, mayo 1908, p. 4, col. 2.
10. Paul Voronaeff, My Life in Soviet Russia, (Tulsa: Christian Crusade, 1969), p. 33-34.
11. Nicolai J. Poysti, With Christ in Russia and Siberia (Chicago: Russian and Eastern European Union, 1936), p. 4.
12. Gheorghe Bradin, citado en Trandafir Sandru: The Pentecostal Apostolic Church of God in Romania (Bucarest: Iglesia de Dios Apostólica, 1982), p. 26.
13. Janet Lancaster, citado en Barry Chant, Heart of Fire: The Story of Australian Pentecostalism (Unley Park, Australia: House of Tabor, 1984) p. 36.
14. Cora Fritsch, Letters from Cora, comp. Homer y Alice Fritsch (Ed. por los compiladores, 1987), p. 6.
15. Grace C. Agar, *"Tibetan Border of Kansu Province"*, 1940, pág. 14. (Mecanografiado). Puede solicitarse en Flower Pentecostal Heritage Center, Springfield, MO 65802, EE.UU.
16. Véase G. H. Lang, The History and Diaries of an Indian Christian (J. C. Aroolappen) (Londres, Thynne & Co., 1939): W: J. Richards, *"The Six Years's Party in Travancore"*, Church Missionary Intelligencer and Record, noviembre 1882, p. 660-667.
17. Minnie F. Abrams, *"The Baptism of the Holy Ghost and Fire"*, Indian Witness, 26 abril 1906, p. 261.
18. *"The Holy Spirit and Physical Manifestations"*, Indian Witness, 13 diciembre 1906, p. 786.
19. *"Pentecost in India"*, Apostolic Faith (Los Ángeles), noviembre 1906, p. 1, col. 4.
20. *"A Late Report from Bombay"*, Apostolic Faith (Portland), Julio/agosto 1908, p. 3.
21. G. H. Lang, The Modern Gift of Tongues: Whence Is It? A testimony and an examination (Londres: Marshall Brothers, 1913).
22. Dana L. Robert, American Women in Mission: A Social History of Their Thought and Practice (Macon, Ga.: Mercer Univ. Press, 1996), p. 241.
23. Charles F. Parham, *"The Story of the Origin of the Original Apostolic or Pentecostal Movements"*, en The Topeka Outpouring: Eyewitness Accounts of the Revival that Birthed the 20th Century Pentecostal/Charismatic Movements, ed y comp. por Larry Martin (Joplin, Mo.: Christian Life Books, 1997), p. 37.
24. Eleventh Annual Report of the Christian and Missionary Alliance, 27 mayo 1908, p. 143.
25. *"Alleged Crank in Limelight"*, Daily Oregon Statesman, 7 enero 1911, p. 1.
26. Fritsch, Letters from Cora, p. 42-43, 48.
27. Nota sin título, Apostolic Faith (Los Ángeles), diciembre 1906, p. 3, col. 5.
28. John G. Lake, *"My Baptism in the Holy Spirit and How the Lord Sent Me to South Africa"* (opúsculo) (Portland, Oreg.: Divine Healing Institute, sin fecha), p. 14.
29. Willis Collins Hoover, History of the Pentecostal Revival in Chile, traducido por Mario G. Hoover (Lakeland, Fla., por el traductor, 2000), p. 4.
30. Minnie F. Abrams, *"The Baptism of the Holy Ghost and Fire"*, Bombay Guardian, 23 junio 1906, p. 9.
31. Dr. Stuntz, citado en Hoover, History of the Pentecostal Revival in Chile, p. 62.
32. Fritsch, Letters from Cora, p. 16.

Capítulo 5
1. Charles Harrison Mason, *The History and Life of Elder C. H. Mason* (Memphis, Church of God in Christ Publishing House, 1920). Este libro ha sido reimpreso y revisado varias veces desde 1920. La última es la de J. O. Patterson, German R. Rose y Julia Mason Atkins, *History and Formative Years of the Church of God in Christ with Excerpts from the Life and Works of Its Founder – Bishop C. H. Mason* (Memphis, Church of God in Christ Publishing House, 1969). La más moderna historia compilada por un académico es, de Ithiel Clemmons, *Bishop C.H. Mason and the Roots of the Church of God in Christ* (Bakersfield, Calif.: Pneuma Life Publishing, 1996).
2. Patterson, Rose y Mason, *History and Formative Years*, p. 14-17; Otho B. Cobbins, ed., *History of the Church of Christ (Holiness) U.S.A.* (Nueva York, Vantage Press, 1966), p. 1-27.
3. Klaud Kendrick, *The Promise Fulfilled* (Springfield, Mo.: Gospel Publishing House, 1961), p. 16. Véase también, de Philip Garvin, *Religious America* (Nueva York: McGraw-Hill, 1974), p. 141-169; Cobbins, *History of the Church of Christ*, págs. 117-120.
4. Leonard Lovett, "*Black Origins of the Pentecostal Movement*", en, de Vinson Synan, *Aspects of Pentecostal-Charismatic Origins* (Plainfield, N.J.: Logos International, 1975), págs. 123.-141; David M. Tucker, *Black Pastors and Leaders: The Memphis Clergy, 1819-1972* (Memphis, Tenn.,: Memphis State University Press, 1974), p. 90-94; Patterson, Rose y Mason, *History and Formative Years*, p. 17-20.
5. Cobbins, *History of the Church of Christ*, p. 16, 50-52.
6. Tucker, *Black Pastors and Leaders*, 97-99. Ithiel Clemmons, entrevisa personal con el autor, ciudad de Oklahoma, 29 enero de 1986.
7. Howard N. Kenyon, "*Black Experience in the Assemblies of God*" (trabajo leído en la Sociedad de Estudios Pentecostales, 15 noviembre 1986, Costa Mesa, California); Vinson Synan, *The Holiness-Pentecostal Tradition: Charismatic Movements in the Twentieth Century* (Grand Rapids: Eerdmans, 1997), p. 178-179.
8. Ibid., p. 149-153. Véase también, de William Menzies, *Anointed to Serve* (Springfield, Mo.: Gospel Publishing House, 1971), p. 370.
9. Arnor S. Davis, "*The Pentecostal Movement in Black Christianity*", *Black Church*, 2:1 (1972), p. 65-68. Véase también los informes del Instituto Nacional de Censos de EE.UU. para los años 1926 y 1936, título: "*Church of God in Christ, Statistics, Denominational History, Doctrine, and Organization*" (Washington, D.C.: U.S. Government Printing Office, 1929 y 1940).
10. Ithiel Clemmons, entrevista con Synan; Patterson, *History and Formative Years*, p. 71-75.
11. Eileen W. Lindner, *Yearbook of American and Canadian Churches 2000* (Nashville: Abingdon, 2000), p. 342.
12. Las dos historias básicas de la iglesia son, de Joseph E. Campbell, *The Pentecotal Holiness Church, 1898-1948* (Franklin Springs, Ga.: Publishing House of the Pentecostal Holiness Church, 1951) y, de Vinson Synan, *The OldTime Power: A History of the Pentecostal Holiness Church* (Franklin Springs, Ga.: Lifesprings, 1997). También es útil, de A. D. Beacham Jr., *A Brief History of the Pentecostal Holiness Church* (Franklin Springs, Ga.: Advocate Press, 1983).
13. Synan, *The Old-Time Power*, pg. 107.
14. Joseph H. King, *Yet Speaketh, The Memoirs of Late Bishop Joseph H. King* (Franklin Springs, Ga.: Advocate Press, 1949), p. 111-121.

15. Synan, *The Holiness-Pentecostal Tradition*, p. 117-139.
16. N. J. Holmes, *Life Sketches and Sermons* (Franklin Springs, Ga.: Publishing House of the Pentecostal Holiness Church, 1920), p. 135-148.
17. G. F. Taylor, *The Spirit and The Bride* (Dunn, N.C.:, impresión privada, 1907); Joseph H. King, *From Passover to Pentecost* (Memphis, TN.: H.W. Dixon Printing Company, 1914).
18. Véase Synan, *The Holiness-Pentecostal Tradition*, p. 141-163.
19. Synan, *The Old-Time Power*, p. 165-171
20. Ibid., págs. 265-268. Véase también, de David Harrell Jr., *Oral Roberts: An American Life* (Bloomington, Ind.: Univ. Of Idiana Press, 1985), p. 855, 287-311.
21. Synan, *The Old-Time Power*, p. 225-228.
22. Ibid., p. 266-267.
23. Lindner, *Yearbook of American and Canadian Churches 2000*, p. 346.
24. Véase *Minutes of the Twentieth General Conference of the Pentecostal Holiness Church, Inc.* (Franklin Springs, Ga.: 1985), p. 92-99.
25. La historia básica de la Iglesia de Dios (de Cleveland, Tenn.) es, de Charles W. Conn, *Like a Mighty Army: A History of the Church of God, 1886-1976*, ed. rev. (Cleveland, Tenn.: Pathway Press, 1977). La historia de la Iglesia de Dios de la Profecía se encuentra en, de Charles Davidson, *Upon This Rock*, 3 vol. (Cleveland, Tenn.: White Wing Publishing House, 1973-1976).
26. Conn, *Like a Mighty Army*, págs. 1-18; Synan, *The Holiness-Pentecostal Tradition*, p. 80-83.
27. A. J. Tomlinson, *Answering the Call of God* (Cleveland, Tenn.: White Wing Publishing House, 1942), p. 1-15.
28. Ver, de Homer Tomlinson, *The Shout of a King* (Nueva York: Church of God, World Headquarters, 1965), p. 14-20; y, de Lillie Duggar, *A. J. Tomlinson: Former General Overseer of the Church of God* (Cleveland, Tenn.: White Wing Publishing House, 1964), p. 30-45.
29. Tomlinson, *Answering the Call of God*, p. 17.
30. L. Howard Juillerat, *Book of Minutes, General Assemblies, Church of God* (Cleveland, Tenn.: Church of God Publishing House, 1922), p. 15.19; Conn, *Like a Mighty Army*, p. 61-69.
31. Juillerat, *Book of Minutes*, p. 15-19.
32. Véase, de Homer A. Tomlinson, ed., *Diary of A. J. Tomlinson, 1901-1923* (Nueva York: Church of God, World Headquarters, 1949-1955), p. 68-72.
33. Charles E. Jones, *A Guide to the Study of the Pentecostal Movement*, vol. 1 (Metuchen, N. J. .: Scarecrow Press, 1983), p. 271.
34. Conn, *Like a Mighty Army*, p. 175-190; Tomlinson, *Answering the Call of God*, pág. 8; Davidson, Upon This Rock, p. 573-610.
35. Tomlinson, *The Shout of a King*, págs. 1-219; John Nichols, *Pentecostalism* (Nueva York: Harper & Row, 1966), p. 139-143.
36. El registro de la actividad misionera en el exterior de la Iglesia de Dios (de Cleveland, Tenn.) se encuentra en, de Charles W. Conn, *Where the Saints Have Trod* (Cleveland, Tenn.: Pathway Press, 1959).
37. Lindner, *Yearbook of American and Canadian Churches 2000*, p. 342.
38. Ibíd.
39. H. L. Fisher, *History of the United Holy Church of America* (sin ed., sin fecha), p. 1-7).
40. Chester W. Gregory, *History of the United Holy Church of America, Inc.: 1886-1986* (Baltimore: Gateway Presss, 1986), p. 30-36, 231-232.
41. Véase, de Synan, *The Holiness-Pentecostal Tradition*, p. 65-66.

42. Margaret Moffett Banks, "*Evangelist Speaks Before United Holy Church Following*", *Greensboro News and Record*, 5 mayo de 2000, p. 1.

Capítulo 6

1. Las historias más importantes de las Asambleas de Dios son, entre otras: de Carl Brumback, *Suddenly... From Heaven: A History of the Assemblies of God* (Springfield, Mo.: Gospel Publishing House, 1961); de Klaud Kendrick, *The Promise Fulfilled: A History of the Modern Pentecostal Movement* (Springfield, Mo.: Gospel Publishing House, 1961); de William Menzies, *Anointed To Serve: The Story of the Assemblies of God* (Springfield, Mo.: Gospel Publishing House, 1971); de Edith Waldvogel Blumhofer, *The Assemblies of God: A Popular History* (Springfield, Mo.: Gospel Publishing House, 1985). También útiles para el estudio de las Asambleas de Dios y otros grupos pentecostales clásicos son, de Robert Mapes Anderson, *Vision of the Disinherited: The Making of American Pentecostalism* (Nueva York: Oxford Univ. Press, 1979) y, de Vinson Synan, *The Holiness-Pentecostal Tradition* (Grand Rapids: Eerdmans, 1997).
2. Menzies, *Anointed to Serve*, p. 64-76, 48-49, 70-71; Anderson, *Vision of the Disinherited*, págs. 88-194; Synan, *The Holiness-Pentecostal Tradition*, p. 167-186. Véase también, de William Menzies, "Non-Wesleyan Origins of the Pentecostal Movement", en, de Vinson Synan, Aspects of Pentecostal Charismatic Origins (Planinfield, N.J.: Logos International, 1975), p. 81-98.
3. Anderson, *Vision of the Disinherited*, págs. 188-194; Synan, *The Holiness-Pentecostal Tradition*, p. 167-186.
4. Anderson, *Vision of the Disinherited*, p. 173-184; Richard A. Lewis, "*E.N. Bell: An Early Pentecostal Spokesman*" (trabajo presentado a la Sociedad de Estudios Pentecostales, 14 noviembre de 1986, en Costa Mesa, California, EE.UU.).
5. Brumback, *Suddenly... From Heaven*, p. 88-97; John S. Swin, "*The Response and Attitude of Dr. A. B. Simpson and the Christian and Missionary Alliance to the Tongues Movement of 1906-1920*" (trabajo presentado a la Sociedad de Estudios Pentecostales, 14 noviembre de 1986, en Costa Mesa, California, EE.UU.).
6. Synan, *The Holiness-Pentecostal Tradition*, p. 149-152; Brumback, *Suddenly... From Heaven*, p. 99-103.
7. J. Roswell Flower, "History of the Assemblies of God" (sin ed., sin fecha), p. 17-19); Menzies, *Anointed to Serve*, p. 92-105.
8. Menzies, *Anointed to Serve*, p. 80-105; Brumback, *Suddenly... From Heaven*, págs. 151-171.
9. Estas razones fueron expresadas en el "llamado" en Word and Witness, 10 diciembre de 1913, p. 1; véase fotocopia del llamado en, de Brumback, *Suddenly... From Heaven*, p. 157.
10. Ibíd., p. 168-169.
11. Ibíd., p. 216-225; Menzies, *Anointed to Serve*, p. 129, 320.
12. Menzies, *Anointed to Serve*, p. 106-121. También véase la respuesta de Brumback al movimiento unicista en *God in Three Persons* (Cleveland, Tenn.: Pathway Press, 1959).
13. Synan, *The Holiness-Pentecostal Tradition*, p. 156-160; Menzies, *Anointed to Serve*, p. 384-390.
14. Para leer la declaración de las Asambleas de Dios sobre el movimiento de renovación carismática, véase, de Kilian McDonnell, *Presence, Power, Praise: Documents on the Charismatic Renewal*, vol. 1 (Collegeville, Minn.; Nueva York: Paulist Press, 1980), p. 318. También véase, de Blumhofer, *The Assemblies of God*, p. 113-117, 141.

15. Jae Bum Lee, "Pentecostal Distinctives and Protestant Church Growth in Korea" (disertación para el doctorado, Seminario Teológico Fuller, 1986), p. 169-228.
16. Eileen W. Lindner, *Yearbook of American and Canadian Churches 2000* (Nashville: Abingdon, 2000), p. 340. Véase también: *Assemblies of God, Who We Are and What We Believe* (Springfield, Mo., 2000); y *A/G Facts, Current Information About the Assemblies of God* (Sprinfrield, Mo.: Office of Information, 2000).
17. *AG News*, miércoles 9 de agosto de 2000. Informe de la reunión de la Fraternidad Mundial de las Asambleas de Dios en Indianápolis, Indiana, agosto de 2000.
18. La información sobre la vida y el ministerio de Aimee Semple McPherson fueron tomadas de su autobiografía, *In The Service of the King* (Nueva York: Boni and Liverright, 1927); y *The Story of My Life* (Los Ángeles, Echo Park Evangelistic Association, 1951). Las obras críticas son, entre otras, de Robert P. Shuler, *McPhersonism* (Los Ángeles, sin fecha) y, de Lately Thomas, *The Vanishing Evangelist* (Nueva York: Viking Press, 1959).
19. McPherson, *The Story of My Life*, p. 15-179.
20. Véase *Historical Data of the International Church of the Foursquare Gospel* (abril 19568), p. 1.
21. Synan, *The Holiness-Pentecostal Tradition*, p. 191-202.
22. *Facts You Should Know About the International Church of the Foursquare Gospel*, p. 5; Harold Helms, entrevista personal con el autor, Los Ángeles, 19 noviembre de 1986.
23. McPherson, *Personal Testimony*, p. 47-49; Thomas, *Vanishing Evangelist*, p. 1-319.
24. *Articles of Incorporation and By-laws of the International Church of the Foursquare Gospel* (Los Ángeles, 1986), p. 20-28.
25. *Facts You Should Know*, pág. 6; Aimee Semple McPherson, *This We Believe* (Los Ángeles, sin fecha), p. 7-35.
26. McPherson, *The Story of My Life*, págs. 75-42; *Personal Testimony*, p. 43.
27. Véase *Articles of Incorporation*, p. 20-28.
28. Yearbook, 1986, *International Church of the Foursquare Gospel* (Los Ángeles), p. 9.
29. Harold Helms, entrevista personal con el autor, ciudad de Oklahoma, 19 noviembre 1986.
30. Lindner, *Yearbook of American and Canadian Churches 2000*, p. 346.
31. Guy Duffield y Nathaniel Van Cleave, Foundations of Pentecostal Theology (Los Ángeles: L.I.F.E. Bible College, 1983).
32. Véase, de Synan, *The Holiness-Pentecostal Tradition*, p. 195-196.
33. Wayne Warner, "Pentecostal Church of God" en, de Stanley Burgess, Patrick Alexander y Gary McGee, eds., *Dictionary of Pentecostal and Charismatic Movements* (Grand Rapids: Zondervan, 1988), p. 701-702.
34. Ibíd.
35. Lindner, *Yearbook of American and Canadian Churches 2000*, p. 348.
36. Véase, de Synan, *The Holiness-Pentecostal Tradition*, p. 221-222.
37. Ibíd., p. 202-203. La mejor historia de la iglesia es, de Bryant Mitchell, *Heritage and Horizons* (Des Moines: Open Bible, 1982).
38. Véase, de Klaud Kendrick, *The Promise Fulfilled*, p. 164-171.
39. Wayne Warner, "Open Bible Standard Churches, Inc.", en, de Burgess, Alexander y Gary McGee, eds., *Dictionary of Pentecostal and Charismatic Movements*, p. 651-653.

40. Lindner, *Yearbook of American and Canadian Churches 2000*, p. 348.
41. Véase, de David Reed, "*Aspects of the Origins of Oneness Pentecostalism*", en, de Synan, *Aspects of Pentecostal-Charismatic Origins*, p. 143-168.
42. Synan, *The Holiness-Pentecostal Tradition*, p. 156-164.
43. Edith Blumhofer, *The Assemblies of God: A Chapter in the Story of American Pentecostalism*, p. 221-239.
44. Synan, *The Holiness-Pentecostal Tradition*, p. 160-161.
45. Un importante estudio de las Asambleas Pentecostales del Mundo es, de James L. Tyson, *The Early Pentecostal Revival* (Hazelwood, Mo.: Word Aflame Press, 1992).
46. J. L. Hall, "United Pentecostal Church, International" en, de Burgess, Alexander y Gary McGee, eds., *Dictionary of Pentecostal and Charismatic Movements*, p. 860-865.
47. Lindner, *Yearbook of American and Canadian Churches 2000*, p. 351.

Capítulo 7

1. Véase, de Dennis Bennett, *Nine O'Clock in the Morning* (Plainfield, N.J.: Bridge Publishing, 1970), p. 1-30.
2. Liston Pope, *Millhands and Preachers*, A Study of Gastonia (New Haven: Yale Univ. Press, 1946), p. 138.
3. Bennett, *Nine O'Clock*, p. 61.
4. Véase revista *Time*, 29 marzo de 1963, p. 52; 15 agosto de 1963, p. 52-55.
5. Michael Harper, *As At the Beginning: The Twentieth Century Pentecostal Revival* (Londres: Hodder and Stoughton, 1965), p. 34-39. También véase, de Harper, *Three Sisters* (Wheaton: Tyndale, 1979).
6. Richard Winkler, entrevista personal con el autor, Maui, Hawaii, 11 enero 1986.
7. Véase, de Kilian McDonnell, *Presence, Power, Praise: Documents on the Charismatic Renewal*, vol. 1 (Collegeville, Minn.; Nueva York: Paulist Press, 1980), p. 10-20. Para leer el informe sobre el caso Bennett, véase vol. 1, p. 1-21.
8. Frank Ferrell, "*Outburst of Tongues: The New Penetration*", *Christianity Today*, 13 septiembre 1963, p. 3-7.
9. Vinson Synan, *In the Latter Days* (Altamonte Springs, Fla.: Creation House, 1991), p. 89-95.
10. McDonnell, *Presence, Power, Praise*, p. 96-104.
11. Bennett, *Nine O'Clock*, p. 73-90. Entrevista personal con el autor, ciudad de Kansas, julio 1977. Véase también, de John Sherrill, They Speak with Other Tongues (Nueva York, McGraw-Hill, 1964), p. 61-66).
12. Richard Quebedeaux, *The New Charismatics II* (San Francisco: Harper and Row, 1983), p. 58, 138-142, 156, 179.
13. Quebedeaux, *The New Charismatics II*, p. 78-81, 102-104, 151-173. Véase también, de Jean Stone y Harald Bredesen, *The Charismatic Renewal in the Historic Churches* (Van Nuys, Calif.: Full Gospel Business Men's Fellowship International, 1963).
14. McDonnell, *Presence, Power, Praise*, p. 20.
15. Para leer la historia del Fountain Trust, véase Quebedeaux, *The New Charismatics II*, p. 98-105.
16. Terry Fullam, entrevista personal con el autor, 6 agosto de 1986. Véase, de Steven Lawson, "*Episcopal Renewal on the Move*", *Charisma*, marzo de 1986, p. 64; también, de David Collins, *There Is a Lad Here: A Book of Gratitude* (Darien, Ga.: Darien News, 1996), p. 151-191.

17. Gran parte de esta descripción está basada en la experiencia directa del autor, que estuvo presente en ese culto. También puede verse, de Vinson Synan, "*The New Canterbury Tales*", *Pentecostal Holiness Advocate*, 22 octubre de 978, p. 12. También véase, de Michael Harper, ed., *A New Canterbury Tale: The Reports of the Anglican International Conference on Spiritual Renewal Held at Canterbury, July 19, 1978* (Bromcoe, Nottinghamshire: Grove Books, 1978).
18. Bob Slosser, *Miracle in Darien* (Plainfield, N.J.: Logos International, 1979).
19. Beth Spring, "*Spiritual Renewal Brings Booming Growth to Three Episcopal Churches in Northern Virginia*", *Christianity Today*, 13 enero de 1984, p. 38-39.
20. Harald Bredesen, *Yes, Lord* (Plainfield, N.J.: Logos International, 1972), p. 48-57.
21. Véase revista *Time*, 29 marzo 1963, p. 52.
22. Pat Robertson, *Shout it from the Housetops* (Plainfield, N.J.: Logos International, 1972), p. 65-79.
23. Larry Christenson, entrevista personal con el autor, Nueva Orleáns, 1 abril de 1986. Véase también, de Christenson, *The Charismatic Renewal Among Lutherans* (Minneapolis, International Lutheran Renewal Center, 1975); y, de Erling Jorstad, *Bold in the Spirit: Lutheran Charismatic Renewal in America Today* (Minneapolis: Augsburg Publishing House, 1974). Para leer el testimonio de Christenson, véase "*A Lutheran Pastor Speaks*", *Trinity* (Whitsuntide, 1962), p. 32-35.
24. Para leer una breve explicación sobre la postura de Lutero en cuanto a los carismas, véase, de Synan, *In the Latter Days*, p. 29-30.
25. Christenson, *The Charismatic Renewal Among Lutherans*, p. 13-31.
26. Herbert Mjorud, entrevista personal con el autor, Pittsburgh, Pa., 21 mayo de 1986.
27. John P. Kildahl, *The Psychology of Speaking in Tongues* (Nueva York: Harper & Row, 1972). Para leer informes oficiales luteranos de los primeros tiempos del pentecostalismo luterano, véase, de McDonnell, *Presence, Power, Praise*, p. 21-566.
28. Christenson, entrevista con Synan.
29. Donald Photenhauer, entrevista personal con el autor, Minneapolis, 8 agosto de 1986. Véase edición del *Minneapolis Tribune* del 4 de febrero de 1968, p. 14 A.
30. Aparecieron artículos periodísticos sobre la conferencia de 1972 en el *Minneapolis Star*: un artículo de Wilmar Thorkelson, "*God's Electricity is Here*" (10 agosto de 1972), p. 1-3. También, Norris Cogen, entrevista personal con el autor, Pittsburg, Pa., 20 mayo de 1986.
31. Christenson, *Charismatic Renewal Among Lutherans*, p. 46-52. Véase también, de Christenson, *Welcome, Holy Spirit* (Minneapolis, Augsburg, 1987), y de Theodore Jungkuntz, *Confirmation and the Charismata* (Lanham, Md.: Univ. Press of America, 1983).
32. McDonnell, *Presence, Power, Praise*, p. 321-373.
33. Ibíd., p. 369-373.
Ibíd, p. 543-566.
35. Dennis Pederson, "*Introducing... International Lutheran Center for Charismatic Renewal*", Lutheran Renewal International, primavera 1980, p. 14-17.
36. Christenson, entrevista con Synan.
37. Kenneth Kantzer, "*The Charismatics Among Us*", *Christianity Today*, 22 febrero de 1980, p. 25-29.
38. C. Peter Wagner, "*Survey of the Growth of the Charismatic Renewal*" (informe no publicado, 1985).
39. Herbert Mirly, entrevista personal con el autor, Charlotte, Carolina del Norte, 17 mayo de 1986 (historia y carta inéditas).

Notas

40. Juan Calvino, *Institución de la Religión Cristiana*. Véase también, de Calvino, *Comentarios sobre el Nuevo Testamento: 1 Corintios*.
41. Benjamín B. Warfield, *Counterfeit Miracles* (Carlisle, Pa.: Banner of Truth Trust, 1918). Véase también, de Ronald A. Knox, *Enthusiasm* (Londres, Clarendon Press, 1950).
42. Véase, de Bernard Weisberger, *They Gathered at the River* (Nueva York: Little, Brown, 1958), p. 10-15; y de Archie Robertson, *That Old-Time Religion* (Boston: Houghton Mifflin, 1950), p. 56-57.
43. Jonathan Edwards, *A Faithful Narrative of the Surprising Work of God* (1737); y *The Distinguishing Marks of a Work of the Spirit of God* (1741). Este avivamiento es tratado en el libro de Richard Lovelace, *Dynamics of Spiritual Life* (Downers Grove., Ill.: Intervarsity, 1979), p. 35-46.
44. Synan, *In the Latter Days*, p. 25, 37, 52; Timothy Smith, *Revivalism and Social Reform* (Nueva York: Abingdon, 1957), p. 114-134.
45. Véase, de William S. Merricks, *Edward Irving: The Forgotten Giant* (East Peoria, Ill.: Scribe's Chamber Publications, 1983), p. 179-180.
46. Holmes, *Life Sketches and Sermons* (Franklin Springs, Ga.: Publishing House of the Pentecostal Holiness Church, 1920), p. 9-97.
47. James H. Brown, entrevista personal con el autor, Charlotte, Carolina del Norte, 5 marzo de 1986. También, carta de Brown a Synan, 27 enero de 1986.
48. George "Brick" Bradford, entrevista personal con el autor, ciudad de Oklahoma, 6 de diciembre de 1985.
49. Ibíd.; *"Charismatic Renewal in the Reformed Tradition"*, Renewal News, mayo-junio 1981, p. 1-4.
50. La historia de Whitaker se relata en su opúsculo, *Hang in There: Counsel for Charismatics*, (Plainfield, N.J.: Logos International, 1974), p. 38-41.
51. Bradford, entrevista con Synan. Carta de Whitaker al autor, 19 de diciembre de 1985. El expediente del caso *The Reverend C. Whitaker, Complainant, vs. The Synod of Arizona, United Presbyterian Church in the United States of America, Respondent*, puede solicitarse en la oficina de los Ministerios de la Renovación Reformada y Presbiteriana de la ciudad de Oklahoma.
52. Este informe se publica en McDonnell, *Presence, Power, Praise*, p. 221-282. (El informe de la Iglesia Presbiteriana en los Estados Unidos se presenta en las p. 287-317).
53. Véase, de Catherine Marshall, *Something More* (Nueva York: McGraw-Hill, 1974); Quebedeaux, *The New Charismatics, II*, p. 131, 133-134.
54. Ibid., p. 133, 146-147, 161. Véase, de J. Rodman Williams, *The Pentecostal Reality* (Plainfield, N.J.: Logos International, 1972) y *The Era of the Spirit* (Plainfield, N.J.: Logos International, 1971).
55. *"Presbyterian Charismatic Communion Changes Name to Presbyterian and Reformed Renewal Ministries International"*, Renewal News, mayo-junio 1984, p. 1-3.
56. Bradford, entrevista con Synan.
57. Ibíd.

Capítulo 8

1. La biografía clásica antigua de Wesley es de Robert Southey, *The Life of John Wesley*, 2 vols. (Londres, Longmans Hurst and Company, 1820). Una reciente edición de su diario, cartas y sermons puede encontrarse en, de Thomas Jackson, ed., *The Works of John Wesley*, 14 vols. (Grand Rapids: Zondervan, 1959).
2. Véase, de John Leland Peters, *Christian Perfection and American Methodism* (Nueva York: Abingdon, 1956), p. 19-20; y, de Vinson Synan, *The Holiness-*

Pentecostal Tradition: Charismatic Movements in the Twentieth Century (Grand Rapids: Eerdmans, 1997), p. 1-21.
3. La mejor historia del metodismo estadounidense es de Ermory Stevens Bucke et al., *History of American Methodism*, 3 vols. (Nashville, Abingdon, 1964).
4. Timothy Smith, *Revivalism and Social Reform* (Nueva York: Abingdon, 1957), p. 123.
5. Delbert Rose, *A Theology of Christian Experience* (Minneapolis: Bethany Fellowship, Inc., 1965), p. 27-38; Charles Edwin Jones, *Perfectionist Persuasion* (Metuchen, N.J.: Scarecrow Presss, 1974), p. 16-21.
6. Donald Dayton, *"From Christian Perfection to the Baptism of the Holy Spirit"* en, de Vinson Synan, *Aspects of Pentecostal-Charismatic Origins* (Plainfield, N.J.: Logos International, 1975), p. 39-54. Este tema es desarrollado por Donald Dayton en su importante libro, *Theological Roots of Pentecostalism* (Grand Rapids: Francis Ausbury Press, 1987).
7. Véase *"Interview with Tommy Tyson, Evangelist"*, *Your Church*, noviembre/doiciembre 1973, p. 10-28.
8. Para leer la historia de la Universidad Oral Roberts, véase, de David Edwin Harrell Jr., *Oral Roberts: An American Life* (Bloomington: Indiana Univ. Press, 1985), p. 207-252.
9. Harrell, Oral Roberts, p. 287-311.
10. Ross Whetstone, entrevista personal con el autor, ciudad de Oklahoma, 25 de septiembre de 1986.
11. *"Where Have We Been And Where Are We Going?"* Manna Ministries (UMRSF), *Notes*, junio 1985, p. 1-2.
12. Kilian McDonnell, *Presence, Power, Praise: Documents on the Charismatic Renewal*, vol. 1 (Collegeville, Minn.; Nueva York: Paulist Press, 1980), p. 270-290.
13. Whetstone, entrevista con Synan y carta.
14. John Osteen, entrevista personal con el autor, Tulsa, Oklahoma, 24 de junio de 1986.
15. Edward T. Hiscox, *The New Directory for Baptist Churches* (Filadelfia: Judson Press, 1984), p. 354-363, 536-537.
16. Synan, *The Holiness-Pentecostal Tradition*, p. 114-123.
17. *"But What About Hicks?" Christian Century*, 7 julio 1954, p. 814-815; Vinson Synan, *In The Latter Days* (Altamonte Springs, Fla.: Creation House, 1991), p. 50.
18. David Manuel, *Like a Mighty River: A Personal Account of the Conference of 1977* (Orleans, Mass.: Rock Harbor Press, 1977), p. 117.
19. Gary Clark y Charles Moore, entrevistas personales con el autor, Green Lake, CISC., 9 de julio de 1986; Gary Clark, *"An Extra Dimension"*, *Christian Life*, agosto 1985, p. 36-39.
20. W. Leroy Martin, entrevista personal con el autor, Tulsa, Oklahoma, 7 junio 1986.
21. Don Le Master, entrevista personal con el autor, Fort Lauderdale, Fla., 23 de agosto de 1986.
22. Ras Robinson, *"Who Are You Who Read Fullness?"*, *Fullness*, julio-agosto 1986, p. 4.
23. Le Master, entrevista con Synan.
24. Kenneth Kantzer, "The *Charismatics Among Us*", *Christianity Today*, 22 de febrero de 1980, p. 25-29.
25. La historia de Derstine se encuentra en su autobiografía, *Following the Fire*, como fue relatada a Joanne Derstine (Plainfield, N.J.: Logos International, 1980).
26. Véase también *"Champion of the Faith, Henry M. Brunk, 1895-1985"*, (Bradenton, Fla.: Christian Retreat, 1985), p. 6.

27. Terry Miller, "*Renewing the Anabaptist Vision*", *Empowered*, otoño 1984, p. 8-9.
28. Roy Koch, *My Personal Pentecost* (Scottsdale, Pa.: Herald Press, 1977), p. 15-35.
29. McDonnell, *Presence, Power, Praise*, p. 285-287.
30. Roy Koch, entrevista personal con el autor, Charlotte, Carolina del Norte, 16 enero 1986. "*Menonnite Renewal Services Formed*", *Mennonite Renewal Newsletter*, febrero 1976, p. 1.
31. Miller, *Renewing the Anabaptist Vision*, p. 9.
32. Derstine, entrevista con Synan.
33. Athanasius F. S. Emmert, "*Charismatic Developments in the Eastern Orthodox Church*", en, de Russell Spittler, *Perspectives on the New Pentecostalism* (Grand Rapids: Baker, 1976), p. 28-42.
34. Ed Plowman, "*Mission in Orthodoxy: The Full Gospel*", *Christianity Today*, 26 de abril de 1974, p. 44-45; Eusebious Stephanou, *Charismatic Renewal in the Orthodox Church* (Fort Wayne, Ind.: Logos Ministries for Orthodox Renewal, 1976).
35. William Hollar, "*The Charismatic Renewal in the Eastern Orthodox Church in the United States of America with Emphasis on the Logos Ministry for Orthodox Renewal*" (tesis para la maestría, Seminario Teológico Concordia, Fort Wayne, Ind.).
36. George Allen, "*The United Church of Christ: A Pluralistic Church or a Liberal One*", *Focus Newsletter*, agosto 1982, p. 7-8.
37. Robert K. Arakaki, "*The Holy Spirit and the United Church of Christ*", Focus Newsletter, mayo de 1983, p. 1-4; véase también, de Vernon Stoop, *Fellowship of Charismatic Christians in the United Church of Christ* (Sassamansville, Pa.: publicación del autor, sin fecha).
38. La conexión histórica entre los movimientos de la santidad y pentecostal se trata en el libro de Vinson Synan *The Holiness-Pentecostal Tradition*, p. 1-106.
39. Timothy Smith, *Called Unto Holiness* (Kansas: Nazarene Publishing House, 1962), p. 118; Alma White, *Demons and Tongues* (Bound Brook, N.J.: Pentecostal Union, 1910); Jones, *Perfectionist Persuasion*, p. 121, 173.
40. John L. Peters, entrevista personal con el autor, ciudad de Oklahoma, 10 de diciembre de 1986.
41. Warren Black, entrevista personal con el autor, Cincinnati, Ohio, 29 de septiembre de 1986. Véase también, de Warren Black, "*A New Dimension*", en *The Acts of the Holy Spirit Among the Nazarenes Today* (Los Ángeles: Full Gospel Business Men, 1973), p. 23-29.
42. Véase el *Journal of the Nineteenth General Assembly of the Church of the Nazarene*, p. 240; y, de McDonnell, *Presence, Power, Praise*, p. 220-221.
43. Véase "*Evidence of the Baptism with the Holy Spirit*" en el *Manual 1985 Church of the Nazarene* (Kansas: Nazarene Publishing House, 1985), p. 284.
44. Véase el "*Report: Study Committee on Glossolalia*" (presentado a la asamblea general de la Iglesia de Dios el 18 de junio de 1986); Paul Tanner, entrevista personal con el autor, ciudad de Oklahoma, 21 de julio de 1986.
45. Véase *The Acts of the Holy Spirit Among the Nazarenes Today*, p. 9-72.
46. Véase la *Wesleyan Holiness Charismatic Fellowship Newsletter* (Athens, Ga., sin fecha); Wilbur Jackson, entrevista con Synan.
47. Howard Snyder, *The Divided Flame: Wesleyans and the Charismatic Renewal* (Grand Rapids: Francis Ausbury Press, 1986).

Capítulo 9
1. Patty Gallagher Mansfield, *As by A New Pentecost: The Dramatic Beginning of the Catholic Charismatic Renewal* (Steubenville, Ohio: Steubenville Univ. Press, 1992), p. 5-29.

2. Vinson Synan, *In The Latter Days* (Ann Arbor, Mich.: Servant Publications, 1984), p. 110-111.
3. Por ejemplo, el padre Jos Biesbrouck, de los Países Bajos, en 1965, por el ministerio de David du Plessis; Barbara Shlemon, de la Iglesia Episcopal Trinity, en Wheaton, Illinois, en 1965; y algunos católicos en la zona de Seattle, por el ministerio de la Iglesia Episcopal St. Luke de Dennis Bennett.
4. Edward O'Connor, *The Pentecostal Movement in the Catholic Church* (Notre Dame, Ind.: Ave Maria Press, 1971). Véase también, del mismo autor, "*The Hidden Roots of the Charismatic Renewal in the Catholic Church*" en el libro de Vinson Synan, *Aspects of Pentecostal-Charismatic Origins* (Plainfield, N.J.: Logos International, 1975), p. 169-191.
5. Se la conoció por un breve tiempo como "movimiento católico pentecostal", pero en la década del setenta, el nombre cambió por "renovación católica carismática", que continúa siendo la designación aceptada hasta hoy.
6. También influyó mucho el padre Heribert Mühlen, de Paderborn, Alemania, autor de profundos estudios sobre la teología del Espíritu Santo. El padre Mühlen comenzó a participar en la promoción de la renovación de los carismas del Espíritu Santo en la *Charismatische Gemeinde Erneuerung* (Renovación Parroquial Carismática), al tiempo que objetaba las pautas de la renovación católica carismática, que consideraba poco integrada en la vida parroquial.
7. El tercer documento, *Renovación carismática y acción social*, fue escrito de forma conjunta por el cardenal Suenens y el arzobispo Helder Camara.
8. Vinson Synan, Charismatic Bridges (Ann Arbor, Mich.: Word of Life, 1974), p. 25.
9. También estaban presentes Michael Harper (anglicano) y Larry Christenson (luterano).
10. Los doce pasos son: (1) conversión; (2) llamado; (3) pacto; (4) compromiso; (5) estructuras comunitarias; (6) catequesis; (7) cuidado de líderes-pastores; (8) ministerios; (9) comunión; (10) testimonio comunitario; (11) renovación eclesiástica; (12) ¡Ven, Señor Jesús!
11. Servicio de la Renovación Católica Carismática Internacional.
12. La reunión multitudinaria fue precedida por un Congreso Mundial de Movimientos Eclesiásticos y Nuevas Comunidades. Además de la Renovación y RnS, muchos otros organismos participantes eran carismáticos, ya que las comunidades carismáticas más importantes fueron invitadas a enviar sus propios representantes al congreso.
13. Miembros: *Ligaya ng Pnaginoon* (Gozo del Señor); *Buklod ng Pag-ibig* (Vínculo de amor); *Bukas Loob sa Dios* (Abiertos a Dios); Comunidad Elim; Comunicad Católica Cristo Resucitado; Rebaño Amado, el Rebaño de. Señor; *Pag-ibig ng Dios* (Amor de Dios) y *El Shaddai*.
14. Los que lo hicieron fueron: Mons. Vincent Walsh (Filadelfia), Henri Lemay (miembro del ICCRS de Québec), padre Hal Cohen y Patti Mansfield Gallagher (Nueva Orleáns).
15. "*Concerning Extraordinarily Bodily Phenomena in the Context of Spiritual Occurences*", traducción al inglés aparecida en Pneuma 18/1 (1996), p. 5-32.

Capítulo 10

1. George Fox, *The Works of George Fox*, vol. 3 (Nueva York, AMS Press, 1975), p. 13.
2. Robert Wearmouth, *Methodism and the Common People of the Eighteenth Century* (Londres, Epworth, 1945), p. 223.
3. Susan C. Hyatt, *In the Spirit We Are Equal: The Spirit, The Bible and Women – A Revival Perspective* (Dallas: Hyatt Press, 1998), p. 140.

Notas

4. Benjamin St. James Fry, *Woman's Work in the Church* (Nueva York: Hunt and Eaton, 1892), p. 1.
5. William B. Godbey, *Woman Preacher* (1891), p. 1.
6. Phoebe Palmer, *The Promise of the Father* (Boston: Henry V. Degen, 1859), p. 14, 341-347.
7. F. Booth Tucker, *The Life of Catherine Booth*, vol. 1 (Nueva York: Revel, 1892), p. 123.
8. Carol D. Spencer, "*Evangelism, Feminism, and Social Reform: The Quaker Woman Minister and the Holiness Revival*", *Quaker History: The Bulletin of the Friends Historical Society*, 80, no. 1 (primavera 1991, p. 39.
9. Quizá la mejor documentación para esto se encuentra en la obra de Sarah Parham, *The Life of Charles F. Parham* (Joplin, Mo.: Tri-State Publishing, 1929).
10. Carl Brumback, *A Sound from Heaven* (Springfield, Mo.: Gospel Publishing House, 1977), p. 73.
11. Parham, *The Life of Charles Fox Parham*, p. 87.
12. Edith Blumhofer, *Pentecost in My Soul* (Springfield, Mo.: Gospel Publishing House, 1989), p. 121.
13. Ethel E. Goss, "*The Story of the Early Pentecostal Days (1901-1914)*" en *The Life of Howard A. Goss* (Nueva York: Comet, 1958), p. 56.
14. Mother Cotton, "*Message of the 'Apostolic Faith' 1*", 1939.
15. B. F. Lawrence, *The Apostolic Faith Restored* (St. Louis: Gospel Publishing, 1916), p. 66.
16. Brumback, *A Sound from Heaven*, p. 331.
17. Yonggi Cho, *Successful Home Cell Groups* (Plainfield, N.J.: Logos International, 1981), p. 28.
18. Maureen Eha, "*Aglow with the Love of Jesus*", *Charisma*, diciembre 1997, p. 43-47.

Capítulo 11
Este capítulo es una revisión de "*Pentecostalism*", en la *Encyclopedia of African American Religions* (Larry Murphy, J. Gordon Melton y Gary Ward, eds.) (Nueva York: Garland Referente Library of Social Science, 1993), p. 585-595.

1. William A. Andres, ed., *Sisters of the Spirit: Three Black Women's Autobiography of the Nineteenth Century* (Bloomington: Indiana Univ. Press, 1986); Paul R. Griffen, *Black Theology As the Foundation of Three Methodist Colleges: The Educational Views and Labors of David Payne, Joseph Price, and Isaac Lane* (Lanham, Md.: Univ. Press of America, 1984); Amanda Berry Smith, *An Autobiography: The Story of the Lord's Dealings with Mrs. Amanda Smith, The Colored Evangelist* (Chicago: Meyer & Brother, 1893); Adrienne M. Israel, *Amanda Berry Smith: From Washerwoman to Evangelist* (Lanham, Md.: Scarecrow Press, Inc., 1998).
2. *General Rules and Discipline of the Reformed Zion Union Apostolic Church* (Norfolk, Va.: Creecy's Good-Will Printery, 1966); Wardell J. Payne, ed., *Directory of African American Religious Bodies* (Washington, D.C.: Howard Univ. Press, 1991), p. 110.
3. *Christian Recorder* (Filadelfia), 9 septiembre 1880, pág. 2; *Christian Recorder* (Filadelfia), 28 de junio de 1877, p. 2.
4. *Christian Recorder* (Filadelfia), 9 agosto 1877, pág. 2; *Christian Recorder* (Filadelfia), 12 de septiembre de 1878, p. 37.
5. *Christian Recorder* (Filadelfia), 9 septiembre 1880, p. 3.
6. *Christian Recorder* (Filadelfia), 3 mayo 1882, pág. 1; *Christian Recorder* (Filadelfia), 29 de julio de 1880, p. 3. Israel, Ibid., *Christian Recorder*

(Filadelfia), 14 de agosto de 1878, p. 3; *Christian Recorder* (Filadelfia), 26 de agosto de 1880, p. 3.
7. Chester W. Gregory, *The History of the United Holy Church of America, Inc., 1886-1986* (Baltimore: Gateway Press, 1986), p. 30-46.
8. Daniels, p. 6-7.
9. Charles Brown, *When The Trumpet Sounded* (Anderson, Ind.: Warner Press, 1951), p. 269; James Earl Massey, *An Introduction to the Negro Churches in the Church of God Reformation Movement* (Nueva York: Shining Light Survey Press, 1957), p. 51.
10. Vinson Synan, *The Holiness-Pentecostal Tradition: Charismatic Movements in the Twentieth Century* (Grand Rapids: Eerdmans, 1997), p. 55, 176.
11. Lowell Barks Sr. et al., *Glorious Heritage: The Gold Book, Documentary – Historical, Church of the Living God, Motto: (CWF) 1899-1964* (sin editor, 1967), p. 22; William Christian, *Poor Pilgrim's Work* (Texarkana, Ark.: sin editor, 1896), p. 14.
12. Barks, *Glorious Heritage*, pág. 17; Christian, *Poor Pilgrim's Work*, p. 4.
13. Josephine Washburn, *History and Reminiscences of the Holiness Church in Southern California and Arizona* (sin editor, 1911), p. 88, 238, 18.
14. Ibid., p. 91-92.
15. David D. Daniels III, "*The Cultural Renewal of Slave Religion: Charles Price Jones and the Emergence of the Holiness Movement in Mississippi*" (disertación para el doctorado, Seminario Teológico de la Unión, Nueva York, 1992), p. 247-248.
16. Ibid., p. 263-266.
17. La familia de la (completar).
18. Synan, *The Holiness-Pentecostal Tradition*, p. 96-98; Cecil M. Robeck, "*Azusa Street Revival*", en *Dictionary of Pentecostal and Charismatic Movements*, ed. Stanley Burgess et al. (Grand Rapids: Zondervan, 1988), p. 33.
19. Synan, *The Holiness-Pentecostal Tradition*, p. 98, 104-105.
20. Ibíd., p. 89, 92-94; Douglas Nelson, "*For Such a Time as This: The Story of Bishop William J. Seymour and the Azusa Street Revival*" (disertación para el doctorado, Univ. de Birmingham, Gran Bretaña, 1981), p. 9-54.
21. David D. Daniels, "*Everybody Bids You Welcome: A Multicultural Approach to North American Pentecostalism*", *The Globalization of Pentecostalism: A Religion Made to Travel*, ed. Murray W. Dempster, Byron D. Klaus, Douglas Petersen (Oxford, Gran Bretaña; e Irving, Calif.: Regnum Books International, 1999), p. 227-231.
22. Ibíd., p. 229-230.
23. James C. Richardson, *With Water and Spirit* (Washington, D.C.: Spirit Press, 1980).
24. Ibíd.
25. Theodore Kornweibel Jr., "Bishop C.H. Mason and the Chruch of God in Christ During World War I: The Perils of Conscientious Objection", Southern Studies: An Interdisciplinary Journal of the South, 26, 4, (invierno de 1987), p. 277.
26. Ithiel C. Clemmons, *Bishop C.H. Mason and the Roots of the Church of God in Christ* (Bakersfield, Calif.: Pneuma Life Publishing, 1996), p. 68-70.
27. Daniels, "*Everybody Bids You Welcome*", p. 235; Cheryl J. Sanders, *Saints in Exile: The Holiness-Pentecostal Experience* (Oxford Univ. Press), p. 32-33.
28. Sanders, *Saints in Exile*, p. 71-78, 86-90.
29. Arturo Skinner, *Deliverance* (Newark, N.J.: Deliverance Evangelistic Centers, 1969).

30. Mary Sawyer, "*The Fraternal Council of Negro Churches, 1934-1964*", *Church History*, vol. 59 (marzo 1990), p. 51-64; C. Eric Lincoln y Lawrence H. Mamiya, *The Black Church in the African American Experience* (Durham y Londres: Duke Univ. Press, 1990), p. 191-194; Synan, *The Holiness-Pentecostal Tradition*, p. 186.
31. Smallwood E. Williams, *This is My Story: A Significant Life Struggle: Autobiography of Smallwood Edmonds Williams* (Washington, D.C.: Wm. Willoughby Publishers, 1981); Arthur Brazier, *Black Self-Determination: The Story of the Woodlawn Organization* (Grand Rapids: Eerdmans, 1969).
32. Sanders, *Saints in Exile*.
33. Ibid., p. 118-121; William H. Bentley, "*Bible Believers in the Black Community*" en *The Evangelicals*, D. F. Wells, ed. (Nashville: Abingdon Press, 1975), p. 108-121; Bennie Goodwin, "*Social Implications of Pentecostal Power*", *Spirit*, 1:1 (1977), p. 31-35; Leonard Lovett, "*Conditional Liberation: An Emergent Pentecostal Perspective*", *Spirit* 1:2 (1977), p. 24-30; James A. Forbes Jr. "*Shall We Call This Dream Progressive Pentecostalism*", *Spirit* 1:1 (1977), p. 1215.
34. Stephen Strang, "*The Ever-Increasing Faith of Fred Price*", *Charisma* 10:10 (mayo de 1985), p. 20-26; Lincoln y Mamiya, p. 385-388; Vinson Synan, "*Paul Morton Organizes Full Gospel Baptist Fellowship*", *Timelines* (primavera 1993), p. 1-4.

Capítulo 12
1. David Stoll, *¿América Latina se vuelve protestante? Las políticas del crecimiento evangélico* (Quito: Edic. Abya-Yala, 1993).
2. David Martin, *Tongues of Fire: The Explosion of Protestantism in Latin America* (Cambridge, Mass.: Basil Blackwell, Inc., 1990).
3. Martin, Tongues of Fire, p. 284.
4. Véase, de Brian H. Smith, Religious Politics in Latin America: Pentecostal v. Catholic (South Bend, Ind.: Univ. of Notre Dame Press, 1998), p. 3-9.
5. Jeffrey Gross, "*Confessing the Apostolic Faith from the Perspective of the Pentecostal Churches*", *Journal for the Society of Pentecostal Studies*, 9 (primavera 1987), p. 12.
6. Elizabeth E. Brusco, *The Reformation of Machismo: Evangelical Conversion and Gender in Colombia* (Austin: Univ. of Texas Press, 1995).
7. Thomas Weyr, *Hispanic U.S.A.: Breaking the Melting Pot* (Nueva York: Harper and Row, 1988), p. 193.
8. Revista *Time*, 2 noviembre 1963, p. 56.
9. Eugene A. Nida, "*The Indigenous Churches in Latin America*" en *Understanding Latin Americans*, (Pasadena, Calif.: William Carey Library, 1974), p. 137-148.
10. Clifton L. Holland, *The Religious Dimensions in Hispanic Los Ángeles: A Protestant Case Study* (Pasadena, Calif.: William Carey Library, 1974), p. 354.
11. Alice E. Luce, *Pentecostal Evangel*, 14 de diciembre de 1918.
12. Manuel J. Gaxiola, *La serpiente y la paloma* (Pasadena, Calif.: William Carey Library, 1974), p. 157.
13. Luce, *Pentecostal Evangel*, 17 de julio de 1917.
14. San José, Calif., *Mercury*, 9 de enero de 2000.
15. Revista Newsweek, 12 de julio de 1999.
16. Thomas F. Coackley, "*Protestant Home Missions Among Catholic Immigrants*", *Commonweal* 28 (18 de agosto de 1933), p. 386.
17. Victor de León, The Silent Pentecostals: A Biographical History of the Pentecostal Movement among the Hispanics in the Twentieth Century (edición del autor).

18. Robert M. Anderson, *Vision of the Disinherited: The making of American Pentecostalism* (Nueva York: Oxford Univ. Press, 1979), p. 126
19. Luce, *Pentecostal Evangel*, 21 de abril de 1923.
20. Nellie Bazán, *Enviados de Dios* (Miami: Editorial Vida, 1987).
21. Luce, *Pentecostal Evangel*, 9 de febrero de 1924.
22. Luce, "*Pentecost on the Mexican border*", *Pentecostal Evangel*, 11 de noviembre de 1939.
23. Luce, *Pentecostal Evangel*, 15 de junio de 1918.
24. Gastón Espinosa, "El Azteca: Francisco Olazábal and Latino Pentecostal Carisma. Power and Faith Healing in the Borderlands", *Journal of the American Academy of Religion* 67 (septiembre 1999), p. 597-616.
25. Holland, *The Religious Dimensions in Hispanic Los Ángeles*, p. 356.
26. Leo Grebler, "*Protestants and Mexicans*", en, de Leo Grebler, Joan M. Moore y Ralph C. guzmán, eds., *The Mexican-American People: The Nation's Second Largest Minority* (Nueva York: Free Press, 1973), p. 505.
27. Weyr, *Hispanic U.S.*, p. 218.
28. Para una bibliografía sobre pentecostalismo latinoamericano, ver: de Walter J. Hollenweger, *El pentecostalismo: Historia y doctrinas* (Buenos Aires: Editorial La Aurora, 1976); y, de Charles Edwin Jones, *Guide to the Study of the Pentecostal Movement*, 2 vols. (Metuchen, N.J. Scarecrow Press, 1983). Véase también, de David Martin, *Tongues of Fire: The Explosion of Protestantism in Latin America* (Cambridge, Mass.: Basil Blackwell, Inc., 1990); David Stoll, *¿América Latina se vuelve protestante? Las políticas del crecimiento evangélico* (Quito: Edic. Abya-Yala, 1993); y de Cecil M. Robeck Jr., "*Select Bibliography on Latin American Pentecostalism*", *PNEUMA, The Journal of the Society of Pentecostal Studies* 13, 1 (primavera 1991), p. 193-197.
29. "Evangélico", aquí, es la designación preferida por los muchos grupos cristianos de América Latina que están relacionados de alguna manera con el protestantismo. Samuel Escobar, "Identidad, misión y futuro del protestantismo latinoamericano", *Boletín Teológico*, 3-4 (1977), p. 2; Orlando Costas, *Theology of the Crossroads in Contemporary Latin America* (Ámsterdam: Rodopi, 1976), 48n. p. 65.
30. Penny Lernoux, "*The Fundamentalist Surge in Latin America*", *Christian Century*, 20 de enero de 1988, p. 51.
31. División de Misiones Foráneas de las Asambleas de Dios, *1984 Annual Report*; idem, *1985 Annual Report*.
32. Gary Parker, "*Evangelicals Blossom Brightly Amid El Salvador's Wasteland of Violence*", *Christianity Today* 25 (8 de mayo de 1981), p. 34.
33. Wagner, *Spiritual Power*, pág. 29. Cp. También *Estudios Teológicos* 7 (enero-junio de 1980); p. 1-157.
34. Véase, de Christian Lalive d'Epinay, "Reflexiones a propósito del pentecostalismo chileno", *Concilium* 19 (enero de 1983), p. 87-105; Ignacio Vergara, *El protestantismo en Chile* (Santiago: Editorial del Pacífico, 1962); y, de Edward L. Cleary y Juan Sepúlveda, "*Chilean Pentecostalism: Coming of Age*", capítulo 6 de *Power, Politics and Pentecostals in Latin America*, ed. Edward L. Cleary y Hannah W. Steward-Gambino (Boulder, Co.: Westview Press, 1998).
35. Willis C. Hoover, *Historia del avivamiento pentecostal en Chile* (Santiago: Imprenta Excelsior, 1948).
36. Kessler, *A Study of Protestant Missions in Peru and Chile*, p. 288-330.
37. Vergara, *El protestantismo en Chile*, p. 246.
38. Luis Francescon, *Resumo de una ramificaçao da obra de Deus, pelo Espiritu Santo, no seculo actual* (1942, 1953, 1958). La autobiografía no titulada de

Notas

Francescon se publicó en, de G. Bongiovanni, *Pioneers of the Faith* (1971). Véase también, de Walter Hollenweger, *El pentecostalismo*.
39. Cp. Emilio G. Conde, *História das Assembléias de Deus no Brasil: Belem 1911-1961* (Rio de Janeiro: Casa Publicadora das Assembléias de Deus, 1960). Abroao de Almeida, ed., *Historia das Assembléias de Deus no Brasil* (Rio de Janeiro: Casa Publicadora das Assembléias de Deus, 1982).
40. Cp. la autobiografía Daniel Berg: *Enviado por Dios: Memórias de Daniel Berg*, 3ra. Ed., (Rio de Janeiro: Casa Publicadora das Assembléias de Deus, 1973).
41. Cp. Ivar Vingren, *Pionjärens dagbok: Brasilienmissionären Gunnar Vingren* (Estocolmo: Lewi Pethrus Förlag, 1968).
42. Leer *New Patterns of Church Growth in Brazil*, p. 119-121.
43. Roberto Domínguez, *Pioneros de Pentecostés en el mundo de habla hispana, vol. 2: México y Centroamérica* (Hialeah, Fla.: Literatura Evangélica, 1975), p. 25-29.
44. Peggy Humprhrey, *María Atkinson: la madre de México* (1967).
45. Willems, *Followers of the New Faith*, p. 86-89.
46. Mortimer y Esther Arias, *The Cry of My People: Out of Captivity in Latin America* (Nueva York: Friendship Press, 1980), p. 8.
47. Lalive d'Epinay, "Reflexiones a propósito del pentecostalismo chileno", p. 104.
48. Juan Tennekes, *La nueva vida: el movimiento pentecostal en la sociedad chilena* (Ámsterdam: edición del autor, 1973), p. 130.

Capítulo 13
1. Un panorama del avivamiento de la sanidad hasta mediados de los años setenta puede encontrarse en el libro de David Edwin Harrell Jr: *All Things Are Posible: The Healing and Charismatic Revivals in Modern America* (Bloomington: Indiana Univ. Press, 1975).
2. Para un buen panorama del pentecostalismo estadounidense, véase, de Vinson Synan, *The Holiness-Pentecostal Tradition: Charismatic Movements in the Twentieth Century*, 2da. ed. (Grand Rapids: Eerdmans, 1997).
3. La mejor biografía de William Branham es, de C. Douglas Weaver, *The Healer-Prophet, William Marrion Branham* (Macon, Ga.: Mercer Univ. Presss, 1987).
4. "The Gifts of Healing Plus", *Voice of Healing* (marzo de 1950), p. 10.
5. Una temprana biografía de Lindsay es su autobiografía: *The Gordon Lindsay Story* (Dallas: Voice of Healing Publishing Co., sin fecha); véase también, de Harrell, *All Things Are Possible*, p. 53-58.
6. Un buen panorama del espíritu misionero de los primeros tiempos del pentecostalismo es, de James R. Goff Jr., *Fields White Unto Harvest* (Fayetteville, Ark.: Univ. of Arkansas Press, 1988).ç
7. Véase, de Deborah Vansau McCauley, "Kathryn Kuhlman", en, de Charles H. Lippy, ed., *Twentieth Century Shapers of American Popular Religion* (Nueva York: Greenwood Press, 1989), p. 225-232.
8. Véase, de David Edwin Harrell Jr., *Oral Roberts: An American Life* (Bloomington: Indiana Univ. Press, 1985).
9. Véase, de Harrell, *All Things Are Possible*, p. 140-144.
10. Véase Ibid., p. 153-155. Una buena historia de la FGBMFI es, de Vinson Synan, *Under His Banner: History of the Full Gospel Business Men's Fellowship International* (Costa Mesa, Califòrnia, EE.UU.: Gift Publications, 1992).
11. Lee Braxton, "Millions See the First Oral Roberts Telecast", *America's Healing Magazine* (marzo 1955), p. 22. Véase también, de Oral Roberts, "A Call to Action", *America's Healing Magazine* (junio 1954), p. 12.

12. "*Preacher's Timely Miracles Raise Questions of Stations Standards*", New York Times, recorte sin fecha en el libro de recortes de los archivos de la Universidad Oral Roberts.
13. "*Oklahoma Faith Healer Draws a Following*", *Christian Century*, 29 de junio ded1955, p. 749-750. Véase de Ben Armstrong, *The Electric Church* (Nashville: Thomas Nelson, 1979), p. 44-52.
14. Entrevista grabada con W.V. Grant, Dallas, Texas, 15 de diciembre de 1973.
15. "400 000 in Single Service", *Voice of Healing* (agosto de 1954), p. 19. Véase, de Thomas R. Nickel, "*The Greatest Revival in All History*" *Voice of Healing* (febrero-marzo de 1955), p. 4-7; "*But What About Hicks?*" *Christian Century*, 6 de julio de 1954, p. 814-815.
16. T.L. Osborn, "*World Missions's Crusade*", *Voice of Healing*, julio 1953, p. 10-11.
17. Ibíd.
18. Entrevista grabada con Daisy y T. L. Osborn, 6 de septiembre de 1991, Tulsa, Oklahoma.
19. Véase de T.L. Osborn, "*World Missions's Crusade*", *Voice of Healing*, julio de 1953, p. 12-13.
20. "*Corncerning Our Association with the Voice of Healing*", *Faith Digest*, junio de 1956, p. 17.
21. William Campbell, "*God Has Spoken Again*", *Faith Digest*, noviembre 1959, p. 2-3.
22. Daisy M. Osborn, "*Magnificent Revolution*", *Faith Digest*, septiembre 1971, p. 10-11.
23. Entrevista con T. L. Osborn.
24. Entrevista grabada con Freda Lindsay, Dallas, Texas, 25 de marzo de 1991, y 7 de diciembre de 1973; y con Gordon Lindsay, 27 de julio de 1972.
25. "*Christ for the Nations in Dallas Celebrates 50 Years of Ministry*", Charisma, 4 de septiembre de 2000.
26. Para un panorama del ministerio de Robertson, véase, de David Edwin Harrell Jr., *Pat Robertson: A Personal, Political and Religious Portrait* (San Francisco: Harper & Row, 1987).
27. Dos libros sobre el surgimiento del teleevangelismo son, de Quentin J. Schultze, *Televangelism and American Culture* (Grand Rapids: Baker, 1991); y, de Jeffrey K. Hadden y Anson Shupe, *Televangelism: Power and Politics on God's Frontier* (Nueva York: Henry Holt and Company, 1988).
28. Transcripción de capilla, 14 de octubre de 1974, Oral Roberts Archives, p. 18.
29. Para mayor información sobre las razones del éxito televisivo de los evangelistas carismáticos, véase, de David Edwin Harrell Jr., "*Oral Roberts: Media Pioneer*", en, de Leonard Sweet, ed., *Communication and Change in American Religious History* (Grand Rapids: Eerdmans, 1994), p. 320-324.
30. Probablemente la mejor manera de encontrar información actualizada sobre los ministerios independientes es visitando sus páginas web. Página web del ministerio de Kenneth Hagin: http://www.rhema.org/khm.htm.
31. Entrevista con Jim Woolsey, director de misiones de Jimmy Swaggart Ministries, 31 de abril de 1991, Baton Rouge, La.; Paul G. Chappell, "Jimmy Swaggart" en, de Lippy, ed., *Twentieth Century Shapers of American Popular Religion*, p. 417-424; Jaime Buckingham, "*He Points 'Em to Heaven*", Logos, septiembre 1987, p. 16-20.
32. Véase, de Liz Szabo, "*Robertson Recommits to Ministry*", *Norfolk Virginian-Pilot*, 23 de marzo de 2000.
33. Véase, de Charles E. Shepard, *Forgiven* (Nueva York: Atlantic Monthy Press, 1989); Cecile Homes White, "Jim and Tammy Bakker", en, de Lippy, ed., *Twentieth Century Shapers of American Popular Religion*, p. 14-20.

34. Para una detallada explicación del escándalo Bakker, véase, de Shepard, *Forgiven*.
35. Véase "*Satellites and Scripture*", *Orange County Register*, 31 de mayo de 1998; página web de Trinity Broadcasting, http://www.tbn.org.
36. Para leer una interesante explicación al respecto, véase de Hanna Rosin, "*White Preachers Born Again on Black Network*", *Washington Post*, 3 de septiembre de 1998, A1.
37. Véase página web del ministerio de Benny Hinn: http://www.benny-hinn.org.
38. Deborah Kovach Caldwell, "*TV Evangelist Will Move Growing Empire to Area*", *Dallas Morning News*, 4 de junio de 1999, 37 A.
39. Bill Sherman, "Hinn Crusade Calls for Steady Rise in Holiness", *Tulsa World*, 7 de agosto de 2000, pág. 1.
40. Página web del ministerio de Joyce Meyer: http: //www.jmministries.org; Ken Walker, "*The Preacher Who Tells It Like It Is*", *Charisma*, septiembre de 2000.
41. Página web del ministerio de Fred Price: http://www.faithdome.org.
42. Página web del ministerio de Creflo Dollar: http://worldchangers.org; John Blake, "*Dollar and the Gospel*", *Atlanta Journal and the Atlanta Constitution*, 4 de marzo de 2000, G1.
43. Página web del ministerio de T. D. Jakes, http://www.tdjakes.org.
44. Para leer una breve explicación sobre el ministerio de Dinakaran, véase "*41 Years with the Lord Jesus*", *Jesus Calls*, febrero de 1996, p. 10-17.

Capítulo 14

1. Vinson Synan, *The Holiness-Pentecostal Tradition: Charismatic Movements in the Twentieth Century* (Grand Rapids: Eerdmans, 1997), p. 186-211.
2. Para mayor información sobre la FGBMFI véase, de Vinson Synan, *Under His Banner: History of the Full Gospel Business Men's Fellowship International* (Costa Mesa, California, EE.UU.: Gift Publications, 1992).
3. Vinson Synan y Ralph Rath, *Launching the Decade* (South Bend, Ind.: North American Renewal Service Committee), p. 101-102.
4. David Moore, "*The Shepherding Movement in Historic Perspective*" (disertación inédita para el doctorado, Universidad Regent, 1999); Harold Hunter, "*The Shepherding Movement*", en, de Burgess, McGee y Alexander, *Dictionary of Pentecostal and Charismatic Movements* (Grand Rapids: Zondervan, 1988), p. 783-784.
5. Peter Hocken, "*Charismatic Communities*", en, de Burgess, McGee y Alexander, *Dictionary of Pentecostal and Charismatic Movements* (Grand Rapids: Zondervan, 1988), p. 127-130.
6. Leonard Lovett, "*Positive Confession Theology*", en ibíd., p. 718-720.
7. Para una explicación completa sobre esta "ola", véase, de C. Peter Wagner, *The Third Wave of the Holy Spirit: Encountering the Power of Signs and Wonders Today* (Ann Arbor, Mich.: Servant Publications, 1988).
8. David du Plessis, *The Spirit Bade Me Go*, rev. y ampliado (Plainfield, N.J.: Logos International, 1970).
9. Bob Slosser, *A Man Called Mr. Pentecost: David du Plessis* (Plainfield, N.J.: Logos International, 1977).
10. Moore, "The Shepherding Movement".
11. Vinson Synan, *In the Latter Days* (Altamonte Springs, Fla.: Creation House, 1991), p. 136-130.
12. David Manuel, *Like a Mighty River: A Personal Account of the Conference of 1977* (Orleans, Mass.: Rock Harbor Press, 1977).
13. Synan y Rath, Launching the Decade.

14. Synan, , *The Holiness-Pentecostal Tradition*, p. 267-270.
15. Pat Robertson, con Jamie Buckingham, *Shout it from the Housetops* (Plainfield, N.J.: Logos International, 1972); J. R. Williams, "Marion Gordon Robertson", en de Burgess, McGee y Alexander, *Dictionary of Pentecostal and Charismatic Movements* (Grand Rapids: Zondervan, 1988), p. 761-762.
16. Véase, de David Edwin Harrell, *Oral Roberts: An American Life* (Bloomington, Ind.: Indiana Univ. Press, 1985).
17. "*The Rise of Pentecostalism*", *Christian History*, ed. 58 (Vol. XVII, No. 2).
18. Mary Rourke, "*Redefining Religion in America*", *Los Ángeles Times*, 21 junio 1998. A1-A-30.
19. Véase, de Vinson Synan, "*The Apostle*", en *The Journal of Southern Religion* (Vol. I., No. 1, enero-junio 1998). [www.jsr.as.wvu.edu/synan.htm]
20. David Barrett, entrevista personal con el autor, 28 de agosto de 1998.
21. Cifras proporcionadas por John Vaughan.
22. Cifras proporcionadas por John Vaughan y Peter Wagner.
23. Harold Hunter, "*Reconciliation Pentecostal Style*", *Reconciliation*, Número 1, verano 1998, p. 2.
24. Leslie Newbigin, *The Household of God* (Nueva York: Frienship Press, 1954); Van Dusen, "*The Third Force*", *Life*, p. 113-124.
25. Michael Harper, *Three Sisters* (Wheaton, Ill.: Tyndale, 1979), p. 9-15.
26. J. Lee Grady, "*Denomination Blends Charismatic Spirituality with High Church Style*", *Charisma* (septiembre 1996), p. 25-27.
27. Calmetta Coleman, "*A Charismatic Church Deals with a Preacher Who Finds New Faith*", *Wall Street Journal*, 14 de junio de 1996, p. 1-7. Para leer su visión de la historia, véase, de Charles Bell, *Discovering the Rich Heritage of Orthodoxy* (Minneapolis: Life and Light Publications, 1994), p. 1-7, 86-90. También, de Peter Gillquist, *Becoming Orthodox: A Journey to the Ancient Christian Faith* (Ben Lamond, Calif.: Conciliar Press, 1992).
28. Véase, de Randall Balmer, "*Why the Bishops Went to Valdosta*", *Christianity Today*, 24 de septiembre de 1990, p. 19-24. y, de Robert Libby, "*Newest Episcopalians are a Spirited Group*", *Episcopal Life*, junio 1990, p. 6.
29. Véase, de Michael Harper, *Equal But Different* (Londres: Hodder and Stougton, 1993), p. 131, 171, 213. Carta de Michael Harper a Vinson Synan, 17 de marzo de 1995.
30. Peter Wagner, *The New Apostolic Churches* (Ventura, Calif.: Regal Press, 1998), p. 13-25.
31. Guy Chevreau, *Catch the Fire: The Toronto Blessing: an Experience of Renewal and Revival* (Toronto: Marshall Pickering, 1994); John Arnott, *La bendición del Padre* (Buenos Aires, Ed. Peniel). Para mayores noticias sobre el avivamiento de Brownsville, véase la página web www.brownsville-revival.org.

Autores

David B. Barrett es un eminente investigador cristiano y coeditor de la monumental *World Christian Encyclopedia* (Enciclopedia Cristiana Mundial) (Oxford University Press). Es director del Movimiento de Evangelización Global en Richmond, Virginia (EE.UU.)

David Daniels III es profesor asociado de Historia de la Iglesia en el Período Moderno, en el Seminario Teológico McCormick, Chicago, Illinois (EE.UU.) Sus artículos en diversas publicaciones académicas, entre ellas, la *Encyclopedia of African American Religions*, lo han convertido en una autoridad sobre el tema del pentecostalismo afroamericano. Es un ministro ordenado de la Iglesia de Dios en Cristo.

Pablo Deiros es profesor de Historia del Cristianismo en el Seminario Internacional Teológico Bautista de Buenos Aires, Argentina. Tiene un doctorado del *Southwestern Baptist Theological Seminary* de Fort Worth, Texas y es autor de varias publicaciones. Deiros es reconocido de forma generalizada como una autoridad en historia cristiana latinoamericana.

David Edwin Harrell, Jr. es un prestigioso erudito en historia y profesor de la Facultad de Humanidades de la Universidad de Auburn, Alabama (EE.UU.) Autor de *All Things Are Possible* (Todo es posible) y *Oral Roberts: An American Life* (Oral Roberts: Una vida americana). Harrell es "el" historiador del movimiento de sanidad en los Estados Unidos.

Peter Hocken es capellán y canciller del obispo en la Casa del Obispo, en Northampton, Inglaterra. Es un erudito católico carismático que ha escrito extensamente sobre la historia y teología del movimiento carismático.

Susan Hyatt es coordinadora fundadora del Proyecto Histórico Internacional de las Mujeres Cristianas en Dallas, Texas (EE.UU.). Es doctora en Ministerio por la Universidad Regent y ha escrito *In the Spirit We Are Equal: The Spirit, the Bible, and Women* (En el Espíritu, somos iguales: El Espíritu, la Biblia y las Mujeres).

Gary B. McGee es profesor de Historia de la Iglesia y Estudios Pentecostales en el Seminario Teológico de las Asambleas de Dios en Springfield, Missouri (EE.UU.) Coeditor del aclamado *Dictionary of Pentecostal and Charismatic Movements*. Es un respetado historiador del pentecostalismo con valiosas publicaciones.

Robert Owens es decano de la Facultad de Estudios Cristianos del Emmanuel College en Franklin Springs, Georgia (EE.UU.) Tiene un doctorado de la Universidad Regent y escribió *Speak to the Rock: The Azusa Street Revival – Its Roots and Its Message* (Habla a la roca. El avivamiento de Azusa: Sus raíces y su mensaje).

Vinson Synan es un reconocido historiador de los movimientos de renovación pentecostal y carismática. Ha escrito más de diez libros, entre ellos, Holiness-Pentecostal Tradition (La tradición de la santidad-pentecostal) (Ed. Eerdmans). Es decano de la Facultad de Divinidad de la Universidad Regent y obtuvo su doctorado en la Universidad de Georgia (EE.UU.)

Everett A. Wilson es presidente del Bethany College de California, un instituto universitario de las Asambleas de Dios ubicado en Scotts Valley, California (EE.UU.) Escribió *Strategy of the Spirit: J. Philip Hogan and the Growth of the Assemblies of God, 1960-1990* (Estrategia del Espíritu: J. Philip Hogan y el crecimiento de las Asambleas de Dios, 1960-1990). Fue misionero. Es una autoridad reconocida sobre el movimiento pentecostal entre los hispanos de los Estados Unidos.